U0133283

Cultural Interactions between Han, Zang, and Other Ethnic Groups from the Seventh to Thirteenth Centuries

七至十三世纪 汉藏与多民族文明关系史

下册

谢继胜 王瑞雷 主编

上海古籍出版社

第三章（下）

汉藏文明新时代的复兴与交融：十至十三世纪辽、回鹘、西夏多民族美术的联系

第九节 中原美学与丝路西域样式的融合：多民族文明框架中的回鹘艺术

在讨论高昌回鹘美术之前，要从民族、语言、地域等不同的角度简要勾勒下高昌、高昌回鹘与高昌回鹘王国的形成发展史。

以地域视角观察，高昌回鹘王国以前、以吐鲁番盆地为地理标志的高昌，大致经历了三个发展阶段：高昌壁时期［西汉初元元年（公元前48年）至晋咸和二年（公元327年）］；高昌郡时期［晋咸和二年（公元327年）至北魏太平真君三年（公元442年）］；高昌国时期［太平真君四年（公元443年）至唐贞观十四年（公元640年）］。事实上，高昌本车师人故国，汉代凿空开拓西域，因高昌地理位置非常重要，在此设置掌管西域屯田事务的戊己校尉，河西等地汉人开始大规模进驻该地。[1]前凉时于高昌置郡，前秦、诸凉沿袭此制，汉人迁聚繁衍益盛，因此高昌国被认为是汉人在西域的地方政权，故史称高昌人"本汉魏遗黎"，[2]意指由屯田士卒肇端。在长达数百年的历史时限内，以交河城、高昌城为中心，日渐形成了一个相对独立、稳定的汉人为主体的生活区域。早期的高昌是汉人在西域建立的佛教国家，位于今新疆吐鲁番东南之哈喇和卓地方，是古时西域交通枢纽，地当天山南麓的北道沿线，为东西交通往来的要冲。[3]公元5世纪中叶至7世纪中叶，吐鲁番盆地曾先后出现四个独立王国，分别是阚氏高昌、张氏高昌、马氏高昌及麴氏高昌。公元460年，柔然派遣大军南下，帮助高昌阚氏族人阚伯周为

［1］《汉书·西域传》："至元帝时，复置戊己校尉。"（汉）班固撰，（唐）颜师古注，中华书局编辑部点校：《汉书》卷九六上《西域传》第六十六上，北京：中华书局，1962年，第3874页。"是岁元康四年也，其后置戊己校尉，屯田居车师故地。"同上书，见《汉书》卷九六下《西域传》第六十六下，第3924页。

［2］《魏书·高昌》北魏孝明帝对高昌的诏书："彼之甿庶，是汉魏遗黎，自晋氏不纲，因难播越，成家立国，世积已久。"（北齐）魏收撰，中华书局编辑部点校：《魏书》卷一百一列传第八十九《高昌》，北京：中华书局，1974年，第2244页。唐太宗统一高昌后，对高昌人下诏说："尔等并旧是中国之人，因晋乱陷彼。"在另一封诏书也说："高昌之地，虽居塞表，编户之甿，咸出中国。"参见许敬宗：《文馆词林校证》卷六六四《贞观年中巡抚高昌诏一首》，北京：中华书局，2001年，第249页。

［3］《北史·高昌》："昔汉武遣兵西讨，师旅顿敝，其中尤困者因住焉。地势高敞，人庶昌盛，因名高昌。"（唐）李延寿撰，中华书局编辑部点校：《北史》卷九七列传第八十五《高昌》，北京：中华书局，1974年，第3212页。

高昌王，[1]高昌国正式建立。公元7世纪，高昌国在麴氏的统治下发展到了顶峰。公元640年，高昌国王麴文泰不满唐朝的统治，引起唐太宗的震怒，派兵讨伐高昌，麴氏高昌灭亡。

以民族视角观察，除却最早凿空开拓西域的汉人，与回鹘美术紧密相关的就是回鹘人，回鹘最初称回纥，前身是公元前3世纪分布于贝加尔湖以南的部落联合体，由于使用“车轮高大，辐数至多”的大车，[2]又被称为高车。游牧于鄂尔浑河和色楞格河流域，且为突厥汗国的统治之下。唐天宝三载（744），以骨力裴罗为领袖的回纥联盟在唐朝大军的配合下，[3]推翻了突厥汗国，并建立起漠北回纥汗国，王庭（牙帐）设于鄂尔浑河流域，居民仍以游牧为主。唐朝时，回纥取“迅捷如鹘然”的意思，[4]改作回鹘。建国后与唐朝的关系一直很好，不像其他游牧民族建立的政权大都要对农业国进行骚扰与掠夺。回纥曾帮助唐平定安史之乱。其版图最大时疆域东接室韦，西至金山（今阿尔泰山），南跨大漠。[5]回纥后因长期与吐蕃战争，加上内讧不断，于846年被所属部黠戛斯灭亡。[6]

回鹘灭国后余部分三路迁徙：

一支于公元866年夺取唐境高昌，迁至吐鲁番盆地，建立高昌回鹘国，[7]或称西州回鹘，也称北庭回鹘、和州回鹘、阿萨兰回鹘。其领地东抵哈密、西至库车、南达于阗、北越天山。首府位于高昌（今吐鲁番东）。国王亦都护冬住高昌，夏居北庭（今新疆吉木萨尔破城子）。高昌回鹘主要从事农业，种植五谷、棉花、瓜果葡萄等作物，兼营畜牧，灌溉独具特色，以坎儿井闻名。高昌回鹘宗教信仰较为宽容，主要信仰佛教，但也供奉原居漠

---

〔1〕《周书·高昌》：“以阚伯周为高昌王。高昌之称王自此始也。”（唐）令狐德棻等撰，中华书局编辑部点校：《周书》卷五十列传第四十二《异域》下《高昌》，北京：中华书局，1971年，第914页。《北史·高昌》：“太武时有阚爽者，自为高昌太守。太延中，遣散骑侍郎王恩生等使高昌，为蠕蠕所执。真君中，爽为沮渠无讳所袭，夺据之。无讳死，弟安周代立。和平元年，为蠕蠕所并。蠕蠕以阚伯周为高昌王，其称王自此始也。”见（唐）李延寿撰，中华书局编辑部点校：《北史》卷九十七列传第八十五《高昌》，北京：中华书局，1974年，第3212—3213页。

〔2〕《魏书·高车》：“其迁徙随水草，衣皮食肉，牛羊畜产尽与蠕蠕同，唯车轮高大，辐数至多。”（北齐）魏收撰，中华书局编辑部点校：《魏书》卷一百三列传第九十一《高车》，北京：中华书局，1974年，第2308页。

〔3〕《中国少数民族历史人物志（第3卷）》：“骨力裴罗——回纥汗国的第一代可汗骨力裴罗，亦称逸标苏，全名药罗葛·骨力裴罗。回纥首领吐迷度之六世孙。”见谢启晃、胡起望、莫俊卿：《中国少数民族历史人物志（第3卷）》，北京：民族出版社，1987年，第131页。

〔4〕《旧五代史·回鹘》：“改为回鹘，义取回旋搏击，如鹘之迅捷也。”（宋）薛居正等撰，中华书局编辑部点校：《旧五代史》卷一百三十八外国列传第二《回鹘》，北京：中华书局，1976年，第1841页。

〔5〕《新唐书·回鹘》：“东极室韦，西金山，南控大漠，尽得古匈奴地。”（宋）欧阳修、（宋）宋祁撰，中华书局编辑部点校：《新唐书》卷二百一十七上列传第一百四十二上《回鹘》上，北京：中华书局，1975年，第6115页。

〔6〕参林幹：《突厥与回纥史》，呼和浩特：内蒙古人民出版社，2007年。田卫疆：《高昌回鹘史稿》，乌鲁木齐：新疆人民出版社，2006年。

〔7〕关于高昌回鹘王国的相关内容，可参阅20世纪一批德国学者的研究，包括葛玛丽的著作：Annemarie von Gabain, *Das Leben Im Uigurischen Königreich Von Qoco: (850–1250)*, Wiesbaden: Harrassowitz [in Komm.], 1973. 茨默的著作：Peter Zieme, *Religion Und Gesellschaft Im Uigurischen Königreich Von Qočo: Kolophone Und Stifter Des Alttürkischen Buddhistischen Schrifttums Aus Zentralasien*, Opladen: Westdeutscher Verlag, 1992.

北时摩尼教和祆教的神灵。文字使用回鹘文，善歌舞，精于木刻印书术与壁画艺术。[1]回鹘10至11世纪与五代、北宋关系密切，[2]12世纪初隶属西辽。元朝时，高昌回鹘国王见元朝的势力越来越强大，13世纪初便归附蒙古帝国。元世祖忽必烈改高昌回鹘国为畏兀儿王国，保留对所辖地区的统治地位，高昌回鹘国势日益衰落。14世纪20年代起，地属察合台汗国，17世纪后期被准噶尔部占领，18世纪中叶归清政府管辖。回鹘迁徙的另外两支，一支西迁葱岭西楚河一带，称葱岭西回鹘；一支东迁河西走廊，称河西回鹘，后来成为河西地方的土著，就是现在的裕固族。[3]其中前两支定居新疆的回鹘，发展成今天的维吾尔族人。

高昌回鹘时期的佛教石窟壁画的内在叙述逻辑与上述高昌地方的政治与民族变迁的史实相关联，壁画的艺术风格根据高昌地方不同主体民族的艺术审美特征分为前期的汉地式样与后期的回鹘式样，年代跨度在9至14世纪之间，但留存作品主要是11世纪前后高昌回鹘佛教美术作品，包括今天吐鲁番地区的佛教石窟壁画及与石窟相关的佛教文物。遗憾的是，高昌王国都城12世纪后逐渐废弃，寺院殿堂毁损，没有留下王宫的壁画作为回鹘艺术的范本。就石窟来看，西域石窟大都沿戈壁季节河流切割土石山谷形成的崖壁开凿而成，高昌回鹘的石窟也主要分布在位于吐鲁番盆地中部的木头沟，[4]沟内河流发源于

---

〔1〕关于高昌回鹘的早期汉文史料，必须提到宋代使臣王延德与殿前承旨白勋，率百余人的使团回访高昌，王延德一行历时四年，于984年（雍熙元年四月）返回汴京。王延德归来撰写《西域使程记》（又称《王延德使高昌记》），收入《宋史·高昌》等史书，记载高昌宗教时写道："佛寺五十余区，皆唐朝所赐额，寺中有大藏经、唐韵、玉篇、经音等，居民春月多群聚遨乐于其间。游者马上持弓矢射诸物，谓之禳灾。有敕书楼，藏唐太宗、明皇御札诏敕，缄锁甚谨。复有摩尼寺，波斯僧各持其法，佛经所谓外道者也。"（元）脱脱等撰，中华书局编辑部点校：《宋史》卷四百九十列传第二百四十九外国六《高昌》，北京：中华书局，1985年，第14112页。记述当地风物"地产五谷，惟无荞麦。贵人食马，余食羊及凫雁。乐多琵琶、箜篌。出貂鼠、白氎、绣文花蕊布。俗好骑射。妇人戴油帽，谓之苏幕遮。用开元七年历，以三月九日为寒食，余二社、冬至亦然。以银或鍮石为筒，贮水激以相射，或以水交泼为戏，谓之压阳气去病。好游赏，行者必抱乐器。"第14111—14112页。"城中多楼台卉木。人白皙端正，性工巧，善治金银铜铁为器及攻玉。"第14113页。

〔2〕《宋史·高昌》："建隆三年四月，西州回鹘阿都督等四十二人以方物来贡。乾德三年十一月，西州回鹘可汗遣僧法渊献佛牙、琉璃器、琥珀盏。太平兴国六年，其王始称西州外生师子王阿厮兰汉，遣都督麦索温来献。五月，太宗遣供奉官王延德、殿前承旨白勋使高昌。八年，其使安鹘卢来贡。"同上书，第14110页。

〔3〕《旧唐书·回纥》："有将军句录莫贺恨掘罗勿，走引黠戛斯领十万骑破回鹘城，杀厂盍馺，斩掘罗勿，烧荡殆尽，回鹘散奔诸藩。有回鹘相馺职者，拥外甥庞特勤及男鹿并遏粉等兄弟五人、一十五部西奔葛逻禄，一支投吐蕃，一支投安西。"（后晋）刘昫等撰，中华书局编辑部点校：《旧唐书》卷一九五列传第一百四十五《回纥》，北京：中华书局，1975年，第5213页。《新唐书·回鹘》："……诸部溃其相馺职与厖特勒十五部奔葛逻禄，残众入吐蕃、安西。"（宋）欧阳修、（宋）宋祁撰，中华书局编辑部点校：《新唐书》卷二百一十七下列传第一百四十二下《回鹘》下，北京：中华书局，1975年，第6130—6131页。《资治通鉴·唐纪》："焚其牙帐荡尽，回鹘诸部逃散。其相馺职、特勒厖等十五部西奔葛逻禄，一支奔吐蕃，一支奔安西。"（宋）司马光编著，（元）胡三省音注，标点资治通鉴小组点校：《资治通鉴》卷第二百四十六《唐纪》，北京：中华书局，1956年，第7947页。

〔4〕《中国考古集成》："木头沟是古代连接火焰山南北的重要交通道路之一。它北望天山煤窑沟峡谷。煤窑沟河出天山分两股，一股进木头沟出胜金口，（一股进葡萄沟），沿河道分布众多古代遗址，其中有闻名中外的柏孜克里克千佛洞和胜金口千佛洞，沿河出胜金口东南即是高昌故城。"见孙进己、冯永谦、苏天钧：《中国考古集成》，北京出版社，1997年，第944页。

天山博格达峰，经由南坡砾石和黄土地带，穿越火焰山峡谷，在胜金口向南流向了地势高敞的高昌绿洲，佛教石窟大都建造在给高昌绿洲带来雪水的火焰山峡谷的木头沟岩壁，位置在高昌故城的北方约50公里以内的范围内。故城以北偏东约15公里是柏孜克里克石窟，再往东是七康星石窟，北偏东约10公里是胜金口石窟和拜西哈石窟，南方偏东13公里是吐峪沟石窟、故城西北方向约30公里火焰山南沟口为大小桃儿沟石窟，西偏北12公里与交河故城隔河相望者是雅尔湖石窟。吐鲁番地区石窟由于西方所谓考古学家的盗割和其他原因的毁损，大部分作品流失海外。收藏在海外博物馆的主要是20世纪初西方探险家从我国新疆劫掠盗割的壁画，有柏林亚洲艺术博物馆、大英博物馆、艾尔米塔什博物馆、印度亚洲事务博物馆、韩国中央博物馆等地的藏品。[1]此外，尚有近年出土的北庭西大寺遗址留存的壁画和雕塑，作为绘画题材与风格分析的对照材料。总体观察，特定的时间和限定的地域形成了高昌回鹘时期绘画与雕塑的相对稳定的风格，既有出自唐五代时期的佛教经变画构图与中原传统绘画技法，也有源于西北印度阿旃陀风格的人物画与中亚波斯摩尼教绘画及其衍生的早期细密画的影响。高昌回鹘艺术是10世纪至13世纪连接不同地域和民族艺术的节点，吸收了早期高昌地区唐五代汉地艺术的佛教艺术图像与风格，借助此时佛教及其艺术的强力中兴浪潮及佛教、摩尼教等宗教艺术传播形成的艺术交流通道、借助10至13世纪多民族政治文化交融的通道，在中亚大乘佛教经典与图像流传于敦煌西域的佛教图像基础上，创造出一种具有明确时代风格的高昌回鹘艺术样式。[2]

高昌回鹘绘画的代表是吐鲁番火焰山峡谷的石窟寺壁画，其中最为典型的是柏孜克

---

〔1〕20世纪20年代，德国探险家阿尔伯特·冯·勒柯克（Albert von Le Coq）发表了一批新疆文物资料，包括吐鲁番地区的高昌回鹘艺术珍品。参见：1. Albert von Le Coq, and K. Preussische Turfan-expeditionen, *Chotscho: Facsimile-wiedergaben Der Wichtigeren Funde Der Ersten Königlich Preussischen Expedition Nach Turfan in Ost-Turkistan, Im Auftrage Der Generalverwaltung Der Königlichen Museen Aus Mitteln Des Baessler-Institutes*, Berlin: D. Reimer（E. Vohsen）, 1913. 中译本参见［德］阿尔伯特·冯·勒柯克著，赵崇民译：《高昌——吐鲁番古代艺术珍品》，乌鲁木齐：新疆人民出版社，1998年。2. Albert von Le Coq, Ernst Waldschmidt, and Preussische Turfan-Expeditionen. *Die Buddhistische Spätantike in Mittelasien*, Berlin: D. Reimer, 1922. 中译本参见［德］阿尔伯特·冯·勒柯克、恩斯特·瓦尔德施密特著，管平、巫新华译：《新疆佛教艺术》，乌鲁木齐：新疆教育出版社，2006年。3.Albert von Le Coq, and Anna Barwell, *Buried Treasures of Chinese Turkestan*, London: G. Allen & Unwin ltd, 1928. 中译本参见［德］阿尔伯特·冯·勒柯克著，陈海涛译：《新疆的地下文化宝藏》，乌鲁木齐：新疆人民出版社，1999年。

〔2〕一、高昌回鹘石窟寺壁画遗存资料参见谢继胜主编：《西域美术全集·12·高昌石窟壁画卷》，天津人民美术出版社，2016年。二、相关考古报告等参见中国社会科学院考古研究所编：《北庭高昌回鹘佛寺遗址》，沈阳：辽宁美术出版社，1990年。中国社会科学院考古研究所编：《北庭高昌回鹘佛寺壁画》，沈阳：辽宁美术出版社，1990年。中国社会科学院考古研究所新疆工作队：《新疆吉木萨尔高昌回鹘佛寺遗址》，《考古》1987年第7期，第618—623页。三、高昌回鹘美术的相关研究参见如下等：贾应逸：《高昌回鹘壁画艺术特色》，《新疆艺术》1989年第1期，第43—48页。任道斌：《关于高昌回鹘的绘画及其特点》，《新美术》1991年第3期，第31—40页。杨富学，赵崇民：《柏孜克里特千佛洞第20窟的壁画与榜题》，《新疆艺术》1992年第6期，第51—56页。陈爱峰：《高昌回鹘时期吐鲁番观音图像研究》，上海古籍出版社，2022年。

里克石窟,这是现存回鹘石窟中最大的一座。石窟位于新疆吐鲁番市东北40余公里的火焰山山腰、木头沟沟谷西岸的陡崖上,南北全长166米。东南距著名的高昌故城约10公里,南距胜金口石窟寺4.8公里。石窟分三层修建,现存窟室83个,总面积约3 000平方米,主要有礼拜窟、僧房窟和影窟3种形式,主要是回鹘时期的遗存,洞窟形制根据不同建造时期,主要分为早期受到唐代风格影响的中心柱窟、由龟兹式样石窟演变而来的长方形纵券顶窟、方形穹窿顶主室带窟前檐廊三种形制。大型洞窟主要开凿于汉人政权的麴氏高昌和高昌回鹘强盛时期,绘画风格因而呈现汉风与回鹘样式的糅合。由于高昌回鹘时期对早期洞窟的大力修缮与补绘,早期壁画遗存极少。石窟中现有壁画的洞窟40多个,保存壁画总面积约合1 200平方米。1980年后,文物部门从各石窟中陆续清理出粟特文摩尼教经卷抄本、西夏文和藏文佛经印本等。[1]

有关柏孜克里克石窟的建窟史料极为缺乏,根据石窟遗址出土的高昌建昌五年(559)的《妙法莲花经观世音菩萨普门品》残卷,石窟寺应当开凿于麴氏高昌时期(499—640)。至唐西州时期(640年至9世纪中叶),柏孜克里克石窟被称为"宁戎窟寺",洞窟前方有木构殿堂,与石窟构成寺庙。斯坦因劫掠敦煌文书《西州图经》中提到此窟时称为"宁戎窟寺",图经记载:"在前庭县界山北二十二里宁戎谷中。峭巇三成,临危而结极。曾峦四绝,架回而开轩。既庇之以崇岩,亦环之以清濑。云蒸霞郁,草木蒙笼"。[2]《杨公重修寺院碑》记载,唐贞元二年至六年(786—790)间,唐北庭大都护兼伊庭节度使杨袭古曾为宁戎寺大规模重修寺院。[3]然而,早期石窟壁画现今不存,被认为是在西州时期的16、17、25、28、31、42、69号窟等,大部分洞窟与壁画都是11世纪后重修重绘的。高昌回鹘(9世纪中叶—13世纪)时期的宁戎寺是高昌回鹘王国的王家寺院,存留了历代高昌回鹘王兴建的洞窟,洞窟的形制、绘画的风格具有鲜明的地域和时代特征,是整个回鹘美术中最具艺术性的作品。高昌王室于13世纪末东迁至甘肃永昌。15世纪中叶,随着伊斯兰教的传播和高昌等地居民改宗伊斯兰教,柏孜克里克石窟寺随即废弃。20世纪初,德国格伦威德尔(Albert Grünwedel)和勒柯克(Albert von Le Coq)、日本大谷探险队、英国斯坦因数次来到石窟,切割窟内大量壁画珍品和文书,运到国外,石窟遭到极大的破坏。

讨论柏孜克里克石窟的艺术特征,首先从大的历史文化背景分析:10世纪末的宋辽夏回鹘时代是西域佛教及其艺术的复兴与变革时代,对正法的追求,以多样的艺术形式对传统佛教大乘经典进行阐释,成为此期佛教信仰者的目标。作为火焰山绿洲峡谷内的

---

〔1〕 国家文物局古文献研究室等编:《吐鲁番出土文书》(共十册),北京:文物出版社,1981—1991年。

〔2〕 参见王仲荦、郑宜秀:《敦煌石室出〈西州图经〉残卷考释》,《文史哲》1991年第6期。伯希和敦煌文书P. 2009《西州图经》残卷,残存五十六行。此卷另写有"道十一达""山窟二院""宁戎窟寺一所""古塔五区"等。

〔3〕 参见柳洪亮:《柏孜柯里克新发现的〈杨公重修寺院碑〉》,《敦煌研究》1987年第1期,第62—63页。

佛教及其艺术从9世纪以来的末法氛围中逐渐走出，展现出宗教大变革之前灿烂的霞光。石窟形制在早期以譬喻因缘故事展示佛陀事迹为主的龟兹型石窟转而形成当地的长方形纵向拱形券顶龛式样的变体，石窟甬道多处刻意描绘的虔诚的回鹘供养人形象表现出当地居民对佛教极度的热忱。艺术家开始用新近掌握的技法着力表现释迦牟尼佛本行或佛传故事，绘制极为高大的立佛形象，通体光轮，呈现出伟岸与高贵的慑人气质，尤其是以供养菩萨或供养人的供养图景，呈现佛陀往世作为各处国王时以鲜花美馔珍宝供养诸佛的场景，这些内容是柏孜克里克石窟描绘的重要题材，但佛传表现形式从早期的情节画转为源自巴米扬或吉尔吉特的中亚佛造像体系，即以立像佛陀尊像为主、情节弱化的佛本行故事，壁画着意描绘中亚大乘佛教渲染的以七政宝为象征的佛教转轮王时代的辉煌。它与早期龟兹石窟壁画多以《杂宝藏经》等记述的因缘及譬喻故事、唯佛陀事迹的小乘教法不同，亦与汉地佛传故事的地方化、本土化趋势不同，佛本行故事试图用法王时期最纯正的佛陀、菩萨、力士、比丘、婆罗门、商人与国王形象还原早期佛教的面貌，因而，11世纪西域对佛教正法的探求是对大乘经典的诉求，虽然所见经典不多，但《金光明经》《法华经》《华严经》等是此时壁画图像阐释的中心。

柏孜克里克回鹘壁画存留最多的是龟兹研究院编号的20窟（勒柯克编号的第9窟），石窟形制是西域流行的佛殿礼佛窟，类似藏传佛教的祖拉康佛殿式样，中心佛殿外围有礼佛廊道，应当是龟兹型石窟与中心塔庙窟结合形成的变体，作为转经廊道的甬道绘僧俗供养人，礼佛廊道两壁绘制15铺《佛本行经变》或称《誓愿图》，整铺佛本行画传以藤蔓忍冬纹分割为长方框，旃檀佛式样的佛陀主尊占据了画面中心，高大宏伟。壁画以此时流行的平行紧密的衣褶描绘佛衣，如同梁楷《出山释迦图》[1]里红色的多褶佛衣，表达佛衣呢绒的质感。壁画以不同的Z字形、波浪形、莲花纹和火焰纹构成炫目的头光与身光。诸佛双手多作说法印，也有触地印或与愿印，着草鞋踏莲台。主尊立像两侧选择标志性物品如祭坛、力士、天王、僧俗供养人等，以此标明本格佛本行故事的情节。勒柯克盗剥的大幅完整壁画主要出自此窟，这也是最为完整、最为代表性的回鹘佛教美术作品之一，我们从这些佛本行经变中可以把握高昌回鹘绘画的总体面貌。除了德国柏林亚洲艺术博物馆之外，现藏俄罗斯圣彼得堡艾尔米塔什博物馆藏柏孜克里克15窟《佛本行经变 · 迦叶佛授决定记图》是现存最为完整的一幅佛本行经变故事画，是二战结束后苏联人从柏林作为战利品转运冬宫。第33窟的《举哀图》与龟兹石窟的画面安排相似，但在举哀的众弟子和菩萨与护法中描绘了不同民族服装的世俗人物，反映了高昌回鹘时期普通人对佛教的信仰。

---

〔1〕 南宋，高110.3厘米，宽49.7厘米，现藏于东京国立博物馆。

适应此时社会崇佛造塔，逐求正法的社会风尚，高昌回鹘无论王族富贾还是平民百姓，都竭力呈现对佛教的热忱，这在高昌回鹘绘画中供养人的地位可以看出。回鹘供养人图像与佛教经变画本身有所区隔，大部分没有安置在画面经变之内，而是在特定的位置描绘供养人，壁画中僧俗供养人的地位也较为突出，绘画风格写实。很多回鹘供养人因为有回鹘文题记，可以确定其回鹘王身份，也确定了柏孜克里克石窟是由回鹘王室开凿，是王室专用的礼佛场地。[1]其中最为突出的是高昌回鹘王供养像，如第31窟、第45窟佛坛正面带有回鹘文题记的回鹘王像以及第20窟主室前壁的高昌回鹘王后供养像（图3-9-1）。后者着橘红色窄袖通裾大襦，领口刺绣卷草纹图案。头戴如意博鬓金冠，两鬓抱面插满凤钗金簪，头冠形如一条上翘的金鱼，脑后垂一条长红绢。右上方的回鹘文榜题大意为：此是高贵的王后之像。《旧唐书·回纥》记太和公主出嫁回登罗骨没密施合毗伽可汗，"即至虏庭，乃择吉日，册公主为回鹘可敦……解前所服而披可敦服。通裾大襦，皆茜色，金饰冠如角前指……"[2]画面中高昌回鹘王后的衣冠服饰完全袭用漠北时期可敦的服装，表明此窟是高昌回鹘王室皈依佛教后所建的早期洞窟。第20窟前壁主室有高昌回鹘王供养像，1905年，德国人勒柯克将整窟壁画割锯剥离，运往柏林，其中大部分在第二次世界大战中化为灰烬，现仅有照片传世。[3]画面中的高昌回鹘王，头戴后有绶带的桃形冠，着红色圆领窄袖团龙纹开衩长袍，腰佩挂打火石、磨刀石、解结锥、刀、绳、钉筒、巾等蹀躞七事。人物形象与敦煌所见回鹘天子像非常相似，如莫高窟418、409、237、148窟，榆林窟39窟以及西千佛洞13窟所见多尊回鹘供养人形象；同时与此时

图3-9-1 柏孜克里克石窟第20窟主室前壁回鹘高昌王后供养像

---

〔1〕 参看［德］茨默著，桂林、杨富学译：《佛教与回鹘社会》，北京：民族出版社，2007年。此书通过回鹘文题跋以研究各经典之时代，指出回鹘功德主涉及社会各个阶层，有蒙古皇帝、回鹘亦都护，有各级官僚、贵族，有僧侣，有俗人，并仔细探讨了回鹘功德主布施的动机、愿望与目的，还对回鹘文写本跋尾所使用的套语进行了研究。

〔2〕（后晋）刘昫等撰，中华书局编辑部点校：《旧唐书》卷一九五列传第一百四十五《回纥》，北京：中华书局，1975年，第5212—5213页。

〔3〕 参见前引勒柯克相关发表物。另见孟凡人：《新疆柏孜克里克窟寺流失域外壁画述略》，《考古与文物》1981年第4期。

西夏王的形象也有相似之处，或许11世纪前后存在一种西域共同的源自晚唐五代的审美元素。[1]第24窟主室正壁《回鹘公主与丈夫供养像》将供养人绘在小型长方形纵券顶窟内。正壁有塑绘结合的《鹿野苑初转法轮》，画面色彩热烈。画面中部是法轮，两旁下方各绘一对卧鹿，上方有二身药叉正飞翔于空中。两侧边缘分绘回鹘男女供养人像，有回鹘文榜题，女像为公主，男像是公主之夫。

其次有第16窟主室前壁的两排供养人（图3-9-2），共有十六身，站在黄地红色波头纹地毯上，手持莲枝正在供养。他们身穿各种色泽和花纹图案的圆领、窄袖紧身长袍，在领口、襟、下摆，以及袖子的上臂和袖口处缝缀边饰，腰系带，上挂荷包、巾、刀、剑等物，巾从腹前垂至两腿间。头上的黑色长发虽然同样披于肩背部，有的还有两绺置胸前，但两排供养人头戴的冠饰不同，上排为莲花瓣式毡帽，可能是贵族或上层人士。下排前面四身的冠上饰三叉状物，后四身是扇形状物。从这些衣冠服饰来看，应是回鹘人的形象。每身供养人的前面有竖式条幅，上墨书回鹘文题名。第41窟主室右壁的回鹘供养人是一位母亲携带两位幼儿跪坐合十供养，可以看出当时佛教对高昌社会的浸淫程度。

图3-9-2　柏孜克里克石窟第16窟主室前壁的两排供养人

这些作为施主的供养人是我们从接受者入手探索此期多民族佛教艺术之间内在联系的绝好视角，从供养人服饰的变化也可以大致判定壁画的绘制年代和绘画风格的来源。[2]如第14窟的供养人，头部破损，隐约可见：发为蒙古式，两旁结辫环垂于耳后，额前飘一绺短发，称为“婆焦”；[3]头

〔1〕相关研究见谢静、谢生保：《敦煌石窟中回鹘、西夏供养人服饰辨析》，《敦煌研究》2007年第4期，第80—85页。

〔2〕参见柳洪亮：《柏孜柯里克石窟年代试探——根据回鹘供养人像对洞窟的断代分期》，《敦煌研究》1986年第3期，第61—70页。

〔3〕关于“婆焦”发式，罗贤佑著的《元代民族史》整理了史料：关于蒙古人的发式，中外史籍中也有较详细的记载。《蒙鞑备录》云：“上至成吉思汗下及国人，皆剃婆焦如中国小儿留三搭头。在囟门者稍长则剪之；在两下者总小角，垂于肩上。”郑所南《心史·大义略叙》云：“鞑主剃三搭，辫发。三搭者，环剃去顶上一弯头发，留当前发，剪短散垂；却析两旁发，垂绾两髻，悬加左右肩衣袄上，曰‘不浪儿’。言左右垂髻，碍于回视，不能狼顾。或合辫为一，直拖垂衣背。”郑麟趾《高丽史》卷二八记载：“蒙古之俗，剃顶至额，方其形，留发其中，谓之‘怯仇儿’。”“怯仇儿”下有小注云：“蒙古语发辫也。”（罗贤佑：《元代民族史》，成都：四川民族出版社，1996年，第100页）

裹一种两侧带翼的巾，唇边留髭。内穿圆领、窄袖和前襟、下摆、上臂处带边饰的回鹘式长衣，外服对襟或穿右衽、下及胫部的外衣；蒙古式的“披肩”置于胸腹间。腰束带，佩荷包、砺石、小刀等物。足蹬长腰靴，侧身站立在地毯上，双手似夹持长茎莲，合十供养。我们从这些装束上可以看出元代时回鹘贵族服饰的情况。这三身供养人的后边都墨书回鹘文人名，现已残破不全。第17窟主窟券顶的经变画，上方以白描手法画一男子，用笔简练，衣冠服饰全为汉装，双手执莲花，跪地拜塔。下面一人身披虎皮，形象生动。又如，据27窟戴罟罟冠的女供养人，我们可知此幅壁画的年代或在13世纪。[1]

柏孜克里克石窟密教化倾向体现在以《妙法莲华经》和《大方广佛华严经》为主的经变画中，回鹘经变绘画传统沿袭自敦煌唐代的艺术与密教体系，与同时期辽夏艺术与宗教有密切关系，洞窟的年代稍早于高昌回鹘时期。如现今仅能看清早期壁画的第18窟为源自敦煌汉地传统的中心柱式大型洞窟，前室及甬道在高昌回鹘前期重新修绘，甬道顶描绘中亚流行的套斗型平綦顶图案，以写实手法仿木结构彩绘出檩、枋木构形制。侧壁绘千佛，着圆领通肩式袈裟，禅定印、跏趺坐于覆莲，上方有华盖或图案化的菩提树冠，相间排列，四身一组，用赭、蓝、绿等色彩反复轮换填涂，类似10世纪前后真言密教兴起以后描绘五方佛中四佛的做法。千佛图像是整个西域石窟最为流行的题材，早期大乘经典无论是纯正的《般若经》与《法华经》，还是有密教成分的《华严经》，在经变故事中序品起首都是佛陀说法的场景，绘画表现为满壁的千佛。绵延至10世纪前后，千佛图像出现五方五色的密教因素。第69窟主室券顶佛陀身披红色袈裟，内着僧祇支，坐仰莲之上，画工对华盖精心描绘，上饰火焰纹宝珠，边垂流苏。下层中间一身，左手持钵，右手持药丸，是东方净琉璃世界的药师琉璃光佛。第69窟主室券顶右侧壁以西域凹凸法与中原染色法相融合，晕染人体，反映出风格上的进一步民族化，面相略长而丰满，色彩鲜艳如新。

《法华经》形成于公元1世纪，是大乘佛教中出现年代最久且影响最为深远的经典之一，11世纪的佛教中兴重新唤起了人们对这部大乘基本经典的热忱。与龟兹石窟小乘唯尊释迦牟尼不同，《法华经》则大大神化了佛的属性，使佛成了一个法力无边，无所不能的神。回鹘文《法华经》译自汉文，作为绘画的《法华经变》绘制了释迦成佛后，以各种化身和种种方便，说微妙大法，是敦煌艺术最为成熟的佛教经变叙事画。绘画所侧重的情节依然是源自敦煌体系的绘画题材，如柏孜克里克石窟17窟主室券顶左侧壁绘制《序品》法华会为中心，释迦佛端坐莲花台上，手作说法印，头顶放白毫相光，照东方万八千世界。两侧上部是与会菩萨、弟子等。下部绘《方便品》及《譬喻品》中的内容，右侧一座单层覆钵顶塔，内坐佛像，有人礼拜。第49窟主室右壁顶部绘千佛，南壁是以《见宝塔品》为中心

---

〔1〕 相关内容参见苏日娜：《罟罟冠形制考》，《中央民族大学学报》2002年第2期，第103—107页。

的大型《法华经变》。中部绘木结构的多宝塔，侧面彩云环绕各成组群的圣众，是应释尊神力升到虚空的与会者。多宝塔左上方是赴会的文殊菩萨，前面二侍女执花导引，后有侍从和散花童子。画面上方绘乘坐彩云的十方诸佛。第51窟主室右壁中部是释迦、多宝二佛并立说法像，两侧绘彩云环绕的圣众。下方绘有几身菩萨头像，尚未完全露出地面，这是根据《从地涌出品》绘制的。释尊讲述在娑婆世界有他所教化的“六万恒河沙菩萨”，能在他灭度之后广为弘经，“佛说是时，娑婆世界三千大千国土地皆震裂，而于其中有无量千万亿菩萨摩诃萨同时踊出。”[1]最下方的右边绘一宅院，门口停有羊鹿牛三车，故事源自《譬喻品》中著名的《火宅喻》。左边绘《药王菩萨奉事品》，此品讲《法华经》能救一切众生，令渴乞者如寒得火、裸者得衣、子得母、病得医、民得王等等，画面描绘了如子得母、民得王的两个情景：一妇女面对一群立或跪的裸体小儿，一王者面向一群臣仆。

《华严经》经变也是柏孜克里克石窟早期壁画，其中以《文殊变》和《普贤变》最为多见。如第39窟，在大型长方形纵券顶窟主室两壁绘制《文殊变》（图3-9-3）与《普贤变》，构图大致相同。右壁绘云环外围峨眉山风景的局部，崇山峻岭中五比丘正在一塔前朝拜。峨眉山是普贤菩萨的道场。相传“普贤居此山，有三千徒众共住。”[2]唐代以来，佛教徒常常游方学道，参拜名山圣地。画面表现了当年前往峨眉山拜谒普贤菩萨的情景。券顶绘千佛。侧壁前部相对绘供养菩萨行列。文殊菩萨及其眷属绘于云头纹组联而成的圆环中，右下方昆仑奴用力拉着缰绳，狮子张牙舞爪，侍从眷属左右簇拥。云环外围画五台山风景，岗峦重叠，林木丛生，景色宜人。五台山又名清凉山。《华严经·菩萨住处品》卷二九中说：“东北方有处，名清凉山，从昔以来诸菩萨众于中止住。现有菩萨文殊师利，与其眷属诸菩萨

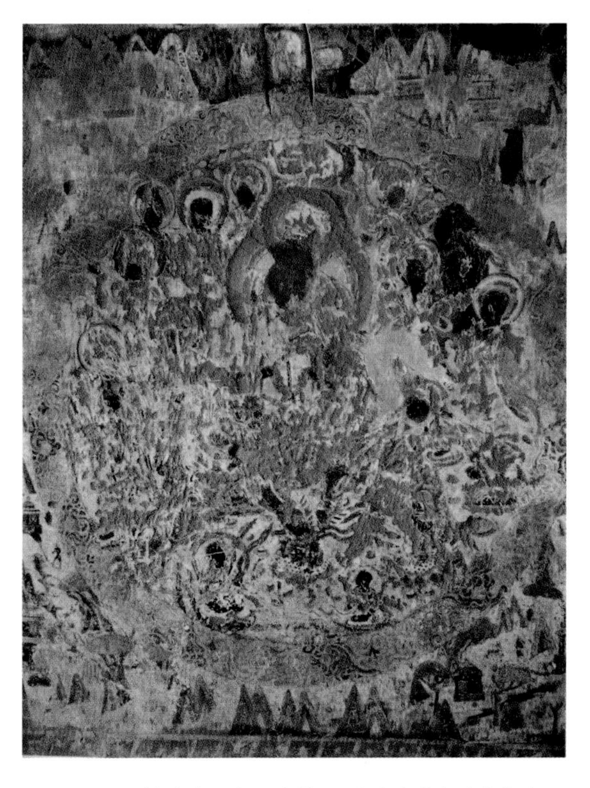

图3-9-3　柏孜克里克石窟第39窟主室《文殊变》壁画

〔1〕参见后秦鸠摩罗什译：《妙法莲华经》卷第五《从地踊出品第十五》，《大正藏》第9册，No. 262，第39页。

〔2〕宋代范成大《吴船录》：“次至三千铁佛殿，云：‘普贤居此山，有三千徒众共住，故作此佛。’冶铸甚朴拙。”（宋）范成大撰，孔凡礼点校：《吴船录·卷上》，北京：中华书局，2002年，第199页。

众一万人俱，常在其中而演说法。”初唐沙门会颐绘五台山图，[1]此后开始流传。

华严密教与五台山图及新样文殊式样自晚唐以来在辽夏回鹘吐蕃广泛流传，柏孜克里克石窟壁画文殊变与普贤变图像同样属于此时多民族关联的图像体系。

由《法华经·观音普门品》衍生的大悲观音变相是高昌回鹘重点表现的题材，典型者如柏孜克里克第20窟内室主壁大悲观音经变画（图3-9-4），其中可见面如满月、满头珠饰的王室贵妇以及具有肌肉爆发力的明王像。第18窟左壁中部重绘于高昌回鹘前期的众生轮回之道途的“六道”亦为此期作品的例证。此外，大约9至10世纪形成的回鹘文《弥勒会见记》有很多章节也描写了地狱的情景，讲述众生以其今生之善恶而得到的因果报应。[2]

与《法华经》描绘轮回救度形成比翼之势，《华严经》多描绘观音净土，并与此时呈真言密教形态的观音形象及金刚乘五方佛结合。柏孜克里克第29窟主室左壁《观音净土变》画面下部绘一宝池，水中一龙昂首衔一枝莲花，四臂观音结“吉祥坐”于茎端莲花座上，天冠中有阿弥陀佛像。右下方绘善财童子，左下方凭栏者是龙女。《八十华严经》卷六八云：“于此南方有山，名补怛洛迦。彼有菩萨，名观自在。”[3]《大唐西域记》卷一〇记：“秣剌耶山东有布呾洛迦山，山径危险，岩谷敧倾，山顶有池，其水澄镜，流出大河，周流绕二十匝，入南海。池侧有石天宫，观自在菩萨往来游舍。”[4]画面中的池或即布呾洛迦

图3-9-4 柏孜克里克第20窟内室主壁大悲观音经变画

〔1〕“《古清凉传》记高宗时沙门会颐奉命至五台山检行圣迹，回京覆命之后，便‘又以此山图为小帐，述略传一卷，广行三辅云’。”“中研院”历史语言研究所：《“中研院”历史语言研究所集刊》（第67卷，第1—2部分），1996年，第166页。

〔2〕相关内容参见耿世民：《回鹘文哈密本〈弥勒会见记〉研究》，北京：中央民族大学出版社，2008年。

〔3〕唐代宝叉难陀译。见《大正藏》第10册，No.279，第366页。

〔4〕唐代玄奘述，辩机撰。见《大正藏》第51册，No.2087，第932页。

山顶之池。《华严经》中说善财童子，为求佛法曾谒观世音菩萨而得到教益。《法华经·提婆品》记有龙女成佛的故事，观音住在南海普陀洛伽山，故有《龙女拜观音》的传说。观音像往往有童男童女，即善财童子和龙女。其次，高昌佛教与此时辽夏佛教一样，在唐代密教的基础上呈现真言密教化趋势，其佛教艺术中出现表现金刚界五方佛的内容，10世纪前后回鹘美术出现金刚乘密教与大乘佛教经变杂糅的情形：第29窟主室右壁的大日如来，右手说法印，左手禅定印，跏趺座，莲台是罕见的藏式仰覆莲座，眉间放出毫光，中有化佛。众菩萨环绕。《大毘卢遮那成佛经疏》："然世间日则有方分。若照其外不能及内。明在一边不至一边。又唯在昼光不烛夜。如来智慧日光则不如是。遍一切处作大照明矣。无有内外方所昼夜之别。"[1]故头上化佛两侧绘二轮太阳，以示遍照一切，无内外昼夜之别。

《观无量寿经变》是受到敦煌图像系统影响的净土宗图像。密乘色彩较少、汉地风格浓郁的绘画风格如第17窟主室券顶左侧壁所绘《观无量寿经变》。画面描绘宝池中生出三枝莲花，阿弥陀佛及观音、大势至两胁侍菩萨坐于茎端莲花座上。阿弥陀佛放眉间相光，现十方诸佛令韦提希见。[2]《观无量寿经》中说，往生西方净土有九种修行，谓之九品。各修其品，极乐往生有花开之迟速，悟道之早晚。[3]下部三分之一的画面据此绘九品化生，莲花有全开、半开、未开三种，明确显示了极乐往生者相互间的差异，分别有"上品上生""上品中生"直至"下品下生"共三品九生的墨书汉文榜题。此外尚与佛本行经变呼应、与禅宗相连。

在敦煌西域美术中着意表现的《涅槃经变》在高昌回鹘前期石窟中也得到了充分的表现，只是有了新的表现形式，如柏孜克里克第16窟全窟就是塑绘结合的《涅槃经变》。

《金光明经》《法华经》与《佛说护国仁王般若经》是回鹘时期镇护国家的三大经典，其中《仁王经》承担的护国大任需要天王完成。因此，天王像、特别是北方多闻天王，一直是西域美术着意表现的内容，天王力士图像在吐鲁番佛教石窟不同时期都有作品存世，图像沿袭于阗至晚唐敦煌的力士与毗沙门天王式样，如20窟作为大悲观音侧壁的《行道天王图》，其绘画风格与五代敦煌绢画《行道天王图》有相似之处。[4]与佛本行故事、经变故事联系，作为情节场景出现的旅途商人形象以及与此关联的护法力士与天王像都是丝路

---

〔1〕唐代一行记，卷第一《入真言门住心品》。见大正藏第39册，No.1796，第579页。

〔2〕"尔时世尊放眉间光，其光金色，遍照十方无量世界；还住佛顶，化为金台，如须弥山。十方诸佛净妙国土，皆于中现。或有国土七宝合成；复有国土纯是莲花；复有国土如自在天宫；复有国土如颇梨镜；十方国土皆于中现。有如是等无量诸佛国土严显可观，令韦提希见。"刘宋畺良耶舍译《佛说观无量寿佛经》，见《大正藏》第12册，No.365，第341页。

〔3〕刘宋畺良耶舍译《佛说观无量寿佛经》，见《大正藏》第12册，No.365，第344—346页。

〔4〕敦煌绢画《行道天王图》，绢本设色，高37.6厘米，宽26.6厘米，现藏于大英博物馆，斯坦因绘画45.Ch.0018。

西域佛教美术刻意描绘的。如韩国首尔国立中央博物馆藏第33窟壁画为一幅佛本行经变故事图中的局部，应位于立佛两侧的画面，表现跪于佛左侧的商人。[1]这些成年累月奔波于丝绸之路上进行国际贸易的商人，双手托盘，盘内置宝物，虔诚供养，希冀求得佛的保护。佛陀的佑护以力士天王的具体形象呈现，佑护往来取经路途僧俗商旅是天王的主要职责。

摩尼教约于6至7世纪传入我国新疆地区，复由新疆传入漠北之回纥，而盛行于该地。在11世纪50年代的喀喇汗王朝皈依伊斯兰教之后，高昌回鹘的摩尼教也逐渐消亡。13世纪后不再流行于天山南北的西域地区。[2]柏孜克里克石窟38窟的壁画是高昌回鹘留存的摩尼教壁画残片，壁画描绘了摩尼教主及其侍从，人物衣饰描绘卓越，细腻紧密的用线技巧透露出波斯细密画的手法。勒柯克在石窟K遗址还发掘了一些摩尼教壁画断片和描绘“选民”的旗幡画残段，这些旗幡通常是用一种苎麻和亚麻纤维纺织而成。其中一幅画着一位身材高大的男选民，身穿传统的白色法衣，双手捧着一本镶金红边的经书，仪态虔诚高贵。他脚下前后跪着一男一女两个听者，对他毕恭毕敬。旗幡上栏中间正襟危坐着一位着白袍的人，他可能是教团中的上层人物。另一幅旗幡上画着一位雍容华贵的女选民，也捧着一本经书，上栏正中坐着一位红衣的拯救之神。他头后显出红色光环的男选民、女选民。这些旗幡大多是资助摩尼教团的贵族入教时所制作。高昌故城遗址发现一幅描绘一群白衣白冠长发肃立的摩尼教徒形象的壁画，据说左侧一个头戴高冠、头部有光环的人物就是教主摩尼的肖像。在胜金口5号窟内有摩尼教典型的生死树壁画，即同株大树一半生，一半死。在吐鲁番的伯孜克里克石窟群的第38窟也有一幅展现生死树的壁画，二者如出一辙。因此，柏孜克里克石窟等壁画所受的域外影响，很多是高昌回鹘通过摩尼教的渠道获得。摩尼教的无差别宗教义理、摩尼教向中原内地的传播及与高昌回鹘有天然联系的甘州回鹘余部，这些因素都促成了吐鲁番所见绘画的多民族因素。高昌回鹘美术与同一时段的西藏西部美术、敦煌宋夏美术之间在佛教图像体系与艺术风格方面有一定的内在联系。除了佛教的传播外，与摩尼教在吐蕃（根据年代分析，吐蕃所受的伊朗火祆教应该有摩尼教的因素）、西夏及汉地的传播有关。

吐鲁番地区石窟壁画尚有柏孜克里克所在的木头沟南口东岸、火焰山两侧的胜金口石窟，此处原是一处佛寺遗址。[3]佛寺遗址群约形成于唐西州时期（640—791），并沿用至高昌回鹘后期（公元13世纪末）。此窟被西方所谓考古探险队探查盗掘，石窟寺中的壁

〔1〕 藏品编号4083。

〔2〕 参见杨富学：《关于回鹘摩尼教史的几个问题》，《世界宗教研究》2007年第1期，第138—146页。

〔3〕 胜金口石窟相关内容另见吴勇：《新疆吐鲁番胜金口石窟考古发掘新收获》，《西域研究》2012年第3期，第133—135页。吴勇、田小红：《新疆吐鲁番胜金口石窟发掘报告》，《考古学报》2016年第3期，第385—430页。

画遭到严重破坏。石窟分南北两寺遗址。南寺中间向两边对称开凿，中部洞窟前室为大型横券顶式洞窟，正壁开凿有小型禅室，保存有回鹘时期的壁画，顶部绘有千佛，两侧壁为经变图，或许是类似法华或华严经变的内容。北寺相对独立，其中有3个洞窟保存壁画，其中第6窟出土的菩萨头像壁画残片，有明显的晚唐人物丰腴华贵的风格。纹饰或图案大都是当地植物。形制有第3窟的中心柱式支提窟，也有第4窟的长方形券顶龟兹变体窟。值得注意的是，奥登堡从胜金口盗割的壁画中有13幅藏传佛教风格的佛传图，现藏艾尔米塔什博物馆。近年当地文物部门也发现了有汉文题记的《金光明经》经变画残片。〔1〕

吐峪沟石窟属于吐鲁番地区年代最早的石窟，〔2〕位于鄯善县西约40公里吐峪沟峡谷东西两侧的山腰上，西距高昌故城和胜金口石窟约13公里。吐峪沟是火焰山中南北走向的河谷，长约7公里。窟群有4处，沟东、沟西各2处。现存洞窟总计为94个，有编号的为46个，第1—24窟位于沟西，第26—46窟位于沟东，第25窟位于沟谷深处的拐角处。吐峪沟石窟始建于公元3世纪，是吐鲁番地区开凿最早的石窟；北凉至麴氏高昌时期（5—6世纪），吐峪沟内进行了大规模的佛寺建造与石窟开凿活动；南北朝时期，它已是麴氏高昌全力经营的佛教重地之一，其中的“丁谷寺”至唐西州时期（7—8世纪）仍然是境内最重要的佛教寺院之一。高昌回鹘时期（9—12世纪），吐峪沟中的石窟寺院仍然受到上层社会的重视，曾加以修复。吐峪沟石窟一些壁画具有浓郁的汉风，一些壁画又有与克孜尔石窟后期作品相似的龟兹风格。内容有窟顶与甬道的贤劫千佛与塔，如第38窟形制大体属于龟兹中心柱窟，左甬道外侧壁的千佛与菩萨，佛着双领下垂式袈裟，内穿僧祇支。〔3〕衣纹线描细劲流畅。菩萨袒上身，璎珞环钏，装饰华丽，有浓郁的龟兹画风。与龟兹石窟不同的是38窟反映大乘佛教思想，只是化佛、画面背景装饰等与克孜尔后期壁画的题材也大致相仿。吐峪沟壁画中多见《杂宝藏经》记述的佛本行与因缘或譬喻故事，有些《杂宝藏经》经变壁画有汉文榜题，方便确定壁画内容。石窟描绘源自敦煌佛教造像系统的《观无量寿经》的十六观与未生怨等，如第20窟主室券顶右侧壁为十六观的“总观”。画面右侧绘一比丘静坐禅观，左侧画一宝楼，有曲颈琵等乐器悬处空中“不鼓自鸣”，与经文内容完全相合；主室券顶右侧壁的南壁划分三层小方格。下面二层十六幅绘“十六观”。各幅构图类同，右侧绘坐禅比丘，左侧是观想的内容。榜题栏内有墨书汉文榜题：“行者观

〔1〕新疆文物考古研究所，吐鲁番学研究院：《吐鲁番胜金口石窟西岸佛塔发掘简报》，《吐鲁番学研究》2020年第2期，第1—8、154页、图版一、图版二。

〔2〕吐峪沟石窟相关内容参见贾应逸：《新疆吐峪沟石窟佛教壁画泛论》，《佛学研究》，1995年，第240—249页；中国社会科学院考古研究所边疆民族考古研究室，吐鲁番学研究院，龟兹研究院：《新疆鄯善县吐峪沟石窟寺遗址》，《考古》2011年第7期，第27—32、113、105—106页；中国社会科学院考古研究所边疆民族考古研究室，吐鲁番学研究院，龟兹研究院：《新疆鄯善县吐峪沟东区北侧石窟发掘简报》，《考古》2012年第1期，第7—16页。

〔3〕侯世新：《吐峪沟石窟寺第38窟龟兹风探析》，《敦煌学辑刊》2011年第2期，第122—131页。

台上有四柱宝幢幢上宝□四夜摩天宫”“行者观想树叶一一树叶作百宝念具树两边有二宝幢”“行者当起息生于西方极乐世界于莲花□□”等等。画面清晰的有总观、水想观、宝树观等。《观无量寿经》中记佛为韦提夫人说修十六观想之法，莫高窟多据此画韦提夫人观像。[1]此窟均作比丘禅观画面，具有地方特色。[2]第44窟中，正壁和两侧壁上均绘佛本生故事，有一佛二菩萨，每幅画旁有汉文题记。尚可辨认的壁画内容有：“羼提婆利忍辱截割手足”“摩钳太子求法赴火”“慈力王施血饮五夜叉”“萨□那太子舍身饲虎”“毗楞竭梨王身钉千钉”和“尸毗王割肉贸鸽”等。

吐峪沟石窟有高昌回鹘时期一类特殊的题材，典型如41窟，窟顶南北两披根据窟顶形状安置边框，内置立佛（边缘佛像呈坐姿）八位（图3-9-5），若窟顶四披则为32佛，若南北两披，则为十六尊。千佛中的立佛源自中亚克什米尔传统，应当都是《法华经》等大乘大经序品佛说法时听法的诸佛，其中或有药师八佛，这类图像从吐鲁番到藏西都很流行。如第41窟主室顶部北坡立佛，偏袒右肩，左手托钵，系表示甘露。右手持药丸，或为东方净琉璃世界的药师琉璃光佛。

吐峪沟高昌回鹘时期的壁画，多出现千佛中以龛框安置佛说法图，画面两侧有观音和弥勒作为胁侍菩萨的构图。如第12窟后甬道顶部中心柱后壁龛楣上方并列二铺说法图。顶部绘斗四式平棋图案，双层套叠。中心方井内绘一朵浑厚饱满的莲花，晕染细腻。四角

图3-9-5 吐峪沟石窟第41窟窟顶立佛像（局部）

〔1〕 十六观的内容参见：刘宋畺良耶舍译《佛说观无量寿佛经》，见《大正藏》第12册，No.365，第340—346页。

〔2〕［日］宫治昭著，贺小苹译：《吐峪沟石窟与禅观》，上海古籍出版社，2009年。

绘莲蕾，边饰有忍冬纹、树叶纹、方格团花纹等。画面色彩鲜艳，轮廓清晰，美观大方，是图案艺术中的优秀作品。第12窟后甬道后壁的说法图等，均为一佛二菩萨式，构图有一定的格式。

高昌故城河谷对岸有雅尔湖石窟，[1]位于吐鲁番西约12公里处雅尔乃孜沟西黄土沉积地带的河谷西崖上，下距河谷底约20米。雅尔湖石窟与交河故城遗址相距仅0.8公里，隔河谷相望，历史上为交河故城所属寺院。现今留存有壁画的石窟为长方形拱券的龟兹石窟变体，石窟主壁设坛安置释迦牟尼与二胁侍菩萨，窟壁满绘贤劫千佛，有些留有汉文名题，如第4窟，每尊小佛像旁边都有墨书汉文榜题"南无德敬佛""南无功德明佛""南无金刚相佛"等等，这些壁画多为高昌回鹘前期的作品。第7窟也是长方形纵券顶窟，四壁绘千佛。一种佛像着双领下垂式袈裟，上方绘图案化的菩提树冠；一种着圆领通肩式袈裟，上方绘华盖，相间排列，坐覆莲座，莲瓣宽厚，两手相握置腹前。菩提树冠与华盖被佛头光遮掩，看起来均在佛身后，未将佛罩盖在下面。这是千佛题材早期的一种构图形式。壁画中部各绘一铺一佛二菩萨式的说法图。窟顶绘的是装饰意味甚浓的净土宝地，绿水清澈，排列朵朵莲花及其变体图案，空隙处填绘莲蕾和鹤、鸭等水鸟，化生于莲花中的菩萨与童子悠然漂浮于池中。窟顶清明色彩的净土，如同大毡帐朝向蓝天的天窗，具有浓郁的地方装饰色彩。

七康湖石窟位于火焰山北坡中部，[2]西临七康湖水库，东距胜金台镇4.5公里，距柏孜克里克石窟东北约3公里。与柏孜克里克石窟、胜金口石窟和拜西哈石窟同处木头沟河两侧，共同组成木头沟佛教建筑遗址群。石窟年代约为公元6—11世纪左右。佛教遗址区分为南北两处寺院，中间被一条狭窄的东西向洪水冲击沟自然分开，两处寺院洞窟都依相对分布的山坡一字形排开。石窟现存10个洞窟中，保存壁画的洞窟有6个。沟的南侧存7座洞窟，称为南寺；沟的北侧存3座洞窟，称为北寺。由南至北、由东向西依次编号。沟南窟群上方有佛塔两座，相距75米R沟北窟群上方也有一座佛塔。石窟南寺2—6号窟为一组完整的五佛堂窟，其中4号窟为一座中心柱窟，壁画面积保存得最多，洞窟形制与柏孜克里克第18窟相同，其壁画题材、布局、画风也与柏孜克里克第18窟早期壁画相同。德国人格伦威德尔记录为"最大并且最美丽的洞窟"。现主室仅可见壁画残迹，中心柱左、右、后三甬道壁画保存较为完整。七康湖石窟壁画残留不多，是一处相对独立的寺院，有标志性建筑——佛塔，窟前有廊、庭院。洞窟形制除典型的中心柱窟外，还有长方形纵券顶窟、供僧人修行的禅窟等。壁画大都为千佛或千佛图中安置的说法图及其胁侍菩

---

〔1〕雅尔湖石窟相关内容参见柳洪亮：《雅尔湖千佛洞考察随笔》，《敦煌研究》1988年第4期，第45—50页。吐鲁番地区文物局，吐鲁番研究院：《雅尔湖石窟调查简报》，《吐鲁番学研究》2015年第1期，第1—13页。

〔2〕此窟相关内容参见侯世新：《吐鲁番奇康湖石窟探析》，《敦煌研究》2008年第5期，第25—29页。

萨，如第4窟右甬道内侧壁中心柱正面塑像，其余三面各绘一佛二菩萨式的说法图。周围绘千佛，四身一组，以红、蓝、绿、绛四种不同的颜色依次轮换排列。窟内图像以中心柱佛像为主尊，以四色千佛作为四方佛，可见11世纪前后的密乘影响。窟顶的套斗平棋顶极具克什米尔风格，如第4窟甬道顶部的平棋图案。

火焰山北坡还有拜西哈石窟，位于吐鲁番市东北40余公里的火焰山北坡胜金乡木头沟村南的一条小沟中，东距柏孜克里克石窟约2.5公里处，南距胜金口石窟寺约7公里。石窟约开凿于10世纪，由回鹘人修建，共有10个洞窟，自东向西编号1—10号，其中5个洞窟保存有壁画。维吾尔语“拜西哈”意为5个洞。石窟内表层抹夹草泥，有彩画；第1、2、4、5窟为方形穹隆顶，第3窟为中心柱式，为窟群的主窟。第3窟现存有回鹘供养人像和回鹘文榜题，前室顶部绘月天及其眷属，东壁通壁绘敦煌莫高窟常见的经变画《维摩诘经变》，表现“问疾品”“不可思议品”“佛国品”等的许多情节，是吐鲁番地区高昌回鹘时期重要的石窟寺遗存。此窟绘画风格与绘画母题和高昌回鹘其他石窟略有差别，画面红褐暖色调稍弱，有敦煌宋夏石窟常见的石绿，绘画风格与之极为相似，尤其是壁画中的藤蔓等植物形态与榆林窟、东千佛洞，乃至西藏西部石窟壁画中的装饰母题几乎相同。石窟壁画大型经变的构图与画法，与此时西夏经变画可以比较，将佛本生故事安置在藤蔓圆环中的处理手法，也颇具有地方特色。

大小桃儿沟是吐鲁番石窟中存留藏传佛教造像的重要石窟。其中大桃儿沟石窟位于吐鲁番市亚尔乡葡萄沟西约3公里、火焰山南沟口约400米处大桃儿沟西侧，沟为南北走向，山势较缓，地表为夹砂石土层。壁画内容有密教色彩，根据藏传佛教流行于回鹘的年代判断，石窟建于宋西夏元时期，现存10窟。洞窟自南向北编号，其中：第1—5窟未成，第6、7窟同为方穹隆顶，存壁画少许，色彩已脱落；第8—10窟为长方形纵券顶。第8窟壁画完全熏黑，两侧壁有4个对称禅窟；第9窟顶部和四壁残留一些壁画，色彩基本清楚，据称是八十四大成就者，与莫高窟465窟壁画下方八十四大成就者有相似之处；[1]第10窟位于第9窟东北约50米的山顶上，门南向。壁画保存较为完整，色彩清晰，按连环画方式排列。南沟口右残存佛塔。第2窟主室右壁左侧菩萨，其右手似持密教法器。[2]

大桃儿沟西侧的小桃儿沟石窟，开凿时代同样为宋西夏元时期，现存5窟，均营造于崖壁内，形制为长方形纵券顶式和正方形穹隆顶式2种。其中比较完整的第2窟双侧壁皆有禅洞，正面有佛龛。此窟壁画的题材在高昌回鹘石窟中非常特别，其中出现了11世纪流行的八塔及其降龙、伏虎罗汉图像，其中佛塔是河西走廊马蹄寺等地最为常见的东印度与西藏中部的噶当塔式样，大小桃儿沟石窟的壁画或者可以看作是西夏式样蔓延至吐鲁

〔1〕 参见陈玉珍、陈爱峰：《大桃儿沟第9窟八十四大成就者图像考释》，《敦煌研究》2014年第6期，第36—47页。

〔2〕 吐鲁番地区文物局、吐鲁番学研究院：《大桃儿沟石窟调查简报》，《吐鲁番学研究》2012年第1期，第1—17页。

番的边缘，柏孜克里克出现的西夏文与兰札体藏文残片以及高昌与交河故城寺庙出土的双头佛像旗幡或许是佐证，双头像在莫高窟、黑水城彩塑也能看到。[1]早在11世纪初，高昌回鹘在援助于阗王抵抗喀喇汗王朝的战争中加强了与吐蕃接触，因而在宗教信仰上增进了解并相互影响，藏传佛教也开始在高昌王国流传发展，甚至回鹘王室公文也用藏文发出。[2]西藏西部阿里古格邦王益西沃（947—1024）传说曾被高昌回鹘境内的葛逻禄囚禁，后由他侄孙用黄金赎回。[3]此外，高昌故城西南佛塔后方寺庙，尚有藏传佛教雕塑五方佛残存，以及佛顶尊胜的藏传佛教壁画，年代或在13世纪初。吐鲁番各佛教石窟曾出土《圣救度佛母二十一种礼赞经》。[4]译自藏文的经典尚有《佛说胜军王问经》、《大乘无量寿经》、《吉祥胜乐轮曼荼罗》、《文殊师利成就法》、《供物仪轨》、涉及那若巴的法本和一部由萨迦班智达撰写的《师事瑜伽》，另外《大白伞盖总持陀罗尼经》、《佛顶尊胜陀罗尼经》、《文殊所说最胜名义经》及《八大圣地制多赞》也用了藏文底本。

除了吐鲁番火焰山峡谷石窟寺留存的壁画外，另一处就是北庭西大寺佛寺遗址的雕塑和壁画，[5]可以与吐鲁番石窟佛教壁画进行比较。北庭西大寺位于昌吉回族自治州吉木萨尔县城以北约12公里的北庭镇西上湖村。该寺最初建于唐贞观十四年（640），原名“应运大宁寺”。寺坐北朝南，南北长70.5米，东西宽48.8米，由土坯砌成，建筑面积3 069.9平方米。佛寺由北面正殿和南面的配殿、僧房、库房、庭院两大部分紧密衔接而构筑成一个四合院落。北部正殿的东西两侧有排列整齐的佛龛，分为上下两层，上为7龛，下为8龛，均由门道和龛窟两部分组成，洞室左右与券顶均绘有彩色壁画，佛像已残缺不全。东侧佛洞保存尚好，而西侧佛洞由于正对盛行风向，风雨侵蚀强烈，几被剥蚀殆尽。整个寺院构筑的格局与吐鲁番柏孜克里克千佛洞相似。此处属唐代北庭大都护府遗址，因而也称北庭故城。北庭西大寺是北庭故城遗址的附属建筑之一，历时唐、宋、元时期。留存壁画中出现了“亦都护（高昌国王）”“长史”“公主”画像，学术界推断该寺在高昌回

---

〔1〕前揭勒柯克著，赵崇民译，吉宝航审校：《高昌：吐鲁番古代艺术珍品》，图版40。

〔2〕P.t.1188是登里回鹘可汗在五代后晋天福七年（942）颁布的一份告牒：“登里回鹘可汗发出之盖印告牒，授予悉董那旺论。该员内府长官，其祖先曾攻克朵喀尔城堡，先后为王施政，广事禅益功德，并真正做到，南北东西征伐，不惜人马。由此利益之功德，殿下十分满意，按所立功德，令马会议事，委任以乌浒尔伊南几‘于迦’之职。天复七年阴金兔年（辛卯）春季正月十五日，发自金门正殿盖印，授予悉董那旺论。”王尧：《P.t.1188登里回鹘可汗告牒译释》，《西藏民族学院学报》（社会科学版）1987年第2期，第33—36页。

〔3〕天喇嘛益西沃是10世纪后半叶至11世纪初叶后弘期佛教在藏区西部阿里兴起的关键人物，他派大译师仁钦桑布（958—1055）前往迦湿弥罗迎求正法，舍弃尘世生活出家为僧，取法名智光，后身陷葛逻禄人牢狱并让他的侄孙绛曲沃以赎金去迎请阿底峡入藏传法。蔡巴·贡嘎多吉著，东嘎·洛桑赤列校注，陈庆英、周润年译：《红史》，北京：民族出版社，1981年，第42—43页。萨迦·索朗坚赞：《西藏王统记》，北京：民族出版社，1981年，第244页。

〔4〕关于此经的研究参见耿世民：《回鹘文〈圣救度母二十一种礼赞经〉残卷研究》，《民族语文》1990年第3期，第26—31页。

〔5〕中国社会科学院考古研究所编著《北庭高昌回鹘佛寺遗址》。

鹘时期应是高昌回鹘的王家寺院。现遗址内还残存有佛、菩萨、罗汉、天王等塑像及千佛、菩萨、护法、经变故事、供养比丘和供养人像等壁画，间有回鹘文、汉文题记。最为著名的是105号配殿的《八王分舍利》壁画，[1]讲述的是释迦牟尼涅槃之后，八王因争分舍利而展开战争，最后经过调解，八王均分舍利的过程。壁画北侧描绘阿阇世等诸国王，率象兵、马兵、车兵、步兵涉渡恒河，一王者交脚坐于白象，前后骑士簇拥，行进于山峦间。壁画色彩以红蓝绿为主，白色和褐色为辅，壁画善于用线，继承了于阗尉迟乙僧的风格。[2]与柏孜克里克石窟佛本行故事有所差别的是，北庭西大寺壁画对佛教故事人物本土化的程度更高，壁画反映出当地的风土人情与自然风貌。佛传壁画的下半部，绘有两铺大幅的供养人像，画像的左边用高昌回鹘时期的回鹘文字竖直地记录着供养人的身份：回鹘王阿斯兰汗的依鼎公主及驸马。王家大寺尚有残高7米的菩萨像泥塑、“狮子王”阿斯兰汗全身贴金的壁画和三行回鹘文的题记。203、204、205号洞龛的交脚菩萨像，最为著名的是长11米的泥塑卧佛。壁画与雕塑的年代大约在10世纪末至11世纪初。北庭回鹘佛寺遗址壁画的发现，弥补了高昌地区回鹘佛寺遗址基本残毁无存的缺环，为研究回鹘佛寺的形制及回鹘式佛寺建筑的特点提供了实证，但它绝非高昌回鹘佛寺的翻版，而是在其基础上进行了再创作，壁画题材、人物形象与基本构图是自成体系的。[3]

丝路西域晚唐至宋元时代，或者说10至14世纪是包括佛教艺术在内的中国多民族艺术史重构质变的关键时期，高昌回鹘美术在此进程中具有非凡意义：吐鲁番盆地独特的源自汉魏的艺术传承在高昌回鹘时期注入了多民族艺术的成分，她以一种新的多元文明的视角阐释此时活跃在各民族之间的佛教艺术传统。洞窟形制对克孜尔龟兹石窟样式进行了改变，经变绘画的小乘教法逐渐被大乘意旨所替换；此时出现的源自唐密、印度密教甚至藏传佛教的密教成分与早期小乘佛教和所谓佛教末法时期的大乘佛教义理在高昌回鹘造像中得到了最好的体现。从佛教图像构成分析，高昌回鹘佛教图像是西域佛教图像的新阐释方式，揭示了西域原本传承的中亚大乘佛教体系，敦煌汉地因素与此期辽、西夏乃至藏西吐蕃佛教风格之间内在的联系逻辑。柏孜克里克佛本行故事的典型构图与内

---

〔1〕古丽比亚、柴剑虹：《北庭高昌回鹘佛寺争分舍利图试析》，收入《段文杰敦煌研究五十年纪念文集》，世界图书出版公司，1996年，第167—171页。

〔2〕宋《宣和画谱·尉迟乙僧》：“尉迟乙僧，吐火罗国胡人也，父跋质那。乙僧贞观初其国以善画荐中都，授宿卫官，封郡公。时人以跋质那为大尉迟，乙僧为小尉迟，盖父子皆擅丹青之妙，人故以大小尉迟为之别也。乙僧尝于慈惠寺塔前画千手眼降魔像，时号奇踪。然衣冠物像，略无中都仪形。其用笔妙处，遂与阎立本为之上下也。盖立本画外国，妙于前古；乙僧画中国人物，一无所闻。由是评之，优劣为之遂分。今御府所藏八：弥勒佛像一、《佛铺图》一、佛从像一、《外国佛从图》一、唐大悲像一、明王像二、《外国人物图》一。”（宋）佚名著，王群栗点校：《宣和画谱》卷一道释一唐《尉迟乙僧》，杭州：浙江人民美术出版社，2019年，第16—17页。

〔3〕中国社会科学院考古研究所新疆工作队：《新疆吉木萨尔高昌回鹘佛寺遗址》，《考古》1983年第7期，第618—623页。栾睿：《北庭西大寺所反映的高昌回鹘佛教特征》，《西域研究》2004年第1期，第54—59页。

容，我们在敦煌莫高窟、榆林窟，甚至西藏西部都可以看到，如柏孜克里克第20窟大悲观音经变、佛本行故事燃灯佛授记的情节，我们在榆林窟第39窟的回鹘壁画《千手观音变相》与《儒童本生》中同样可以看到，甚至藏传佛教艺术中吐蕃赞普热巴巾布髪掩泥的记载亦与此同源。

对于佛教艺术来说，这段时间不仅图像与风格发生了显著的变化，其呈现方式也迅速地本土化、礼仪化。11世纪至14世纪，吐蕃、宋、辽、回鹘、西夏乃至稍后的蒙元，对正统佛教及其经典的探求一直没有停止，无论是以数百人取经团队穿越沙海绿洲赴天竺取经求法的宋人，也无论是各处建塔、起寺、造窟的回鹘人，还是求取贝叶梵典、钻研雕版印刷技术、善于营造涅槃睡佛的西夏人……持续几个世纪，不同的人群以趋同的信念在佛教及其艺术的发展中形成共同的思想文化潮流。

高昌回鹘美术的意义可以归结为以下几个方面：（1）承继唐五代高昌中原艺术传统，以蕴含中亚佛教艺术元素的旃檀立佛式样佛本行经变开辟11至14世纪佛教艺术的新绘画叙事样式与风格；（2）以王室供养人与敦煌地区石窟壁画供养人图像个案构建敦煌与西域石窟佛教艺术的直接关联，以多民族艺术关联展示政治文化交流；（3）地处中原、河西走廊宋辽西夏通向中亚西域的枢纽，连接龟兹乃至西藏西部与邻近地区不同民族与不同宗教的艺术风格，形成此期艺术风格样式的梯级过渡，在中国佛教艺术重构发展的过程中扮演了非常重要的角色。高昌回鹘以柏孜克里克石窟为代表的《佛本行画传》壁画，技法上最为突出的特色是暖色系矿物颜料的应用。这些作品或是由来自中亚的画家创作，壁画在土坯墙涂上掺有植物纤维的石灰土作为素壁，用青金石、氧化铜、朱砂、金箔等矿物颜料绘制而成，配合晚唐以来盛行的屏风式样的边框构图，创造出温暖、辉煌绚烂的色彩，展现了强烈的舞台场景感。

总之，我们讨论回鹘美术，就是要将其与同时期吐蕃及与之有继承关系的藏区西部、两宋与西夏、辽甚至金元等民族图像风格联系成一个整体加以分析，作为11世纪前后重构中国美术史的重要进程。回鹘美术处于包括丝绸之路东段河西走廊的民族交融地带，是本时期回鹘与多民族艺术重构的时空交互地带，在印度中亚佛教衰微后，多民族佛教艺术以中国境内丝路，特别是以丝路绿洲与河西走廊为舞台和驿站，上演一场多民族共创中华文明史的大戏，这种融合趋势导致了此期中国艺术史的重组与变革，使之与前代民族艺术关系呈现不同的面貌，真正形成了有内在演进规律的图像风格关联。可以这样说，对11至14世纪回鹘、宋、辽、吐蕃、西夏、元代艺术研究最大的价值，在于我们将由地域及宗教文化特征形成的、相对孤立的各个民族的艺术置于11世纪至14世纪中国多民族艺术史所依靠的政治文化交流的宏大网络中，作为这一时期重构真正意义上的中国多民族艺术史的最重要的共有元素。

第十节　托林寺迦萨殿药师图像与13—14世纪西藏西部阿里地区药师传承信仰

意大利藏学家朱塞佩·图齐（Giuseppe Tucci）于1933和1935年两次考察托林寺时，该寺迦萨殿内塑像与壁画尚完好无损。他与随从摄影师欧金尼奥·盖尔西（Eugenio Ghersi）当年拍摄了大量有关迦萨殿的壁画，可惜这批珍贵的图片资料现仍封存于意大利国家东方艺术博物馆内至今还未公之于众，这对于探究早已沉湎于历史记忆中的古格王国兴佛之初所建托林寺迦萨殿而言，要化解其内部诸佛殿的图像配置这一谜团仍需要漫长的等待。本节基于维也纳大学艺术史学者黛博拉·克林伯格·塞尔特（Deborah Klimburg-Salter）教授早年论文《斯比蒂河谷中的唐卡绘画传统》中引用盖尔西于迦萨殿拍摄的两张照片，结合西藏西部阿里地区13—14世纪前后的桑达石窟、帕尔噶尔布石窟以及羌衮巴石窟中的药师如来曼荼罗壁画，在构建迦萨殿外围配殿原"药师如来殿"图像构成的同时，就古格王国早期药师佛传承脉络，以及相关图像题材在13世纪前后阿里地区的信仰传承等问题展开分析。

一、迦萨殿与药师佛图像概述

托林寺迦萨殿（brGya rtsa lha khang）为古格王益西沃于996年初建托林寺时所建（图3-10-1）。该佛殿呈立体曼荼罗形，其内部绘塑在"文革"期间多已被毁，残存数量屈指可数。目前可确定该殿中央原塑像为金刚界大日如来及眷属，其四方另开有四座小殿，象征金刚界四方佛及眷属所居之地，[1]此与中央主体佛殿构成立体金刚界

〔1〕因造像大部分已毁，暂无法确知中央呈"十"字折角形（或考古学称为"亚"字形）佛殿之四方小殿中的具体造像，故无法肯定门朝中央主尊大日如来四方的四座小殿是否为金刚界四方佛及眷属之居所（当然，不能排除四方佛及眷属就塑于中央殿堂大日如来的四方）。但值得肯定的是，"十"字折角形佛殿早期的出现与金刚乘的兴起相辅相成，故在中央佛殿大日如来四方另开四座小殿，至少在功能上有象征金刚界四方佛及眷属之方位居所的意向。

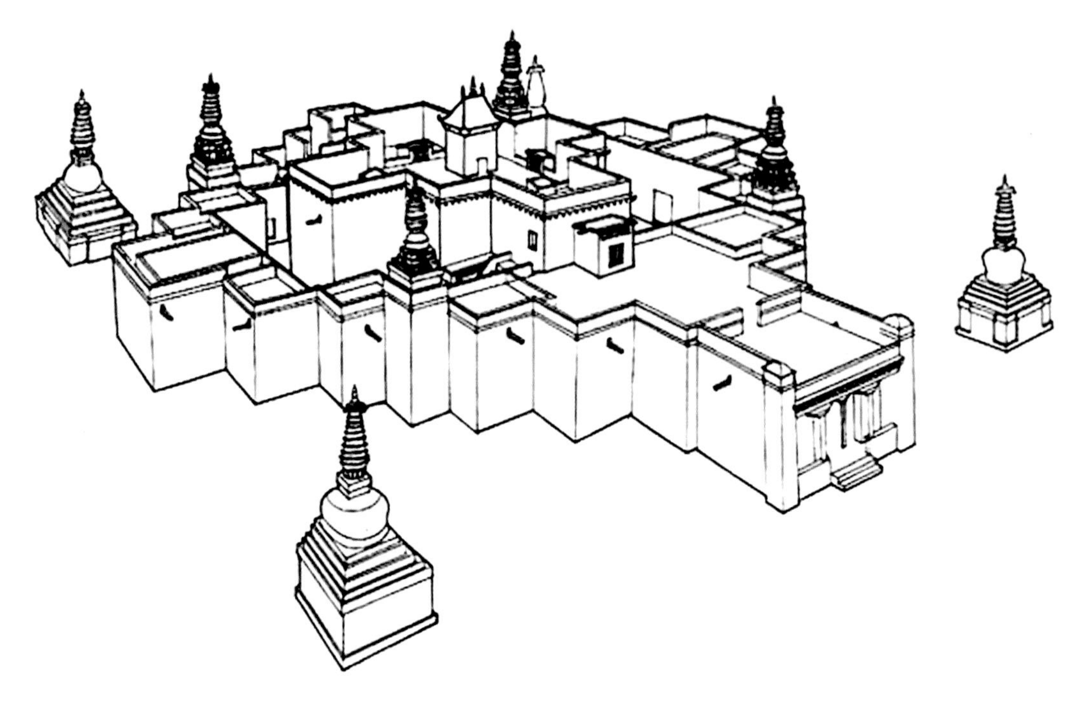

图3-10-1　托林寺迦萨殿复原图

曼荼罗之无量宫。在环围金刚界主殿的外重另开22间配殿，内部供有不同部派的诸天众。

从残存的壁画痕迹及造像残件看，中央金刚界主殿及四角佛塔为初建该寺时的遗产。外重配殿中的塑像及壁画留有多次改造重绘痕迹，推测年代跨度从建寺初到16世纪之间。因塑像和壁画多被破坏，目前每一配殿的名称是在原造像痕迹的基础上借助史料和早年遗僧的记忆复原的。[1]意大利藏学家图齐于1933年和1935年考察该寺时，迦萨殿及配殿造像和壁画保存完好，他与随从摄影师盖尔西[2]当年拍摄了大量有关迦萨殿的壁画，可惜至今还未公之于众。笔者有幸在阅读奥地利维也纳大学著名喜马拉雅艺术史学者黛博拉·克林伯格·塞尔特早年论文[3]时，竟发现她在讨论13—14世纪西藏西部艺术风格时曾借用了当年盖尔西于托林寺迦萨殿拍摄的两张照片（图3-10-2；图3-10-3）。单从照片所反映的绘画风格看，其特征为13世纪前后的壁画作品。不过该照片具体

〔1〕托林寺迦萨殿外重各配殿命名见Roberbo Vitali, *Records of Tholing: A Literary and Visual Reconstruction of the Mother Monastery in Gu Ge*, Dharamshala, India: Amnye Machen Institute, 1999, pp. 92-93.

〔2〕图齐与盖尔西考察合作事略，可参看魏正中、萨尔吉：《探寻西藏的心灵——图齐及其西藏行迹》，上海古籍出版社，2009年，第65—69页。

〔3〕Deborah Klimburg-Salter, "A Thangka painting Tradtion from the Spiti Vally", *Art of Tibet: Selected Articles from Orientations 1981-1997*, Hong Kong: Orientations Magazine Ltd, 1999, pp. 258-265.

图3-10-2 宝月智严光音自在王如来，托林寺迦萨殿，13—14世纪，盖尔西摄

图3-10-3 金色宝光妙行成就如来，托林寺迦萨殿，13—14世纪，盖尔西摄

摄自迦萨殿的哪一配殿，文中并未注明。这两张图片中的主尊，克林伯格教授将其推断为五方佛。[1]

若仔细分析这两幅照片中的图像，会发现其题材和绘画风格竟然与近年来西藏阿里地区发现的桑达石窟（sPang bka〔'gram〕）、帕尔噶尔布石窟（Bar dkar po）和羌衮巴石窟（Byang dgon pa）壁画中的风格题材有着惊人的相似性。可惜仅凭这两张照片我们不能遍览整个迦萨殿当年之盛况。所幸的是，据该照片所提供的信息，并参照阿里地区同一时期其他石窟壁画艺术，亦可构建出与此题材有关的图像系统，以及该图像在13—14世纪西藏阿里地区的信仰现状。

从照片显示的方位看，该组照片应摄于迦萨殿外重的某一配殿。其中图3-10-2主尊之右侧被雨水冲刷泛白处为正壁与侧壁的转角处，转角的右侧即进殿门的左壁。靠近正壁右侧的一尊虽在照片中仅露出半身，但从尊格头髻和头光特征看，他与正壁主尊保持一致。图3-10-3紧接图3-10-2，在图3-10-3之后另有与此相同构图的壁画，因此暂可推测这组壁画应出自同一题材。另从主尊背龛特征看，图3-10-2与图3-10-3背屏呈椭圆形，用象、狮羊、羯摩鱼和金翅鸟等六拏具装饰，为典型的印度波罗艺术样式。两图片中的主尊均身着袈裟偏袒右肩，金刚跏趺坐。黑色螺髻，天庭饱满，眼睑弯曲呈俯视状。左右胁侍发髻高耸，两足向外侧立，上身裸露璎珞严饰，下着彩色犊鼻裙。两主尊的区别是，除图3-10-2左手禅定印，右手施与愿印，图3-10-3两手结说法印外，另在图3-10-2主佛的螺髻顶端镶有珠宝，以及天庭两侧饰有呈圆形的八瓣花朵。

这两组图片无论绘画风格还是图像特征，均与桑达石窟（图3-10-4）和帕尔噶尔布

〔1〕 Deborah Klimburg-Salter, "A Thangka painting Tradtion from the Spiti Vally", *Art of Tibet: Selected Articles from Orientations 1981–1997*, Hong Kong: Orientations Magazine Ltd, 1999, p. 263.

图3-10-4　宝月智严光音自在王如来和金色宝光妙行成就如来，桑达石窟，13—14世纪

石窟药师如来曼荼罗壁画（图3-10-5；图3-10-6）中的药师佛一致。通过图像类比，盖尔西拍摄于迦萨殿中的这两幅图片的主尊分别是药师八佛中位于西南方的宝月智严光音自在王如来和西方的金色宝光妙行成就如来。两侧分别是各自的胁侍弥勒（Byams pa）和归依（sKyabs grol）以及辩积（sPobs pa brtsegs pa）与镇伏（rNam par gnon pa）菩萨。其中，图3-10-2宝月智严光音自在王如来右侧胁侍菩萨因佛殿屋顶漏水冲刷，在照片中已显示不清。

以下通过对西藏药师如来曼荼罗传承及图像文本的梳理，来进一步展开分析该图像与13—14世纪阿里地区所传药师如来曼荼罗图像配置之关系及信仰传承。

图3-10-5　宝月智严光音自在王如来，帕尔噶尔布，13—14世纪

图3-10-6　金色宝光妙行成就如来，帕尔噶尔布，13—14世纪

二、西藏药师佛传承谱系及经典

有关西藏早期药师佛的传承与发展，五世达赖喇嘛·阿旺洛桑嘉措在《药师七佛供养法汇》（*sMan bla bdun gyi mchod pa'i cho sgrig*）中指出，寂护（Śāntarakita, Zhi ba 'tsho, 725—788）是其修习法门的开创者。对此，陈智音先生已做过梳理研究。[1]《药师七佛供养法汇》中共记载了两支源于寂护的药师传承，一支由吐蕃王室传，传承谱系是：寂护—赤松德赞（Khri srong lde btsan, 755—797）—萨纳列（Sad na legs，又名赤德松赞〔Khri lde srong brtsan〕，798—815年在位）—赤祖德赞（又名热巴巾〔Ral pa can〕，815—838年在位）—拉隆帕多吉（Lha lung dpal rdo rje，刺杀朗达玛者）—沃松（'Od srung，朗达玛之子，838—842年在位）—帕阔赞（dPal 'khor btsan，沃松之子）—吉德尼玛贡（sKyid lde nyi ma mgon，帕阔赞长子）—扎西德（bKra shis lde，又名扎西衮〔bKra shis mgon〕，吉德尼玛贡次子，拉喇嘛益西沃的父亲）—柯热（Kho re，益西沃的哥哥，扎西德长子）—拉德（lHa lde，柯热之子）—沃德（'Od lde，拉德长子）—孜德（rTse lde，沃德之子）。

另一支药师传承源自寂护的故乡萨霍尔。传承谱系是：寂护—小菩提萨埵（Bod hisattva mchung ba）—萨霍尔王格威帕（dGe ba'i dpal）—阿底峡尊者（Atiśa）—拉尊绛曲沃（Lha btsun byang chub 'od）。[2]

综观以上两支传承，第一支的前期主要由吐蕃王室传承，后从吉德尼玛贡到孜德之间的6位是吐蕃后裔古格王室成员，最后一位是1076年汇集卫、藏、康三地大德于托林寺主持举办“火龙年法会”的古格王孜德。第二支后期的主要传承者是后弘期初藏地密教的引入者和噶当派创建人阿底峡尊者，他曾于1042—1045年在托林寺与大译师仁钦桑布共事，而其下任传承者正是迎请阿底峡尊者入藏的古格王绛曲沃。[3]

藏文《大藏经》中共收录了四部寂护撰写的药师七佛仪轨，其中《八如来赞》[4]和《七如来往昔誓愿广分别经教授》[5]明确署有作者的姓名。紧随其后的《七如来往昔誓愿广

〔1〕陈智音：《寂护与药师佛信仰在西藏的开端》，载李国庆、邵东方主编：《天禄论丛：北美华人东亚图书馆员中国学文集》，桂林：广西师范大学出版社，2010年，第4页。

〔2〕《药师七佛供养法汇》（*Dder gshegs bdun gyi mchod pa'i chog bsgrigs yid bzhin dbang rgyal*），《五世达赖喇嘛·阿旺洛桑嘉措文集》第15卷（藏文），北京：中国藏学出版社，2009年，第429—510页。

〔3〕关于绛曲沃迎请阿底峡进藏事迹，参阅巴卧·祖拉陈瓦著，黄颢、周润年译注：《贤者喜宴——吐蕃史译注》，北京：中央民族大学出版社，2010年，第304页及第309页注释7。

〔4〕*De bzhin gshegs pa brgyad la bstod pa*, D.1166; P.2055, vol. 46.

〔5〕*De bzhin gshegs pa bdun gyi sngon gyi smon lam gyi khyad par rgyas pa zhes bya ba'i mdo sde man ngag*, D.3132; P.3953, vol. 80，经后跋文为“为自在圣主吉祥赞普天子赤松德赞寿命增长、王位巩固、权势宏阔、（转下页）

分别修诵仪轨·经文摄略》[1]和《七如来往昔誓愿殊胜广大经读诵七如来供养誓愿仪轨经集次第读诵》[2]虽在原经典的末尾未署作者与译者的姓名，但据此与前两部仪轨之关系，推测亦为寂护所撰。[3]此外，藏文《大藏经》中亦收录了两部与汉译药师佛经典相对应的仪轨，分别是“*'Phags pa bcom ldan 'das sman gyi bla bai ḍūdurya'i 'od kyi sngon gyi smon lam gyi khyad par rgyas pa zhes bya ba theg pa chen po'i mdo*”[4]和“*'Phags pa de bzhin gshegs pa bdun gyi sngon gyi smon lam gyi khyad par rgyas pa zhes bya ba theg pa chen po'i mdo*”[5]。这两部仪轨系9世纪吐蕃译师智军（Ye shes sde）和印度译师施戒（Dānaśīla）翻译，分别与唐玄奘和义净翻译的汉译本《药师琉璃光如来本愿功德经》(《大正藏》，No.450）和《药师琉璃光七佛本愿功德经》(《大正藏》，No.451）对应，均出自同一部梵文本。

此外，在藏译本《药师琉璃光七佛本愿功德经》之后，另有一部《圣如来生三昧力琉璃光之陀罗尼》，[6]系印度世友（Jinamitra）、戒自在菩提（Śīlendrabodhi）和西藏译师智军翻译，属于前弘期译本，后由阿底峡和西藏译师楚陈杰瓦（Tshul khrims rgyal ba，1011—1064）于托林寺色康殿（gser khang）用新译语重新对此做了翻译和厘定工作。[7]

三、药师如来曼荼罗图像传承

从目前西藏所传仪轨与图像看，药师如来曼荼罗共有两种传承：一支是以药师琉璃

（接上页）清净业障以及增广［福德智慧］二资粮，七如来往昔誓愿广分别经教授，阿阇黎菩提萨埵撰”，此处阿阇梨菩提萨埵（Bodhisattva）为寂护的同名异写，藏文史籍《巴协》(*dBa bzhed*)、《布顿教法史》(*Bu ston chos 'byung*)及《青史》(*Deb ther sngon po*)中对此有载。

〔1〕*De bzhin gshegs pa bdun gyi sngon gyi smon lam gyi khyad par rgyas pa'i gzungs bklag pa'i cho ga mdo sde las btus pa*, D.3133; P.3954, vol. 80.

〔2〕*De bzhin gshegs pa bdun gyi sngon sman lam gyi khyad par rgyas pa zhes bya ba mdo sde bklag cing de bzhin gshegs pa bdun mchod de smon lam gdab pa'i cho ga mdo sde las btus te rim par bklag pa*, D.3134; P. 3955, vol. 80.

〔3〕关于这四部仪轨为寂护撰写的讨论，可参见陈智音：《寂护与药师佛信仰在西藏的开端》，载李国庆、邵东方主编：《天禄论丛：北美东亚图书馆员中国学文集》，桂林：广西师范大学出版社，2010年，第69页。

〔4〕该经典的梵文经题为：*Āryabhagavānbhaiṣajyaguruvaiḍūryaprabhasyapūrvapraṇidhānaviśeṣavistaranāmama-hāyānasūtra*, D.504; P. 136, vol. 6，系印度译师施戒（Dānaśīla）、世友（Jinamitra）与西藏译师智军（Ye shes sde）合译。

〔5〕该经典的梵文经题为：*Ārya-saptatathāgatapūrvapraṇidhānaviśeṣavistaranāmama-hāyānasūtra,* D.503; P. 135, vol. 6.系印度译师施戒、世友、戒自在菩提（Śīlendrabodhi）和西藏译师智军合译。

〔6〕*Phags pa de bzhin gshegs pa'i ting nge 'dzin gyi stobs bskyed pa bai dūdurya'i 'od ces bya ba'i gzungs*, D.505; P. 137, vol. 6.

〔7〕*'Phags pa de bzhin gshegs pa'i ting nge 'dzin gyi stobs bskyed pa bai dūdurya'i 'od ces bya ba'i gzungs*, P.137, vol. 6, P. 140, 2.3-5.

光佛为主尊配药师七佛、四臂般若佛母、十六菩萨、十护方天及日月天、十二神将、四大天王的 51 尊曼荼罗；另一支是以般若经函（八百颂经夹）为主尊配有药师八佛、十六菩萨、十二护方天、十二神将和四大天王的53尊曼荼罗。前者自13世纪前后已经在藏地出现，尤其盛行于西藏阿里地区的各大石窟中。后者在藏地出现的时间相对较晚，目前所见实物遗存均在15世纪之后，相比前者并不盛行。

以上两种曼荼罗传承，在早期汉文典籍中并没有相应的图像记载，直到清道光年间，北京净住寺住持阿旺扎什补译的《修药师仪轨布坛法》方弥补了这一缺憾。关于该译本的来龙去脉，在该经起首"重刻药师七佛供养仪轨经序"中有明确记载：

> 昔我佛在广严城，以梵音声说药师七佛本愿功德经。傅至唐特，西藏王颂藏刚布译为番文，以便彼国诵习。迨至国朝，王辈达赖喇嘛制供养仪轨经，体制尊严，仪文周密。后人如法修持，内具诚恳，外修节目，能令解脱世间众苦，速证无上菩提，益莫大焉。顾西番文字华人多以未谙，后见显亲王傅仪宾公工布查布所译汉本，文字允当与经旨相符，惜其原板无存，其中亦无布坛法仪。与供养佛相方位二事谨录。珍袭不敢自秘，久欲公之大众。因力未逮，以致稽迟。今逢大檀越宗室佑容斋少宰，见刻此经，指示添绘坛仪各方位佛相，与三十五佛之相，及救度佛母二十一相。并以写梵天文字数仟，尤为庄重。复有檀越理藩院正郎定君，闻此刻经，欣然共济。既得二大檀越，偶善捐资，赞成斯举，（什）遂将译成汉文。诸品经数卷。凡诸佛号，悉书二体字。同付剞劂装成卷帙期传不朽。奉诸兰若，分诸信士。凡我同志共步善因。是役也不轻，予之夙愿克完，而诸善友之财施即法施也。不可不为志之，因为之序云。

根据序文，阿旺扎什翻译的汉文本《修药师仪轨布坛法》源自藏文本。紧随序文的是以八百颂经夹为主尊的药师如来53尊曼荼罗的布坛法，以及诸天的方位及特征。[1]在此之前，由元初八思巴之徒沙啰巴（Shar pa，1259—1314）翻译的汉译本《药师琉璃光王七佛本愿功德经念诵仪轨》（卷上）中已出现与药师如来曼荼罗布坛法有关的记载。[2]尤其

〔1〕（清）阿旺扎什补译：《修药师仪轨布坛法》，见《大正新修大藏经》第19册，No.928，台北：财团法人佛陀教育基金出版社，1990年，第62页下至66页中。

〔2〕在《药师琉璃光王七佛本愿功德经念诵仪轨》中，药师如来曼荼罗的布坛模型已见雏形，但对坛城尊神及特征并未详述。原文记载为："至此当诵召请偈如是召请观想诸圣。各从本国以神通力乘空而来。于胜妙宫诸宝狮子莲花座上。安八如来及安法宝。于第二层复安序分诸菩萨位。或设侍从诸菩萨位。面前安设曼殊师利菩萨。救脱菩萨。金刚手菩萨三菩萨位。警觉诸尊往昔誓愿作饶益行。第三左边安设十二药叉大将。右边安设大梵天王天主帝释。四门安设四大天王。"见《大正新修大藏经》第19册，No.925，台北：财团法人佛陀教育基金出版社，1990年，第34页中及下。

在沙啰巴另一译本《药师琉璃光王七佛本愿功德经念诵仪轨供养法》(卷一)中,专门有对药师如来曼荼罗中八佛、十护方天、十二神将、四天王图像的简略描述。[1]遗憾的是该译本缺载十六菩萨的尊名和图像特征,亦未指明曼荼罗的结构与布局,故难以构成一部完整的药师如来51尊(或53尊)曼荼罗图像体系。陈智音先生同订出该译本的偈颂部分为萨迦派传承,[2]译文中没有明确指出该曼陀罗的主尊是谁,但根据文中多次出现"供养"或"赞叹"般若佛母之言辞,[3]故推测该译本有可能是以琉璃光药师佛为主尊配七佛、般若佛母等天众的药师如来51尊曼荼罗供养仪轨。

遗憾的是,有关该曼荼罗完整的早期图像传承尚不明晰。现已发现的早期仪轨多以偈颂为主,除赞颂药师七佛名号外,对其他天众的名号涉及甚少,布坛法及图像描述更是凤毛麟角。目前所见对此名号涉及较为完整,并明确将般若佛母纳入药师如来曼荼罗图像体系中的仪轨是阿底峡与楚陈杰瓦于托林寺色康殿重新翻译厘定的《圣如来生三昧力琉璃光之陀罗尼》。据阿底峡在托林寺驻锡时间推算,该译本应翻译于1042—1045年。1045年之后,尊者受仲敦巴迎请,离开阿里前往卫藏地区弘法,并创立噶当派。另从两幅卫藏地区14世纪中晚期至15世纪初的药师如来51尊曼荼罗唐卡看,该曼荼罗很可能由阿底峡尊者传至噶当派,并由其支系噶举派红帽继承。其依据是在这两幅唐卡主尊药师琉璃光佛和左右胁侍日光与月光菩萨的基座正下方绘有噶举派红帽上师像(图3-10-7、图3-10-8)。

此外,从《续部总集》(*rGyud sde kun btus*)收录的《七如来曼荼罗灌顶仪轨——饶益之源》(*De bzhin gshegs pa bdun gyi dkyil 'khor du dbang bskur ba'i cho ga phan ba de'i 'byung gnas zhes bya ba*)看,药师如来51尊曼荼罗在萨迦派(俄系)教法中亦有传承。由萨迦派高僧蒋扬洛特旺波(Jam dbyangs blo gter dbang po)主持编纂的《续部总集》[4]虽成书于19世纪,但内容多源自萨迦派早期曼荼罗传承。笔者发现,该总集收录的药师如来51尊曼荼罗图像特征竟与噶当派高僧阿旺洛桑丹贝坚赞(Ngag dbang blo bzang bstan pa'i rgyal mtshan, 1660—1728)所造、由其弟子洛桑耶培(bLo bzang yar 'phal, 1686—1767)于蒙古库伦(Hal ha)刻印的《七如来曼荼罗灌顶仪轨——饶益之源如实简明注释》(*De*

[1] 见《大正新修大藏经》第19册,No.296,台北:财团法人佛陀教育基金出版社,1990年,第41—48页。

[2] 陈智音:《寂护与药师佛信仰在西藏的开端》,载李国庆、邵东方主编:《天禄论丛:北美东亚图书馆员中国学文集》,桂林:广西师范大学出版社,2010年,第8页。

[3] 诸如"圣教广大如虚空,胜义无缘超戏论,圆音妙相遍知性,供养般若诸佛母""所有种种天妙水等至回向众生及佛道乐广作者应当赞叹般若佛母救度佛母等受持经律论藏……"等。

[4] 'Jam dbyangs blo gter dbang po, *De bzhin gshegs pa bdun gyi dkyil 'khor du dbang bskur ba'i cho ga phan bde'i 'byung gnas*, *rGyud sde kun btus (glog klad par ma)*, vol. 1, pp. 93-159. 该仪轨是蒋扬洛特旺波依据贡敦·白确伦珠('Khon ston dpal 'byor lhun grub, 1561-1637)的手稿撰写。

图3-10-7　药师如来曼荼罗，卫藏，14世纪中晚期

图3-10-8　药师如来曼荼罗，卫藏，14世纪中晚期

bzhin gshegs pa bdun gyi dkyil 'khor du dbang skur ba'i cho ga phan bde'i 'byung gnas ji lta ba bzhin nag 'gros su bkod pa）[1]不仅经题相似，且所含天众除十二神将在《续部总集》中有明确方位规定外，其余图像特征竟如出一辙。

以下以阿旺洛桑丹贝坚赞《七如来曼荼罗仪轨——饶益之源如实简明注释》为底本，[2]并以收录于《续部总集》中的《七如来曼荼罗灌顶仪轨——饶益之源》为副本，[3]在解析该曼荼罗具体图像的基础上，对比这两文本之间的图像差异。其中，两文本之间在图像上的细节差异以下用脚注的形式标注说明，脚注中的《续》为《续部总集》之略称。此外，译文中诸尊之尊名参考了沙啰巴《药师琉璃光王七佛本愿功德经念诵仪轨》中尊名的译法。

0. 曼荼罗内外结构、装饰及其诸尊座具规制

de nas sgom bzlas dngos la 'jug pa ni/ oṃ svabhāvasuddha sarvadharmā svabhāva

---

〔1〕 Ngag dbang blo bzang bstan pa'i rgyal mtshan, *De bzhin gshegs pa bdun gyi dkyil 'khor du dbang skur ba'i cho ga phan bde'i 'byung gnas ji lta ba bzhin nag 'gros su bkod pa*, vol. 2, pp. 21-79.

〔2〕 其中该注释中药师如来曼荼罗的建坛及图像内容见vol. 2，第25.1—29.4页。

〔3〕《续部集成》中有关药师如来曼荼罗图像内容见vol. 1，第98.4—100.6页。

suddho ’haṃ/ chos thams cad rang bzhin gyis stong pa’i stong pa nyid du gyur/ stong pa’i ngang las/ po las sna tshogs padma’i lte bar bhruṃ dkar po yongs su gyur pa las/ rin po che’i gzhal yas khang gru bzhi sgo bzhi pa/ phyi nas rim pa bzhin du sngo/ ser/ dmar/ ljang/ dkar ba’i rtsig pa rim pa lnga dang ldan pa’i steng du rin po che’i pha gu ser po/ de’i steng du chu srin gyi kha nas ’phyang ba’i rin po che’i dra ba dang dra ba phyed pa la/ dril bu dang rnga yab la sogs pas brgyan pa/ de’i phyi ngos su bya ’dab las ’phyang ba’i rin po che’i shar bu/ de’i steng du mda’ yab padma ’dab ma phyed pa’i dbyibs can la/ ba dan dang rgyal mtshan la sogs pas mdzes par byas pa/

复次，直入［本尊］的修习和诵念，oṃ svabhāvasuddha sarvadharmā svabhāva suddho ’haṃ，诸法为自性清净之空性，念诵空性，由phaṃ生成的仰俯莲花中央，洁白的bhruṃ圆满地化现为四方有四门的宝殿。从外向内依次有青、黄、红、绿、白五面墙壁，在其上方饰有黄色的琉璃砖，再上部用垂于摩羯口中的宝石璎珞、铃铛和拂子等装饰。外重的飞檐处悬垂流苏，另有用华丽旗幡和胜幢等装饰的花瓣状墙檐。

phyi nas ’dod yon gyi snam bu dmar pos bskor ba/ sgo dang sgo ’khyud kyi mtshams dang/ grwa bzhir zla phyed rdo rje rin chen gyis spras pa/ sgo bzhi so so’i mdon du ka ba bzhi bzhis btags pa’i rta babs snam bu bcu gcig dang ldan pa’i rtse mor chos kyi ’khor lo’i gyas gyon du ri dwags pho mo dang bcas pa/ nang ka ba brgyad kyis btegs pa’i steng rdo rje’i gdung gis mdzes par phub pa/ rtse mo rdo rje nor bu rin po che’i tog gis mdzes par byas pa/ de’i phyi rol tu mtha’ rin po che’i pha gus brtsigs pa/ gzhal yas khang gi nang gis gzhi thams cad shar sngo/ lho ser/ nub dmar/ byang ljang/ dbus dkar ba/ der po yongs su gyur pa las padma ’dab ma sum rim/ dbus kyi padma ’dab ma brgyad pa/ bar gyi padma ’dab ma barhu ga pa/

外部环围赤色的供养女台阶，在门和月墙的间隙处以及四方用半月和金刚宝装饰。四门前方各立四柱，并设有十一层牌坊台阶，在其顶部法轮的左右方有雌雄对鹿。［门］内设有八柱，上方用华丽的金刚屋梁构成，顶端用金刚宝庄严。外墙用呈宝石般的方砖砌成。无量宫内部的东方呈青色、南方呈黄色、西方呈赤色、北方呈绿色、中央呈白色。在此，由phaṃ圆满生成三重莲花，其正中央安八瓣莲花，中间安十六瓣莲花，外重安二十二瓣莲花。

dbus kyi padma ’dab brgyad lde ba dang bcas pa’i steng du se dge’i khri chen po re’i steng du zla ba’i dkyil ’khor re/ bar gyi pad ’dab bcu drug la zla ba’i dkyil ’khor re/ phyi’i pad ’dab nyer gnyis kyi phyogs skyong bcu la brag ri’i gdan/ sde dpon bcu gnyis la za ’og gi gdan/ sgo bzhir pad zla’i gdan re re/

在中央，八莲花瓣中心［部位］的各狮子座上安月轮。中间十六莲瓣处各安月轮，外层二十二莲瓣之十护方为岩石座、十二神将为锦缎座、四门皆为莲花月轮座。

1. 中央：主尊药王佛

dbus kyi zla ba’i ste ba du/ tadyathā/ oṃ bhaiṣajye bhaiṣajye mahā bhaiṣajyerāja samudgate svāhā/ zhes pa’i sngags kyi ’phreng ba huṃ dang bcas pa nam mkhar sgra sgrags pa/ de rnams yongs su gyur pa las/ rang nyid bcom ldan ’dam sman ba’i rgyal po sku mdog sngon po phyag gyas mchog sbyin kyi phyag rgyas a ru ra dang/ gyon mnyam bzhag gi steng na lhung bzed bsnams pa/

中央月［轮］上方，伴随着Huṃ向虚空处发念tadyathā/ oṃ bhaiṣajye bhaiṣajye mahā bhaiṣajyerājasamudgate svāhā真言鬘，将诸［真言］转换为自性，即身呈青色的药王佛（药师琉璃光如来），他右手结与愿印并持呵梨勒，左手结禅定印并托钵。

2. 第一重：七佛与般若佛母

pad ’dab nang ma brgyad la shar lhor shākya thub ser po gyas sa gnon gyon mnyam bzhag mdzad pa/ lhor mtshan legs ser po gyas skyabs sbyin gyon mnyam bzhag mdzad pa/ lho nub tu sgra dbang ser po gyas mchog sbyin gyon mnyam bzhag mdzad pa/ nub tu gser bzang ser po phyag gnyis chos ’chad kyi phyag rgya mdzad pa/ nub byang du mya ngan med mchog dmar skya phyag gnyis ting nge ’dzin gyi phyag rgya mdzad pa/ byang du chos bsgrags dkar la dmar ba’i mdangs can phyag gnyis chos ’chad kyi phyag rgya mdzad pa/ byang shar du mngon mkhyen dmar po gyas mchog sbyin gyon mnyam bzhag mdzad pa/ thams cad kyang mtshan dpe’i rgyan dang ldan zhing sham thabs dang chos gos ngur smrig gsol ba sprul sku’i rnam pa can no/ shar du yum chen mo gser gyi mdog can zhal gcig phyag bzhi ma/ phyag dang po gnyis rdo rje dang po ti/ ’og ma gnyis mnyam bzhag mdzad pa/ dar dang rin po ches spras pa’o/

八瓣莲花之东南方为黄色的释迦牟尼佛，右手结触地印，左手结禅定印；南方为黄色的善名称（即善名称吉祥王如来），右手结无畏印，左手结禅定印；西南方为黄色的音自在（即宝月智严光音自在王如来），右手结与愿印，左手结禅定印；西方为黄色的金色妙贤（即金色宝光妙行成就如来），两手结说法印；西北方为浅红色的无忧最胜（即无忧最胜吉祥王如来），两手结三昧耶禅定印；北方为红白相间（浅红色）的具光者法雷（即法海雷音如来），两手结说法印；东北方为赤色的神通（即法海胜慧游戏神通如来），右手结与愿印，左手结禅定印，以上诸尊相好庄严，身着裙衣与赤褐色袈裟，呈变化身相。东方为黄色的般若佛母，一面四臂，前二臂手结禅定印，后二臂手持金刚与经函，并用幡与珍宝装严。

3. 第二重：十六菩萨

de'i phyi rim pad 'dab bcu drug gi shar gyi pad 'dab bzhi la 'jam dpal ser po gyas ral gri dang gyon utpala'i steng na po ti/ spyan ras gzigs dkar po padma/ phyag rdo ra sngo ljang rdo rje/ nyi snang dmar ser padma'i steng na nyi ma/ lho'i pad 'dab bzhi la zla snang dkar po padma'i steng na zla ba/ blo gros chen po ser po padma'i lte bar spyan gyas mtshan pa/ byams pa ser po klu shing dang bum pa/ skyabs grol dkar po gyas chos mdzod 'dzin cing/ gyon brla'i steng na rdo rje khu tshur mdzad pa/ nub kyi pad 'dab bzhi la spobs pa brtsegs pa dkar po spos phor/ rnam par gnon pa ljang sngon ral gri/ bltan sdug dkar po padma'i steng na po ti/ mun pa thams cad nges par 'joms pa'i blo gros dkar ser rin chen dbyug pa/ byang gi pad 'dab bzhi la bsam pa legs par sems pa dkar po bdud rtsi'i bum pa/ lhon po brtsegs dkar po padma'i steng na zla phyed/ sang sang po'i dbyangs sngon po utpala'i steng na rdo rje/ lhun po chen po rtse 'dzan dkar po bum pa bdud rtsis gang ba 'dzin pa/ thams cad kyang dar dang rin po ches spras pa'o//

在外院十六莲瓣之东方四莲瓣上，分别安黄色的文殊，右手执剑，左手持饰有经函的青莲；白色的观音持莲花；青绿色的金刚手持金刚；赤黄色的日光遍照手持莲花上承载太阳。南方四莲瓣上，白色的月光遍照手持饰月之莲花；黄色的大慧手持莲花中央饰眼睛；黄色的弥勒手持龙华树与瓶；白色[1]的归依右手持法藏，左手于左大腿处结金刚拳。[2]西方四莲瓣上白色的辩积持香炉；青绿色的镇伏手持剑；白色

〔1〕续：赤黄色（dmar ser）99.5。
〔2〕续：仅记做手持宝穗（rin po che'i snye ma）99.5。

的妙看［端］莲花上饰经函；淡黄色的破冥慧手持宝杖。北方四莲瓣上白色的善思维手持甘露瓶；白色的须弥积手持饰半月之莲花；青色的微妙音手持青莲上饰有金刚；白色的妙高峰王持盛满甘露的瓶子，［她们］均用幡和宝装饰。

4. 第三重：十护方天与十二神

4.1 十护方天

de'i phyi rim gyi pad 'dab nyer gnyis la shar nas brtsams te gyas gral la/ tshangs pa ser po 'khor lo 'dzin pa ngang po'i khri la gnas pa/ brgya byin dkar po rdo rje 'dzin pa glang po che'i khri la gnas pa/ me lha dmar po ghu mdhe 'dzin pa ra skyes la gnas pa zhes 'gre'o/ gshin rje sngon po be con 'dzin pa ma he la/ srin po smug nag ral gri 'dzin pa ro langs la/ chu lha dkar po sbrul zhags 'dzin pa chu srin la/ rlung lha dud kha ba dan 'dzin pa sha ba la/ gnod sbyin ser po ne'u le 'dzin pa rta la/ dbang ldan dkar po rtse gsum 'dzin pa khyu mchog la/ sa'i lha mo ser po bum pa 'dzin pa phag la gnas pa'o/

外院二十二瓣莲花瓣从东方之右侧［开始依次］是：黄色的梵天，手持轮，鹅［雁］座；白色的帝释天，手持金刚，象座；赤色的火天持水瓶，山羊座；青色的阎摩[1]持杖，水牛座；紫黑色的罗刹[2]持剑，起尸座；白色的水天[3]手持蛇索，巨鳖座；赭色的风天[4]持飞幡，鹿座；黄色的药叉[5]持吐宝鼠，马座；白色的伊舍那天[6]持三叉戟，牛王座；黄色的地神[7]持瓶，骑猪。

4.2 十二神将

shar nas brtsams te gyon gral la/ ci 'jigs ser po rdo rje 'dzin pa/ rdo rje dmar po ral gri/ rgyan 'dzin ser po dbyug to/ gza' 'dzin sngo skya dbyug to/ rlung 'dzin dmar po rtse gsum/ gnas bcas dud kha ral gri/ dbang 'dzin dmar po dbyug to/ gtung 'dzin ser po dbyug to/ smra 'dzin dmar skya sta re/ bsam 'dzin ser po zhags pa/ gyo ba 'dzin sngon po sbyug to/ rdzogs byed dmar po 'khor lo thams cad gyon pas ne'u le 'dzin pa/ yan lag 'thung zhing sha rgyas

---

［1］ 续：尊名前加方位南（lho）100.2。
［2］ 续：尊名前加方位西南（lho nub）100.2。
［3］ 续：尊名前加方位西（nub）100.2。
［4］ 续：尊名前加方位西北（nub byang）100.3。
［5］ 续：尊名前加方位北（byang）100.3。
［6］ 续：尊名前加方位东北（byang shar）100.3。
［7］ 续：尊名前加方位西（nub）100.3。

pa/ gsum pa che ba/ re re la yang ’khor gnod spyin bdun ’bum bdun ’bum gyis bskor ba’o//

［十二神将］从东方之左侧［开始依次为］：黄色的宫毗罗持金刚；赤色的跋折罗持剑；黄色的迷企罗持棒；浅青色的安底罗[1]持棒；赤色的安豹你罗持三叉戟；赭色的珊底罗持剑；赤色的因陀罗[2]持棒；黄色的波夷罗持棒；粉色的摩虎罗持斧；黄色的真达罗[3]持索；青色的招住罗持棒；赤色的毗羯罗持轮。［以上］诸尊左手持吐宝鼠，手足短小，体态肥胖，被各自的眷属药叉七十万环绕。

5. 四门：四天王

shar sgor yul ’khor bsrung dkar po pi wang/ lhao sgor ’phags skyed po sngon po ral gri/ nub sgor spyan mi bzang dmar po sbrul zhags dang byang chub chen po’i mchod rten/ byang sgor rnam thos sras ser po rgyal mtshan dang ne’u le ’dzin pa/

东门为白色的持国天王，持琵琶；南门为青色的增长天王，持剑；西门为赤色的广目天王，持蛇索和大菩提塔；北门为黄色的毘沙门天，持胜幢和吐宝鼠。

四、13—15世纪阿里地区药师如来曼荼罗遗存与图像构成

西藏目前发现的药师如来曼荼罗遗存主要集中在阿里地区，其中以札达县境内的帕尔噶尔布石窟、桑达石窟、羌衮巴石窟，日土县境内的乌江村千佛洞（dbu byang yul tsho’i stong sku lha khang phug pa）和普兰县境内的科迦寺卓玛拉康殿（sgrol ma lha khang）壁画最为典型，其年代均处在12世纪晚期到14世纪初，壁画风格相对统一，为波罗艺术与尼泊尔纽瓦尔绘画风格的融合体。

从时代看，帕尔噶尔布与桑达石窟比其他三处年代要早。尤其鉴于帕尔噶尔布石窟[4]在构建12世纪中晚期至14世纪初西藏阿里与卫藏教法传承与图像互动关系上的重

〔1〕 续：尊名前加方位北方（byang phyogs）100.4。

〔2〕 续：尊名前加方位西方（nub phyogs）100.4。

〔3〕 续：尊名前加方位南方（lho phyogs）100.4。

〔4〕 该石窟遗址位于西藏阿里地区札达县卡孜乡的帕尔村境内，20世纪90年代由四川大学中国藏学研究所等单位对该石窟群做了考古调查，报告中对裸露于崖面最高处的4座洞窟（编号为ZKPK1-4）之形制与壁画做了实地测绘和图像辨析。见四川大学中国藏学研究所、西藏自治区文物局等：《西藏阿里札达县帕尔嘎尔布石窟遗址》，《文物》2003年第9期，第42—59页。

要性，近年来已有学者就此窟在西藏西部石窟考古发掘史中的意义，[1]以及壁画题记与图像关联等问题做了不少工作。[2]但就该石窟具体教派传承以及药师如来曼荼罗的图像配置问题，目前还少有学者专题讨论。2019年，笔者基于张长虹对该窟内壁画题记的整理翻译，对其窟外题记做了系统的调查和录文工作。在录文中，意外发现反映该窟教派传承信息：在窟外东壁上师壁画中出现了噶举派早期的主要传承者拉堆玛波（La stod dmar po）等。据《青史》对其记载，基本可以廓定他们父子俩主要活跃在12世纪中后期。该发现对学界进一步探究以帕尔噶尔部石窟为中心的西藏西部阿里地区12世纪中晚期至13世纪晚期以波罗艺术和尼泊尔纽瓦尔绘画风格相融合，并具同类题材的石窟寺壁画传承提供了一条相对明晰的线索。[3]以下笔者通过对该窟药师如来曼荼罗图像分析，并结合羌衮巴石窟、乌江千佛洞中该图像题材，以此来重构盖尔西1933年拍摄于托林寺迦萨殿中的药师图像构成。

相比曼荼罗严密的组织结构，帕尔噶尔布石窟中的药师如来曼荼罗构图相对分散，主要尊神集中在窟室东、西两壁（配置图1），与九佛顶曼荼罗和金刚界曼荼罗一并呈对称平行排列，其中十六菩萨作为药师八佛的胁侍，绘在其左右两侧。

西壁（图3-10-9）：在金刚界曼荼罗的右侧，绘原药师如来曼荼罗八佛中的善名称吉祥王如来、宝月智严光音自在王如来、金色宝光妙行成就如来和无忧最胜吉祥王如来4尊，以及各自左右胁侍菩萨8尊，另将位于曼荼罗东方的四臂般若佛母绘于善名称吉祥王如来的右侧（其下方为龙尊王佛）。

东壁（图3-10-10）：在九佛顶曼荼罗的左侧，绘原药师如来曼荼罗八佛中的另4尊，即法海雷音如来、法海胜慧游戏神通如来、药师琉璃光如来和释迦牟尼佛，以及各自左右胁侍菩萨8尊。在他们的再左侧，紧邻南壁上下的两尊分别是四臂观音和绿度母。

以上为药师如来曼荼罗的主尊及第一、第二重眷属。

---

〔1〕 霍巍：《变迁与转折——试论西藏西部帕尔嘎尔布石窟壁画考古发现的意义》，《文物》2003年第9期，第36—41页。

〔2〕 对帕尔噶尔布石窟K1窟壁画题记的释读分析见张长虹：《西藏阿里帕尔嘎尔布石窟（K1）壁画题记释读与相关问题》，《文物》2016年第7期，第63—81页。

〔3〕《青史》对拉堆玛波的学法、修法及前往印度游学状况均有详载。虽对其生平未明确记载，但根据拉堆玛波在贡塘与玛尔巴译师（1012—1097）相会受其教诲，以及二世噶玛巴·噶玛拔希（1204—1283）本人认为他是拉堆玛波的转世，推测拉堆玛波应出生于11世纪末至12世纪初，活跃在12世纪中期，而圆寂于12世纪晚期。另据帕尔噶尔布石窟窟外东壁噶举派上师画像下方题记："……抵上部阿里弘法泽恩藏地，顶礼杰尊拉堆玛波之尊容"（……mnga' ris stod du snams pas bod la skra drin che/ rje la stod dmar po'i sku la phyag 'tshal bstod）分析，拉堆玛波在有生之年应到过阿里，故帕尔噶尔布石窟及阿里地区与之相关的石窟寺图像题材想必受其影响甚巨。《青史》对拉堆玛波记载见 'Gos lo gzhon nu dpal gyis brtsams, *Deb ther sngon po*, Si khron mi rigs dpe skrun khang, 1984, pp. 1195-1200；汉文译本见郭诺·迅鲁伯著、郭和卿译：《青史》，拉萨：西藏人民出版社，1985年，第613—616页。2019年10月卡孜河谷石窟寺调查，蒙承西藏阿里札达县文化局罗丹局长照顾，尤其对帕尔噶尔布石窟题记拍照、抄写、核对和识读的过程中，托林寺僧人扎西琼培以及一同考察的任赟娟老师给予很多的帮助。

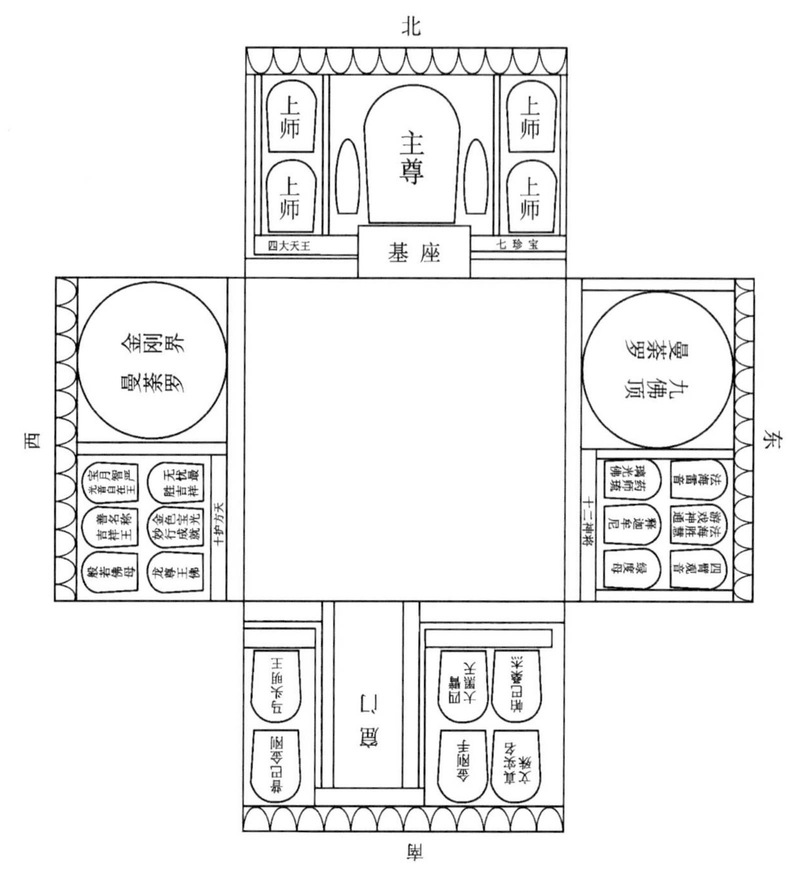

配置图1　帕尔噶尔布石窟壁画配置图

图3-10-9　帕尔噶尔布石窟西壁

图3-10-10 帕尔噶尔布石窟东壁

该曼荼罗第三重眷属即十护方神绘在南壁西侧（窟门左侧）普巴金刚与马头明王的下方，以及西壁南侧药师四佛、般若佛母和龙尊王佛的正下方。其中南壁西侧的两尊分别是梵天和帝释天（图3-10-11），紧接西壁南侧下方的8尊（图3-10-12），从南至北分别是火天、阎摩天、罗刹、水天、风天、药叉、伊舍那天和地神。该曼荼罗第三重眷属十二神将（图3-10-13）则绘在东壁南侧药师四佛、四臂观音与度母的正下方，从北到南依次是宫毗罗、跋折罗、迷企罗、安底罗、安彀你罗、珊底罗、因陀罗、波夷罗、摩虎罗、真达罗、招住罗和毗羯罗。四门四天王（图3-10-14）绘于北壁（主壁）西侧上师像的正下方，从西到东分别是东门持国天王、南门增长天王、西门广目天王和北门毗沙门天。

图3-10-11 帕尔噶尔布石窟南壁西侧下方十护方天之梵天与帝释天

图3-10-12 帕尔噶尔布石窟西壁南侧下方护方天八尊

图3-10-13 帕尔噶尔布石窟东壁南侧下方十二神将

图3-10-14 帕尔噶尔布石窟北壁西侧下方四天王

位于札达县达巴乡境内的桑达石窟，现存壁画最为完好的1号窟[1]其窟室形制与帕尔噶尔布石窟一致，平面亦呈长方形，该窟坐北朝南，窟顶为平顶。主壁（北壁）分四排，药师如来曼荼罗主尊及第一、第二重眷属绘在第二排。原曼荼罗第二重中的十六菩萨作为药师八佛的胁侍绘在各自的左右侧，与帕尔噶尔布石窟的配置方式相似。在此之下为五方佛、真实名文殊、顶髻尊胜佛母、四臂观音和金刚手9尊。底层从右到左依次是十二弘化故事。最上层接近窟顶帷帐处绘三十五佛（图3-10-15，配置图2）。东西两壁中央为绿度母和阿弥陀佛，四周被贤劫千佛环绕。药师如来曼荼罗第三重眷属十护方、十二神将及四天王则绘在南壁进窟门的左右——不动明王和马头明王的下方。[2]

类似题材的壁画不仅限于以上两座石窟，在阿里地区近年来新发现的羌衮巴石窟和乌江千佛洞中亦有遗存。关于这两座石窟，目前还未有考古报告和研究。羌衮巴石窟位于札达县波林村境内，石窟坐北朝南。窟形与帕尔噶尔布、桑达石窟基本一致。窟内平面呈长方形，平顶无彩绘，壁画绘于四壁，保存完整。其内容在帕尔噶尔布和桑达石窟中均

〔1〕有关该窟的初步报告见霍巍：《桑达石窟遗留在悬崖上的色彩》，《西藏人文地理》2005年第3期，第21—25页。

〔2〕关于该窟图像介绍，见Neumann F. Helmut & Heidi A.Neumann, "The Wall Paintings of Pang gra phug: Augusto Gansser's Cave", *Orientations*, vol. 42, No.5, 2011, pp. 1-9.

图3-10-15　桑达石窟主壁（北壁）

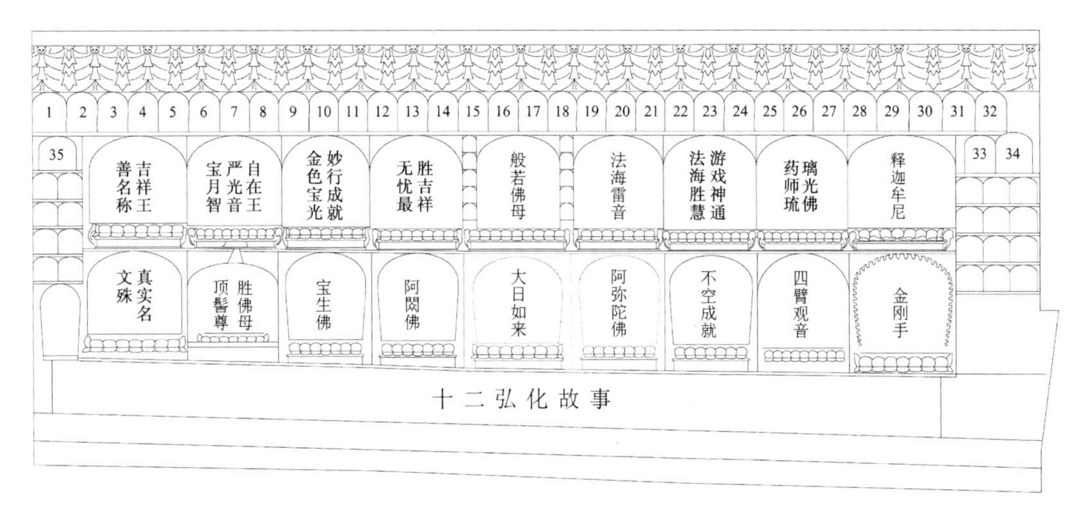

配置图2　桑达石窟主壁尊格配置图

有涉及，但相比以上两座石窟壁画，图像题材略显简约。北壁壁画分上中下三排（图3-10-16），上排从西到东为三十五忏悔佛中的前22尊。中排与下排为药师曼荼罗中的诸天众，中间一排从西到东依次为药师八佛及各自左右胁侍十六菩萨。下排为药师如来曼荼罗外重眷属及四门四大天王。作为药师如来曼荼罗第二重眷属般若佛母，则绘在东壁（图3-10-17）第二排，与无量寿佛、文殊、四臂观音、金刚萨埵等并坐。在此之上排的小尊像从北到南前13尊为三十五忏悔佛中的后13尊，紧随其后的6尊为上师像。南壁进门正上方的3尊为当地护法神，左右两侧之南壁东侧2尊为绿度母和马头明王，南壁西侧的1尊为不动明王。整个图像题材与绘画风格紧承帕尔噶尔布和桑达石窟，尤其药师如来曼荼罗在以上三窟中的主导地位以及与四臂观音、绿度母、阿弥陀佛和窟门两侧护法马头明王与不动明王的固定搭配更是如出一辙。

图3-10-16　羌衮巴石窟北壁壁画

图3-10-17　羌衮巴石窟东壁壁画

此外，在日土县乌江村境内的乌江千佛洞中亦遗留有14世纪中后期的药师如来曼荼罗壁画（图3-10-18）。该窟因窟门壁面坍塌，整个窟室裸露于外，主壁中央主供佛为降魔触地印的释迦牟尼佛，在其两侧绘药师八佛及各自的胁侍菩萨，再两侧各有一组对坐的上师像。药师如来曼荼罗第三重眷属十护方天和十二神将以及守护四门的四天王则被安置在降魔触地印释迦牟尼佛所在金刚座的正下方，分呈两排排列。画面最底层一排为十二弘化故事，在此之上，药师八佛的上下及周围均为贤劫千佛。该石窟两侧壁破坏十分严重，从残存痕迹看，多数为无上瑜伽部诸曼荼罗，另有四臂观音和度母等尊像。

13—14世纪西藏阿里石窟壁画中，与药师如来曼荼罗共处同一窟室的图像题材除四臂观音、绿度母、文殊、无量寿佛及贤劫千佛外，另有三十五忏悔佛。这种图像组合不仅在桑达石窟与羌衮巴石窟中能找到实例，同时也见于普兰县科迦寺卓玛拉康殿。该殿药师

图3-10-18 日土县乌江村千佛洞主壁壁画

如来曼荼罗绘在主壁（西壁），[1]三十五忏悔佛绘于北壁，这两种图像组合题材与桑达石窟和羌衮巴石窟一致，为该时期的主流图像题材。笔者据帕尔噶尔布石窟中出现的噶举派上师传承，初步推测12世纪中晚期至14世纪中后期西藏西部诸石窟寺中出现此类图像题材和组合关系可能与噶举派传承有关。

五、托林寺迦萨配殿药师如来图像构成及相关问题

将话题再回到盖尔西当年拍摄于托林寺迦萨殿中的两张照片上。前文就此图片中的主尊、胁侍身份和绘画风格做了初步推断，辨认出图3-10-2和图3-10-3中的主尊分别是药师八佛中位于西南方的宝月智严光音自在王如来和西方的金色宝光妙行成就如来，左右胁侍分别是弥勒和归依，以及辩积和镇伏菩萨。根据以上对药师如来曼荼罗传承文本的解读，兼合与托林寺迦萨殿有着相同题材和绘画风格的帕尔噶尔布石窟、桑达石窟、羌衮巴石窟连同乌江村千佛洞中药师如来曼荼罗图像所做的比对分析，足以证明盖尔西当年拍摄于迦萨殿中的这两张图片应摄自该殿外重的某一配殿，并据此推测该配殿原来应该绘有完整呈水平构图的药师如来曼荼罗。

盖尔西照片（图3-10-2）中除正壁宝月智严光音自在王如来和左右胁侍之外，另在取景时将右侧壁的部分摄入其内，摄入的这部分尊格应该是药师八佛中排列于第二位的金色宝光妙行成就如来。推测在它的前方很可能是位于药师八佛首位的释迦牟尼佛。另根据

〔1〕 Helmut F. Neumann & Heidi A. Neumann, “An Early Wall Painting of a Bhaiṣajyaguru Mandala in Western Tibet”, In Lo Bue, Erberto and Christian Luczanits (eds), *Tibetan Art and Architecture in Context. Piats 2006: Tibetan Studies: Proceedings of the Eleventh Seminar of the International Association for Tibetan Studies, Königswinter 2006*, Halle: International Institute for Tibetan and Buddhist Studies, 2010, pp. 121–142.

桑达石窟和羌衮巴石窟中药师如来曼荼罗的排列顺序，一般是将四臂般若佛母绘在药师八佛的中央位置。迦萨配殿中该曼荼罗的布局有可能亦遵循此规则。若按该顺序排列，出于对称，主壁除般若佛母之外应另绘药师八佛中的其他四尊，其余四尊则绘于两侧壁。

此外，两张图片中宝月智严光音自在王如来和金色宝光妙行成就如来的正上方另绘有一排小佛。根据桑达石窟和羌衮巴石窟药师如来曼荼罗的构图，在药师八佛的上排，接近窟顶帷帐处绘有一排小佛——三十五佛，而盖尔西图片中所反映的构图及尊格特征恰好与桑达及羌衮巴石窟中药师八佛及其上方的三十五佛的排列方式一致，故推测托林寺迦萨殿配殿中的药师如来曼荼罗依旧遵循该时期流行的此类图像组合模式。问题在于，肇建于藏历火猴年（996）的托林寺主体建筑为今天迦萨殿中央部位的大日如来殿，后陆续扩建，直到藏历土龙年（1028）在古格王沃德执政期间才完成外围配殿的建设，并赐名“托林红殿无比吉祥任运成就祖拉康”。[1] 然而，在“文革”毁坏的基础上，根据文献史料，现迦萨殿外围定名为“药师如来殿”的配殿内部结构和配置与盖尔西拍摄的壁画截然不同。

图3-10-19　迦萨殿各佛殿分布图

首先该佛殿是由佛堂和转经道两部分构成（图3-10-19，其中标号11的佛殿为药师如来殿），虽在转经道外有壁画残存，但多数已被雨水冲刷损坏。从图像学的视角分析，这与盖尔西拍摄的壁画并没关联；其次是从佛殿正壁（北壁）及东西两壁所剩塑像基座及榫卯痕迹（图3-10-20）看，东西两壁各四尊合计八尊造像应为药师八佛，中央主壁推测为降魔触地印的释迦牟尼佛，此类配置关系在阿里地区出现，并流行于15 世纪之后，以托林寺白殿和古格古城红殿最为典型。[2] 因此，盖尔西当年拍

〔1〕 Roberto Vitali, *The Kingdims of Gu.ge Pu.hrang: According to mNga' ris rgyal rabs by Gu ge mkhan chen Ngag dbang grags pa*, Dharamsala, India: Tho ling gtsug lag khang lo gcig stong 'khor ba'i rjes dran mdzad sgo'i go sgrig tshogs chung, 1996, p.53.

〔2〕 15世纪以后，尤其是15世纪中后期西藏西部，早期盛行的药师如来曼荼罗退居次要地位，取而代之的是药师八佛信仰。在古格王国佛教复兴期所建的古格古城红殿、卓玛拉康殿，托林寺红殿、白殿以及位于古格古城山脚下高地上的洛当［塘］寺中均出现泥塑或绘制的药师八佛。虽然古格古城红殿和洛当［塘］寺中的药师八佛塑像与壁画在“文革”期间已毁，但根据图齐1933年和1935年的考察照片及研究记录可知，以上两座佛殿原塑有药师八佛。见图齐著，魏正中、萨尔吉主编：《梵天佛地》第3卷第2册，上海古籍出版社，2009年，第73、90页。

图3-10-20　迦萨殿编号为11的佛殿内部状况

摄于迦萨殿外围配殿中的药师如来壁画出自该佛殿的可能性极小，很可能摄自其他配殿。由于迦萨殿外重各配殿壁画大多已毁，当前我们难以明确拍摄的具体地点。可以确定的是，流行于13—14世纪西藏阿里地区各大石窟中的药师如来曼荼罗在古格王家寺院托林寺中亦有壁绘。

自12世纪中晚期以后，药师佛信仰在阿里地区持续升温，从早期石窟壁画到晚期佛殿绘塑均有增无减。而且，从早期的信仰传承中亦可窥其与吐蕃、古格王室之紧密关系，哈佛大学艺术博物馆所藏14世纪前后药师佛唐卡即为典型（图3-10-21）。该唐卡主要是以药师琉璃光佛为主尊的51尊“曼荼罗”尊格和十六罗汉构成，其唐卡上部第一排末端和第二排绘头戴高缠头的吐蕃赞普和古格国王，再现了西藏药师佛信仰从吐蕃王室最终汇聚于古格王室的这一传承脉络。15世纪之后随着格鲁派势力在古格的不断渗透，药师如来曼荼罗信仰传统虽在延续，但该时期图像题材的另一转折是药师八佛开始流行。这与当时格鲁派教法在阿里地区的渗透有直接的关联。

相比药师八佛，药师如来51尊曼荼罗的信仰在阿里地区自15世纪以后骤减，但仍有迹可循，目前发现实物遗存除阿米·海勒已发表的一幅唐卡外，[1]另在古格王室朝拜礼佛

〔1〕 Amy Heller, “A 15th century Thangka of Bhaisajyaguru: Reflections on the Historical Significance of the Medicine Buddha Cycles in Murals Paintings of Western Tibet”,《藏学学刊》2013年第8辑，第64页图1。

图3-10-21　药师如来曼荼罗，14世纪，西藏西部，哈佛大学艺术博物馆

图3-10-22　古格故城白殿药师如来曼荼罗

的大型佛殿古格故城白殿和卡孜河谷查宗贡巴石窟（Brag rdzong dgon pa）中有发现，但年代较晚，均为16世纪前后的作品遗存。令人欣喜的是，古格故城白殿东壁北侧以绘塑形式相结合的药师如来51尊曼荼罗：主尊药师琉璃光佛和两胁侍日光、月光菩萨于壁面前方以塑像形式呈现，[1]其余眷属及上师传承谱系于其后方以壁画的形式表述（图3-10-22），在主尊塑像头光上部，亦绘制了头戴高缠头的古格王臣坐像，以之呼应药师佛信仰在历代古格王室中的重要地位。

六、结　语

通过盖尔西1933年拍摄于托林寺迦萨殿的两张照片，基于图像特征和绘画风格，并

〔1〕古格故城白殿塑像已毁，据图齐1933年的考察图片记录，可重构东壁北侧原为药师如来51尊曼荼罗传承。早期图像详见图齐著，魏正中、萨尔吉主编：《梵天佛地》之第三卷第二册《扎布让》，上海古籍出版社，2009年，第227页图109（该画面左侧）。

借助阿里地区近年来发现的帕尔噶尔布石窟、桑达石窟、羌衮巴石窟、乌江千佛洞以及科迦寺卓玛拉康殿等13—14世纪前后具有同类题材和绘画风格的石窟寺壁画做比对研究后，证实了该照片应源自迦萨殿外重的某一配殿。该配殿中原绘有完整的呈水平构图的药师如来曼荼罗，其年代应与帕尔噶尔布、桑达石窟属于同一时期的绘画作品。此外，1997—1999年由国家文物局与西藏自治区政府等多家单位联合抢救维修并借助文献史料复原后的迦萨殿外重定名为药师如来殿的佛殿，据殿内残存的基座与榫卯痕迹，初步将此判定为药师八佛。该题材在阿里地区的流行出现在15世纪之后说明：盖尔西拍摄于迦萨殿的药师壁画并非出自当今所定名的药师如来殿，而应源自其他配殿；同时也证实了迦萨殿外重各配殿自13世纪之后随着卫藏地区各教派势力在阿里地区的不断渗透，建殿初期殿内的绘塑题材也因不同时代教派的存在而发生着改变。

13世纪以后，药师佛的信仰在阿里地区的盛行持续升温，从早期的石窟壁画到晚期的佛殿绘塑均有增无减。13—14世纪主要是以药师如来曼荼罗为主。15世纪以后，随着格鲁派在古格的势力扩张，早期药师如来曼荼罗的信仰传统虽然仍在延续，但该时期在图像上的另一转变是对药师八佛的信仰。从五世达赖喇嘛《药师七佛供养法汇》传承谱系可知，在西藏，由寂护所传的两支药师法门从吐蕃王室最终均汇聚在古格王室。对于统治者和被统治者而言，维护社会稳定、增长福寿、清净业障是他们供奉和修持药师佛今生与来世的希求。这也是该传承在西藏阿里地区得以盛行，并能相承古今、永续不断的根本原因所在。

第十一节　扎塘寺与西藏法华图像及11—13世纪多民族艺术史的重构

一、扎巴翁协与扎塘寺的创建

扎塘寺（图3-11-1）藏文名称为lNga ldan Grwa thang dGon pa，即“五有扎塘寺”，[1]寺院位于西藏山南地区扎囊县政府所在地，离桑耶渡口不远，由此渡过雅鲁藏布江，北岸就是赤松德赞8世纪建立的著名寺院桑耶寺。扎塘寺最初寺院范围很大，有三重围墙和转经道，现仅存两层大经堂，大经堂一楼为集会大殿，殿中安置20根立柱，四壁尚保留有部分创作年代晚近的萨迦派壁画。集会殿后部有殿门可进入佛殿，环绕佛殿建有礼佛廊道，廊道壁绘佛传故事与千佛壁画。佛殿内原安置彩塑，西壁主尊当为降魔印金刚座释迦牟尼佛，雕塑尽管现已不存，但金翅鸟摩羯背光大龛仍然留存至今；从南北二壁残存泥塑背光可以确定两壁分塑四尊胁侍菩萨共八大菩萨（图3-11-2）；殿门入口两侧残存的火焰纹背光表明两侧原塑有护法神。[2]至13世纪中叶，萨迦王朝统治整个西藏，萨迦派寺院的势力也随之扩大，扎塘寺亦在此时改属萨迦派，寺主是雅隆・扎西曲德（Yar ung bKra

---

〔1〕国内外学者对扎塘寺及其壁画的研究，主要见于西藏自治区文物管理委员会《扎囊县文物志》（1986年内部出版）对扎塘寺的全面描绘；何周德《扎塘寺若干问题的探讨》，《西藏研究》1989第3期，第73—79页；张亚莎：《11世纪西藏的佛教艺术：从扎塘寺壁画出发》，北京：中国藏学出版社，2008年；毕瑞：《扎塘寺壁画中的绿度母图像探源》，《西藏研究》2008年第4期，第42—47页；白日・洛桑扎西：《论扎塘寺早期壁画艺术风格》，《西藏研究》2012年第6期，第95—102页；维塔利：《卫藏早期寺院》之“从耶玛尔到扎唐”一章；此外尚有汉斯先生的两篇专文：Michael Henss, “The Eleventh-Century Murals of Drathang Gonpa”, in Singer, Jane Casey & Denwood, Philip ed., *Tibetan Art: Towards a definition of style*, London, 1997, pp. 160-69；以及Michael Henss, “An Unique Treasure of Early Tibetan Art: The Eleventh Century Wall Paintings of Drathang Gonpa” ,*Orientations*, XXV/6（1994）, pp. 48-53. 另有Amy Heller, “The Paintings of Gra thang: History and Iconography of an 11th Century Tibetan Temple”, *Tibet Journal*; Spring/ Summer 2002, Vol. 27 Issue 1/ 2, p. 39. 藏文材料有Chos ’phel, “Grwa thang dgon (gra thang dgon, lnga ldan gra tshang).” In gangs can bod kyi gnas bshad lam yig gsar ma. 北京：民族出版社，2002年。

〔2〕西藏11至12世纪寺院的典型图像配置是金刚座降魔印释迦牟尼佛，或三世佛为主尊，主壁主尊两侧有胁侍弟子迦叶与阿难，两侧壁各置四位菩萨，合为八大菩萨，殿门两侧立护法，马头金刚和不动明王；殿堂结构大殿有四柱，主壁及两侧壁设供奉龛，绕殿有礼佛廊道。扎塘寺正是如此。

图3-11-1 扎塘寺

shi chos sde），寺内萨迦风格的壁画即出于此寺改属萨迦派以后。18世纪初年，蒙古准噶尔部对扎塘寺破坏较大，20世纪30年代热振摄政时（1933—1941），对扎塘寺进行了较全面的维修。[1]

图3-11-2 扎塘寺早期彩塑黑白照片

扎塘寺始建于后弘初期的1081年，建成于1093年。建寺者是所谓"扎囊十三贤人"之一的扎巴·翁协巴（Grwa pa mNgon shes pa），别名喜饶杰瓦·旺秋巴（Shes rab rgyal ba dbang phyug pa），1012年生于前藏夭如扎地方，父名香·达嘎哇（Zhang Stag dkar ba），幼时入桑耶寺学经，从鲁梅（kLu med）弟子亚虚杰瓦沃（Yam shud rgyal ba

〔1〕 宿白：《西藏山南地区佛寺调查记》"扎囊扎塘寺"，载《藏传佛教寺院考古》，北京：文物出版社，1996年，第67—71页。

'od)出家，法名旺秋巴(dBang phyug pa)，因生于“扎”(Grwa)地，故名扎巴(Grwa pa)；又因通晓翁巴(mNgon pa)之学，故称翁协(mnNgon shes)，卒于1090年，享年79岁。关于扎塘寺的修建及其修建者，记载最为详尽的史料是迅鲁伯所撰《青史》，此段史料极为重要，照引如下：

格西扎巴翁协巴的史实：先是赤松德赞藏王有一大臣名钦·多杰哲穹，接受大德教训，有大智慧，而且善于言说，以此深得藏王喜悦。钦大臣修建了桑耶的青塔及绛秋岭寺。他有三子，次子拉伽掌管扎区吉如地方，拉伽之子为梁勒；梁勒之子为梁穹；梁穹之子为伯勤；伯勤之子为真峨；真峨之子为香·色察勒登。以上都称作钦氏，从色察起称作香氏。香·色察有子四人，长子名觉嘎，(其余三子)为香敦却坝、及达嘎(哇)和香·正巴三人。香敦却坝(法焰)出家为僧，此师精通显密许多教法，即通达《胜乐》《喜金刚》《密集》《时轮》等许多教法；并精通《般若波罗蜜多》；也精通阿阇梨伯玛(莲师)所著《夏温金刚伏魔修法》。香·达嘎哇长子为达操，次子名达穹，三子名谢巴，四子名漾息；还有两女共计子女六人。长子达操于壬子年(宋真宗大中祥符五年，公元1012年)诞生，他和至尊玛尔巴是同年生人。此师少年时曾为欧区人牧羊五年，生起觉悟而在亚虚师座前出家，起名喜饶杰瓦，在师前听受毗捺耶约一年时间，此后在伯父香敦却坝座前听受他所知道的诸法。从伯父前刚一求得《夏温修法》，即获见本尊。此外对于一切法都略作听受即能知道而成为殊胜的通达贤哲。他从“耶”开始至“约”区方面修建了很多寺庙。伯父逝世后，他不乐意在山谷寺庙中住持寺座，而和“纳”地旅店的女店主同居，修筑新房，讲说许多“密续经释”；并建造上乐金刚像如喜金刚像十万尊。从那里出现雅隆地方的弟子，并汇集了许多求学“密续经释”的学者。有一弟子迎请他到雅隆地方，他生起了大福泽，以此获得格西扎巴的名称。中间有一段时间他和当巴桑杰及班智达达瓦贡布二师会面，在当巴师座前供上许多黄金，当巴虽未接受，但仍将息解派九种明灯法门教授传授给他；达瓦贡布也将《六支瑜伽教授》传赐予他，他依教授精修而获证大智。拉布巴金氏无子嗣，来师前求胜乐灌顶后，由此一年期间获得子嗣。灌顶时供物有净瓶项饰大小的绿松石；上部吉祥草；古代东印度铸造佛像。后来酬恩又供献光浩的金座；鹿形的银勺；弯形的利剑；具威胁的铠甲等。此后福泽更盛，财富难以容纳，以此修建吉汝寺。在此寺中他的两位侄子出家，取名为郡协(生智)及郡楚(生戒)。吉汝寺出有四大弟子事业，即乍敦绷拉建勒格寺；欧穹敦巴建嘎扎寺；格西拉季建萨唐寺；本德绛秋生巴建日普寺等事业；格西库敦虽是早先的门徒，然而他对堪布(指格西扎巴)生嫉妒作为敌对，而广做诅咒。继后格西扎巴心想在纳须地界上建立一寺有大饶益。他在夏温师前启问这一心愿是否能成？于是在他年届七十岁时岁次辛酉（1081）为扎塘寺奠基，直到他年届七十九岁时被一弟子用筷穿其心而圆寂时，寺庙大体完成；剩下一些须作的工程，则由其侄郡协和郡楚二人于癸酉（1093）以前的三年中全部完成，建寺总的时间计约13年。[1]实际上扎巴·翁协巴原为噶当派僧人，后得当巴桑杰传授息解法门，遂自成一派称为扎巴派。

分析以上史料，可以确认如下史实：（1）扎巴翁协先祖是赤松德赞时期大臣钦氏（mChims）衍传而来的香氏（Zhang），钦氏修建桑耶寺青塔，翁协亲眷掌握扎囊附近政教权利，叔父精通胜乐、喜金刚、密集与时轮密法、《般若波罗密多经》及莲花生的夏温金刚伏魔修法（zha ’on rdo rje bdud ’dul gyi sgrub thabs）。值得注意的是，卫藏地方前弘期寺

---

〔1〕参看迅鲁伯著，郭和卿译，熏奴贝：《青史》，拉萨：西藏人民出版社，1985年，第63—64页。四川民族出版社1984年藏文版《青史》第124—127页：dge bshes grwa pa mngon shes kyi lo rgyus ni/ khri srong lde btsan gyi blon po mchims rdo rje spre chung zhes bya ba/ nor ha cang mi che yang shes rab che zhing smre mkhas pas rgyal po dgyes pa zhig byung/ des bsam yas kyi mchod rten sngon po dang byang chub gling gong bzhengs/ de la bu gsum las vbring po lhar chos grvavi skyid ru gzung/ devi bu gnyav ne/ devi bu ghyav chung/ devi bud pal legs/ devi bu btsan vod/ devi bu zhang se tsha legs brtan/ de yan du mchims nas vbod/ se tsha nas zhang du vbod/ de la bu bzhi yod pavi che ba jo dgav/ de la bu zhang ston chos vbar/ stag dkar/ zhang dran pa gsum/ zhang ston chos vbar rab du byung/ sngags mtshan nyid kyi chos mang du mkhyen pa ni/ bde mchog dgyes rdor/ gsang vdus/ dus kyi vkhor lo la sogs pavi sgrub thabs mang du mkhyen cing phar phyin yang mkhyen/ zha von rdo rje bdud vdul gyi sgrub thabs slob dpon padmas mdzad paving mkhyen/ zhang ston dkar ba la bu che ba stag tshab/ devi vog stag chung/ de vog bzhen pa/ de vog g’yang bzhi ste bzhi/ bu mo gnyis te drug go/ stag tshab chu pho byi ba la vkhrub/ rje mar pa dang na mnyam yin/ gzhun nuvi dus rngan gyi ra la lnga vtshos/ rigs sad de yam shud la rab tu byung/ mtshan shes rab rgyal bar btags/ der vdul ba lo gcig gsad/ de nas khu bo zhang ston chos vbar la khong rang gi mkhyen pavi chos rnams ma lus par gsad/ khu bo las zhang von gyi sgrub thabs blang pa tsam gyis zhal mthong/ gzhan yang chos thams cad cung zad mnyan pas shes te mkhyen pavi phul du gyur/ g’yo nas brtsams te g’yer phyogs phar cher du gtsug lag khang shin tu mang bar brtsigs/ khu bo gshegs nas dgon pa ri phug tu gdan sar bzhugs ma vdod par glag gi gnas mo chevi gzav mi byas/ gzims khang gsar ma brtsigs/ rgyud vgrel mang po gsungs/ bde mchog bzhengs/ dgyes pa rdo rjevi sku vbum kyang bzhengs/ der yang klungs pavi slob ma mang du byung/ rgyud vgrel la slob gnyer byed pavang mang du vtshogs/ slob ma gcig gis yar klungs su spyan drangs/ sku bsod skyes/ dge bshes grwa par grags/ bar skabs su dam pa sangs rgyas dang pandit zla ba mgon po gnyis dang mjal te/ dam pa la gser phul bas ma bzhes kyang/ zhi byed sgron ma skor dguvi gdams pa gnang/ zla ba mgon pos sbyor drug gi gdams pa gnang nas bsgoms pas ye shes chen po la mngav mdzad/ lha bug pa can la bu med nas bde mchog gi dbang zhus pas lo dus su bu byung/ bum pavi mgul rgyan la g’yu chang bu can che chung dang/ stod bdud vdul/ dbang yon la sku li ma can/ gtang rag la gser khri dar can/ dngul skyogs sha ba can/ ral gri phud kyu can/ khrab sdig pa can phul/ de nas grvar byon sku bsod ma shor nas skyid ru btab/ der tsha bo gnyis rab tu byung nas vbyung shes dang vbyung tshul du btags/ skyid ru nas bu bzhir byas pa byung ste/ bra ston vbum lha vbar gyis gnas sgor/ rngan chung ston pas sga vdra/ dge bshes lhab kyis so thang/ bandhva byang chub sems dpas rip hug btab/ dge bshes khu ston sngar gyi slob ma yin kyang/ slob dpon la phrag dog byas dgrar langs mthu rgyag byas/ de nas sna shud kyi so mtshams su gtsug lag khang btab na phan che ba dgongs nas/ zha von la vgrub mi vgrub dris pas vgrub par lung bstan nas/ dgung lo bdun cu bzhes pa lcags mo bya la grva thang gi rmang bting/ rang lo bdun cu rtsa dgu la mkhan bu cig gis snying thur rgyab pa thal nas zhi bar gshegs pavi tshe phal cher grub pa la/ lhag ma cung zad dgos pa rnams vbon po vbyung shes dang vbyung tshal gnyis kyis chu bya lo tshun chad lo gsum gyis legs par tsar te/ spyir bzhengs pa la lo bcu gsum song ba yin//

庙建寺者大都是吐蕃王室的后裔，而且都与桑耶寺及桑耶寺佛塔的建造有关联，由此形成一个建筑与图像系统。（2）扎巴翁协初名达操（sTag tshab），与洛扎（Lho brag）人玛尔巴（Mar pa, 1012—1097）同年，从伯父出家修习密法，讲说密续《胜乐》与《喜金刚》，造本尊像，精于《般若波罗密多经》。（3）拜希解派（Zhi byed）大师当巴桑杰（Dam pa sangs rgyas）与班智达达瓦贡布（Pandit zla ba mgon po）为师，后在雅隆绒巴地方与当巴桑杰会见，获授希解派九种明灯法（zhi byed sgron ma skor dgu）和《六支瑜伽》（sbyor drug）。（4）门下四大弟子修建扎囊吉汝寺等。（5）七十岁始建扎塘寺（1081），七十九岁圆寂（1090），扎塘寺由其侄子郡协（Byung shes）与郡楚（Byung khrims）在1093年完成，用时13年。

从以上材料分析，扎巴翁协上承吐蕃家传，本人就是一位伏藏师，学习莲花生宁玛派的金刚伏魔法，并对上乐金刚有所专修。《青史》提到扎巴翁协曾“讲说众多密续，建造上乐金刚像和喜金刚像十万尊”（rgyud 'grel mang po gsungs/ bde mchog bzhengs/ dgyes pa rdo rje'i sku 'bum kyang bzhengs/），特别精通《般若波罗密多经》，可以看出是11世纪藏传佛教后弘期阶段对各种教法的兼收并蓄，因此，以上文献不能说明建造扎塘寺的扎巴翁协属于早期噶当派，也可能是宁玛派。然而，《青史》这段较为详尽的扎巴翁协传记，虽然没有提到具体的寺院建筑细节，但指出了扎塘寺与希解派的关系。从扎巴翁协熟悉《般若波罗密多经》及与希解派当巴桑杰交往的事迹来看，扎巴翁协的扎塘寺与希解派更为接近，当巴桑杰多次往来扎塘寺，为扎巴翁协传授《息解明灯九门》，由此形成扎巴翁协所传出的希解小派。[1]希解派是晚期正趋衰败的东印度金刚乘佛教在因应11世纪前后波及藏地的中亚西域及至东北亚地区佛教中兴潮流的一种变通形式，创建者当巴桑结（？—1117），生于南印度，先后在超岩寺、金刚座、祇多林等处学显密教法，以《现观庄严论》阐述的般若学为理论基础，密教以大手印法门为主。[2]藏语“希解”（zhi byed）一词的意思是指“能寂”“寂灭”或“能止息”。以希解派教法能熄灭人间一切苦恼及其根源，并停止生死流转。其理论本质与佛教的基本理论，即般若性空并无二致，特别之处只是其教法实践性的修持方法，即所谓坟场的苦修仪轨，以此与当时的各部密续形成勾连。[3]扎塘寺壁

［1］廓诺·迅鲁伯著，郭和卿译：《青史》，拉萨：西藏人民出版社，1985年，第591页。

［2］当巴桑杰先后来藏五次，在前后藏传法，弟子不计其数，重视苦行修持，弟子们都在荒山野林坟墓葬场等人迹罕至的地方长期苦修，不立寺庙，没有僧伽组织，远离社会生活，更不参与政治活动。当巴桑杰曾在后藏定日建过一座寺庙，并未形成他的教法中心。据说他在晚年朝拜过山西五台山。希解派教法的传承有前、中、后三代，相当于当巴桑杰在三个时期传授的三种不同教法，时间集中在12、13世纪至14世纪，传承不明，它的一些修行方法，则为其他教派所吸收。

［3］《土观宗派源流》：“即依于正法能息灭由往昔业力感召以致在此生中得下劣身，多诸疾苦，贫穷空乏，乃至为非人所损害的种种苦恼，使其成为堪修瑜伽之行，所以名为正法能息苦恼。且尚不止此，谓由修习波罗蜜多，能令三有涅槃一切苦恼皆得寂灭，而此教授的精要，亦是在修习波罗蜜多行。”

画第一铺释迦牟尼说法的场景，以三塔象征缘起空性，与扎巴翁协与希解派对般若波罗蜜多根本智慧的关注相一致，所以扎塘寺的建立与希解派的教法或有直接的关联。另外，希解派在西夏及藏区西部多有流布，当巴桑杰又曾游历五台，扎塘寺壁画中的西域敦煌式样或与往来藏地与中土的希解派高僧的引荐有关，[1]汉僧或印僧往来中印间是11世纪的常态、印度至克什米尔古道沿线多有汉人修筑的佛寺。汉僧甚至途径尼泊尔拜访桑耶寺。当巴桑杰貌似突兀地由汉地返回后首先抵达定日并开始修建寺院，或是穿行这条中古礼佛古道获得的灵感。[2]

13世纪时扎塘寺改属萨迦派，但这只是形式上的改制，没有记载表明当时对扎塘寺进行了大规模的维修，寺主名雅隆・扎西曲德（yar klung bkra shis chos ldan），从名字看，就知道他是来自雅隆地方的当地人，而不是来自后藏萨迦等地。可见所谓的改属萨迦派只是形式，不至于对寺院壁画进行大规模的改造。扎塘寺的最大一次重修是在热振时期，那已经是1933年前后了。[3]

二、扎塘寺殿堂形制的复原

《青史》虽然记载了寺院创建者扎巴翁协的史料，但对寺院形制与造像很少着墨，由于“文革”期间扎塘寺二、三层及周边附属建筑损毁，又没有留下足够的历史照片可资复

〔1〕《青史》记载帕当巴桑杰在第五次入藏时前往汉地，与智慧空行母住在一起（第58页），前往五台山时，碰见文殊化身，从五台山一山洞可以往返印度金刚座，并看到了文殊菩萨“此诸图境，汉地人士绘成图画而刻板，复寄到西藏者即此故事。在汉地帕当巴桑杰住了十二年。”（第595页）廓诺・迅鲁伯著，郭和卿译：《青史》，拉萨：西藏人民出版社，1985年。

〔2〕“此寺即继业三藏所作。业姓王氏，耀洲人。隶东京天寿院。干德二年，诏沙门三百人，入天竺求舍利及贝多叶书，业预遣中。至开宝九年，始归寺。所藏《涅盘经》一函，四十二卷。业于每卷后，分记西域行程，虽不甚详，然地里大略可考，世所罕见，录于此，以备国史之阙。业自阶州出塞西行，由灵武、西凉、甘、肃、瓜、沙等州，入伊吴、高昌、焉耆、于阗、疏勒、大食诸国，度雪岭至布路州国。”“自鹿野苑西至摩羯提国，馆于汉寺。”“新王舍城有兰若，隶汉寺。”“至伽湿弥罗汉寺，寺南距汉寺八里许。”“又至拘尸那城及多罗聚落。踰大山数重，至泥波罗国。又至磨逾里，过雪岭，至三耶寺。由故道自此入阶洲。”范成大著，孔凡礼点校：《吴船录》，《范成大笔记六种》，北京：中华书局，2002年。郭若虚《图画见闻志》卷六“觉称画”、邓椿《画继》记载了印度僧人进入中土的事迹。宋代著名的大译师法贤（天息灾，？—1001）和施护也是此期往来的迦湿弥罗和北印度的僧人。

〔3〕在11—12世纪西藏绘画作品大量面市以前，扎塘寺壁画的存在及其断代问题经常引起艺术史家和考古学者的困惑。假如确定扎塘寺壁画是11世纪初年的作品，其时萨迦派与中原政权还没有联系，这一时期包括扎塘寺在内的西藏绘画中出现汉地绘画风格成分，例如扎塘寺壁画释迦牟尼像莲座花茎，白色的狮子，尤其是下面的盛装汉地妇女像等等都表明这些作品受到极强的于阗敦煌风格的影响，它与同一时期在卫藏流行的严格意义上的波罗作品风格有所不同。同时，人们对后弘初年下路传法过程中河湟一带的佛教美术对西藏艺术的影响缺乏应有的认识，导致很多11世纪的作品被认定为13、甚至14世纪以后的作品，使之与萨迦派发生联系，为壁画中出现的汉地风格找到出处。这种观点我们在宿白先生有关扎塘寺断代的论述中可以看到。

原，庆幸的是，笔者找到一则以往研究者没有关注的扎塘寺史料，出自噶陀寺司徒确吉加措的《噶陀司徒卫藏胜迹志》，其记述扎塘寺云：

扎塘寺大集会殿有立柱20根，殿内净香殿有9柱汉式须弥铁围山。净香殿中央是释迦能仁坐大菩提塔，有八大近侍弟子立像，十六罗汉，[1]金刚持等身金像；另有等身高噶当佛塔五座，一箭高佛塔两座；等身高大日如来像更胜以往的五方如来，上师像三尊；殿门口有二尊护法金刚。在礼佛廊道内外墙壁可以看到壁画。集会殿内藏有《甘珠尔》两套，《丹珠尔》一套，供奉莲花生大师像；净香殿壁画是古代的旧壁画，属尼泊尔绘画式样，质量上乘、众多佩饰庄严殊胜。

中层的佛殿如同尼泊尔的风格，但以汉地的造像式样塑造，中央是雪海大日如来（即普贤如来报身毗卢遮那佛），两侧为燃灯佛和弥勒佛等三尊，有眷属近侍八大弟子立像，比丘无垢友尊者，喜吉祥菩萨，忿怒相二金刚塑像；大译师却炯桑布的舍利塔是满饰珠宝的银塔，大译师加持的等身金银时轮无与伦比，小巧方垫特别令人称奇。尚有夏鲁·却炯桑布、温·洛卓阿噶两人的写实身像，金刚持的银像，道果传承上师等身银像与塑像四身，小噶当佛塔四座，礼佛道内外壁可见释迦牟尼佛十二宏化事迹壁画，[2]显教部《大云经》系列壁画等都是尼泊尔古旧壁画，亦令人称奇。

顶层殿堂为印度式样，中央主供佛为四人背靠背的普明大日如来，其余四方为五方佛之四如来、四明妃、十二菩萨等圆满曼荼罗，大门忿怒相护法二尊等。内礼佛道南獐嘴凸起位置、供奉噶当派上师殿的西侧，用献祭神灵的土石塑造了度母主从五身；时轮殿北有供奉阿底峡传承十一面观音主从五身，还有供奉五方佛等塑像的若干神殿。在南侧的护法殿有莲花生亲制金刚法号持物的灵验莲师等身像。

最上的紫色殿穆宝颇章有桑珠豁卡盖章的信件，还有尚论、古协造像、秘密宝箧中的供兽等。尚有喜金刚、各种时轮、大海空行母、大威德、无量寿九尊、那若空行母等七曼荼罗。扎塘寺有一种金刚帐羌姆法舞，在每年夏天六月初十举行。[3]

---

〔1〕此处十六罗汉藏文做gnas-bcu，有可能是为gnas-rten bcu-drug之缩写形式。

〔2〕此处十二宏化，藏文mdzad-pa bcu-gnyis压缩为mdzad-bcu。

〔3〕Si-tu-pa Chos-kyi rgya-mtsho *Ka: -Thog Si-tu'i dbus-gtsang gnas-yig*（《司徒古迹志》，拉萨：西藏藏文古籍出版社，1999年，第123—125页。grwa thang nang 'du khang chen mo ka ba nyi shu'i sbug tu dri gtsang khang ka ba dgu mal rgya nag lcags/ dbus su thub ba byang chub chen po dang/ nye sras brgyad bzhengs sku/ gnas bcu/ rdo rje 'chang gser sku mi tshad/ bka' gdams mchod rten mi tshad can lang/ mda' tshad gnyis/ rnam snang mi tshad las lhag pa/ rgyal ba lang pa sogs bal sku gsum/ sgo srung king gang gnyis/ bskor khang nang ma logs ris phyi nang du lta ba bcas dang/ 'du khang na bka' 'gyur cha gnyis/ bsdan 'gyur cha gcig/ slob dpon sku/ logs bris songn gyi rnying pa bla bris spus legs dang/ rgyan bkod sogs mang/ bar khang bla po'i lugs ltar/ bzo dbyibs rgya nag lugs su byas pa'i dbus rnam snang gangs can mtsho dang/ mar me mdzad/ byams pa bcas thog slebs/ 'khor nye ba'i sras brgyad bzhengs （转下页）

扎塘寺与桑耶寺隔江相望，从《青史》记载可以看出扎塘寺创建者与桑耶寺有不解之缘，扎塘寺也一直把桑耶寺作为自己模仿的范本，我们从20年代大司徒的胜迹志可以看出当时扎塘寺的形制：位于大经堂西的佛堂称为净香殿，义即供奉释迦牟尼佛陀的殿堂，释迦牟尼坐大菩提塔背龛，说明原来供奉的是金刚座触地印释迦牟尼佛，有八大菩萨和二尊忿怒尊"金刚"护法、十六罗汉（也可能是十地菩萨）。净香殿有礼佛道，绘有十二宏化佛传图。司徒看到的中层殿堂，虽然称为印度式样，但主尊为现今少见的汉地纵三世佛，有燃灯佛、毗卢遮那和弥勒三尊，同时配置八大菩萨、二汉地金刚，早期壁画有源自汉地的《大云经》；三层殿堂壁画是四面大日如来，即普明大日和金刚界五方佛。

依照司徒的记载，我们再来观察12至13世纪的藏文史籍对桑耶寺乌载主殿的描述，其中《巴协》对桑耶寺乌载殿三层配置有详尽的描述：记载底层大殿为吐蕃式样的净香殿（dri gtsang khang），中央是跏趺坐大菩提塔（byang chub chen po）背龛的金身、着佛衣的释迦能仁佛，南面右侧为虚空藏、弥勒、观世音和地藏菩萨，北面左侧是普贤、金刚手、文殊和除盖障菩萨，以此方位可以判明桑耶寺大殿与扎塘寺净香殿一样是面朝东方。另有大居士无垢友（dge bsnyen chen po dri ma med par grags pa）在侍，忿怒相红色不动明王等主从眷属十三人。由一〇八《集密注疏》所出规范师桑吉益西（slob dpon sangs rgyas ye shes）座下众神九十六。大菩提佛座后背墙壁绘制壁画，主要绘制是佛三生本生经变（lte ba'i rgyud ris ni sku gsum 'byung pa'i mdo）。礼佛道外壁绘制显教经部《白莲花经》（即《妙法莲华经》）[1]系列画（skor khang la mdo sde padma dkar po'i rgyud ris bris）；礼佛道内壁绘制大集宝尊胜陀罗尼经咒（'dus pa chen po rin po che'i tog gi gzungs）。鼓楼绘制大王誓愿所依止显教经部无上《大云经》（rnga khang la thugs dam mdo sde dkon mchog sprin gyi rgyud ris bris），下层殿的护法神为空行母狮座具辫女（mkha' 'gro ma seng ge khri'i ral

（接上页）sku/ dge bsnyen dri ma med pa dang/ byang sems dga' ba'i dpal/ khro bo king kang gnyis bcas 'jim sku/ lo chen chos skyong bzang po'i gdung rten dungl gdung phra rgyan can/ lo chen thugs dum rten dus kyi 'khor lo mda' tshad lhag pa gser zangs/ sle'i chung ma shin tu khyang mtshar/ zhwa lu chos skyong bzang po/ dbon blo gros ad dkar gnyis kyi sku 'dra/ rdo rje 'chang dungl sku dang/ lam 'bras bla brgynd gser sku mi tshad tsam/ 'jim ski bzhi/ bka' gdams mchod rten chung ngu bzhi/ bskor khang phyi nang du blta br mdzad bca dang/ mdo sde sprin chen rgyid ris bcas ri mo bla rnying knyad mtshar bzhugs/ steng khang rgya gar lugs/ rten gtso rnam snang mi bzhi rgyab sprod/ phyogs bzhi'i rigs bzhi/ yum bzhi/ sems dpa' bcu drug sogs dkyil 'khor yongs rjogs/ sgo srung khro bo gnyis bcas bzhugs/ khor bo gnyis bcas bzhugs khor sa nang mar lho'i glos 'bur na bka' gdams bla ma bzhugs pa' lha khang nab na sa phad rdo phad las bzhengs b'i sgrol ma gtso 'khor langa/ dus 'khor lha khang/ byng la jo bo bcu gcig zhal gtso 'khor lang/ rgyl ba rigs lang bcas kyi 'jim sku bzhugs p'i lah khang rnams bzhugs sa/ lho'i mgon khang na rdo rje gling p'i phyag bzos gu ru rin bo che'i 'dra sku byin ldan/ thod pa smug po pho brang bsam 'grub gzhis k'i dam 'byar/ zhang blon/ gur zhal bcas kyi sku dang gter sgom spyan gzigs sogs 'dug/ dgyes rdor/ dus 'khor kun rigs/ mkha' 'gro rgya mtsho/ 'jigs byed/ tshe dpag lah dgu/ na ro mkha' spyod bcas kyi dkyil 'khor bdun yod zer/ rdo rje gur gyi 'cham 'dra ba zhig kyang snang/ dngyar ka zla ba drug par tshes bcu'i 'chems zhig kyang yod zer/

〔1〕 藏译dam pa'i chos pad ma dkar po zhes bya ba theg pa chen po'i mdo即《正法白莲华大乘经》，简称《莲华经》。

pa can)。[1]

桑耶寺中层殿是以汉地式样建造，主尊塑造大日如来，右侧塑过去佛燃灯佛（'das pa'i sangs rgyas mar me mdzad），左侧是未来佛弥勒（ma byon pa'i sangs rgyas byams pa）。绘制前面上首神释迦能仁，寿命神药师琉璃八佛（tshes brgyad kyi lha saman gyi bla beedurya），鱼神无量光如来（nya'i lha snang ba mtha' yas），22位姣姆度母（lha jo mo sgrol ma）等壁画。左右胁侍菩萨是八大近侍弟子，大比丘无垢友称，菩提萨埵喜吉祥（byang chub sems dpa' dga' ba'i dpal）。忿怒尊是"哼"（king）和"哈"（kang）二将，这都是汉语名称（rgya nag gi skad）。有事部（kri-ya）众神50余，配置与底层吐蕃殿相同，中层殿绘制的经变画（rgyud ris）有繁本《般若波罗密多经因缘经》（yum rgyas pa'i gleng gzhi）。礼佛道外墙绘八塔和菩提现证经变画（mdo mngon par 'byung ba），内墙绘画显教经部《大云经》经变画（mdo sde sprin chen po'i rgyud ris）。鼓楼绘画十方佛、阎摩敌众尊，并安置桑耶寺居住的众护法神的面具，此殿的护法是具木鸟形者。

桑耶寺顶层是印度式样，主尊是四面普明大日如来（sangs rgyas rnam par snang mdzad kun tu rig pa zhal bzhi），四面各有眷属两身，共八大菩萨近侍弟子。内神有金刚王菩萨等十方神菩萨，忿怒尊不动明王四尊。[2]

《弟吴教法史》桑耶寺三大殿的记载则更加详尽：

> 吉祥桑耶寺的形制如同《俱舍论》的本体，中央乌载三部殿（如来部、金刚部和莲花部）为最高的须弥山，十二小洲以日月二殿的做法修建；藻井与喜旋花窗等亦依照戒律修建，众神佛造像则以显教经典配置。
>
> 乌载三部殿的大日如来，是以如来调服众生有情的式样修建供奉。建造供奉众神佛造像时，大王梦到一位一身白色的人对他说："大王你正在塑造佛像，以前有佛薄伽梵加持的神像在这里啊，你去把他们拿过来。"大王来到哈比日山，所有的岩石上都好像竖立了佛像。"这是所有的佛像，这是所有的菩萨像，这是所有的忿怒相护法像！"天亮之后，大王来到哈比日山各个地方一看，与昨晚梦中所见完全一样，岩石上有非常清晰的众神佛像，大王非常高兴，于是召请了尼泊尔工匠，在很短的时间内造好了佛像。
>
> 上层殿以印度式样建造，中央主尊为四面大日如来，八大近侍弟子眷属环绕、菩提萨埵金刚胜幢为主身的二十六尊，忿怒相门神八尊等佛四十四尊，并在壁画中绘制

[1] 韦色朗著：《韦协》（dBa' bzhed bZhugs so），藏文版，拉萨：西藏古籍出版社（Bod ljongs bod yig dpe rnying dpe skrung khang），第110页。

[2] 韦色朗著：《韦协》（dBa' bzhed bZhugs so），藏文版，第110—112页。

金刚界菩萨众神，由护法神夜叉铜梁椎（诺基桑白巾）守护。在四楼上安置佛喜轮等，由护法神拉那多吉守护。

中层殿以汉地式样建造供奉，塑主尊为大日如来、无量光如来和弥勒三尊，塑眷属十地菩萨环绕三尊，另塑忿怒相二“金刚”共十五尊。壁画绘制《毗奈耶因缘经》，库房（礼佛道）往后看绘八佛塔；库房（礼佛道）往内看是《大云经精要》系列画。鼓楼的前面绘制十方佛、金刚萨埵、阎摩敌等神众、护法神的面具等，由护法神大王具木鸟行者及夫人卓娃桑姆守护。

下层是以吐蕃式样修建的，主尊是纵三世佛（dus gsum sangs rgyas），眷属为思辨贤劫八佛，有门神忿怒相降三界明王和不动明王共十三尊。有十方佛壁画，库房（礼佛道）往外看绘显教经部《白莲花经》（即《妙法莲华经》）；往内看绘《宝珠经》。由具鬃狮座充任护法。[1]

由以上桑耶寺殿堂配置并结合司徒的记载，我们可以还原扎塘寺主殿三层造像的安排：

一层大殿前方为集会殿，后方净香殿为寺院初建时的三层殿的一层殿：主尊为释迦牟尼配八大菩萨、二护法金刚；内壁主壁西侧、南北壁八大菩萨上方空余处绘制十方如

---

〔1〕 mKhas pa lde'us mdzad pa'i rGya bo kyi chos 'byung rgyas pa, pp.349–350，西藏人民出版社1987年版原文如下：dpal gyi bsam yas kyi dbyibs ni/ mngon pa'i gzhung lter/ dbu rtese rigs gsum ni ri bo mchog rab kyi tshul/ gling phran bcu gnyis ni nyi zla zung gcig gis las byed pa'i tshul du bzhengs/ thog 'big lugs dang/ bu ga bzhag lugs dang bcas pa 'dul ba'i lugs su bzhengs/ lha tshogs thams cad mdo sde lter bzhengs so// dbu rtes rigs gsum ni rnam par snang mdzad 'gro ba 'dul ba'i tshol du bzhengs su gsol te/ lha'i sku gzugs ji lter bgyi gsol pa dang/ rgyal po'i rmi lam du mi dkar po gcig byung nas/ rgyal po chen po khyod/ sangs rgyas kyi sku gzugs ji lter gnyer snyam pa de/ sngon sangs rgyas bcom ldan 'das kyi byin gyis brlabs pa'i lha yod der 'dongs zhes khrid do/ has po rir phyin pa dang brag kun la ltar bcug nas/ 'di sangs rgyas kun gyi gzugs yin/ 'di byang chub sems dpa' kun gyi gzugs yin/ 'di khro bo kun gyi gzugs yin zhes bstan pa rmis nas/ nam langs pa dang has po rir bltar byin pa dang/ sa phyogs der gzigs pa dang/ mdang gi rmi lam dang mthun par brag la lha gzugs wa ler gda' nas shin tu dgyes te/ bal po rdo mkhan bkug nas/ byon ma thag tu sku gzugs bcos te// yang khang ni rgya gar gyi lugs su bzhengs te/ dbus gyi gtso bo rnam par snang mdzad kun tu zhal la/ 'khor nye ba'i sras brgyad kyis bskor ba/ byang chub sems dpa' rdo rje rgyal mtshan gyis gtso mdzad pa nyi shu rtsa drug/ sgo srung khro bo brgyad la sogs pa sangs rgyas bzhi bcu zhe bzhi bzhugs so/ ri mo rdo rje dbyings kyi lha tshogs su bris nas/ chos skyong gnod sbying zangs 'bi can la gtad do/ thod bzhi la sangs rgyas dga' ba'i 'khor bcas bzhengs nas chos skyong lag na rdo rje la gtad do// bar khang rgya nag lugs su bzhengs su gsol te/ dbus kyi gtso bo rnam par sang mdzad/ sang ba mtha' yas/ byang pa dang gsum bzhugs so/ 'khor sa bcu'i byang chub sems dpas bskor ba bzhengs/ khro bo rdo rje king kang gnyis te lha tshogs bco lnga nzhugs so/ ri mo 'bum gyi gleng gzhi'i rgyud ris su bris/ dkor［skor］khang kha phyir bsta mchod rten brgyad pa dang/ nang lha sinn chen snying po'i rgyud ris su bris/ rnga kang gdong la phyogs bcu'i sangs rgyas dang/ rdo rje sems dpa'/ gshin rje gshed kyi lha tshogs dang/ chos skyong rnams kyi 'bag dang bcas pa bris nas/ chos skyong rgyal po shing bya can dang lcam 'gro ba bzang mo la dtad do// 'og khang bod lugs su bzhengs te dbus gyi gtso bo dus gsum sangs rgyas la/ 'khor bskal pa bzang po'i sems pa brgyad/ sgo srung khro bo khams gsum rnam par rgyal ba dang/ mi g-yog pa gnyis te spyir bcu gsum bzhugs so/ ri mo phyogs bcu'i sangs rgyas dang/ dkor khang kha phyir lta thams cad mdo sde padma dkar po'i ri mo/ kha nang lta/ rin po che tog gi rgyud ris su bris so/ chos skyong seng ge khri'i ral pa can la datd do/

来。环绕净香殿有礼佛廊道，绘制十二宏化、《妙法莲华经》经变画。二层殿主尊为汉式三世佛，配置八大菩萨和汉地哼哈二将，礼佛道壁画绘制《大云经》和《因缘经》等。

现今我们对桑耶寺与扎塘寺建筑形制与图像配置的材料，大都来源于12至14世纪藏文史籍的描述，很大程度上是当时的学者对寺院在这段时间内现状的记述，正如记载桑耶寺寺志的文本《巴协》（sBe nzhed）的形成过程；[1]对桑耶寺与扎塘寺建筑格局与图像配置寓意的分析，对深入理解11世纪后半叶至西藏佛教后弘期西藏佛教的本质至关重要！以往我们对藏文史书中寺院建筑与配置的记载大多没有认真对待，对桑耶寺不同样式的传说多认为是当时的史家游戏之笔。以上我们依据12至14世纪藏文文献重复记载的桑耶寺乌载大殿的布局，几乎完美地还原出扎塘寺最初的尊像配置。根据这些记载，可以确认扎塘寺等11世纪后半叶的佛教寺院，以及由吐蕃衍传至后弘期的桑耶寺，都是按照显教经典（mdo sde）来布局的，故称桑耶寺为佛部、莲华部和金刚部三部殿（rigs gsum），其中一层的所谓吐蕃式样，如此称呼或来源于8、9世纪的图像样式，净香殿之名表明此殿为供奉佛陀殿。11世纪处于佛教复兴但逐步真言密教化的进程中，释迦牟尼与毗卢遮那在此时形成了无处不在的置换关系，佛殿为供奉释迦牟尼（毗卢遮那）的净香殿，以早期胎藏界大日如来系统配置了八大菩萨，但该殿有礼佛廊道，壁画绘制有与释迦生平关联的《十二宏化》《大云经》《妙法莲华经》与《因缘经》等；二层点明是中原式样，三尊塑像组合为后期西藏佛殿少见的纵三世佛，有燃灯古佛、毗卢遮那和弥勒三尊，眷属同样为八大菩萨，这种三世佛构成在藏西地区非常少见，但在卫藏地方如曲水卓玛拉康、墨竹工卡唐家寺等11至12世纪的早期佛殿中，汉式纵三世佛是流行的式样。[2]考虑到10至11世纪汉地宋辽流行的大雄宝殿纵三世佛布局，例如大同下华严寺薄伽梵殿，建于辽重熙七年（1038），有辽代彩塑31尊，正中三尊为过去、现在、未来三世佛，以主佛为中心，配置四大菩萨、胁侍、供养童子、四大天王等像，殿坐西朝东。中国佛教有关燃灯古佛的信仰主要流行在11世纪前后的宋辽，[3]桑耶寺与扎塘寺二层所谓的汉地三世佛，应当是此时华严系佛殿流行的三世佛配置。

门口的护法不是不动和马头明王，而是汉地寺院的哼哈二将，文献并特意指出king和kang是汉语词汇；殿内还供奉汉地华严十地菩萨塑像、八塔变、十方佛。事实上，底层殿

[1] 例如11世纪成书的《韦协》（dB' bzhed bzhugs so）（参看巴桑旺堆《〈韦协〉译注》藏汉文本，拉萨：西藏人民出版社，2012年；西藏古籍出版社，2011年）只是记述了桑耶寺的大洲与小洲，并无寺院尊像配置与壁画安排的记载。

[2] 大昭寺二楼11至12世纪壁画藏文题记指出所绘佛为包含燃灯佛（sangs rgyas mer me mdzad）的三世佛，王瑞雷拍摄大昭寺二楼壁画题记。

[3] 辽宁朝阳南塔石宫出土辽代统和二年（984）“佛舍利铭记”碑：“大契丹国霸州居地东南，上兴塔庙，下置石宫，藏释迦佛舍利一尊，锭光佛舍利十八粒。”

与二层殿的图像配置大体相同，基本上采用不同时期的汉地佛教的图像系统，展示由显入密的第一个阶段。顶层大殿供奉普明大日如来，这位如来不属于无上瑜伽部，只属于瑜伽部，其主要的职能是《恶趣清净曼荼罗经》禳灾祈福的功能。[1]桑耶寺、扎塘寺展示的是11世纪佛教复兴之时圆融宗教在西藏的表现方式，也是真言乘密教与金刚乘密教相互磨合变动的时期。桑耶寺与扎塘寺等重点建筑反映后弘期佛教的主流，由显入密，释迦牟尼（法华）——大日如来（华严）——普明大日（金刚乘密教）的三层殿堂主尊的分配与壁画的构成说明此时汉传佛教在藏地的流行程度远远超出我们的想象。期间《大云经》《法华经》与《华严经》等在藏地的流行是极为重要的文明传播史证据。[2]

三、扎塘寺壁画与西藏法华图像

扎塘寺最重要的遗存是绘制于寺院初建时期、即11世纪后半叶佛殿内的壁画，壁画绘于佛殿内南、北、西三面墙壁，其中西壁是佛殿主壁，背上残存有迦楼罗金翅鸟背光，原来的释迦牟尼与八大菩萨及明王塑像皆已无存。壁画共描绘十铺释迦牟尼，其中主壁大龛两侧各两铺共4幅，南北壁八大菩萨与明王背光上方各三铺共计六铺，合计共十铺（图3-11-3：1）。壁画描绘释迦牟尼佛、眷属菩萨及其从众、礼佛弟子（图3-11-3：2）。释迦牟尼佛居中，左右为礼佛的菩萨、罗汉僧众和俗人，呈半圆形构图。主尊像已剥落的壁画共有两铺，位置为上下构图。下面的壁画呈垂直构图，画幅较大，而上面的壁画则呈圆形构图，画幅相对较小。侧壁的壁画由于雨水的长期浸蚀而变得斑驳陆离，但画面仍依稀可辨，表现题材与西壁主尊雕塑背部的壁画相同，为胁侍人物环绕释迦牟尼佛壁画。释迦牟尼像高约1米，菩萨眷属像一般高约0.5—0.7米。人物像间以花草为饰，整

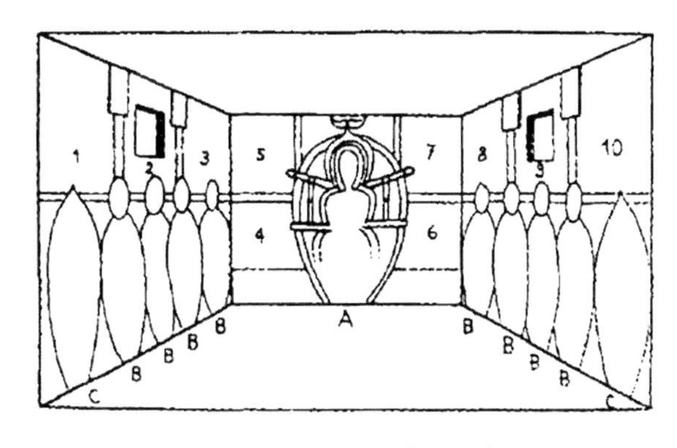

图3-11-3：1 壁画位置示意图

〔1〕如《韦协》记载建立桑耶寺后“修善超度仪式皆依照《净治恶趣密续》之义理，以普明大日如来和顶髻忿怒九明王之坛城仪轨举行。”（de nas phyis ngan song sbyong rgyud la brten nas kun rigs dang gtug tor dgu’i dkyil ’khor la brten nas shid rnams byas so// p. 37）

〔2〕所说的《大云经》为伪经者，是指武则天颁布的《大云经疏》而不是《大云经》本身。藏地9世纪有印度译师Surendra bodhi和益西代（ye shes sde）翻译的《大云经》。

图3-11-3：2 扎塘寺壁画说法图

个墙壁没有空白之处，满饰壁画。[1]

扎塘寺佛殿的壁画，除了东头一小部分第二期作品外，其余壁画都是寺院初建时期的作品，即1081年至1093年之间的作品，也就是11世纪初年的作品。当地人将扎塘寺与桑耶寺相比较称为"五有"（lnga ldan）寺院。[2]我们讨论的扎塘寺净香殿的释迦牟尼佛金刚座降魔印释迦牟尼佛，以释迦牟尼为主尊的曼荼罗多见于13世纪以后恶趣清净曼荼罗主尊，[3]11世纪前后鲜有主尊为释迦牟尼的密教曼荼罗。西藏艺术中吐蕃时期佛教造像来自敦煌唐密开元三大士的胎藏界曼荼罗系统，主要反映体现中台八叶院的禅定印释迦牟尼配八大菩萨系统，或以大日如来、金刚手和观音造像反映胎藏界三院，沿着汉藏边界地带分布，胎藏界的大日如来与释迦牟尼本身有相互置换的关系反映早期佛教的圆融特征，造像持续的年代大约在公元8世纪末至10世纪初，11世纪后半叶起，此时各地流行的早期阿閦佛信仰，与此时金刚座降魔印释迦牟尼说法图形成互换关系。

考虑到11世纪前后西藏艺术中对阿閦佛的信仰，扎塘寺主尊是由阿閦佛转化为释迦牟尼佛过程中的释迦牟尼佛，因为扎塘寺的主殿寺门是朝向东方；同时阿閦佛可以有自

---

〔1〕《扎囊县文物志》"扎塘寺"条，第68—87页。壁画根据画面的题材、内容和风格可以分为两期。第一期壁画的面积占佛殿内所有壁画的90%，第二期壁画位于南北两壁的最东端，每铺自上而下各有三尊无量寿佛像，像高约一米，有椭圆形头背光；头戴五佛宝冠，袒裸上身，下着长裙；有耳环、耳坠、项链、璎珞、手镯、臂钏、脚钏、帔帛为饰，结跏趺坐于仰莲座上。手印有施与印、禅定印、论辩印、触地印四种。这些壁画与第一期壁画在风格上差别较大，显然为后期所绘，具有浓郁的萨迦派风格。

〔2〕所谓"五有"，一是扎塘寺主殿（即祖拉康）底层转经回廊的宽度，比桑耶寺的多一弓（宽0.9米）；二是中层转经回廊绘有千佛像壁画；三是底层象征龙王卓思坚，四是中层象征南工月杰钦；五是上层象征药王热互拉。由此看来，扎塘寺在建筑过程中，还是吸收了不少桑耶寺的建筑风格。

〔3〕以释迦牟尼为主尊的曼荼罗，在唐代法门寺地宫出土的第五重宝函即为释迦说法之曼荼罗。主尊为释迦牟尼佛，左手舒掌于膝侧下垂，右手当胸作说法印相。主尊左右各五尊，后二尊为佛陀二弟子阿难与大迦叶；合掌坐莲台上的是文殊菩萨、普贤菩萨；文殊、普贤之后左右二尊为金刚手、金刚藏二菩萨；之前左右二尊为执剑之持国、广目二天王。此曼荼罗较为特殊。同时，第四重宝函亦有与此相同的另一释加说法曼荼罗，只是没有二天王，而是观音、弥勒二菩萨。这是显示十方三世，本地垂迹重重帝纲，无不圆融的释迦法曼荼罗。同时，亦可以说是圆融大小乘、圆融显密教的曼荼罗造像。参看《法门寺地宫唐曼荼罗之研究》。

己的坛城系统，因而扎塘寺围绕主殿蕴含阿閦佛特征的释迦牟尼可以构成曼荼罗。11世纪前后宋辽西夏各地皆流行兴起于中亚克什米尔与拉达克地区，形象确定于东印度波罗时期的金刚座触地印释迦牟尼佛，这种形态的释迦牟尼像与中亚丝路北传佛教的释迦牟尼像结合，并逐步替代了这些区域早期的阿閦佛信仰，成为一种圆融显密的图像式样。扎巴翁协的活动范围在卫藏中心，经常前往桑耶寺，扎塘寺的建筑形式受到桑耶寺影响的可能性更大，扎塘寺虽然建筑为与桑耶寺类似的曼荼罗式样，[1]主尊与八大菩萨的组合反映出早期敦煌胎藏界曼荼罗的影响，但仍然确定是释迦牟尼，因为扎塘寺与11世纪藏式佛殿一样，环绕大殿设置了宽阔的礼佛廊道，回廊绘制释迦牟尼本生或传记故事，而且绘制丝路北传佛教的千佛图像，这些配置直接表明扎塘寺一层主殿是显宗礼佛殿而非密宗殿。扎塘寺主殿释迦牟尼残存的灵鹫羯摩背光大龛展示的是释迦牟尼于灵鹫山说法的情景，回应大殿绘制的法华经壁画最重要的场景灵鹫会。

扎塘寺壁画，其图像出典与风格来源就是西藏艺术最令人困惑的难题之一。除了以上我们对寺庙建筑形制与塑像配置的分析，解开扎塘寺壁画的谜团，只有对壁画本身内容的深入解读。扎塘寺所存十铺壁画中，占据画面最大位置的是主壁大龛两侧下方两幅，其中西壁北侧释迦牟尼是十铺释迦牟尼中最为突出的一铺，释迦牟尼做触地降魔印，周围是罗汉、菩萨与听法弟子，下方为对坐两位菩萨。其中，主尊右侧菩萨右手肘逸出青莲花花瓣上置梵箧装经夹，因为文殊菩萨；左侧菩萨左手肘逸出莲花上置净瓶，应为弥勒菩萨。两菩萨之间摩尼宝柱上安置三塔（图3-11-3：3）。

首先，藏传佛教图像从胎藏界大日如来对八大菩萨的组合，在11世纪前后转变为与阿閦佛可以互换的金刚座触地印释迦牟尼配八大菩萨，这与法华经推崇诸佛与东方佛国的信仰有关，与此时辽金西夏对降魔金刚座释迦牟尼的尊崇相适应。因而，扎塘寺与这一时期的一些藏族寺院，寺门都朝向东方。[2]主供佛降魔印释迦牟尼有迦楼罗大背龛，南北两壁列彩塑立像八大菩萨、不动与马头二护法，象征佛陀灵鹫山说法意象；其西壁、南北壁为十方佛壁画，所画内容皆为释迦牟尼化身十方如来为众弟子说法的景象。扎塘寺十方佛只有三种手印，象征三身佛，构成法华十方三世（三身）系统。

---

〔1〕 桑耶寺整个寺院佛教“大千世界”的直观展示：乌孜大殿代表世界中心须弥山，大殿周围的四大殿表示四咸海中的四大部洲和八小洲，太阳、月亮殿象征宇宙中的日、月两殿，寺庙围墙象征世界外围的铁围山；主殿四周又建红、白、绿、黑四塔。围墙四面各设一座大门，东大门为正门。围墙上安置108排塔。

〔2〕《法华经》里面就开始出现了这种说法。如《法华经·序品》中“尔时佛放眉间白毫相光，照东方万八千世界，靡不周遍……又见彼土现在诸佛，及闻诸佛所说经法……”又《见宝塔品》中，“尔时佛放白毫一光，即见东方五百万亿那由他恒河沙等国土中诸佛，各各说法，来集于此。如是次第十方诸佛，皆悉来集，坐于八方，尔时一一方四百万亿那由他国土诸佛如来，偏满其中。”

图3-11-3：3　扎塘寺对坐图

其次，文殊弥勒与宝塔同时出现的场合只见于《法华经·序品》，经文讲述佛陀灵鹫山说法，佛说《无量义》经已，"结跏趺坐，入于无量义处三昧，身心不动"。佛陀说法瑞兆引起众声闻弟子好奇，请弥勒菩萨代表众弟子向文殊菩萨发问缘由。文殊菩萨则依据以往听诸佛说法体验，指出瑞兆当预示佛将演说大法，并告知弥勒菩萨，法华六瑞是三世十方诸佛说《无量义》之前必定示现的教化程式。二位菩萨的对答，引起与会众声闻弟子的兴趣，故《法华经序品》是佛说《法华经》三乘方便，一乘真实的发起因缘。[1]

---

〔1〕《妙法莲华经卷》第一序品第一："如是我闻。一时、佛住王舍城、耆阇崛山中，与大比丘众万二千人俱。……尔时世尊，四众围绕，供养、恭敬、尊重、赞叹。为诸菩萨说大乘经，名无量义、教菩萨法、佛所护念。佛说此经已，结跏趺坐，入于无量义处三昧，身心不动。是时天雨曼陀罗华、摩诃曼陀罗华、曼殊沙华、摩诃曼殊沙华，而散佛上，及诸大众。普佛世界，六种震动。尔时会中，比丘、比丘尼、优婆塞、优婆夷、天龙、夜叉、乾闼婆、阿修罗、迦楼罗、紧那罗、摩睺罗伽、人非人，及诸小王、转轮圣王，是诸大众，得未曾有，欢喜合掌，一心观佛。尔时佛放眉间白毫相光，照东方万八千世界，靡不周遍，下至阿鼻地狱，上至阿迦尼吒天。于此世界，尽见彼土六趣众生，又见彼土现在诸佛。及闻诸佛所说经法。并见彼诸比丘、比丘尼、优婆塞、优婆夷、诸修行得道者。复见诸菩萨摩诃萨、种种因缘、种种信解、种种相貌、行菩萨道。复见诸佛般涅槃者。复见诸佛般涅槃后，以佛舍利、起七宝塔。尔时弥勒菩萨作是念，今者、世尊现神变相，以何因缘而有此瑞。今佛世尊入于三昧，是不可思议、现稀有事，当以问谁，谁能答者。复作此念，是文殊师利、法王之子，已曾亲近供养过去无量诸佛，必应见此稀有之相，我今当问。尔时比丘、比丘尼、优婆塞、优婆夷、及诸天龙、鬼神等，咸作此念，是佛光明神通之相，今当问谁。尔时弥勒菩萨，欲自决疑，又观四众比丘、比丘尼、优婆塞、优婆夷、及诸天龙、鬼神等，众会之心，（转下页）

第三，《法华经·见宝塔品》及随之出现的释迦多宝对坐图和《普门品》是《法华经》最为重要的标志，对坐图不见于印度和中亚，是汉地佛教的创造。[1]汉地敦煌等地至晚唐五代后，法华经经变画已经不甚流行，此类图像进入吐蕃以后，保留了法华经能够随环境与时代的变化而调整的特性，发展出一种新的法华样式。榆林窟第4窟双文殊对坐（图3-11-4）是扎塘寺文殊弥勒对坐图属于法华的直接证据，敦煌研究院将此铺壁画正确地判定为"妙法莲华经见佛塔品"，[2]此处的两位菩萨，右侧菩萨右手莲花上为经夹，左侧菩萨左手莲花上为剑，皆为文殊菩萨标志，不见弥勒净瓶。西夏取自卫藏的法华图像义蕴，但加以改造，以双文殊回应法华经释迦多宝对坐，瓜州榆林窟第4窟的双菩萨是同一身文殊菩萨示现为两个分身，完美地阐释了释迦多宝一佛二身。[3]

图3-11-4 榆林窟第4窟文殊对坐

（接上页）而问文殊师利言，以何因缘、而有此瑞、神通之相，放大光明，照于东方万八千土，悉见彼佛国界庄严。于是弥勒菩萨欲重宣此义，以偈问曰。……尔时文殊师利语弥勒菩萨摩诃萨、及诸大士，善男子等，如我惟忖，今佛世尊欲说大法，雨大法雨，吹大法螺，击大法鼓，演大法义。诸善男子，我于过去诸佛，曾见此瑞，放斯光已，即说大法。是故当知今佛现光，亦复如是，欲令众生，咸得闻知一切世间难信之法，故现斯瑞。又《法华经》卷一《方便品》我即自思惟：若但赞佛乘，众生没在苦，不能信是法，破法不信故，坠于三恶道，我宁不说法，疾入于涅盘。寻念过去佛，所行方便力，我今所得道，亦应说三乘。作是思惟时，十方佛皆现，梵音慰喻我，善哉释迦文，第一之导师，得是无上法，随诸一切佛，而用方便力，我等亦皆得，最妙第一法，为诸众生类，分别说三乘，少智乐小法，不自信作佛，是故以方便，分别说诸果，虽复说三乘，但为教菩萨。

〔1〕敦煌研究院编：《敦煌石窟全集7》《法华经画卷》，上海人民出版社，2000年，贺世哲撰写序言。

〔2〕段文杰主编：《中国美术分类全集中国敦煌壁画全集：敦煌西夏元》，天津人民美术出版社，1996年，图版142。

〔3〕《法华经第十一·见宝塔品》："尔时有菩萨摩诃萨、名大乐说，知一切世间天、人、阿修罗、等，心之所疑，而白佛言，世尊，以何因缘，有此宝塔、从地涌出，又于其中发是音声。尔时佛告大乐说菩萨，此宝塔中、有如来全身，乃往过去、东方无量千万亿阿僧祇世界，国名宝净，彼中有佛，号曰多宝。其佛行菩萨道时，作大誓愿，若我成佛、灭度之后，于十方国土、有说法华经处，我之塔庙，为听是经故、涌现其前，为作证明，赞言、善哉。彼佛成道已，临灭度时，于天人大众中、告诸比丘，我灭度后，欲供养我全身者，应起一大塔。其佛以神通愿力，十方世界，在在处处、若有说法华经者，彼之宝塔、皆涌出其前，全身在于塔中，赞言、善哉善哉。大乐说，今多宝如来塔、闻说法华经故，从地涌出，赞言、善哉善哉。是时大乐说菩萨、以如来神力故，白佛言，世尊，我等愿欲见此佛身。佛告大乐说菩萨摩诃萨，是多宝佛、有深重愿，若我宝塔、为听法华经故、出于诸佛前时，其有欲以我身示四众者，彼佛分身诸佛、在于十方世界说法，尽还集一处，然后我身乃出现耳。大乐说，我分身诸佛、在于十方世界说法者，今应当集。大乐说白佛言，世尊，我等亦愿欲见世尊分身诸佛，礼拜供养。"

第四，《法华经》涉及佛塔的内容主要是《见宝塔品》，在佛教艺术重构的浪潮中，壁画《法华经》中出现的佛塔用体现佛教基本学说《缘起偈》的三塔来表现，[1]释迦牟尼所言“见缘起即见法，见法即见佛”，缘起是佛教学说的本质。[2]三塔逐渐成为法华经等早期大经的标志，这与11世纪前后佛教中兴过程中与求取贝叶经、供奉舍利、造塔的潮流相适应，信众传颂作为法身舍利偈的《缘起偈》，[3]10至11世纪的辽代佛塔，12至13世纪的西夏佛塔多镌刻缘起偈作为舍利供奉，11世纪东印度擦擦，现今在阿里发现的三塔擦擦，上面都刻铸《缘起偈》，扎塘寺释迦牟尼说法图下方文殊弥勒对坐图中，文殊解说释迦牟尼的正法就是以讲说《缘起偈》表示，解释缘起的教义。西藏艺术大约在11世纪后半叶至13世纪前后出现了很多表示三塔的擦擦，以藏区西部的阿里古格出土最多，年代在11世纪后半叶，擦擦上后带有兰扎体梵文的《缘起偈》（法身舍利偈），是适应11世纪以来正统大乘佛教复兴的思想潮流而涌现的。《缘起偈》是《般若经》《法华经》等开首释迦牟尼讲法的序曲，也是造塔装藏的必要程式。

12世纪至14世纪上半叶的卫藏地区所见唐卡，尤其是上师造像唐卡，流行对坐上师图像，画面左下方多有三塔，经夹与双拂子，象征佛法僧和阿底峡噶当教法。[4]此后法华经说法图只描绘两菩萨对坐场景，佛陀说法另铺安排。雕塑对文殊弥勒对坐图更加简化，以莲茎上三塔表现，例如肃南马蹄寺上千佛洞的三塔，为12世纪后半叶典型噶当式样，塔

---

〔1〕三塔最初是与法华相联系，唐代的法华经变已有三塔图像。

〔2〕《佛说稻秆经》：“一时，薄伽梵，住王舍城耆阇崛山，与大比丘众千二百五十人，及诸菩萨摩诃萨俱。尔时，具寿舍利子，往弥勒菩摩诃萨经行之处；到已，共相慰问，俱坐盘陀石上。是时具寿舍利子，向弥勒菩萨摩诃萨，作如是言：‘弥勒！今日世尊观见稻秆，告诸比丘，作如是说：“诸比丘！若见因缘，彼即见法；若见于法，即能见佛。”作是语已，默然无言。弥勒！善逝何故作如是说？其事云何？何者因缘？何者是法？何者是佛？云何见因缘即能见法？云何见法即能见佛？’作是语已。弥勒菩萨摩诃萨，答具寿舍利子言：‘今佛、法王、正遍知，告诸比丘：若见因缘即能见法，若见于法即能见佛者。’”

〔3〕“佛有生身法身二种，故舍利亦有二种，八石四斗之遗骨，生身之舍利也。所说之妙法，法身之舍利也。故谓之法身舍利偈，又云法颂舍利，略曰法身偈。说四谛中苦集灭三谛之偈颂也。而常约于其说苦谛之诸法从缘生一句，称为缘生偈，又曰缘起偈，智度论十八引‘虫毗’勒论中所说曰：‘佛于四谛中或说一谛或二或三，如马星比丘为舍利弗说偈：诸法从缘生，是法缘及尽。我师大圣主，是我如是说。此偈但说三谛，当知道谛已在中，不相离故。’即盖诸法从缘生一句，说诸法之为因缘生，苦空无常无我，苦谛之相也。此法缘二字，说其生苦法之因缘之法，即集谛也，尽之一字说灭苦集，即灭谛也。道谛可以苦集为例而知，不必说也。智度论十一曰：‘诸法因缘生，是法说因缘。是法因缘尽，大师如是言。’其他诸经论所说之偈颂，总为生灭，即苦灭之二谛也。佛本行集经四十八马胜比丘对舍利弗说颂曰：‘诸法从因生，诸法从因灭。如是灭与生，沙门说如是。’浴佛功德经曰：‘供养舍利有二种：一者身骨舍利，二者法颂舍利。即说颂曰：诸法从缘起，如来说是因。彼法因缘尽，是大沙门说。’此偈明说法身之不生不灭，故名法身偈。造像功德经曰：‘尔时世尊说是偈言：诸法因缘生，我说此因缘。因缘尽故灭，我作如是说。善男子！如是偈义，名佛法身。汝当书写置彼塔内，何以故？一切因缘及所生法，性真寂故，是故我说名为法身。’大日经疏六曰：‘法从缘生，即无自性。若无自性，即是本来不生。因缘和合时，亦无所起。因缘离散时，亦无有灭。是故如净虚空，常不变易。”

〔4〕*Mirror of the Buddha: Early Portraits from Tibet*, David P. Jackson with contributions from Donald Rubin, Jan van Alphen, and Christian Luczanits. ublisher: Rubin Museum of Art, New York Published: October 2011.

由莲茎两侧逸出,与波罗式样联系明显可见。[1]在卫藏地方,14世纪重修的夏鲁寺,在反映早期大乘传统的般若佛母殿,图像配置仍然沿用了扎塘寺壁画的文殊弥勒对坐图,例如般若佛母殿转经道内墙南壁文殊弥勒辩法图,右侧文殊手执莲茎上可见标志剑,左侧弥勒像莲茎上有净瓶,两菩萨之间安置四塔,前三小塔后置一大塔,以此象征触地印释迦牟尼佛,不见交叉拂尘,其间法华内涵已稍加隐晦。[2]

图3-11-5 扎塘寺绿度母

第五,认定扎塘寺壁画属于《法华经》壁画的另外一个有力证据是佛殿南壁说法图释迦牟尼下方正中绘制绿度母——观音图像(图3-11-5),绿度母两侧供养人位置是着吐蕃翻领装和缠头冠、由俗人进阶的菩萨,做双手合十印,或许是《观音普门品》询问世尊的无尽意菩萨和印证观音菩萨法力的持地菩萨。[3]藏传佛教自9世纪前后开始有观音信仰,敦煌写卷中有崇拜观音的文献,但作为观音图像新样式的度母,是11世纪及新近传入的《法华经·观音普门品》图像重构的结果,西藏最早的绿度母图像就出现在扎塘寺法华图像中。

综上所述,扎塘寺壁画虽然绘制了法华经的内容,但选择十铺是与净香殿主尊释迦牟尼构成十方三世的关系。《法华经》的宗旨是表示释迦牟尼对众生有情的慈悲与怜悯,将法华经内容分配到十铺壁画中,与11世纪后期以尊像取代叙述故事画的趋势吻合。扎

〔1〕宿白:《藏传佛教寺院考古》"张掖河流域13至14世纪藏传佛教遗迹",北京:文物出版社,1996年,第256页,插图。

〔2〕杨鸿蛟:《夏鲁寺般若佛母殿壁画研究》,首都师范大学汉藏佛教艺术研究所博士学位论文,2012年。

〔3〕《妙法莲华经》二十五品:尔时,无尽意菩萨即从座起,偏袒右肩,合掌向佛而作是言:"世尊,观世音菩萨,以何因缘名观世音?"佛告无尽意菩萨:"善男子,若有无量百千万亿众生受诸苦恼,闻是观世音菩萨,一心称名,观世音菩萨即时观其音声,皆得解脱。若有持是观世音菩萨名者,设入大火,火不能烧,由是菩萨威神力故。若为大水所漂,称其名号,即得浅处。若有百千万亿众生,为求金、银、琉璃、砗磲、玛瑙、珊瑚、琥珀、真珠等宝,入于大海,假使黑风吹其船舫,飘堕罗刹鬼国,其中若有乃至一人称观世音菩萨名者,是诸人等,皆得解脱罗刹之难。以是因缘,名观世音。"……尔时,持地菩萨即从座起,前白佛言:"世尊,若有众生,闻是观世音菩萨品自在之业、普门示现神通力者,当知是人功德不少。"

塘寺的十铺如来造像构图或许受到11世纪前后“华严十地”绘画构图的启示，仍以十铺构造，但没有了十地菩萨品的反映华严信仰的华严三圣，即以十方如来为释迦牟尼总摄，加上普贤和文殊。至11世纪扎塘寺法华信仰的回归，藏人认为法华更能体现佛教最基本的思想，故将法华图像置于一楼，作为“吐蕃式样”。以二楼纵三世佛、十地菩萨、金刚护法等表现进阶华严信仰，将其时流行的法华经经变内容，借用华严十地的构图，赋以十地菩萨作为净香殿释迦牟尼佛眷属的十方如来新寓意。文殊普贤置换为法华经的弥勒与文殊。

法华经变图像自隋代滥觞，历经盛唐中唐之鼎盛到晚唐五代的衰落，完整的叙事情节绘画演变为以佛陀说法图像为主的经变故事，这在辽宋西夏时期的版画和壁画中多有表现，例如榆林窟第2窟《法华经变》构图方式与扎塘寺有共同之处。说明壁画是以十铺释迦牟尼单体像表现法华经内容，与晚唐五代敦煌壁画以情节叙事绘画表示法华经的经变画不同，与11世纪前后佛教图像的重构趋势有关。扎塘寺以十铺壁画的容量包容法华经二十七品的内容，很多情节进行了合并，法华经《序品》的文殊、弥勒说法与《见宝塔品》的二佛对坐，在北周隋唐的法华经中是紧密相连的两个绘画场景，至初唐时多以《序品》和《见宝塔品》指代整个法华经变，〔1〕或以《见宝塔品》和《普门品》构成单独的简本法华经变。〔2〕扎塘寺则以文殊弥勒菩萨对坐取代释迦多宝佛对坐说法，并将现宝塔的情节移入，将原本紧密联系的两个场景合二为一，成为法华经图像的新样板。

此前，绘有文殊、弥勒对坐与三塔图像的扎塘寺壁画是西藏艺术最难解释图像经典来源的杰出作品，是11世纪前后西藏艺术的最大困惑。以往研究者没有讨论扎塘寺壁画的法华图像属性是原因有二：

（1）学者认为西藏很少流行《妙法莲华经》及显而易见的法华信仰，〔3〕藏传佛教对该经的译介也没有得到重视。〔4〕从遗留来看，藏文早期文献确实记载了桑耶寺等早期寺院

---

〔1〕 如莫高窟331窟法华经变构图。

〔2〕 如莫高窟27、45、46、48、374和444等盛唐窟。

〔3〕 实际上艾米海勒注意到法华序品的两菩萨对坐与扎塘寺壁画的关系，但她认为藏地没有翻译《法华经》，放弃了如此有价值的线索。参看Amy Heller. “The Paintings of Gra thang: History and Iconography of an 11th century Tibetan Temple”, *The Tibet Journal*, 2002, Vol. 27. p.49.

〔4〕 例如，日本立正大学教授村野宣忠《法华经及其影响》(The Saddharmapuṇḍarīka and its Influence)：“藏文法华经内容几乎等同于尼泊尔版本和汉文《添品法华经》，与汉地和日本不同，法华经在藏地并不被认为是一部重要的经典。” The Tibetan version is almost equivalent to the Nepalese text and the T’ien p’in fa hua ching as to the contents. In Tibet the Saddharmapundarika-sutra is not regarded as important as in China and Japan, but treated just as one of the Mahayana sutras. In connection with the worship of Avalokitesvara, however, the Saddharmapuṇḍarīka is given much importance. edited by Yukio Sakamoto, Dean of the Faculty of Buddhism at Rissho University, Tokyo. (Kyoto, Heirakuji-shoten, 1965, p.711)

法华经壁画。从经典来看，吐蕃8世纪中叶时就翻译了梵本《妙法莲华经》，[1]8世纪末编辑的《旁塘目录》（dKar chag ‘Phang thang ma）就收入了《妙法莲华经》（’phags pa dam pa’i chos pad ma dkar po），共有13卷。[2]后来收入《甘珠尔》ma卷的《妙法莲华经》，据跋尾说明，此经由印度班智达Surendrabodhi[3]和西藏译师益西岱（zhu chen gyi lo tsa ba bandhe ye shes sde）翻译，此二位译师活动在赤热巴巾时期的9世纪初。到11世纪前后，宋辽西夏几乎开始同时翻译刊印法华经典，[4]与这一时期法华信仰的弥漫式复兴相适应，卫藏也掀起了引进梵文贝叶本《法华经》的热潮，现今西藏寺院收藏有1064年、1065年和1082年的梵文贝叶写本。[5]扎塘寺奠基于1081年，正是卫藏再次引入《妙法莲华经》贝

---

〔1〕梵名Saddharmapundarika-sutra，藏名Dam-pa’i chos padma dkar-po bod ’gyur dam pa’i chos padma dkar po zhes bya ba theg pa chen po’i mdo/ 藏族译师益西代和印度译师Surendra bodhi合作翻译，收入《甘珠尔》51卷，第19—443页，共27品。藏文译本经卷跋尾云：“名《妙法莲华经》者共二十七品，本经皆俱矣。如火塘中的木炭，快过削毛利刃的说辩。诸善男子众生，《圣妙法莲华经》乃一切法相之详解大经，众菩萨之语，诸佛之典籍，诸佛之大密法，诸佛之隐匿法，诸佛之种类，诸佛之隐秘圣地，诸佛之菩提藏，诸佛之转法轮处，诸佛之身集聚，大德讲说大乘教法，讲修正法圆满。天竺堪布苏仁达菩提与译师班德益西代翻译。”（dam pa’i chos pad ma kar pa las yongs su gtad pa’i le’u zhes bya ba ste nyi shu bdun pa’o/ gang na mdo sde ’di yod par// me ma mur gyi dong ’bogs shing// spu gri gtam las ’dzegs nas kyang// rigs kyi bu dag ’gro bar bya// ’phags pa dam pa’i chos pad ma dkar po’i chos kyi rnam grangs yongs su rgyas pa chen po’i sde/ byang chub sems dpa’ rnams la gdams pa/ sangs rgyas thams cad kyis yongs su bzung ba/ sangs rgyas thams cad kyi gsang chen/ sangs rgyas thams cad kyi sba ba/ sangs rgyas thams cad kyi rigs/ sangs rgyas thams cad kyi gsang ba’i gnas/ sangs rgyas thams cad kyi byang chub kyi snying po/ sangs rgyas thams cad kyi chos kyi ’khor lo bskor ba/ sangs rgyas thams cad kyi sku gcig tu ’dus pa/ thabs mkhas pa chen po theg pa gcig tu bstan pa/ don dam pa bsgrub pa bstan pa rdzogs so// rgya gar gyi mkhan po su ren dra bo d+hi dang/ zhu chen gyi lo tsA ba ban+de ye shes sdes bsgyur cing zhus te gtan la phab pa）

〔2〕*dKar chag ‘Phang thang ma*, p.6, Mi rigs dpe skrun khang, 2003.

〔3〕Surendrabodhi（拉旺绛曲lha dbang byang chub）为热巴巾时期应邀入藏的印度译师，在简本《弟吴教法史》（页135）、《布顿教法史》（页280）中有这位译师的名字。

〔4〕有辽一朝，刊刻《妙法莲华经》自始至终，11世纪上半叶至中叶为刊刻高峰，如应县释迦塔（1056）所出辽代刻本《妙法莲华经》卷第四，有扉画，跋尾记曰：“摄大定府文学庞可升书，同雕造孙寿益、权司扆、赵从业、弟从善雕。燕京檀州街显忠坊门南颊住冯家印造”，继有施刻人刊署：“经板主前家令判官银青崇禄大夫检校国子祭酒兼监察御史武骑校尉冯绍文，抽己分之财，特命良工书写，雕成《妙法莲华经》一部，印造流通，伏愿承此功德，回施法界有情，同沾利乐，时太平五年（1025）岁次乙丑八月辛亥朔十五日乙丑记”。参看陈明达：《应县木塔》，北京：文物出版社，1980年。西夏初次翻译法华经是在毅宗时期（1049—1067），所存经典是所有经典中最多的，并将法华经作为众经之首。见史金波：《西夏佛教史略》，银川：宁夏人民出版社，1988年，第234页。《妙法莲华经》宋代有二十多种不同版本，最早者为宋庆历二年（1042）杭州晏家刻本，西夏黑水城也多见杭州晏家法华经刻本。最晚为神宗熙宁二年（1069），皆冠有扉画。日本西原寺藏《妙法莲华经》第七卷，卷末有“临安府修文坊相对王八郎经铺”刊记，扉画由名工沈敦镌刻；美国哈佛大学福格美术馆藏南宋刻《妙法莲华经》残卷，经折装七页，有《灵鹫赴会》版画，署“四明陈高刀”。莫高窟宋夏76窟绘有《法华经》，其东壁的《八塔变》就是宋初从东印度得到的贝叶经波罗样式。

〔5〕已发现的梵文写本有克什米尔、尼泊尔和中国新疆、西藏等地的梵文写本40余种，大致可分为尼泊尔体系、克什米尔体系和新疆系。尼泊尔系写本大致为11世纪以后的作品。在基尔基特地区发现的克什米尔体系本，多数属于断片，从字体上看，一般是5—6世纪的作品，比较古老。在新疆喀什等几个地区发现的大多数也是残片，内容与尼泊尔系的抄本比较接近，从字体上看，大致是7—8世纪的作品。见桑德：《西藏梵文〈法华经〉写本及〈法华经〉汉藏文译本》，《中国藏学》2010年第3期。ad dkar bzang po, Mi nyag mgon po, “‘*phags pa dam chos padma dkar po’i mdo*”, In mdo sde spyi’i rnam bzhag, pp.187-189.（北京：民族出版社，2006年）

叶写本的时期。[1]

（2）研究者都努力从藏文典籍，特别是这一时期诸译师或阿底峡上师等的传记去寻找源头，认为扎塘寺出现的文殊弥勒对坐图起源于阿底峡，其文献出处主要见于根敦巴所撰《阿底峡尊者传》：

> 又一日瑜伽者进食时，见尊者仰面虚空，口呼弥勒！弥勒！未能奉食而退。次进时见尊者如前而退。时格喜种敦曰：阿梅莫使尊者饭冷，尊者见慈氏身，我等未能见也。次食将至冷时，尊者告曰：持我食来。请问前缘，尊者曰：今日，文殊及慈尊，来虚空中，议论大乘法义，金刚手防护魔难，诸天子记录，今须画彼图也。尊者自定墨范，次钩召东印度之大善巧者来绘色彩，此像后存聂塘。尔时尊者曰：诸佛之身悉是金色。请曰：若尔何故各别耶？曰：为调伏彼彼有情，所现各别也。[2]

阿底峡绘制的文殊弥勒在聂唐寺即卓玛拉康殿，称为卓玛拉康，或与此殿绘制《法华经·观音普门品》有关，正与扎塘寺出现绿度母的情形相似。此殿的配置是竖三世佛各佩八大菩萨，最初是汉地辽宋式样，现今寺院门口仍见敦煌风格的四大天王，其中的文殊弥勒图或许是阿底峡看到的法华图像而已，宗教艺术史夸大著名历史人物对艺术史总体走向的影响是一种普遍现象。

---

〔1〕藏译本为日帝觉和智军所译，题名《正法白莲华大乘经》，1924年河口慧海对照梵本日译出版，名《藏梵传译法华经》。中国民族图书馆馆藏梵文《妙法莲华经》贝叶写本，成书于公元1082年（宋元丰五年），为尼泊尔那瓦尔廓特·塔库里王朝的最后一个国王商羯罗提婆时期。这是一部距今几近千年的相当古老的写本，全经共有137页，274面，每片贝叶约长54厘米，宽5厘米，每片大小相差无几，全经内容完整。

〔2〕法尊法师编译《阿底峡传》，藏文出自*Jo bo rje dpal ldan a ti sha'i rnam thar bka' dams pha chos zhes bya ba zhugs so*// Mtsho sngon mi rigs dpe skrun khang, zi ling, 1993 'brom ston pa rgyal po'i 'byung gnas kyis mdzad pa'i jo bo rje'i rnam thar lam yig chos kyi 'byung gnas zhes bya ba bzhugs so/ pp.200–201yang nyin cig gzims chung na bzhugs pa la bshos 'dren du byon pa'i dus su spyan nam mkha' la hrig hrig mdzad nas mee tri mee tri gsung zhing 'dug pas 'dren ma nus pas log/ yang phyin pa'i tshe yang de bzhin du 'dug nas log/ dge bshes ston pa'i zhal nas/ a me jo bo'i tsha ba de grang du ma gzhug par srong shig/ jo bos mgon po byams pa'i zhal gzigs tshon 'dug gis 'u cag gnyis kyis mthong dus ni med gsung/ de nas bshos grang mor sang dro yol du nye ban a nga'i chos ston khyer la shog gsung/ da ci mi gsol ba ji ltar lags bzhus pas/ mee tri bhri kho li gsung/ de nas dro thon pa dang jo bo'i zhal nas/ da nangs par la rje btsun 'jam dpal dang rje btsun byams pa gnyis mdun gyi nam mkha' 'di nab yon nas theg pa chen po'i chos la bgro ba mdzad/ dpal phyag na rdo rjes bar chad bsrung/ lha'i bu rnams kyis zin bris byas/ da de bri dgos gsung/ byams pa bgro ba mdzad pa'i sku ris jo bo nyid kyis mdzad nas/ ngas 'di 'dra zhig mthong bas/ 'di 'dra ba'i thang sku dang bstan pa'i bdag po pu ri ma dang yi ge drug pa brag ris ma gsum bris la skur zhes bi ka ma la shvi lar gser bskur nas btang ngo/ jo bo lha ris mkhas pas ma mnyes su dogs nas/ rgya gar shar phyogs nas pandita bkug nas bris te bskur byung ba de gsum da lta snye thang na bzhugs so/ yang jo bo'i zhal nas sang rgyas thams cad kyi rang mdog gser gyi mdog tu 'dug gsungs nas rigs lnga ser 'byam mdzad/ 'o na so sor bstan nas gda' ba zhus pas gdul bya la gang la gang 'dul du bstan pa yin gsung/

四、扎塘寺法华壁画释迦多宝-文殊弥勒图像在藏传佛教图像中的衍传

如何书写11至13世纪的西藏艺术史：11世纪西藏艺术史复兴的动力是东印度波罗艺术，还是11世纪前后因应佛教艺术的衰落在中亚及东亚佛教体系中兴起的佛教复兴浪潮？这些正统大乘经典的回归与佛教的密教化倾向如何在矛盾中获得协调与统一？11世纪藏传佛教艺术对法华经图像的改造是多民族法华艺术史不断变化与调适传统进程的延续，同时也是11至13世纪中国艺术史重构的重要事件。扎塘寺的图像演变反映出西藏艺术的内在的活力。法华经图像11世纪前后进入藏区，此期文献记载的桑耶寺与扎塘寺等壁画中绘制了《妙法莲华经》，《巴协》与《弟吴教法史》记载桑耶寺一层大殿绘制了法华经的壁画，1081年建成、以桑耶寺为蓝本的扎塘寺同样也绘制了法华经经变画，设计者将唐宋以来衰微的法华图像与吐蕃本土造像与东印度波罗艺术，乃至克什米尔一带的波罗地方变体结合成为一种新样式，净香殿以绘塑两种方式表现法华义蕴，主尊释迦牟尼于灵鹫山大龛象征法华序品说法，两侧八大近侍弟子是听法子弟，同时又是有真言密教意味的大日如来胁侍，殿内壁画主尊两侧各二铺共四铺，南北两壁各绘三铺说法图，以壁画置于中空的安排体现围绕说法主尊的十方如来。壁画最为精妙的建构是将代表法华经主旨的《序品》《见宝塔品》的灵鹫会与虚空会组合为首铺大幅画面，以《序品》文殊、弥勒问答对坐图寓示《见宝塔品》释迦、多宝对坐说法，壁画中佛陀造像采用西域敦煌汉地式样，但菩萨造像采用糅合吐蕃服饰的波罗式样，由扎塘寺对坐图形成藏传佛教佛造像非常流行的菩萨与上师对坐系统，对汉藏佛教艺术影响巨大。

现今见到最早的弥勒与文殊对坐图是1081年的扎塘寺壁画，完整的扎塘式样出现在唐蕃古道洛扎县的梯棋寺（图3-11-6），其最初建造年代应与扎塘寺相仿。[1]此种对坐是法华经特有的标志。因多宝佛是居于东方宝净世界，扎塘寺净香殿释迦牟尼佛面朝东

〔1〕寺院位于西藏自治区山南地区洛扎县边巴乡，相传建于唐武宗元年（841），由珠钦·朗卡降参（grub chen nam mkha' rgyal mtshan）建立，此人系由天神而降的旭普氏族之后裔。他在吐蕃赞布赤松德赞时期曾修建过桑耶寺的乌孜三佑护殿及桑耶寺东方的白塔。当初先修建了主殿，主殿分内经堂和外经堂，主殿为两层楼。值得注意的是，寺院建成历史与扎塘寺基本相同，创建者皆为吐蕃王室后裔，并参与了桑耶寺的殿堂或佛塔的修建，主殿的结构内殿堂与外殿堂与扎塘寺相同，内殿堂就是扎塘寺的净香殿，另外寺院最初为两层，这或许是桑耶寺、扎塘寺建筑的最初样式，第三层的木殿是后期所加，加上了后弘期流行的普明大日如来。寺院的壁画经过现代重绘，但原本的壁画与扎塘寺同属一个系统，图片系西藏大学夏吾卡先博士拍摄。

方。此后有12世纪前后的波罗式样的私人藏唐卡（图3-11-7）；[1]夏鲁寺回廊14世纪文殊与弥勒对坐图（图3-11-8），[2]聂萨寺14世纪写本对坐图（图3-11-9）；[3]拉达克萨斯巴尔（saspal）石窟第3窟14世纪文殊弥勒对坐图（图3-11-10）；最为完美的是布达拉宫珍宝馆藏15世纪前后的文殊弥勒对坐图唐卡（图3-11-11），说明该绘画母题已经从壁画情节画中分离。此外尚有阿里札达托林寺白殿16世纪禅定印释迦牟尼与弥勒与文殊菩萨对坐图（图3-11-12）、古格故城壁画对坐图（图3-11-13）。[4]直至17世纪前后那曲索县邦纳寺，仍有文殊弥勒对坐图（图3-11-14），[5]但已逐渐融入整个造像系统。此后，具有法华寓意的对坐图像蔓延开来，如八宿县桑珠德庆林寺（bsams grub bde chen gling dgon pa）等。

图3-11-6　梯棋寺壁画

图3-11-7　国外私人藏唐卡

〔1〕这是一幅私人收藏的唐卡，据说出自比哈尔超戒寺，Amy Heller, "The Paintings of Gra thang: History and Iconography of an 11th century Tibetan Temple", *The Tibet Journal*, 2002, Vol. 27. p.49.

〔2〕线图由杨鸿蛟绘制。

〔3〕此图由中国藏学研究中心西藏文化博物馆杨鸿蛟博士提供。

〔4〕此图由浙江大学汉藏佛教艺术研究中心王瑞雷博士提供。

〔5〕此图为袁蓉荪先生拍摄，中国社会科学院民族所廖旸博士提供。

图3-11-8　夏鲁寺弥勒文殊对坐图

图3-11-9　聂萨寺写本对坐图

图3-11-10　拉达克对坐图

图3-11-11　布达拉宫唐卡对坐图

图3-11-12　白殿对坐图

图3-11-13　古格故城对坐图

图3-11-14　邦纳寺对坐图

第十二节　西夏元时期的版画、雕版印刷术与多民族文明的缀合

1038年即北宋仁宗宝元元年到1227年南宋理宗宝庆三年，因复杂的地理位置及多民族文明的影响，西夏民族以其自身的智慧和才能创造了繁荣多彩的物质文化，尤其是西夏民族极强的实践性和包容性将汉传佛教、藏传佛教及回鹘民族崇信的宗教兼收并蓄地融合在一起使之成为自己宗教文化的一部分，实属罕见。穿梭于汉藏回鹘文化之间的西夏民族在各民族间起到搭接桥梁的作用，故它的文化不是单一的，而是多重的，具有多元性的。

西夏人特别是西夏统治者，都很崇信佛教。党项羌人的习俗本是崇奉鬼神和自然物的，到建立起割据性政权以后，为了加强所辖区域的统治，仅靠那种原始低级的鬼神信仰就难以发生效用，于是便“大力提倡佛教，把自己装扮成一个拥有最大权威的护法者，他们就以垄断着人们灵魂能否进入所谓‘净土’或‘极乐世界’的神权做幌子，来进行欺骗麻醉，来实现只靠赤裸裸的镇压所难以达到的统治目的。”[1]随着藏传佛教在西夏的传入，藏传佛教艺术也随之传到了西夏。近年来，由于考古发掘的不断深入，尤其是20世纪以来对于西夏文献、遗存的发掘与研究的深入，越来越多的西夏佛教文物进入了大众的视野。西夏文物种类上包括建筑、雕塑和绘画作品等。目前从已发掘的文物来看，佛教建筑和雕塑作品相对较少，绘画作品遗存较多。除去被大众所熟知的佛教建筑、雕塑、唐卡，西夏也创作了为数众多的木刻版画作品，多表现在佛经经首。这些作品是迄今为止发现年代最早的具有藏传佛教艺术风格的版画作品。

1127年西夏被蒙古灭国，都城兴庆府的文物被付之一炬；西夏没有一部纪传体通史流传下来，无正史可依；与西夏同时期的宋、辽、金三史也都经过元朝的修改，这就使得关于西夏的史料寥寥无几。今天我们所研究的西夏就要比研究其他时代的历史文化更依赖于出土文献。而在已出土的材料中，西夏版画无疑具有重要的研究价值。西夏佛教版画

〔1〕 吴天墀：《西夏史稿》第四章第四节《西夏的宗教和文化》，桂林：广西师范大学出版社，2006年。

大约处于10—13世纪，此时西夏国处于多国鼎立的局面，又据汉文史料记载，西夏境内有党项、汉、回鹘、吐蕃等民族，是多民族政权。经历了不同国家、不同民族间文化的碰撞，西夏艺术品必然也会融合不同地域多种艺术风格特点，并创造出一些全新的风格样式。以版画为载体的艺术风格及其要传达出的人文思想，必定带有不同地域、不同民族的渊源留存。这在研究西夏版画图像传入路径，北宋中晚期宋与西夏雕版印刷之间的交流，早期佛经雕版印刷中佛教题材的插画、世俗版画、版画制版作坊等方面具有极其重要的作用。理清这些事实，对重识、研究中国美术史、中国版印史大有裨益，对全面而宏观地把握西夏社会更是有特殊的意义。比如，国家图书馆藏的《西夏译经图》，译经图中皇太后、皇帝亲临译场，即展现出西夏王朝对佛教的崇信和对佛经翻译事业的重视。主译人白智光在图中形象高大，地位突出，则反映出当时统治阶级对高僧的宠信以及给予他们极高的地位等。此外，现存的西夏文献纸张、封面和题签的绢绸也是研究古代西夏纸张、丝绸的珍贵实物资料。西夏佛教艺术是多民族融合交流的重要例证，西夏版画是西夏佛教艺术的重要门类。近些年，学界越来越多地意识到西夏版画的重要性，且各国各博物馆珍藏的西夏版画作品陆续发表，现已大致勾勒出了西夏藏传佛教木刻版画的面貌。

迄今在西夏旧属地发现的佛教经卷多是一些不分地域或流派、且篇幅较短的文本。这类经卷传达的佛教教理通常简明扼要，通俗易懂，偶有故事情节，并大多配有佛经经首版画或插图。西夏出土的佛教版画中，描绘佛尊的占有相当大的比例，其中最多的为释迦牟尼说法图。这与黑水城出土藏传风格唐卡中金刚座触地印释迦牟尼作品占最大比例有所不同，[1]目前收集到的西夏佛教版画中并没有出现单尊的金刚座触地印释迦牟尼像；其次描绘较多的主尊为毗卢遮那，另外还有阿弥陀佛像。其中有一件具有确切标年的经首版画，即Инв. NO .78，夏乾祐二十年（1189）西夏文刻本观弥勒上生兜率天经卷首画（图3-12-1）。

《观弥勒菩萨上生兜率天经》全称为《佛说观弥勒菩萨上生兜率天经》。弥勒在佛教中被认为是大乘佛教的未来佛，是在释迦牟尼圆寂后的56亿万年后龙华树下成佛而普度众生的。弥勒净土分为上生和下生两部分，上生是指信众死后可以往生弥勒净土，下生是指信众随未来佛弥勒下生转轮王的理想国。西夏时期的弥勒上生和下生经变图像众多，多见于石窟壁画。莫高窟、榆林等地共计97铺。[2]肃北五个庙第一窟西壁、第三窟窟顶以及文殊山万佛洞东壁存三件西夏弥勒经变。

黑水城出土藏俄罗斯圣彼得堡东方文献研究所的西夏文本经折装《观弥勒菩萨上生

〔1〕谢继胜：《西夏藏传绘画　黑水城出土西夏唐卡研究》，石家庄：河北教育出版社，2002年，第30页。
〔2〕崔红芬：《西夏河西佛教研究》，北京：民族出版社，2010年，第273页。

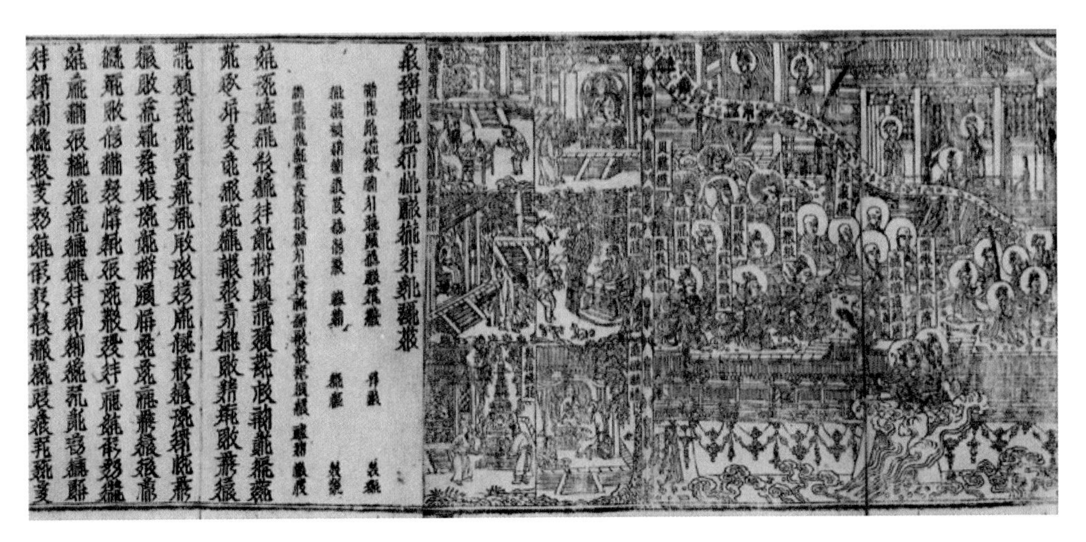

图3-12-1 Инв. NO .78夏乾祐二十年（1189）西夏文刻本观弥勒上生兜率天经卷首画（右）

兜率天经》（Инв. NO .78）由仁宗印施，有明确的纪年，即1189年，卷首有经图。经首版画采用的是中心构图法，整件作品同时体现出波罗和汉式两种风格。主尊佛和菩萨为波罗式风格造像：佛发髻较高、袒露右肩，舟形头光、马蹄形身光、椭圆形大背光。菩萨头戴三角形宝冠，面部修长，鼻梁坚挺。护法神则为典型的汉式风格，大多戴头盔，身穿铠甲，面部方形，有些没有头冠，但都头发上竖，大有怒发冲冠之势，威风凛凛。波罗风格和汉式风格在此经版画中融为一体。除西夏文本外，另有两件汉文本TK58[1]和TK81[2]。两件版画虽细节处略有不同，但当属同版，均为汉文本。卷前经图占经折装8折，有佛、菩萨、天王、神、僧、人等像100余身，形象各异，衣纹流畅，栩栩如生。背景有华丽的宫殿，简朴的房舍，线条清晰。画面中人物均有汉文榜题。

西夏出土佛教版画中出现的佛母和菩萨形象较多，佛母形象主要有顶髻尊胜佛母、般若佛母和五护陀罗尼佛母等，菩萨形象主要有观音形象和真实名文殊等。

尊胜佛母是藏传佛教神灵世界中的主要早期女性神灵之一，因其具有“能净一切恶道，能净除一切生死苦恼……有破一切地狱，能回向善道，能增益寿命”[3]等功能，崇拜这

〔1〕 TK58：（孟黑录134）西夏刻本。经折装，甲种本。潢麻纸，硬。共25折，50面。高29.5，面宽11.1厘米。版框高23.6，天头4.2，地脚2.2厘米。每面6行，行18字。上下双边。写刻体，墨色深匀。冠佛画8面，四周双边。分三部分：（1）2面。右侧榜题：“释迦么祢佛”。

〔2〕 TK81：（孟黑录135，141，136）西夏刻本。经折装，丁种本。潢麻纸。共25折，50面。高29.3，面宽11厘米。版框高22.9，天头4，地脚2.3厘米。每面6行，行18字。上下双边。写刻体，墨色深匀。字体较TK58甲种本稍肥。以TK81佛画，TK83经文并慈氏真言、生内院真言，TK82宋体弥勒尊佛心咒、弥勒尊佛名号、三归依及施经发愿文（前3面，19行），TK81施经发愿文（后2面，6行）拼配而成。佛画第4—第5面黏接处脱落，可见刻工“张知一”名。参见《大正藏》第14卷第418页中栏首行—第420页下栏末行。

〔3〕 佛陀波利：《佛顶尊胜陀罗尼经》，《藏密修法密典卷2》，北京：华夏出版社，1991年。

位佛母可以获取大善业功德，其形象在藏传佛教的绘画和雕塑中颇为流行。西夏政府和僧人都很重视与顶髻尊胜佛母相关的经典。西夏法典规定：汉、番、羌人要想出家为僧人者，须会诵咏十一种佛经，其中就包含《佛顶尊胜总持》。[1]因此西夏佛教绘画作品中也常常以尊胜佛母作为题材，很多雕版印刷品中也常有佛顶尊胜像。

佛顶尊胜梵文名为Uṣṇīṣavijayā，藏文名为gTsug tor rnam par rgyal ma，简称尊胜母，又称乌瑟腻沙尊胜佛母、顶髻尊胜佛母、佛顶尊胜佛母。她有九种化相，有一面二臂和多面多臂，其最主要最为常见的化相为三面八臂相。顶髻尊胜佛母的身体为白色，三头八臂，中间的脸为白色，右面的脸为黄色，左面的脸为黑色，有时绘为蓝色，静相，额上有天眼。右主臂第一手持羯磨杵（交杵金刚）于胸前，二手持用莲茎支撑的佛像，三手持箭，四手施愿印置右腿前，左第一手作法轮印，二手上扬作施无畏印，三手执弓，四手定印托甘露宝瓶。佛母威严慈祥，头发在冠后束成高发髻，其上有大日如来佛像一尊，项戴珍宝璎珞，身着秀丽天衣，双足跏趺于莲花宝座中央。佛教文献中记载的顶髻尊胜佛母曼荼罗主要有两种构成样式：九尊曼陀罗和三十三尊曼陀罗。[2]九尊模式为除顶髻尊胜佛母外，左右二协侍菩萨、二净居天子、四摄明王。而我们现在所见的西夏佛教版画中均未出现有九尊或三十三尊样式。

黑水城出土的汉文本《圣观自在大悲心总持功能依经录》（TK164，图3-12-2）[3]经

---

〔1〕史金波：《天盛改旧新定律令：卷11为僧道修寺庙门》，北京：法律出版社，2000年。

〔2〕贾维维：《榆林窟第三窟顶髻尊胜佛母曼荼罗研究》，《故宫博物院院刊》2014年第2期。顶髻尊胜佛母九尊曼荼罗见《一切如来顶髻尊胜陀罗尼仪轨》（De bzhin gshegs pa thams cad kyi gtsug tor rnam par rgyal b ashes bya ba'i gzhugs rtog pa dang bcas pa），法军（Chos kyi sde）和巴哩译师（Ba ri lo tsā ba）译，德格版no.594；《一切如来顶髻尊胜陀罗尼仪轨》（De bzhin gshegs pa thams cad kyi gtsug tor rnam par rgyal b ashes bya ba'i gzhugs rtog pa dang bcas pa），佚名，德格版no.595；《薄伽梵母顶髻胜母赞》（bCom ldan 'das ma gtsug tor rnam par rgyal ma la bstod pa），月官（Candragomin）造，德格版no.3115；《圣顶髻尊胜佛母成就法》（'Phags ma gtsug tor rnam par rgyal ma'i sgrub thabs），扎巴坚赞（Grags pa rgyal mtshan）译，德格版no.3601；《顶髻尊胜佛母成就法》（gTsug tor rnam par rgyal ma'i sgrub thabs），扎巴坚赞（Grags pa rgyal mtshan）译，德格版no.3602；《密答喇百法》（Mi tra brgya rtsa）之第四篇《顶髻尊胜佛母九尊成就法》（gTsug tor rnam bar rgyal ma lha dgu'i sgrub thabs），瑜伽友（Mitrayogin）造；《尊胜佛母修法千供》（rJe btsun rnam par rgyal ma'i sgrub thabs stong mchod dang bcas pa），八思巴（'Phags pa，1239—1280）；《顶髻尊圣母九尊修法千供修法仪轨——无死甘露之流》（gTsug stor rnam par rgyal ma lha dgu'i sgrub thabs stong mchod kyi cho ga dang bcas pa'chi med bdud rtsi'i chi rgyun），三世土观洛桑却吉尼玛（gTsug stor rnam par rgyal ma lha dgu'i sgrub thabs stong mchod kyi cho ga dang bcas pa'chi med bdud rtsi'i chi rgyun）；《成就法集》（sGrub thabs kun btus）中收录的《尊胜佛母成就法集建立明释》（gTsug tor rnam par rgyal ma'i rtog pa'i tika sgrub thabs stong mchod rjes gnang gi cho ga sogs chos skor tshang ba），蒋贡龚珠洛追塔耶（'Jam mgon Kong sprul Blo gros mtha'yas）与降央钦则旺波（'Jam dbyangs mKhyen brtse'i dbang po）等。顶髻尊胜佛母三十三尊曼陀罗见《曼荼罗仪轨·金刚鬘》（Vajravāli-nāma-maṇḍlasādhana，藏：dKyil'khor gyi cho gar do rje phreng ba）第四十五篇"顶髻尊胜佛母三十三尊"（gTsug tor rnam par rgyal ma lha so gsum）。

〔3〕上海古籍出版社等编：《俄藏黑水城文献》，上海古籍出版社，1996—2000年。（孟黑录177）西夏刻本。蝴蝶装，白口，版心题"大悲""尊胜""后序"，下右页码。白麻纸。共24页。纸幅高13.3，宽17.7厘米，版框高9.4，整页宽15.4，天头2.8，地脚1.1厘米。每半页9行，行13—15字。上下单边，左右双边。宋体，墨色深，不匀。冠佛画3幅，每幅1页。

图3-12-2 TK164圣观自在大悲心总持功能依经录

首版画刊刻于西夏正德十五年（1141），是目前为止发现的时代最早的西夏藏传佛教风格的木刻版画。作品构图分为对等的两个部分，左侧（以主尊视角）为佛塔，塔瓶中心为坐式顶髻尊胜佛母，顶髻尊胜佛母为三面八臂造型，端坐于仰覆莲莲花座上，头戴五叶冠，顶髻高耸，袒露上半身，下半身似着紧身长裤，配饰圆形大耳珰，戴项圈，胸部悬饰“u”型项链，佩戴手镯、臂钏和脚镯。大背光外是三叶拱券。右侧第一手持羯磨杵（十字金刚）于胸前，二手持莲花茎延伸至顶髻尊胜佛母头顶，其上为阿弥陀佛，三手持剑，四手施与愿印，置于右腿前；左第一手怖指印持羂索，二手持弓，三手上扬作施无畏印，四手禅定印托甘露宝瓶。头顶饰化佛。塔顶左右两侧绘有两位净居天，二者造型相同，均跪坐于云团之上，相向佛塔，侧面像，身体前倾，有头光。右侧绘有四位人物，一面二臂，均盘坐于莲花座之上，四分之三面向主尊左视造型，佛冠、项圈、项链、手镯、臂钏、脚镯等造型与主尊相同。舟形头光和马蹄形彩虹背光。前排两位人物手持拂尘；后排两位人物，自左向右分别怀抱宝瓶及手持伞盖。背景中以卷云纹，琵琶、笙等乐器及花草填充。表现的是左图的四位人物正在礼拜右图的顶髻尊胜佛母。相同的构图模式目前还未发现在同样题材的绘画作品中，仅有与其出自同一经书，藏于俄罗斯科学院东方研究所圣彼得堡分所编号同为TK164的一件描绘为：右侧十一面八臂观音坐像，左侧有听法四菩萨图。

黑水城出土的汉文佛经有乾祐十四年（1193）刻印的《顶尊胜相总持经》，卷首有雕版印画《顶尊胜相佛母》（图3－12－3），佛母安置在大佛塔之内，塔顶向下缀有璎珞，两侧彩云上方各有净居天。此与刻于西夏正德十五年的《圣观自在大悲心总持功能依经录》经首版画系出同版，但仅有顶髻尊胜佛母部分。

藏于印度德里国家博物馆的《顶髻尊胜佛母》（图3－12－4，KKII0283a XXI）亦与图3－12－1、图3－12－2经版画系出同版。仅有顶髻尊胜佛母部分且残损。此三件木刻版画具有极其浓郁的波罗风格特征。

相似的形象也出现在东千佛洞第七窟中心柱北侧壁上，有七尊式顶髻尊胜佛母曼荼罗，断代为11到12世纪。三面八臂顶髻尊胜佛母身侧围绕四位菩萨装眷属，二净居天居于塔上方两侧。藏于大都会博物馆的一件丝绢《佛顶尊胜佛母》，[1]断代为11到12世纪初，是卫藏早期绘画作品。这件作品中主尊尊胜佛母、佛塔上方二净居天及净居天周围所饰纹样均与黑水城出土的经卷版画相仿。西夏出土的版画作品在构图、人物安排和纹样的设计上与以上壁画和丝绢作品具有继承关系。

黑水城出土的木版画《佛顶尊胜佛母》[2]上也有相似的形象。顶髻尊胜佛母为三面

图3－12－3　黑水城印画《顶尊胜相佛母》

图3－12－4　印度藏《顶髻尊胜佛母》KKII0283a XXI

〔1〕Steven M. Kossak & Jane Casey Singer, *Sacred Visions: Early Paintings From Central Tibet*, PL. 6，尊胜顶髻佛母。

〔2〕许洋主译：《丝路上消失的王国　西夏黑水城的佛教艺术》，台北历史博物馆，1996年。图版15《佛顶尊胜》，十二—十三世纪，木板，18.5 × 12厘米，藏于圣彼得堡冬宫博物馆（艾尔米塔什博物馆），x—2469，文献：Oldenburg, 1914; Béguin et al., 1977.

八臂，结跏趺坐，头戴金冠，头发束成三层高发髻，前方置有大日如来佛像，髻顶莲花之上有红色如意宝。右手持物分别为佛像、箭，最下面的右手手掌张开；左手持物分别为无畏印、弓与禅定印和甘露瓶；主臂，右手持交杵金刚，左手持羂索施转法轮印。大背光之外有平行外射光道。[1]这均与上文三件顶髻尊胜佛母木刻版画形象相仿。不同之处是木版画的佛顶尊胜佛母并未绘制在佛塔之中；木版画佛母结跏趺坐于仰莲座上，版画佛母坐于仰覆莲座上且有种子字；木版画佛母背龛有卷草纹样和白色帷幔饰巾，版画中可能碍于版画材料的局限性并没有刻画卷草纹样和白色帷幔巾。顶髻尊胜佛母大背光外的三叶型拱券具有典型的尼泊尔风格，这与剑桥大学图书馆藏的三件贝叶经插图[2]中拱券形制完全相同。此三件贝叶经插图均为1015年尼泊尔作品。在木刻版画的三叶型拱券每两叶交接处有三角形的造型设置，看似像神像肩膀后面向上喷射出的三角形光芒。海瑟·噶尔美在其《早期汉藏艺术》第三章讨论1410年《甘珠尔》插图时提到1410年的木刻作品通常采用由波罗—舍那王朝时期发展来的造型样式。而这种造型样式也见于其他的西夏作品中，版画有《西夏大藏经》第八十八卷1411页的绘有菩萨、佛陀、僧人和佛塔的三幅一组画；[3]丝绢有如上文提到的；壁画有不空成就[4]、大日如来[5]等等。

在面相上，刘玉权先生所作《敦煌莫高窟、安息榆林窟西夏洞窟分期》[6]中，对佛和菩萨面部等方面做了研究，认为西夏的佛和菩萨面部造型可以分为早、晚两期两种类型。早期造型与宋代相似，面型宽而短，面相方圆而丰满；眼睛在面部的位置基本是平的，眼睛短小，外形像“小鱼”，眼上下一般都画眼眶，正面佛像一般只画鼻翼而不画鼻梁。晚期造型是发髻高而尖，面部上大下小，下颏尖，眉梢向上翘起，视线向下，不画眼眶。相较于宋代佛和菩萨的面部造型，西夏版画中的形象更近似于波罗风格。

---

〔1〕谢继胜：《西夏藏传绘画 黑水城出土西夏唐卡研究》，第94页，将大背光外纹样描述为“平行外射光道”。

〔2〕图2-1-1-8：Dipak Chandra Bhattacharyya, Reader in the History of Arts Fine Arts Department, Panjab University, Chandigarh, *Studies in Buddhist Iconography*, New Delhi, 1978.图版3（Vasudhārā财源天母，Nepal, A.D. 1015. Cambridge University Library Ms. No. ADD.1643）

图2-1-1-9：Dipak Chandra Bhattacharyya, Reader in the History of Arts Fine Arts Department, Panjab University, Chandigarh, *Studies in Buddhist Iconography*, New Delhi, 1978.图版13（Prajñāpāramitā般若波罗蜜多，Nepal, A.D. 1015. Cambridge University Library Ms. No. ADD.11643）

图2-1-1-10：A. W. Macdonald& Anne Vergati Stahl, *Newar Art-Nepalese Art During the Malla Period*, Warminster, England, 1979.图版III and IV. Newar manuscript dated 1015 A.D. with representation of a Buddhist Monastery as seen from the inner courtyard and, below, a divinity surrounded by a *caitya*. Cambrighe University Library, add. No. 1643.

〔3〕海瑟·噶尔美著，熊文彬译：《早期汉藏艺术》，石家庄：河北教育出版社，2001年，图版20。

〔4〕Steven M. Kossak & Jane Casey Singer, *Sacred Visions: Early Paintings From Central Tibet*, PL. 4，不空成就.

〔5〕Steven M. Kossak & Jane Casey Singer, *Sacred Visions: Early Paintings From Central Tibet*, PL.13，大日如来.

〔6〕刘玉权：《敦煌莫高窟、安西榆林窟西夏洞窟分期》，《敦煌研究文献》，兰州：甘肃人民出版社，1982年。

1990年在内蒙古额济纳旗绿城遗址出土有西夏文《相胜顶尊总持功能依经录》(图3-12-5)(现藏于内蒙古博物馆),刻本,经折装。现存9面,每面高13.2厘米、宽7厘米,上下单栏,栏高10厘米,其第1—2页为经图,卷首有西夏文译梵文经名和西夏文经名,经名后有传、译者题款两行,译文为:"西天大波密坦五明国师功德司正授善式沙门拶也阿难捺、传类密法师功德司副授利益沙门周慧海译。"右侧(第一页)经图中为佛教密宗的佛顶尊胜佛母像,佛母端坐在大佛塔内的莲座上,左右上角有净居天;左侧(第二页)有四菩萨,坐于莲座上,面向佛母,图的四周以金刚杵为边饰。第三页至第十页为雕版印刷的西夏文佛经。与黑水城出土的汉文本《相胜顶尊总持功能依经录》(TK 164)经图画面相似,两相比照,黑水城经图的人物刻画比绿城本更为细腻,画面内容也显得更为清晰和精致。另外,顶髻尊胜佛母的形象却被刻反,左右手持物和法印全部对调。[1]从人物形态来看,明显具有吐蕃风格。

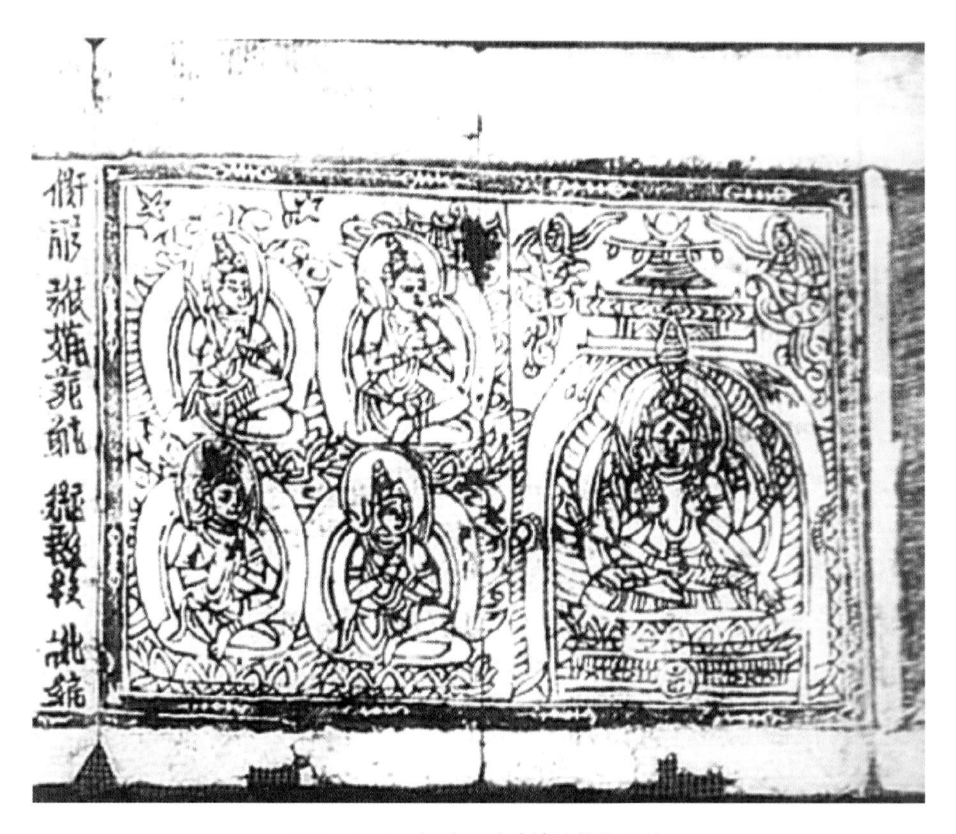

图3-12-5　相胜顶尊总持功能依经录

〔1〕史金波、翁善珍:《额济纳旗绿城新见西夏文物考》,《文物》1996年第10期。

拜寺沟方塔亦有佛顶尊胜佛母，为单页雕版印画，共2件，形制相同，皆残。第1件（图3-12-6，N21`024〔F052-2〕-1P），右侧残损，版框高55厘米，残宽10—18厘米；第2件（图3-12-7，N21`024〔F052-2〕-2P），左侧残损，版框高55厘米，残宽11—23厘米，画面中心残缺，佛身残留右上角。画面呈塔幢形，由宝盖、塔身、底座三部分组成。宝盖华美，帷幔上有梵文六字真言，两侧流苏下垂，接近底座。塔身中心为顶髻尊胜佛母像。三面八臂，从左向右为愤怒相、圆满相、善相，结跏趺坐，有头光、背光，右侧第一只手持羯磨杵于胸前，二手持莲花茎，三手持剑，四手施与愿印，置于右腿前，左第一手作怖指持羂索，二手上扬作施无畏印，三手持弓，四手禅定印托甘露宝瓶。塔座为束腰须弥座式，上下枋中部皆饰梵文经咒，占有塔身大部分画面，外圈饰有金刚杵，上乘仰莲座，三个莲瓣中各有梵文种字一个。造像样式独特，刻印工艺姣好。同样出自黑水城，藏于俄国艾尔米塔什博物馆有一件顶髻尊胜佛母木刻版画（图3-12-8）。[1]相较出土于拜寺沟方塔的经幢式

图3-12-6：1 拜寺沟佛顶尊胜佛母一 2 拜寺沟佛顶尊胜佛母一（局部）

〔1〕 Ushnishavijaya, Xylograph. 58.5 × 28 cm, China, Tangut State of Xi -Xia, Khara-Khoto. Late 12th–13th century. Source of Entry: Anthropology and Ethnography Museum（the Kunstkammer）. 1934.

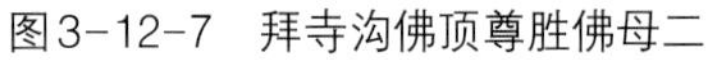
图3-12-7 拜寺沟佛顶尊胜佛母二

图3-12-8 俄藏顶髻尊胜佛母

顶髻尊胜佛母,整件版画作品比较完整,构图十分相似。经幢式顶髻尊胜佛母木刻版画与黑水城唐卡和佛经插图皆不相同,从藏于艾尔米塔什博物馆这件木刻版画中,可以清楚的看到颇具波罗风格的三叶型拱券样式和平行外射光道。

这种经幢式版画构造跟佛顶尊胜陀罗尼经幢的流行是分不开的。谢继胜教授在其《西夏藏传绘画 黑水城出土西夏唐卡研究》[1]中写道:

> 西夏佛顶尊胜佛母的广为流行的另一个原因,是与10世纪末叶以后,随着新密籍流入中原对佛教图像进行大规模的更新和密教在中原传播的历史分不开的。在11世纪的辽代,正是辽兴宗大兴密教之际,佛顶尊胜陀罗尼经幢的建立,朝野成风。[2]

〔1〕 谢继胜:《西夏藏传绘画 黑水城出土西夏唐卡研究》,石家庄:河北教育出版社,2002年。

〔2〕 宿白:《藏传佛教寺院考古》,第239页原注8:“据《全辽文》所收幢记统计,圣宗时为数尚少,兴宗时突然增多。幢记最迟纪年时天祚天庆十年(1120)松寿《为亡父特建法幢记》。”

宿白先生指出："辽人佞密，更甚于中原，1123年金人灭辽，又三年（1126）亡北宋。有金密籍如房山刻密、陕北密像以及分布于各地的佛顶尊胜陀罗尼经幢和雕饰密像的密檐塔等，皆沿辽宋之旧。"笔者以为方塔所见经幢佛顶尊胜似与此有关。及至元代，对佛顶尊胜的尊崇依然兴盛，如杭州飞来峰藏传佛教摩崖造像。[1]而西夏后裔到了明代弘治十五年还在河北保定建佛顶尊胜陀罗尼经幢。[2]

经幢源自《佛顶尊胜陀罗尼经》：

> 佛告天帝，若人能书写此陀罗尼，安高幢上，或安高山，或安楼上，乃至安置窣堵波中……若有苾刍、苾刍尼、优婆塞、优婆夷、族姓男、族姓女，于幢等上或见，或与幢相近，其影映身，或风吹陀罗尼上幢等尘落在身上。彼诸众生所有罪业，应堕恶道、地狱、畜生、阎罗王界、阿修罗身恶道之苦，皆悉不受，亦不为罪垢染污。此等众生为一切诸佛之所授记，皆得不退转于阿耨多罗三藐三菩提。[3]

幢原本是中国古代仪仗中的旌旗。由于佛教密宗的传入，陀罗尼经兴盛，佛教信徒将佛经或佛像起先书写在丝织的经幡上，后为保持经久不毁，改书写为石刻在石柱上。因经幢有灭罪度亡、禳灾祈福、报恩尽孝等功能，且不方便观想，这就使得经幢形式的造像印制在经书前。

"般若是诸菩萨摩诃萨母，能生诸佛，摄持菩萨。以父母之中，母之功最重，是故佛以般若为母。"[4]般若佛母梵文名为Prajñāpāramitā，藏文名为Yum chen mo，是事密部本尊，多以二臂、四臂形式出现在图像中，另外还有六臂及二十二臂形象。已搜集到的西夏版画中，般若佛母均是以一面二臂的形象出现的。[5]

出土于黑水城藏于俄罗斯科学院东方研究所的汉文本《佛说圣母般若波罗蜜多心经》（图3-12-9，TK128）经首版画是一件具有确切纪年的重要作品。西夏刻本。经折

---

〔1〕参看熊文彬：《杭州飞来峰第55龛顶髻尊胜佛母九尊坦诚造像考》，载《中国藏学》1998年第4期，第81—95页。

〔2〕参看郑绍宗、王静如：《保定出土明代西夏文经幢》；史金波、白滨：《明代西夏文经卷和石幢初探》《明代西夏文经卷和石幢再探》；李范文：《关于明代西夏文经卷的年代和石幢的名称问题》，参见白滨编：《西夏史论文集》，第564—573、557—594、600—622页。

〔3〕大正原版《大藏经》第十九册，密教部二，351页。

〔4〕大品般若萨陀波仑品、大智度论卷三十四。

〔5〕杨鸿蛟：《11至14世纪夏鲁寺般若佛母殿绘塑仪轨研究》。11世纪集成的《成就法鬘》的九例般若佛母成就法中即有八例属于二臂样式：唐吉藏译《仁王护国般若波罗蜜经疏》、唐不空译《仁王护国般若波罗蜜多经陀罗尼念诵仪轨》、西夏德慧译《持诵圣佛母般若多心经要门》、大阿阇黎贡嘎宁波《般若波罗蜜多曼荼罗仪轨》（德格版《丹珠尔》，No.2644. 梵文Prajñāpāramitāmaṇḍalopāyikāno）。

图3-12-9 TK128佛说圣母般若波罗蜜多心经版画

装。共10折半，21面。高22.2厘米，面宽11.2厘米。版框高16.7厘米，天头3.4厘米，地脚2.2厘米。每面8行，行15—16字。上下单边。冠佛画2面，四周双边。有2行咒语。首题："此云佛说圣佛母般若波罗蜜多心经"。另双行小字："兰山觉行国师沙门 德慧奉 敕译，/ 奉天显道耀武宣文神谋睿制义去邪惇睦懿恭 皇帝（仁宗） 详定"。愿文明确说刻印于"天盛十九年岁次丁亥五月初九日"。作品采用的是中心构图法，上方中央榜题："一切如来般若佛母众会"。表现的即是一切如来般若佛母会见众人的情景，中心人物为般若波罗蜜多佛母，宝冠盛装，四周绘有人物37身，分别为佛、菩萨和弟子，形态各异。所有人物均有舟形头光和椭圆形彩虹背光。其中，主尊般若波罗蜜多佛母造型相对较大，面部方正，头部向左倾斜，双手作转法轮印（dharmacakramudrā/ Vyākhyānamudrā），上身倾向右侧，臀部左侧，腰肢柔软苗条，呈优美的反"S"形身姿，结跏趺坐端坐于须弥座上。头戴波罗样式的五叶冠，高发髻。戴有圆形大耳铛、"U"字形项链、臂钏、手镯和脚镯等配饰。左右大耳铛外侧均有被莲花托起的经书，应为般若经书（Prajñāpāramitā-sūtra）。[1]画面中人物的面相、服饰明显具有波罗风格特征。

〔1〕双手说法印，左右各持莲托《般若经》型仪轨参见杨鸿蛟：《11至14世纪夏鲁寺般若佛母殿绘塑仪轨研究》。白色身：《成就法鬘》No.154（约12世纪辑）；北京版No.4043，德格版No.3222，《般若波罗蜜多母成就法》（Prajñāpāramitāsādhana），无畏（Abhaya）著，戒幢译；北京版No.4174，德格版No.3353，《般若波罗蜜多母成就法》（Prajñāpāramitāsādhana），僧施子（Samgjadattaputra）著，不空金刚（Amoghavajra）、（转下页）

经过比对，另有同版般若佛母经首版画，亦出土于黑水城藏于俄罗斯科学院东方研究所，曾发表于《西夏文物》，[1]名为“天盛十九年仁宗御制发愿文”，是西夏木刻版汉文御制发愿文。上下单栏，存20行，后三行为记年款和仁宗尊号“天盛十九年岁次丁亥五月初九日／奉天显道耀武宣文神谋睿制义去／邪惇睦懿恭　皇帝（仁宗）详定”。1167年仁宗仁孝发愿开板印经，请兰山觉行国师沙门德慧等，烧结灭恶趣，中围坛仪，同时讲演佛经，作法华会、放神幢、救生命，施贫济苦等善事。

西夏佛教图像中般若佛母的样式与帕拉时期10—11世纪的东北印度地区、藏西地区、尼泊尔地区及深受大乘佛教影响的爪哇地区的般若佛母形象相近，均为一面二臂，双手施转法轮印，两侧莲花茎绕臂而升，一侧托经书，或者两侧各托一本经书。相似的佛母样式可以在榆林窟第4窟南壁东铺的二臂般若佛母[2]形象中见到：佛母结跏趺坐，双手于胸前作说法印，牵引莲枝，仅有佛母左肩侧的莲花承托经书，下面还有五位眷属分别持经夹和金刚杵。另外13世纪末，由杨琏真迦主持修造的杭州飞来峰般若佛母石刻中般若佛母亦为二臂形象，两臂分持莲花，莲花均托经书。由此可以看出飞来峰石刻多遵循了西夏佛教造像的图像学样式，继承性亦由此可见。

可见的西夏版画中有5件五护佛母经版画。五护陀罗尼佛母，梵文名为Pañcarakṣā，藏文为bSrung pa Inga或Grwa Inga，又称为五护母、五佛母、五部母或五部佛母等。五护佛母是由五尊佛母组成的，分别是大随求佛母、大千摧碎佛母、大孔雀佛母、大寒林佛母、大秘咒随持佛母。四件出自《西夏文大藏经》，[3]分别是《大千催碎佛母》《大孔雀佛母》《大寒林佛母》[4]《大秘咒随持佛母》；一件出自黑水城现藏于印度德里博物馆，[5]为《大孔雀佛母》[6]。

大孔雀佛母，藏文名为rMa bya chen mo，梵文名为Mahamayuri，在舍卫城（Śrāvastī）亲自演说《大孔雀陀罗尼经》。《大孔雀陀罗尼经》是对蛇毒、野兽和毒虫的防护。大孔雀

（接上页）巴日译师译（11世纪下半叶至12世纪初）；北京版No.4367，德格版No.3545，《白般若波罗蜜多母成就法》（Sitaprajñāpāramitāsādhana），僧施子（Samgjadattaputra）著，名称幢译。黄色身：《成就法鬘》No.152（约12世纪辑）；《成就法鬘》No.159，无著（Asaṅga）著（约12世纪辑）；北京版No.4372，德格版No.3550，《般若波罗蜜多母成就法》（Prajñāpāramitāsādhana），无著（Asaṅga）著，名称幢译；俄藏编号TK128，《持诵圣佛母般若多心经要门》，西夏德慧译（1167年）；北京版No.4040，德格版No.3219，《般若波罗蜜多母成就法》（Prajñāpāramitāsādhana），无畏（Abhaya）著，名称幢译（11世纪译）。

〔1〕史金波、白滨、吴峰云编：《西夏文物》，北京：文物出版社，1988年3月，图版363。

〔2〕《敦煌石窟艺术——莫高窟465窟》，南京：江苏美术出版社，2007年，图175。

〔3〕Eric Grinstead, The Tangut Tripitaka, Delhi: Bombay Art Press, 1973.

〔4〕Erik Grinstead, The Tangut Tripitaka, 1973.

〔5〕斯坦因：《亚洲腹地》第3卷，图版62。另见：Heather Stoddard, *Early Sino-Tibetan Art, Warminster*, Aris and Phillips Ltd., 1075（汉译本见熊文彬：《早期汉藏艺术》，北京：中国藏学出版社，1994年）。

〔6〕The reconstruction was done by Amarendra NATH, 1982—52, fig.19.

佛母的经典为唐不空译《佛母大金曜孔雀明王经》第三卷。此经讲述的是佛在祇园，沙底比丘为众破柴，准备烧水沐浴，被黑蛇咬伤，苦痛不堪，阿难白佛求救，佛为之说大孔雀明王神咒救之。另有异译本《孔雀王咒经》《佛说金色孔雀王咒经》等四种简本。

5件版画中有两件描绘的是大孔雀佛母。《西夏文大藏经》中的一件，按照汉式风格刊刻而成。主尊大孔雀佛母以四分之三侧身，结跏趺坐于莲台之上。三面八臂，主臂右手于胸前作转法轮印，左手置于腹部前，已残。其余右手自上而下，一手持宝瓶，二手持法轮，三手持物处已经残损无法辨别；其余左手持物自上而下，一手持孔雀翎，二手持宝瓶，中有交杵金刚，三手持宝幡。周身环绕有部众、护法、弟子等11身。人物旁边均有西夏文题记。

另有一件大孔雀佛母像是斯坦因黑水城掘获的，现藏于印度德里博物馆，纸质雕版印画（高27.5厘米，宽11厘米）。画面半边脱落，边框交替饰以金刚杵和花卉图案，为典型的波罗风格作品。主尊位于画幅的正中，头顶上方有西夏文榜题，主尊大孔雀佛母为四分之三侧面像，三面八臂，结跏趺坐于莲台之上，有波罗样式背龛和条状火焰纹，背光顶上有树叶和云气。佛母为三眼，视线下垂，鼻梁直挺，嘴唇若闭若开，头戴早期波罗样式头冠。大孔雀佛母八臂，主臂右手做与愿印，左手置于小腹前双脚踵之间，托人形钵，钵中为佛陀。其余左侧手臂皆不可见，其余右手自上而下一手持宝瓶、二手持法轮、三手持剑。西藏早期绘画中至今未见存世的大孔雀佛母像，由此推断西夏出现这一造像样式的大孔雀佛母是否可以印证波罗样式的图像渊源传播路径为印度、尼泊尔地区途径藏西、西域直接到达西夏，而非经卫藏地区传入。主尊头冠为多层多冠花的样式，胁侍菩萨似为一层五冠花样式，这种菩萨佛母头饰与黑水城出土的其他雕版画菩萨佛母头饰为单层三菱状冠花的早期样式不同，但可以在黑水城出土唐卡《文殊师利菩萨》中找到相似。另外也可见于扎塘寺壁画中的波罗样式头冠。这显然是11—12世纪藏传绘画共同的特征之一。

观音信仰在西夏极其盛行。西夏散施和刻印了大量的观音经典，观音信仰中最基本的经典是《妙法莲华经》中的《观世音菩萨普门品》[1]，另外还有《大悲心陀罗尼经》[2]、《十一面神咒经》[3]、《圣观自在大悲心总持功德经韵集仪轨》[4]、《观世音菩萨普门品第二十五》[5]、《妙法莲华经观世音菩萨普门品残页》（M1・1379）、《妙法莲华经观世音菩萨普门品》（G11・033、G11・034）等等。除此之外，伴随着观音信仰的盛行，中土僧人为了迎合广大民众的需求，观音伪经应运而生，如《高王观世音经》《观世音三昧经》《观世音

〔1〕《观世音菩萨普门品》，俄藏，第82—83号，西夏特藏219号，馆册574、575、576、757、758、760、221、586、940号，鸠摩罗什译。

〔2〕《大悲心陀罗尼经》，俄藏，第237号，西夏特藏329号，馆册619号。

〔3〕《十一面神咒经》，俄藏，第238号，西夏特藏364号，馆册6176号。

〔4〕《圣观自在大悲心总持功德经韵集仪轨》，俄藏，第369号，西夏特藏83号，馆册6881号。

〔5〕《观世音菩萨普门品第二十五》，俄藏：TK9、TK105、TK113、TK138、TK154-156、TK167-170、TK175、TK177。

十大愿经》等。关于观音形象的经前版画亦不在少数。

十一面观音梵文名为Ekādaśamukha Āvalokiteśvara，藏文名为phags pa spyan ras gzigs dbang phyug zhal bcu gcig pa，观音密教身相之一。唐译四部汉文佛典记载的十一面观音有二臂、四臂两种形象，[1]在图像发展过程中又衍生出六臂、八臂甚或十二臂的尊形。[2]

与图3-12-2顶髻尊胜佛母同样出自黑水城汉文本《圣观自在大悲心功能总持依经录》的十一面八臂观音（图3-12-10，TK164），作品构图亦与顶髻尊胜佛母相同，分为对等的两个部分。左侧为主尊十一面八臂观音，结跏趺坐相于仰覆莲座上，莲台有梵文种子字。十一面的排列为三层三面，之上还有两层一面相叠（3+3+3+1+1）。三头光样式，外圈有平行光道，构成具有中亚风格的外射火焰。八臂，两只主臂置于胸前合十，以双手指尖持如意宝；其余三只右手自上而下分别持念珠、施与愿印、持日轮；其余三只左手自上

图3-12-10　TK164圣观自在大悲心功能总持依经录

---

〔1〕唐不空译《十一面观自在菩萨心密言念诵仪轨经》(《大正藏》第1069号经典）所记菩萨为四臂十一面。唐阿地瞿多译《十一面观世音神咒经》记二臂十一面观音。北周耶舍崛多《佛说十一面观世音神咒经》和唐玄奘《十一面神咒心经》为同本异译，其内记载形象与阿地瞿多译本相同。

〔2〕关于敦煌十一面观音图像的研究，见彭金章：《敦煌石窟十一面观音经变研究——敦煌密教经变研究之四》，《段文杰敦煌研究五十年纪念文集》，北京：世界图书出版公司，1996年8月，第72—86页。十一面观音只有八臂十一面这一种身形见载于册，见德格版大藏经第2756号经典，《具十一面观世音成就法》(*spyan ras gzigs bcu gcig pa'i zhal can gyi sgrub thabs*)，撰、译者者不详。

而下分别持莲花、净瓶和弓箭。根据菩萨装仪轨，主尊佩戴有耳铛、项链、臂钏和手镯、脚链，皆为印度波罗样式。袒露上身，下身着紧身几何纹长裤。观音上方为二净居天。画面右侧为四菩萨，一面二臂，均盘坐于莲花座之上，四分之三面向主尊左视造型，佛冠、项圈、项链、手镯、臂钏、脚镯等造型与主尊相同，为菩萨装。舟形头光和马蹄形彩虹背光。前排左侧人物左手持金刚杵，莲花全敷开，右侧人物持侧面莲花；后排两人物均双手合十，左侧人物持侧面莲花，右侧持半敷莲花。表现的是左图的四位人物正在礼拜右图的十一面八臂观音。背景下部由米字方格、上部由卷云纹样填充。

相同的人物配置来自东千佛洞第7窟的十一面八臂观音。主尊结跏趺坐于仰覆莲莲台上，十一面的排列为三层三面，之上还有两层一面相叠（3+3+3+1+1），三头光样式。八臂，两主臂当胸双手合十，其余三右臂分别持念珠、结与愿印、持日轮，其余三左臂分别持莲花、净瓶和弓箭。主尊佩戴有耳铛、项链、臂钏和手镯、脚镯。袒露上半身，下身着短裤。与TK164造型相同的四菩萨分坐于主尊左右两侧的莲花台上，且对应关系、手持物一致。两者应是使用了同样的仪轨，由于版画作品受到了篇幅的限制，刻工将四菩萨均置于画幅的一侧，而顶髻尊胜佛母由于与十一面八臂出自同一《圣观自在大悲心功能总持依经录》，形制相仿。主尊左右两旁分立胁侍菩萨为常规模式，如TK164一般胁侍菩萨均置于主尊一侧的配置应为变体，且TK164经首版画刊刻于西夏正德十五年，即1141年，因此东千佛洞7窟十一面八臂形象就可以断代到1141年以前。

东千佛洞2窟南壁十一面观音全跏趺坐于仰覆莲台上，十一面和八臂的配置与东千佛洞第7窟十一面观音相同。五头光样式。主尊左右各有四位菩萨装人物形象，均为立像。

另有两件黑水城出土的十一面八臂观音唐卡，分别是《十一面救八难观音》〔1〕、《十一面八臂观音》〔2〕。

十一面八臂观音图像上的渊源应来源于印度、尼泊尔地区，途径藏西、西域到达西夏。现存可见的十一面八臂观音中，藏西出土了大量十一面八臂观音擦擦、西方各大博物馆亦藏有不少十一面八臂金铜佛像，如托林寺出土的十一面八臂擦擦、藏于鲁宾博物馆的十一面八臂金铜佛像等。这些作品最早可以早到8世纪前后。西域地区拉达克古如拉康的十一面八臂观音的十一面排列及八臂的手持物均与西夏十一面八臂形象样式一致。

---

〔1〕许洋主译：《丝路上消失的王国　西夏黑水城的佛教艺术》，台北历史博物馆，1996年，图版115《十一面救八难观音》，13世纪。

〔2〕许洋主译：《丝路上消失的王国　西夏黑水城的佛教艺术》，台北历史博物馆，1996年，图版218《十一面八臂观音》，12世纪，唐卡，棉布。132×94厘米。藏圣彼得堡冬宫博物馆，x-2355。文献见：Oldenburg, 1914; Béguin et al., 1977, No.25; Rhie and Thurman, 1991, No.128. 参阅de Mallman, 1975, pp.107-110。

现已收集到的西夏版画作品中仅有一件十一面观音，为坐像。而我们所见到的十一面观音多为立像，如古如拉康（guru lha khang，拉达克）的十一面八臂观音壁画、*Himalayas: An Aesthetic Adventure*〔1〕一书图版142十一面八臂观音金铜像。

藏于俄罗斯科学院东方文献研究所的《圣妙吉祥真实名经》（图3-12-11）〔2〕插图版画是具有典型的尼泊尔风格的木刻画，描绘了佛陀和文殊师利。此经为经折装，计29页，长20厘米，宽9.5厘米，木版画天地为1.8厘米和1.4厘米。此木版画插图占据两面，左侧的折面表现的文殊师利菩萨。文殊菩萨为一面四臂，右上方一只手握剑，右下方和左上方两手，右手持箭，左手持弓，左下方手持经书于胸前。上半身袒露，下半身着有几何形印花装饰紧身长裤。头戴五叶王冠，颈戴项链，饰有耳环、臂钏，两手腕戴有手镯。文殊坐在饰有几何图案莲花宝座上，身体和头部有椭圆形光轮，光轮后有植物。文殊菩萨的左侧有一位菩萨，跪坐于莲花上，头光和背光也为椭圆形，衣服饰物均与文殊菩萨相仿，饰有五叶冠、耳环、项链。双手合十，静听佛法。

图3-12-11　TANG 63，Inventory No. 707.圣妙吉祥真实名经木刻画

图3-12-12　唐卡

〔1〕Himalayas: An Aesthetic Adventure; published in Conjunction with the Exhibition "Himalayas: An Aesthetic Adventure", Organized by The Art Institute of Chicago and Presented in the Museum's Regenstein Hall from April 5 to August 17, 2003; the Exhibition was Also Presented at the Arthur M. Sackler Gallery, Smithsonian Institution, Washington, D.C., from October 18, 2003 to January 11, 2004.

〔2〕许洋主译：《丝路上消失的王国：西夏黑水城佛教艺术》，台北历史博物馆，1996年，图版81。

右侧的折面表现的是佛陀。头顶的发髻高而尖，身着佛装，袒露右肩，佛装衣边均有花边装饰，头光、背光为尼泊尔风格的椭圆形，此为尼泊尔风格。背光装饰有波状纹样。佛尊坐在尼泊尔艺术中常出现的装饰华丽的莲花宝座上。宝座背后是某种植物或树木。宝座下方有三位坐于莲花座上的僧侣，着装均与佛尊相似，唯不似佛尊衣边装饰花纹那般华丽，贴边宽大，黑底白边。僧侣的面部和发式具有尼泊尔特征。三位僧侣均双手合十，中间的僧侣正面向佛尊，两侧僧侣则呈四分之三侧面并具有头光和背光。

在西夏作品中，这是仅有的一件真实名文殊的经版画。与此件版画风格极为相似的有一件黑水城出土的四臂文殊像唐卡作品（图3-12-12）。两件作品均具有浓郁的波罗风格，造像颇具东印度帕拉王朝造像传统，唐卡作品中的色彩更是与贝叶经中彩色插图用色相仿。而西藏地区并未在此时有相似作品存留。

西夏佛教艺术对元代内地藏传佛教艺术有着深远的影响。蒙古族在统一中国的过程中，最早是通过用兵西夏和西征中亚了解到藏族地区和藏传佛教的。由于西夏和藏族之间密切的宗教与文化关系，成吉思汗在西征进攻西夏时不仅见到了在此活动的部分藏传佛教僧人，而且还有一些藏传佛教僧人通过西夏到了蒙古，并同蒙古王室发生了直接关系。近年来，通过学界诸多学者的研究讨论，勾画出了藏传佛教在西夏传播的基本史实，厘清了西夏佛教对元代佛教影响的大致面貌。〔1〕与西夏一样，元朝在中原内地除了兴建大量的藏传佛教寺院、佛塔等，还创作了大量的藏传佛教雕塑、版画和唐卡作品。其中传世至今的木刻版画作品有《西夏藏》《碛砂藏》和《普宁藏》。

《西夏藏》又名《河西字大藏经》。20世纪著名西夏学研究专家王静如先生将《西夏藏》分为两类：1227年西夏王朝灭亡之前所刊刻的西夏文大藏经称为西夏刊；元代刊刻的西夏文大藏经称为元刊。

《碛砂藏》中收录有两篇发愿文，由此可知《西夏藏》元刊、《碛砂藏》及《普宁藏》中木刻版画都是在元代著名高僧管主巴于大德六年（1302）至大德十年（1306）间先后在江苏碛砂延圣寺和杭州路大万寿寺雕印完成的。〔2〕

说法图是《西夏藏》木刻版画流行的主要题材。与西夏时期的版画风格尤其相像，整个画面融合了汉藏两种风格。通常画面中心的主尊为卫藏波罗风格的佛、菩萨，周围聆听

〔1〕详见王尧：《元廷所传西藏秘法考叙》，载《学术集林》卷三，上海：远东出版社，1995年。陈庆英：《元朝帝师八思巴》，北京：中国藏学出版社，1992年。《西夏及元代藏传佛教经典的汉译本——简论〈大乘要道密集〉（〈萨迦道果新编〉）》，《西藏大学学报》2000年第2期。谢继胜：《西夏藏传佛教绘画 黑水城出土西夏唐卡研究》，石家庄：河北教育出版社，2002年。熊文彬：《从版画看西夏佛教艺术对元代内地藏传佛教艺术的影响》，北京：中国藏学出版社，2003年。

〔2〕《碛砂藏》第五八六册遵字九《大藏圣教法宝标目》卷九末《管主巴愿文》。日本善福寺《碛砂藏》藏本《大宗地选文本论》卷三末刊。

佛法的则有着汉装的人物形象。《经律异相》卷首版画中，位于中央的释迦牟尼佛及两侧听法菩萨均为卫藏波罗风格。释迦牟尼佛结跏趺坐与双重莲花坐之上，身着袈裟，右肩袒露，双手作说法印。舟形头光和马蹄形背光、身光。在身光与背光中间两侧的宝瓶中生出一朵莲花，莲花分别托起两只摩羯鱼，摩羯鱼尾沿着马蹄形背光曲线卷曲而上，并在顶部交汇于大鹏鸟喙中。左右两侧菩萨均为高发髻，戴五叶冠，马蹄形头光，上身袒露，配有大耳环、项圈、项链、手链、臂钏等。而主尊前方两侧的供养人、两侧神灵及听法者的服饰等则为汉式风格。这种木刻版画绘画风格不仅仅是元代这一时期内地藏式版画创作的主旋律还影响了后朝明代。

南宋绍定四年（1231）至元至治二年（1322），历时近一个世纪的《碛砂藏》成文。1931年于西安被发现。《碛砂藏》木刻版画与元刊《西夏藏》版画从整体风格来看，如出一辙，两者似乎出自同一批工匠之手。

据1936年上海影印宋版藏经会影印的《碛砂藏》汉文大藏经，《碛砂藏》木刻版画共有八种样式。其中的每帙经典是按千字文顺序排列的，因此这八种样式的木刻版画以千字文中的每八个字为一个的单位循环排列。每幅插图均装帧成四折，画框尺寸为43.2–43.8 × 23.8–24.7厘米。以千字文开始的八个字即天、地、玄、黄、宇、宙、洪、荒为例，前八帙所附八幅木刻版画为：

天一《大唐三藏圣教序》插图

地一《大般若波罗密多经》插图

玄一《大般若波罗密多经》插图

黄一《大般若波罗密多经》插图

宇一《大般若波罗密多经》插图

宙一《大般若波罗密多经》插图

洪一《大般若波罗密多经》插图

荒一《大般若波罗密多经》插图

八件版画作品在风格上有以下主要特点：

首先，构图为两种主要形式：一，高僧和释迦牟尼佛对坐说法图中将两位人物构置于画幅的中心，并且两位人物均采用四分之三侧面造型，左右安排弟子，似乎旨在突出高僧与释迦牟尼佛之间的宗教传承关系。这种构图与萨迦寺现存八思巴会见忽必烈壁画的构图相同。二，在释迦牟尼佛为众生说法的画面中，构图又有两种不同的变化。一种是将画幅一分为二，四分之三画幅中构图释迦牟尼佛和闻法众生，其余的四分之一画幅构图单尊菩萨。这种形式的构图似乎暗示了单尊菩萨与释迦牟尼佛说法的内容密切相关。另外一种是画幅上没有用线条分割的说法图，将释迦牟尼佛构图在画幅中心或靠近画幅中心的位置，余下的大幅空间中安置闻法众生。看似不同，实则上述两种构图方式都离不开中心构图的形式，即按照释迦牟尼佛和高僧等主要人物安排化佛。构图讲究对称性，通常在中心人物上方左右安排化佛，两侧构图胁侍菩萨阿难和迦叶，佛座前构置供养人，而在弟子和供养人两侧则构图菩萨、诸天、僧众和护法神。这种构图形式显然与西夏木刻版画的构图极其相似，这也表明了两者在艺术上有着明显的继承关系。

其次，版画上有署名题记的汉族工匠虽然已经无法考证，但是从技法和风格的比较中不难推断出他们对藏传佛教艺术形制十分熟悉。作品中的佛造型多为高发髻、广额方面、耳垂扁长，宽肩细腰，双手当胸作转法轮印，身着百衲袈裟，多袒露右肩；高僧内着覆肩背心，或戴左右各垂长耳的桃型尖帽。身后绘有舟形头光、马蹄形身光和背光。宝座纹样丰富，造型精美，由方形座基和双重仰覆莲花座组成，莲瓣宽大，与居庸关和飞来峰莲瓣造型相同。背光只有四种纹样，其中之一为大鹏、摩羯鱼、兽王和象王，与居庸关同类题材相比，无童子和龙子造型，疑为六拏具的早期形制；另一种胃末尼宝珠、妙音鸟、兽王和象王。这种组合十分独特，仅见于宙一插图右侧四臂文殊菩萨背光中。菩萨高发髻，多着五叶冠，配饰圆形大珥珰，腰身纤细，体态窈窕，均舟形头光。其中人物面相宽扁，表情较为呆板，造型雷同，具有明显的程式化特征。

再次，画面中不仅有诸佛、菩萨、弟子等佛教人物形象，还出现了着汉装官服和道家服饰的人物，这与西夏木刻版画中的人物形象相似。汉装官服人物多为供养人，道士则多出现在闻法众生中。值得注意的是，在荒一插图中，释迦牟尼背光左右的云端上，出现了白兔和三足鸟的造型，与居庸关券门上纹样如出一辙，显然是汉族神话中日月的象征。此外，装饰纹样中的云纹和洪一插图中出现的山岩果树、四大天王等护法服饰都为典型的汉式风格。佛道人物及汉藏纹样在《碛砂藏》藏式风格版画中同时出现，究其原因是为了适应汉族文化审美的需求，从而使藏传佛教及其艺术更易于被广大的汉传佛教僧人及信徒接受，这一点与飞来峰做法一致。与此同时，道士形象在闻法众人中出现似乎更暗含着深刻的历史背景。元代推崇佛教尤其是藏传佛教，元初佛道辩论结束后，大批道士被迫还俗或改宗佛教，道观也随即成了佛寺。荒一插图右上角道士形象似乎就是对这一历史的巧妙反应。因此释迦牟尼佛左右两侧的众生都面向并对释迦牟尼佛虔诚施礼，而道士虽不得不向释迦牟尼佛施礼，却头侧向了另一边。

1277—1290年间于浙江地区刊刻的《普宁藏》也有藏式风格版画。这些作品是已知元代内地创作的年代最早的藏式风格版画。其构图和风格均与《西夏藏》《碛砂藏》相同。版画采用中心式构图，主尊左右人物布局讲究对称均衡，佛、菩萨、比丘等服饰形态具有典型卫藏波罗风格，听法者中的众多汉地诸天、天王与长发道士和藏式宝座马蹄形背光中的人字披，以及“皇帝万万岁”经牌四周的云龙和双龙抱柱等图案都呈现出汉式风格。

与西夏时期同类版画相比较，元代的版画在继承西夏遗风的同时，开始体现出日益明显的时代特征。藏传佛教艺术中尼泊尔风格日趋浓烈，早期背光中的独角兽开始被双瓶取代，金刚座龛楣中的大鹏鸟、摩羯鱼的姿态和造型日渐夸张。佛、菩萨、比丘的面貌，冠服，已经与黑水城出土的版画相去甚远，而以连续的圆弧形雕线贯穿人物的脸型、头光、背光、盖座和外龛，隐约透露出波罗风格时代的结束和转型。《大集譬喻王经》卷首插图《教主释迦牟尼佛说经处》即为典型代表。

中国于隋唐之际就发明了雕版印刷术，宋代发明了活字印刷术。众所周知，活字印刷术作为中国古代的四大发明，在印刷史上是一个跨时代的伟大变革，不仅对中国，更是对世界做出了不可小觑的巨大贡献。宋辽西夏金元，当属中国印刷最为鼎盛繁荣的时期。但宋元时期还是主要以雕版印刷为主，西夏国虽然地处西北地区，印刷术却极其繁荣，活字印刷术在这里扎根开花，形成了雕版印刷术与活字印刷术并存的局面。至崇宗乾顺和仁宗仁孝时期到达了最高水平。智慧的西夏人民不仅继承发展了中原地区雕版印刷术，还大力推广践行活字印刷术，这对其发达的文化和科技事业都起到了至关重要的作用，也为世界活字印刷术发展贡献颇多。

北宋时期科学家沈括的《梦溪笔谈》记载庆历年间（1041—1048）毕昇发明活字印刷术，到元代时期王桢《农书》所记述的木活字，相距有300多年。这300年中，仅有南宋周必大《周益国文忠公集》卷一九八《程元成给事》记载有："近用沈存中（沈括）法，以胶泥铜版移换摹印，今日偶成《玉堂杂记》二十八事"一条，且没有留下任何实物资料。有国外学者对宋代活字印刷存疑。[1]而西夏黑水城出土的大量活字印本佛经和其经版画，无疑印证了宋夏时期活字印刷术的存在，并且这一技术得到了实践上的应用。西夏出土印刷品因此具有其他文献所不可替代的版本价值。

俄藏由科兹洛夫探险队发掘出土的西夏雕版中就有保存完整的西夏文雕版。另外，在宁夏贺兰县宏佛塔天宫槽室内散置的有西夏文木雕版2 000余残块。[2]吉美博物馆还藏有法国探险家伯希和在敦煌莫高窟北区西夏始建的181窟中发现的960多枚回鹘文木活字。回鹘文木活字出现的时期正是西夏统治敦煌的时期。回鹘文由于其为拼音文字的特点，开创了字母活字的先河，使得敦煌回鹘文木活字成为现存世界上最早的、包含有最小语音单位的活字实物，为世界其他各地区、民族借鉴和使用字母活字提供了借鉴，为中国乃至世界的印刷术发展做出了巨大贡献。以上的实物力证了宋夏时期雕版活字印刷的存在。

〔1〕 杜建录：《中国藏西夏文献研究》，上海古籍出版社，2012年。

〔2〕 史金波：《西夏社会》，上海人民出版社，2007年，第501页。

西夏时期北方地区雕版印刷的中心为山西平阳（今临汾），南方地区雕版印刷中心是南宋首都临安（今杭州）。

自宋代印刷业兴盛伊始，山西地区就形成初具规模的印刷中心。中国最早的纸币"交子"即是于此地出现，也使得山西成为中国最早使用印刷纸币的地区之一。尤以平阳地区书坊最为集中，且工艺纯熟。《中国古代印刷史》[1]称平阳版画为年画的"始祖"，《中国版画史》[2]有"版画之头，平阳启之"的记载。平阳府治即为今山西省临汾市，为山西地区的政治、经济、文化中心。此地经济文化事业繁荣，刻工云集，书籍内容广泛涉及佛教、史书、方志、医药等多方面，刻坊种类多样，行业具有相当规模，使得平阳成为黄河以北的刻印中心，并以此中心形成古代北方出版印刷的重要基地。

平阳刻书分为官刻和私刻两类，私刻为主，官刻为辅。私刻又分为坊刻和家刻两种。最为著名的坊刻有平阳姬家、平阳府张宅之晦明轩、平水中和轩王宅等。西夏版画中即有一件刻有"平阳姬家雕印"字样。"平阳"为古地名，宋徽宗政和六年（1116）升为平阳府，明以后府治在临汾。[3]据考证"平阳姬家"应该是在金承安年间（1196—1200）古平阳府平水县城（今山西临汾尧都区金店镇）创办的年画作坊。此件版画是1909年俄国克兹洛夫探险队于西夏黑水城遗址发掘，现藏于俄罗斯艾尔米塔什博物馆的《四美人图》。最早将《四美人图》公之于众的是日本学者狩野直喜。1814年日本京帝大学狩野直喜游历欧洲途径俄国时见到此件版画，认定《四美人图》为中国宋元时期作品，并于回国后（1916）发表文章于《艺文杂志》第三期介绍此件作品，引起东方学界的关注。1929年日本学者那波利贞[4]以美学和考据学角度分析《四美人图》撰写《克兹洛夫发现南宋版画美人图考》，[5]文中对《四美人图》的雕刻技艺、美学造诣给出了极高的评价，引起美学史界的关注。

《四美人图》（图3-12-13）高79厘米，宽34厘米，上有榜题"隋朝窈窕呈倾国之芳容"，四美人的旁边也均有榜题标示姓名，自左向右分别为"班姬""赵飞燕""王昭君""绿珠"。此件版画取材于历史人物故事，描绘的就是在中国历史上有着非凡知名度的四位美人：东汉史学家班姬、西汉能歌善舞曾贵为皇后的赵飞燕、东汉出使西域和亲的王昭君及晋代善吹笛美人烈女绿珠。图中四位美人华服披身，大有唐风，自左向右徐步前行。人

〔1〕罗树宝：《中国古代印刷史》，北京：印刷工业出版社，1993年。

〔2〕王伯敏：《中国版画史》，南通图书公司，1961年。

〔3〕平阳被认为是尧所置都城，因其地在平水之阳而得名，春秋时就属于晋国，战国时属于魏国。三国魏正始八年，分河东的汾北十县置平阳郡，宋政和六年升为平阳府，明以后府治设在临汾。公元1811年裁府留县。

〔4〕那波利贞（1890—1970）：毕业于京都帝国大学史学科，专攻东洋史。1931—1933年远赴法国、德国进修，归国发表大量关于敦煌文献的论文，涉及社会经济史文书、变文、书仪等敦煌写本。

〔5〕贺昌群翻译，发表于20世纪30年代前后的《中央军官学校》校刊。

物间穿插背景绘以长廊的石栏、假山和盛开的牡丹花。班姬左手置于背后，右手执扇，扇面绘以竹子。赵飞燕双臂合抱，在前行的三人中身形幅度动作最大，体态柔软。王昭君左手持信，右手执笔，神态略显凝重。绿珠左手提裙，右手持花，回首似看花又似在催促同行的另外三人快些走。《四美人图》对四位主体人物的刻画把握都遵从于其在历史上的定位，可谓淋漓尽致。将两朝人物放于同一画面中，寓意着世间女子的所有美德，也可称之为匠心独运。将黑水城出土的这件《四美人图》与西夏时期刻印的其他作品加以比对，如西夏雕版的《大黑天神像》《官宦与仆从》，不难看出《四美人图》笔法更趋精细，人物面相丰满圆润，仍留有唐代遗风。衣折饰物用线技法颇有宋代画家李公麟韵味，以流畅细密的线描衣纹与人物面部和背景形成强烈的疏密对比，且人物服饰上装饰的团花图案亦为宋代绘画多见。这些特征在元明道观壁画中得到了继承，如山西芮成永乐宫壁画、北京法海寺壁画。另外，构图与装裱的立轴国画极为相仿，似以缠枝花纹装裱周边。上端有绘有飞凤缠蔓纹样的天头，值得一提的是出现了“惊燕带”（图3-12-15）状的装饰图案。

图3-12-13　四美人图

《四美人图》在探求汉地卷轴画与唐卡起源上有重要的意义。《四美人图》具有相对准确的年代推论，其装潢形式较为完整地展现了宋代宣和装裱法的真实面貌，几乎就是唐卡的装潢形式。作为单页的雕版印画，《四美人图》是完全按照挂轴的样式刻印的，画心呈长方形，画周围的回纹边框对应唐卡的“黄虹”和“红虹”，上下绫隔水的长度大致相同，上隔水部位贴有“惊燕”；从构图来看，《四美人图》呈行进中的人物有种冲出画面的动感，与后代山西水陆画的风格相近，画面题记标识的位置标明此画不像是专为单页的雕版印画设计的画稿，更像是截取了壁画的一个局部，然后用一种“新的装潢法”即宣和装裱法装裱。汉地吉祥图案的规则呈对称状、双头或双尾相接，而图中首尾相随，给观者以冲出画面的印象。飞凤与晚周帛画中凤的造型，与西藏绘画中表现十三战神的唐卡上方所绘鸟形几近一致。

与《四美人图》同时出土的还有名为《关羽像》（图3-12-14）的版画作品。《关羽像》右上方署“平阳府徐家印”。平阳徐家处于今临汾市襄汾县襄陵镇，是宋金时期民间作

图3-12-14　关羽像

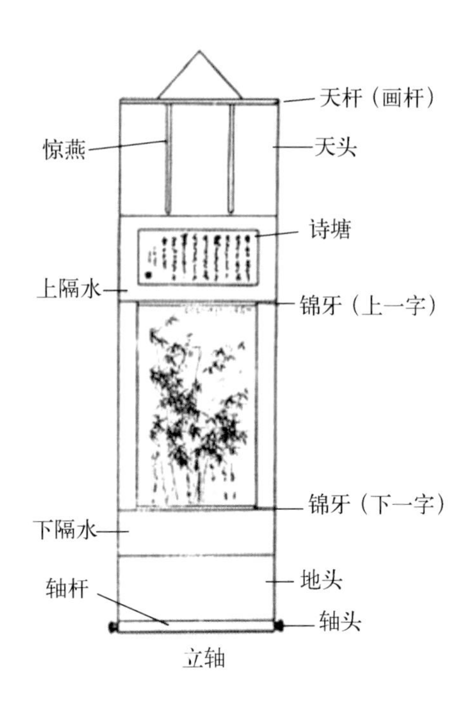

图3-12-15　立轴装裱

坊。上方有榜题“义勇武安王位”，著名考古学家白滨先生因“义勇武安王”和北宋宣和五年（1123）加封关羽为义勇武安王断定画的是汉三国时期蜀将关羽及其手下的五位将士。此件版画高72.3厘米，宽34.2厘米。画面构图与《四美人图》很相似，有绘有回字纹的边框。不同之处在于《关羽像》没有天头，更没有“惊燕”，虽然出土的《关羽像》残旧不堪，但是从边框来看，不像是遗失了天头。画面中关公端坐于中央，双手握拳置于腿上，胡须和头发均顺风而动，神气凛然。周身五位将士，关公右侧、偏头望向关公的应为其子关平，双手叉腰；关公左侧双手持青龙偃月刀的应为周仓，同样望向关公；关平与周仓间为持“关”字大旗的将士，立于关公座椅前方台下的为手持令旗的使者，画面右下方为背有盾牌的勇士。

《四美人图》《关羽像》的出现不同于唐、宋、金、元时期版画中说法图、经变画等佛教题材，也非年画版画中门神等守护神题材，而是宋代雕版印刷流行的才子佳人、忠孝节义的传统题材，是世俗画的新形式。他们为我国版画史题材方面的扩展提供了印证。

“南渡以后，临安为行都，胄监在焉，板书之所萃集”。[1]即是说临安地区雕版印刷事业的发达。此地出现了众多刻书机构、单位和个人，官刻、私刻并举，民间作坊也是不计

〔1〕王国维：《王国维遗书》第十二册《两浙古刊本考》序，上海书店出版社，2011年8月。

其数。雕版数量之多，质量之高，盛况空前。究其印刷实业繁荣原因，首先与其经济发达密不可分，北宋时临安已成为“百事繁庶”的“地上天宫”，〔1〕定都临安后更是“户口蕃息，百万余家……民物阜蕃，市井坊陌，铺席骈盛……”〔2〕绍兴八年（1138），南宋王朝定临安为“行在所”，并不惜重金，重新校刻经史群书。统治者和地方政府对印刷业的重视，亦为印刷业的发展取得了保障。至元十三年（1276）二月元军攻陷临安后，临安遂又成为元朝在江南宏传佛教的中心。1227年，“诏以僧亢吉祥，怜真加加瓦并唯江南总摄，掌释教”。〔3〕随后设立掌管江南佛教事务的专门行政机构行宣政院，大兴佛法。1281年，诏令“出道德经外，其余说谎经文进行烧毁。道士爱佛经者为僧，不为僧者娶其为民”。〔4〕许多道士因此罢道为僧，不少道观也被改成佛寺，仅在1285年至1287年的三年时间内，江南释教都总统杨琏真迦就恢复了三十余所佛寺，从此拉开了藏传佛教在江南宏传的序幕。

---

〔1〕（宋）陶谷：《清异录》卷一。

〔2〕（宋）吴自牧：《梦粱录》卷一九。

〔3〕《元史》前引《世祖纪六》第295页。

〔4〕张伯淳：《大元至元辨伪录随函序》，转引自宿白《元代杭州的藏传密教及其有关遗迹》，载《藏传佛教寺院考古》，北京：文物出版社，1996年，第366页。

第十三节　宋代西北地区汉藏多民族文明交流与洮砚的兴盛

洮砚产于今甘肃省甘南藏族自治州卓尼县境内的洮河流域。现存宋代洮砚的实物不多，但其诗文、砚铭和品鉴文章在宋朝盛极一时，并以砺石、鸭头绿、洮河石贵闻名。至明清，洮砚不再占据重要地位。

学界对洮砚的研究早有涉及，研究成果集中于讨论洮砚的产地、砚质、制作工艺、样式和传承，如傅秉全《洮河石砚与鼍矶砚》，罗扬《宋代洮河石砚考》，史忠平《卓尼洮砚考略》《古代文人与洮河绿石砚》《洮河绿石古今考述》，杨甜甜《卓尼洮砚研究》等文章。在李守亮《醉里挑灯看砚，梦回吹角连营——绿玉宋洮河二十八方鉴赏》一文中提及洮砚的兴衰与政治有关系，并有"一方洮河砚，半部北宋史"之语，但未展开讨论。[1]综上，本节将从文献入手，探究洮砚在宋代盛兴的深层原因并分析洮砚产地作为多民族文化并存的边陲地区其独特的文化氛围。

一、洮砚产地与宋代洮砚文献

洮砚产于洮岷地区。在《狄道州志》《洮州厅志》中记载狄道州的打壁谷、石井峡产绿石砚；西邻洮水的喇嘛崖产洮河石，由此可见洮河绿石产于洮河的深水之地和地势险峻的悬崖，珍贵稀缺。从现有文献看，洮砚在宋代赞咏品评最多并因珍贵稀缺成为文人间赠物的佳品。宋以后，洮砚沉寂于中国诸多砚石中，鲜有提及。现存的宋代洮砚藏于故宫

---

〔1〕 参见傅秉全：《洮河石砚与鼍矶砚》，《故宫博物院院刊》1980年第1期；罗扬：《宋代洮河石砚考》，《文物》2010年第8期；史忠平：《卓尼洮砚考略》，《中国民族美术》2020年第4期；史忠平：《古代文人与洮河绿石砚》，《兰州文理学院学报》（社会科学版）2018年第2期；史忠平：《洮河绿石古今考述》，《丝绸之路》2017年第18期；杨甜甜：《卓尼洮砚研究》，西北师范大学硕士学位论文，2016年；李守亮：《醉里挑灯看砚，梦回吹角连营——绿玉宋洮河二十八方鉴赏》，《文艺生活》2020年第4期。

博物院、天津博物院和天津市艺术博物馆，如故宫博物院藏洮河石达摩渡海椭圆砚（图3-13-1）、洮河石西园雅集砚（图3-13-2）等。

图3-13-1 洮河石达摩渡海椭圆砚

图3-13-2 洮河石西园雅集砚

关于洮砚的文献最早出现在唐代，数量集中在宋代且以诗文、砚铭为主。唐代书法家柳公权曾论言，蓄砚以青州石末为第一，绛州者次之，后始重端歙临洮。[1]宋代时，因赠砚、藏砚的风尚，洮砚成为文人间交游赠物的佳品。许多诗信和砚铭叙述、品评、赞咏了洮砚，这些材料为探究宋代洮砚盛兴的原因提供了重要的材料。诸多洮砚诗文和砚铭创作于"宋四家"、苏门学士等文人间的交游活动中，如蔡襄（1012—1067）在嘉祐八年（1063）写《洮河石研铭》，记录了他从瑞卿老友处得来一方洮砚：

> 七月二十八日，瑞卿老友以洮河石砚惠予。甚可爱，兼能下墨，隔宿洗之亦不留墨痕。其肌理细腻莹润，不在端溪中洞石下。色微白，有红丝，俗传为红丝研者殆是邪？尝考前人论砚之优劣详矣，不费笔，即退墨，二德难兼。世人每爱鸜鹆眼，第未（知）眼为石病，然有眼亦未始不可，总以活眼为上乘。质之粗者概勿论矣，至于雕文刻理，花藻缤纷，以俗手出之，纵有良材，乃遭其厄，予所弗取。明窗净几，无尘事相接，磨墨伸（纸），随意作大小数十字，此时如无良砚，则兴趣索然矣！予因瑞卿之惠，而书其大略如此。蔡襄书于瑞穀山房。[2]

蔡襄提到了这方洮河砚的色泽和砚质并借此阐述了上乘砚台的品性；苏轼（1037—1101）有三则洮砚砚铭，分别是《蓬莱山图洮砚铭》："缥缈神山栖列仙，幻出一掬生云烟，于以宝

〔1〕 王元林点校：《岭海名胜记增辑点校》卷一四下，西安：三秦出版社，2016年，第322页。

〔2〕 曾枣庄、刘琳主编：《全宋文》卷一〇一八，上海辞书出版社，2006年，第202页。

之万斯年。元丰四年（1081年）春苏轼识"；[1]《王定国砚铭二首》："石出西山之西，北山之北。戎以发剑，予以试墨。剑止一夫敌，墨以万世则。吾以是知天下之才，皆可以纳诸圣贤之域"；[2]《鲁直所惠洮河石砚铭》："洗之砺，发金铁。琢而泓，坚密泽。郡洮岷，至中国。弃矛剑，参笔墨。岁丙寅，斗南北。归予者，黄鲁直"。[3]苏轼写的砚铭说明洮砚出自西北遥远之地的洮滨并完成了从砺石到砚台的转变。黄庭坚（1045—1105）有一篇洮砚砚铭、两篇洮砚的诗文，分别是《晁以道砚铭》："惟矩也有隅，惟深也有潴，策勋于六书。惟重也不反不恻，惟温也文明之泽，君子以媲德。石在临洮，其所从来远矣。毁璞而求之，成圆器者鲜矣。藏器待时，勿亟勿迟。毋抵毋坠，毋盗毋诲"；[4]《刘晦叔许洮河绿石研》："久闻岷石鸭头绿，可磨桂溪龙文刀。莫嫌文吏不知武，要试饱霜秋兔毫"；《以团茶洮州绿石研赠无咎文潜》："张文潜，赠君洮州绿石含风漪，能淬笔锋利如锥。请书元祐开黄极，第入思齐访落诗"。[5]黄庭坚的砚铭与诗文赋予了洮砚丰厚的政治内涵，从洮河绿石兼具励石与砚台的两重功用表达文官也能以笔为剑的政治抱负。黄庭坚将洮砚赠送给晁补之（1053—1110）和张耒（1054—1114）后，两位文人分别作《初与文潜入馆鲁直贻诗并茶砚次韵》和《鲁直惠洮河绿石砚冰壶次韵》回应黄庭坚。从晁补之"洮州石贵双赵璧，汉水鸭头如此色。赠酬不鄙亦及我，刻画无盐誉倾国。"[6]和张耒"洮河之石利剑矛，磨刀日解十二牛。千年边地困沙砾，一日见宾来中州。黄子文章妙天下，独驾八马森幢旒。平生笔墨万金值，奇谋利翰盈箧收。谁持此砚参几案，风澜近乎寒生秋。抱持投我弃不惜，副以请诗帛加璧。明窗试墨吐秀润，端溪歙州无此色！"[7]中可以看到两位文人在答谢之余写出了洮砚贵重的价值和独特的颜色"鸭头绿"。结合上述苏轼、黄庭坚、晁补之和张耒的诗文和砚铭可知洮河石的产地（洮岷边陲之地）和其励石与砚台兼备的功能给北宋的文人士大夫以砚言志的空间，这里的"志"是借用洮砚的产地和功用的转变表达文人士大夫对宋代文、武官员以不同方式建立边功的思考和他们想要用笔墨建立边功的政治抱负。至南宋，洮砚"石贵"的盛名更加强烈，如赵希鹄所言"除端、歙二石外，惟洮河绿石，北方最贵重。绿如蓝，润如玉，发墨不减端溪下岩，然石在临洮大河深水之底，非人力所致，得之为无价之宝。"[8]另外，这一时期的砚石专著中也收录、品鉴了洮砚，米芾《砚史》记载：

---

〔1〕这方洮砚现存故宫博物院，砚铭内容见数字文物库网站：https:// digicol.dpm.org.cn

〔2〕苏轼：《苏东坡全集：苏东坡文集4》卷一九，珠海出版社，1996年，第407页。

〔3〕苏轼：《苏东坡全集：苏东坡文集4》卷一九，第407页。

〔4〕刘琳、李先勇、王蓉贵校点：《黄庭坚全集》，成都：四川大学出版社，2001年，第551页。

〔5〕刘琳、李先勇、王蓉贵校点：《黄庭坚全集》，第91页。

〔6〕晁补之：《鸡肋集》，《四库全书》，上海古籍出版社，1989年，第1118册，第491页。

〔7〕张耒：《柯山集》，《四库全书》，第1115册，第89页。

〔8〕赵希鹄：《洞天清录》，《四库全书》，第871册，第11页。

通远军觅石砚，石理涩可砺刃，绿色如朝衣，深者亦可爱。久则水波间有墨点，土人谓之'湔墨'(湔作溅)。有紫石，甚奇妙，而考者与墨斗，而漫其者渗墨。无光其中者甚佳，在洮河绿石上，自朝庭开熙河始为中国有。赤紫石色玫玉，为砚发墨过于绿者，而不匀净又有墨者，戎人以砺刀，而铁色光肥，亦可做砚而坚不发墨。[1]

从南宋时期的洮砚文献可知文人对洮砚的认知与北宋几乎相同，但这时洮砚仅以贵重闻名，其承载的政治理想和抱负已经淡化。

在藏砚、赠砚和以砚言志的风尚下，北宋文人以洮砚象征边功，以励石和砚石比作武将和文官，通过洮砚抒发建立边功的政治抱负。南宋时，洮砚广泛收录于砚石专著中并以洮河石贵闻名于世，其承载的政治意涵和文人抱负已经淡化。

二、洮砚兴盛的深层原因与洮岷文化氛围

洮河石产于以蕃戎为主的西北边陲之地并以励石为名。在宋代，洮河石一跃成为文人赞咏的绿石砚。洮河石从蕃戎磨刀石到文人器物的转变与宋朝藏砚、赠砚和以砚言志的社会风尚有关，也离不开北宋的治边政策。这说明宋朝治边政策对洮岷地区的本土文化产生了重要影响并形成了独特的文化氛围。

宋时期洮岷是西北边界地区，居冲要之地，"洮地三面临番，松潘连界，接蒙古边境。一墙之外，直通青海黄河。西控诸番，东屏两郡，南俯松叠，北蔽河湟，西南之要害也。"[2]岷州则"面山带河，山川险隘。西亘青海之塞，南临白马之氐，东连熙巩，北并洮叠。内则屏翰蜀门，外则控制边境，为熙河重地。"[3]因其重要的军事地理位置，洮岷在这时为西夏、吐蕃等诸多地方政权争夺，成为多民族杂居之地。宋朝对于洮岷地区的治理自宋神宗起发生了转变，以积极的政治战略收复陇右并展开治理和经营。在宋神宗即位初期即采纳王韶《平戎策》着力收复陇右，在熙宁五年(1072)开始"熙河之役"，收复了熙、河、洮、岷、叠、宕等州；熙宁六年(1073)戊午，岷州首领本令征以其城投降，王韶入岷州；[4]在熙宁七年(1074)三月壬寅，木征、鬼章寇岷州，高遵裕遣包顺等击走之。[5]至此，宋廷入主

[1] 米芾:《砚史》,《丛书集成初编——砚史及其他四种》,上海：商务印书馆，中华民国二十八年十二月初版铅印，第3—4页。

[2] 光绪《洮州厅志》,台北：成文出版社印行，第5页。

[3] 康熙《岷州卫志》,台北：成文出版社印行，第3页。

[4] (元)脱脱等撰:《宋史》卷一五，北京：中华书局，2004年，第284页。

[5] 《宋史》卷一五，第285页。

此地并配套施行一系列举措巩固地方管理。首先是建立国家政权机构，洮岷地区设立了知州。另外，配套开垦营地、招募弓箭手、开展茶马贸易等措施增强军事力量、提高经济发展、加强汉蕃之间的互动。但自唐以来，洮岷是吐蕃人的聚集之地，汉人极少。[1]洮岷的本土文化在收复初期仍以吐蕃民族的文化为主。《宋史·吐蕃传》记载："斯啰地既分，董毡最强，独有河北之地，其国大抵吐蕃遗俗也。"[2]此时，对宋朝而言，只有将中国的诗书礼乐、风俗律法扎根于本土文化才是真正实现了经略洮岷。针对这一目标，王韶的《平戎策》中提到："且唃氏子孙，瞎征差盛，为诸羌所畏，若招谕之，使居武胜或渭源城，使纠合宗党，制其部族，习用汉法，异时族类虽胜……策之上也。"[3]这里的"习用汉法"说明宋朝希望通过让大酋豪"习汉法、渐同汉俗"使其从思想上熟悉并接受汉文化，进一步培养唃厮啰政权首领和民众对汉文化的认同，促进中国传统文化在洮岷地区的发展。宋朝还曾在陇右建文庙和学宫，鼓励吐蕃人学习儒家经典。经过数十年的文化浸染和熏陶，宋朝的治边之策已经取得了成效，洮岷地区的文化也表现出了强烈的汉文化特点。以现存陇右金石碑记中为例，宋朝以前，陇右金石碑记多以佛教题材和墓志为主，如造像碑、佛龛铭和墓志铭等。宋朝中期以后，碑文转向摩崖题记和石刻，最突出的特征是碑文里记述了书法风格和碑文书体。《成州龙池湫潭庙碑》在此碑后，有按："朝请大夫知成州，赐紫金鱼袋昭德晁说之撰并书……晁书师平原法，庄严重厚，可以矜式。"[4]这里评鉴晁说之的书法以颜真卿为师，书风庄严厚重。这类评鉴是中国书画文化的一部分，由此可见陇右之地的汉文化已然成为本土文化的组成部分。这类碑记数量不少，其中也包括那些赞颂洮砚的文人士大夫们，如庆阳县城今存《黄庭坚书云亭晏集诗》，《新通志稿》记载："云亭晏集诗，刻在庆阳县。黄庭坚行书真迹石刻，当在近代，以其为山谷书故录入宋碑"；[5]《米芾书画锦堂记》，《宣统甘肃通志》记载："米芾书画锦堂记在岷州城隍庙，书法既精，原刻亦美。"

---

〔1〕《宋史》卷四九二记载："吐蕃本汉西羌之地，其种落莫知所出。或云南凉秃发利鹿孤之后，其子孙以秃发为国号，语讹故谓之吐蕃。唐贞观后，常来朝贡。至德后，因安、史之乱，遂陷河西、陇右之地。……唐末，瓜、沙之地复为所隔。然而其国亦自衰弱，族种分散，大者数千家，小者数百家，无复统一矣。"第14151页。从下面的史料可以读出河西之地汉人并不多，"河西军即古凉州，东至故原州千五百里，南至雪山、吐谷浑、兰州界三百五十里，西至甘州同城界六百里，北至部落三百里。周回平川两千里。旧领姑臧、神乌、蕃禾、昌松、嘉麟五县，户二万五千六百九十三，口十二万八千一百九十三。今有汉民三百户。"第14155页。

〔2〕《宋史》卷四九二记载吐蕃遗俗为："怀恩惠，重财货，无正朔。市易用五谷、乳香、硇砂、罽毯、马牛以代钱帛。贵虎豹皮，用缘饰衣裘。妇人衣锦，服绯紫青绿。尊释氏。不知医药，疾病召巫觋视之，焚柴声鼓，谓之'逐鬼'。信咒诅，或以决事，讼有疑，使诅之。讼者上辞牍，藉之以帛，事重则以锦。亦有鞭笞杻械诸狱具。人喜啖生物，无蔬茹醯酱，独知用盐为滋味，而嗜酒及茶。居板屋，富姓以毡为幕，多并水为鞦韆戏。贡献谓之'般次'，自言不敢有二则曰'心白向汉'。"《宋史》卷四九二，第14163页。

〔3〕《宋史》卷三二八，第10579页。

〔4〕张维撰：《陇右金石录》卷四，甘肃省文献征集委员会，民国三十二年（1943）铅印本，第70页。

〔5〕《陇右金石录》卷四，第52页。

另外，《陇右金石录》中还收录了地方名族的石碑，从这些碑记可以看出岷州本地有财富、声望的人会鼓励子孙学习汉文化并走入仕途，以《王公仪神道碑》为例：

> 公（王公仪）世为岷州长道白石人，生天圣元年十五日己酉。曾祖珪，祖维嵩，皆以令善称乡里，盖君子之富也。父振，尤能倾资待士，以教诸子。故诸子相继而仕于朝，遂累封官至司空而列三公之贵人，以为能知义方者矣。公即司空公之第六子也，幼而颖秀不为戏弄，长而严整望之峭直。[1]

碑记说明岷州望族王氏积极学习儒家经典并应征入仕。洮岷本地的吐蕃首领和酋豪也是如此并对成为"蕃官""蕃将"发挥着重要作用。北宋司马光曾言："国家承平日久，人不习战，虽屯戍之兵亦临敌难用，惟弓箭手及熟户蕃部皆生长边陲，习山川道路，知西人情伪，材气勇悍，不惧战斗，从来国家赖之以为藩蔽。"[2]基于政治军事的需要，宋朝对这些官员常以朝廷赐姓等方式增强汉化的进程。显然，这些藩部在北宋中期已经实现去蕃俗、从华风。他们的服饰、语言因长期与汉族杂居已经从"贵虎豹皮，用缘饰衣裘，言侏离之音"向"着冠带、通字画、尽识汉仪"转变。从碑记、姓氏、语言、服饰等方面的汉化可以看出，宋朝在洮岷地区的文化政策取得了显著成效，这里表现了汉化的鲜明特征。

宋廷在文化措施方面，不仅将儒家文化融入本土文化，还以积极的态度接纳、推动吐蕃文化中佛教的发展。对于吐蕃人而言，佛教是其本土文化的重要部分。《宋史》记载："凉州郭外数十里，尚有汉民陷没者耕作，余皆吐蕃。其州帅稍失民情，则众皆啸聚。城内有七级木浮屠，其帅急登之，绐其众曰：'尔若迫我，我即自焚于此矣。'众惜浮图，乃盟而舍之。"[3]由此可见佛教在吐蕃部族中的重要地位。自宋神宗经略陇右以来，虽然洮岷地的文化已经浸染汉文化并逐渐占据强势地位，但本土文化中信仰佛教的轴心未曾改变，而宋廷对此了然于心并依其俗而治之"尊释氏而重僧"，积极介入、管理藩部的佛教事务成为北宋朝廷诸多政策中重要的策略。宋朝主要以敕建佛寺、御书赐寺额、厚赐土地和提供装饰佛寺一应所需要材料的方式怀柔本地吐蕃民众。在诸多赏赐中，尤以御书赐额彰显荣宠。可见，宋廷利用佛事御边的政策时间之久、力度之强。在元丰七年广仁禅院落成之时，岷州已经是昌盛繁荣的景象，碑中记载：

---

〔1〕《陇右金石录》卷三，第55页。

〔2〕（宋）李焘撰；上海师范大学古籍所、华东师范大学古籍所点校：《续资治通鉴长编》卷二四〇，北京：中华书局，2004年，第4948—4949页。

〔3〕《宋史》卷四九二，第14152页。

岷州，故和政郡。通吐谷浑青海塞，南直白马氐之地，大山重复以环绕，洮水荡谲于其中，山川之胜，可以言天下之壮伟。前日之颓垣废垒，今雉堞楼橹以卫之；前日之板屋聚落，今栋宇衢巷以列之，又得佛宫塔庙以壮其城邑，凡言阜人物，变风俗者，信无以过此也。[1]

从“颓垣废垒”至“雉堞楼橹”，从“板屋聚落”至“栋宇衢巷”，这些转变说明岷州自北宋御边以来经济的发展和汉式建筑的介入。另外，从广仁禅院的修建过程也可见这一时期汉蕃已然和平杂居于此并渐入同一文化氛围中，仍旧是碑中记载：

王师既开西疆，郡县皆复，名山大川，悉在封内。惟是人物之未阜，思所以繁庶之理；风俗之未复，求所以变革之道。诗书礼乐之外，盖有佛事之道大焉，乃敕数州皆建佛寺，岷州之寺曰广仁禅院。于是，守臣为之力，哲僧为之干，酋豪为之助，虽经历累岁而数百区之盛若一旦而就。[2]

这里的守臣是碑记中的“张侯”张若纳，哲僧的代表是“其道信于一方、远近归慕者众”的蕃僧海渊，酋豪是被赐予汉姓的赵醇忠、包顺和包诚。三者的合作最终建成了“荆榛剃而宫殿巍然，门扉辟而金人唤然，次则范钟以鼓其时，藏经以尊其道，徒有常居，客有攸舌，储峙有廪，涓洁有庖；最其凡四百六十区”的宏伟大佛寺。这时，既是洮岷汉藏多民族政治和平、经济与文化发展的时期，也是洮砚的诗文、砚铭大量集中出现于北宋文人士大夫的时期，可见洮砚在北宋文人间的流动离不开这一时期洮岷地区与宋朝的积极互动。

洮砚在北宋的盛名离不开文人士大夫的推崇和赞颂。虽然洮岷位于“梯航难及之乡”，但因重要的政治、军事作用这处西北边地始终活跃于宋廷文人士大夫的视野里，是宋廷朝堂上群臣讨论的重点对象。从赠黄庭坚洮砚的边臣刘晦叔到北宋大文豪苏轼均参与了相关的政治决策，如“边臣老将”刘晦叔讨论了唃厮啰董毡之子阿里骨（1040—1096）的继任问题：

刘晦叔昱言：阿里骨本不当立，因私其国母而得立。大臣温锡沁常不协，密遣心腹诣王文郁乞内附。文郁请于朝。神宗曰：“此欲我为渠援尔，但善加抚慰而已，亦

〔1〕《陇右金石录》卷三，第38页。
〔2〕《陇右金石录》卷三，第38页。

以夷狄攻夷之道也。”边臣、老将叹服睿算，于是终元丰置而不论。[1]

在文中刘晦叔向宋神宗说明了唃厮啰内部的情况，由此可见其对唃厮啰政权的深入了解。另外苏轼作为朝堂之上的文人士大夫也参与了讨论，从苏轼的《乞约鬼章讨阿里骨札子》《因擒鬼章论羌夏人事宜札子》《生擒西蕃鬼章奏告永裕陵祝女》等文献中可以看到他积极讨论洮岷地方政权的相关事宜。此外，陇右与宋朝之间的茶马贸易等积极互动也为洮砚的流通提供了渠道。由于汉藏双方的需要，“茶马互市”成为汉藏独特的经济交流方式。《宋史・吐蕃传》记载：“人喜啖生物，无蔬茹醯酱，独知用盐为滋味，而嗜酒及茶。”[2]处于西北边陲的吐蕃部族对茶的需求非常大，但因茶叶产于内地，他们只能依赖于同汉地的交换。同样，对于宋廷来说，由于和西夏及其他民族间的战争，使得宋朝马匹紧缺。洮岷处于游牧一带，其环境适合养马并且蕃部人民擅长养马。因此宋神宗在熙宁年间收复河湟后，在熙、河、岷、通远军和永宁寨设置了买马场。自此，宋朝廷基本控制了吐蕃对宋朝的马匹交易。尤其是洮岷地区，代替之前的秦州买马场，成为向宋朝内地输送马匹的重要地区，形成专仰市于熙河、秦凤的买马现象。汉藏的“茶马互市”作为官方商贸的一种重要形式，在促进汉藏之间的经济交流上发挥着极其重要的作用。在上述的政治、经济和宗教环境中，洮砚成为一种珍贵的商品流入宋廷是一件自然的事情。在宋朝，由于洮砚的产地和功能转变的特性被以砚言志的文人赋予了政治志向和抱负。种种因素使得洮砚在北宋成为北宋文人竞相赞咏的砚台并名盛一时。

洮砚在北宋神宗“开边”以后进入中国并被文人士大夫推崇、赞咏，一跃成为名贵之砚。宋朝砚台的种类数不胜数且有许多类同的砚石，而洮砚在诸多砚石中赢得宋廷文人士大夫的青睐绝非易事。究其原因，这与洮砚产于宋朝的边陲之地和宋廷经略此地实行的政治、经济、文化策略有深层的关系，尤其是《岷州广仁禅院碑记》中记载“恭惟圣主之服远也，不以羁縻恍忽之道待其人，必全以中国之法教驭之”有直接关系。在这样的政策下，洮岷地方文化实际上逐步浸染于中国传统文化中，同时这里的本土文化是民众思想的轴心。这就使得由宋廷主导的汉文化与西北多民族杂居的边界地区的本土文化有相遇、对抗并逐渐融洽的过程，最终形成了洮岷独特的文化氛围。正是在汉藏多民族文化交融共存的氛围下，洮河石由磨刀励石转变为宋朝文人歌咏的洮河绿石砚。

---

〔1〕《长编》卷三四六，第8307页。

〔2〕《宋史》卷四九二，第14163页。另外，《宋史》卷一九〇中记载：七年三月，诏：“熙、河、鄯、湟自开拓以来，疆土虽广而地利悉归属羌，官兵利禄仰给县官，不可为后计。仰本路帅臣相度，以钱粮茶彩或以羌人所嗜之物，与之贸易田土。田土既多，即招置弓箭手，入耕出战，以固边圉。”《宋史》卷一九〇，第4723页。

三、从“四大名砚”看宋代边地独特地域文化

广州端州的端砚、安徽歙州的歙砚、山西绛州的澄泥砚和甘肃洮岷的洮砚被列为“四大名砚”。从地图看，四大名砚的产地位于北宋版图的四个方向且几近边界地区，其中边患问题突出的甘肃洮砚和绛州澄泥砚情况最典型。

以绛州澄泥砚为例。唐代，澄泥砚的制作工艺已经成熟，至宋代制砚技术更进一步且出现了大量的制砚产地。在诸多产地中，山西汾河沿岸的绛州澄泥砚最有名。山西绛州的澄泥砚何以盛名远播，这与其重要的政治地理位置有关系。山西在宋代与辽接壤，是宋辽军事角力的北部边界地区。907年契丹族耶律阿保机建立了辽国割据政权，并在1044年将云州（现今山西大同市）升为西京成为辽五京之一，成为辽国西南地区重要的政治、经济和文化中心。由此可见，山西在宋朝和辽国军事角力中的重要政治军事地位。基于这个背景，山西澄泥砚的盛名与甘肃洮砚一样均表现了边界地区的中原文化在多民族文化的角力中占据主导地位的特征。实际上也确实如此。在诸多澄泥砚中西京澄泥砚的生产量最多、流传范围最广，如云冈石窟第4、5窟之间的“龙王庙沟”辽金遗址中出土了2方澄泥砚，其中一方就有“西京仁和坊”的题记。辽的统治者为了加强统治，强调学习汉文化的重要性，便在西京设立了国子监、西京学、州学、县学等地方教育机构。砚台作为文房必备器物，需求量极大，甚至出现专业的商业作坊“西京仁和坊”，由此可见山西澄泥砚的产量之大、传播之广。这也反映了该地区儒家文化繁荣和教育事业的发展。回到同处边界地区的洮砚，虽然这里佛教文化盛兴，但北宋为了更好的管理此地也大力兴办了学校，播散中原文化的诗书礼乐，如熙宁五年（1082），宋廷开始在熙河官办蕃学，招收吐蕃贵族入校学习。这一时期熙、河、洮州等地皆新立蕃学。官方的儒家教育也在洮岷地区产生并发展，而儒学教育必然带来中国传统文化在此地的发展。砚台作为中国书画的工具自然成为本土汉蕃民众的必备器物。在洮岷当地民众与宋朝文人共同的推动下，洮砚同山西澄泥砚一样成为名砚，为世人所知。

综上，边界地带的砚石在宋代的盛兴与这一时期严峻的边界政治军事危机密不可分。边地是地方割据政权与中国军事角力的重要地带，在政治因素下地区的文化必定处于多民族文化并存、交融的氛围中，北宋时洮岷地区的文化氛围正是如此。洮岷地区随着宋廷收复陇右的政治活动，其地方文化的塑造也成为宋廷的施力点。自王韶收复洮岷以来，北宋采取建学校、鼓励酋豪贵族学汉字、赏赐汉姓和敕建寺院等一系列文化措施将中国的传统文化播撒、发展、扎根于洮岷地方文化中，实现“中国法教驭之”的政治目标。另外，

由于宋代严峻的边界忧患，尤其在与辽和西夏的军事角力中，民族文化的输出是战争的重要部分。因此，砚石作为地方特产和汉文化的典型器物在多民族文化互动的进程中承载了作为文具以外的政治意涵并为人青睐、重视。边界方物砚石的兴起是汉文化传播现象的具体例子，反映了这一时期汉藏多民族文化的互动交流，体现了在多民族文化共存、碰撞情况下汉文化反而会更加强烈地被表现的特点。四大名砚在宋时期边缘民族地区的兴起，反映了大一统文化趋势下多民族文化对中原文化的向往与认同，更是中国多元文化向一体转化的缩影。

第十四节　11—13世纪佛经经书封盖的变化与佛教文化的中兴

木雕梵箧装藏文经书封盖是藏传佛教艺术中一个独特的门类，以往西藏艺术史家对这种艺术形式的起源及其风格都关注较少，除了个别的短论外，至今没有人对这种艺术样式进行系统的研究。然而，木雕封盖在藏传佛教艺术，特别是11至13世纪的卫藏和藏区西部具有早期东印度波罗风格的艺术中占有突出的地位，其相对稳定的艺术风格一直延续到近代，是可以说是藏传木雕艺术中最杰出的作品。

从敦煌发现的古藏文写卷来看，在雕版印刷术发明之前或发明之初的写经时代，汉藏文佛经的装裱样式大体相同，几乎都是手写的横幅长卷，直接卷起或卷中施以木轴使之卷起。随着印度佛教经典的传入，尤其是贝叶经的传入，印度贝叶经的装潢样式梵箧装逐渐取代了早期的写经卷轴，成了藏文佛教书籍的主要装潢样式，乃至于由内地传入的雕版印刷术在藏区普及之后，藏文佛经或其他书籍仍然保留了这种梵箧装样式，并因此对汉地雕版印刷方式作了相应的改动，其装订格式与汉地佛经的格式大不相同，汉地佛经的装订样式与普通汉文书籍的装潢样式相同，多为蝴蝶装。值得注意的是，元明之际藏人创造的这种雕版样式逆向影响了汉地雕版印刷术，即使在内地雕版印刷的《藏文大藏经》，仍然采用了梵箧装样式。

所谓“梵箧”，“梵”指佛教经书，即多罗叶、或称贝叶，印度人书写梵文佛教经文于其上，称为贝叶经，由于干透的树叶质地较脆，不能像纸张一样折叠或卷起，所以将叠在一起的贝叶经两边用木版夹紧并以绳捆扎，其状恰如入于箱中，故云“梵箧”。“梵箧”也作“梵夹”，或作“经夹”，有时直指佛经本身，如《资治通鉴》：“唐懿宗于禁中自唱经，手录梵夹。”[1]

早期中亚佛经写卷封盖上下打有孔洞，用来穿过绳索，贝叶经经面中央两侧分割画面的竖框部位也有钻成的穿绳的洞孔，装潢考究的贝叶经封盖穿绳的部位再用活动的莲花

---

〔1〕《资治通鉴》卷二五〇《唐纪》句下有注曰“梵夹者，贝叶经也。以板夹之，谓之梵夹。”

木塞将绳孔遮住。[1]以往研究者对藏文经典（主要是宁玛派经文）叶面两边各有两个并排的红色圆圈图案和横线表示不解，认为这是藏传佛教仪轨的要求，实际上它是早期贝叶经曾经穿孔的证据。

封盖由上下两块木板组成，13世纪以前的封盖尺寸略小，此后的封盖尺寸较大。上下封盖的内面平滑光洁，通常施以彩绘，外面边缘逐渐收分，一般在封盖上板有浮雕装饰，其图案分为以下三个主要部分，中央为封盖木雕的中心画面，多为深度镂空的浮雕佛或菩萨像，常见的是五方佛、11至12世纪前后的作品更多的是以般若佛母为主尊的三菩萨像，根据表现主尊的数量，中心部分相应地划分为五等份或三等份，每个部分之间用宽叶卷草纹或云纹连接；环绕中心画面无一例外的是连珠纹边框，这是封盖装饰受到中亚影响的证据之一。连珠纹边框外是一道或双道较宽的莲瓣纹或火焰纹装饰，封盖外边缘有框。

由于般若类佛经的流行以及11世纪前后的贝叶经大都是般若经的缘故，早期封盖木雕中最为多见的菩萨造像是般若佛母（图3-14-1），这些11至13世纪前后的般若佛母造像为我们了解这一图像的发展演变提供了图像依据。最为多见的般若佛母造像中佛母呈跏趺坐相，一面四臂，上侧右手持金刚杵，臂上举与肩平，主臂当胸，作说法手印；上侧左手执梵箧经书，臂上举与肩平，左主臂右手做禅定印。封盖中的般若佛母大部分是如此造像样式，这些图像因与同期或后期的般若佛母图像不同，以至于被人们误认为是四臂观音。观察西夏时期的藏传般若佛母像，如刻于1167年（天盛十九年）的般若佛母，皆一面二臂而非四臂，佛母双手作说法印，以两支长茎莲花托起梵箧经书于双肩侧，这一造像样式同样见于杭州飞来峰藏传佛教造像，其中的般若佛母同样是一面二臂，经书以莲花托举。与藏传佛教后期般若佛母造像相比，后期佛母虽为一面四臂，但上方右手持金刚杵，主臂右手当胸托举梵箧经书，主臂左手与右手呼应作说法印并护持经书，上方左臂由上往下扶于左胯之处。值得注意的是，般若佛母像经常作为与度母、静相金刚手合为三尊，或与四臂观音、不动佛（释迦牟尼佛、无量寿佛）合为三尊的组像中的主尊出现。此种构图时，般若佛母的背龛与其他二龛的大小相同，并无主次之分，两侧的佛菩萨象征对般若智慧的护持，否则无法解释为何将释迦牟尼佛置于从属位置。但早期封盖有时仍将释迦牟尼置于主尊地位。典型的般若佛母为一面四臂，波罗风格三叶头冠，双耳大铛，主臂右手作说法印，左手作禅定印；次两手右手执金刚，左手托举梵箧经书，迦楼罗大背龛，主尊右侧为四臂观音，左侧为度母。

---

〔1〕贝叶经的实例参看朝华出版社出版《中国西藏历史文物——宝藏》第一卷图版七三《八千颂》贝叶经，如此完整的贝叶经在印度现已无缘见到，但该作品的年代比人们想象得要晚一些，大约是在11世纪，而不是吐蕃时期的7至9世纪，其风格为典型的东印度波罗样式。

图3-14-1　梵文八千颂贝叶

菩萨装金刚持佛也是梵箧经书封盖经常表现的题材。例如一件创作于13世纪前后的封盖，画面中央是交叉双臂持金刚杵的跏趺座金刚持，头顶为迦楼罗，整个封盖为深浮雕的岩龛，龛内人物为八十四大成就者。

金刚座降魔印释迦牟尼佛也是早期梵箧装封盖着意表现的题材。封盖将作此手印的释迦牟尼佛与释迦牟尼本生故事结合在一起，刻画了自树下诞生、九龙灌浴至双林入灭的几个典型场景，雕刻技艺娴熟圆润，达到了很高的艺术成就。

经书封盖雕刻的题材其他尚有三世佛像、无量寿佛、胜乐金刚与金刚亥母双身像等等。

藏文梵箧经书封盖中有一种最为常见的装饰图样就是葡萄藤状的卷草纹或涡轮状卷云纹，这种纹饰一直贯穿了整个梵箧经书封盖装饰的历史，纹饰从画面中心位置的主题逐渐演变为边缘装饰，或画面人物之间的分割线。藤蔓以封盖中央为起点向两边对称扩展，藤蔓叶片和卷须仍然保留了浓郁的植物特性。奥地利维也纳大学艺术史系教授金伯格认为，这种旋涡藤蔓具有犍陀罗艺术中的植物图案风格，现在见到的最早例证是公元7世纪前后中亚吉尔吉特的梵箧贝叶经书木制封盖，其风格已经具有了中亚的地域

特征。[1]西藏地区所见一封盖,其上所雕为三佛,佛像之间的分割框为典型的具有中亚风格的云状涡轮藤蔓,与之呼应的是画面三佛皆着褒衣博带袈裟,其样式与11世纪前后卫藏艾旺寺、聂萨寺雕塑的袈裟样式完全相同,整个封盖风格简朴。[2]有些早期封盖画面只有由中心向两边对称展开的涡轮状藤蔓,以连珠纹边框约束,边缘有火焰卷边。或者将佛像置于云纹或卷草纹的背景之中,为了避免画面的单调,艺术家将须弥座下由座柱卷曲的狮子刻画成即将腾空而起的幼狮,使刻板的画面充满生机,雕刻手法极为高超。[3]即使在13世纪初叶,也能看到这种构图样式,例如此期一件木雕封盖,虽然降魔印释迦牟尼佛及其迦楼罗狮羊大背龛占据了封盖的中心位置,但由佛龛两侧逸出的硕大卷草纹将主尊人物掩隐其中。

封盖植物藤蔓逐渐完全演化为藏传佛教艺术中极为常见的卷草纹装饰图案。我们在藏传绘画主尊背龛后方几乎都能看到墨绿色或釉蓝色的卷草纹图案,河西走廊马蹄寺石窟、北京居庸关过街塔石雕都有卷草纹图案,经书封盖广泛出现的植物藤蔓样式为考察藏传艺术中卷草纹的渊源提供了丰富的实物资料。

藏文梵箧装封盖完全形成于12世纪,而且这种书籍封装样式显然是一种外来样式,由于封盖体积较小,便于携带,并且能够随着佛经的流传而传播,信众将封盖表现的内容作为佛经内容的组成部分而加以尊崇,所以封盖的佛教图像更加保留了其最初的形态。现存11至12世纪的藏文经书封盖,其艺术风格基本上都是源自东印度波罗风格,特别是印度比哈尔的风格。与同时期的西藏绘画、雕塑作品相比,这些封盖图像似乎很少受到西藏本地风格和当时藏传作品中包括汉地在内的域外风格的影响。所以,藏文梵箧装封盖图像作为东印度波罗艺术的原型来看待是没有问题的。我们可以在早期作品中看到11世纪具有糅合中亚风格的迦楼罗大背龛、背龛立柱两侧的狮羊灵兽,典型的东印度风格的菩萨造型和头冠样式,植物藤蔓构成的画面分割框,其中一些内容我们在大昭寺和古格寺院遗存的早期木雕作品中可以找到相似的例证。

藏文书籍封盖中真正个性风格的出现、汉藏艺术风格的融合是在藏文大藏经编集传抄流布、汉地雕版印刷术传入西藏以后,即在元明之际那塘版《甘珠尔》和《丹珠尔》编定以后。此后,蔡巴贡噶多吉在14世纪中叶延请布顿大师编定《蔡巴甘珠尔》,1410年刊定永乐版大藏经,这些刻经活动直接促进了经版封盖装饰艺术的兴盛。此时的经书封盖为适应大规模的刻经活动,其风格有了很大的变化,与早期封盖相比规格更为扩大,雕饰更趋于繁杂,在艺术风格上已经接受了尼泊尔纽瓦尔艺术和汉地艺术的影响,甚至构图也发

〔1〕 金伯格·色尔达著,谢继胜译:《藏文书籍封面装饰起源的几点注释》,刊《国外藏学研究译文集》第十四辑,西藏人民出版社,1998年,第400—410页。

〔2〕 图版参看西藏文联编《西藏艺术——雕刻卷》图版九三,上海人民出版社,1991年。

〔3〕 图版参看西藏文联编《西藏艺术——雕刻卷》图版八九,上海人民出版社,1991年。

生了变化。13世纪以前的五方佛、三世佛或三佛菩萨多是均匀分割画面，每个神灵所占的空间均等，但在13世纪以后，中央佛像及其佛龛占据了画面的主要位置，其余的佛像则相对较小。如萨迦寺所藏《般若波罗蜜多经》封盖"五方佛"为13世纪后半叶的作品，中央佛龛占据了画面的主要位置。[1]13世纪以后的封盖佛菩萨雕塑，人物造型中同样出现了与此期绘画风格相同的特征：脖颈稍短，胸臂健硕，体量加大而略显臃肿。

元明之际的汉地艺术对藏传佛教的雕塑、绘画等艺术样式产生了巨大的影响，然而，对于封盖表面的浮雕艺术图像来说，作为经书的封盖或许因其神圣性保持了这些造像的相对稳定，所以，即使是后期作品，就是在内地雕刻的大藏经封盖，汉地风格对木雕部分的影响也并不明显，这些影响主要体现在封盖背面的彩绘图像和装潢样式。例如，后期封盖的长宽之比与早期作品相比，宽度显著加大（图3-14-2）。

梵箧装藏文书籍封盖雕刻补充了藏传佛教艺术早期作品实例缺乏的不足，代表了藏传木雕艺术的非凡成就；与绘画，雕塑等艺术形式不同，它集中地、完整地反映了早期糅合了中亚母题的波罗艺术，是我国艺术宝库中的重要财富。

图3-14-2　明宫廷《吉祥经》

[1] 参看朝华出版社出版《中国西藏历史文物——宝藏》第三卷图版三四《般若波罗蜜多经》封盖。

第十五节　从宁夏须弥山景云寺至圆光寺时期住持僧的变化看西北地区多民族宗教的交融

须弥山石窟位于宁夏回族自治区固原市[1]城西北55公里的六盘山支脉、古石门关遗址。[2]在南北长1800米、东西宽700米的几处沙岩山坡上开窟，现存132窟，始凿于北魏，盛于北周、隋、唐，保存较好的洞窟有20余个。[3]第45—49窟等5个窟分2层开在一直立壁面上，前方有寺院，名为圆光寺。在第72窟东壁南端有金大定二十一年刻画题记，在第5窟大佛像及第45窟至第49窟窟前圆光寺看到数通石碑，内容都与“番僧”有关。

关于须弥山圆光寺及其番僧的历史，除了零星介绍外，目前还没有学者加以关注。该寺明正统以前称为景云寺，人们猜测景云寺最初应建于唐睿宗景云年间（710—711），寺名取年号景云之意，但除了圆光寺明成化十二年的碑文，没有其他早期文献的证据。[4]现存的史料除了大定题记、碑文之外，尚有明清的方志，如《嘉靖固原州志》云：“须弥山，在州北九十里。上有古寺，松柏桃李郁然，即古石门关遗址。”《万历固原州志》云：“须弥山，在州北九十里。上有古寺，松柏桃李郁然，即古石门关遗址。元封圆光寺。”[5]嘉靖年间固原兵备副使郭凤翱撰有《登须弥山阁》：“春暮登临兴，寻幽到上方。云梯出树梢，石阁倚空苍。烽火连沙漠，河流望渺茫。冯栏思颇牧，百代将名扬。”[6]乾隆六年刻印《甘肃通志》第四册卷五记：“须弥山，在州北九十里，上有古石门关遗址，又为逢义山。后汉建

---

〔1〕固原西汉时置安定郡，治高平。北魏改原州，治高平；西魏改高平为平高；北周于原州设置总管府。须弥山一带称石门。唐广德年间陷吐蕃，但吐蕃弃之不居，大中三年（849）归唐，陷蕃80余年。

〔2〕原州界有石门、驿藏、制胜、石峡、木靖、木峡、六盘等七关。《资治通鉴》卷二四八页三三：“（大中三年）吐蕃秦、原、安乐三州及石门等七关来降。”

〔3〕关于须弥山石窟，参看宁夏回族自治区文物管理委员会，中央美术学院美术史系编：《须弥山石窟》，北京：文物出版社，1988年。

〔4〕《宁夏通史》古代卷，银川：宁夏人民出版社，1993年，第121页。

〔5〕《嘉靖、万历固原州志》，银川：宁夏人民出版社，1985年，第11—12页。此处“元封圆光寺”当误。

〔6〕《嘉靖、万历固原州志》，第86页。

义初（528），段频计先零叛羌自彭阳直指高平，战于逢义山，大破之。”[1]可见须弥山原名逢义山，为古战场，石窟乃至寺院的建立与战前的宗教仪式有关，洞窟题记及碑文都证明了这一事实。[2]卷十二记圆光寺云：“在固原州西一百里，明正统年建。”宣统元年《固原州志》录固原八景之一的“须弥松涛”云：“须弥山，古石门关也，距城北九十里。元时敕建圆光寺，梵宇丛聚。今虽多圮，而重垣峭壁，静可参禅。山坐迥抱势，崖有释迦像二，一坐一立，依石雕凿，生面别开，望之宛然至，其松柏葱蔚，根枝磐石如龙蛇状，风声谡谡，四时清幽。春日野桃花发，掩映其间，亦足点缀边关景物也。”[3]以下就题记与碑文进行考订，探讨圆光寺及其相关寺院与番僧的历史，从中恰好可以梳理7至13、14世纪西北地区民族与宗教的变化，进而分析宗教的交融与多民族文明史形成的历程。

一、须弥山第72窟东壁南端金大定题记及考释

该题记释文如下：

……景云寺……，听……，法泉禅寺……持……圣□景云寺，□聚兵□，祈□之……及……各一名送名蕃地，众所推伏之人，住持仂支拔所□□，……售有人住佃随人地据□一支，度牒一百道，修完后批示，大□□年十月七日，礼部本路经略司管公，修完其度牒，疾速仰给付赴本司交割。敕合准，准敕给降空名度牒一百道，本部已出给……，其□去须至府下，泾源路安抚司主者洹舍一依都省礼□□□□□符到奉行右劄付平夏城仰详前项，尚书礼部苻内所坐都□□□□□处者右怗，景云寺蕃僧设令抹，仰详前项上须札一内所坐都□，□观元年十一月十七日，怗须至给据者右令别行，出给公据，付景云寺蕃僧党征结，准此收执洹使施行。大定四年四月十七日。赐紫顺化大师党征芭、山主党征结、赐紫净严大师设令抹、山主党征温、赐紫密印大师撤底、监寺党征木、赐紫慈觉大师党征清、讲经律论戒师党征（继？）。

岁次辛丑大定廿一年七月二十九日南佃上石记。[4]

[1]《后汉书》卷九：“……段颎大破先零羌于逢义山。”《资治通鉴》卷五六：“颎于是将兵万余人，赍十五日粮，从彭阳直指高平，与先零诸种战于逢义山。”《后汉书·皇甫张段列传》：“建宁元年春，颎将兵万余人，赍十五日粮，从彭阳直指高平，与先零诸种战于逢义山。”可见《甘肃通志》所记有误，所谓“建义初”，当为“建宁元年”（168）。“段频”当为“段颎”。羌汉朝时有先零、广汉等十几个部落，散居于今四川北部、甘肃西部及青海一带。

[2] 如大定题记“……圣□景云寺，□聚兵□，祈□之及……”成化碑文：“兹寺古常以为聚兵祈祷之地。”

[3] 台湾学生书局1968年版《固原州志》卷一，新修方志丛刊第57种。其中所指佛像当为第2窟和第5窟。

[4] 宁夏回族自治区文物管理委员会、北京大学考古系：《须弥山石窟内容总录》，北京：文物出版社，1997年，第120页。

法泉禅寺与景云寺、圆光寺

这里出现的法泉禅寺，实际上是指位于须弥山石窟西北，今甘肃长征、屈吴山打腊池一带、北宋所建怀戎堡东南的法泉禅寺，今在甘肃靖远县城东，称法泉寺或法泉禅寺。《嘉靖固原州志》所录《打剌赤碑记》云："崇宁元年（1102）壬午岁，承朝旨筑打绳川。熙河（洮州与河州）帅姚雄驻兵会州，应钱粮运使吴安，宪统制官熙河郭祖德，刘戒，泾原乔松，秦凤刘德，西筑水泉、正川二堡通古会州。三月初，皆毕功。行打绳川，赐名怀戎堡，隶会州熙河第八将。后三年乙酉岁正月，割隶泾原改第十五将，将官张普，通领人马东筑通怀堡，接泾原定戎，开护道壕。当年八月，却隶熙河，复第八将。怀戎东南曰屈吴山、大神山、小神山，皆林木森茂，峰峦耸秀，山间泉流数派（脉），以法泉禅寺为额，给田五十顷，岁赐拨放柴衣。西南白草原，通会州，北有宝积山，产石炭，甘铁。东北去西寿监军一百五十里。北去马练城八十里。"[1]

清康熙四十八年纂《靖远志》卷五录"修红山法泉寺碑记"及张维《陇右金石录》卷六载"建修法泉寺碑"保留了有关法泉寺和景云寺的重要史料：

> 靖远卫去城东半舍许，有山曰红山，山之隅有寺曰法泉，创自前代，莫考其详，但据开城景云寺碑云：宋崇宁五年，尝钦赐度牒五百纸至会州大红山岔法泉禅寺，遣僧党真巴，赴西安隶下景云而给之。则知法泉为上院而景云为下院也。我大明开国，兵火之余，殿廊颓圮，佛像剥落，基址蓬蒿，石殿瑶室俱为土人畜牧之篱。惟石佛十余座，洞中风雨所不及而金碧犹有存者。正统己未（1439），僧桑迦班丹，其性慈而纯，其质沈而静，为京师大慈法王徒，西游至法泉，观其山幽而林茂，石冽而泉清，诚修行之善地，证道之胜境也。乃为鸠材庀工，撤其卑陋，廓其故址，始创大佛殿，次葺天王殿、迦蓝殿、观音堂以至山门、僧舍、栋楹、榱桷，一皆美材而有坚以砖石，涂以丹雘，可以耸人观瞻。于是守备靖远都指挥房贵、本卫指挥常敬、陈尊、朱能、路贵、葛全、冯彧、吴荣、裴建、连荣、张正倡率僚属及乡人之好善者，亦皆乐为之助。由是壮丽益增，远近称为雄刹。成化丁酉（1477），都督白公玘经其寺，因询倡建之由，记载载莫稽。乃命掌卫事指挥路昭具其寺之始末，索余为记，镌于石以垂不朽。夫西竺之教，虽与吾儒异，然其导人为善之心则一也。住持桑迦班丹，守大慈法王戒，恒以与人为善之心自许，是以举百余年之废而重新之，然后栖止有地，瞻拜有像，趋善之心油然而生矣。继而元戎白公命余记书以昭将来，可谓好善者。余因以是复之，不知观者以余言为是否？

[1]《嘉靖、万历固原州志》，第78—79页。

康熙四十八年《靖远卫志》卷二·寺观条记法泉禅寺云：

红山法泉寺，在城东十五里，宋崇宁钦赐度牒五百纸至会州大红岔法泉禅寺，谴僧党真巴给下隶景云寺。金元为兴教寺，明正统建卫于此，景泰间指挥房贵创建大佛殿。成化丁酉，固原兵备杨冕撰记，儒学训导徐寿亦撰有记。宏治初也，释迦班丹以桑迦班丹徒领海音寺都纲事还乡呈□，本寺藏卜札实礼部给札住持。嘉靖壬子，僧圆明葺修废圮，郡人刘玺撰记。万历十年，固原北寺僧宽玉游此，喜其境幽地寂，可修戒定，同徒祖通凿石穿洞为僧院，倚崖建阁，安置经藏，佛像庄严。左有悬崖，泉水清冽成池，可供灌注，迥成佳景。有碑记存焉。

方志与碑文提及的景云寺碑，现已不存，本节所录圆光寺碑文一碑阴有“得本寺原有石碑系崇宁三十五年九月二十四日，敕赐名为景云寺……倒塌，见存基址，石佛身长八丈有余……”的句子。证之法泉寺明碑，可知“崇宁三十五年”系“崇宁五年”之误（徽宗崇宁年号共五年）。此外，须弥山第51窟有在北耳室南壁门上小龛东侧有“记题耳……崇宁癸未□春十……”，崇宁癸未即崇宁二年（1103），可见是在姚雄收复陇干，宋控制了须弥山地区以后，开始修葺破败的石窟与寺院，徽宗于崇宁五年赐名景云寺，[1]所以，景云寺一名或许始于宋。景云寺碑所记内容为在宋崇宁五年朝廷钦赐度牒五百纸给会州大红山岔法泉禅寺，并派遣番僧党真巴赴西安属下（北宋时西安州，位于会州东，今宁夏海原、西吉境，北宋时须弥山正属西安州）的景云寺交付度牒。碑文由此判定两寺同属一个大寺，其中法泉为上院而景云为下院。这与须弥山第72窟金大定题记所记度牒事吻合。题记中的“大□□年十月七日”与“□观元年十一月十七日”当为“大观元年十月七日”与“大观元年十一月十七日”。因崇宁五年为1106年，大观元年为1107年！但钦赐度牒是五百纸，实际上给景云寺的只有“一百道”。洞窟题记中的第一人是交付景云寺度牒的“赐紫顺化大师党征芭”，即法泉禅寺明碑中的“党真巴”，第二位是领取度牒并付收据的“山主党征结”。需要注意的是，众高僧签名落款前的“大定四年四月十七日”，景云寺请度牒事发生在宋崇宁五年至大观元年，为何落款在大定四年？大观元年至大定四年，即1107年至1164年，相隔57年，当时送达度牒或领取度牒的党征芭和党征结，假如当时20岁，大定四年皆已77高龄。题记末的“岁次辛丑大定卄一年七月二十九日南佃上石记”当为金大定时期（1181）的人在追记前代发生的事，“南佃上石记”几乎在说明是碑文的

〔1〕宋在绍圣、元符间收复天都地区以后多有建树，设置城堡、驿站，修复寺院，例如，在靖远县打腊池西有崇宁寺，即为崇宁年建。

内容而不是人名。

度牒是僧尼出家由官府发给的凭证。有牒的免征地税、徭役。唐宋僧尼簿籍，归祠部掌管，由祠部发放度牒。官府可出售度牒，以充军政费用。金代售卖度牒风气极为盛行，《金史》卷五〇云：“（大定元年）五月，上谓宰臣曰：‘顷以边事未定，财用阙乏，自东、南两京外，命民进纳补官，及卖僧、道、尼冠度牒，紫、褐衣师号，寺观名额。今边鄙已宁，其悉罢之。庆寿寺、天长观岁给度牒，每道折钱二十万以赐之。”至承安二年，又“卖度牒、师号、寺观额”。[1]以往，学者认为第72窟金代题记所述为金代修窟事。[2]根据以上对题记和相关碑文的分析，虽然金代出售度牒风气极为兴盛，但72窟所述乃宋崇宁年间度牒事而非金事。明显的例证之一是题记中的“泾源路安抚司”，为北宋建制，统辖渭州、泾州、原州、西安州、会州、德顺军、镇戎军和怀德军，而金代固原及须弥山一带属于凤翔路，“泾源路安抚司”无从说起。

大定题记中提及的平夏城与“平夏”是两个概念。“平夏”得名于南北朝时赫连勃勃所建夏国。[3]《资治通鉴·唐纪》卷二四九注引赵珣《聚米图经》云：“党项部落在银、夏以北，居川泽者，谓之平夏党项；在安、盐以南，谓之南山党项。”这些党项在唐末开始活跃。《万历固原州志》“官师志”云：“吐敦诸部落在平夏”，可见“平夏”为党项部落名。“平夏城”乃宋代所建新城，位于今宁夏同心县以南，北宋怀德军驻地，南距须弥山八十余里。宋绍圣四年（1097），“宋知渭州章楶筑城于好水河之阴，出兵争之，败绩。城成，名平夏。”“楶上言，城葫芦河川，据形胜以逼夏。宋帝许之。乃以三月及熙河、秦凤、环庆四路之师，阳缮理他堡壁数十所，自示其怯，或以楶怯，请曰：‘此夏人必争之地，夏方营石门峡，去我三十里能夺而有之乎？’楶又阳谢之。阴具版筑守战之备，率四路师出葫芦河川，筑二城于石门峡江口、好水河之阴。夏人闻之，率众来争。楶令姚雄部熙河兵策应，与夏人鏖斗，流失注肩，战益厉。夏师引却，追蹑大破之，斩首三千级，俘虏数万。先五日折可适败于没烟峡，士气方沮，雄贾勇得隽诸道，始得并力。二旬有二日，城成，赐名‘平夏’”。[4]须弥山第51窟南耳室右壁刻有“绍圣四年（1096）三月二十三年收复陇干　姚雄记”的墨书题记。[5]所以，当时虽然包括须弥山在内的固原一带属北宋统辖，但西夏人

〔1〕中华书局校点本《金史》第四卷，第1124—1125页。

〔2〕如宁夏回族自治区文物管理委员会、北京大学考古系编《须弥山石窟内容总录》第19页：“在72窟东壁南侧有一则金大定正隆六年（？）公元1161年的题记，记载了重建景云寺，国家拨给度牒应付开支的情况。”又，杜建录《须弥山石窟题记研究》，载《宁夏文物》1988年第2期“须弥山石窟保护工作专刊”，第40—44页，感谢宁夏大学西夏研究中心杜建录教授给笔者寄赠这篇论文复印件。

〔3〕吴天墀：《西夏史稿》，成都：四川人民出版社，1980年，第13页注释11。

〔4〕《宋史》“章楶传”“姚雄传”，见戴锡章：《西夏纪》，第470页，第471页。

〔5〕姚雄为宋御边名将，《宋史》有传，但没有提及收复陇干事。

在此仍然活动频繁。[1]南宋金时，须弥山一带归金统辖。

番僧党征

题记中出现了大量的“党征”姓赐紫僧人，为我们了解北宋至金的僧官制度提供了丰富的资料。赐紫、赐绯本是唐代官制中一种服饰制度，以职官的服色表示职位的高低，三品以上赐紫色袍，五品以上赐绯色袍，后来这样的制度也施于僧、道之职位较高者。如《旧唐书・卷八七》“舆服志”：“贞观四年又制：三品以上服紫。五品以上服绯。……赐诸卫将军紫袍。”《旧唐书・卷一六六》“元稹传”：“朱书授臣制诰，延英召臣赐绯。”北宋时仍然沿袭这种制度，西夏辽金仍然如此。[2]从题记署名我们可以判定宋金时期的景云寺是一个非常大的寺院，除了两位山主和监寺外，赐紫僧人就有顺化大师、净严大师、密印大师、慈觉大师及讲经律论戒师等五人。

大定题记中提及的番僧皆冠以“党征”，表明此为当时的番姓，因为西夏人曾在这里活动并与其他民族杂居，笔者最初怀疑党征可能是西夏的复姓，但目前没有找到作为西夏复姓的例证，只是在西夏汉文《杂字》的汉姓部分找到“党”之单姓。[3]况且题记所录史实发生在北宋崇宁年间，“番僧”并不能只理解为西夏僧。[4]考之汉文文献有“党征”者，《续资治通鉴》卷九二：“丁酉，西蕃王子益麻党征降，见于紫宸殿。”《西夏书事》云：

---

〔1〕例如须弥山第1窟立佛左侧衣裙下摆下缘，底层泥皮之上墨书：“熙宗正”“僧（奢单）都四年二月十日僧悟□□第贺山哥巡礼□立”（西夏毅宗赵谅祚，1057—1062）；“僧德”“拱化三年七月十五日……弥山□巡礼至竹石□山中□”（西夏纪年西夏毅宗赵谅祚，1063—1067）；第105窟（唐）东壁窟门南侧壁顶墨书：“……元德□年□□……”（元德为西夏崇宗赵乾顺年号，1119—1127）

〔2〕例如西夏《凉州碑》中记有七位赐绯僧人，但碑文中未出现赐紫僧人，但在榆林窟第15、16窟的《榆林窟记》有“阿育王寺释门赐紫僧惠聪俗姓张住持窟记”，此窟题记写于天赐礼盛国庆五年（1073）。另外，俄藏黑水城西夏医学文书 TΦ6867中汉文记：“敕赐紫苑丸东宫司之贾所”。须弥山大量赐紫僧人的出现对了解这一制度有重大帮助。实际上，辽金时期同样盛行僧尼赐紫制度。佚名《金志・浮图》云：“浮图之教，虽贵戚望族，多舍男女僧尼。惟禅多而律少，在京曰‘国师’、师府曰‘僧录’、‘僧正’。列郡曰‘僧纲’，县曰‘维那’。批剃威仪与南宋等。所赐号曰‘大师’，曰‘大德’，并赐紫。”又曰：“所谓国师，在京之尊宿也，威仪如王者。国王有时而拜，服真红袈裟，生堂问话，讲经与南朝等。僧录、僧正，师府僧职也，皆择其道行高者，限三年为一任，任满则又择别人。张官府社人从，僧尼有讼者皆理而决遣之。并服紫袈裟。都纲列郡僧职也，亦以三年为任，有师号者赐紫，无者如常僧服。维那县僧职也，僧尼有讼者，挞以下决遣之，杖以上者并申解僧录都纲司。”

〔3〕史金波：《西夏汉文本〈杂字〉初探》，中国社会科学院民族研究所编：《中国民族史研究》第2期，第167—185页（北京：中央民族大学出版社，1989年）：在“汉姓名第一”部分有“党门”条，“党”为汉人单姓。或许“番姓名第二”中列举的西夏姓有的是“党征”的译名，请教聂鸿音先生，认为“党征”西夏文读若to-co，但目前还没有找到完全对应的例证。

〔4〕固原一带当为民族杂居地区，主要是吐蕃和党项。分析大定题记中的“番僧”“党征”是西夏人还是吐蕃人，虽然在西夏时期的汉文文献“番僧”主要指西夏，而“西番”才是指吐蕃，但区分并不严格，尤其是在金人统治的地区。目前在可以找到的西夏汉文文献中还没有看到“党征”的姓氏，所以题记中的“蕃僧”应视作吐蕃僧。

“（大安八年十月，1082）西蕃益麻党征来降。党征，董毡弟。[1]初，梁氏以官爵啖董毡父子，拒不受。党征心慕之，乘间走投夏国，梁氏使居于怀德军。”《宋史》云：“唃厮啰氏旧据青唐，置西宁州，董毡入朝，其弟益麻党征走西夏。大观中，羌人假其名归附，童贯奏赐姓名赵怀恭，官团练使。至是党征自西宁求归，贯惧事露，议者希贯意欲绝之。骧谓贯欺君，请辨其伪。贯怒，将厚诬以罪，会败而止。擢京兆府等路提举常平。”[2]《刘延庆传》又记“（宋政和七年，1117）益麻党征叛降于宋。唃厮啰氏旧据青唐，方董毡入朝于宋，益麻党征走西夏来降。大观间，羌人假其名以附宋，宋优待之，赐名赵怀恭。至是，宋刘延庆来攻成德军，夏酋赏屈被擒，益麻党征遂降于宋。”[3]“益麻党征”，又写作“尼玛丹津”或“尼玛丹怎”，[4]藏文作nyi-ma-bstan-vdzin。此人经历甚为奇特，建炎元年（1127）被南宋封为陇右郡王，赐姓名为赵怀恩。金人占据陇右河湟，益麻党征前往四川阆中投靠南宋。[5]可见，益麻党征活动的大观年间正是第72窟题记中景云寺番僧“党征”请求度牒的时间，此党征可以视作彼党征。

《宋史·吐蕃传》（卷四九二）另有“苏南党征”者，为阿里骨弟，瞎征的叔父。《长编》则记“苏南党征”为“索诺木丹怎”，藏文当为bsod nmas bstan vdzin。[6]可见“党征”一词当时是藏语bstan-vdzin的音译，而且文献中常简称“党征”。据此，我们可以判定，须弥山金大定题记出现的诸多“党征”应是藏族姓名，然而，这么多的“党征”同时出现在人名中，似乎很难理解，或许“党征”已经演变成一种姓氏。《宋会要·西凉府》提到居于渭州的吐蕃“党宗族”或许就是“党征”的异名。《宋史·吐蕃传》记有团练史“党令支”。另，《宋史·赵珣传》录渭州有“党留族”，《皇宋十朝纲要》卷六录秦州有“党令征”，[7]渭州在今天的平凉、泾原一带，紧靠固原；秦州于渭州西南。可见当时以“党……”作为吐蕃族名极为习见，我们在靠近固原的甘肃靖远、会宁、环县、泾川等地能够找到很多有“党”的地名，如党家水、党家川（靖远）、党家岘（会宁）、党家坬（环县）、党原（泾川）等。另，

---

〔1〕（清）吴广成撰、龚世俊等校证：《西夏书事校证》，第299—230页（兰州：甘肃文化出版社，1987年）。应为董毡堂弟，因为益麻党征非唃厮啰直系，唃厮啰有三子：董毡、瞎毡与磨毡角，益麻党征为溪巴温之子。此外，唃厮啰本人也没有入宋朝觐。参看祝启源《唃厮啰——宋代藏族政权》附表。

〔2〕《宋史》列传第二百七，忠义三。

〔3〕《西夏纪》，第525页。

〔4〕见《宋史·吐蕃传》、《续资治通鉴长编》卷五〇七元符二年三月庚午记事。

〔5〕参看祝启源《唃厮啰——宋代藏族政权》，西宁：青海人民出版社，1988年，第201—206页。李石《方舟记》卷一六录《赵郡王墓志铭》（《四库全书珍本初集》）是南宋时极为罕见的记载益麻党征及其家族谱系的资料，其文有云：“君旧名尼玛丹怎，宣和间以其世有之地至西海内属，请赐于朝，赐姓赵氏名怀恩，授武功大夫，留京师。”

〔6〕参看祝启源《唃厮啰——宋代藏族政权》附表。

〔7〕参考汤开建《五代宋金时期甘青藏族部落的分布》，刊《中国藏学》1989年第4期，第60—68页。《宋会要·西凉府》：“以渭州当宗族业罗并为检校太子宾客……”；《宋史·赵珣传》又《宋史·刘沪传》：“（沪）权静边寨，击破党留族。”《皇宋十朝纲要》：“（治平四年）陕西宣抚使郭逵奏，荡平党令征部……”

笔者以为《明实录》中提到的西番寨"党者木",恰好就是宋时的"党征"。[1]

宋时吐蕃人广泛居于固原一带,《宋史》"吐蕃传"云:"(吐蕃)自仪、渭、原、环、庆、镇戎暨于灵、夏皆有之。"金代居住的"番僧"很可能是吐蕃唃厮啰部后裔。《金史》卷九十一《移剌成传》附结什角云有金主诏令:"诏曰:'远人慕义,朕甚嘉之。其遣能吏往抚其众。厚其赏赐。'"这是指唃厮啰五世孙、木波部首领结什角投靠金事。木波部在唃厮啰政权解体后曾短暂归宋,1127年,金灭北宋,陈兵西向。1131年,金人抚定洮岷河湟一带后,木波族长降金。金大定二年(1162),一说四年(1164),结什角被木波族酋长和与洮州乔家族首领播逋等四族人立为四族长,号为王子,疆界八千里,统辖四万户。金临洮尹移剌成诏降之,乃率四部族归金,进马百匹。仍请每年供马。[2]《金史》卷一〇七《张行信传》云:"及见省差买马官平凉府判官乌古论桓端市于洮州,以银百铤几得马千匹,云生羌木波诸部蕃族人户畜牧甚广。"从以上益麻党征附宋,后人附金的史实分析,唃厮啰后裔承袭益麻党征的"党征"作为姓氏的可能性很大。

大定题记中的"设令抹""撒底"及"仂支拔所"也都是番僧名字,但不知藏文如何还原。

另外一个很重要的问题是法泉禅寺明代的番僧,这与须弥山圆光寺的情形完全相同。法泉禅寺明代成化年间碑文中记载,正统己未年(1439),有"僧桑迦班丹,其性慈而纯,其质沈而静,为京师大慈法王徒,西游至法泉,观其山幽而林茂,石冽而泉清,诚修行之善地,证道之胜境也。乃为鸠材庀工,撤其卑陋廓其故址始创大佛殿,次葺天王殿、迦蓝殿、观音堂以至山门、僧舍、栋楹、榱桷,一皆美材而有坚以砖石,涂以丹雘,可以耸人观瞻。"并夸赞"住持桑迦班丹,守大慈法王戒,恒以与人为善之心自许,是以举百余年之废而重新之,然后栖止有地,瞻拜有像,趋善之心油然而生矣。"这段记载说明大慈法王的弟子桑迦班丹重修了靖远法泉禅寺,在藏传佛教影响较弱的宁夏西部和甘肃东北部,建立如此规模的藏传寺院,本身就是一件非凡的事件,况且此桑迦班丹(sangs rgyas dpal ldan)乃大慈法王之徒![3]大慈法王是明代所封三大法王之一、宗喀巴大师的弟子释迦也失(shvakya ye shes,1352—1435)。明朝曾于永乐六年(1408)、永乐十二年(1414)先后两次遣使召格鲁派创始人宗喀巴进京,大师因为大法会和患病未能成行,但第二次派遣弟子释迦也失前往,永乐十三年被封为"西天佛子大国师",十四年辞归。宣德九年再入朝,明宣宗留之

〔1〕如景泰三年十二月庚子条:"敕董卜韩胡宣慰使司都指挥使克罗俄监粲曰:'尔自我祖宗以来,世守西番,职贡不缺,称为忠孝土官,又称为迤西第一座铁围山。……近又闻尔愿将杂谷原抢占保县管下朴头寨、党者木寨……退还保县纳粮……'"

〔2〕《金史》卷九一《移剌成传》。

〔3〕沈卫荣:《明乌斯藏大慈法王释迦也失事迹考述》(刊《海峡两岸蒙古学藏学学术讨论会论文集》,台北,1995年)所录大慈法王的弟子以及《安多政教史》所记大慈法王弟子中还没有找到桑迦班丹和绰吉旺速。

京师，封为大慈法王（byams chen chos rgyal），宣德十年（1435）法王辞归，圆寂于归途。[1]作为大慈法王的弟子，在正统四年“西游至法泉”，是在法王圆寂之后的第五年，而且西游至此的原因可能是护送法王的回藏途中，在法王圆寂后滞留于此修建了法泉禅寺，[2]因为法王由藏返京时确实是走由西北一线。[3]

《明实录》正统十一年二月丙辰条有“……靖虏卫剌麻桑迦班丹……来朝”的记载，可见他已经驻锡于此并建寺、授徒、讲经。康熙《靖远志》卷二·寺观条记：“集庆寺，明成化十年番僧桑迦班丹以卫城新展隙地修建，（成化）二十一年，其徒端竹藏卜告请赐今名，礼部有札，金城前监察御史赵英撰记。”笔者于道光《靖远县志》卷六《艺文志》检出赵英所撰《集庆寺碑记》其文记载该寺建于明成化年间，“城东一舍许有寺曰红山法泉，乃古刹也。历代以来岁久颓敝，适大慈法王弟子桑迦班丹者，戒行专确，时出游住锡此地，遂葺废为新，疏涸为通，而习仪拜贺始有在矣。越四十年，成化乙未增广城基，离寺遂远，桑迦乃率其徒发愿募材新城内择善地一区而修建焉。乃请额于上，上赐名‘集庆’且承礼部檄，授其徒端竹藏卜为寺住持。”康熙《靖远志》卷四“隐逸仙释条”又云：“也实班丹为桑（迦）班丹法徒，居红山寺严修戒行，将入涅时前三日，具馔召旧游以别，且戒其徒从曰：‘吾于某日某时归涅矣。’至期沐浴，面西坐化，屹然如生。”[4]以上史料中出现的桑迦班丹弟子有藏卜札实（gtsang po bkra shis，礼部给札法泉禅寺住持）、释迦班丹（海音寺都纲）、端竹藏卜（don grub bzang po，集庆寺住持）、也实班丹（ye shes dpal ldan）等四人。

桑迦班丹等在靖远建寺并传法的史实在藏传佛教格鲁派的发展史上具有异乎寻常的意义。现今学术界认为，虽然大慈法王在永乐年间赴京，但大师在宣德十年圆寂后，此

---

〔1〕王森：《西藏佛教发展史略》，北京：中国社会科学出版社，1987年，第240页；另见《安多政教史》汉文版，兰州：甘肃民族出版社，1989年，第222页。

〔2〕有关大慈法王圆寂的时间另有说法。查《明实录》宣德十年记事并无法王圆寂之事，而且历经艰险到了京师，封为大慈法王，只住一年就走与情理不符。《河州志》却说大慈法王于正统四年（1439）圆寂于京师，其佛骨舍利藏河州弘化寺（今青海民和县川口东南）。《陇右金石录》亦云：“碑言僧桑迦班丹为京师大慈法王徒。大慈法王者，乌斯藏僧释迦也失，宣德九年封为大慈法王……桑迦班丹以乙未建寺红山，乙未即正统四年，其时大慈法王正居京师也。”

〔3〕《安多政教史》说（汉文第222页，藏文第233页：yang byams chen chos rje rgya nag nas li thang gi sa cha brgyud de dbus su phebs/ mar lam mtsho sngon/ tsong kha/ zi ling/ mdzo mo mkhar/ ka ju/ vphags pa shing kun/ thovu ju/ men ju/ zi ngan bu/ shan zi/ u thavi shan rnams brgyud de pho brang du phebs/）：“大慈法王从内地途径理塘赴西藏，返回京城时途径青海湖，宗喀、西宁、犏牛城、河州、临洮、洮州、岷州、西安府，山西、五台山等到达京师。”《清凉山志》卷八释迦也失传记：“永乐十二年春（释迦也失）始达此土，栖止五台山显通寺。冬十二月闻于上，遣太监侯显诏至京入内……”中央民族大学陈楠教授近日撰《大慈法王与明朝廷封授关系研究》（未刊稿）考证大慈法王入京事宜尤详。

〔4〕此也失班丹活动在成化年间，明陆容撰《菽园杂记》卷四云：“成化初，一国师病且死，语人云：‘吾示寂在某日某时。’至期不死，弟子耻其不验，潜绞杀之。”北京：中华书局，1997年，第42页。

王传承遂绝。格鲁派明初在甘青地区的寺庙,见诸史籍的是今青海民和县南川口镇的灵藏寺和供奉释迦也失舍利的正统七年所建弘化寺,[1]但其师承不明。明正统四年和成化二十一年间建立的格鲁派寺院、靖远法泉禅寺和集庆寺及其明晰的上师传承见诸成化碑文,对研究早期格鲁派在甘青传教的历史至为重要!

二、圆光寺诸碑文及考释

圆光寺已知的石碑共有四块,最早的是宋崇宁五年敕赐景云寺碑,但此碑现已不存,张维《陇右金石录》著录此碑,但无碑文,详见前述。宣统《固原州志》曾提及明圆光寺碑,但无完整录文。[2]现存三块石碑,碑阴碑阳都有文字,其中两块为成化四年立,分别为碑文一“敕命之宝”(碑阳),“敕赐禅林”(碑阴),碑首有兰札体梵文六字真言装饰;碑文二“敕赐圆光”,即“敕□圆光禅寺记”(碑阳),圆光碑记(碑阴)。碑文三为成化十二年立“重修圆光寺大佛楼记”(碑阴阳两面镌文),现立于大佛楼之前。碑文四为康熙三十七年立“重修须弥禅院碑记”,原碑已佚,仅存碑文。

碑文一:敕命之宝

(紫红砂岩,136 × 83 × 28厘米,立于圆光寺院)

碑阳

敕命之宝

皇帝圣旨:朕体名山天地保民之心,恭成皇曾祖考之志,刊印大藏经□□,赐天下用广流传。兹以□□安置陕西平凉府开城县圆光寺,永充供养,听所有□□、僧徒看诵、赞扬。上为国家延釐,下与生民祈福。务希□□守护,不许纵容闲杂之人等,借观玩轻慢亵渎致有损□遗失,敢有违者必究。

正统十年二月十五日。

---

〔1〕正统七年八月辛亥条:“敕谕河州、西宁等处官员军民人等:‘朕惟佛氏之道以空寂为宗,以普度为用,西土之人久事崇信。今以黑城子厂房地赐大慈法王释迦也失盖造佛寺,赐名弘化,颁敕护持。本寺田地、山场、园林、财产、孳畜之类,所在官军人等不许侵占骚扰侮慢。若非本寺原有田地,山场等项,亦不许因而侵占扰害。军民敢有不遵命者,必论之以法。’”

〔2〕台湾学生书局1968年版《固原州志》卷十·碑碣,“新修方志丛刊”第57种。

碑文一 碑阴

敕赐禅林

（成化四年）

礼部为求请寺额事，于礼科抄出陕西平凉府开城县旧景云寺僧绰吉汪速奏照，得本寺原有石碑系崇宁三十五年九月二十四日，敕赐名为景云寺……。……倒塌，见存基址，石佛身长八丈有余，臣思系古刹，发心将自己……，盖佛殿、廊庑、方丈俱已完备，缘无寺额，如蒙伏望圣恩怜悯，乞赐寺额，俾臣住持朝暮领众焚修，祝延圣寿，以图补报，实为便益。正统八年二月十四日。通政使司官于奉天门奏。奉圣旨与他做圆光寺礼部知道，钦此。钦遵抄出到部，参照前事，拟合通行□□□行，劄付本僧前去。本寺住持恪守戒律，领众焚修施行。此系钦赐额名寺院，毋容僧俗军民人等搅扰亵慢，不便须至。劄付者

礼字贰百叁拾肆号

右劄付圆光寺住持僧绰吉汪速准此

正统八年二月二十四日对同都吏俞亨

劄付 押 押

肃府[1]承奉尚觉果 阮道和 黄斌 典官□源……

黔宁王[2]孙□伦 善友杨……

平凉府承事郎开城县知县太原吴祥 儒学……

守御固原州右千户所千户保安 阿通 百户李……

甘州群牧千户所[3]致仕千户孙士贤 千户孙铭 百户刘□□

平凉卫[4]指挥佥事□□群牧所善士彭衍 陆通 李铭

---

〔1〕肃府：明肃庄王名朱楧，是明太祖朱元璋的第十四子。初封汉，洪武二十四年改封肃，二十八年（1395）就藩甘州，只有四年。建文元年（1399）迁兰州。永乐十七年（1419）肃王死后，直至明末，其府未废。到满族入主后，才将肃王府的一角改为行台。民国期间又将清朝行台改为张掖中学，现为市第一职业中学。学校后面原有水池，为王府园圃之遗迹，肃府牧地在固原大湾川堡，当时为甘州群牧千户所，《明史》卷一二三有肃庄王事迹。

〔2〕黔宁王沐英（1345—1392），是安徽凤阳回族人。《明史》卷一二六·列传第十四有沐英传。正是由于征战西北有功，明太祖赐武延川（今西吉葫芦川）等六处草场，筑城沐家营（今西吉），沐英对固原回族势力的兴起有重要作用。碑文中"黔宁王孙"当时洪武年间留驻此地者（《宁夏通史》古代卷，第287页）。

〔3〕"甘州群牧千户所致仕千户孙士贤、千户孙铭、百户刘□□"，碑文中的"甘州群牧千户所"据"嘉靖固原州志"载："在州西二十里。肃府牧马地。城高二丈五尺，周三里七分，东南北三门。嘉靖五年，巡抚陕西都御史王荩奏设操守官一名，管领本所兵马，听调杀贼。"

〔4〕"平凉卫指挥佥事□□群牧所善士彭衍、陆通、李铭"，圆光寺立碑时间是成化四年，开城县改为固原州是在弘治十五年，正统年间开城县隶属于陕西平凉府。《嘉靖固原州志》记："弘治十五年，总制军务户部尚书秦纮驻节固原，奏改开城县为固原州。初，开城县设在固原之南四十里。洪武初，固原只设巡检司。正统十四年，（转下页）

楚府海剌都[1]操守靖虏卫昭勇将军指挥使房鉴……

敕赐大能仁寺觉义端竹巴　都纲马剌麻　觉了　觉悟……消灾保□

苑马寺黑水口[2]善友徐守真　金守正　唐守忠包□　□□□　徐永

大明成化四年岁次戊子孟夏吉旦立　金陵朱显[3]　何□□　王伯刚

绰吉旺速与正统十年颁赐大藏经

成化四年由朱显所立石碑共二通，碑文一"敕命之宝"主要叙述寺院正统年间事。碑阳记述正统十年敕赐大藏经，碑阴主要记载寺院简史和番僧住持绰吉旺速祈请寺额事。关于绰吉旺速（藏文为chos kyi dbang phyug或chos rgyal/ rje dbang phyug）的生平事迹不详，由于靖远法泉禅寺与景云寺关系密切，笔者推测他与法泉禅寺正统年间修复寺院的桑迦班丹一样，都是大慈法王的弟子。[4]《明实录》正统七年十二月癸巳条记："……景云寺剌麻绰吉汪速等来朝……"可见他是在正统七年十二月前往京师为寺院祈请寺额，历时

（接上页）北虏阿渠寇陕西平凉。景泰元年，始筑固原城。调洮、岷、临、巩等卫官军于固原操守；令都指挥荣福往提督。三年，调平凉卫右千户所全伍官军于固原，立为守御千户所，调靖虏卫署指挥佥事张正掌所事，荣福仍统理之。天顺五年，以平凉卫指挥使哈昭守备固原。"

〔1〕楚王（朱元璋第十六子朱桢）统辖西安州和海剌都等地，楚王扩建海剌都城，改名为海城（今海原）。"楚府海剌都操守靖虏卫昭勇将军指挥使房鉴……"碑文中的"海剌都"指海剌都营，《嘉靖固原州志》记："海剌都营，在州西北二百一十里，楚府牧马地。洪武二十三年，调拨武昌护卫前所六百户，官军一千五百员名，屯牧于此。旧无城池，权于乾城儿建立公署、仓库。天顺三年，营人始自筑小城，周二里，高一丈余。成化四年，巡抚都御史马文升始奏选本府官军七百员名，冬操夏种，设操守指挥一员约束之。成化七年，兵备佥事杨勉始增筑其城，高阔皆三丈，周四里三分，东西南三门池深阔各一丈五尺。内有大小官厅，操守厅及承奉行司。"

〔2〕苑马寺非寺也，乃明初在陕西平凉地方设立的从藏区买马乃至牧马的机构。明代固原的草场大都被划分为藩王的牧地和陕西苑马寺所属的各监、苑的军屯牧地。《明史》卷志第十八地理三记："平凉倚。洪武二十四年建安王府。永乐十五年除。二十二年，韩王府自辽东开原迁此。西南有可蓝山。西有崆峒山。又有笄头山，泾水出焉，下流至高陵县入渭。又西有横河，东有湫峪河，俱流入泾河。又西有群牧监。洪武三十年置陕西行太仆寺。永乐四年置陕西苑马寺，领长乐等六监，开成等二十四苑，俱在本府及庆阳、巩昌境内。正统三年又并甘肃苑马寺入焉。"甘肃省图书馆藏明嘉靖《平凉府志》记"陕西行太仆寺之职……（设）卿一员，从三品"，"苑马寺之职，主二监七苑牧马之政事。……设寺丞一员，正六品。"《嘉靖固原州志》云：苑马寺所属坐落固原州地方监苑有："长乐监，在州城东北隅。监正一员，录事一员。有苑马行寺马神庙所属在固原者三苑：开城苑，在头营内，围长三员，领八营马房六百三十九间，草厂八所，马圈一十三处，二营内置有苑马行寺，东至可可川，天城山、私盐路，南至古黑城，抵广宁苑；西至须弥都、把关山，北至韩府群牧所，抵中营湾、三峰儿堆。广宁苑，在州城内监衙司。围长二员，领巩昌、青州、临洮、平凉四营马房四百五十四间，草厂四所，草场、马圈三十六处。黑水苑，在州城北九十里，……内有苑马行寺。"碑文里的"苑马寺黑水[苑]"当指此苑。

〔3〕此人可能与庆王、肃庄王、楚王、韩王等朱氏诸王亲属有关，成化时庆王早已迁往宁夏，况其就藩地在宁夏，与固原史实牵扯不大。但这位朱显的具体事迹不详。庆王洪武二十六年就藩宁夏，因"宁夏以转饷未敷"，令暂驻韦州。建文三年（1401），徙国宁夏。正统三年（1438）薨，谥曰靖，故称"庆靖王"或"靖王"。

〔4〕弘治元年六月辛亥条记："乌思藏阐化王遣番僧绰旺等来朝，供佛像，马匹等物。赐宴并彩段、钞锭等物有差。其留住洮州该赏者，亦付给之。"（注：这里的"绰旺"，是否就是"绰吉旺速"的缩写？但此时又过了40余年，绰旺是否太老？但"绰旺"在整个《明实录》中只出现了一次。值得考虑。另外，卫藏阐化王差人入藏亦走洮州路线。）

三月，正统八年二月二十四日礼部正式颁发寺额。至正统十年又敕赐大藏经一部，但圆光寺所赐大藏经今佚，具体情形不得而知。笔者在甘肃武威博物馆及张掖西夏时建立的大佛寺同样看到正统十年敕赐大藏经的圣旨及著名的“张掖金经”，从中我们可以知道圆光寺佛经的详情。例如武威博物馆藏圣旨云：“皇帝圣旨：朕体天地保民之心，恭成皇曾祖考之志，刊印大藏经殿，颁赐天下用广流传。兹以一藏安置陕西凉州在城大寺院，永充供养，听所有僧官、僧徒看诵、赞扬。上为国家祝釐，下与生民祈福。务希敬奉守护，不许纵容闲杂之人私借观玩轻慢亵渎，致有损坏遗失，敢有违者必究治之谕。正统十年二月十五日。”这与圆光寺敕赐碑文几乎完全相同，只是换了其中的几个字，时间也完全符合。张掖大佛寺收藏的“金经”，恰好就是御赐《北藏》佛经，[1]此经又名《明北本大藏经》或《永乐北藏》，今名《大明三藏圣教北藏》，为明朝宫廷刻本大藏，开雕于明迁都北京后的明成祖永乐十九年（1421），完成于明英宗正统五年（1440），共收经1 621部，636函，6 361卷，折装成卷，以千字文编次，“天”至“石”，每版25行，折为5页半，每行17字，其经首版画以藏汉结合的风格刻成。可见当时圆光寺是非常著名的大寺，故获赐《北藏》一部。

圆光寺碑文中最引人注目的是出现了北京大能仁寺的僧人：“敕赐大能仁寺觉义端竹巴（don grub pa）、都纲马剌麻、觉了、觉悟……消灾保□。”因为提及番僧，此“大能仁寺”为北京大能仁寺无疑。大能仁寺原为南京的寺院，称为“能仁寺”，是明初敕立的国家五大寺院之一，原在南京古城西门，建于刘宋元嘉中，洪武二十一年毁于火灾，明太祖下令将寺徙于城南聚宝门外二里之地，明迁都北京后，南京能仁寺仍存。[2]北京的大能仁寺正是承袭南京能仁寺而来，该寺在北京西城兵马司胡同以北，其地因寺而名为能仁寺胡同，该寺现已不存。《日下旧闻考》卷五十记：“大能仁寺，洪熙元年因旧重修。”又引明礼部尚书胡濙《大能仁寺记略》碑文云：“京都城内有寺曰能仁，实元延祐六年开府仪同三司崇祥院使普觉圆明广照三藏法师建造，逮洪熙元年，仁宗昭皇帝增广故宇而一新之，特加赐大能仁寺之额，……正统九年甲子七月立。”[3]《明实录》多有大能仁寺的记载，[4]此寺

---

〔1〕另有《南藏》为永乐中明成祖重刊洪武年间编集的大藏经（略有更改），后人称《明南本大藏经》，开刻于永乐十年至十五年，永乐十七年颁行。该藏共636函，1610部，6331卷。

〔2〕南京明初五大寺为灵谷寺、天界寺、天禧寺、能仁寺和鸡鸣寺。见《金陵梵刹志》卷十六、十七。参看何孝荣《明代南京寺院研究》，北京：中国社会科学出版社，2000年，第100页。鸡鸣寺当时就有番僧居住，如《明实录》洪武十八年十二月丁巳条：“建鸡鸣寺与鸡鸣山，……初，有西番僧星吉监藏（seng-ge rgyal-mtshan）为右觉义，居是山，至是，别为院寺西以居之。”

〔3〕《日下旧闻考》第三册，北京出版社，第801页；王尧：《“金瓶梅”与明代藏传佛教》，载《水晶宝蔓——藏学文史论集》，台北：佛光文化出版公司，2000年，第278—279页。

〔4〕如宣德六年五月壬辰条：“能仁寺西番僧孤纳芒葛辣有罪，当斩。初，孤纳芒葛剌以游方为名，遍谒诸王干施与。又诈言奉旨采察几事以惑众。”其次在正统十四年六月丙辰：“能仁寺番僧朵尔只星吉……。”天顺元年八月戊申：“命大能仁寺左觉义乃耶室哩为灌顶国师。”成化十二年二月乙未：“大能仁寺大悟法王扎巴坚参……。”成化十二年十一月癸卯：“大能仁寺觉义结瓦领占陞禅师，锁南舍辣陞右讲经。”此外，在成化十三年（转下页）

为京师番僧居住的四大寺院之一,如《明实录》正统元年五月丁丑条:“番僧有数等,曰大慈法王、曰西天佛子、曰大国师、曰国师、曰禅师、曰都纲、曰剌麻、俱光禄寺支待,有日支酒馔一次、二次、三次又支廪饩。上即位初,礼部尚书胡濙等议减去六百九十一人,正统元年五月,濙等备疏慈恩、隆善、能仁、宝庆四寺。番僧当减去者又四百五十人。”景云寺在正统八年祈得寺额“圆光寺”志庆之时有京师番僧大寺觉义和都纲祝贺,可见此寺当时的地位。不过,大能仁寺僧人也经常前往陇右,下面的史料说明北京大能仁寺的僧人前往临洮的情形,《明实录》成化十三年十二月癸卯条:“礼部奏:‘大能仁寺都纲舍剌藏卜并静修弘善大国师镇(锁)南坚参(bsod nams rgyal mtshan)等,奉命往临洮等处回,各献马,驼等物。’”所以,北京大能仁寺的番僧来到须弥山景云寺似乎不难理解。

碑文二:敕赐圆光

(紫红砂岩,108×80×30,立于圆光寺院)

碑阳

(成化四年)

敕赐圆光

敕□圆光禅寺记

钦差镇守靖虏等处定国将军参将河南刘清

守备固原州定远将军□挥同知……

苑马寺承事郎长乐监正建安……

乡贡进士平凉府李训导三山林芝……

□释氏之教,其来尚矣。迄古迨今,未尝不同圣……。□□皎如日星,可一览具见。降而考之宋崇宁……,太祖皇帝,龙飞淮甸,混一区夏,乾坤定位,日月天□。兹寺古常以为聚兵祈祷之地,名山胜境,喜……柏绕还寺有峰峦参揖,诚边秦古寺之

(接上页)十二月;成化十五年十二月;成化十七年五月;成化二十二年十一月丙午:“太监覃昌传奉圣旨:升大能仁寺灌顶国师锁南加、讲经领占竹为灌顶大国师,觉义贡葛舍利、都纲结敦领占为禅师,剌麻罗丹扎失,罗竹监参,沙加锁南,领占监剉贡噶扎失、罗竹监参、贡噶领占、你麻监参,贡噶绰、乳奴班丹、领占扎扎失、多只领占绰、舍剌扎失,锁南伦布、领占往秀、参竹监参、扎实远丹,锁南巴藏藏卜领占,藏卜舍剌为都纲。”又成化二十二年十一月丁卯条:“太监韦泰传奉圣旨:……陞大能仁寺觉义锁南巴列、都纲扎失监参、领占巴监剉扎失、贡噶端竹为禅师,剌麻那卜监参、掌出班丹、扎失班丹、扎失伦竹、远丹宗奈、舍剌罗竹、班丹端竹、扎巴藏卜、结列扎失、班丹监参、班丹扎失、端竹扎失、喃渴锁南藏卜、短竹远丹藏播、朵儿只巴藏卜、扎失桑加远丹为都纲,住持僧人胡(明)晟为僧录司右觉义。”在弘治二年正月丙寅条记载:“先是,西僧锁南坚参为言官所劾,自法王降国师,勒还本土,久而未发。至是,其徒为之请留京城大能仁寺。许之。”

杰出者也！……受番僧教因而据其地而开山创业焉。遂收古赐田地……十有余。今住持僧姓陈，讳觉进，号大方，孤峰高徒也。祖系……志，永乐元年发心出家，礼孤峰为师。是人悧次湛……喜能继所志。正统五年，大方诣□请给度牒。住持谈禅问道，明心见性。上则……□靡忻羡。本寺经历风雨盖亦有年，不能无□。大……。吾众或捐金帛，或馈货贿，命工重建。前后二殿，东西……□复庙重檐刮楹达乡奚踰于是耶。兹非有为之士……十二年，大方复诣□□情，意其自古敕赐禅林，愿锡褒宠，伏蒙皇上圣渥之恩，輙赐玺书，易匾曰圆光，降经一藏。上则为国家祝厘，下则与生民祈福。兹寺僧众可谓荣欤。至成化四年时……，钦差镇守靖虏等处定国将军参将河南刘清，乃秦地方西……轮奂新美，青红之错杂，丹垩之炫耀，可以动人视见，可以……，时大方年已七十有八矣！使不刻其名，则后人因何以见其善哉。……求言以彰之。予曰："人生天地之间，当建善功扬美名也。"今大方……遗址。缘无良工美制，大方一旦奋然忞募良缘，俾斯寺几颓而复立哉。……视夫纷纷仗佛务私者，犹□□之重轻，鹏鹄之巨细，砥玉诚伪之殊……廷矣，则后人之履斯地也，登斯堂也，莫不指曰大方建前殿，亦莫不曰大方……□修者亦从大方可肇矣。是功也，不惟扬名于一时而又激劝于后日，不……□休于千百世也。将与佛寺相为兴废；将与石碑同为悠久，后之思睹大方。今书□□碑以纪其不朽。云旹

大明成化四年岁次戊子孟夏吉旦立　金陵朱显　何□□　□□□

碑文二　碑阴

圆光碑记

（成化四年）

本寺住持长老喃噶坚参□□□

　　僧人坚敦监参　领占班丹　喃噶锁南　□□荅……

　　绰志剌竹　戒月　□□□□　普惠　忍巴坚参……

　　忍巴扎　忍巴亦参　忍巴□[1]　定聪　定忠　普□……

　　　普满　定海

　　沙密普成　普澄

　　居士普果　普信　普□　普……

宝塔寺僧人端岳领占　洪□　……

〔1〕喃噶锁南藏文作nam-mkhav-bsod-nams，忍巴坚参为rig-pavi-rgyal-mtshan，忍巴扎为rig-pavi-grags，忍巴亦参为rig-pavi-（？）。

甘州群牧千户所……□

彭衎　薛普惠　林□　□□　□□　林……

饶山　何全　饶□　□□　高□　丘彦齐(？)……

黄坚(？)　觉通　袁□　通……

陕西苑马寺带管黑水口……连文　金守□……

严守祥　刘通……徐文华　计□……

刘腾霄　□通玄　□□　孙敭(敭？)　陈守明　□……

周祯　袁得　徐璟　栾清　郭宣　栾庆　祁荣[1]……

平凉卫右千户所善士孙义……

……

……

……

……

……

圆光寺成化四年的两块碑颇觉蹊跷，初看两碑的住持番僧皆不同，实际上两碑记述的时间不同，笔者以为正统十年的敕赐颁藏碑及碑文是当时的旧碑及碑文，成化四年又在碑阴补镌正统八年敕赐寺额及住持绰吉旺速事迹，他在倒塌的景云寺旧址上修复殿堂，召聚僧人，祈赐寺额。金陵朱显所立的碑文二"敕赐圆光寺碑记"碑阳，首先介绍此寺"诚边秦古寺之杰出者也！"并承认"受番僧教因而据其地而开山创业焉。"然而，碑文又记"今住持僧姓陈，讳觉进，号大方，孤峰高徒也。祖系……志，永乐元年发心出家，礼孤峰为师。是人悁次湛……喜能继所志。正统五年，大方诣请给度牒。住持谈禅问道，明心见性。至成化四年时，……时大方年已七十有八矣！"由此可见，大方在绰吉旺速正统七年出现在景云寺时早已在此寺，故有大方正统五年请求度牒事。其师为"孤峰"。[2]正统七年赴京乞额是蕃僧前往，可以考虑蕃僧进入景云寺大概是在正统初年。另外，成化四年，大方已经78岁，此碑碑阴的"喃噶监藏□□□"等当为成化四年时圆光寺的住持，而不是大方。而正统年间的绰吉旺速已不在此寺了。

---

〔1〕须弥山第45窟中心柱西面龛北侧龛柱下方墨书："奉佛信士祈玉发心庄佛"，与碑文中的"祁荣"应为同一家族的人。

〔2〕此位长老孤峰为何人尚不得知，《大平府志》记明僧弘德，号孤峰，住太平吉祥院，道行清坚，曾持不语戒，以念珠掷暗室，摸索诵佛，号摸珠祖师。另有元明之际僧明德，字孤峰，昌国(浙江舟山西北)朱氏。元明帝授元明定慧之号，事迹见《新编高僧传四集》五。《释鉴稽古略续集》："孤峰禅师，讳明德号孤峰。昌国人。族姓朱。"

此外，碑文二碑阴“圆光碑记”很多在番僧名字，其中“本寺住持长老喃噶坚参□□□”，藏文当为nam mkhav rgyal mtshan dpal bzang po。这位“喃噶坚参□□□”会不会是“西番赞善王”？

明代在藏区共封五王，赞善王著思巴儿监藏（chos dpal rgyal mtshan）管辖甘青藏区，《明史》称其为灵藏僧，有说“灵藏”即今谓之林仓（gling tshang）者，其地在康区，[1]但与赞善王活动的事迹并不相符，其职是管理甘青，为何居地在四川？有学者认为“灵藏”本部族名，其地在西宁、河州一带，[2]此说为是。今青海民和县川口镇南尚有明永乐年间所建灵藏寺。[3]

著思巴儿监藏于永乐四年遣使入贡，受封灌顶国师，永乐五年（1407），加封赞善王。洪熙元年（1425）卒。其从子喃噶监藏袭赞善王位。正统六年（1441）喃噶监藏因年老奏请令长子班丹监剉为赞善王，不许。成化十八年，“遂封赐喃噶坚粲巴藏卜为赞善王。弘治十六年卒，命其弟端竹坚昝嗣。”应该加以区别的是，“喃噶坚粲巴藏卜”[4]与洪熙元年所封“喃噶监藏”为不同的两位赞善王。“喃噶监藏”，藏文作nam mkhav rgyal mtshan，“喃噶坚粲巴藏卜”，藏文作nam mkhav rgyal mtshan dpal bzang po。圆光寺碑文中的“喃噶坚参□□□”应是“喃噶坚参巴藏卜”，《明实录》确实将此王也写作“喃噶坚参巴藏卜”。因为此僧住持圆光寺是在成化四年，至成化十八年被封为赞善王，《明宪宗史录》成化二十一年三月甲午条尚有“陕西洮州灵藏赞善王遣僧洋札巴等……来朝”的记载，确凿表明赞善王居地就在陇右。圆光寺是敕赐寺院，赞善王又管理并活动在这一地区，况且碑文所录皆当时的政教名人，如立碑的皇族“朱显”，“钦差镇守靖虏等处定国将军参将河南刘清”，临洮府都纲宝塔寺僧等，所以，碑文置于至尊首位、名为“喃噶坚参□□□”的“本寺住持长老”，当为成化十八年的赞善王。此王二十二年后卒（弘治十六年），当时（成化四年）应是盛年，并未袭赞善王位，故称“长老”而没有称其封号。[5]

---

〔1〕石泰安、任乃强、王森诸先生皆认为灵藏就是林仓。根据是《明史》卷三三一，列传第二百九十，西域三：“赞善王者，灵藏僧也，其地在四川徼外，视乌斯藏为近。”至于居于四川康区的灵藏赞善王为什么又被称作陕西洮州赞善王，至今仍是一个谜。河州灵藏或许是康区灵藏的一支。或如吾友沈卫荣博士所言，成化所封赞善王与永乐所封赞善王不同，是明廷多封众建的另一个赞善王。参看沈卫荣《元、明两代朵甘思灵藏王族历史考证》（未刊稿）。

〔2〕见尹伟先《明代藏族史研究》，第178页（北京：民族出版社，2000年）：隆庆二年三月壬戌条说（灵藏）属于纳马熟番，其分布在河州、西宁一带；《明史稿》卷一一七《番部僧官》说灵藏族及灵藏族禅师初隶河州，后属循化。

〔3〕此寺建于大慈法王赴京途径河州时，在明代香火鼎盛，《河州志》有记，参看蒲文成主编：《甘青藏传佛教寺院》，西宁：青海人民出版社，1993年，第31—32页。

〔4〕如《明英宗实录》成化十八年九月丁酉条：“赐喃噶坚粲巴藏卜（nam-mkhav-rgyal-mtshan-dpal-bzang-po）袭西番赞善王。”

〔5〕《明实录》卷三三一，列传第二百九十，西域三“赞善王”条。

必须注意的是,《明实录》另录有“喃噶坚粲巴藏卜”,为辅教王,但其活动事迹年代与圆光寺碑文所载不符。[1]

碑文中出现的番僧名“坚敦坚参”和“绰志剌竹”,藏文分别为dge vdun rgyal mtshan(?)和chos kyi blo gros。《明英宗实录》正统十三年十二月戊辰条记载圆光寺,景云寺番僧朝京,云:“……平凉府开城县圆光寺番僧谨敦藏卜、岷州等府卫大崇教等寺番僧公噶坚参、剌麻速南藏卜、忍巴星吉等、平凉府景云寺番僧绰吉罗竹等……来朝,贡马及降香、佛像、舍利等物。”这位圆光寺的番僧谨敦藏卜,藏文作dge vdun bzang po,与碑文中的坚敦坚参名字不同,应是圆光寺碑文没有提到的另一位番僧。但景泰七年十一月戊辰条提到的都纲“锦敦坚参”当为“坚敦坚参”的另一种写法,藏文完全相同。而碑文中的“绰志剌竹”,正是《明实录》中被称为“景云寺番僧”的绰吉罗竹!可见,在正统七年,番僧绰吉旺速朝京,得赐景云寺住持僧,正统八年赐寺额“圆光寺”后,过了五年,正统十三年又派番僧入京朝贡。值得注意的是,他们仍然使用“景云”和“圆光”两个寺名。似乎,英宗赐额之后,景云寺之名并未立即废除,或许大佛楼沿袭景云寺旧名,番僧另在今圆光寺区处扩建了圆光寺。

碑文中的领占班丹在《明实录》中同名者,是岷州大崇教寺的僧人,如“陕西岷州大崇教寺国师锁南藏卜(bsod nams gtsang po)遣番僧领占班丹(rin chen dpal ldan)……等来朝”(景泰五年四月甲辰条)。另,《明史》卷三三一《西域三》,大慈法王传亦有领占班丹:“封领占班丹为大庆法王,给番僧度牒三千,听其自度。或言,大庆法王,即帝(武宗)自号也。”[2]但还没有找到与碑文时间吻合的领占班丹。

碑记中“宝塔寺僧人端岳领占、洪□、……”提及的宝塔寺,经笔者调查,该寺位于今甘肃省临洮县城东广福巷,是明时在元临洮大寺的基础上建立的五小寺之一,现存的小寺是在原址的基础上建成的。临洮大寺据说是八思巴建于1271年至1274年,此间八思巴居住在临洮。关于八思巴建临洮大寺,除了方志(宣统《狄道州续志》卷一)的简略记载,笔者目前没有看到确凿的史料,但此寺与八思巴的关系是确定无疑的,《安多政教史》记载:

[1] 《明史》卷三三一,西域三:“辅教王者,思达藏僧也。……永乐十一年封其僧南渴烈思巴为辅教王……景泰七年,使来贡,自陈年老,乞令其子南葛监粲巴藏卜代,帝从之,封为辅教王。”

[2] 以上记载常使研究明代西藏史的学者以为大庆法王就是明武宗自称,但有一件文物可以证明真有大庆法王。布达拉宫藏有一幅刺绣普贤菩萨唐卡,下方有金线刺绣的内容一致的汉藏文题记,云:“大明正德十四年九月二十四日大护国保安寺秉秘密教掌西方坛大庆法王领占班丹发心绣施。”其中大护国保安寺在正德十五年以前称为大隆善护国寺,就是今天的护国寺。参看欧朝贵:《大庆法王领占班丹绣施普贤菩萨像考释》,刊《西藏研究》1987年第2期,第129—132页。

临洮城也叫香根寺。《达温传》中说："在这座城市里，有达温巴奉众生怙主八思巴供施双方的命令修建的寺院，当年聚集着数千名僧伽。""贡玛供施双方前来视察时，由于皇上对上师极为崇信，要求要经常看得见上师的身相，听到上师的讲说，不能有所分离。上师指示说：'造一个和我相似的像！'乃以最佳妙的香木雕造了一尊上师的像，它在一个时期内，化为真实的上师，讲经说法。"

这尊称为八思巴大师的木像，作为宝积寺的主要依止圣物。后来有一位叫做西华康的喇嘛，自卫地来到这里，由他把寺院改为格鲁派，把内修法王供奉作护法。因兴修了三座大塔，又称为宝塔寺。《第二世一切知嘉木样全集》有嘉仁巴·楚丞丹巴请求为临洮噶丹却丕林寺撰写寺规，可能就是给这座寺写的。[1]

据笔者访问宝塔寺的主持，84岁高龄的本静法师，他说萨班赴凉州时将两个侄子留在临洮，寺中原有八思巴的铜（木？）像，每年四月十二日临洮有供奉八思巴像在城内巡游的习俗，可见八思巴与临洮大寺的建造确实有关。

甘肃省图书馆藏《兰州府志》卷四云："狄道州之旧土城俗名番城。"《临洮府治》卷六："僧纲司府在府治东北宝塔寺内"，并记载临洮当时有众多寺院："狄东严寺在城东一里，西严寺在山麓，圆通寺、宝塔寺（司仪于此）、普觉寺、广通寺、正觉寺、安积寺、报恩寺、法轮寺、永宁寺、卧龙寺、乾清寺。"张维《陇右金石录》卷六云："临洮为陕西最西，府治密迩，西番时有高僧卓锡诸寺而城东北隅圆通[2]、广福、宝塔、圆觉、隆禧五寺最称弘盛。"据乾隆元年刻印《甘肃通志》记："宝塔寺，在州治东，明永乐年建；圆通寺，在州治西北，明永乐年元法王寺旧址建；圆觉寺，在州治东北，明宣德年建；隆禧寺，在州治东北，明宣德年建。"

以上史料表明宝塔寺在明代为临洮府都纲司所在地，当时以宝塔寺为首建有五座藏传佛教寺院，其中圆通寺是在元代建法王寺的旧址上建成，可见八思巴所建大寺在明初已毁。

---

〔1〕 藏文本第648页（兰州：甘肃民族出版社，1982年）：Lin thovu chin nam shing kun mkhar/ der vgro mgon vphags pa mchod yod gyi bkas tva dbon pos dgon pa btab/ dge vdun stong phrag mang po tshogs/ gong ma mchod yod gzigs par byon/ rgyal po bla ma la dad gus che bas sku mtong ba dang gsung thos ba vbral med dgos zhus par/ khong nas nga rang vdra ba zhig gyis gsung spos shing bzang po las vdra sku bzhengs/ de bla ma dngos su gyur nas re zhig bar chos ston pa la sogs pavi mdzad pa mdzad ces tva dbon la rgyus las bshad/ sku de vphags pa shing skur grags shing bvo kye zivi rten gtsor bzhugs/ phyis su shi hvav khang zer ba dbus su byon pavi bla ma grags chen zhig byung/ des dge lugs su bsgyur/ chos rgyal nang sgrub chos skyong du bsten/ mchos rten chen po gsum bzhengs pas bvo thva zir grags/ rgya rams pa tshul khrims bstan pas zhus pavi lin thovu dgav ldan chos vphel gling gi bcas yig kun mkhyen bar mavi gsung vbum du bzhugs pa dgon vdi nyid kyi yin nam snyam/

〔2〕 据张维《陇右金石录》卷六记，此寺原有石碑一座，宣德十年敕建，工部尚书王丞撰写碑文。

有名寺必有名僧，成化四年的圆光寺碑记中提到的是“宝塔寺僧人端岳领占”，关于端岳领占，景泰七年十一月戊辰条提到一位端岳领占：“命……端岳领占（藏文作don yod rin chen）等五十二人俱为剌麻。”景泰七年（1456）至成化四年（1468）相差12年，他极可能就是宝塔寺的端岳领占，当时仅为剌麻。那么此寺的住持又是何人？笔者近日赴陇南考察，参观宝塔寺，承蒙本静长老[1]告知日本上野图书馆藏明万历《临洮府志》有宝塔寺僧人史料，笔者在甘肃省图书馆查得此志，卷二一《杂志》有一段极为珍贵的记载：

喘竹领占，狄道人，俗姓石氏，自幼批剃为本郡宝塔寺番僧。永乐四年，以屡使绝域宣布王化，功陞苏州府僧纲司都纲，二十一年，奉命招降迤北鞑靼王子也光土木率部属两千余人归欵。是年，陞僧录寺右阐教。二十二年，陞左善世，赐诰命金图书服器。宣德元年，陞灌顶圆妙广智大国师。二年，奉使乌斯藏公干，陞号清修静觉崇善慈应辅教阐范灌顶圆妙广智大国师。八年正月内圆寂。天顺七年追封西天佛子。成化二十二年，上遣太子少保礼部尚书周洪谟谕祭追封大敏法王。

这位宝塔寺的大敏法王，是新近发现的法王之一！那么，方志记载是否确实？《陇右金石录》又录“清修国师塔碑”，张维记曰：“此碑书撰人名俱泐，前题‘清修静觉崇善慈应辅教阐范灌顶圆妙广智大国师塔’，后书景泰二年秋七月灌顶圆妙广智大国师□巴坚参立石，清修国师即端竹领占，俗姓石氏，永乐中以宝塔寺僧屡使绝域累封至大国师。成化二十二年追封大敏法王。寺有永乐敕谕，临洮地面大小官员军民诸色人等文，石刻今亦无存。”

再看《明实录》有关端（喘）竹领占的记载。

洪熙元年六月辛酉条：“命右善世端竹领占为圆妙广智大国师，给与金印、玉轴诰命。”这里记载的时间与方志略有不同，洪熙元年与宣德元年相差一年。然而，宣德元年四月，端竹领占确实前往京师朝贡并得到赏赐。如《明实录》宣德元年己卯条，“陕西临洮卫国师端竹领占等来朝，贡马。”辛卯条又记：“赐陕西临洮等卫国师端竹领占等一百七人钞、采巾表里、苎丝袭衣有差。”此处的临洮“国师”正是洪熙元年六月所封“圆妙广智大国师”。正统二年八月壬戌条：“命大国师端竹领占（属下）完卜扎巴坚参袭为禅师，赐

[1] 宝塔寺现住持本静长老，俗姓白，名一清，今年84岁，16岁出家进入宝塔寺（1934年），老人说当时寺院有汉僧和藏僧，分别念藏文经和汉文经。如同五台山的青庙和黄庙，宝塔寺当时也分为青寺和黄寺，分居西禅院和东禅院，其中有藏僧15名。明代的宝塔寺毁于同治十三年，光绪十二年重建，但“文革”中再次被毁，其中12个明代碑亭被砸。

敕命、封号、银印、袈裟。”这位禅师即为端竹领占的继任、“清修国师塔碑”立碑者□巴坚参,从此可知其全名为“完卜扎巴坚参”。天顺六年六月戊寅条:“追封已故灌顶圆妙广智大国师端竹领占为西天佛子,从其徒大国师扎巴坚参请也。”由此可知方志记载的时间晚实录一年,盖其路途遥远也。端竹领占被封为西天佛子是徒弟扎巴坚参(grags pa rgyal mtshan)祈请的结果。又成化二十二年十一月丁卯条:“太监韦泰传奉圣旨:追封已故西天佛子端竹领占为法王,赐祭一坛。”由此可见方志记载大致无误,但《明实录》没有提到“上遣太子少保礼部尚书周洪谟谕祭追封大敏法王”以及“永乐四年,以屡使绝域宣布王化,功陛苏州府僧纲司都纲”事。

《明实录》中有关宝塔寺的史料尚有正统五年三月癸丑条:“陕西临洮府宝塔寺剌麻绰吉朵儿只(chos kyi rdo rje)……等俱来朝,贡马、驼、青鼠皮等物。赐彩币等物有差。”正统六年闰十一月乙丑条:“陕西临洮府僧纲司宝塔等寺都纲剌麻已什三丹(ye shes bsam rten)等贡马及佛像、铜塔、舍利。赐钞币等物。”正统八年十二月辛卯条:“陕西临洮府宝塔、正觉寺剌麻三竹藏卜(bsam grub bzang po)、圆觉寺剌麻札巴舍剌等贡马及貂鼠皮、佛像、舍利子[1]。”正统十三年十二月甲寅条:“临洮府宝塔寺番僧坚藏领占(rgyal mtshan rin chen)等来朝。”以及正统十四年三月丙戌条:“陕西临洮府宝塔寺番僧锁南亦失(bsod nams ye shes)……来朝。”可见临洮宝塔寺在明初非常活跃。国图藏宣统《狄道州续志》收录太学士姚清撰《重建宝塔寺碑记》记述了当时寺院的辉煌并记载清康熙年间牛扎巴藏卜、陈那卜坚错等修复宝塔寺的事迹。

当时临洮府的其他寺院还有很多前往京城朝奉、甚至供职的番僧。如《明实录》宣德二年十二月癸亥条:“陕西临洮府普觉妙济国师领占藏卜(rin chen bzang po)遣僧札石监藏(bras shis rgyal mtshan)……等贡马。”宣德二年十二月癸酉条:“赐……临洮府僧札石监藏等……钞……”乾隆《狄道州志》卷十记:“亢观着藏卜,髫年披剃,长通经文。宣德年间东海暴涨,上召藏卜以法力平水势。赐银印、敕诰六通并赐象图玉环。宣德二年得奉诏赐禅静国师之号。”《明实录》正统六年四月癸酉条:“陕西临洮府正觉寺番僧完卜剌麻三丹领占……来朝。”正统七年十二月癸巳条:“临洮府安积寺剌麻领占巴……来朝。”天顺六年十月壬午条:“临洮府番僧朵尔只领占等贡马”。《狄道州志》卷一〇又记:“那卜领占(nor bu rin chen)俗姓梁,髫年披剃,长修禅业。正德改元加号大能仁寺清修悟法普慈广慧翊国崇教灌顶隆善西天佛子大国师。”

---

〔1〕据张维《陇右金石录》卷六记,圆觉寺也是明时临洮的著名藏传佛教寺院,有碑曰“何国师碑”为正统年间尚书胡潆撰文,叙述国师西天佛子何领占多尔只(he-rin-chen-rdo-rje)行事。

碑文三：重修圆光寺大佛楼记（成化十二年）

碑阳

重修圆光寺大佛楼记

圆光寺……

赐进士出身奉议大夫

钦差整饬兵备陕西等处提刑按察司佥事□□□冕□

赐进士中顺大夫平凉府知府夹江□逊□

韩府通渭王教授恭和杨倜书[1]

平凉府开城县，去治西百里，□（有）山号须弥，内有胜刹。唐名为石门镇景云寺，今敕赐为圆光寺，历代兴废之由，碑刻尚存。是寺山势嵯峨，群峰拥揖，青松翠竹，奇花异卉，车辐阴森，盖俗气所不能至而佛境之所摄也，石壁之上，但有一龛一洞，人迹莫能攀援者，皆有佛像，森罗于其间，或□以为天造地设欤？寺西有峻壁，险不易逾。前人于此作一巨像，即古所谓丈六金身也。佛之上建今□（佛像）覆之。正统间为风雨所颓，先住持大方长老理而葺之，完美若旧。成化七年楼复倾圮，佛之首□□□，身亦为之不全。肃府承奉郝兴遨游览胜，有感□归，启贤王殿下，遂捐府孥之□□□□定慧通晓以重修之，工既完，郝均来征□文以记诸石。余尝考汉明帝梦金人长丈六，顶有光。于是遣使天竺，闻佛道法，遂于中国图画形象，而佛之教始入中国。盖天竺为西域之国，王化之所不及。浮屠以不杀为教，国人皆化焉。故《汉书》赞有曰："逖矣西胡，天之外区，土物□□，□□滛□，不率礼教，莫有□书，若微□道，何恤何抚[2]。"观则佛以慈悲为教，不过化人为善，禁人为恶□□□。

自汉历唐宋□距天朝，皆崇设图像不废钦者□非佑助王化之一端欤。矧固原地方夷汉杂居，风土劲悍，不□□□□□化也。今郝均能修废以□□。俾一方之人瞻者礼者善□（念）油然感发；恶念惕然惩创，则其与人为善之美不亦可书乎？今不□人之，遂记以为为善者劝。

大明成化十二年岁次丙申夏五月吉旦立

---

〔1〕韩府通渭王：韩府为朱元璋第二十子朱松之府，在"平凉定北门内之右，本平凉卫，永乐六年改建韩工府。"其牧地在开城县北。明赵时春撰《嘉靖平凉府志》，刊《中国西北文献丛书·西北稀见方志文献》卷四一。

〔2〕此段原文见《后汉书》卷八八《西域传》第七十八："赞曰：帐矣西胡，天之外区。土物琛丽，人性淫虚。不率华礼，莫有典书。若微神道，何恤何拘。"

碑文三　碑阴

（成化十二年）

……僧人通会　□□

肃　府　典　宝　　　　　　志　　　　　　　　　　　　　　　普澄　普受　辫瑢

满受

守备固原等平□□□佥事甘泽　　　　　　　　　　立海　国氵復　圆瑢　满洪

固原卫指挥使王玺　□□　胡宽　　　　　　　**圆光寺住持　定聪　普善　洪涌**

指挥同知苗　赵　马林　　　　　　　　　定忠　　普月　普秀　戒广

指挥佥事萧然　曹　陈壬　　　　　　　　　普明　恩宣　普清　定正

申领　赵安　　　　　　　　　群牧所善士　　卢玑　彭衎　黄黄宁

镇□府　□杨文　　　　　　　　　　　李松何全白安　李刚　王觉

千户孟□　张文通　尹昭　　　　　　　　彭荣　　李谥　黄鳌　白亮?

保安　贾泰　黄震　　　　　固原卫善士　陈海　乔成　王道成

群牧所千户　孙喜　孙铭　　　　　　　　贾诚　胥恭　吴寿　蒋福安

镇抚侠□　　　　　　　　　黑水口善士　计俊　连详　全惟□

平凉府开城县知□□□达　　典史赵振　　　　殷鉴　李刚　徐荣　严仲□

儒世训□□符节[1]　　　　　　　　恭受徐永道　张得　魏时大

清平广宁苑张祎　　俞□……

重修功德……

在成化四年的碑文中置于碑阳首位的官员是“钦差镇守靖虏等处定国将军参将河南刘清”，刘清在成化四年镇压固原石城土达满四作乱时兵败，似乎离固原而去。成化十二年碑文置于碑阳首位的是“钦差整饬兵备陕西等处提刑按察司佥事　杨冕□”。《万历固原州志》记载：“杨勉，四川安岳人，由进士成化五年以按察司佥事任。今永宁驿草场、鼓楼、西安守御千户所城垣、官署、咸所创建，称有功焉。”[2]杨冕撰有《重建靖虏卫打剌赤城记》，另外，记载番僧桑迦班丹事迹的靖远《重修法泉禅寺碑记》亦为杨冕所撰。

此碑记载须弥山大佛楼，即第5窟唐代大像的修复，碑文题为“圆光寺大佛楼”，可见当时须弥山的大佛楼区亦属于圆光寺，或者说整个须弥山石窟都被看作是寺院的范围。碑文记载大佛楼在正统年间因风雨坍塌，是“先住持大方长老理而葺之，完美若旧”，但没

〔1〕 应为儒学训导符节，《嘉靖万历固原州志》记：“符节，湖广钧州人，由监生任。”

〔2〕《嘉靖万历固原州志》，第176页。

有提及修复圆光寺的番僧绰吉旺速等，可见其中已有其情绪。“成化七年楼复倾，把佛之首□□□，身亦为之不全。”正值“肃府承奉郝兴遨游览胜有感”，于是归启贤王殿下，由肃府捐钱重修大佛楼。值得注意的是，在成化四年的碑文中还番僧云集，这是成化十二年的碑文，竟没有提到一位番僧！甚至圆光寺的住持已经成了汉人，成化四年碑文中出现的普通僧人，“定聪”“定忠”等在成化十二年的碑文中成了“圆光寺住持”，好像他们谁作住持还没有最后决定，故住持一栏竟有十一人之多，而且住持名字没有排在碑阴碑文的前列。碑文中对番僧绰吉旺速修缮寺庙，乞请寺额并敕赐经藏事绝口不提。番僧的突然离去似乎与此相关。圆光寺当在成化十二年前后没有一个番僧了。在清康熙三十七年（1698）又有“兵宪刘老爷”“李俊堡善士康守禄等”及诸功德善士聚资重修，并建玉皇阁，改建一些洞窟为道观，此时须弥山始有道教祠观，但番僧已经消失得无影无踪。[1]

三、结 语

虽然须弥山一带旧为民族杂居之地，但至元末明初，吐蕃势力已经退出，当地所居大都是多民族杂居形成的以汉人为主体的民族。景云寺在此时也由汉僧大方主持，考察须弥山番僧的来源必须将固原须弥山景云寺和甘肃靖远法泉禅寺联系起来，法泉禅寺的番僧桑迦班丹与景云寺的绰吉旺速都是在正统年间分别主持了两座相邻不远、并有历史渊源的名寺。既然桑迦班丹为大慈法王弟子，是在法王圆寂后返藏途中主持修缮寺院的，绰

---

〔1〕原碑已佚，旧存子孙宫，现根据李俊德先生1962年4月笔记录文复制，碑立于圆光寺山门前；录文见宁夏文物管理委员会编：《宁夏文物》1988年总第2期“须弥山石窟保护工作专刊”。《重修须弥禅院碑记》（康熙三十七年）：粤嵇两仪，□锤陶熔，万象生物，荷蒙其宏，造圣贤垂迹同归一善。士庶均赖斯风化，所谓移风易俗、启迪后来、诱善以诚。故天之生民，不其性智愚贤不肖也，惟善以致；地之产物参差者，斯各禀其脉。华丽壮峻美砺工以……。百里之地存山，曰：“须弥”。有寺，名曰：“圆光”。翠状山河，巍□日月。历代圣君敕修，累朝士庶瞻望，年深日远不可尽述。后，自我清朝定鼎，有□兵宪刘老爷，因愿登山，慨发积诚，重修前寺殿宇，金壁楼阁辉煌□。有……适告李俊堡善士康守禄等，视境佐幽而瑞花琦璋□象□绘而□□琳珑以是……未能局完满□□王德舍身持众告幕（募?）十方乐善君子辐辏资财，修建禅院……玉皇阁，兹名殿宇而功成告谊，焕彩复新。上祝国泰萸（民?）安无虞而源远流清，下祈□生民兆福有庆而爪耿。绵绵以此为叙来告不……

功主　康守禄　会长　唐女兴　化主　李絮极　生员……

乾沟堡……

固原盐茶厅……

重修化主……

生员……

管理八营守备功加九等纪录七次孙奇成号杜奇生

□□茂州付总库杨茂功

大清康熙三十七年季月吉旦造

吉旺速的情形也大抵如此，他们都是在大慈法王圆寂后来到这一地区的，或许是两人分头主持了两座寺院，虽然当地的史志中没有提及两位番僧的籍贯及其后世的传承，但从须弥山为古代名山古刹的背景、朝廷赐额、颁藏并记其事于实录等礼遇来看，绝非普通的番僧，所以，绰吉旺速的继任者竟为后来统辖甘青的赞善王。碑文中出现的宝塔寺、大能仁寺都是明初番僧主持的著名大寺，说明当时在内地的番僧及其寺院相互之间都有密切的联系，番僧在各寺院之间的流动也非常频繁。今日的须弥山除了题记、碑铭之外，尚留有不少藏传佛教的文物遗存。如第51窟南耳室窟门西侧力士头像西面阴刻藏文题记一方，现已漫漶不清。松树洼区的第111窟门楣上方有阴刻藏文题记已无法辨识，仅见pad ma ……rten ba。圆光寺区的第46窟窟门东壁有藏文阴刻题记，隐约可见srong字样，主室中心柱南面龛北周（557—581）一佛二菩萨像，中央佛像在明代重装，其风格为典型明初藏式风格。第48窟主室西侧龛上有明代藏传壁画残存。北壁亦有壁画残片。中心柱南面龛外有明画藏式千佛。东面龛外两侧亦绘千佛。西面有一铺大的佛与弟子壁画。窟顶有藏式卷草纹。此窟是明代绰吉旺速住持景云寺时大规模重装和彩绘的窟室，都在今天的圆光寺区。桃花洞区的第105窟中心柱北壁龛上有明代藏传绘画。须弥山松树洼区第112窟为典型喇嘛塔。第114窟为明代雕刻的喇嘛塔。估计这些喇嘛塔都建于绰吉旺速与喃噶坚参□□□住持圆光寺时期，即正统与成化年间。

明代采用“广行招谕”与“多封众建”的治藏政策。《明史》记：“初，太祖招徕番僧，本籍以化愚俗，弥边患，授国师、大国师者不过四五人。至成祖兼崇其教，自阐化及二法王外，授西天佛子者二，灌顶大国师者九，灌顶国师者十有八，其他禅师，僧官不可胜数。其徒交错于道，外扰邮传，内耗大官，公私骚然，帝不恤也。然至者犹即遣还。及宣宗时则久留京师，耗费益甚。”当时，在西宁藏僧三剌请建瞿坛寺并乞皇帝赐予寺额之后，此类风气大盛。《明史》又记：“初，西宁番僧三剌为书招降罕东诸部，又建佛寺于碾白南川，以居其众，至是来朝贡马，请敕护持，赐寺额。帝从所请，赐额曰瞿坛寺。立西宁僧纲司，以三剌为都纲司又立河州番、汉二僧纲司，并以番僧为之，纪以符契。自是，其徒争建寺，帝辄赐以嘉名，且赐敕护持。番僧来者日众。”圆光寺僧正是在番僧朝京祈请寺额供养的潮流中多次前往京师，仅记于实录的有正统七年和正统十三年两次。与其他洮、岷一带原本就是藏区的寺院不同，作为非常古老的汉传寺院的景云寺与法泉禅寺由番僧接管，这一事实本身说明明代藏传佛教势力在内地的渗透。从东汉先零羌居住的逢义山、须弥山唐石门景云寺到宋崇宁年间的番僧党征氏，再到明正统、成化年间的番僧主持，历史在惊人地重复，我们分析圆光寺的历史，就如同翻看汉藏人民交往的历史。

第四章

消失的王国与永远的桥梁：西夏文化与汉藏多民族文明的多元与扩展

第一节　蕃夏文化交流与西夏的藏传佛教文物

藏语称西夏为mi yag，这一称呼既指西夏建国以前的党项人，也指西夏建国以后的西夏人。论及西夏与吐蕃的历史文化联系、从公元7世纪初党项羌与吐蕃王朝发生联系开始，到13世纪初西夏亡国时为止，长达600多年，其间你来我往，水乳交融，是中国历史上较为少见的现象之一。[1]唐时，吐蕃和党项部落之间的战争使得大批的党项人归属于吐蕃王朝治下，两族杂居者为数众多；雅隆王朝解体以后，东迁河陇、河湟一带的吐蕃人与内徙的党项人部落杂居共处；西夏建国以后，上述地方有很大一部分吐蕃人被收归治下，成了西夏的“编户齐民”。吐蕃与党项统治者之间的相互军事争夺与两族人民之间的相互往来，构成了政治上统治与被统治、民族上杂居与融合、文化上极为密切的相互交流关系。[2]

一、吐蕃佛教对党项人的影响

西夏佛教与藏传佛教的关系源远流长。由于地域和族群的关系，吐蕃人和党项在历史和文化方面有诸多的共同之处，宋人称“大约党项吐蕃，风俗相类”，[3]传为阿底峡所掘伏藏《柱间史》记载，松赞干布的第三位妃子是木雅女茹雍东萨尺尊，她主持修建了查拉贡布神殿（即岩神大黑天神殿），此妃还在女妖魔窟旁的一岩石壁上勒石作大日如来像。

〔1〕党项羌与吐蕃正式发生联系是在唐太宗贞观年间，贞观八年（634）松赞干布遣使入朝，唐太宗遣冯德遐为使下书临抚。松赞干布又听说突厥、吐谷浑“皆得尚公主”，乃遣使送币向唐朝求婚，太宗没有答应，“弄赞怒，率羊同共击吐谷浑，吐谷浑不能亢，走青海之阴，尽取其赀畜。又攻党项，破之。勒兵二十万入寇松州。”（《新唐书》卷二一六“吐蕃传”）这是见于汉文史籍的党项与吐蕃的最初接触。

〔2〕张云：《论吐蕃文化对西夏的影响》，《中国藏学》1989年第2期，第114—131页。

〔3〕《宋史·卷六十四·宋琪传》。

另在宫殿的西北面，为阻断厉鬼出没之地而起造白塔，举行佑僧仪式，[1]并主持修建了米茫才神殿（mig mang tsal gyi lha khang）。[2]松赞干布命人在弥药热甫岗地方建造了佛寺并以弥药人为监工在康区建造隆唐准玛寺。在吐蕃地方也有很多来自党项的僧人和学问僧。[3]据《木雅五学者传》记，热德玛桑格大师等五位学者，早期都无一例外地去过吐蕃地区，在桑普寺求经学法，还到过夏鲁、萨迦、那唐及党木隆等地寺院，学有所成。[4]宋人周辉撰《清波杂志》云："蕃方唯（西夏）僧人所过，不被拘留，资给饮食。"[5]可见藏传佛教对西夏的影响早在吐蕃时期就已经开始，西夏佛教实际上受到了西藏前弘期佛教的影响；与此同时，党项人的佛教上师对吐蕃佛教尤其是吐蕃后弘期佛教的兴起起到了很大的促进作用，并为11世纪藏传佛教支派进入西夏佛教体系奠定了基础。

当吐蕃王朝在卫藏的统治变得衰弱，朗达玛赞普灭佛之时，与吐蕃在种族和文化上具有亲缘关系的党项人乘机填补了这一空白，取代吐蕃成为吐蕃东北部这一广大区域的佛教文化中心，《西藏王统记》描述这种局面时将卫藏形容为黑暗之域并记载说在近一百年的时间内连佛法的名字都无人谈及。[6]卫藏的僧俗为避灭法战乱，取道各路逃离卫藏，来到与党项人杂居的多康学法和从事宗教活动，以至于多康成为10至11世纪佛教传播的中心，下路弘法的起点。东律初祖拉钦・贡巴饶赛（952—1035）就是宗喀德康（今青海循

[1] Bkav chems ka khol ma, pp.231-232: devi phyi ma ru yong stong bzav khri btshun yin/ des brag lha mgon povi lha khang gi rmang gting ngo/ 此书甘肃人民出版社1989年版藏文版仅记载木雅妃建造了神殿，没有提到勒石造像之事，此书卢亚军汉译本（甘肃人民出版社，1997年版）以上文字不知据何种本子而来。

[2] 黄灏：《〈贤者喜筵〉译注》，《西藏民族学院学报》1981年第2期。但《柱间史》记米茫才神殿为来自李域的妃子李姜通萨尺尊所建：devi phyi ma ni li lcam mthon bzav khri btshun yin/ des lha sa mig mangs tshil gyi lha khang gi rmang bding ngo.

[3] 这些僧人名前往往冠有"木雅巴"（mi-nyag-pa）、"木雅"（mi-nyag）或"咱米"（rtsa-mi）的名称，如《贤者喜筵》所记生于下多康弥药地区的高僧咱米桑杰扎巴（rtsa-mi sangs-rgyas grags-pa）是一位著名的西夏译师，也是蔡巴噶举派创始人贡唐相喇嘛依止的上师之一，在贡唐相喇嘛的传记中对这位上师有记载，生于多康木雅咱米地方，曾任印度金刚座寺（印度比哈尔的超岩寺）的堪布20年之久。其事迹还见于《青史》（郭和卿译本第44—67页，罗列赫译本第49页），很多西夏唐卡中的上师像，很可能就是描绘这位上师。另外，据《巴协》《青史》记载，赤松德赞为弘扬佛法派遣巴塞囊和桑喜前往汉地迎请高僧，同时也请来了"木雅和尚"，他们成了赞普的上师，教授大乘密教理论。此后并形成木雅上师传承（郭和卿译《青史》，第517—518页）。

[4] 高景茂译：《木雅五贤者传》，转引自张云《论吐蕃文化对西夏的影响》，《中国藏学》1989年第2期，第114—131页。

[5] 邓少琴：《西康木雅乡西乌王考》，见白滨编：《西夏史论文集》，第684页。

[6] "彼时，佛法弘扬于多康之地，而藏地却无佛法，成为黑暗之域。"（de ltar khams na sangs rgyas kyi bstan pa dar bzhing/ bod na chos med par mun pavi smag rum du gyur na）这种卫藏没有佛法的黑暗年代，大约一百年左右："藏王朗达玛阴铁鸡年（辛酉年，即会昌元年，公元841年）灭法，阴铁鸡年（辛酉年，唐昭宗光化四年，公元901年）佛教余烬复燃。或云历时六小甲子，然实际上是八小甲子。在此98年中，就是佛教的名字也没有听说过。"（de ltar rgyal po glang dar mas lcags mo bya la chos snubs/ lcags mo bya la bstan pavi me ro langs nas/ lo skor dguvi bar du dbus gtsang na chos med do zer kyang/ nges pa can du lo skor brgyad/ lo dgu bcu go brgyad kyi bar chos kyi ming tsam yang med do/）民族出版社1981年版藏文本《西藏王统记》第240页，第242页。

化黄河以北）地方人，[1]据说大师曾从弥药上师学法。[2]拉钦驻锡丹迪寺时，朗达玛大妃那囊氏之子永丹六世孙益西坚赞，派卫藏十人赴丹迪学法，其中有前藏赴多康的鲁梅（另一种说法是鲁梅是贡巴饶赛的弟子粗·喜饶乔［mtshur shes rab mchog］的弟子）。[3]鲁梅等受戒弟子陆续返回卫藏的时间是在公元975年以后，在卫藏各地广收门徒，其弟子有“四柱八梁三十二椽”之说，并在卫藏建立了很多的寺庙，剃度了很多的僧人并形成了各自的传承，他们所属的寺庙正是公元11世纪前后在西藏艺术史上有重要意义的那一批卫藏早期寺院，其建寺的时间正好是鲁梅等人返回卫藏的时间。作为西夏佛寺主体，建于都城兴庆附近的寺院，其建寺时间也都在这一时期。[4]

从以上史实我们可以设想，正是以鲁梅为首的一大批赴多康学法的僧人将多康党项等地包括佛教艺术在内的佛教文化传入卫藏，因为卫藏的佛教传承完全中断了近一百年，所有的寺庙、佛像等等几乎被彻底地毁坏，没有多康边地保留的佛教文化传承，卫藏佛教不可能如此迅速地复兴。然而，多康党项等地保留的吐蕃佛教艺术遗存应该是前弘期末由东印度传入西藏的波罗风格，在党项故地的近一个世纪，艺术风格融进了某些当地的艺术成分，而这些当地的艺术成分本身就是多元风格的组合体，其中包括传自西域的中亚风格和经由中亚传入西夏的东印度波罗风格。所以，11世纪西藏艺术中出现的中亚特质很

〔1〕如《安多政教史》所记：“圣教在多麦地区的弘传，虽然没有前弘期与后弘期之分，但毫无疑问在前弘期时，许多智者、成就大师、法王和大臣们以公开或不公开的方式为众生作过弘法传承，这是存在的事实。尤其是当朗达玛毁灭西藏地区圣教之后，在吉祥曲沃日山（chu bo ri）的禅院中修行的约尔堆（gyor stod）的玛班·释迦牟尼（dmar pan shvakya mu ni）、哲穹多（drad chung mdo）的约格迥（g-yo dge vbyung）、嘉热巴（rgya rab pa）的藏热赛（gtsang rab gsal）三人用骡驮上律部经论，逃往上部阿里，又从那里转往葛逻禄（gar log），由此取道霍尔地区，经多麦南部白日（be ri）的察措湖（tshva mtsho），来到黄河峡谷的金刚岩洞、安穹南宗窟（an chung gan gnam rdzong）、丹斗寺等处修行。有一天，被黄河边的一位牧童发现了，他于晚上在人群中议论此事，宗喀地区的一位叫作穆苏萨巴尔（dmu zu gsal vbar）的年轻人听见后，产生信仰，请求剃度。于是，藏任亲教师，约和玛二人任规范师，度其出家，授比丘具足戒，命名为格瓦饶萨（dge ba rab gsal）。后来由于学问渊博，洞晓义理，被人们尊称为贡巴饶赛（dgongs pa rab gsal）。”吴均等汉译本第22页。然而，更多的文献将贡巴饶赛看作是前藏彭域地方人，后移居青海化隆丹迪寺。《藏汉大辞典》介绍贡巴饶赛事迹云：“贡巴饶赛大喇嘛……生于拉萨东北之彭域，移居青海境化隆县丹迪地方。”今青海互助所存白马寺，即是大师圆寂后其弟子修建。

〔2〕《安多政教史》吴均等汉译本第23页：“（贡巴饶赛）从上述亲教师和规范师即北方木雅噶的郭戎森格扎处学习律经……”这里的“木雅噶”藏文作mi nyag gha.

〔3〕《西藏王统记》（1981年民族出版社藏文本）第242页：“当恶王（朗达玛）灭法后约八十余年，桑耶小王擦那益西坚赞为施主，送弟子赴多康求戒，其首次求得戒律者，则名为卫藏七人。”（rgyal po sdig can gyis chos bsnubs nas lo brgyad cu lon pa na bsam yas kyi mngav bdag/ tsha na ye shes rgyal mtshan des bdag rkyen mdzad nas khams su sdom pa len pavi thog mar/ dbus gtsang gi mi bdun du grags pa ni/ klu mes……）又如《巴协》所记：“彼时，在多麦康区的师徒传承并没有中断的消息就传开了。吐蕃地方有信仰而且想行佛法的人便都到康区去寻求戒律。后来，有卫藏的鲁梅等12人也到康地学法。学成返回卫藏时，连同途中遇到一起回去的一人，共13人。”（dus de tsa na mdo smad kyi khams na mkhan slob kyi bkav rgyud ma chad par vdug par grags/ bod dad pa can chos bya bar vdod pa kun sdom khams su len par vgro/ phyis［dbus gtsang］klu mes la sogs pa mi bcu gnyis lam nas ... log pa gcig dang bcu gsum vod/）见佟锦华、黄布凡译注本，汉文第72页，藏文第203页。

〔4〕有纪年可考的寺院如位于兴庆府东的高台寺（1047年）与承天寺（1055年）。

大程度上是以西夏艺术作为中介来实现的，虽然，我们并不能将藏文史书中提及的多康地区完全与党项人生活的地区等同起来，将10世纪前后的多康地方化的吐蕃时期遗留佛教看作是西夏立国以后的西夏佛教，但是，藏传佛教在西夏的传播远比我们想象的还要兴盛。我们今天在西夏人活动过的地区都可以发现西夏地方化的藏传佛教遗存，这些遗存连接成若干条西夏艺术向外传播的通道，将西夏与西藏联系在一起。[1]我们可以认为出现在11世纪前后卫藏寺院中的壁画都不同程度地受到“西夏艺术”的逆向影响，扎塘寺的壁画某些风格成分就是如此。然而，必须加以确认的是，以上谈到的“西夏艺术”仅仅是一种笼统的概念，因为我们设想的西夏艺术对藏传艺术的影响，发生在藏传佛教前弘期的初年，此时西夏还没有建国，生活在这一广大区域的党项人的艺术创作，根本无法称之为一种艺术流派，更谈不上对其他域外艺术的影响，所以，这种影响只是7世纪以来中原艺术对吐蕃艺术影响的继续。

二、西夏建国以后藏传佛教的宏传

西夏王朝的建立经历了众多的磨难，从唐时党项人在吐蕃势力挤压下的多次辗转迁徙，五代时期与诸藩镇政权的周旋直到李元昊称帝建立大夏国，可以说是从列强夹缝中成长起来的。西夏的人民经历了太多的颠沛流离和无尽的战乱，他们希望有一种宗教能够及时解除心灵的苦难，舒缓精神的压力。西夏社会的这种特征导致了西夏佛教一个显著的特点，那就是极强的实践性和高度的包容性。这种佛教并不重视其遵循何种流派，奉行何种教义，而是强调通过直观的可以操作的宗教仪式让信徒取得如此行动之后的精神安慰感，西夏大规模的译经与刻经活动，究其本质，并非要建立自己的佛教体系，而是西夏王室这种情绪的宣泄。所以，西夏佛教同时将汉地佛教和藏传佛教兼收并蓄地融合在一起，极为侧重藏汉佛教中有关实践的内容并因此看重藏传佛教。藏传佛教中噶玛噶举派的教法具有明显的实践色彩，正好迎合了西夏佛教重仪轨重实践轻理论的特点，使其得以在西

〔1〕史金波《西夏佛教史略》（台北商务印书馆，1993年）一书对西夏境内的寺院逐一进行了分析，将其概括为兴庆府—贺兰山中心；甘州—凉州中心；敦煌—安西中心即黑水城中心（第122—125页）。这几个中心现在都发现了藏传佛教遗迹，如东部的宏佛塔、拜寺口双塔以及出土的唐卡及木雕上乐金刚像等，青铜峡一百零八塔及附近的喇嘛塔内发现的两幅唐卡，内蒙古伊克昭盟鄂托克旗阿尔巴斯苏木百眼窑石窟（蒙语阿尔泰石窟中）的壁画（王大方等《百眼窑石窟的营建年代及壁画主要内容初论》，载《内蒙古文物考古文集》第一辑，中国大百科全书出版社，1994年）；西部的安西榆林窟西夏晚期藏密洞窟形式及壁画（张伯元《东千佛洞调查简记》，载《敦煌研究》创刊号，1983年），安西千佛洞第5壁窑门北侧壁画中的藏式佛像以及五个庙石窟的藏传密迹等（张宝玺《五个庙石窟壁画内容》，载《敦煌学辑刊》1986年第1期）。

夏朝野得以迅速地传播。

西夏建国后，早期曾与河湟吐蕃首领唃厮罗产生矛盾，两者之间不断发生战争，西夏腹背受敌，形成被吐蕃、北宋夹击的形势。秉常时期，皇太后梁氏为联络吐蕃以自己的女儿向吐蕃首领董毡之子蔺圃比请婚。乾顺时期，西夏国相梁乙埋又向吐蕃首领阿里骨为自己的儿子请婚，后来吐蕃首领拢拶又与西夏宗室结为婚姻，双方关系有所改善，交往比早期明显增多。[1]可以说整个12世纪，西夏和吐蕃没有发生过大的战争，一直是和平相处，近一百年的和平时期为西夏和吐蕃的文化交往创造了良好的政治社会环境，[2]而河湟吐蕃时期遗留佛教的兴盛则为后期藏传佛教在西夏的传播提供了便利条件。西夏建国前后，正是唃厮罗政权统治的河湟一带佛教盛行的时期，现存西宁北山的土楼山石窟壁画，就是河湟吐蕃时期藏传艺术的留存，西窟可见大日如来圆形构图坛城。[3]宋绍圣中（1094—1097），武举人李远官镇洮，奉檄军前记其经历见闻，撰《青唐录》，文内有云："（青唐）城之西，有青唐水，注宗哥，水西平原，建佛寺广五六里，缭以冈垣，屋至千余楹，为大像，以黄金涂其身，又为浮屠十三级以护之。阿离骨敛民作是像，民始贰离。吐蕃重僧，有大事必集僧决之，僧之丽法无不免者。城中之屋，佛舍居半；唯国王殿及佛舍以瓦，余虽主之宫室亦土覆之。"[4]从以上记载可以看出当时青唐城佛教的鼎盛，佛寺几乎占据了城市建筑的一半，并且能够塑造高达13级浮屠的镏金大佛像，其造像技艺之高超可以想见；《续资治通鉴长编》记宋熙宁五年十月（1072），宋军收复镇洮军（熙河）接收归附吐蕃各部后在当地建寺，以"大威德禅院为额"，这里的"大威德"疑为密教神灵，[5]因为"大威德"一词专指rdo rje vjigs byed，梵文Vajrabhairava，况且这是安抚吐蕃部落所建寺院，若是，那么这就是我们现在看到的藏传密教造像在这一地区流行的有明确纪年的最早记载。

《青唐录》撰写的时间正是在西夏建国的初年，青唐吐蕃部落保留的吐蕃前弘期的艺术（11世纪初年西藏本土后弘期艺术风格还没有建立起来）如何不传播到与之杂居的西夏人那里？所以，我们在讨论吐蕃文化对西夏的影响时，应该充分考虑河湟吐蕃对西夏的影响。如上所述，藏文文献记载吐蕃佛教在西夏建国以前很长时间就已经传入迁徙至内地西北的党项人中间，其年代最晚应该早于大师贡巴饶赛（952—1035），因为大师曾向西

〔1〕史金波《西夏佛教史略》，第51页。

〔2〕参看杜建录著《西夏与周边民族关系史》，第136—151页。

〔3〕该窟东窟壁画有宋宣和三年（1121）游人题记，可见这些壁画是1121年以前的作品。参看张宝玺《青海境内丝绸之路故道上的石窟》，刊敦煌研究院编：《段文杰敦煌研究五十年纪念文集》，第150—151页。

〔4〕祝启源《唃厮啰——宋代藏族政权》，第276页：（国主）处理军政大事的店堂旁边就供有"金冶佛像，高数十尺，饰以真珠，覆以羽盖。"宋神宗熙宁七年（1074）《广仁禅院碑》描述河湟吐蕃云："西羌之俗，自知佛教，……其诵贝叶傍行之书，虽侏离鴃舌之不可辨，其音琅然，如千丈之水赴壑而不知止。"张维《陇右金石录》，转引祝启源，第278页。

〔5〕《续资治通鉴长编》卷二三九，熙宁五年十月甲申记事。

夏上师学法。至西夏建国初期，藏传佛教似乎已经盛传开来，乾顺天佑民安五年（1094）的《重修凉州护国寺感通塔碑铭》的西夏文部分末尾列举了修塔的有关人员，其中有“感通塔下羌、汉二众提举赐绯和尚臣王那征遇”。西夏文的“羌”字音“勃”，正与吐蕃的“蕃”字同音，此字应是吐蕃的称谓，可知当时凉州已有管理蕃汉事物的僧官。[1]事实上，西夏与吐蕃的关系比人们想象得还要密切，远在1036年西夏攻陷瓜沙之际，张掖河流域的人们已经普遍使用藏语，《宋史·夏国传》记：（德明之子）元昊“晓浮图学，通蕃、汉文字。”在他新制西夏文字以前，所谓“蕃字”就是指的藏文，因此元昊早年就已和藏传佛教发生关系，应该是可以肯定的。[2]如1045年，西夏派僧人吉外吉、法正等到宋朝，感谢宋朝第二次赐经事。这里的“吉外吉”，应为藏文chos rje的译音，意为法王，是藏传佛教高僧的一种称号，萨迦派即以chos rje称萨迦班智达。[3]又如，1093年西夏建感应塔及寺院，完工后立碑志庆，碑文末尾的名单中有“庆寺都大勾当铭赛正嚷挨黎臣　梁行者　庆寺都大勾当卧则罗正兼顶直罗外母罗正律晶赐绯僧”之句。“都大勾当”在黑水桥碑藏文中作spyi vi zhal snga ba，可能相当于后期藏传寺院中管理行政事务的机构spyi-ba；“卧则罗正”可能就是藏传寺院的领经师dbu mdzad slob dpon。[4]1098年（永安元年）《敕赐宝觉寺碑记》提到在甘州建卧佛寺的西夏国事嵬名思能早年曾随燕丹国师学习佛理。这里的“燕丹”，当即藏语的yon tan，可能这位国师来自西藏，也可能西夏国师以藏语作为国师称号。[5]此外，西夏境内有很多的吐蕃人，他们主要使用藏语，这是藏传风格佛教艺术在西夏广为流传的因素之一，在吐蕃撤出河西敦煌和于阗一线后，藏语文直到公元10世纪仍被作为官方语言而普遍使用着，[6]以至于藏人出家也要层层考试才能度为僧人；[7]西夏人在吐蕃人聚居的河西立碑时不用西夏文而用藏文，如乾祐七年（1176）于甘州城西张掖河桥畔之《黑水建桥敕碑》表明，可见此地使用藏文已经不短的时间了。[8]今存敦煌写本

---

〔1〕史金波：《西夏佛教史略》，第52页。

〔2〕王忠：《论西夏的兴起》，《历史研究》1962年第5期。白滨编：《西夏史论文集》，第23页。

〔3〕语出《续资治通鉴长编》卷一五六，转引自史金波《西夏佛教的流传》，《世界宗教研究》1986年第1期；参看陈庆英《西夏与藏族的历史、文化、宗教关系初探》，刊《藏学研究论丛》，第46—47页。《西夏书事》亦有记载：“（元昊）遣蕃僧吉外吉法正等报谢景佑中所赐经”，事在宋庆历五年即西夏天授礼法延祚八年，其时宋与西夏已成和议，此年元昊即先后遣使贺宋正旦及宋帝生辰，宋亦颁历于西夏。

〔4〕罗福颐：《西夏护国寺感应塔碑介绍》，《文物》1981年第4—5期，收入《西夏史论文集》，第452—458页。陈庆英：《西夏与藏族的历史、文化、宗教关系初探》，刊《藏学研究论丛》，第46—47页。

〔5〕史金波：《西夏佛教的流传》；参看陈庆英《西夏与藏族的历史、文化、宗教关系初探》，第47页。

〔6〕乌瑞：《吐蕃统治结束之后甘州和于阗官府使用藏语的情况》，参看巴黎《亚洲杂志》1981年，第81—91页。

〔7〕如《天盛改旧新定律令》云：“番、汉、羌（指藏人）行童中有能晓颂经全部，则量其业行，中书大人，承旨当遣一二□（人），令如下诵经颂十一种，使依法颂之，量其行业，能颂之无障碍，则可奏为出家僧人。”参看史金波《西夏的佛教制度》，载李范文编：《首届西夏学国际学术会议论文集》，第313页。

〔8〕王尧：《西夏黑水桥碑考补》，《中央民族学院学报》1978年第1期。

《嵬名王传》，则是西夏民间用藏文字母代替西夏文拼音写成。[1]

此外，藏语文在西夏境内，还是诵读佛经的必备文字之一，如乾祐二十年的大法会“念佛诵咒，读西番、番、汉藏经”，将藏语经文（西番）放在首位，可见藏语在西夏佛教活动中的地位。克恰诺夫认为，西夏国内佛教徒学习藏语文是强制性的。他还以法典为例，说明藏语的重要性。据统计，要求用藏语诵读的佛经有：《文殊室利名经》《毗奈耶决定伏波离所问经》《大方光佛华严经》《般若波罗蜜多心经》《一切恶道消除佛顶尊胜陀罗尼经》《无垢净光明摩诃陀罗尼经》和《金刚能断般若波罗蜜多经》等。[2]综上所述，西夏建国以后藏传佛教的流行实际上是党项人的佛教与吐蕃前弘期与后弘期交替时期佛教关系的继续。因此，我们在分析包括黑水城在内的西夏藏式风格作品时，并不能将这些作品的出现年代严格限定在噶玛噶举和萨迦派僧人和西夏朝廷发生联系之后，而应该考虑党项人和吐蕃的关系，西夏早期、中期和河湟吐蕃佛教的关系。假如没有两者之间地域、民族与宗教之间绵长深厚的历史联系，很难设想10世纪前后后弘期在吐蕃复兴，11世纪后弘期初年复由阿里等地进入卫藏的修行上乐金刚金刚亥母本尊坛城的密法几乎同时能够在西夏的广大区域流行。

西藏艺术史家在讨论由西藏使夏的僧人上师时，一致将一世噶玛巴都松钦巴的弟子藏巴顿库瓦入藏作为藏传佛教绘画进入西夏之始，并以此作为西夏藏传风格绘画断代的依据，[3]从而将出现修习上乐金刚根本续双身像的西夏绘画断代在1189年都松钦巴的弟

---

〔1〕参看李范文：《西夏陵墓出土残碑考释》，载《西夏研究论集》，第115页。

〔2〕张云：《论吐蕃文化对西夏的影响》，《中国藏学》1989年第2期，第114—131页。

〔3〕有关噶玛噶举派和西夏朝廷关系的记载，最早的是蔡巴·贡噶多吉所撰《红史》，但广为学界所知的却是噶玛噶举派僧人巴卧·祖拉陈瓦（1504—1566）撰《贤者喜筵》。书中在叙述西夏王统时记载：西夏王泰呼非常崇敬一世噶玛巴都松庆巴，曾派遣使臣入藏延请都松庆巴到西夏传法，都松庆巴未能前来，便派遣弟子格西藏索瓦来到西夏。藏索瓦被西夏王尊为上师，传授藏传佛教的经义和仪轨，并组织力量大规模翻译佛经，极受宠信。后来都松庆巴在他所建楚布寺修建白登哲蚌宝塔时，西夏王又献赤金瓔珞及经幢、华盖等各种饰物。都松庆巴圆寂后，在其焚尸处建造吉祥聚米塔，藏索瓦用西夏的贡物，以金铜包饰此塔。这段记载十分重要，几乎国内外涉及西藏与西夏文化关系时都要引用，并作为断代的依据。笔者将这段原文引述如下并加以翻译：对此，泰呼王说：“法王都松庆巴到了楚布寺驻锡于此，我邀请他前来，但未能成行，但您（都松庆巴）的使者，新收的一个弟子可作应供。”于是格西藏波瓦去了西夏，做了西夏王的上师。后来，西夏王又献楚布寺白登哲蚌白塔的金铜包裹和华盖等物。（vdi la rgyal po thvi hus chos kyi rje dus gsum mkhyen pa mtshar［mtshur］phur phebs te bzhugs pa la spyan vdren btang bas ma byon/ vo na khyed rang gi sku tshab gsar pavi slob ma zhig mchos gnas su gtong bar zhus pas dge bshes gtsang po ba btang ste rgyal pos bla mar bskur/ phyis mtshur phuvi dpal ldan vbras spungs kyi mchos rten la gser zangs kyi na za dang bla res sogs bskur ba yin/）同样的记载也见于《贤者喜筵》中都松庆巴的传记部分，书中讲到，都松庆巴为藏索瓦讲法时预言，藏索瓦将成为西夏王的上师。这里所记载的西夏“泰呼王”为第五世，按西夏帝王顺序应为仁孝。仁孝在位时间为1140—1193年，与都松庆巴在世时间大体相当。“仁孝”二字的西夏文读音为“尼芍、勿”与藏文“泰呼”（the-hu）音近。可见遣使入藏迎请上师，后又贡献饰物助修佛塔等活动当在仁孝时期。后代藏文文献，对甘青多麦地区宗教史实记载尤详的《安多政教史》中也叙述了这段史实。《贤者喜筵》还记载了蔡巴噶举派喇嘛相的弟子藏巴敦库瓦等师徒七人先到蒙古地方，后转道西夏，在西夏担任翻译，讲授三宝密咒。这位上师在成吉思汗毁灭西夏并破坏西夏寺院时，曾劝说成吉思汗（转下页）

子藏巴顿库瓦使赴西夏之后。这种断代无疑是错误的，还会产生一些断代上的矛盾，例如出自贺兰县宏佛塔——一种唐宋以来流行的密檐式砖塔而不是喇嘛塔——的上乐金刚像，其建塔的年代有可能早至元昊时期，此塔没有重新装藏的迹象，我们很难将他们断代在藏巴顿库瓦入夏之后，即1189年以后。所以，与藏传佛教在西夏传播的历史进程相对应，西夏故地佛塔所出藏传绘画作品表明，早在元昊时代这些作品已经存在，〔1〕至少在仁宗（1139—1193）初期，藏传绘画已经盛传开来。确凿的文献表明，在噶举派僧人到来之前，当时有来自印度、克什米尔和西藏的僧人久居西夏从事译经事业。例如，明正统十二年（1447）重刊的汉藏合璧偈子，这份偈子原是仁宗朝从梵文原本译为西夏文、汉文和藏文的，明刊本《圣胜慧到彼岸功德宝集偈》（vphags pa shes rab kyi pha rol tu phyin pa yon tan rin po che bsdud pa tshig su bcad pa）保留了一篇明代的序言和一篇原有的西夏题记（仅用汉文），其中提到6个人名，其中有梵文译者遏啊难捺吃哩底，上师拶也阿难捺，主校波罗显胜。据范德康考证，遏啊难捺吃哩底梵文为ànadakirti；还原为藏文为kun dgav grags，断定他是一位吐蕃僧人，拶也阿难捺的名字出现在众多的藏文和西夏文的佛经跋页中，据考他是来自克什米尔的上师。作为译经职位最高的上师，按照西夏僧官制度，应为藏人，所以史金波先生认为波罗显胜是西藏僧人。这些僧人的活动年代大多都在仁宗初年。〔2〕其时，噶玛噶举和西夏的联系还没有见诸记载。

（接上页）修复佛寺，据说这是最早见到蒙古人的藏人。这位喇嘛相还指点雅隆地方人查巴僧格到西夏地方修习，作了西夏王的上师，在西夏的果热衮木切及帕底地方弘扬佛法。东嘎仁波且编注《红史》对藏巴敦库瓦所作注释云："藏巴敦库瓦（gtsang pa dung khur ba），又名藏巴敦库瓦旺秋扎西，他是贡唐喇嘛相（1123—1194）的弟子，最初受西夏的邀请，为西夏王的上师，并在西夏弘扬了蔡巴噶举的教法……生卒年不详。"然而，成书时间远远早于《贤者喜筵》，由噶举派支系蔡巴噶举僧人蔡巴司徒·贡噶多吉所撰《红史》（成书于1363年）在其叙述西夏王统与都松庆巴传记时却没有提到西夏王邀请都松庆巴赴西夏之事，只是在叙述蔡巴噶举教派史时记载，藏巴敦库瓦为贡唐喇嘛相的再传弟子，其所从上师为涅麦仁波且。这位藏巴敦库瓦与上面提到的格西藏索瓦和格西藏波，都是一世噶玛巴都松庆巴和蔡巴噶举派上师喇嘛相分别派往西夏的弟子。笔者认为格西藏索瓦、格西藏波同为一人，《贤者喜筵》在叙述西夏王统时将这位使者写成"藏波瓦"，但在叙述都松庆巴传记时又写成"藏索瓦"；《红史》称藏巴敦库瓦等为"众格西弟子"。值得注意的是，喇嘛相出家时依止的根本上师咱米译师就是来自弥药，所以他派弟子赴西夏传法亦顺理成章。喇嘛相生卒年为1123—1194年，都松庆巴生卒年1110—1193年，所以，《红史》中记载的藏巴敦库瓦，其生卒年极可能与喇嘛相的生卒年相当，考虑到藏巴敦库瓦是再传弟子并曾劝说成吉思汗不要毁坏佛寺，其生活年代当在1150至1227年之间。此外，《萨迦世系史》记载，萨迦第三祖扎巴坚赞，弟子有一名叫国师觉本者，前往米涅（西夏），作了米涅王之应供喇嘛。扎巴坚赞的生卒年为1147年至1216年，他的弟子的活动年代应与藏巴敦库瓦的活动年代大致相同。可见同时前往西夏的并非只有噶玛噶举派的僧人。因而，西夏存留的藏传绘画，并不能只用噶玛噶举在西夏宏法的史实加以解释。

〔1〕据黄灏先生所说，建于1098年的张掖大佛寺，大佛颈部刻有藏文aom的六字真言之第一字。《马可波罗行记》则说大佛寺内杂有喇嘛像。甘肃炳灵寺石窟（1098年）也发现有藏文和西夏文同时出现的咒语（参看陈炳应《西夏文物研究》，第57页）。

〔2〕参看如下论文：罗昭《藏汉合璧"圣胜慧到彼岸功德宝集偈"考录》，载《世界宗教研究》1983年第4期；范德康撰，陈小强、乔天碧译：《拶也阿难捺：12世纪唐古忒的克什米尔国师》，刊《国外藏学译文集》第14集，第341—351页；邓如萍著，聂鸿音、彭玉兰译：《党项王朝的佛教及其遗存——帝师制度起源于西夏说》，载《宁夏社会科学》1992年第5期。"波罗显胜"的"显胜"可能是藏语的rgyal mtshan。

此外，我们从西夏大藏经所刊刻的木刻画也可以印证如上记载。西夏文佛经译自汉文的经典一般时代较早，所译藏文经典的时代多在后期。现在黑水城出土或者其他博物馆所藏的带有西藏绘画风格的版画常常被认为是出自西夏文译自藏文的经典，联系到西夏和西藏当时的教派联系的历史事实，常常将这些作品的断代定得较晚，而事实并非如此，带有藏式风格的绘画不仅出现在西夏文佛经中，而且也出现在汉文佛经中。笔者检出西夏雕印的汉文带有波罗卫藏风格的版画最早的作品为正德十五年（1141）《圣观自在大悲心总持功能依经录》经首版画佛像；[1]其后有天盛十九年（1167）仁宗仁孝印施汉文《佛说圣佛母般若波罗蜜多经》，[2]其中的木刻版插图带有典型的卫藏波罗风格，般若佛母的背光式样与扎塘寺壁画大背光及柏孜克里克石窟同期的背光式样相同，更为突出的是环绕主尊的菩萨的头饰与扎塘寺以及后来的夏鲁寺、敦煌465窟等的菩萨头饰完全一致，画面众菩萨以七分面朝向主尊的构图方式与扎塘寺以及465窟窟顶壁画大致相同，[3]这件作品的存在本身说明在1189年噶玛噶举僧人使夏以前的1167年就有了藏传绘画的雕版印画，其传入西夏的年代应该更早，现藏印度博物馆的黑水城出土西夏文刻经版画残片与此经应该是同时代的作品。[4]又如西夏乾祐二十年（1189），仁宗印施西夏文《观弥勒菩萨上生兜率天经》其时作大法会凡十昼夜，敬请与会的众国师据说都是西藏高僧。在这部汉藏风格合璧的经前插图中，西藏风格被置于右侧卷首最为尊贵的地位。作品中主尊的身相，佛龛宫殿的样式，两侧的立兽以及上面提到的菩萨三角形头饰都与同时期的唐卡作品相同，但是构图方式更像扎塘寺壁画，实际上反映的是汉地中亚的风格。上述木刻作品与1229年至1322年刊刻的《碛沙藏》版中的带有西藏风格的插图在人物造像和母题细节上截然不同，例如，后者作为主尊的佛像已经没有了黑水城版画中与唐卡造像完全相同粗短脖颈，菩萨三角形头饰倾向于圆形等等，此外，刀法趋于细腻，线条更加细密、流畅和圆润。这些图像都出现在1302年杭州刻印的元《碛沙藏》中，说明当时汉地所绘有关藏式风格的作品造像特征已经发生了变化。[5]以上的木刻版画都有比较明确的纪年，这

---

〔1〕此卷编号TK-164，经首有3幅版画。经首有口传此经者的署名："天竺大般弥怛五明显密国师在家功德司正嚷乃将沙门拶也阿难捺传"，这是藏汉合璧"圣胜慧到彼岸功德宝集偈"中的国师又一次见诸文献，这位僧人活动于仁宗初年的判定是正确的。其中"天竺大般弥怛"中的"天竺"是概指来自克什米尔的僧人，不一定确指印度。"大般弥怛"无疑来自梵文的"班智达"（Pandita）。此经书影参看孟列夫《黑城出土汉文遗书叙录》附录页15；整个经最后的残片上有仁宗的年号："奉天显道耀武宣文……去邪淳睦懿恭皇帝"刻印日期阙佚，但后序发愿文中说刻此番汉经的目的是纪念去世的父亲崇宗皇帝（1087—1138年），孟列夫认为大概不早于崇宗去世3周年，不晚于曹皇后去世后3周年，1167年的TK-128说曹皇后已去世3周年。崇宗的称号是1141年从金得到的，这个日期是最可能的刻印日期。

〔2〕此经插图见于编号TK-128的卷子。后序发愿文中有刻印日期："天盛十九年岁次丁亥五月初九日"。

〔3〕史金波等：《俄藏黑水城文献》第1卷卷首插图，上海古籍出版社，1994—1997年。

〔4〕参看Karmay, Heather, *Early Sino-Tibetan Art*, Warminster, 1975年，第36页，图版16—22。

〔5〕Karmay, Heather, *Early Sino-Tibetan Art*, Warminster, 1975年，第36页，图版26—30。

就为西夏黑水城唐卡和西夏故地佛塔出土的西夏藏传绘画提供了一个相对准确的时间坐标。

三、西夏藏传绘画的起源及其意义

研究西藏艺术的学者在论及西夏藏传风格的绘画，尤其是研究西夏唐卡时，都将其出现的时间归之于乾祐二十年（1189）西夏王室与噶玛噶举发生联系之后。通过如上描述，我们可以确认藏传佛教造像系统传入西夏的时间比噶玛噶举僧人进藏的时间要早得多。西夏佛教中涉及无上瑜伽密的内容与吐蕃佛教前弘期的旧派大圆满法不无关系。《上乐根本续》所传上乐仪轨在西夏传播的时间，目前仍然需要加以考证。因为宁夏拜寺口方塔出土了译自藏文的《吉祥遍至口和本续卷》西夏文佛经共九卷；汉文《上乐根本续》中坛城仪轨经文片段，如《吉祥上乐轮略文等虚空本藏》，经文中出现了"身语意三密""金刚亥母""阴阳二身"和"愿证大乐"等等，虽然此塔文物有乾祐十一年（1180）仁宗仁孝皇帝（1139—1193）的发愿文，但方塔建塔的确凿年代是在大安二年（1075），我们并不能排除某些经文是建塔时作为塔藏放置在塔内的可能性。然而，有关上乐根本续和大手印法的梵文经典，由仁钦桑布（958—1055）等译师译为藏文的时间也大多是在11世纪初年。不过，有一点可以确认，有关上乐根本续等等的西夏文、汉文文献与上乐金刚坛城、大手印等修习法肯定不是噶玛噶举派僧人藏巴顿库瓦1189年进入西夏王庭以后才在西夏传播开来，在噶玛噶举僧人入夏以前就已经盛传开来。方塔《吉祥遍至口和本续卷》卷残片，汉文佛经《初轮功德十二偈》，其中有"身语意之三密""大密咒""明咒""种子"和"相续"等字，表明此经译自藏文，经文为雕版印刷，楷体，字体清新而浑厚。[1]假如推算此经从译为汉文到雕版印制的时间，上乐根本续相关经文与仪轨传入西夏的时间确定在仁宗仁孝早期是没有疑问的。因为到了西夏后期，上乐金刚坛城和大手印法的修习已经滥觞，成了一种社会风俗。《黑鞑事略》云："徐揖尝见王霆云，某向随成吉思汗攻西夏，西夏国俗自其主以下，皆敬侍国师。凡有女子，必先以荐国师，而后敢适人。成吉思汗既灭夏，先裔国师，国师比丘僧也。"[2]这些记载表明西夏藏传佛教的修习由来已久。笔者以为，西夏僧人娶妻之风，并非来自噶举派，西夏后期所传噶玛噶举并不提倡僧人娶妻生子，西夏此俗实际上来源于宁玛派，是藏传佛教在前弘期传入党项佛教的证据之一。

---

〔1〕《西夏佛塔》图版一〇；第46—49页。
〔2〕清人赵翼《陔余丛考》记载清初陕西边群山中"僧人皆有家小"，认为此乃西夏所属甘、凉一带"旧俗"。

虽然西夏艺术从其党项羌时期就受到了吐蕃前弘期艺术的影响，但西夏唐卡大规模的出现仍然与早期噶举派的上乐金刚坛城仪轨以及大手印法在西夏传播开来有直接关系。所以，西藏唐卡进入西夏的时间可能很早，但西夏人将这种艺术形式转化为自己的一种绘画样式并能够熟练应用，则是在12世纪初叶以后。

笔者之所以将西藏绘画影响党项羌和西夏的时间确定为公元10世纪至13世纪，主要考虑到内徙之前的党项人的某些部落实际上可以看作是吐蕃部落，早期党项部落和吐蕃人之间的地域血缘联系与党项内迁以后两个民族之间的文化交流有质的不同。吐蕃佛教对党项的影响真正开始于吐蕃本土灭法、卫藏各派僧人进入安多以后，其间流行的是吐蕃时期佛教和早期宁玛派。在藏传佛教后弘期西夏建国后的一段时间，由于西夏统治者吸纳藏传佛教作为国家宗教的组成部分，藏传佛教的很多教法开始在西夏传播，因而，卫藏绘画图像及其绘画风格随着一些藏传佛教支派，如噶当派、萨迦派、噶举派的传入西夏而在西夏再度流行开来。至公元12世纪中叶，以卫藏风格绘画作为粉本而发展起来西夏藏传绘画已经形成。

藏传绘画在西夏的传播是西藏艺术真正意义上的东传，其最初传播的时间正好跨越了藏传佛教前弘期和后弘期，填补了西藏艺术这一阶段缺乏作品例证的不足。笔者认为藏传风格的这次传播在藏传绘画史乃至整个中国美术史上都有十分重要的意义。正是西夏人凭借他们对藏传艺术的高度虔诚将藏传美术与汉地中原艺术水乳交融地联系在一起，从而架起西藏艺术进入中原的桥梁，拉开了元代汉藏艺术空前规模交流的序幕。

西夏藏传绘画描绘的藏传佛教图像的题材和内容拓展了藏传绘画的领域，为我们勾勒藏传佛教图像学的发展具有重要意义，使我们得以了解在15—16世纪藏传佛教图像体系形成之前一些藏传佛教神灵的当时的面貌。

西夏藏传绘画风格将汉藏艺术两种不同的艺术风格有机融合在一起，形成了一种新的风格，这种风格是西夏绘画作为一种不同于宋、辽、金绘画的独特风格的重要因素之一，因为西夏早期绘画，我们很难将它们和五代晚期的汉地风格绘画区别开来，以至于在艺术史研究领域，人们并不认为存在一种西夏自己的绘画风格；西夏绘画风格形成于西夏后期，由于西夏居地位于河西走廊，它的艺术是汉地河陇绘画风格为主体融合多种艺术风格成分融合的结果，除了藏传绘画风格外，尚有回鹘风格和其他中亚风格成分。所以，分析西夏藏传绘画，有助于我们探索西夏绘画风格形成的轨迹，有助于我们认识藏传绘画作为一种艺术形式在不同的文化环境中产生了如何的演变。笔者以为西夏人对藏传佛教和藏传绘画的认识和态度强烈地影响了蒙古人，元代藏传绘画在内地的广泛传播直接继承了西夏与吐蕃及西藏绘画风格联系，在元代藏传绘画作品中可以找到很多西夏绘画的风格成分。元明以后汉藏艺术的大范围交流，虽然主要是政治因素，但西夏艺术的作用不可低估。

西夏藏传绘画在整个藏传绘画史上具有重要的地位，以其丰富的作品遗存充实了藏传绘画早期作品的例证，为早期藏传绘画的研究提供了资料；西夏藏传图像种类的多样化填补了早期藏传佛教图像的缺乏，在藏传绘画传播的历史进程中承前启后，是西藏绘画风格最成功的对外传播形式之一。

第二节　敦煌莫高窟第465窟与密教图像的体系化

莫高窟第465窟是由敦煌研究院前身——敦煌文物研究所编号的位于北区崖面的五个石窟之一，因其内保存有大量藏传密教壁画而闻名于世。465窟自20世纪中叶以来便受到学者的广泛关注，近年来更是成为研究焦点，是敦煌学、藏学、密教图像学等多个研究领域的重要参考资料。该窟由前室、中室和后室组成，前室早已塌陷，现在的前室实际上是原来的中室，主室则是原来的后室（图4-2-1）。[1]本节主要围绕465窟的建窟背景、壁

图4-2-1　莫高窟第465窟内景（杨雄主编《敦煌石窟艺术·莫高窟第465窟》，江苏美术出版社，1996年，图版3）

〔1〕彭金章、王建军：《敦煌莫高窟北区石窟·第2卷》，北京：文物出版社，1989年，第222—224页。

画题材以及莫高窟其他一些西夏石窟等问题展开讨论。

一、465窟建窟年代与背景

（一）465窟非蒙元窟或吐蕃窟

国内学者[1]关于莫高窟第465窟的断代，根据目前收集到的资料，共有四种说法：

（1）谢稚柳和金维诺教授将此窟定为唐吐蕃窟；[2]

（2）敦煌研究院将465窟确定为元窟；

（3）北京大学考古系教授宿白先生推断此窟为蒙元或元窟；[3]

（4）敦煌研究院杨雄先生认定此窟为二世噶玛巴噶玛拔希建立的蒙元窟。

上述四种断代说大致可以分为两种，一种是元窟或蒙元窟；一种是吐蕃窟。杨雄先生为《敦煌石窟艺术·莫高窟第465窟》撰写的前言对465窟的年代、壁画内容及其风格进行了较为详细的分析。该文被认为是对465窟研究的重大贡献，也是现时人们接受的465窟断代时限，这里仅就杨雄先生的断代说所用的论据及其可靠性提出自己的一些初步看法。

杨雄先生将465窟定为噶玛拔希所建主要有以下三条理由：

（1）465窟西壁（主壁）的三铺图像皆为上乐金刚和金刚亥母，此为噶玛噶举派主修本尊。

（2）465窟建成后随即废弃的原因与噶玛拔希当时的个人际遇相关。

（3）东壁门上戴尖帽的供养人像，杨雄先生认为是戴黑帽的噶玛噶举派上师。上师身后有火焰状腾起，杨雄先生解释此为噶玛噶举派僧人修习拙火定。

噶玛拔希1256年见蒙哥汗，得赐黑帽。1259年蒙哥汗死，1260年被忽必烈下狱。莫高窟第465窟当系噶玛噶举活佛噶玛拔希开凿于1256—1260年之间。[4]

在分析杨雄先生的断代说之前，首先我们来简略勾勒蒙元统治者与萨迦派和噶玛噶举派的关系。

---

〔1〕 实际上伯希和最早认定465窟壁画是元代壁画。

〔2〕 如金维诺《敦煌窟龛名数考补》，《敦煌石窟研究国际讨论会文集：石窟考古编》，1987年，第32—39页；金维诺主编：《藏传佛教寺院壁画》，天津人民美术出版社，1989—1993年，第1卷序言；金维诺、罗世平：《中国宗教美术史》，南昌：江西人民出版社，1995年，第165—168页。

〔3〕 宿白《榆林、莫高两窟的藏传佛教遗迹》有关465窟的论述，载《藏传佛教寺院考古》，北京：文物出版社，1996年，第241—245页。

〔4〕 杨雄编著：《敦煌石窟艺术：莫高窟第465窟》，南京：江苏美术出版社，1996年，第11—18页。

萨迦派出现于11世纪中叶，以昆·贡却杰布于1073年建萨迦寺、创立道果论为其教义作为该派形成的标志。萨迦派与蒙古发生联系始于萨迦四祖的萨迦班智达和其侄八思巴。1244年，应窝阔台次子阔端之请，萨迦班智达携侄八思巴和恰那与阔端相见于凉州。此后，萨班一直住在凉州并于1251年病逝于此地，没有文献记载萨班曾经前往沙州一带传教建寺。至于萨迦第五祖八思巴（1235—1280），文献所载事迹并没有特别提及他在沙州一带讲经弘法的活动。[1]如果465窟确实是为蒙古上层尊奉藏传佛教而建，那么此窟一定是在蒙古人占领沙州并稳固以后；萨迦一系与蒙古人的联系始于1244年以后，藏传佛教在蒙古上层中广为传播开来并为之大规模建寺应该是在蒙哥汗即位，将河西一带划归其弟忽必烈统辖以后（1251年以后），因为八思巴与忽必烈的关系较为密切。更为可能的是在八思巴被奉为国师（1260年），甚至是在1264年领总制院事以后。依此判断，与萨迦派相关的465窟，其建窟的时间只能是在1251年忽必烈统领该地以后的蒙元至八思巴于1276年离开北京返回萨迦寺之间的时间。

但是如果将465窟定为萨迦派所建窟室，我们就会面临如下一个矛盾：萨迦派教义的核心是道果传承（lam 'bras bu），道果教法为萨迦一派的不共法门，其崇奉的核心本尊神为喜金刚。八思巴在凉州初遇忽必烈时，曾为之传授喜金刚法。假如465窟为尊奉萨迦派本尊所建，此窟主尊必然是喜金刚双身像。然而，从下文分析中可以看到，465窟中央坛城的主尊，或者说整个洞窟的主尊应为上乐金刚或金刚亥母，进而可以认为此窟并非为尊奉萨迦派而建洞窟，而是与遵奉上乐根本续的派别有关，如早期宁玛派、噶当派和噶举派有密切关系的窟室。

假如我们认定敦煌465窟是与噶举派相关，建于蒙元时期的465窟如果与该派发生联系，那么一定是占领沙州以后的蒙古人与噶举派的联系；如果从壁画风格出发，考虑到此窟壁画与西夏腹地所见作品的关系，此窟壁画与噶举派的联系就是西夏王室与噶玛噶举派联系的继续，结果自然是465窟不同的断代。

论及噶举派与蒙古王室的联系以及噶举派上师在河西一带的活动，很显然，这就是指二世噶玛巴噶玛拔希。噶玛拔希（1204—1283），生于康赤隆地方，被认定为噶玛都松庆巴的转世，是为西藏活佛转世制度的初始。关于这位上师，诸多藏文史籍，特别是噶举派僧人所撰教法史都有较为详尽的记载。

根据《红史》的记载，噶玛拔希的生卒年为1204年至1283年，出生地是止龙丹巴却

[1] 虽然在蒙元前期，阔端一系镇抚河西，对这一段出现的种种遗迹都应该与之联系起来，但是并没有文献表明与蒙元关系密切的萨迦派在沙州一带建寺弘法的记载。参看《萨迦世系史》《青史》《贤者喜筵》《汉藏史集》《红史》等藏文文献；另外还可参看陈庆英《八思巴传》、宿白《武威蒙元时期的藏传佛教遗迹》（载《藏传佛教寺院考古》，北京：文物出版社，1996年，第264—274页）。

秋地方（'bri klung dam pa chos phyug），此地位于康区的金沙江流域。噶玛拔希1255年应忽必烈之邀前往汉地，在到达忽必烈的王帐以后来到甘州（张掖），后来传说西夏地方的幻化寺中的壁画是他后两世利益众生的景象，这是噶玛拔希来到河西的重要记载。西夏的幻化寺（sprul pa'i lha khang）也就是噶玛拔希因与萨迦派的矛盾从忽必烈的王帐中离开前往西夏旧地时在西夏建立的寺院"吹囊朱必拉康寺"（'phrul snang sprul pa'i lha khang），这是有关噶玛拔希的文献提到他所建寺院时，除了噶玛噶举主寺之外唯一提到寺名的寺院。然而，据《贤者喜筵》所记，此寺建于今天内蒙古和宁夏交界之地，[1]而不是建于瓜州，我们找不到它与敦煌465窟联系的蛛丝马迹，因为此寺是位于今天武威的凉州幻化寺。[2]《红史》的作者蔡巴·贡噶多吉生活的年代是在1309年至1364年，假如465窟确实由噶玛拔希建于蒙元时，与蒙古王室关系密切的如此大的建窟活动必然在其传记中有所表述，然而我们在相关文献中没有找到如此的记载。

噶玛拔希接到忽必烈的邀请是在他47岁时的1253年，他在路途上用了三年时间，于1255年到达今日四川甲绒地区的绒域色堆与忽必烈相见。在此，我们必须注意如下史实：噶玛拔希1255年晋见忽必烈并随之赴忽必烈王帐之时，1244年应阔端之邀住在凉州的萨迦班智达已于1251年去世（此年正是蒙哥汗即位，忽必烈领掌河西之地的那一年）。当时在忽必烈王帐的萨迦派僧人是八思巴，很多文献都记载八思巴所代表的萨迦派与噶玛拔希所代表的噶举派在忽必烈王帐时有冲突。

噶玛拔希在忽必烈的王帐中住了不到一年，就决定返回西藏，在返回西藏的路上，噶玛拔希在木雅（西夏）地方（在内蒙古和宁夏交界地方）建立了上文提到的凉州幻化寺。寺院建造的时间应为1253或1255年至1256年。恰在此年（1256）蒙哥汗即位，遂即招请噶玛拔希前往，奉为国师，据说并赐以金线镶边黑帽，据称噶玛噶举被称为黑帽系即源于此时。噶玛拔希到达蒙哥汗王帐之后的第四年准备再次返回藏地，居于名为"伊拉"的汉藏边地之时，蒙哥汗去世，他的儿子阿里不哥在与忽必烈的王位争夺中失势，忽必烈即位，时为1260年。其时，忽必烈对噶玛拔希当初未能留在自己王帐而投靠蒙哥汗十分不满，于是将噶玛拔希投入监牢，施以重刑后流放边地三年，时为1261年至1264年，此后释放并以极高礼仪迎入王帐。此后，噶玛拔希启程返藏，据说沿途在康青一带传法历时八载，[3]于1271年（至元八年）回到西藏后即开始扩建修葺楚布寺，使之成为噶玛噶举派的另一主寺。

如果我们将敦煌465窟的开凿与噶玛拔希的事迹联系起来，此窟建造的时间只能有

〔1〕《贤者喜筵》藏文本下册，北京：民族出版社，1986年，第888页。

〔2〕此寺位于武威市东南20公里处。寺内有萨班灵骨塔，武威城内另有噶玛拔希塔。

〔3〕此处采用《藏汉大辞典》的说法，见该辞典上册第10页。

两种可能：第一种可能是建于1256年至1260年之间，即1256年噶玛拔希投靠蒙哥汗至1260年被忽必烈下狱前的四年。假如噶玛拔希到达蒙哥汗王帐后的第二年开始建寺，像465窟这么大的壁画石窟寺，不可能在一至二年的时间内建成，依此推之，465窟没有完工之际，噶玛拔希已被忽必烈下狱流放。极为重要的一点是，自1251年蒙哥汗即位至1260年忽必烈登基以前，河西[1]一带一直归属忽必烈统辖，瓜沙自然在忽必烈统辖之下；蒙哥汗的驻地当时是在昔剌兀鲁朵（和林）。况且蒙哥汗与忽必烈素不相合，居于忽必烈王帐的萨迦派僧人与噶举派僧人亦有间隙，我们很难想象1260年将噶玛拔希投诸牢狱的忽必烈会容忍蒙哥汗宠信的这位上师在自己的领地上修建寺庙，也很难设想萨迦派僧人会熟睹卧榻之侧有人酣睡。假如465窟建于此时，只能是萨迦派而不是噶玛噶举派。

另一种可能的时间是在忽必烈释放噶玛拔希将之迎入朝廷之后，即1264年以后。此时，噶举派与萨迦派的矛盾已趋于弥合，忽必烈本人也开始看重噶玛噶举派。1264年，忽必烈释放噶玛拔希并准许他各处自由传教，也就是在这一年噶玛拔希由元都城返藏，其间沿途讲经说法八年，回到西藏的时间是1271年。从1261年至1264年被忽必烈流放，在内地的时间从1264年算起，至1271年为八年。因此，465窟若为噶玛拔希所建，其时限就是在忽必烈即位至定国号为元（1271年）之间。考虑到噶玛拔希入狱流放的时间，自1260年向后推迟三年，465窟建寺的时间就是1264或1265年至1271年之间，也就是他外出讲经说法的这八年时间。然而，藏文有关噶玛拔希的文献并没有提及他在游方传教之时建大石窟寺的记载，只是提到到达环吉堡（hun ci mkhar）时，为受瘟疫所苦的百姓祈请药师佛降下甘露；并于汉地临洮地方（shing kun mkhar）召请马头金刚降服汉地妖魔，修葺残破毁坏的寺院，没有提及大师到过敦煌一带。

以上，我们将二世噶玛巴与465窟的建立可能存在的历史联系进行了梳理，归纳出噶玛拔希建立此窟的两种可能的断代时间，即1256年至1260年与1264年至1271年，更为可能的是后一种，因为第一种时间处于教派对立时期，所建寺院壁画内容不可能出现教派内容杂糅的情景。然而，现存的465窟题记说明噶玛拔希建立此窟的可能性是不存在的。

465窟的汉文题记，其中最早的是前室北壁白粉下刻划的至大纪元。[2]假如我们对出现的题记进行统计，发现只有一条至大纪元的题记，这是此窟出现的最早的汉文题记（1308—1311）。所有的汉文题记都写于465窟的前室。留下题记的人除了僧人之外，也

〔1〕此处的“河西”是一个复杂的概念。蒙古人所谓的“河西”一词，据称来自金人，是金人对位于其西的西夏人的称呼，蒙古人则将原西夏（唐兀）所在的地区都称为河西。实际上凉州至永昌一带似为阔端后裔所据，甘州（山丹）即沙州一带为察哈太汉之封地。说忽必烈统领河西，但他的居地在元上都，河西一带的情形较为复杂。

〔2〕这条题记不见于敦煌研究院编《敦煌莫高窟供养人题记》，但宿白先生在其著作中提及(《藏传佛教寺院考古》页245)，伯希和《敦煌石窟》一书载有此条题记：“至大二年四月十五日”，参看Pelliot, *Les Grottes de Touen-houang* tome VI, Paris, 1914—1925, p.36.

有俗人游客。[1]这一切似乎都表明这样一个事实，该窟在元代初年已经废弃。因为无论是噶玛噶举修习的上乐金刚与金刚亥母坛城法，还是萨迦派修习的喜金刚与无我母的坛城法，都是师徒口耳相传、密不示人的藏传密宗教法，其修法坛场极为隐秘，其他教派的僧人都无从窥探，更何况俗人如何能够进入窟室在墙壁上随便涂画了，此窟在元一代仍然被游人称为秘密窟。[2]因此，465窟在出现题记的至大年间，已经弃置不用很长的时间了。如果此窟的创建是“为蒙古上层尊崇的纯粹的藏传密教的洞窟”而由噶玛拔希于1256年至1260年之间或者1264年至1271年之间所建；或由八思巴建于1251年至1276年，那么到此窟被废弃的时间大约也就是10到20年时间，在元代初年此窟已经完全凋敝，游人的刻划表明在元时根本不在此窟举行法事。为蒙古上层所建如此巨大的壁画窟，在建成之际即弃置一边，无论如何也难以理解。或许如杨雄先生所言，噶玛拔希的个人遭遇可以解释此窟的被废，二世噶玛巴被忽必烈流放是在1261年，其建窟的可能年代是1256年至1260年，从他到蒙哥汗王帐的第二年开始建窟，至1261年见执于忽必烈，二至三年的时间此壁画窟可能刚刚完工。三年之后，忽必烈就释放了噶玛拔希，而且对他尊崇有加。八思巴本人和噶玛拔希的个人关系也非同一般，八思巴返藏途径楚布寺时，两位大师相见甚欢，况且大师回到楚布寺的这段时间（1271—1283）寺院正在重修，得到朝廷的众多赏赐，如日中天，不可能在此时废掉噶玛拔希建立的寺院。噶玛拔希于1264年返藏讲经说法的八年之间，其主要的事迹就是修复被毁坏的寺院，假如是1256—1260年噶玛拔希自己建立的窟室被废，以噶玛拔希与八思巴平起平坐的赫赫声名，此石窟寺早被修葺一新，何况元代以后的几个皇帝，都十分推崇噶举派，文宗、顺帝等皆招请噶举派上师灌顶传授密法。[3]作为噶举派修习坛场的465窟在元初被废同样不可理解。

第465窟的蒙文题记印证了如上说法。宿白先生记载465窟两侧禅室绘有佛塔，上有八思巴文一行。[4]八思巴1260年奉忽必烈之命制蒙古新字，1264年任总制院事，1265年返藏，1267年重返大都，1269年贡献新字，颁行全国，是为八思巴文。时至沙州一带出现八思巴文，当在立元以后。忽必烈1295年去世以后，这种文字就不再使用。此条题记可

---

〔1〕其中俗人如前室东壁北侧上端墨书“至正十四年二月十六日宁夏在城住人焦子仪米狗义一行二人到此记耳。”

〔2〕前室窟口南壁上部白灰下赭书题记：

……⌊府⌊北塔寺僧人
逵吉祥秦州僧
……吉祥山丹⌊
……记于元统三年
……八日到此⌊（秘）密寺
记耳

〔3〕参看黄灏译《新红史》“蒙古王统”一节。

〔4〕宿白：《藏传佛教寺院考古》，第245页。

以看作最早的蒙文题记，很遗憾，之前的作者没有看到这条题记的内容。465窟前室出现的几条回鹘蒙文题记年代都是在至正年间，而且是一般的游人题记，假如此窟是噶玛拔希等专为蒙古王室而建的皇家寺院，在后世蒙古人所留的题记中可能会有所反映。然而，我们在这些题记中找不到这些线索。〔1〕

（二）465窟为西夏窟

1. 465窟与莫高窟西夏窟464窟同时期修建

第464窟位于敦煌莫高窟北区最北端，左右毗邻第465窟和第463窟。敦煌研究院定为西夏窟，元代重修。主室为后室，北西南三壁前设佛床，塑像不存。梁蔚英先生曾描述“第464窟可见重层壁画，底层为西夏壁画。前室南北壁的壁画未通壁绘制，在尽东端开凿通道，通道口上方书有梵、藏、汉、蒙文的观音六字箴言和汉文的‘禅’字、无常偈等。”作者还认为“史载宋、西夏时期敦煌地区曾有过大地震。宋大观四年（1110）曾发生大地震，其时敦煌已被西夏占领。学术界一般认为西夏据有敦煌在大庆元年（1036）及其后不久。此次地震是西夏崇宗贞观十年，西夏已据敦煌五六十年了。可能此窟开凿于地震前，图绘未就时前室（或窟崖）就毁于地震，后来又挖现在的后室，但西夏于前室等处绘画半途辍工，元据敦煌后覆盖西夏绘制的部分壁画再绘，于前室素壁绘了千佛和善财五十三参变。”〔2〕然而，通读梁先生的论文，作者并没有明确说明第464窟定为西夏窟的依据是什么，主室的壁画究竟是西夏壁画还是元代壁画？笔者将先就这一点展开进一步论述。

当初确定第464窟为西夏窟的重要依据可能是窟内的题记。由于刻划题记所在的前室西壁（素壁）与主室（后室）绘有壁画的墙壁同属于一层，所以这些题记的真伪对确认该窟壁画的年代非常重要。

有一条题记云：“大宋（閬）州（閬）中县锦屏见（现）在西凉府□（贺）家寺住坐，游□到沙州山（寺），宋师傅杨师傅等”。这里的大宋“閬州閬中县”指的是四川閬中县，最初秦置，汉代属巴郡，为三巴之一，隋代改名为閬内，唐代迁县治至张仪城，复称閬中。〔3〕北宋时属成都府路閬州閬中县，“锦屏”为山名，指四川閬中县嘉陵江南岸之锦屏山，说明题记刻划者确为北宋时閬中人，当时客居西凉府的一家寺院，在游历参拜沙州寺院时留下的。假如前室西壁为西夏时建，题记似应留下西夏纪年，西夏与宋当时鼎足而立，閬中属

〔1〕整个敦煌莫高窟、榆林窟出现的回鹘蒙文题记共50处28条，其中六字真言题记最多，共23处，只算作一条。题记中有明确纪年的4条。参看敦煌研究院考古研究所、内蒙古师范大学蒙文系《敦煌石窟回鹘蒙文题记考察报告》，《敦煌研究》1990年第1期，第1—19页。

〔2〕《敦煌石窟艺术·莫高窟四六四、三、九五、一四九窟》前言，南京：江苏美术出版社，1997年。

〔3〕参阅《寰宇通志》卷六三“保宁府”与《读史方舆纪要》卷六八“保宁府”。

宋辖地，故来自此地的“宋师傅杨师傅等”仍署名“大宋”而不用西夏纪年。这里的“宋”的具体年代仍然不能确定，因为西夏与宋并列，敦煌在西夏时也可以署名“大宋”以示正统。假如是西夏据敦煌以前的宋，那么这些游人题记就是1036年以前的题记。

另一条题记书写者居于沙州，题记云：“大宋□□府路合州赤水县长安乡杨□□□□居住□沙州……”这里的“□□府路”应是北宋时的行政建制，北宋时的“合州”就是今天四川的合川县，“赤水县”在合川东南约50公里处，属于成都府路。所以题记中的“□□府路”即为“成都府路”。[1]值得注意的是，“閬州閬中县”亦属于成都府路，閬中南距合川约120公里。由此看来，这两处的题记都是一拨同乡游人所留，刻划题记中的“杨师傅”就是墨书题记中的“长安乡杨……”其中“宋师傅”住在西凉府，“杨师傅”则住在沙州，是他（杨师傅）邀请住在西凉府的同乡“宋师傅”前往沙州石窟礼佛。因此，这些题记的年代都是在北宋年间，很可能是西夏据有敦煌之后不久。不过，南宋（1127—1279）时仍置成都府路，这里的成都府路是否是在南宋时期？我们以为不可能。首先，虽然西夏据有敦煌后，敦煌地方仍然使用正统年号，但这种过渡时间大约只有十年左右，其典型例证就是莫高窟第444窟，当时西夏据有敦煌已十年，但窟内题记仍用中原王朝年号。[2]至南宋时（1127），西夏已经占据敦煌九十一年，不会再出现宋人年号。至于西夏灭亡（1227），蒙古人进入敦煌，游人落款称为“大宋”或使用衰败的南宋年号，则完全是不可能的。其次，敦煌莫高窟出现有“大宋”字样的题记分别在第108窟、第427窟、第444窟与第464窟，说明它们年代相仿，都是在西夏1036年据有瓜州的最初十年左右。第三，只有在北宋时期西夏北宋接壤，四川阆中一带的人才能经由秦凤路进入西夏。至南宋时由于有吐蕃和金的阻隔，南宋与西夏已互不接壤，且当时宋金之间时有战事，南宋阆中、合川人氏前往河西已不大可能。所以，464窟题记至迟在北宋末年，即12世纪初年。

考证第464窟宋人题记的真伪目的是确认该窟壁画的年代。如上分析，宋人题记出现在西夏据有瓜州的前50年之内，大约是1036年至1072年，至迟到北宋末年。根据这些汉文题记可以确认前室西壁保留了西夏前期的面貌，因为西南西北两个角落有元代补砌的土墙，西北角土墙残垣犹在，西南角土墙已经拆除，在原西壁上留下了清晰的印记，但仍是白灰和红黑边框的素壁，证明西夏时期的墙壁就是涂抹白灰的素壁，周围有红黑边框，原来是为绘制壁画准备的。我们将这种具有断代意义的红黑边框作为尺度，发现现存壁画中只有甬道留有回鹘蒙文题记的菩萨立像和前室南壁的善财五十三参变没有这种红黑

〔1〕参看谭其骧主编《中国历史地图集》第六册，第29—30页。

〔2〕这条题记在第444窟窟檐外北壁：“庆历六年丙戌岁十二月座　□神写窟记也”。后室龛内南后柱另有1041年的汉文题记。参看刘玉权：《西夏时期的瓜、沙二州》，见白滨编《西夏史论文集》，银川：宁夏人民出版社，1984年，第209—229页。

边框。其中南壁五十三参变构图上边覆盖在原来的红黑边框上，其色彩中的某些成分与前室窟顶残存的千佛相似，证明它们绘于同一个时期。而第464窟主室的壁画，包括窟顶和四壁壁画，其画面都有红黑边框。假如前室西壁门北的宋人题记不伪，这些壁画绘于西夏前期是没有疑问的（图4-2-2）。[1]

图4-2-2　莫高窟464窟内景（敦煌研究院编《敦煌石窟艺术·莫高窟四六四、三、九五、一四九窟》，江苏美术出版社，1997年，图版36）

综观整个第464窟，其前室后室都是西夏所建，或者是西夏人利用了前代的洞窟。西夏人原本要彩绘整个洞窟，前室整修妥当的素壁就是证明，然而不知为什么他们没有绘制前室。用西夏的陷落解释似乎缺乏说服力，因为确凿的题记说明这些壁画可能绘于前期，距西夏灭亡还有100多年。所以我们不能排除五十三参变和甬道菩萨立像是西夏后期作品的可能性。前面谈到，莫高窟的游人刻划题记大多数出现在元代，这表明元时莫高窟已经开始凋敝。敦煌莫高窟北区很可能是一个西夏人开凿新区的地方，因为莫高窟南区崖壁已经没有地方开凿新窟，所以西夏人选择了北区。以往学者认为，西夏时期几乎没有开凿新窟，都是对前代洞窟的翻修与改造。这与十分尊奉佛教的西夏史实并不完全相符。我们推测，北区的一系列石窟都是出自西夏人之手，计有462、463、464和465，此外B77窟也是西夏窟。南区的第3窟作为元窟的真实性也值得怀疑。这一系列窟室的建立、规模与西夏人尊奉佛教的热诚才能适应，以前学者认为的元窟很可能都是元代修补的西夏窟。

最后我们考察464窟的西夏文题记中提到的亥年五月，考虑到题记中的人名“那征”或许与榆林窟第19窟的乾祐二十四年汉名高崇德的“那征”有关，那么此亥年正好就是

〔1〕2002年3月7日笔者在兰州敦煌研究院再次访问了专门研究第464窟的梁尉英先生，梁先生说两条宋代游人题记都是出现在被认为是西夏时期的素壁上，笔者是在洞窟无光的情况下用烛光看到的，用相机则无法拍摄。梁先生还讲到宋代题记下方还有一条汉文题记，内容似与西夏相关，但先生只在笔记上记下了其中四字，以后即使是很多专家也再没有看清这条题记。

图4-2-3 莫高窟464窟窟顶大日如来（敦煌研究院编《敦煌石窟艺术·莫高窟四六四、三、九五、一四九窟》，江苏美术出版社，1997年，图版38）

宋绍熙二年的辛亥年1191年。“那征”题记为刻划，可见第464窟壁画并非为其所绘，因为画家不可能在自己绘画的墙面上刻划，当绘于1191年之前。

2. 第464窟与第465窟壁画花卉图案考

第464窟壁画具有比较典型的所谓“西夏藏传风格”壁画特点。

第464窟主室壁画属于该窟原有的西夏时期绘制的壁画，其绘画风格十分耐人寻味，其窟顶藻井为大日如来等五方佛，中央的大日如来为藏传绘画风格（图4-2-3），但其余四位如来都是汉地绘画风格（图4-2-4），而且如此如来的画法在西夏绘画中极为多见，如东千佛洞第2窟北壁释迦牟尼佛及黑水城唐卡中的阿弥陀佛。大日如来像背龛的卷草纹装饰、

图4-2-4 莫高窟464窟窟顶四方佛（敦煌研究院编《敦煌石窟艺术·莫高窟四六四、三、九五、一四九窟》，江苏美术出版社，1997年，图版37）

龛柱中央的珠宝装饰和白色的饰带，在第465窟窟顶藻井的五方如来中都可以找到对应的细节。

对第465窟断代具有重要意义的细节是第464窟大日如来左胁背龛上方石绿色背景上描绘的花朵：四片大花瓣，一片小花瓣于花茎下部，有清晰的花蕊，中间抽出两条冠蕊顶端卷曲。令人惊异的是，在第465窟壁画中这种形制的花卉装饰极为普遍，两窟的花卉样式几乎完全一样，证明它们是同时描绘的作品（图4-2-5）。此外，宁夏贺兰山山嘴沟西夏早期壁画中也有如此花卉的变体，这些极其微细的细节母题的相似在元代建造的其他窟室却没有发现，如第3、95窟和榆林窟第4窟，证明第464窟和第465窟，乃至山嘴沟壁画都是绘于同一时期，比榆林窟的西夏壁画创作的年代要早。第464窟主室的构图与465窟也完全相似，窟顶的大日如来的安排亦相同。465窟完全按照藏传风格，464窟则藏汉风格兼顾，这种情形在西夏藏传绘画中极为普遍。

图4-2-5　莫高窟465窟花卉局部（杨雄主编《敦煌石窟艺术·莫高窟第465窟》，江苏美术出版社，1996年，图版83）

所以，假如第464窟的汉文题记没有疑问，第464窟的壁画年代可以确认，那么，从花卉母题的完全相似可以确认第464窟和第465窟壁画是同一个时代的作品。

3. 第464窟与第465窟壁画西夏上师图像渊源

壁画中出现的上师像或供养人像是确定壁画年代最重要的证据之一，能够将第464窟与第465窟壁画确定为西夏壁画最为直接的证据也是其中出现的上师像或供养人像。有学者将第465窟定为蒙元窟、噶玛拔希所建的最主要证据就是东壁上方所谓噶玛噶举上师的黑帽。[1]此种帽子的样式的确是解决第465窟建窟年代的关键。

噶玛噶举派被称为黑帽系，一般认为是第二世噶玛巴噶玛拔希于1256年赴宪宗蒙哥汗庭帐时，传说蒙哥汗曾赐给噶玛拔希一顶金边黑色僧帽及一颗金印，从此以后噶玛拔希的噶玛噶举派活佛系统被称为黑帽系。[2]然而，现在见到的时代较早的藏文文献都没有

〔1〕参看杨雄编著：《敦煌石窟艺术·莫高窟第465窟》前言，南京：江苏美术出版社，1996年。

〔2〕相关记载见刘立千译《土观宗教源流》，北京：民族出版社，2000年版，第64页（藏文本 *thuvu-kwan-grub-mthav*, pp. 116-117）。《藏汉大辞典》就采用这种说法（上册，第10页）。

提及蒙古皇帝赐噶玛拔希黑帽的史实，如《红史》和《贤者喜筵》。《贤者喜筵》认为噶玛噶举戴黑帽的传统始于都松庆巴，现在我们见到的最早的黑帽样式是黑水城出土药师佛唐卡画面右下方戴黑帽的僧人以及台北故宫所编西藏艺术图录中出现的噶玛噶举戴黑帽的上师，[1]第465窟的“黑帽”与这些黑帽样式完全不同。

事实上，第465窟的上师帽涉及一个重要的学术问题，西夏早期藏传佛教究竟所宗何派？现在我们所见的藏文文献都是提及噶举派（特别是噶玛噶举派）和萨迦派与西夏的联系，认为西夏藏传佛教主要是噶举派和萨迦派，然而，本节作者近年研究西夏藏传艺术一个突出的感受就是，西夏与藏传佛教相关的绘画作品中出现的上师造像，他们戴的帽子都是宁玛派的莲花帽（pad zhwa），[2]第465窟所谓的黑帽实际上是莲花帽，这种帽子与第464窟西夏上师的帽子应完全一致；同样的帽子也出现在榆林窟第29窟的西夏国师西壁照海像壁画上。我们通过对宁夏贺兰山麓及河西石窟西夏石窟壁画的几年考察，甚至可以找出数处完全一致的西夏上师莲花帽，如肃南文殊山石窟的西夏上师像，安西东千佛洞第4窟及第5窟西夏上师像，宁夏山嘴沟壁画上师像，宁夏拜寺口西塔出土上师像与二臂上乐金刚像。[3]黑水城出土唐卡下方的供养上师几乎都戴着莲花帽，如作明佛母下方的西夏上师，所以我们可以确认西夏藏传佛教上师的帽子确实是宁玛派的莲花帽。可以认为，西夏佛教与藏传佛教的联系在西夏建国之前的党项时代就已经开始，当时藏传佛教的诸多教派还没有兴起，在安多流行的藏传佛教多旧派（宁玛派），这些教法同时也在党项人中间流行，[4]宁玛派的莲花帽也是党项佛教法师的帽子，并一直沿用到西夏时期。我们可以根据西夏藏传绘画中上师的帽子样式来判定这些作品是西夏绘画，还是纯粹的藏传作品。所以，第465窟东壁上师帽子与第464窟、榆林窟第29窟以及众多的西夏上师帽子相同，证明此窟所描绘的上师或者说该窟的施主是西夏的上师而不是藏区的僧人，因而第465窟是西夏窟而非元代蒙古人建造的窟室。[5]

---

〔1〕参看Mikhail Piotrovsky, *Lost Empire of the Silk Road: Buddhist Art from Khara Khoto (X-XIIIth century)*, Thyssen-Bornemisza Foundation, Electa, 1993, pl. X2332. 台北故宫博物院《智慧与慈悲：藏传佛教艺术大展》图版109，1998年；谢继胜：《西夏藏传绘画》，石家庄：河北教育出版社，2002年，彩版图集图版12和88。另外笔者在甘肃武威市博物馆看到一幅早期唐卡，其中亦有黑帽上师像。

〔2〕藏传佛教艺术中早期的莲花生造像非常缺乏，虽然如此，但因其造像特征变化较小，尤其是帽子的样式。这里的图版一个是现存最早的莲花生唐卡，断代在13世纪前后。另一件断代在16世纪前后。参看M. M. Rhie & R. A. F. Thurman, eds., *Wisdom and Compassion: The Sacred Art of Tibet*, exhibition catalogue, London, 1996 (expanded edition), pls. 46 and 49.

〔3〕宁夏回族自治区文物管理委员会雷润泽、于存海、何继英编著：《西夏佛塔》，北京：文物出版社，1995年，图版170、171。

〔4〕清人赵翼《陔余丛考》记载清初陕西边群山中“僧人皆有家小”，认为此乃西夏所属甘、凉一带“旧俗”，可能就是指西夏的这些宁玛派僧人。

〔5〕虽然西夏以后的作品也同样出现著莲花冠的上师像，但笔者判定第465窟为西夏时期的上师而非蒙元时期的上师还考虑到与之相邻的第464窟。

4. 第465窟壁画贴附纸条及其年代

第465窟壁画的上方原本都有类似榜题的贴附纸条，上面写着神佛人物的名称。伯希20世纪初进入莫高窟时这些纸条还都在，他将其中大部分纸条上的文字作了记录，[1]但以后研究该窟壁画的学者，除了偶然提及外，没有对这些题记的内容和年代进行关注。[2]近期由于西夏元一代汉译的藏传密教仪轨文献的问世，使我们对西夏元时的藏密神佛及上师译名有所了解。[3]我们对这些题记重新检视，惊讶地发现这些题记的译音与西夏至元时期的汉语译音用词完全对应，纸条录文大量出现的“捺”“拶”“怛”“哩巴”都是西夏、元流行的译名用词。例如有西夏帝师汉语译作“拶也阿难捺”“遏啊难捺吃哩底”者，[4]大成就者毗缕波，元代文献记为“密哩瓦巴”，[5]与此印证的是杭州飞来峰第62龛毗缕波造像，题为“密哩瓦巴”。第465窟壁画纸条伯希和所录“捺诃鲁巴”，[6]元八十五大成就者颂赞文亦记为“捺噜巴”。[7]所以，这些纸条并非后代人们贴附，而是西夏或元时就贴好的。出现这种情况有两种可能：（1）壁画是先期绘制，后来人们为了辨识方便才贴附纸条，因为这些标示大成就者的纸条直接贴在画面上，所以壁画应该是在元代贴附纸条之前；（2）壁画绘制好了以后即刻贴附榜题，但这种做法在建窟实践中并无实例，画师完成之后，不可能不知道所画内容而贴附纸条，所以只能是元时后人贴附，然而，蒙元统治时期在此窟修习者应为蒙古人或藏人，贴附纸条为什么不用蒙文和藏文而用汉文？

贴附纸条对建窟年代具有决定意义的是伯希和所录一位大成就者的题记：“甘成哩巴　此云着袄（？）师西番云杂余巴师”。[8]西夏时期西夏人首称吐蕃人为“西番”，如西夏乾佑二十年（1189）汉文《观弥勒菩萨上生兜率天经》发愿文有“念佛诵咒，读西番、番、汉藏经”之句。元时汉人承西夏旧制，仍称藏人为“西番”，但称其地为“乌斯藏”。假如伯希和所录题记不伪，那么此窟的“西番”是西夏人指称藏人，还是元代的汉人指称藏人，尚待考证。但蒙古人不会称藏人为“西番”，藏人自己不会自称“西番”且用汉语贴

〔1〕 Pelliot, *Les Grottes de Touen-houang* tome VI, pp. 34–35.

〔2〕 宿白：《藏传佛教寺院考古》，第243页，宿先生说是“汉藏文合璧的名称”，实际上是汉文和汉文对梵文或藏文的译音。杨雄编著《敦煌石窟艺术：莫高窟第465窟》专论也提及这些纸条题记，但没有讨论它们的年代。据最近在该窟考察的黄维忠先生讲，这些纸条至今仍有部分存在。

〔3〕（元）发思巴国师译集、陈健民整编、赖仲奎等纂辑：《萨迦道果新编》，台中：慧海书斋，1992年。

〔4〕 史金波：《西夏佛教史略》，第138页。

〔5〕（元）发思巴国师译集、陈健民整编、赖仲奎等纂辑：《萨迦道果新编》，第160页：“修习自在密哩瓦巴赞叹”。

〔6〕 伯希和著，耿昇、唐建宾译：《伯希和敦煌石窟笔记》，兰州：甘肃人民出版社，1993年，第386页（*Grottes de Touen-Houang Carnet de Notes de Paul Pelliot, Inscriptions et Peintures Murales*, vol. 1–6, Paris, Mission Paul Pelliot, Documents Conservés au Musée Guimet XI, 1981—1992）。

〔7〕（元）发思巴国师译集、陈健民整编、赖仲奎等纂辑：《萨迦道果新编》，第151页。

〔8〕 伯希和著，耿昇、唐建宾译：《伯希和敦煌石窟笔记》，第386页。

条，所以，贴附纸条的只能是西夏时期的西夏人（使用汉语极为普遍）、汉人或元时的汉人。此窟密宗修习者也可能是西夏时的西夏人、汉人或元时敦煌的汉人；若窟内修习者为藏人或蒙古人，贴附汉文纸条或出现“西番”之语都难以理解。

以上笔者通过对莫高窟第464窟游人题记年代的分析确认该窟壁画绘于西夏前期，进而比较第464窟与第465窟之间花卉图案的细节，确认两窟的壁画大致绘于同一个时期，然后将莫高窟北区这两窟出现的上师像冠帽样式与榆林窟及河西石窟所见西夏上师冠帽样式对比分析，确认它们最初来源于藏传佛教宁玛派的莲花帽，是西夏上师的典型冠帽。最后讨论了第465窟壁画大成就者像贴附纸条与此窟年代的关系。根据以上论据的逻辑联系，可以确认莫高窟第465窟壁画是西夏时期的作品。

二、465窟壁画图像的辨识与分析

（一）西壁双身图像

西壁即465窟内室的后壁，由于该窟门朝向东，西壁也就是主壁，其中铺所绘图像可以被确认为整个洞窟壁画的主像。窟顶藻井中央所绘大日如来坐西头东，也表明西壁是主壁。但是我们还应该考虑到洞窟中央原建有坛城，整个洞窟的壁画是以曼荼罗来构图的，洞窟壁画的主像应与圆形坛城上方现已不存的中央神灵相互一致。此外，本窟的西壁、南壁、北壁包括东壁所绘本尊神像图像所占的画格大小基本相同而没有侧重，表明设计壁画者是平等看待诸位本尊的。假如我们确认西壁主尊为整个洞窟的主尊，那么整个洞窟图像势必以此神所代表的坛城布局来安排全窟所绘神灵，即为上乐金刚坛城。然而，从下面的图像分析我们可以发现，此窟不同壁面描绘的神灵并非属于一个特定的本尊神坛城，与上乐金刚坛城中出现的本尊神体系并不完全相同。一个坛城之中只会出现一个本尊神，假如只是上乐金刚坛城，根据典型的37神上乐金刚坛城图，主尊为上乐金刚的坛城之内不会同时出现喜金刚等其他本尊神。465窟是将众本尊代表的多个坛城安排在一个大的坛城内，但是该壁三铺所绘皆属上乐金刚同一个坛城，其他二壁三铺本尊则分属不同的本尊系统，可见，465窟的上乐金刚坛城是所有坛城中的主坛城。

西壁中铺的双身像男尊（图4-2-6）身色为紫褐色（依照上乐金刚坛城的造像仪轨，画面男尊的身色原本为深蓝色，金刚亥母的身色为红色），生有一面三眼，二臂；头戴饰有交杵金刚的五骷髅头冠和50颗断头串成的项环，双手拥妃且右手持金刚杵、左手持铃，

图4-2-6　莫高窟465窟西壁中铺双身像（杨雄主编《敦煌石窟艺术·莫高窟第465窟》，江苏美术出版社，1996年，图版78）

右脚踩黄色仰卧魔，左脚踩黑色伏卧魔；女尊明妃身色为红褐色，头像右侧猪首极难辨认；一面三眼，左手拥男尊，右手持剥皮刀高举，右腿抬起勾向男尊，左脚与男尊右脚相叠踩向黄色仰卧魔。主尊的上方绘有5幅不同颜色的双身图像，从画面男尊所执的象皮及持物可以确认此五幅双身图像为代表坛城五方的十二臂上乐金刚与金刚亥母双身像，谢稚柳先生所记此像为“电却”，正好是藏文“上乐金刚”bde mchog的译音。主尊两侧竖格的前三格所绘为六位瑜伽女或称被甲六佛母，这种瑜伽女造像经常出现在11世纪前后有金刚亥母图像的绘画中。除了画面右侧绿色的瑜伽女被甲阎罗王母外，其他瑜伽女的身色难以确认，其中包括红色的被甲金刚亥母、蓝色的簪芝噶佛母、白色的守护母、黄色的威慑母和蓝色的愚蔽母。六位女神都生有一面四手，右手持鼓和剥皮刀，左手持天杖和头骨碗，代表金刚亥母真言的六个字母。[1]壁画主尊两侧竖格最下方所绘图像为八位印度大成就者，画面左侧右手上举者，无疑是阻止太阳移动的毗缕波，这幅图像的画法与黑水城金刚亥母唐卡中出现的毗缕波图像几乎完全一致，说明这两幅作品的造像传统之间有密切的联系。底行右起第五格从其造像特征分析，此为大成就者甘达巴，梵文作Ghantapa/ Gaṇṭāpāda，藏文更多称其为rdo rje dril bu pa“金刚铃”，是上乐金刚本尊传承的重要上师，[2]其造像风格一直延续到

〔1〕 Vajra指“金刚杵”，vārahī“牡豚”。种子vaṃ hrīṃ，真言：Oṃ vajravairocanīye (hūṃ hūṃ phaṭ) svāhā Oṃ vajravārāhi āveśaya sarvaduṣṭān hrīṃ svāhā Oṃ hūṃ hrīṃ hāṃ Oṃ sarvabuddhaḍākinīye vajravarṇanīye hūṃ hūṃ phaṭ phaṭ svāhā。藏文称她作rdo rje phag mo，属于四大空行母（即Vajravārahī, Naro-mkhav-spyod-ma, Vajra-ḍākinī和Siṃhavaktrā）之一，是上乐金刚的阴性佛母（bde mchog gi yum bkvi lha mo），但金刚亥母也被看作是摩利支天的两种变化身形之一，是马头明王的佛母，实际上金刚亥母在印度神话中出现得要比摩利支天早得多。

〔2〕 金刚铃是古印度的一位学者，原为东印度罗那多罗王子，即位后却舍弃王位入那烂陀寺从胜天论师出家，法名智藏。为躲避国王追杀，他将他与明妃所生一子一女变为金刚铃杵，因而得名金刚铃。其传记见*grub chen brgyad cu rtsha bzhigvi rnam thar bzhugs so*, mtsho sngon mi rigs dpe skrun khang, 1996, pp. 100–111。事迹见索南才让：《西藏密教史》，第123—126页。

图4-2-7　莫高窟465窟西壁北铺金刚亥母（杨雄主编《敦煌石窟艺术·莫高窟第465窟》，江苏美术出版社，1996年，图版88）

17世纪，[1]但在18世纪以后，其造像造像特征发生了很大的变化。[2]

西壁北铺的单身女像为典型的金刚亥母单身像（图4-2-7）。身色为红褐色，侧面可以看到一猪首，三目四臂，一手上举剥皮刀，一手捧颅钵，并夹持一细柄天杖，挂50颗骷髅缨络，二足各踏一仰卧魔。金刚亥母原来的身色为红色，因色彩褪色呈现红褐色。谢稚柳先生记音为"卡靴麼"，为藏文金刚亥母phag-mo的安多语读音。此铺图像两侧次下方二格与底行绘有八位大成就者，图集中此行大成就者像有三幅被窟内坛城遮挡。但此铺壁画底行南起第三幅，原附纸条记有"葛……巴此云呼□师"者，即为藏文的kva li ka la；另有一幅（位置不详）贴附纸条云：'……□鸡□巴此云养飞禽师"，[3]汉文还原为邬提梨波，84大成就者中的第71位，即u dhi li pa，藏语实际发音为"乌谛梨巴"，其中dhi就是汉语的"鸡"。[4]

西壁南铺的单身像，与西壁北侧的单身金刚亥母相呼应，是二臂上乐金刚的单身像（图4-2-8）。谢稚柳先生记音为"丁壳儿"，就是藏文bde mchog vkhor（"上乐金刚眷属神"）的缩写bde vkhor的音译。整个西壁的三幅图像表述了上乐金刚双身像所蕴含的意

---

〔1〕例如现藏伦敦维多利亚和阿尔伯特博物馆（The Victoria and Albert Museum）的金刚铃金铜佛，断代在16世纪至17世纪，其造像特征与465窟金刚铃像基本相同。图版参看莱因和瑟曼《智慧与慈悲》，图版40。

〔2〕例如Alice Egyed, *The Eight-Four Siddhas: A Tibetan Blockprint from Mongolia*, Budapest, 1984, p. 62以及Lokesh Chandra, *Buddhist Iconography of Tibet* vol.2., Kyoto, 1986, p.406, pl. 1105。

〔3〕张伯元：《莫高窟465窟藏传佛教壁画浅识》，《西藏研究》1993年第1期，第87页。

〔4〕藏文文献有时又将邬提梨波列位大成就者中的第67位，称其为"飞行师"。如《如意宝树》记这位大成就者事迹云："（邬提梨波）出生于提吾瞿吒地方的贵族，十分富有。一天，他注视天空，见云块有情色物，禽鸟飞翔，心想自己也能飞上天空该有多好。这时，迦罗那梨波前来化缘，他请求传授能飞行的教法。迦罗那梨波为他作四金刚座灌顶，并告诉他去二十四圣地，为每一位空行母各念密咒一万遍，各取　种药物，分装在金、银、铜器中，斯时便能飞行。他按此办理，十二年后得到解脱，并获飞行成就。"松巴堪布益西班觉著，蒲文成、才让译：《如意宝树史》，兰州：甘肃民族出版社，1994年，第223页。邬提梨波的图像见于Alice Egyed, *The Eight-Four Siddhas: A Tibetan Blockprint from Mongolia*, pp. 76–77，传记另见*grub chen brgyad cu rtsha bzhigvi rnam thar bzhugs so*, pp. 126–127。

义：上乐金刚象征解脱之道（慈悲），金刚亥母象征本体或空性（Śūnyatā）和大乐。金刚亥母以肢体拥抱本尊的双身像象征她代表的智慧（prajñā）与本尊代表的解脱之道（upāya方便）密不可分。上乐金刚单身像的身色已基本脱落，但原本的颜色应为深蓝色。生有一面三眼，戴饰有交杵金刚的五骷髅头冠，双手置于胸前交持金刚铃杵；下肢展右（ālīdha），脚踩仰伏魔和伏卧魔。此铺壁画顶行五幅图像的中间一格手持金刚和铃杵的菩萨装人像，有大的背龛和莲花座，从其持物判断，应为上乐本尊传承的始祖金刚持或金刚手。左右两侧为上乐金刚化身像。顶行左右角及竖行两侧共8幅图像，是象征本尊坛城中圈象征身语意的八位女神，具体描述参看第一章所附上乐金刚坛城线图。西壁南侧上乐金刚单身像的下方凹形的区域仍然安置有八位大成就者，南起第二身骑虎，旁立一侍从。养虎的大成就者无疑是多毗黑如迦（Ḍombī Heruka），这位大成就者骑虎，有明妃，其最早的造像样式就见于黑水城金刚亥母唐卡。南起第四幅图像，原贴附纸条书“……里巴此云陶□师”，即为大成就者“拘摩梨波”（ku mo ri pa），读若“古莫里巴”，即陶匠师。[1]

图4-2-8 莫高窟465窟西壁南铺上乐金刚（杨雄主编《敦煌石窟艺术·莫高窟第465窟》，江苏美术出版社，1996年，图版84）

值得重视的是，二臂单体的上乐金刚像在现存的为数不少的上乐金刚造像中极为罕见，所见的单体上乐金刚像多为十二臂上乐金刚。除了465窟这幅上乐金刚外，现在见于著录的单体二臂上乐金刚像出自东印度的经卷插图，断代在11世纪末至12世纪初。[2]

（二）南壁三铺双身像

南壁东铺双身像（图4-2-9）中，男身身色为蓝色，四面三目四臂，其余三面分别为

〔1〕这位大成就者的传记见于*grub chen brgyad cu rtsha bzhigvi rnam thar bzhugs so*, pp. 117–118; Alice Egyed, *The Eight-Four Siddhas: A Tibetan Blockprint from Mongolia*, pp. 70–71。

〔2〕此作现藏法国吉美博物馆，见Rob Linrothe, *Ruthless Compassion: Wrathful Deities in Early Indo-Tibetan Esoteric Buddhist Art*, London, 1999, pl. 15。

图4-2-9　莫高窟465窟南壁东铺双身像(杨雄主编《敦煌石窟艺术·莫高窟第465窟》,江苏美术出版社,1996年,图版92)

绿色、灰褐色和黑色,头戴五骷髅冠,头发向上束起呈火炬状;前两手右手持剥皮刀,左手持颅钵;后两手拉弓。足踏仰伏魔,魔手捧颅钵。女身黑褐色,四臂,前两手拥抱男尊,后两手拉弓。依此身色和持物,我们可以确认此双身图像为大幻金刚。[1]大幻金刚,梵文作Mahāmāyā,藏文转写为ma hva mva yva,谢稚柳先生所记译音"柔歇麽",正好就是藏文大幻金刚的连读变音。大幻金刚为大梵天神的化身之一,分为静相和忿怒相两种身形,藏传佛教中的大幻金刚多为忿怒相,呈舞蹈状站立于持头骨碗仰伏魔身上;生有四面,主面与身色同为蓝色,其他三面为黄色、白色和绿色;忿怒相大幻金刚生有四手,手中持物分别为颅钵、天杖和弓箭。明妃为佛空行母(Buddhaḍākinī),身色为红色,持物与男尊相同。[2]465窟大幻金刚像与后期藏传佛教造像中的大幻金刚像略有不同,[3]双手不是分别持弓箭,而是弓搭于箭上作欲射状,是大幻金刚的早期造像形式。壁画上方一行七幅图像与主尊两侧竖格第一格像共九幅双身图像为大幻金刚的变化身形。中央竖格左右的四幅单身女像,据大幻金刚的造像仪轨[4]为四方空行母与代表中央的主尊明妃佛空行母构成坛城五方,即东方金刚空行母、南方宝生空行母、西方莲花空行母和北方业力空行母。此幅壁画两竖格下部及底行共有图像八幅,描绘八位大成就者。

南壁中铺双身像(图4-2-10),男尊身色为红褐色,戴五骷髅头冠,头发由头冠向上束为火炬状;生有三面六臂,主面以外的另外二面为黄褐色和浅蓝色;两只主臂交持于明妃身后,右手持剥皮刀,左手持颅钵,其余两只右手持金刚和金刚剑;左手持轮和花。双腿展右,踩一侧卧黑身男子。女尊身色为蓝色,一面六臂,前两手拥抱男尊,中间两手右

〔1〕四臂持弓箭神的另一种可能就是作明佛母,但作明佛母为单身女像。

〔2〕Alice Getty, *The Gods of Northern Buddhism: Their History and Iconography*, Dover, New York, 1988, p. 144.

〔3〕此二幅线描插图取自《五百佛像集》,参看Musashi Tachikawa, Masahide Mori & Shinobu Yamaguchi, compiled, *Five Hundred Buddhist Deities*, Osaka: National Museum of Ethnology, 1995, pp. 85 and 539。

〔4〕Alice Getty, *The Gods of Northern Buddhism: Their History and Iconography*, p.144.

手持金刚，左手持轮；下方两手右手金刚剑，左手持花。谢稚柳先生记此双身像为“向多壳谦”，根据此双身像的造像特征，似为密集金刚，还原为藏文恰好就是gsang vdus lhan skyes，即Sahaja Guhysamāja。[1]密集金刚被认为是金刚持佛（Vajradhara）的密教形式，汉地佛教称之为“观自在秘密佛”，虽然此本尊神在藏传佛教中坛城中极为流行，但对他造像特征的了解还远远不够。密集金刚属于平和相的本尊神，因为身跻佛位，有时也着菩萨装或佛冠，经常被描绘成坐相，生有三面，皆着五佛冠。中间冠顶上常饰有法轮，发髻四周环有火焰。密集金刚为六臂，两主臂环抱明妃，交持铃杵。其他的手持轮、如意宝等等。明妃也生有三面六臂，在中间一面的佛冠上部有阿弥陀佛像，手中持物与男尊相同。[2]这些持物我们在《五百佛像集》等图像集所收密集金刚双身像中就可以看到，但图像集中为坐像，主尊环抱明妃的二臂持物为铃杵而非剥皮刀和颅钵。[3]

图4-2-10　莫高窟465窟南壁中铺双身像（杨雄主编《敦煌石窟艺术·莫高窟第465窟》，江苏美术出版社，1996年，图版98）

此铺壁画的八幅大成就者像，东起第一格贴附纸条云“拶连楞罗巴此云持□网师”，这条记音可以还原为dza lan dha ra pa（“拶兰达罗波”），此位大成就者又称作巴增协（“执焰足”或“持燃”’bar vdzin zhabs），就是右脚勾入右肘内的那位大成就者；有时又与金刚足（rdo rje zhabs，亦称“那婆”na pa）相混淆。这里拶连楞罗巴即被等同于持（鱼）网师金刚足，[4]与巴增协一样，是上乐金刚传承的重要上师。西起第一格贴附纸条云

〔1〕“向多克谦”另一种可能的译音phyag-rdo vkhor-chen，即“大轮金刚手”，但造像特征相去甚远。阮丽考证此尊应为“黑阎魔敌”，见阮丽：《莫高窟第465窟曼荼罗再考》，《故宫博物院院刊》2013年第4期，第64—65页。

〔2〕Alice Getty, *The Gods of Northern Buddhism: Their History and Iconography*, p.144.

〔3〕《五百佛像集》第84页，图版53（R17b）563；Lokesh Chandra, *Buddhist Iconography of Tibet* vol.I, Kyoto, 1986, p. 76, pl. 5.

〔4〕金刚足原为一渔夫，一次被一条大鱼吞食，留居鱼腹中。自在天在海中化出一岛，在岛上为邬摩天女讲法，金刚足从中得到教戒，在鱼腹中修习二十年。此后，一位渔夫张网捕鱼，捕获此鱼，破腹后从鱼腹中解脱。其图像见于Alice Egyed, *The Eight-Four Siddhas: A Tibetan Blockprint from Mongolia*, pp. 30-31。金刚足呈舞蹈状，踏于一条鱼上。执焰足图像见于pp. 58-59。

"……宜巴此云踏碓师"。其中的"踏碓师",亦称"春米师",藏文作nidha pa,尼达巴(或译"囊迦巴"),是食鱼行者鲁伊巴的弟子,上乐传承之上师之一。

南壁西铺的双身像颜色剥落较甚,男尊身色似为青色,头戴五佛冠,冠顶发髻部位置有作触地印小佛像,三面三目右侧面为黑褐色,左侧面为粉红色,与明妃身色相同。男尊为六臂,下方两只主臂交持于女尊背后,右手持金刚杵,左手持金刚铃;中间两手持细柄天杖;上方两手上举执赭石色人皮,人头垂向右侧;饰50颗骷髅缨络,双足展右踏魔。女尊粉红色,似二臂(右臂画面不可见),拥抱男尊。

判定此铺双身像的身份,除了主尊持物以外,男尊头冠之上的小佛像是重要的标志之一。头冠中作触地印的佛,从密乘五方佛图像分析,此为东方不动佛。据此,我们可以判定此本尊隶属不动佛(Akshobhya)化身本尊系统。[1]

头戴阿閦佛冠、持握人皮的三面六臂上乐金刚非常鲜见,目前可以找到最为接近的记载是《成就法鬘》第251篇不二金刚传承的"七字成就法"。根据阮丽的考证,[2]"七字成就法"是以观想七字真言的尊格化身而构成的一种特殊的上乐金刚曼荼罗,文中记载的三面六臂上乐金刚与465窟主尊相比,仅在左第三手持物、冠上羯磨杵和明妃尊形上略有出入。

大成就者仍然安置在画面下方的凹形区域内,西起第二位似为打铁;第一位养鸟。可以确认打铁者是甘婆梨波(ka ba ri pa);[3]养鸟者是峤缕罗(go ru ra)。[4]

(三)北壁中铺双身像

根据男尊造像特征和持物,我们可以很容易地判定这铺为喜金刚双身像,藏文记此双身像为kye rdor lhan skyes,梵文作Sahaja Hevajra,因喜金刚众手持头骨碗,因而又称托钵喜金刚(thod pa kye rdo rje/ Kapāla Hevajra)(图4-2-11)。单称喜金刚藏文为kye rdo rje,所以谢稚柳先生记音为"解铎"。汉文对所有双身佛像称为"欢喜佛",此称呼即源于

---

〔1〕据撰写于1163年的早期梵文造像学经典《成就法鬘》所记,作为不动佛化身的本尊包括20位,其中有465窟壁画中出现的上乐金刚、喜金刚和大幻金刚等,此外尚有(Caṇḍaroṣaṇa)、黑茹迦(Heruka)、佛护(Buddhakapāla)、七静(Saptākṣara)、马头金刚(Hayagriva)、宝藏神(Jambhala)、持明(Vighnātaka)、金刚童子(Vajrahūmkāra)、降三世明王(Trailokyavijaya)、时轮金刚(Kālacakra)等。参看Benoytosh Bhattacharyya, *The Indian Buddhist Iconography: Mainly Based on the Sādhanamālā and Gognate Tantric Texts of Rituals,* Calcutta, 1968.

〔2〕阮丽:《莫高窟第465窟曼荼罗再考》,《故宫博物院院刊》2013年第4期,第63页。

〔3〕这位大成就者原是一位铁匠,经上师授法灌顶获得成就。图像见这位大成就者的传记见于Alice Egyed, *The Eight-Four Siddhas: A Tibetan Blockprint from Mongolia*, pp. 56-57。

〔4〕这位大成就者原是一位捕鸟人,后获得上师授法灌顶,得大成就。这位大成就者的传记见于*grub chen brgyad cu rtsha bzhigvi rnam thar bzhugs so*, pp. 108-109; Alice Egyed, *The Eight-Four Siddhas: A Tibetan Blockprint from Mongolia*, pp. 64-65。

喜金刚的另一个藏文名称，dgyes pavi rdo rje（“欢喜金刚”）。藏传佛教有关喜金刚的仪轨文献《佛说大悲空智大教王经》由卓弥译师等译成藏文的时间是在11世纪初年，[1]此经对喜金刚的造像仪轨作了说明。

图4-2-11 莫高窟465窟北壁中铺双身像（杨雄主编《敦煌石窟艺术·莫高窟第465窟》，江苏美术出版社，1996年，图版122）

喜金刚男尊生有八面十六臂，中央主面较大，两侧各有较小的三面，上方置有一面。十六只手臂皆持头骨碗，主要的两手持头骨碗交叉于明妃后背，诸右手所持头骨碗内为各色人兽，分别为象、马、骡、牛、骆驼、人、鹿和猫；诸左手所持头骨碗内为各色神灵，分别是黄色护西方的水神和楼那（Varuṇa）、绿色护西北方的风神（Vāyu）、红色护东南方的火神（Agni）、白色护（东方）的月神（Candra）、红色护（南方?）的日神（Sūrya）、蓝色的阎摩、黄色的财神（Vasudhārā）和黄色的地神（?）。喜金刚的身色为蓝色，其主面与身色同；右边的三面分别为红色、蓝色和白色，左边的三面分别为黄色、褐色和蓝色，位于主面上方的一面为红褐色。后期的喜金刚多生有四条甚至更多的腿，脚下皆踩仰伏魔。喜金刚大多是以双身像的形式出现，其明妃为红色身形的无我母（Nairātmyā），伸出的右手持剥皮刀，左手勾住男尊脖颈，以双腿环勾男尊腰际。喜金刚和无我母皆佩有众多骨饰和断头项环，戴骷髅头冠或菩萨冠。

按照喜金刚坛城的造像仪轨，[2]喜金刚造像以其臂数分为四种形态，即二臂、四臂、六臂和十六臂，465窟北壁中铺喜金刚像为十六臂。二臂（二臂喜金刚被称作“护三界”Traillokyākṣepa/ vjig rten gsum kun tu bskyod pa）、四臂、六臂喜金刚，作为本尊，他们在坛城中的伴属神灵完全相同。在喜金刚坛城莲花瓣内的八位神灵是金刚忿怒女（Vajraraudrī/ rdo rje drag po）、金刚妙身女（Vajrabimbā/ rdo rje gzugs ma）、金刚成欲女

〔1〕英国伦敦亚非学院大学斯内尔格鲁夫教授对此经进行了翻译注释，见David L. Snellgrove, *The Hevajra Tantra: A Critical Study* vol. 1, London, 1959。

〔2〕此份仪轨梵文名称为Niṣpannayogāvalī. 其藏文译本收入北京朱版Rgyud vgrel (Tibetan Commentaries), vol. THU, folios 115b4–185a8.

（Rāgavajra/ vdod chags rdo rje ma）、金刚静相女（Vajrasaumya/ rdo rje zhi ba ma）、金刚夜叉女（Vajrayakṣī/ rdo rje gnod sbyin ma）、金刚空行母（Vajra ḍākinī/ rdo rje mkhav vgro ma）、披发金刚女（Śabdavajra/ sgra rdo rje ma）、地金刚女（Pṛthvīvajra/ sa rdo rje ma）；外四角的守护神灵为唢呐女（Vamśā/ gling bu ma）、琵琶女（Vīṇā/ pi wang ma）、鼓音女（Mukundā/ mu kun da ma）和腰鼓女（Murajā/ rdza rnga ma）；四大门的守护神为金刚铁钩女（Vajrāñkuśī/ rdo rje lcags kyu ma）、金刚羂索女（Vajrapāśī/ rdo rje zhags pa ma）、金刚持链女（Vajra sphoṭī/ rdo rje lcags sgrogs ma）、金刚铃杵女（Vajraghaṇṭā/ rdo rje dril bu ma）。十六臂喜金刚四方的神灵是按如下位置排列的：环绕主尊，位于八瓣莲花之上的有八位女神，分别是初贞女（Gaurī/ Gaurī）、牝牛女（Gaurī/ Tsau ri）、[1]起尸女（Vetālī/ ro langs ma）、饕天女（Ghasmarī/ Gha sma ri）、卜羯娑或称屠夫女（Pukkkasī/ Pukka-sī）、蛮部女（Śabarī/ Śa ba rī）、旃陀罗女（Caṇḍālī/ Tsa ṇḍa li）和梨园女（Ḍombinī/ Ḍom-bi-ni）；外四角的守护神灵为四伎乐女唢呐女、琵琶女、鼓音女和腰鼓女；四大门的守护神为马面女（Hayāsyā/ rta gdong ma）、猪面女（Śūkarāsyā/ phag gdong ma）、狗面女（Śvānāsyā/ khyi gdong ma）和狮面女（Simhasyā/ seng gdong ma）。[2]依十六臂喜金刚坛城布局来观察465窟喜金刚双身像，笔者判断顶行左右角两格和竖行两侧各三格共八像就是十六臂喜金刚的八位莲花伴女（1）初贞女、（2）牝牛女、（3）起尸女、（4）饕天女、（5）卜羯娑、（6）蛮部女、（7）旃陀罗女和（8）梨园女。顶行三位双身像和呈展右坐像身份待考。

喜金刚像凹形区域内的大成就者像，画面竖行西侧倒数第二格所绘纺线的大成就者是大成就者丹蒂巴（Tanti pa）。[3]

观察465窟北壁中铺的喜金刚双身像，其身色持物都与后期喜金刚造像大致相同，但不同之处是显而易见的。这些不同之处正好体现这幅作品在藏传佛教双身图像的发展演变中极其重要的作用。因为，喜金刚双身像不同于上乐金刚与金刚亥母的双身像。上乐金刚和金刚亥母是两个曾经存在于印度神话中的实体的神灵，其双身像表示两种不同性别的神灵的结合，其双身结合的基础承自源远流长的印度性力派金刚乘传统。我们在10至11世纪前后的波罗艺术雕塑作品中可以同时看到上乐金刚、金刚亥母的单体像，也能看到上乐金刚和金刚亥母的双身像，但在印度佛教（包括其他宗教）的造像体系中，有关

[1] Gaurī在梵文中的含义是“牝牛”或“月经前（8岁）的少女”。密教坛城中的很多神灵名称没有相应的藏文对应名称；就算可以找到藏文译音的名词，在现有的藏文词典中也没有这些名词的释义。对于笔者来说，将这些词确切合宜的译为汉语名称还真是颇费踌躇，若以讹传讹，贻害匪浅。

[2] Raghuvira & Lokesh Chandra, *Tibetan Maṇḍlas (Vajrāvalī and tantra-samuccaya)*, New Delhi, 1995, pp. 30–33.

[3] 此大成就者传记参看*grub chen brgyad cu rtsha bzhigvi rnam thar bzhugs so*, pp. 33–36; Alice Egyed, *The Eight-Four Siddhas: A Tibetan Blockprint from Mongolia*, pp. 34–35。

喜金刚的双身图像的例证却非常之少。[1]林瑞宾（Rob Linrothe）博士在其研究印藏密教怒相神灵的专著中列出的喜金刚像最早的例证是出自孟加拉的二尊喜金刚双身雕塑，断代在12世纪；另一个例证也是出自孟加拉的《般若波罗蜜多经》写卷插画，断代为1150年至1200年，其中喜金刚像为后期罕见的四腿单体像。[2]笔者分析，与时轮金刚的情况类似，有关喜金刚的金刚乘文献在印度出现的时间较晚。更为重要的是，有关喜金刚的密乘经典虽然和上乐金刚双身像一样，用双身图像的形式表现智慧与慈悲，或者说智慧与方便、方法、途径，但与金刚亥母不同，时轮金刚明妃无我母不是独立的女神，她只是时轮金刚和喜金刚自体阴性力量的一种外射表现。[3]处于衰微状态的印度金刚乘佛教不可能也没有时间在其修习实践和造像体系中表现如此奥义就逐渐消亡了。而时轮金刚与喜金刚双身像则在藏传佛教造像艺术中获得了很大的发展。

喜金刚密乘经典《佛说大悲空智大教王经》译成藏文的时间是11世纪初年。据考，这种仪轨最初流行于噶举派，此后延至萨迦派。[4]玛尔巴译师的妻子名为无我母，可见上师也修习喜金刚法。在13世纪初叶，八思巴随同叔父萨班前往凉州会见阔端，初会忽必烈时曾为忽必烈传授喜金刚法。除了465窟的喜金刚双身像外，我们没有在西夏故地诸佛塔出土的数种双身图像或雕塑中看到喜金刚像；在拉达克阿尔奇寺拉康索玛殿有12世纪前后的喜金刚像。

北壁西铺图像大部分已残毁。阮丽根据残存图像的特征推测出该铺本尊应是四面十二臂上乐金刚，各持物的特征、位置及顺序与黑水城出土四面十二臂上乐金刚像唐卡X.2369完全一致。[5]

北壁东铺为单身男像，身色右半为白色，似存二青面。左半赭色，存一赭石面。共四面，皆三目。十二臂，前两手交持杵铃；次两手右手持杵，左手持颅钵；次两手右手提

---

〔1〕除了藏传佛教传播地区之外，在柬埔寨、泰国的佛教造像中间或可以见到，但其造像特征与藏传佛教造像大致相同。印度没有对喜金刚的崇拜仪式，也没有喜金刚的造像。汉地佛教和日本佛教密宗也没有喜金刚的坛城仪轨。参看Louis Frédéric, *Fammarion Iconographic Guides: Buddhism*, Paris, 1995, pp. 256–257。

〔2〕Rob Linrothe, *Ruthless Compassion: Wrathful Deities in Early Indo-Tibetan Esoteric Buddhist Art*, p. 267, pl. 191; p. 269, pl.192; p. 270, pl. 194.

〔3〕David L. Snellgrove, *The Hevajra Tantra: A Critical Study* vol. 1, p. 24："在（智慧与方便的）这种结合中，智慧与方便来说虽然是不真实的部分，然而确是预先存在的。在此之后蕴含着整个的圆满智慧的传承，这一传承实际上已经由大般若母的女性神灵作为象征。因此，女神本身就是作为圆满智慧出现的空性的最高真实。在喜金刚但特罗经典中，这位女神就是无我母，亦即'没有自我概念者'，对于无我母来说，此瑜伽女（智慧）和方便是同为一体的。"

〔4〕David L. Snellgrove, *The Hevajra Tantra: A Critical Study* vol. 1, p. 10. 据斯内尔格鲁夫教授所言，最先接受此教法者为噶举派，如米拉热巴的弟子日群巴在12世纪初年多次造访尼泊尔，在那儿他可能见到了Maitṛpa，即Advyavajra或他的化身，带回了一些喜金刚续部经典。

〔5〕阮丽：《莫高窟第465窟曼荼罗再考》，《故宫博物院院刊》2013年第4期，第65—66页。

人头，左手持细柄天杖；次两手右手持长腰法鼓（cang tevu），左手持套索；次两手手持人皮；最后两手高举头上，作仰捧状。[1]挂骷髅璎珞，两足各踏一捧颅钵之魔。此铺单身像，谢稚柳先生记音为"电却克儿"，上乐金刚记音为"电却"，"克儿"笔者以为是藏文 'khor，"电却克儿"就是 bde mchog 'khor，为上乐金刚坛城的伴属神，因为上乐金刚坛城守护次四方的神灵就是双色神灵，[2]此外这位双色神的手中持物多与十二臂上乐金刚相同，如金刚和铃杵、套索、腰鼓、人头（四面梵天头）、天杖，人皮（象皮）等等。此外，壁画上方的兽头金刚或许与上乐金刚坛城生有兽头的方位神有关；其造像特征与持物也与单体男尊上乐金刚相似，确认为上乐金刚伴属神是可以成立的，此铺壁画大成就者像下纸条贴附的"哩捺巴"（疑为东起第一幅），对译藏文为 wvi na pa 或 mi na pa，也就是上乐金刚传承的著名上师金刚足。东起第三幅养鸟的大成就者为南壁西铺供养人中同样出现的捕鸟师峤缕罗。

（四）东壁护法神造像

465 窟东壁所绘护法神像与该窟主壁西壁三铺图像皆描绘上乐金刚的情形相仿，整个东壁图像几乎都与大黑天神相关；但大黑天神为护法神而不是本尊。

东壁门南的一铺图像（图 4-2-12），其构图方式甚为奇特，三尊并列的构图法让观者分不清全图的主尊，这种大黑天神的画法目前仅见于 465 窟一例。门南右下方像从造像标志来看为二臂持挺大黑天，谢稚柳先生记音为"关瀑瓮"，严格对应藏文的 mgon po beng（dkav ma 或 gter ma），即"持梃护法"，此神一首三目二臂，左手持颅钵，右手持剥皮刀，并于手臂上置长木一根；戴五骷髅头冠和 50 颗断头花环，着虎皮裙。背后为尸林，其间有狐、狗、狼、鹰、鹫等墓间小兽和鸟禽。[3]这位持挺护法大黑天神为此铺图像的主尊。

---

〔1〕以两手置于头顶作仰捧状的神灵在后期本尊神造像中极为罕见，但早期绘画中却有踪迹可寻。例如 11 世纪的东嘎石窟壁画（参看彭措朗杰编：《中国西藏阿里东嘎壁画》，北京：中国大百科全书出版社，1998 年，第 58—59 页图版），以及此后 12—13 世纪的古格白殿壁画（参看张建林等《古格故城》，图版八和九）。

〔2〕身色为二色的上乐金刚的伴属神，是守护次四方的四阎摩女：东南方是阎摩地母（Yamadātī/ gshin-rje-brtan-ma）其右翼蓝色，左翼黄色；西南方是阎摩鬼卒女（Yamadūtī/ gshin-rje-pho-nya）其右翼黄色，左翼红色；西北方是阎摩獠牙女（Yamadamṣṭrī/ gshin-rje-mche-ba-ma）其右翼红色，左翼绿色；东北方是阎摩除障女（Yamamathanī/ gshin-rje-vjoms-ma）其右翼绿色，左翼蓝色。

〔3〕后来，持挺护法作为五位大黑天神之一进入萨迦派的神灵体系。其他三位大黑护法是骑虎大黑护法（mgon po stag zhon）、大黑护法来丹切松（mgon po legs ldan mche gsum）、大黑护法阿木拉哈（mgon po am gha ra）。参看内贝斯基著，谢继胜译：《西藏的神灵和鬼怪》汉文版，第 59—62 页。关于 465 窟出现具有萨迦派造像特征的大黑护法神，美国史密斯学院教授莱因认为："（465 窟）主室的造像遵奉了藏传佛教及其艺术的密教形式和风格。主室中央残存的圆形坛城土台像其他几铺壁画的造像一样，表明此窟建窟的主尊可能是上乐金刚（Paramasukha Chakrasamvara）。其中一些因素强烈暗示这似乎是按照萨迦派仪轨文献的造像程式进行的，包括主室窟顶四披出现的大黑天神（持有木锣作为护帐之主的大黑天神是典型的萨迦派表现手法）和一些通常作为萨迦派绘画特征世间神。" Marylin M. Rhie, "An Early Tibetan Thangka of Amitayus", *Orientations*, October 1998, pp. 74-83.

门南左下方的骑骡像很显然是吉祥天女像，是大黑天神的两位女性眷属神之一。谢稚柳先生记音“塔麼”，为藏语（班丹拉姆dpal ldan）lha mo的译音。此神骑骡，三目四臂，前两手一持颅钵，一持天杖，身饰骷髅缨络，有象首骡卒立于身侧。此处的骑骡吉祥天女造像属于早期造像形式，因为画面上的牵骡象头鬼卒为后期图像所无，造像样式与藏文文献描述的班丹拉姆像亦有区别，[1]在大黑天神的组像中常与持挺护法作为组神出现。门南侧上方神像双手持高足钵，谢稚柳先生记为菩萨，杨雄先生在465窟图集中记为“财神”，应误。此像实际上就是大黑天神的另一位女性眷属神独髻母（Ekajati），一面三眼，为怒相护法神，双手所持物为甘露瓶。藏文图像学文献《大宝生处》记载独髻母为蓝色身形，穿白色丝衣，[2]但此幅图像独髻母身色为白色（？）。独髻母两侧绘于火焰中的四位男子仅着围腰，为大黑天神的鬼卒。

图4-2-12　莫高窟465窟东壁门南大黑天神（杨雄主编《敦煌石窟艺术·莫高窟第465窟》，江苏美术出版社，1996年，图版149）

从造像特征分析，东壁门北（左）侧像（图4-2-13）无疑也是大黑天神。谢稚柳先生记音为“关瀑下西”，正好就是藏文的mgon po phyag bzhig的准确对译，即四臂大黑天神。身色为赭石色，一头四臂，头冠上有作触地印的（不动佛）小图像，前两手右手持颅钵，左手持物不可辨认，杨雄先生认为似乎是持轮，从后两手右手持短剑、左手持三叉戟的标志来看，这位大黑天神属于一种罕见的身相，黄色大黑天神，其右手所持为一颗珠宝（如意

〔1〕如《本尊大海修法·大宝生处天成法·宝生明事》（yi dam rgya mtshovi sgrub thabs rin chen vbyung gnas lhun thabs rin vbyung don gsal bzhugs so）卷二叶406b：“班丹拉姆一身黑色，身体依靠在骷髅之上。一面四臂。上方右手持斧，下方右手持红色颅钵；上方左手持细柄‘法伴’（shagti）下方左手挥舞三叉戟……”410a：“班丹拉姆女神一身深蓝色，一面二臂，骑骡。女神右手挥舞一根巨大的饰有金刚的檀木杖，左手持颅钵。”

〔2〕《大宝生处》卷二，叶268b：“主神的左侧是蓝色的独髻母，具人形，呈忿怒相。她手持装满甘露的容器，置胸前，上身穿白色的丝衣。”

图4-2-13　莫高窟465窟东壁门北大黑天神(杨雄主编《敦煌石窟艺术·莫高窟第465窟》,江苏美术出版社,1996年,图版154)

宝)。其造像描述见于《大宝生处》藏文本叶229b。[1]

此铺绘画主尊上方及下方各绘六像,左右两侧各绘三像。上方中间二像为不同身色的四臂大黑天神化身像,两边四幅皆持颅钵与剥皮刀,为二臂大黑天神不同身色之化身。呈鸟首者,疑为大黑天神的四位鸦头女眷属神。[2]

此铺壁画的大成就者像只有6幅,位于底行。北起第二幅原来贴附的纸条书:"……巴,此云食□□□师";北起第一幅贴附纸条书:"得□□□巴,此云□智师";另有一幅(位置不详)贴附纸条书:"……此云□□食睡□师便师"等。"食□□□师"当指"食一切师"大成就者萨罗婆跋迦吒(sarba bhaksha);[3]"得□□□巴,此云□智师"中的"□智师"为"闻智师"陀摩波,藏文作dha ma pa,读音"得玛巴"。[4]第三个纸条上的大成就者疑为沉睡师遮鲁格(tsa lu ki)。

东壁窟门上方绘有5幅护法神像;4幅供养像,南北各2幅。

5像中央所绘为阎摩敌(大威德金刚),色彩剥落较为严重,从造像特征分析,这位阎摩敌与14世纪初叶出现的大威德金刚[5]在头部安排上有很大的区别,465窟大威德像头冠仍然保持12世纪前后多见的火炬状束发,似只有六面,上方牛角之间置一面,下方五

〔1〕《大宝生处》卷二,叶229b:"这位黄色四臂大黑天神的标志是一颗宝石、一只装满珍宝的颅钵、闪光剑和三叉戟。"

〔2〕《大宝生处》卷二,叶250a。

〔3〕萨罗婆跋迦吒是阿跋罗国的一名戍陀罗,无论吃多少都不能果腹。萨罗诃告诉他这是诸苦之一,并现出饿鬼相,萨罗婆跋迦吒看后十分恐惧,请求萨罗诃授以解脱之道。在八十四大成就者图像中经常绘此像为一食者。

〔4〕此大成就者传记参看*grub chen brgyad cu rtsha bzhigvi rnam thar bzhugs so*, pp. 79;图像见Alice Egyed, *The Eight-Four Siddhas: A Tibetan Blockprint from Mongolia*, pp. 50–51。

〔5〕Stenve M. Kossak & Jane Casey Singer, *Sacred Vision: Early Paintings from Central Tibet*, The Metropolitan Museum of Art, October 6, 1998 — January 17, 1999, pl. 44.

面；至14世纪时，大威德呈九首呈三层相叠，已无火炬状束发头冠。除此之外，465窟大威德像与后期作品造像特征基本相同。

藏传佛教造像中出现的牛头神像主要有三种，第一是作为护法神出现的阎摩王；第二也是作为护法神出现的阎摩敌；第三则是作为本尊神出现的大威德金刚，后二者的造像特征基本相似，作为护法神出现时为阎摩敌，作为本尊神出现时为大威德金刚像。阎摩敌由护法神成为本尊神并在后期广泛流行开来主要是藏传佛教格鲁派将此神作为该派的保护神以后。此处的大威德金刚，笔者倾向于看作是阎摩敌，因为整个东壁左右两侧的壁画都是描绘作为护法神的大黑天神及其眷属神，东壁所绘似皆为护法神像。其次，由于大黑天神本身就是“死亡之神”，与阎摩敌的职能相似，所以，阎摩王、阎摩敌经常与大黑天神在一起出现。在描绘大黑天神的绘画中，阎摩王或阎摩敌经常作为眷属神出现在两侧；反之，大黑天神也出现在阎摩敌或大威德金刚的坛城眷属行列中。既然将众本尊绘于窟室的主壁西壁及左右南北壁，为什么在绘有护法神的东壁，而且是在门上不显眼的位置再绘修法本尊大威德金刚？

阎摩敌身右所立者右手上举持剥皮刀，左手持颅钵，为大黑天神化身之一；左侧托钵持剑着黑色衣袍者，无疑是大黑天神的眷属神之一来丹那布（legs ldan nag po），[1]我们在12世纪末的大黑天神唐卡中就能看到着黑衣的此类图像。靠近供养人的左右两侧神灵，一兽头者手中托僧（？），身份待考；另一位手中托有塔状物者，在13世纪以后的大黑天神造像中绝少看到，其身份判定有两种推论：为多闻天王的眷属神首领托塔五娱夜叉（Pāñcika），[2]但多闻天王眷属出现在大黑天神眷属图像中，似乎不可能；实际上，这种托物持三叉戟的立像，是大黑天神的较为罕见的一种早期身相，绘于1180年的《张胜温绘大理国梵像图》中就看到如此身形的大黑天神像，称为金钵迦罗神。[3]

从此窟壁画分布可以看出如下构图特征：窟顶藻井及四披安置五方如来，在西藏绘画坛城中，一般将五方如来置于画面顶部；主室西壁绘上乐金刚双身像和上乐金刚、

---

〔1〕《大宝生处》卷二，叶231a：“（大黑天神）的右边是来丹那布，标志是旃檀木杖和装满甘露的铁碗，身穿系有金丝腰带的黑丝法衣，穿褐色高筒靴。”

〔2〕据《大神系谱》（Mahāvaṃsa）所说，五娱夜叉是鬼子母诃利帝（Hārītī）500儿子之父。这位夜叉在印度极为受人崇拜，在犍陀罗和北印度可以找到他的造像，其造像后来与毗沙门的图像糅合在一起。五娱夜叉通常戴有头冠，持矛和珠宝囊，有时会有一两只鸟禽相伴，其图像类似汉地佛教《送子观音图》中的小鸟。在阿旃陀石窟，五娱夜叉是作为诃利帝的眷属神出现的。其象征标帜经常变化，矛经常看不到，珠宝囊更少见，但也持有毗沙门特有的象征物猫鼬（藏传佛教造像绘为吐宝兽，故称毗沙门为宝藏神，而且不同的毗沙门天王造像之间有些微的差别，有的持三叉戟，有的以龙相伴）。

〔3〕此作现藏台北故宫博物院，画卷纸本，全长1 635.5厘米、宽30.4厘米，画卷有盛德五年（1180）题跋。画工所绘为大理国诸佛图像，有大量金刚乘内容，下面笔者在分析465窟创作年代时详加论述。

金刚亥母单体像，在整个窟室壁画中，上乐金刚占有突出的地位；南北二壁的图像是上乐根本续修习以外的本尊神，可以确认的有南壁的大幻金刚和密集金刚，北壁的喜金刚。有些图像仍待进一步确认。值得注意的是，465窟壁画出现了完整的84位大成就者像，其中西壁、南壁和北壁共9铺壁画的下方凹形区域各绘8位大成就者，东壁主室窟门南北两侧顶行各绘6位大成就者，正好就是84位大成就者。但此窟壁画并没有描绘噶玛噶举派的上师传承图，没有看到玛尔巴、米拉热巴、岗布巴、都松钦巴和噶玛拔希上师像。

（五）窟顶及四披五方佛图像

在窟顶绘大日如来五方佛是敦煌北区石窟的惯例，第465窟窟顶五方佛的分布为：中央为大日如来，与藏传佛教造像大日如来多禅定印不同，此主尊作智拳印，狮子座，白色身相。其余五方佛也严格按照造像学规范绘制，其中包含了敦煌密教的成分。东披为蓝色阿閦佛，触地印，象座，东披右上角有阿閦佛所辖菩萨金刚手，引人注目的是阿閦左侧为藏传佛教少见的炽盛光佛（Tejaprabha），右手抬起向外，掌心向上屈无名指，左手禅定印托金轮。[1]南披当为黄色身相宝生佛，现因颜色变异为黑色（据此可以考察该窟的颜料变色规律），右手与愿印，左手禅定印捧如意宝。此窟图像在造像学上有重要意义：宝生佛兽座应为马座（或狮座），但此像为“神翔”（shen shang一种有翅矮人），原本属于北方不空成就的座兽，不知是绘画时的失误或许当时就是如此。上方左右角为持宝手（Ratnapāṇi）。西壁为红色身相阿弥陀佛，禅定印，孔雀座，两侧胁侍为其所辖右八臂观音和左十一面八臂观音。北壁为绿色身相不空成就佛，右手无畏印，左手禅定印托交杵金刚，马座（应为“神翔”），两侧胁侍为度母（图4-2-14）。

本窟四披所绘方位佛，与四壁完全的藏密本尊神不同，其间出现不见于藏密而见于汉密胎藏界曼荼罗的诸天，与炽盛光佛一样，再次表明此窟与单一的噶举派或萨迦派并无直接对应。如东披南端骑白象天神与北端骑褐色山羊天神，南披骑牛天神与镇卧魔天神，西披骑狮与骑獐天神以及北壁的两位坐骑不清的天神。诸天或为骑青黑水牛的摩醯守罗天（Maheśvara）、骑猪的摩利支天（Marīcī）、骑獐的风天（Vāyu）等，有待进一步研究。

---

〔1〕第465窟壁画出现炽盛光佛的事实就完全可以排除此窟为藏传佛教任何教派所建的假设，此佛几乎不出现在藏传佛教造像中，但在辽、金、西夏时期非常多见，是西夏流行图像之一，莫高窟、榆林窟、五个庙石窟均有出现。我们判定杭州飞来峰有西夏因素，证据之一是其中出现炽盛光佛。参看廖旸《炽盛光佛构图中星曜的演变》，《敦煌研究》2004年第4期，第71—79页。

图4-2-14　莫高窟465窟窟顶五方佛（杨雄主编《敦煌石窟艺术·莫高窟第465窟》，江苏美术出版社，1996年，图版4）

第465窟前室与后室（主室）的差别使人怀疑西夏绘制壁画时本考虑前后室一并绘制，因为前后室的形制相同，后室可见为绘画准备的画框色道，不知为何没有绘画，现今朱红色的覆钵塔与噶当塔的形制有异，类似元中期的喇嘛塔，当为元人所绘。前室甬道门上卷草纹与马蹄寺石窟门上卷草纹完全相同，是13世纪流行的母题。

第三节 榆林窟第3窟壁画与西夏佛教汉藏圆融

榆林窟（民间亦称万佛峡）位于今甘肃瓜州县西南75公里处，距离唐代丝路重镇锁阳城约30公里。现存43个洞窟均开凿在由踏实河冲刷而成的河谷两岸峭壁上，窟龛内保留大量珍贵的绘塑作品，其中彩塑大部分为清代重塑或改妆之作，壁画年代从唐持续到清，[1]总面积多达4 000多平方米，与敦煌莫高窟共同演绎中国石窟壁画艺术的精美绚丽。具体就西夏时期的壁画艺术而言，现今榆林窟群中由学界公认的保留有西夏时期壁画的窟室有11个，即第2、3、10、13、14、15、17、21、22、26、29窟，[2]大大拓展了莫高窟未能涵盖的范围，尤其是第2、3、29窟，在完整性、题材内容多样性以及绘画技法水平等方面较莫高窟西夏艺术而言都略胜一筹。

---

〔1〕 敦煌研究院对各窟年代判定的情况可参见下表（根据张伯元《安西榆林窟》中所附“石窟内容总录”制作）：

朝代	窟　号
唐	5、6、15、17、20、21、22、23、24、25、26、28、30、34、35、36、38、39、42、43
五代	12、13、16、19、31、32、33、40、41
宋	14、27、35、38
西夏	2、3、10、29
回鹘	39
元	4、18、27
清	1、7、8、9、11、37

〔2〕 有若干文章涉及榆林窟西夏洞窟的分期问题，如刘玉权：《敦煌莫高窟、安西榆林窟西夏洞窟分期》，《敦煌研究文集》第3辑，兰州：甘肃人民出版社，1982年；刘玉权：《敦煌西夏洞窟分期再议》，《敦煌研究》1990年第3期；万庚育：《莫高窟、榆林窟的西夏艺术》，敦煌文物研究所编《敦煌研究文集》，兰州：甘肃人民出版社，1982年，第319—331页。也有学者对榆林4窟的年代提出质疑，谢继胜教授早年就认为该窟壁画的题材内容以及蒙古供养人的绘制较为特殊，应该判定为西夏石窟，岳键也发表《敦煌西夏石窟断代的新证据——三珠火焰纹和阴阳珠火焰纹》一文，通过对三珠火焰纹、阴阳珠火焰纹和龙纹的类型学分析，最终认为榆林4窟壁画年代较早，应是西夏中期营建的窟室（见《西夏学》第7辑，上海古籍出版社，2011年，第238页）。

榆林3窟位于榆林河东岸下层，窟口朝向为西偏南18°，穹隆顶，窟室内东西长8.90米，南北宽7.2米，四壁高度约5米，中央顶高约6米（图4-3-1）。[1]地面中央设八角形中心佛坛，坛上存有清代塑像一佛、二弟子和八大力士。东壁前方佛台上安置9身清代塑像，即释迦牟尼佛与二弟子、两尊六臂观音以及伴其左右的二胁侍菩萨，观音尊格暂时无法确认。南北壁前方原本也有两排佛台，上有十八罗汉清代塑像，现在已被榆林窟寺管人员移出并放置在榆林窟其他窟室内，因此可以看到南北壁下缘原本被佛台掩盖的壁画内容。

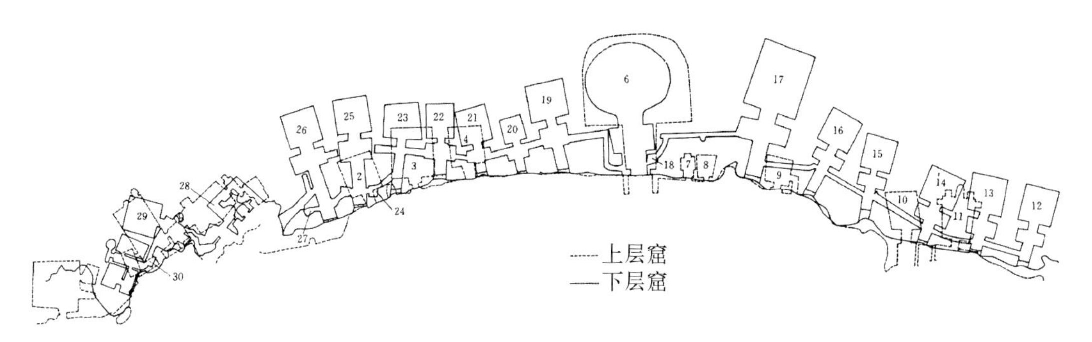

图4-3-1　榆林窟东岸石窟分布图（敦煌研究院编《中国石窟·安西榆林窟》，文物出版社，1997年，第162页）

关于榆林3窟的建窟背景，最先有美国西北大学林瑞宾教授（Rob Linrothe）尝试进行分析，[2]他观察到东壁中铺八塔变上方的“涅槃变”场景内有一位头戴高冠、身着长袍的具头光贵族老者，同窟南壁顶髻尊胜佛母曼荼罗内的佛塔塔基前方也有一尊相似形象，另又结合东壁南铺五十一面观音经变中出现的佛塔、各种生活场景以及西夏时期建寺起塔的整体状况，最终认为榆林3窟中描绘的贵族相老者正是对西夏佛教发展作出突出贡献的夏仁宗（1124—1193），该窟是夏仁宗后人在其去世之际营建的功德窟。[3]林瑞宾这一结论最大的纰漏是没有注意到“涅槃变”中的贵人相老者是宋辽之际同题材造像中经常出现的人物，而顶髻尊胜佛母曼荼罗中的老者实则为帝释天，将其认定为夏仁宗难以令人信服。

对判定榆林3窟营建时间最关键的一条材料应是该窟甬道北壁上书写的西夏文题记：

〔1〕胡开儒：《安西榆林窟》，第15页。

〔2〕Rob Linrothe, “Uṣṇīṣavijayā and the Tangut ult of the Stupa at Yu-lin Cave 3”, *National Palace Museum*, Vol.31, No.4&5, pp.1-25.

〔3〕林瑞宾的这一结论其后被美国弗吉尼亚大学艺术史系Elena A. Pakhoutova承袭，相关讨论可参见其博士论文，*Reproducing the Sacred Place: the Eight Great Events of the Buddha's life and their Commemorative Stupas in the Medieval Art of Tibet (10th-13th century)*, University of Virginia, 2009, pp.157-191.

[illegible] □ [illegible] [illegible] □□ [illegible]

史金波/白滨、王静如和荒川慎太郎几位学者先后对这条题记做出释读，[1]三家译文内容相差不大，现引王静如先生译文如下：

> 愿圆满……宝，嵬名慧利、酩布慧茂银、莲花□、(杨)德道等一(皁)十三人……[2]

题记记录的是以嵬名慧立等一行十三人的发愿之事。嵬名、酩布在党项各族姓氏中所占比重较大，尤其"嵬名"是西夏王室姓，元昊袭王位之初开始自号嵬名氏，约成书于12世纪的西夏辞书《文海》将其解释为"帝君之族姓是"，[3]能用此姓者均为皇帝亲族，很多族人在朝中为官、或在军队中掌握实权，所以嵬名慧立等人的社会地位应该较高。如果能够确定嵬名慧立的大致活动年代，至少可以为榆林3窟建窟时间提供一个下限，可惜目前可见的文献材料、出土文书材料中未能找到与此人相关的信息，我们也曾辗转问询史金波、聂鸿音、孙伯君等专门从事西夏学研究的学者，依然一无所获，只能寄望将来发现更多材料为解决这一问题提供更多线索。除了这三行西夏文题记，窟中还有多处八思巴文题记，较为完整清晰的三处分别题写（或刻划）于正壁"八塔变"与"五十一面观音"壁画之间的黑色分割线上、北壁"金刚界曼荼罗"与"净土变"之间的黑色分割线上，以及西壁南侧"普贤并侍从像"下方，内容或许为六字真言或游人题记，这说明在蒙古国使用八思巴文的近100年时间内（1270—1360年之间），榆林3窟仍是蒙古信徒礼拜的对象。

甬道南北侧壁分别绘两排供养人，上排为西夏人，下排为元代补绘的蒙古人。西夏供养人的体量明显比蒙古供养人大，男像居北（即正壁主尊之右），女像居南，符合古代"以右为尊"的礼制观念。甬道北壁上排共绘西夏男供养人四身，冠饰已漶漫不清，皆穿圆领窄袖襕袍，腰间围着带有黑色宽边的抱肚，固定抱肚的宽带束于腹前，脚穿尖头黑靴，装束特征与榆林29窟赵麻玉、黑水城出土《比丘像》唐卡左下方供养人等形象非常相似，均是西夏级别较高的武官服饰。甬道南壁上排的三身女供养人仅有第一身面目清晰，其他两

---

〔1〕分别见史金波、白滨：《莫高窟榆林窟西夏文题记翻译》，《榆林窟研究论文集》下册，第852页；王静如：《新见西夏文石刻和敦煌安西洞窟夏汉文题记考释》，收于《王静如民族研究文集》，北京：民族出版社，1997年，第407页；荒川慎太郎：《西夏時代の河西地域における歴史・言語・文化の諸相に関する研究》，東京外国語大学アジア・アフリカ言語文化研究所，2010年，第13页。

〔2〕王静如：《新见西夏文石刻和敦煌安西洞窟夏汉文题记考释》，第407页。

〔3〕史金波：《西夏官印姓氏考》，《史金波文集》，上海辞书出版社，2005年，第537页。

尊较为漶漫，大致可判断她们云髻高耸，头戴桃形花冠，花冠左右配以步摇和金簪，外着交领右衽长袍，袍侧开叉，内着小翻领衬衣，下系百褶长裙，脚踩尖钩鞋，双手合十并持花枝，四分之三侧身朝向正壁主尊作礼敬状，形象特征与榆林2窟西壁南侧水月观音下方的西夏女供养人像相同。[1]综合来看，榆林3窟的7身西夏男女供养人服饰特征显示他们拥有较高的社会地位，男像表现的应该是在军队中掌握实权的高级武官，女像或许是其家眷，至于这些供养者是否为甬道北壁西夏文题记中提到的“嵬名慧利一行十三人”，暂时无法确定。

榆林3窟的四壁与窟顶绘满壁画，色调以青、绿、白为主，营造出一种典雅沉静的氛围。壁画内容包含显、密两种体系，既有自唐代起敦煌地区就流行的传统题材，也有10世纪末才引入的新样式。东、南、北壁各绘有三铺壁画，西壁也绘制三铺，但窟门上方的一铺尺幅较小，且下半部分残破，加上窟顶笼罩的巨大金刚界曼荼罗，全窟目前共存13铺壁画，各铺具体绘制内容可参看下图（图4-3-2）：[2]

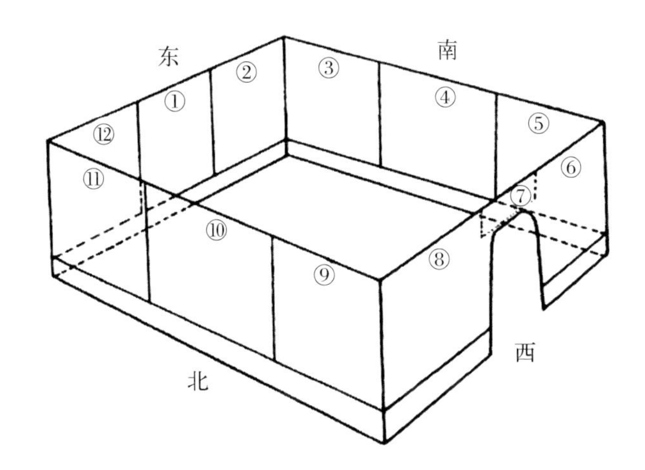

图4-3-2　壁画位置示意图

① 八塔变（长3.9米，宽2.15米）
② 五十一面观音（长3.9米，宽2.5米）
③ 顶髻尊胜佛母五尊曼荼罗（长3.7米，宽2.65米）
④ 观无量寿经变（长3.7米，宽3.16米）
⑤ 九佛顶恶趣清净曼荼罗（长3.7米，宽2.77米）
⑥ 普贤菩萨并侍从像（长3.62米，宽2.5米）
⑦ 维摩诘变（长0.59米，下部残）
⑧ 文殊菩萨并侍从像（长3.44米，宽2.81米）
⑨ 金刚界三十七尊曼荼罗（长3.84米，宽2.75米）
⑩ 观无量寿经变或药师经变（长3.84米，宽3.15米）
⑪ 摩利支天五尊曼荼罗（长3.84米，宽2.75米）
⑫ 十一面观音（长3.90米，宽2.50米）
⑬ 窟顶金刚界十三尊曼荼罗（长8.60米，宽7.50米）

〔1〕对西夏供养人像的研究，可参见谢静：《敦煌石窟中西夏供养人服饰研究》，《敦煌研究》2007年第3期，第24—36页。
〔2〕各铺壁画的尺寸主要参考张伯元《安西榆林窟》中的测量数据，第88—89页。

纵观整个窟室内壁画的配置特点，密教与华严两种体系的图像在各壁面相间分布，基本沿袭了自唐代密教图像进入汉地大乘佛教体系之后敦煌窟室经常采用的模式，即以洞窟正壁为中轴线，在南北两侧相向位置对称分布题材相关、相近或相同的壁画——十一面千手观音对应五十一面千手观音、两铺净土变相互对称、居于佛塔中的顶髻尊胜佛母对应摩利支天佛母、金刚界三十七尊曼荼罗对应九佛顶恶趣清净曼荼罗、文殊变对应普贤变等等（图4-3-3）。

图4-3-3 榆林窟第3窟窟室全景（《中国石窟·安西榆林窟》，图版140）

整个窟室被笼罩在窟顶绘制的巨大金刚界曼荼罗下，曼荼罗中央主尊大日如来与窟顶四缘的四方佛又构成第二重金刚界“五方佛”体系，共同统摄全窟显密图像。窟内地面设有中心佛坛，彰显该窟密教坛场的性质，窟内壁画沿东西向中轴线对称分布。东壁（即正壁）中央“八塔变”主尊的内在含义是华严教主卢舍那佛与释迦牟尼同体，一方面，“八塔变”用八塔和八相结合的方式展示佛陀一生事迹，强调中央降魔成道的释迦牟尼的身份，释迦牟尼与西壁窟门上方的维摩诘经变之“问疾品”遥相呼应，象征释尊与文殊、维摩诘大士共同宣说大乘佛教“不二法门”，以窟门喻“法门”，只有通过这道门才能进入佛国净土；另一方面，可以注意到塔刹部分的样式较为特殊，佛塔上方原应作成相轮的塔柱，

图4-3-4　榆林3窟“八塔变”中央塔刹细节图

在这里被绘成多重仰莲瓣（图4-3-4），宿白先生认为“塔的相轮部分作出莲花藏世界”。[1]“莲华藏庄严世界海”是《华严经》记载的十佛摄化之诸种世界之一，[2]所以居坐佛塔中央的释尊还可认定为华严教主“卢舍那佛”，与窟门南北两侧的文殊、普贤并侍从像构成“华严三圣”的组合。南北两壁中央各绘制一铺气势恢宏的“净土变”，形制几乎完全相同，南壁为“观无量寿经变”，下方棋格式空间绘“十六观”和“未生怨”；北壁所绘有可能是“观无量寿经变”或“东方药师经变”，因经变下方棋格式图像残损严重而无法确定具体绘制内容。两铺净土变体现西夏具有广泛信仰基础的净土思想，表达信众期冀往生于西方净土的强烈诉求。

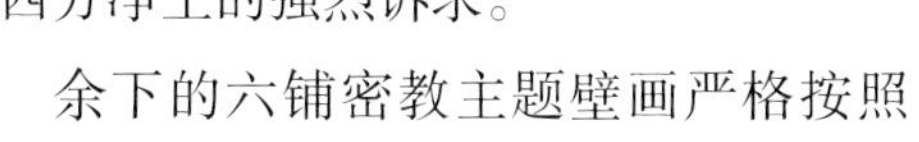

余下的六铺密教主题壁画严格按照南北对称的布局分布，东壁“八塔变”两侧分别绘十一面千手观音和五十一面千手观音，均呈立姿，观音眷属对称安置在主尊身侧。南、北壁东端分别为“顶髻尊胜佛母曼荼罗”和“摩利支天曼荼罗”，曼荼罗外围金刚环和中围金刚墙的形制完全相同，内院主尊和眷属的安置方式也基本对称，顶髻尊胜佛母和摩利支天是从大日如来身化现而出的佛母，[3]位属大日如来部，身色相近，均居坐佛塔中央，佛塔两侧分别是呈立姿的“四大天王”和四位胁侍菩萨。曼荼罗上方各绘如来相和菩萨装的五方佛，两组手印基本一致。再至南、北壁西端，恶趣清净曼荼罗和金刚界曼荼罗相对应，均采用具足金刚环、金刚墙、内院四方四隅的配置构图。这两铺曼荼罗上方分别绘制两组五尊像——五护佛母和不空羂索观音五

〔1〕宿白：《西夏佛塔的类型》，收于雷润泽等编《西夏佛塔》，北京：文物出版社，1995年，第4页。

〔2〕《华严经》中记载的卢舍那佛居住的净土世界“莲华藏世界”随着密教经典《不空羂索神变真言经》和《大日经》的译出，被附会到《大日经》和《金刚峻经》中，于是便有了大日如来佛亦现身于莲华藏世界的说法。榆林3窟“八塔变”主尊也不排除“释迦牟尼”“卢舍那佛”和“大日如来”三种身份叠加的可能性。

〔3〕根据《成就法鬘》等印度成就法集的规定，从大日如来佛化现出来的主尊均身呈白色（或黄色），居坐佛塔中央，有些尊神的宝冠上饰有大日如来像。这些尊神主要有：真实名文殊（Nāmasaṅgīti）、摩利支天（Mārīcī）、顶髻尊胜佛母（Uṣṇīṣavijayā）、白伞盖佛母（Sitātapatrā Aparājitā）、大千摧碎佛母（Mahāsāhasrapramardanī）、金刚亥母（Vajravārāhī）、准提佛母（Cundā）、斗母（Grahamātṛkā）。见Benoytosh Bhattacharyya, *The Indian Buddhist Iconography: Mainly Based on the Sādhanamālā and Cognate Tantric Texts of Rituals*, Calcutta, 1958, pp. 206–225.

尊，根据成就法的记载，他们宝冠上各有其对应的方位佛的化像，从设计理念上说，与顶髻尊胜佛母曼荼罗和摩利支天曼荼罗上方的五方佛相同。

综合来看，榆林3窟的图像主要表现了两种主题：中原内地传统佛教观念与10世纪末以降的新译密续主题，若再细化，可看到显教“华严”“净土”和密教五方佛这三种信仰得到凸显，顶髻尊胜佛母、摩利支天、金刚界曼荼罗37尊、恶趣清净曼荼罗41尊、五护佛母和不空羂索观音五尊等均是《金刚顶经》“五方佛”引领下的密续本尊，显密图像融汇一室。由于中国佛教的圆融性，密教进入中原内地之后便与其他信仰体系结合在一起，所以西夏石窟壁画“显密融合”的特点在很大程度上是继承了敦煌本地固有的造像传统，如莫高窟晚唐第148窟将“涅槃”和“华严”主题造像与金刚界、胎藏界曼荼罗中的内外四供养菩萨等尊结合；[1]莫高窟中唐第25窟正壁绘胎藏界禅定印大日如来与八大菩萨，而大日如来旁边的汉文榜题却以“清净法身卢舍那佛”称之，与窟门两侧的文殊变、普贤变形成“华严三圣”组合，又与南北壁的观无量寿经变和弥勒下生经变构成“十方三世”组合；[2]榆林窟晚唐五代第20窟将密教曼荼罗和华严信仰的结合程度进一步推进，正壁南北两侧各绘一佛并八菩萨像，根据榜题可知北侧主尊为“毗卢遮那佛”，南侧主尊为双手作禅定印的胎藏界大日如来，此二尊实为一体，共同引领身侧围绕的“八大菩萨”和内外四供养菩萨。南北壁亦各绘一铺类似正壁两侧曼荼罗样式的图像，分别为“过去七佛”和“五佛”，[3]竟把传统的汉地显教题材用密教曼荼罗来表现，当时显密造像的相互融合程度可见一斑。

西夏艺术受到敦煌固有佛教造像传统潜移默化的影响，又在新的时代背景下加入地方化创造，榆林3窟壁画所体现的“华严”“净土”信仰和“新译密续”主题，就是西夏在敦煌造像传统基础上吸收辽密佛教传统、东印度波罗造像艺术元素和本民族净土信仰的基础上对佛教图像做出的全新阐释，其他西夏石窟壁画也大致遵循相同的造像理念。接下来本节将主要围绕这三个方面依次展开论述。

---

〔1〕 彭金章：《莫高窟第148窟密教内外四供养菩萨考释》，《敦煌研究》2004年第6期，第1—6页。

〔2〕 赖鹏举：《敦煌石窟造像思想研究》，北京：文物出版社，2009年，第249—259页。

〔3〕 值得特别指出的是，榆林20窟北壁绘制的“五佛”虽然和密教“五方佛”在概念上有明显的继承关系，但属于截然不同的两个体系，前者是汉地僧人按照民间信仰需求创造出来的全新系统。根据榜题可知此五佛分别是“南无上方广众德佛”“南无十二上愿药师佛”“南无北方世界最胜音王佛”“南无阿弥陀佛”，左下角榜题漶漫不清。乍看之下该五佛名号杂乱无章，其与敦煌出土汉文文书S.2144后附《结坛散食回向发愿文》中提到的“五佛”多有重合之处：“奉请清净法身毗卢遮那佛，奉请圆满宝身卢舍那佛，奉请千百亿化身同名释迦牟尼佛，奉请东方世界十二上愿药师琉璃光佛，奉请西方极乐世界阿弥陀佛，奉请南方世界日月灯王佛，奉请北方世界最胜音王佛。”榆林20窟提到的中央“南无上方广众德佛”暂时无法确定所出为何，其他三尊和《发愿文》所记东方、西方、北方佛完全一致，据此或可进一步推断左下角残损的榜题应为《法华经》中的“南无南方世界日月灯王佛”。S.2144写经年代大致为10世纪末，和榆林20窟壁画绘制年代相仿，所以此“五佛”体系在敦煌地区较有信仰基础，是信众根据本地信仰需求来创制的。

一、“华严信仰”

通过检索莫高窟、榆林窟、东千佛洞等石窟群中的西夏壁画，可发现这一时期的文殊、普贤像几乎都能与正壁卢舍那佛（或与其同体的“毗卢遮那佛”或“大日如来佛”）形成“华严三尊”组合（见下表4-3-1），〔1〕而唐五代时期释迦、多宝佛搭配文殊普贤像所构筑的法华体系则基本不见于敦煌西夏窟室，“法华经变”“天请问经变”“楞严经变”等经变画也不再出现，“华严”和各种净土类〔2〕图像占据绝对主导地位。这种转变应与辽代“圆教”对华严和密教的大力推崇有直接关系，西夏流行的“华严信仰”是从辽引入的。

表4-3-1　绘制华严三尊的洞窟表

	窟　号	前室前壁	窟门两侧	主室左右壁
莫高窟	460	√		
	245		√	
	164		√	
榆林窟	3		√	
	4		√	
	29			√
东千佛洞	5			√
	6			√
五个庙	1		√	
旱峡石窟	南窟			√

西夏虽然数次向宋朝祈请汉文大藏经，但是其所信仰的华严思想其实与当时的中原本土佛教体系无涉，因为假设《西夏文大藏经》的刊刻母本的确为983年印制完毕的《开宝藏》，可天台、华严等宗部论著直到南宋绍兴年间（1131—1162）才被收入大藏经，所以

〔1〕仅选择保存较为完整的几个窟室为例。

〔2〕此处所说的“净土”类图像无意关联某个特定的宗教派别，而是从民间信仰层面，将阿弥陀、弥勒、药师、炽盛光佛等尊神列为一类进行讨论。

西夏社会前半期流行的华严信仰肯定不是源于北宋中原传入的藏经，[1]而是来自辽，黑水城出土的一些华严论著在中原地区已经失传，但在辽代佛教传承体系中可以找到，[2]可从侧面说明西夏华严信仰的来源问题。

辽代"圆教"是将唐代华严思想作为圆融佛教的主干，其中又包容很多具有不同来源的学门和修行法门，密教也被囊括在内。"圆融"思想早在唐代高僧的论著中就得到推广，最初主要是特指唐代华严大师李通玄的"三圣圆融"说，即观想毗卢遮那佛与文殊、普贤二菩萨等三圣融为一体且无障碍之观门，清凉澄观在其《三圣圆融观门》中也说道："三圣者，本师毗卢遮那如来、普贤文殊二大菩萨是也"。[3]毗卢遮那佛（大日如来）同时受到华严宗和密宗的崇奉，《华严经》本身就体现出许多密教元素，[4]严耀中先生即认为密教和华严信仰在本体上是一致的，[5]这就为"华严"和"密教"的圆融结合提供了理论基础，唐不空译《大乘瑜伽金刚性海曼殊师利千臂千钵大教王经》卷一较好阐释了密教背景下毗卢遮那佛、文殊菩萨、普贤菩萨三者依然是"三圣合一"的关系：

> 说经之根，宗本有三：一者毗卢遮那法身，本性清净，出一切法金刚三摩地为宗；二者卢舍那报身，出圣性普贤愿力为宗；三者千释迦化现千百亿释迦，显现圣慧身，流出曼殊师利身作般若母为宗。[6]

不空将"华严三圣"认定为唐代密教重要信仰对象"三身佛"的示现身，毗卢遮那佛同时引领"华严"体系的文殊普贤菩萨和"密宗"体系的报身、化身佛。

鲜觉、道苑、道㲀等辽代高僧对华严义理的阐释，主要关注唐代清凉澄观的《华严经》疏、钞之释，不同于宋代中原华严阐理所青睐的贤首法藏、云华智俨等人的教义，[7]辽代僧人力在彰显华严教理的通融性格，将各种显密修行法门包容在内，而非宋代华严的经院式阐释。觉苑的代表作为《演密抄》十卷，提出"显密五教说"，此说实际上是在唐代华严宗判教的基础上，加上抬高密教地位的论述而形成，道㲀的代表作是《显密圆通成佛心要集》两卷，主要从华严思想的立场讲述"显密平等无差别""华严为显圆""诸部陀罗尼为

[1] 见索罗宁：《西夏佛教"华严信仰"的一个侧面》，《文献研究》，第130页。
[2] 详见索罗宁：《西夏佛教之系统性初探》，《世界宗教研究》2013年第4期，第22—38页。
[3]《大正藏》No.1882。
[4] 相关研究可参见Douglas Osto, "Proto-Tantric Elements in the Gaṇḍavyūha-Sūtra", *Journal of Religious History*, Vol.33, no.2, 2009, pp.165-177.
[5] 严耀中：《汉传密教》，上海：学林出版社，1999年，第82—94页。
[6]《大正藏·密教部》第1039号经典。
[7] 陈永革：《论辽代佛教的华严思想》，《西夏研究》2013年第3期，第3页。

密圆”。[1]辽代华严的这种“圆教”性质恰恰符合西夏人对圆融性忏仪的浓厚兴趣，黑水城出土文书中有宗密《中华心地传禅门师资承袭图》、清凉澄观《大方广佛华严经随疏演绎钞》的西夏文译本，辽代僧人的华严论著也出现其中，如鲜演《华严经玄谈抉择记》、[2]道㲀《显密圆通成佛心要集》、通理大师恒策《无上圆宗性海解脱三制律》《究竟一乘圆通心要》等等。更有甚者，西夏沙门智广1200年编撰完成的《密咒圆因往生集》在多处引用唐译《佛顶最胜陀罗尼经》和道㲀《显密圆通成佛心要集》的内容，[3]进一步彰显唐→辽→西夏三个政权对宗密和澄观所传北方华严教法的继承脉络，西夏中晚期佛教虽然吸收许多藏传佛教密法（如“大手印”“道果”和喜金刚、上乐金刚、金刚亥母等无上瑜伽本尊修习仪轨），唐与辽代的华严论著仍旧占据重要地位，流行于西夏境内，元代西夏遗僧一行慧觉《大方广佛华严经海印道场十重行愿常遍礼忏仪》正是融合了宗密华严学和汉藏密法的代表著作。[4]

一行慧觉为华严宗僧侣，通晓汉传和藏传佛教，他在《大方广佛华严经海印道场十重行愿常遍礼忏仪》卷四除了列举印度、东土传译华严经诸师之外，还提到九位“大夏国弘扬华严诸师”，从秉常时期的鲜卑真义国师[5]到夏末元初的一行慧觉，华严学之所以能在西夏社会保持连续不断的传承序列，[6]主要有如下两方面原因：

首先是西夏皇室的支持和推崇。索罗宁提出西夏“官方佛教”和“民间佛教”的概念，认为黑水城出土的刊刻本汉传佛教经典反映官方佛教信仰，其中有相当大一部分内容涵盖“华严思想”与各种“华严仪轨”，而西夏中晚期开始流行的“观法”“禅定”“要语”“剂门”“要顺”等藏传密法基本以手抄形式留存，反映民间佛教信仰。[7]前文已经举出黑水城及其他各地出土的唐与辽代华严学僧著作，除此之外还有多个版本的汉文、西夏文八十卷本《大方广佛华严经》、《大方广佛华严经普贤行愿品》等经典，而且《天盛律令》要求寺院蕃、汉学僧必须掌握的两个体系的经典中，均包括“华严普贤行

[1] 魏道儒：《辽代佛教的基本情况和特点》，《佛学研究》2008年总第17期，第229—237页。

[2] 孙伯君：《鲜演大师〈华严经玄谈抉择记〉的西夏文译本》，《西夏研究》2013年第1期，第27—34页。

[3] 索罗宁：《一行慧觉及其〈大方广佛华严经海印道场十重行愿长遍礼忏仪〉》，《台大佛学研究》第23期，2012年，第16页。

[4] 关于《大方广佛华严经海印道场十重行愿常遍礼忏仪》的研究成果，可参见白滨：《元代西夏一行慧觉法师辑汉文〈华严忏仪〉补释》，《西夏学》第1辑，2006年；李灿：《元代西夏人的华严忏法——以〈华严海印道场忏仪〉为中心》，北京大学哲学系硕士论文，2010年；索罗宁：《一行慧觉及其〈大方广佛华严经海印道场十重行愿长遍礼忏仪〉》，《台大佛学研究》第23期，2012年，第1—76页。

[5] 有学者认为该鲜卑真义国师就是榆林29窟窟门南侧绘制的“真义国师”，但实际上二者生活年代相差太远（榆林29窟营造于1193年），无法将其认定为同一位国师。

[6] 一行慧觉《大方广佛华严经海印道场十重行愿常遍礼忏仪》，收于《嘉兴大藏经》第15册，台北：新文丰出版社，1987年。

[7] 索罗宁：《西夏佛教之系统性初探》，第24—25页。

愿品”。[1]西夏皇室在全国推行华严信仰的主要举措就是将其与“忏仪”“忏法”结合，这也是顺应了唐以后佛教逐渐从“义理层面”转向“信仰层面”的蔚然趋势。黑水城出土文书有相当大一部分是罗太后1189年举办法会时印施的法本，许多《大方广佛华严经普贤行愿品》发愿文后附有“大夏乾祐二十年岁次己酉三月十五日正宫皇后罗氏谨施”的题记，法会期间印施经文的数量可高达近十万部，[2]而且经后另附与《华严经》信仰相关的感通故事集《华严感通灵应传记》，不仅符合民间信众对此类奇幻感应事迹的兴趣，经中所言“法界圆宗，真如榜样。华严是一乘圆教，乃成佛之宗，得道之本”[3]也说明“圆宗”华严信仰的确曾被西夏皇室推崇至本宗地位。

其次是与西夏时期流行的五台山信仰密切相连。华严宗与密宗奉五台山为共同圣地，一方面，五台山是文殊菩萨的道场，山中造大华严寺、大清凉寺，西夏在贺兰山营建的“北五台山”延续唐代传统。另一方面，密教与五台山也久有渊源，唐高宗时佛陀波利携密典《佛顶尊胜陀罗尼经》来唐的故事就发生在五台山，[4]不空和澄观在五台山成为密教圣地过程中起到的作用最大，不空在唐大历五年（770）应代宗诏请前往五台山“修功德”，曾面对本尊祈请数日，感应文殊现身，并将文殊奉为本尊。[5]华严寺主清凉澄观传记中也提到，他曾寓居五台山大华严寺，行忏法、演诸论，并在寤寐之间，现见大日如来金身，[6]许多唐密大师以五台喻金刚乘的五部，10世纪末以降，从印度和卫藏前往五台山朝拜的密教高僧更是不绝如缕，元代八思巴甚至将其直接比作五方佛之台座。[7]

我们在西夏石窟中看到“华严三圣”与菩萨、佛母、护法神、曼荼罗等密教图像共同构筑一个融合多种宗教理念的空间，其所依据的教义基础就是辽代以华严为信仰基础的“圆教”，辽代故地现存几座佛塔的图像配置方式可以与敦煌西夏石窟一作比较，以重熙十三年（1044）重修的朝阳北塔最为典型。朝阳北塔在样式上采用汉地较为常见的十三

---

〔1〕姜歆：《西夏法典〈天盛律令〉佛道法考》，《宗教》2009年第6期，第76页。

〔2〕如TK98号《普贤行愿品》发愿文：“大法会散施……番汉《转女身经》《仁王经》《行愿品》共九万三千部”，TK81-83《观弥勒菩萨上生兜率天经》发愿文“散施番汉《观弥勒菩萨上生兜率天经》一十万卷，汉《金刚经》《普贤行愿品》《观音经》等各五万卷”。另可参见苏建文：《西夏文〈大方广佛华严经普贤行愿品〉》，宁夏大学2009年硕士学位论文，第5—7页。

〔3〕索罗宁：《西夏佛教之“系统性”初探》，第31页。

〔4〕严耀中：《汉传密教》，第89页。

〔5〕《宋高僧传》卷一《唐京兆大兴善寺不空传》。

〔6〕《宋高僧传》卷五《唐代州五台山清凉寺澄观传》。

〔7〕“如须弥山王之五台山，基座像黄金大地牢固，五峰突兀精心巧安排。中台如雄狮发怒逞威，山崖像白莲一般洁白；东台如同象王的顶髻，草木像苍穹一样深邃；南台如同骏马卧原野，金色花朵放射出异彩；西台如孔雀翩翩起舞，向大地闪耀月莲之光；北台如大鹏展开双翼，满布绿玉一般的大树。”陈庆英著：《帝师八思巴传》，北京：中国藏学出版社，2007年，第66—67页。

级密檐塔，塔身代表大日如来，与塔身四周安置的四方如来共同构成金刚乘五方佛体系，这种设计依据的是唐密传统，[1]且与尼泊尔自李查维王朝（Licchavi，约400—750，古译“离车”）开始就非常流行的在塔身四周雕刻四方佛的造像传统一致。[2]四方如来左右两侧分别配有一塔，塔旁有竖书汉文榜题，内写八塔名号，用以体现大乘教主释迦牟尼的生平故事。如此一来，塔身不仅代表引领金刚密乘四方如来的教主——大日如来，也代表了整个早期大乘佛教教法的演说者——释迦牟尼，这与榆林3窟正壁“八塔变”主尊的双重身份相似。另外，朝阳北塔天宫出土的大石函和木胎银棺上均出现法、报、化“三身佛”像，不空译《大乘瑜伽金刚性海曼殊师利千臂千钵大教王经》将“华严三圣”认定为唐代密教重要信仰对象“三身佛”的化现身，辽与西夏对“三身佛”的崇奉应是从“华严三圣”信仰延伸而来的，内蒙古、北京、辽宁等地均有辽代“三身佛”石幢浮雕的实例，[3]西夏黑水城出土《佛说道明般若波罗蜜多经》经首版画为印度波罗风格的三身佛（图4-3-5），

图4-3-5　西夏黑水城出土《佛说道明般若波罗蜜多经》经首版画（《丝路上消失的王国：西夏黑水城的佛教艺术》，图版73）

---

〔1〕（唐）不空译：《金刚顶瑜伽三十七尊出生义》中叙述的金刚界三十七尊均由大日如来流现而出，各尊安置方位正是以佛塔为中心依次展开的：“由大圆镜智，厥有金刚平等现等觉身，则**塔中方东阿閦如来**也；由平等性智，厥有义平等现等觉身，即**塔中方之南宝生如来**也；由妙观察智，厥有法平等现等觉身，即**塔中方之西阿弥陀如来**也；由成所作智，厥有业平等现等觉身，即**塔中方之北不空成就如来**也。”所有一切“出于大日如来善巧业用门。故此窣堵婆，可谓总领一乘之秘旨，何况权实之道于是全焉。”见《大正藏》第十八册，No.872，第289页。

〔2〕可参见张同标：《尼泊尔佛塔曼荼罗造像考述（上）》，《湖南工业大学学报（社会科学版）》2013年第3期，第40—51页。

〔3〕罗炤：《海外回归五重宝塔佛像系统的宗教内涵与意义》，收于佛舍利五重宝塔编纂委员会《佛舍利五重宝塔》，北京：人民出版社，2008年，第142—149页。

从中可以推知西夏与辽忠于继承唐代佛教传统的态度。[1]总体来看，朝阳北塔塔身、塔身四周的四方如来和八塔名号以及塔内天宫的石函、银棺等供物表面雕刻的尊像，成为辽代显密圆融思想的浓缩体现，将五方佛、释迦牟尼、毗卢遮那佛、华严三圣等多重信仰体系融于一体，这与榆林3窟等西夏石窟壁画十分注重传达华严和密教信仰的状况完全一致。

二、“净土信仰”

窟主或画匠在选择各壁图像题材时，会有特定的意图或设计安排，画面与画面之间有内在联系，共同组成一个构思严密的建筑空间，正如台湾学者赖鹏举所言，由一窟不同位置及不同经变组合而产生的主尊性格，可以推知开窟人的造像思想。[2]榆林3窟内出现的造像题材多样、风格各异、图像来源不一，那么设计者是基于什么原则将这些图像统合在一起的呢？通过对图像背后隐含的功能进行分析，可以认为“往生”“净土”是该窟各类图像表现的共同主题，反映了整个西夏社会极为兴盛的“净土”信仰。

“八塔变”位于正壁中央位置，这一题材到西夏时期才在中原内地得到广泛传播，流行的原因概与其增福延寿、净治恶趣的功能密切相关。1196年，罗皇后为悼念仁宗（1139—1193）去世三周年而施印汉文本《大方广佛华严经入不思议解脱境界普大方广佛华严经入不思议解脱境界普贤行愿品》，卷末题记言：“（太后）散施**八塔成道像**净除业障功德共七万七千二百七十六帧。”[3]罗太后在仁宗逝世悼念日散施“八塔成道像”的目的不言自明，期冀为亡者和在世者祷念祈福、净除业障。黑水城出土《金刚座佛与佛塔》唐卡的八塔塔名所依据的《大乘本生心地观经》也记载：

> 若造八塔而供养，现身福寿自延长。
> 增长智慧众所尊，世出世愿皆圆满。
> 若人礼拜及心念，如是八塔不思议。
> 二人获福等无差，速证无上菩提道。[4]

〔1〕太宗李德明在贺兰山营建的“五台山十寺”在寺名上采用唐代系统，而非宋释志磐《佛祖统纪》记述的体系，西夏黑水城出土八塔唐卡中题写的“八塔”名号弃用宋代法贤新译的《佛说八大灵塔名号经》体系，而选择延续唐般若《大乘本生心地观经》体系。同样的，西夏对“三身佛”信仰的传承态度亦与辽一致，继承的是唐代传统。

〔2〕赖鹏举：《敦煌石窟造像思想研究》，北京：文物出版社，2009年，第3页。

〔3〕此卷编号为TK-98，参看孟列夫《黑城出土汉文遗书叙录》，第28页附图。

〔4〕（唐）般若译：《大乘本生心地观经》，《大正藏》No.159，卷一，第296页。

另外，宋法贤译《佛说八大灵塔名号经》更是直接点明，念诵八塔名号可助善众转生天界，[1]说明供奉"八塔变"图像或念诵八塔名号均有延寿增福、净治恶趣、往生净土的功能，符合西夏皇室和普通民间信众的现世需求。

窟内有两组观音类图像，分别为"八塔变"两侧的"千手观音像"和北壁西侧金刚界曼荼罗上方的"不空羂索观音五尊像"。观音因其慈悲之力受到普遍崇信，敦煌唐末宋初时期的诸多写经和造像题记均能彰显观音在丧葬仪式中起到的重要作用。单行抄本数量庞大的伽梵达摩译本《千手千眼观世音菩萨大悲咒》和玄奘译本《十一面神咒心经》强调念诵观音神咒在人命终之后所得的善益果报，[2]藏经洞出土汉文文书S.1515《无量寿观经清信女张氏题记》记载"大唐上元（675）四月二十八日，佛弟子清信女张氏发心敬造无量寿观经一部及观音经一部，愿此功德，上资天皇天后，圣化无穷，下及七代父母，并及法界苍生，**并超烦恼之门，俱登净妙国土**。"另大英博物馆藏《观音像》是由当地一位下级官员张有成为已故双亲、乳母和弟弟求生净土而托人绘制，观音右侧榜题记言："舍施净财成真像，光明曜晃彩绘庄。唯愿亡者生净土，三途免苦上天堂"，[3]说明观世音菩萨主要担当汉传弥陀净土类经典中阿弥陀佛的胁侍者和往生人的接引者。敦煌出土藏文文书反映的情况与汉文文书相似，如P.t.239.Ⅱ号《天界道示》（*Lha yul du lam bstan pa*）的主要内容是消除亡者对于坠入地狱的恐慌，因为在此大地狱中，有救助亡者的圣观世音自在菩萨，通过忆想他的名号、诵念祈祷语和咒语，便可从此恶境中获得解脱。[4]P.t.37第一部分文书《调伏三毒》（*Dug gsum 'dul ba*）的内容宗旨是消除亡者之"贪嗔愚"三毒，强调净化"三毒"在亡者转生中的重要作用，超度亡灵的仪式中经常使用此类佛理，而在这其中起到关键作用的就是观世音菩萨。[5]具体就不空羂索观音的度亡功能来说，菩提流志译《不空羂索神变真言经》详细讲述信众通过念诵受持此陀罗尼真言可灭除十恶五逆四

---

〔1〕"如是八大灵塔，若有婆罗门及善男子善女子等，发大信心修建塔庙承事供养，是人得大利益、获大果报、具大称赞、名闻普通甚深广大，乃至诸苾刍亦应当学。复次诸苾刍，若有净信善男子善女子，能于此八大灵塔，向此生中至诚供养，是**人命终速生天界**。"法贤译：《佛说八塔灵塔名号经》，《大正藏》No.1685，第773页。

〔2〕《大悲咒》言此陀罗尼可以为诸众生得安乐，除一切病，得寿命，得富饶，灭除一切恶业重罪，离障难，速能满足一切诸希求，"设若诸人天诵持大悲章句者，**即于临命终时，十方诸佛皆来授手接引，并且随其所愿往生诸佛国土**。"（《大正藏》No.316）玄奘译《十一面神咒心经》记载念诵该经咒现世可得四种果报："**一者临命终时得见诸佛，二者终不堕诸恶趣，三者不因险厄而死，四者得生极乐世界**。"（《大正藏》No.324）

〔3〕于君方著，陈怀宇等译：《观音——菩萨中国化的演变》，北京：商务印书馆，2012年，第231页。

〔4〕Sam van Schaik, "The Tibetan Avalokiteshvara Cult in the Tenth Century: Evidence from the Dunhuang Manuscripts", in *Tibetan Buddhist Literature and Praxis* (Proceedings of the Tenth Seminar of the IATS, 2003, Vol.4), ed. Ronald M. Davidson and Christian Wedemeyer, Leiden: Brill, 2006, p.56.《天界道示》在内容上可与P.t.37第三部分文书《为亡者开示天界净土道》（gshin 'a kha yul gtshang sar lam bstan）同定，后者译文见才让：《法藏敦煌藏文佛教文献P.T.37号译释》，收于《敦煌吐蕃文化学术研讨会论文集》，兰州：甘肃民族出版社，2009年，第225—231页。

〔5〕《调伏三毒》的完整译文，见才让《法藏敦煌藏文佛教文献P.T.37号译释》，第220页。

重诸罪，不坠地狱，临命终时可得八法，直往西方极乐世界安住。[1]西夏继承了这一信仰传统，黑水城出土大量刊刻文书的发愿文、跋言或后记出现观世音菩萨与荐亡往生主题密切相连的例子，如印施六百余卷《圣六字增寿大明陀罗尼经题记》“资荐亡灵父母及法界有情同往西方”；[2]英藏黑水城文献《不空羂索陀罗尼经》发愿文记载，诵持此陀罗尼可以“上报四恩，下资三有，法界含灵，同生净土”；[3]由夏仁宗主持印施的《圣观自在大悲心总持依经录并胜相顶尊总持功能依经录》后序发愿文将《自在大悲》经赞誉为“冠法门之密语”，持诵《大悲咒》可超灭百千亿劫生死之罪，临命终时十方诸佛皆来授首，随愿往生诸净土中。[4]因该经持诵者众多，朝廷先后多次下令刻印，以致印版速见损毁，仁宗便命郭善珍等人另刻新版、多加施印，以便信众受持。[5]榆林3窟五十一面观音头部上方两侧各绘一组十方佛，概取其“接引众生往生净土”之意而绘。

前引黑水城、额济纳绿城等地出土的多种版本的《圣观自在大悲心总持功能依经录》经常与《胜相顶尊总持功能依经录》合刻为一本，暗示二者在礼忏功能方面的相似性，榆林3窟南壁东侧所绘顶髻尊胜佛母九尊曼荼罗的主尊便是《佛顶尊胜陀罗尼经》的人格化身，念诵经咒和供奉佛母造像的作用相同，即脱离恶趣、往生净土。《佛顶尊胜陀罗尼经》在内容上与藏文本《净清一切恶趣陀罗尼》(*Ngan song thams cad yongs su sbyong ba zhes bya ba'i gzungs*)[6]几乎完全吻合，两个文本关于佛陀明示善住天子如何通过念诵陀罗尼来摆脱坠入地狱之苦的故事记载如出一辙。[7]另外，日本学者佐佐木大树指出祷念佛顶尊胜陀罗尼与转生阿弥陀佛净土之间的密切关联，[8]因为宋法天译《佛说一切如来乌瑟腻沙最胜总持经》记载此经可令“众生获寿无量，远离轮回，解脱众苦”，[9]并反复强调其在增寿、破地狱之苦方面的功能。顶髻尊胜佛母或《佛顶尊胜陀罗尼经》、恶趣清净陀罗尼、阿弥陀佛净土三者之间的内在联系在榆林3窟南壁三铺壁画中展现得淋漓尽致，

---

〔1〕(唐)菩提流志:《不空羂索神变真言经》卷一(《大正藏》No.1092)。

〔2〕《俄藏黑水城文献》第3册,第173页。

〔3〕《英藏黑水城文献》第3册,上海古籍出版社,2005年。

〔4〕TK164号,收于《俄藏黑水城文献》第4册,第29页。

〔5〕这条记载见内蒙古额济纳旗绿城出土西夏文书《圣观自在大悲心总持依经录并胜相顶尊总持功能依经录复刻题记》。参见史金波、翁善珍:《额济纳绿城新见西夏文物考》,《文物》1996年第10期,第75页。

〔6〕北京版《藏文大藏经》,No.246。亦被收入吐蕃译经目录《丹噶目录》第406号。

〔7〕Steven Neal Weinberger比对了汉文大藏经中《佛顶尊胜陀罗尼经》(《大正藏》卷19,967—969号经典)和藏文本《净清一切恶趣陀罗尼经》,发现两种陀罗尼几乎完全吻合,从而认为《净清一切恶趣陀罗尼》正是从《佛顶尊胜陀罗尼》发展而来。见Steven Neal Weinberger, *The Significance of Yoga Tantra and the Compendium of Principle (Tattvasaṃgraha Tantra) within Tantric Buddhism in India and Tibet*, University of Virginia, 2003, pp.143-145.

〔8〕佐佐木大樹:『仏顶尊胜陀罗尼概観』,『现代密教』2009年第20期,第213—217页。转引自王瑞雷:《敦煌、西藏西部早期恶趣清净曼荼罗图像研究》,《故宫博物院院刊》2014年第5期。

〔9〕《大正藏》No.978,第409页。

南壁东侧的顶髻尊胜佛母九尊曼荼罗和西侧的恶趣清净九佛顶曼荼罗可帮助亡者涤尽一切恶业，净除一切生死烦恼，破解地狱阎罗之界一切苦厄，并保证亡故之人最终得以转生天界，南壁中央气势恢宏的西方净土妙境便是其理想归宿。

恶趣清净曼荼罗及其经典依据《恶趣清净怛特罗》经常用于荐亡仪式，用以引导亡者脱离恶趣并转生净土，在吐蕃占领敦煌时期的广大河西地区以及藏西等地均曾受到广泛推崇。[1]从黑水城出土佛教题记、发愿文或印施记等材料来看，西夏社会非常注重恶趣清净坛仪的施行，虽然黑水城文献仅是西夏特定阶层、特定时期制作的文书，但也可以大致透露整个社会的佛教信仰特点。TK128《圣佛母般若波罗蜜多心经》发愿文提到，夏仁宗在任皇后周忌之日（1167年五月初九）请觉行国师等人烧结灭恶趣中围坛仪，并作各种忏悔仪式（如放神幡、救生命、施贫济苦等），寄托在世之人期冀亡者“直往净方、得生佛土”的美好愿望；[2]TK142号《大方广佛华严经入不思议解脱境界普贤行愿品》发愿文主要记载安亮等人在亡母百日之辰所作的种种仪式，其中在第七日设立药师琉璃光七佛供养、西方无量寿中围、灭恶趣坛场等等；[3]另有TK120《佛说父母恩重经》发愿文，记载信男子呱呱等人为追荐亡父，敬请禅师、提点、寺院座主、出在家僧众等七千余人烧结灭恶趣坛各十座，[4]此类记述不胜枚举。榆林3窟恶趣清净曼荼罗上方为五护佛母，信众通过念诵各佛母陀罗尼经咒或供奉各佛母画像，可获得相应的护持，防止罪恶、疾病、野兽等诸种天灾人祸的侵害；曼荼罗下方为“七政宝”，汉译大藏经中的大量弥勒类经典明确记载，兜率天宫弥勒菩萨的下生之地即转轮王所支配的清净庄严世界，转轮王出现的地方定有七政宝，它们可以辅佐转轮王教化百姓、行菩萨道，所以恶趣清净曼荼罗下方出现“七政宝”的寓意是希望亡者在涤净一切恶业之后通达弥勒净土。

榆林3窟北壁的三铺壁画布局与南壁对称（或对应），自西向东分别为摩利支天曼荼罗、净土变和金刚界三十七尊曼荼罗。摩利支天在大多数情况下被认为是以金刚界五方佛体系内的大日如来为部主，敦煌本地出土的大量摩利支天经像表明该尊自唐代就在民间广受尊崇，[5]究其流行原因，与该尊“一切怨家、恶人悉不能见，一切灾难皆得

---

〔1〕如《仁钦桑波传》（*Rin chen bzang po'i rnam thar*）记载，仁钦桑波为纪念其亡父，委托人绘制了7幅《恶趣清净怛特罗》曼荼罗壁画；其母亡故时，又委托人制作了另外3幅《恶趣清净怛特罗》曼荼罗；在益西沃去世时，仁钦桑波亲自制作了《恶趣清净怛特罗》曼荼罗等作为丧葬仪式的供奉。见Amy Heller著，杨清凡译：《托林寺11世纪佛塔中供养人题记及图像的初步研究》，《藏学学刊》2011年第7辑，成都：四川大学出版社，第245页。

〔2〕《俄藏黑水城文献》第3册，第76页。

〔3〕《俄藏黑水城文献》第2册，第106页。

〔4〕《俄藏黑水城文献》第3册，第56页。聂鸿音认为发愿文中提到的呱呱之亡父“中书相公”，疑即西夏中书相贺宗寿，《大正藏》卷46收有宗寿撰《密咒圆因往生集序》，似为其重病临终之作。见聂鸿音：《西夏遗文录》，《西夏学》第2辑，2007年，第163页。

〔5〕关于敦煌出土摩利支天经像作品的研究，可参见张小刚：《敦煌摩利支天经像》，敦煌研究院编：《2004年敦煌石窟研究国际学术会议论文集》，上海古籍出版社，2006年，第382—408页。

解脱”[1]的功能有关，通过诵念摩利支天陀罗尼经咒或供奉摩利支天像，可免除一切恶障。[2]金刚界曼荼罗与荐亡仪式的联系主要体现在《初会金刚顶经·金刚界品》的第二分《金刚秘密曼拏罗广大仪轨分》，金刚手菩萨示现大忿怒相，将大自在天等极恶有情调伏，并使其归命佛法僧宝，诸种恶趣悉得清净，转生大日如来净土，得获一切如来最上悉地。[3]唐宋之际各种荐亡忏悔仪式盛行，特别是西夏护国仁王寺法师不动金刚依据不空译本重新编集的《瑜伽集要焰口施食仪》将金刚界五佛和金刚界大曼荼罗应用到瑜伽施食仪式当中，促进了金刚界坛仪在民间法会仪式中的广泛流行，《瑜伽集要焰口施食仪》规定行者在清净道场设立金刚界坛城，并通过口诵真言、手结印契而使诸种恶业得以清净，广大有情众生不受轮回诸恶苦果，[4]这符合普通信众追求彼岸妙境的愿望。

榆林3窟各题材壁画隐含的“荐亡”“往生”“净土”主题通过上文的分析已经较为明了，体现出西夏社会极为兴盛的“净土”信仰，西夏旧地出土夏、汉文文书的“印施记”“发愿文”所传达的主旨内容大都属于此信仰范畴。可以说，西夏佛教信仰体系中并没有“汉、印（藏）、西夏”或“显、密”佛教的明确界限，不同形态的佛教信仰在忏悔、葬礼和荐亡等各种法会仪式中得到圆融统一，这种“信仰性佛教/仪轨性佛教”应是唐宋以来中国佛教发展的主要形态之一。方广锠多次撰文强调，佛教既有比较精细、高深的哲学形态，也有比较民间、普及的信仰形态，因此它能适应不同层次信众的不同需要。在这两种佛教形态中，前者属于“佛教的义理层面”，后者属于“佛教的信仰层面”，义理层面的佛教以探究诸法实相与自我悟证为特征，追求精神上的最终解脱，而信仰层面的佛教则以功德思想和他力拯救为依据，以追求现世利益和往生为主要目标。相较于义理层面佛教而言，信仰层面的佛教影响力更大，为中国佛教奠定雄厚的群众基础，是佛教绵长生命力的基本保证。[5]吐蕃占领敦煌时期的藏语文使用圈就已非常注重显密两系佛教文书在日常礼忏仪式中的运用，敦煌出土的诸多藏文文书是由多个独立写本连缀而成，各写本的内容有紧密关联，“净土往生”主题往往是其内在联接元素，如法藏敦煌藏文文献P.t.37包括7个写本，第一部分《调伏三毒》（*Dug gsum 'dul ba*）强调观世音菩萨净化“三毒”的功能在亡者转生中的重要作用。第二部分《开示净治恶趣坛城四门》（*Ngan cong rnams par sbong ba'i skyil 'khor sgo bzhi bstan par bya ba*）是通过恶趣清净曼荼罗来净化罪业、脱离恶趣，使亡者获得佛智佛位、生者聚集福泽功德。第三部分《为亡者开示天界净土道》（*gShin 'a kha*

〔1〕失译：《佛说摩利支天陀罗尼咒经》，《大正藏》No.1256。

〔2〕（唐）不空译：《佛说摩利支天菩萨陀罗尼经》，《大正藏》No.1255。

〔3〕（宋）施护译：《佛说一切如来真实摄大乘现证三昧大教王经》卷九、十，收于《大正藏》No.882。关于《真实摄经》与荐亡主题的关系研究，可参见Steven Neal Weinberger, *The Significance of Yoga Tantra and the Compendium of Principle (Tattvasaṃgraha Tantra) within Tantric Buddhism in India and Tibet*, pp.194-196.

〔4〕收于《台北版电子佛典集成》第19卷，No.B047《瑜伽集要焰口施食仪》卷一，第201—212页。

〔5〕方广锠：《略谈汉文大藏经的编藏理路及其演变》，第128页。

yul gtshang sar lam bstan）主要叙述观世音菩萨担任地狱道救主、虚空藏菩萨担任饿鬼道救主、净恶趣菩萨担任畜生道救主，诸菩萨共同协助亡者顺利往生弥勒净土。第四部分《宝箧经》为早期大乘佛教经部论著，讲述往生西方净土的开示之道，在这一过程中观世音菩萨依然是救度主。〔1〕可以看到，P.t.37各写本的内容有显有密，题材杂合，编集者只是基于它们在超度亡者方面的相同功能而汇集在一起，这和榆林3窟的图像配置理念有很多相合之处，观音菩萨、恶趣清净曼荼罗和西方净土等壁画超越了显密二宗的界限，共同彰显超度亡灵、净治恶趣、往生净土的目的。

宗教对信众的终极关怀体现在死后的彼岸世界。西夏重视净土信仰，认为圆融佛教的玄妙内涵正是在于"仗法界一真妙宗，仰弥陀六八之弘愿"，〔2〕也就是说，西夏佛教以《华严经》为主要依托，又和阿弥陀佛净土信仰紧密结合，二者被纳含在统一的仪轨体系内。西夏佛教文书中出土量最大的就是与荐亡礼忏仪式密切相关的《摩诃般若波罗蜜多经》；依据汉文《梁皇宝忏》作成的汉文、西夏文《慈悲道场忏法》也数量巨大，其作用是通过在世者施行的忏悔法仪，为生者除罪生福，为死者度济亡灵；大量带有密法性质的"要语""顺颂"亦与净土信仰结合，黑水城出土《净土求生要顺论》、〔3〕《最乐净土求生颂》、〔4〕《忏罪顺颂》〔5〕等等都属于此类文书；《凉州重修护国寺感应塔碑铭》记述了1094年法会上进行的种种仪式活动，包括"念诵""斋会""忏悔道场""放生"等等；〔6〕另外，西夏旧属地考古出土物中，与西方阿弥陀佛净土、弥勒净土、东方药师佛净土信仰相关的佛经和造像更是不胜枚举，《阿弥陀来迎图》《西方净土变》《水月观音图》〔7〕等作品均寄托了当时信众对转生佛国净土的美好期冀。

在迄今可见的佛教文书中，最能体现西夏净土信仰特点的是由西夏甘泉狮子峰诱生寺沙门智广、北五台山大清凉寺沙门慧真编集的《密咒圆因往生集》，〔8〕天庆七年（1200）开始雕印流通。书中共收录三字总持咒、释迦牟尼灭恶趣王根本咒、尊胜心咒、摩利支天

〔1〕关于该藏文写本的系统研究，可参见才让：《法藏敦煌藏文佛教文献P.T.37号译释》，收于《敦煌吐蕃文化学术研讨会论文集》，兰州：甘肃民族出版社，2009年，第225—231页。

〔2〕俄藏黑水城文书TK98《大方广佛华严经普贤行愿品》文末"印施记"记载，西夏佛教的主要特色是"圆融"："是故畅圆融宏略者，华严为冠；趣秘乐玄猷者，净土为先；仗法界一真妙宗，仰弥陀六八之弘愿。"《俄藏黑水城文献》第5册，第188—198页。另见索罗宁：《西夏佛教"华严信仰"的一个侧面初探》，第131页。

〔3〕俄罗斯东方文献研究所藏инв.№ 6904、7832号。

〔4〕俄罗斯东方文献研究所藏инв.№ 2265。

〔5〕俄罗斯东方文献研究所藏инв.№ 7112。

〔6〕碑文录文可参见史金波：《西夏佛教史略》，第251—253页。

〔7〕关于西夏净土类造像作品的研究，可参见许洋主译：《丝路上消失的王国——西夏黑水城的佛教艺术》，台北历史博物馆，1996年；崔红芬：《西夏河西佛教研究》，北京：民族出版社，2006年，第259—301页；谢继胜：《西夏藏传绘画——黑水城出土西夏唐卡研究》，石家庄：河北教育出版社，2002年。

〔8〕《大正藏》第46册，No.1956。由兰山崇法禅师沙门金刚幢译定，中书相贺宗寿作序。

母咒、观自在菩萨六字大明咒、阿弥陀佛根本咒等三十余条密咒，只因各个陀罗尼密咒都具有引导亡者转生佛国净土的功用而被汇编在一起，并不受囿于某宗某派的界限。《密咒圆因往生集》反映出西夏净土信仰与密宗信仰的紧密结合，许多密教僧人在创制曼荼罗或施行仪轨时会吸纳净土内容，反之亦然，这与唐宋之际密教与净土信仰并行发展的状况一脉相承。[1]榆林3窟壁画中出现的顶髻尊胜佛母、摩利支天母、恶趣清净曼荼罗、千手观音菩萨、阿弥陀佛、四臂观音等尊像在《密咒圆因往生集》中均能找到对应密咒，所以该窟图像所要传达的"净土"信仰通过与《密咒圆因往生集》内容进行比对而变得愈加明了。透过榆林3窟壁画图像的组合方式，我们可以看到西夏佛教的核心形态：即基本继承辽代"圆教"信仰，在唐代李通玄、清凉澄观等华严大师所传教义的基础上加入显密各类修行法门，"显密圆融"，"净土"与华严信仰的结合又进一步拓展了西夏佛教的仪轨体系，华严、密法、净土信仰三者密不可分。

三、"新译密续主题"

在西夏石窟壁画中，与"华严"和汉传"净土"类造像共处一室、分庭抗礼的是依据10世纪末11世纪初密续经典绘制的尊像。为与8世纪翻译的密典（包括唐朝与吐蕃王朝前弘期的密教典籍）作出区分，学界将这一时期自梵译藏的经典称为"新译密续"，主要保留在藏文大藏经中，另外，宋代从中印度来华的法天、天息灾、施护等高僧在汴京译经院完成了大量梵文密典的汉译工作，这些经典也属于"新译"的范畴，悉被收入汉文大藏经。西夏石窟密教造像的题材内容和图像志特征主要就是受到这些密教经典的影响，"新译密续主题"在窟内得到强调和凸显，接下来主要将从以下几个方面进行分析。

（一）首先，这一时期涌现出许多不见于敦煌唐宋石窟造像的新的密教题材，这些题材随着宋代中印之间频繁的佛教文化交流活动所致的成就法的传译、仪轨的推行和带有东印度帕拉风格插图的梵文贝叶经的流通而进入中原内地，并被运用到石窟壁画之中。榆林3窟顶髻尊胜佛母十四尊曼荼罗依据法军和巴哩在11世纪末翻译的《一切如来顶髻尊胜陀罗尼仪轨》[2]绘制而成；摩利支天九尊曼荼罗是在巴哩译师《仪轨所说摩利支天成就法》[3]文字描述的基础上创造性地增加四摄菩萨，与对应壁面的顶髻尊胜佛母曼荼罗

〔1〕关于中原魏晋南北朝时期至唐宋之际密宗与净土宗的密切关系，可参见严耀中：《汉传密教》，上海：学林出版社，1999年，第116—130页。

〔2〕德格版《大藏经》No.595。

〔3〕德格版《大藏经》No.3341。

构成对称格局；同窟金刚界曼荼罗下方的多闻天王和八大马王像在年代上远远早于卫藏迄今可见最早的同题材造像（即夏鲁寺护法殿14世纪多闻天王壁画），图像特征与黑水城出土的12世纪汉译密教文书Φ234《多闻天施食仪轨》[1]所记述的文字高度吻合；恶趣清净曼荼罗上方的五护佛母像具有较为浓郁的东印度帕拉艺术风格，应与这一时期制作量、流通量较大的《五护陀罗尼》贝叶经插图有直接继承关系，也和当时在西夏境内进行传译活动的来自印度的高僧大德紧密相关。这些图像均是第一次出现在中原内地石窟壁画中，是西夏人在特定历史时期制作的佛教艺术作品，并对元代以后佛教图像发展造成深刻影响。除了榆林3窟，西夏其他石窟内也出现不少11世纪之后才现身内地的新题材，四臂观音、一面二臂黄色身般若佛母、坐像十一面八臂观音、真实名文殊、绿度母等尊像均是从西夏时期开始逐渐走向流行，现暂举坐像十一面八臂观音与真实名文殊（Nāmasaṃgīti Mañjuśrī）两例图像略加分析。

东千佛洞第2窟窟门北侧和第7窟中心柱南侧、莫高窟第465窟窟顶各绘一铺坐像十一面八臂观音（图4-3-6），黑水城出土的两幅唐卡中十一面八臂观音亦呈坐姿，观音

图4-3-6　莫高窟第465窟窟顶十一面八臂观音（敦煌研究院编《敦煌石窟艺术·莫高窟第465窟（附榆林窟第4窟）》，图版67）

〔1〕原文收于宗舜：《〈俄藏黑水城文献〉之汉文佛教文献续考》，见苏州戒幢佛学研究所戒幢教育网揭载《宗舜法师文集》，2005年，第104—105页。

颈上的十一面按照自下而上3+3+3+1+1的样式逐层排列，这有别于河西走廊石窟壁画中呈站姿的十一面八臂观音像。西夏的十一面千手观音像与藏文大藏经中保存的《具十一面观世音成就法》[1]描述的形象基本一致，只是文本并未言明观音是否为坐姿，有幸图像遗存可大致勾画该类图像传入西夏境土的来源。西方各大博物馆和私人藏品中出现不少制作于11—12世纪东印度地区的十一面八臂观音金铜造像，藏西出土擦擦也多见描绘同种形象的坐像观音，反观同时期的卫藏地区则鲜有同题材造像留存，不管是十一面八臂观音还是十一面千手观音造像都是在15世纪之后才在全藏范围广泛流行，这些例证暗示了这种全跏趺坐的十一面八臂观音是曾在藏西、西域、河西走廊以及西夏领地流行一时的东印度波罗佛教图像传统。

真实名文殊被认为与《圣妙吉祥真实名经》密切相关。近年来，黑水城、方塔和山嘴沟石窟等地出土发现的《圣妙吉祥真实名经》残片被确认为是西夏僧人释智的译本，[2]经文中的陀罗尼用字特点疑可证明其翻译时间要早于天庆七年（1200）编定的《密咒圆因往生集》。[3]但是《圣妙吉祥真实名经》只提到一种文殊菩萨，即大幻化网中围的主尊——妙吉祥文殊，[4]文中简短的偈赞内容并不涉及妙吉祥文殊的具体形象，而是主要借由文殊称（Mañjuśrīkīrti）对《圣妙吉祥真实名经》本续的注释书《虚空无垢善清净法界智慧心髓》[5]将此“妙吉祥文殊”发展成为法界语自在曼荼罗的主尊——四面八臂法界语自在文殊。所以，先前学界关于“从《圣妙吉祥真实名经》演化而出的七种真实名文殊形象”的说法可能还需进一步深入论证或修正。[6]11—13世纪河西地区出现的两种“真实名文殊”较为特殊，其中一面四臂的文殊右下臂与左上臂作拉弓射箭势，右上臂高举利剑，左下臂于胸前持梵夹，今东千佛洞第2窟东壁、第5窟南壁，莫高窟第465窟窟顶，肃北五个庙第3窟窟门东侧，黑水城出土的TK184号《圣妙吉祥真实名经》经首版画和《一面

〔1〕见德格版大藏经第2756号经典，《具十一面观世音成就法》（*sPyan ras gzigs bcu gcig pa'i zhal can gyi sgrub thabs*），撰、译者不详。

〔2〕最先由卓鸿泽考证出，见Toh Hoong Teik, *Tibetan Buddhism in Ming China*, Dissertation of Harvard University, 2004, pp.23-32. 黑水城出土《圣妙吉祥真实名经》编号为俄藏TK.184，方塔出土文书编号为N21·018，影印本见宁夏文物考古研究所编《西夏方塔出土文献》下册，兰州：甘肃民族出版社，2006年，第192—200页。山嘴沟出土文书编号为K2：100，影印本见宁夏文物考古研究所编：《山嘴沟西夏石窟（上）》，北京：文物出版社，2007年，第229—230页。

〔3〕孙伯君：《西夏新译佛经陀罗尼的对音研究》，北京：中国社会科学出版社，2010年，第66页。

〔4〕见月官著，林崇安译：《圣妙吉祥真实名经广释》，网络发行版。

〔5〕*Nam mkha' dri ma med pa shin tu yongs su dag pa chos kyi dbyings kyi ye shes kyi snying po*，德格版大藏经No.2589，引自王瑞雷：《西藏西部东噶1号窟法界语自在曼荼罗图像与文本》，《敦煌研究》2013年第5期，第62页。关于文殊称注释书《虚空无垢善清净法界智慧心髓》文本的深入研究，可参见Sudan Shakya, Namasamguiの研究—Manjusrikirti著Aryamanjusrinamasamguitikaを中心に，2006年日本东北大学（Tohoku University）博士论文。

〔6〕如郝一川《〈成就法鬘〉中的真实名文殊研究》（2012年首都师范大学硕士学位论文）第三部分内容主要总结了七种身相的“真实名文殊”形象特征，认为七种身相均从《圣妙吉祥真实名经》内容演化而来。

四臂文殊》唐卡是我们目前可以找到的仅有的几件西夏作品（图4-3-7），有意思的是东千佛洞第5窟南壁文殊手中所持经书的封面上赫然题写“文殊真实名经”几个汉字，[1]说明该尊确实与《圣妙吉祥真实名经》有直接关联。目前这种形象的“真实名文殊”仅见于西夏河西地区，图像的来源、文本依据和传入路径暂时无法确定，不过作品中浓郁的域外艺术风格暗示它或许和西夏初期的其他密教图像一样，是源自东印度帕拉王朝的造像传统，仔细检索这一时期的梵、藏文成就法和贝叶经插图或许能够找到更多信息。另一种一面十二臂的文殊菩萨与一面四臂“真实名文殊”的流行情况类似，留存作品极少，河西地区仅见东千佛洞第5窟，文殊的图像志特征与12世纪左右制作的尼泊尔贝叶经经板画和经书插图一致（图4-3-8），这种一面十二臂的“真实名文殊”并没有在西藏或中原内地真正流行起来，集中出现在12世纪左右的尼泊尔和中国河西地区，西藏本土几乎找不到表现该尊的艺术作品，[2]所以透过一面十二臂“真实名文殊”图像的分布情况，我们略可管窥尼泊尔和西夏造像传统之间的直接影响关系。

图4-3-7　黑水城出土TK184号《圣妙吉祥真实名经》经首版画（见《丝路上消失的王国：西夏黑水城的佛教艺术》，图版66）

图4-3-8　12世纪《妙吉祥真实名经》写本经板画（郝一川提供）

河西地区在宋夏时期涌现的这些全新密教题材艺术作品，大多比卫藏同题材造像要早一个世纪或以上，这引导我

〔1〕见常红红：《甘肃瓜州东千佛洞第5窟研究》，首都师范大学2011年硕士学位论文。

〔2〕西藏本土目前仅见一例一面十二臂的“真实名文殊”壁画，位于萨迦南寺附近的卓玛拉康二楼，绘制年代约为17世纪。

们提出一个西夏石窟“新译密续主题”传入路径的设想：新译密教题材在西夏建国之初甚至建国之前就已经随着宋、印之间频繁的佛教交流活动沿印度（尼泊尔）→藏西→西域的传播路线进入河西地区，在当地固有的信仰基础之上，被西夏人利用到石窟壁画的绘制中。当然，这个路径还需大量例证进一步落实或者修改。体系化的藏传佛教教派（如萨迦、噶举等派）对西夏佛教图像的影响主要体现在12世纪中期以后的唐卡、雕塑作品中，而西夏石窟壁画在西藏各教派僧人大量来到夏土之前，已经形成较为稳定、独立的图像体系。

（二）若将所有西夏密教图像作通盘考虑，还可以大致总结西夏石窟壁画反映的密宗信仰倾向，即侧重表现行续和瑜伽续的本尊观想法门，而刻意避免出现无上瑜伽父续、母续的双身像、忿怒像。除莫高窟第465窟以上乐金刚坛城为主题的双本尊像和忿怒护法神、[1]榆林窟第27窟耳洞窟顶的金刚亥母曼荼罗、贺兰山山嘴沟石窟第2窟洞窟上方的白上乐金刚双身像属于无上瑜伽密续之外（图4-3-9），西夏石窟内鲜有同类造像，榆林3窟北壁西侧金刚界曼荼罗左上隅的文殊金刚像虽然也属于无上瑜伽密续，画匠却为了配合窟内其他瑜伽续题材而刻意省去文殊金刚本应拥抱的明妃。其他一些在石窟壁画中出现频率较高的尊像，如顶髻尊胜佛母、般若佛母、摩利支天、四臂文殊（主要是“真实名文殊”）、五护佛母、不空羂索五尊像、金刚界曼荼罗等等，基本都属于瑜伽续。

图4-3-9　山嘴沟石窟第3窟白上乐金刚像（宁夏文物考古研究所《西夏石窟山嘴沟》（下），图版三二三）

反观黑水城、武威亥母洞、拜寺沟方塔等地考古出土的唐卡和雕塑作品，则出现大量的上师、本尊、护法和空行母形象，藏传佛教教派色彩较为浓厚的“大手印”“道果”“大黑天”“喜金刚”“上乐金刚”“金刚亥母”等无上瑜伽密法的相关仪轨文书数量明显增加，它们构成的佛教造像体系与石窟壁画截然不同，是在11世纪末12世纪初随着萨迦、噶玛噶举、拔绒噶举等西藏教派高

〔1〕阮丽最近撰文对莫高窟第465窟的本尊像及其眷属进行细致辨识，认定洞窟主题应为上乐金刚，中心土坛的五层圆轮结构也是上乐金刚坛城，其主尊或为上乐金刚或金刚亥母，详见阮丽：《莫高窟第465窟曼荼罗再考》，《故宫博物院院刊》2013年第4期，第61—85页。

僧陆续与西夏皇室建立联系之后才逐渐发展起来，代表的是“民间”/“小众”无上密法修习者的信仰倾向，而且这些“禅定文献”和“修行密法”大多以手抄本形式留存，[1]说明此类涉及身体内部性力修习技巧与仪轨的文本[2]并没有像西夏皇室主持印制的雕版刻印经文那样在全国范围内普遍施行，影响范围有限。

石窟是开放性的礼拜空间，也是最能反映普通民众信仰形态的空间，赞助人或画匠在选择题材时会考虑本人以及当地信众的接收能力和审美趣向，对那些涉及性力、血腥、暴力的密修仪轨内容做出适当调整，如无上瑜伽父续经典《幻化王怛特罗》（*Māyājālamahātantrarāja*），在梵文原本和仁钦桑波藏译本 *rGyud kyi rgyal po sgyu 'phul dra ba*[3]中记载五方如来、八大明王等尊手中执持的诸种持物中有明妃的乳房，而在法贤汉译本《佛说瑜伽大教王经》中却被一致替换为般若经，[4]莫高窟南区“天王堂”壁画和云南剑川石钟山石窟第6窟的八大明王塑像均是依据法贤汉译本制作，以适应当地世俗化的佛教信仰传统。[5]西夏石窟壁画构筑的图像体系独爱行续、瑜伽续题材，应当也是出于此种考虑。11世纪末之前在西夏境内弘传佛法的回鹘僧、印度（或克什米尔、尼泊尔）僧、汉僧以及前往印度学法的西夏僧（包括生活在多康地区的吐蕃人后裔）奠定了西夏前期石窟艺术的总基调。

（三）西夏石窟密教壁画的另外一个突出特点是，在题材上延续了敦煌唐五代时期的信仰传统，而在尊神的图像志特征上则遵循新译密续经典。以榆林3窟为例，南北壁西侧的金刚界曼荼罗和恶趣清净九佛顶曼荼罗早在吐蕃统治敦煌时期就得到广泛流行，与这两种曼荼罗相关的藏文写卷、白描纸画数量较多，[6]不过没有在石窟壁画中构成对称组合关系。这组曼荼罗在榆林3窟中对称出现，与藏西帕尔噶尔布石窟、阿奇寺等12—13世纪壁画的配置特征相吻合，应是受到藏西图像配置理念的影响，一方面凸显了这两种曼荼罗在净治恶趣、超度死者往生佛国净土功能方面的作用，另一方面也强调了瑜伽密续信仰在全窟图像中的绝对引导地位，因为金刚界曼荼罗和恶趣清净曼荼罗均从《金刚顶经》衍

---

〔1〕索罗宁：《西夏佛教之“系统性”初探》，第25页。

〔2〕关于无上瑜伽密续仪轨体系的研究成果，可参见Jacob Dalton, “The Development of Perfection: The Interiorization of Buddhist Ritual in the Eighth and Ninth Centuries”, *Journal of Indian Philosophy*, vol.32, 2004, pp.1-30.

〔3〕德格版《大藏经》No.466。

〔4〕《大正藏》No.890。

〔5〕“天王堂”图像辨析见阮丽博士论文《敦煌石窟曼荼罗图像研究》，第98—119页。阮丽《剑川石窟石钟山石窟第六窟八大明王源流考》发表于2013年11月1日至3日云南省佛教协会与大理崇圣寺联合举办的“2013崇圣论坛”上。

〔6〕相关研究可参见田中公明『聖真実摂成就法』と敦煌における『初会金剛頂経』系密教；『敦煌出土の悪趣清浄曼荼羅儀軌と白描図像』，收于『敦煌・密教と美術』，法藏館，2000年。阮丽：《敦煌藏经洞出土金刚界五佛图像及其年代》，收于沈卫荣主编《汉藏佛学研究：文本、人物、图像和历史》，北京：中国藏学出版社，2013年。

生而出，是11—13世纪瑜伽密续思想的典型代表。值得注意的是，在图像的具体表现形式上，榆林3窟恶趣清净九佛顶曼荼罗将四波罗蜜菩萨绘作人形，与10世纪末法贤汉译本《佛说大乘关系曼拏罗净诸恶趣经》的描述一致，而敦煌藏经洞出土的白描曼荼罗Pelliot Chinois No.3937和种子字曼荼罗Pelliot Tibètain No.389却没有出现四波罗蜜菩萨，后者遵循的是早期图像传统。

金刚界曼荼罗上方的不空羂索五尊像也是唐至五代敦煌壁画中最受欢迎的题材之一。在汉译佛教经典的图像传统里，不空羂索观音经常作为经变画的主尊与如意轮观音经变对称出现；在藏文成就法中，不空羂索观音和观音菩萨、马头明王、一髻独刹母和毗俱胝母构成五尊组合。通过比对唐五代和西夏两个时期的不空羂索五尊像，可发现前者基本遵循《不空羂索曼荼罗天众赞无垢光》[1]一系的图像特征，而后者与月官、不空金刚和巴哩译师所传不空羂索曼荼罗成就法[2]的描述完全吻合。这两个造像系统最主要的区别是《不空羂索曼荼罗天众赞无垢光》以一面四臂白色身相的不空羂索观音菩萨为主尊，而巴哩译师一系成就法记载的不空羂索五尊曼荼罗则奉一面二臂黄（或金）色身的观世音菩萨为中央主尊。目前我们在榆林3窟、东千佛洞第6窟、东千佛洞第5窟以及黑水城出土唐卡中看到的几组不空羂索五尊像，无一例外都是将一面二臂观世音菩萨置于主尊地位，各尊身色、臂数、持物符合巴哩系成就法的规定，暗示了西夏画师对11世纪新译密教成就法具有强烈认同感。

敦煌地区的广泛摩利支天信仰从藏经洞出土的大量失译汉文《佛说大摩利支天陀罗尼经》、藏文《摩利支天陀罗尼经》（*Lha mo 'od zer can zhes bya ba'i gzungs*）[3]写本中得到体现。中原内地在五代之前的摩利支天母作天女相：一面二臂，璎珞加身，左手把天扇，右手垂下仰掌向外，展五指作与愿势，[4]莫高窟第8窟、榆林窟第36窟的摩利支天都是这种形象，且与敦煌出土的一些纸画作品所描绘的图像特征一致，它们遵循的都是《末利支提婆华鬘经》《佛说摩利支天经》[5]等唐代汉译佛典的造像传统。这种状况随着宋夏时期密教佛典的翻译得到改变，伯希和所获10世纪末敦煌藏品Pelliot chinois No.3999中的三面八臂摩利支天与天息灾译《佛说大摩里支菩萨经》[6]的记述文字吻合，同一时期的梵、

---

〔1〕佚名：《不空羂索曼荼罗天众赞无垢光》（*'Phags pa don yod zhags pa'i dkyil 'khor gyi lha tshogs la bstod pa dri ma med pa'i 'od ces bya ba*），德格版No.2721。

〔2〕月官（Candragomin）：《圣不空羂索五尊赞》（*'Phags pa don yod zhags pa lha lnga'i bstod pa*），德格版No.2720。不空金刚和巴哩译师：《圣不空羂索成就法》（*'Phags pa don yod zhags pa'i sgrub thabs*），德格版No.4842。

〔3〕内容与德格版藏文《大藏经》No.564号经典相同。

〔4〕（唐）不空译：《摩利支菩萨略念诵法》一卷，《大正藏》No.1258，第261页。

〔5〕（唐）不空译：《佛说摩利支天经》一卷，《大正藏》No.1255b；不空译：《末利支提婆华鬘经》一卷，《大正藏》No.1254。

〔6〕《大正藏》No.1257。

藏文文献中也保留了为数不少的摩利支天成就法，这些佛典和成就法所代表的东印度佛教图像体系使河西走廊地区的摩利支天形象发生急遽变化，从一面二臂的天女相转变为多面多臂的密宗佛母。西夏继承了敦煌唐五代时期较为流行的摩利支天信仰，而在尊像的具体描绘方式上，选择依循东印度造像传统，榆林3窟的摩利支天九尊曼荼罗、东千佛洞第5窟的三面八臂摩利支天单尊像和黑水城出土的三面六臂摩利支天唐卡均是较具说服力的图像例证。

还有一些西夏密教图像是在河西地区早期陀罗尼信仰的基础上发展起来的，比较典型的例子是顶髻尊胜佛母和五护陀罗尼佛母，这两组佛母分别是《佛顶尊胜陀罗尼经》和《五护陀罗尼经》的“人格化身”。陀罗尼“人格化”是密教发展的重要阶段，标志着密教从“杂密”逐渐迈向“纯密”，[1]先前需要借助念诵密咒才能实现的功德，在“纯密”阶段主要通过观想、供奉佛像以及制造坛场的形式获得，于是这些“人格化”后的陀罗尼经典里便出现了记述尊神具体形象的文字，并影响佛教造像。西夏继承了某些在唐代敦煌就异常兴盛的陀罗尼信仰，并依循宋初新译密续仪轨、成就法所规定的与该陀罗尼题材相关的造像法仪进行图绘表现。如敦煌出土画稿S.174“尊胜咒坛”表现的是汉译《佛顶尊胜陀罗尼经》的内容，位于咒坛中央的主尊为释迦牟尼佛，并没有出现顶髻尊胜佛母，西夏的顶髻尊胜佛母单尊像和曼荼罗图像是依据11世纪以降巴哩、扎巴坚赞等译师翻译的成就法绘制，佛母具有三面八臂，有时在身侧围绕观世音和大势至二眷属菩萨、四摄菩萨、净居天、帝释天或四大天王。敦煌出土的汉藏文文书中有大量与五护陀罗尼有关的写本，也发现不少“五护陀罗尼佛母”中的孔雀明王（佛母）、大随求佛母的造像作品，但是唐译密典与西藏11世纪之后的新译密典所记载的五护陀罗尼佛母身相特征截然不同。以大随求佛母为例，敦煌出土画稿中有依据大随求陀罗尼经咒相关文本绘制的咒轮，咒轮中央主尊不一定是大随求佛母，大多是一面二臂金刚神或释迦，[2]偶有一面三目八臂的大随求母，可佛母手中持物是从唐代流行的“随求八印”发展而来，[3]与印、藏地区11世纪之后流行的大随求佛母持物差距较大。而且在西夏之前，河西走廊地区没有发现“五护陀罗尼佛母”的组像，这组形象是随着梵藏文成就法的传译、东印度插图本《五护陀罗尼经》贝

---

〔1〕“纯密”和“杂密”的概念由日本学者最先提出。“杂密”相当于布顿“怛特罗四分法”所列的“事怛特罗”（或曰“事续”），以口诵陀罗尼真言为主要形式，包含诸多仪轨，强调息灾、延寿等现世利益；“纯密”以《大日经》的成立为标志，倡导大日如来住于本地法身、“自身成佛”的思想，修习者将自己观想成为曼荼罗主尊，接收各供养菩萨的崇奉。

〔2〕李翎：《大随求陀罗尼咒经的流行与图像》，《普门学报》2008年5月第45期，第147—153页。

〔3〕唐贞观十九年（645）成书之《宗叡僧正于唐国师所口受》对“随求八印”有详细阐释，每一印对应一种持物，分别为大随求根本印第一→五股金刚杵，一切如来心真言第二→钺斧，一切如来心印真言第三→索，一切如来金刚被甲真言印第四→剑，一切如来灌顶真言印→轮，一切如来结界真言印→三股叉，一切如来心中真言印→宝，一切如来随心真言印→经箧。

叶经的流通进入夏土，被画师运用到石窟壁画和官方刊刻佛教插图中。

总体来说，以榆林3窟为代表的西夏石窟密教题材壁画，是西夏民众在河西走廊地区原有造像传统的基础上、融合本民族信仰倾向和东印度图像传承体系而对佛教艺术作出的全新阐释，与五代宋之前的敦煌石窟密教造像相比，具有风格鲜明的艺术特征。看似突兀、孤立的域外密教题材，背后隐藏的是其在敦煌本地深厚的信仰基础、西夏“圆教”体系的强大包容力和11—13世纪多民族佛教文化交流史。这些密教题材仅是在特定时代背景下被赋予全新的图像志特征，而在宗教内涵和图像功能方面则和其他“显教”题材一样，在“净土信仰”体系内的各种忏悔、葬礼和荐亡法会仪式中得到圆融统一，适应了唐宋以来中原内地较为盛行的“信仰性/仪轨性”佛教的发展形态。

第四节　施宝度母与救难观音：东千佛洞第二窟观音图像的源流与多民族文化交融

东千佛洞位于甘肃省瓜州县桥子乡（距瓜州县城约80公里）南35公里峡谷河床两岸。其第2窟（以下简称东二窟）在西岸下层，坐西向东，为整个东千佛洞的最大窟，属甬道式中心柱窟：窟室平面呈长方形，前2/3为宽敞的礼拜空间（顶为覆斗型藻井），中心柱占后方1/3，中心柱正壁前设佛坛（目前为清代改妆过的三世佛塑像），围绕的另三面为凿出的礼拜甬道。窟内壁面与窟顶皆绘满壁画（图4-4-1）。虽然文献史料匮乏，但依据窟内壁画中的供养人、西夏文题记、壁画风格，可判定此窟为西夏时期所开凿的洞窟。[1]

本节首先讨论了东千佛洞第2窟中心柱南北侧两铺对称的壁画。依据印藏佛教艺术的脉络，将具有东印度波罗（Pāla）风格、过去被误判为男尊的主尊，重订为《宝源百法》（Rin 'byung brgya rtsa）中所收的施宝度母。在此基础上，"重新发现"西夏文化圈共有3件施宝度母或施宝观音的作品，但几无西藏本土所做。在梳理施宝观音与施宝度母在印度、尼泊尔的脉络后，提出两铺度母成对地"甘露施饿鬼""七宝施贫儿"的情节，乃是8—13世纪唐代密教千手观音信仰下的产物，并考证此组像所据经典及宗教内涵。

其次，本节还讨论了第2窟南壁东侧之壁画，依据《宝源百法》（Rin 'byung brgya rtsa）与《纳塘百法》（sNar thang brgya rtsa），重新将主尊定名为十一面救八难观音，并结合11—13世纪西藏遗存的相关造像实物，考证西夏十一面救八难观音的图像来源，以及与藏传佛教噶当派的渊源。在此基础上，结合西夏图像遗例，进一步探讨该观音与六字真言的关系、与西夏尊胜佛母图像的搭配等问题，考证该观音图像在西夏文化脉络中的功能意涵。

---

〔1〕早在陈万里《西行日记》（1926）中就已经当地口传，得知东千佛洞"有西夏洞窟"，见：陈万里著、杨晓斌点校：《西行日记》，兰州：甘肃人民出版社，2000年，第13、141、161页。

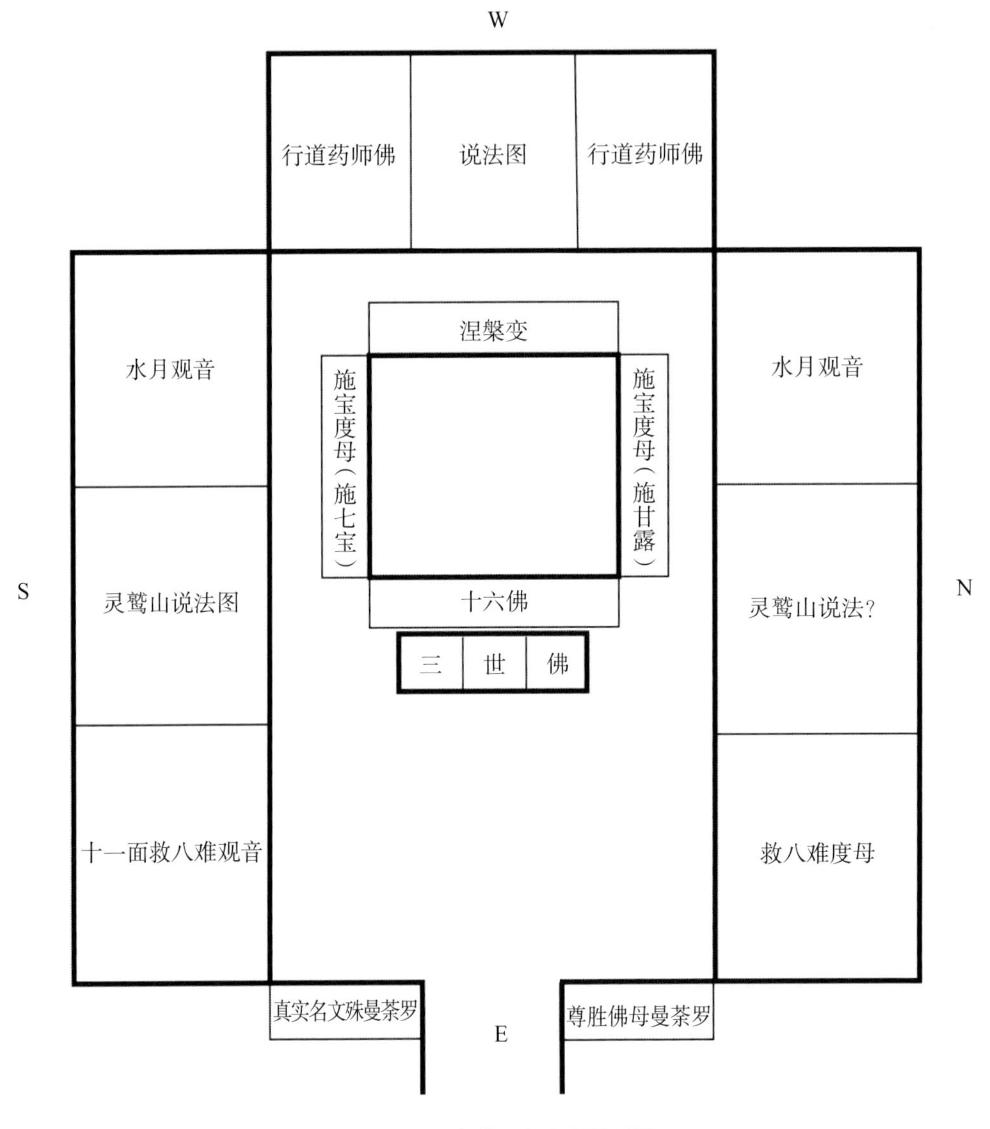

图4-4-1　东第2窟壁画平面图

一、施宝度母与“七宝施贫儿”“甘露施饿鬼”图像

东二窟中心塔柱南、北两侧各绘一铺壁画（图4-4-2、图4-4-3）。画幅四周以黑色边框框起，画面正中各描绘一尊以两腿交错似行走状的方式立于莲台上的尊像，并依傍着一棵从莲台后生长出来的大树，尊像整体呈妩媚的三折姿。两尊尊像均头戴五叶冠，头冠两侧耳际上缘饰有圆形小花，正中的冠叶内则饰跏趺化佛（双手均于胸前似说法印），

图4-4-2：1 东千佛洞第2窟　中心柱南壁

图4-4-2：2 东千佛洞第2窟　中心柱南壁施财观音

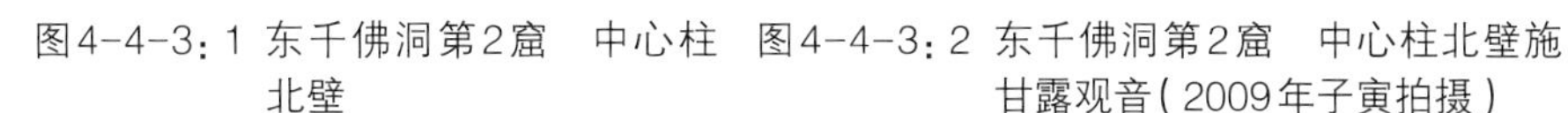

图4-4-3：1 东千佛洞第2窟　中心柱北壁

图4-4-3：2 东千佛洞第2窟　中心柱北壁施甘露观音（2009年子寅拍摄）

上身皆着短袖紧身衣（一蓝一绿），下裹贴体短裙（dhoti），上衣与下裙之间露出结实的小腹，另耳珰、臂钏、腕钏、长、短项圈等庄严全身。尊像皆一手上举攀扶树枝，一手施予愿印，两尊最大的不同是北侧尊像施予愿印的左手还持有净瓶倾倒甘露，下方有三个饿鬼：两个"叠罗汉"，在上者双手上举张口吮接甘露，第三个呈跪姿，双手扬起乞求甘露。南侧的尊像施予愿印的右手则落出方孔钱币等物品，下方有贫儿伸手承接，但贫儿形象已漫漶，在画幅背景的绿地上均卷起云霭。从风格来看，尽管依傍的树、云霭以及饿鬼、贫儿的形象是敦煌传统的汉地样式，但两尊尊像的楔形叶冠、冠两侧的小花、轮状耳铛、臂钏、微闭的眼形、贴体短裙，以及掌心施色等，无疑透露出东印度波罗（Pāla）艺术的特点。

关于东二窟这两铺尊格的讨论，最早见于张伯元于1983年发表的《东千佛洞调查简记》：

> 北壁画一依傍花树，身体略微倾斜的菩萨像一身，壁画已模糊。南壁画一依傍花树，身体略微倾斜的菩萨像一身，左下角画有夜叉鬼魔张口吮接从菩萨手拿瓶中的倒出物，形象真实生动。[1]

之后，有学者辨识其为"娑罗树菩萨""观音""菩提树观音"，至郭佑孟称"施宝观音""施甘露观音"。[2]这些定名尽管有从"菩萨"到"观音"或"施甘露/施财宝观音"等的区别，但都一致认为是男尊。笔者乃从河西波罗佛教美术遗品的脉络，重定此两尊图像为女尊的施宝度母，并从印度、敦煌等美术遗品的线索中，探讨这两铺尊像的波罗艺术原型，分析西夏仁宗时期依据梵文贝叶经大规模校译前代所译经典的历史，以及西夏对梵本图像和敦煌传统佛教艺术的吸收和借用，并探讨此窟施宝度母图像产生的混合与变异特征所体现的新意义。探讨施宝度母所施对象之贫儿、饿鬼组像，对晚唐、五代、宋及西夏时期流布在敦煌、四川及云南等地的"甘露施饿鬼、七宝施贫儿"图像进行比较，考证此图像所据经典、宗教内涵及发展演变状况。

（一）施宝度母图像判定与经典依据

虽然郭佑孟已注意到此两铺"面相姣好、姿态曼妙"的尊像，但由于没有特别明显的女性特征，仍视其为观音，然而检索相关美术遗品，从以下两点理由可毫无疑义地确认此两尊为女尊：

---

〔1〕张伯元：《东千佛洞调查简记》，《敦煌研究》1983年创刊号，第111页。
〔2〕郭佑孟：《东千佛洞壁画探秘》，《历史文物》2006年第5期，第84—93页。

1. 上身着衣

上身着短袖紧身衣是东二窟此两尊图像的一大特色。在印藏波罗佛教体系中，菩萨装的男女尊都应裸上身披天衣，然基于某些理由，印度密教在后弘期初传入藏地时，即有将女尊穿上上衣的例子。[1]再者，检索大量作品即可知道这种情况只限于女尊。[2]换言之，上身穿衣即可完全排除某一尊为男尊的可能性。在东二窟北壁东侧绿度母救八难壁画以及黑水城出土的一幅绿度母缂丝唐卡中，两尊绿度母也都被穿上了紧身衣（图4-4-4），其上衣下缘右侧有凹形缺角，与东二窟中心柱北侧尊像的上衣如出一辙。在一件题有藏东施主赠与萨迦三祖札巴坚赞（Grags pa rgyal mtshan，1147—1216）的不动明王缂丝唐卡中，下方两侧的妙音天女与摩利支天也都穿有类似的紧身衣（图4-4-5）。虽有学者认为此不动明王唐卡为14世纪初的摹本，但仍认为其原作与西夏有关。[3]因此，从

图4-4-4　东千佛洞第2窟　北壁1铺（子寅拍摄）

图4-4-5　不动明王缂丝（布达拉宫，右下）

〔1〕例如洛杉矶郡立美术馆（LACMA）收藏的一件断代为11世纪的《般若经》手抄本，其封面描绘的般若佛母即身穿紧身衣；福特（John Ford）夫妇收藏品中的《绿度母》、几幅约13世纪的藏中唐卡中的眷属、供养天女、五护陀罗尼佛母、财续母，以及拉达克阿奇（Alchi）寺三层殿（gSum brtsegs）壁画，都可见类似的表现。以上例子分别刊载于：Huntington & Bangdel, *The Circle of Bliss* (London: Serindia, 2003), PL. 22；Kossak & Singer, *Sacred Visions* (NY: Harry Abrams, 1998), PL. 3, 16, 23b, 23c, 25；Coepper & Poncar, *Alchi* (Boston: Shambhala, 1996).

〔2〕阿奇寺三层殿第二层东壁北侧的金刚界37尊曼荼罗即可清楚显示此意匠：曼荼罗中的男尊皆裸身，4波罗蜜、8供养天女则无一例外地上身着紧身衣。图版刊于：Coepper & Poncar, *Alchi*, p. 186.

〔3〕Broeskamp "Dating the *kesi*-Thangka of Acala in the Tibet Museum, Lhasa," 收于谢继胜编：《汉藏佛教美术研究：第三届西藏考古与艺术国际学术讨论会论文集》，上海古籍出版社，2009年，第185—97页。

以上几件作品显示，无论是西夏佛教艺术的文化圈或东二窟绘制者本身，都很清楚“上身着衣亦即女尊”的图像逻辑。

2. **无高发髻**

东二窟两尊尊像另外一个容易被忽略的特征是两尊帽冠后皆无高发髻。检索现存11—13世纪东印度贝叶经、扎塘寺壁画、藏中以及黑水城出土的唐卡等（波罗风格是这些作品的共同特征），也可得出结论，在波罗佛教艺术中凡无高发髻必为女尊。[1]前述东二窟北壁的绿度母、黑水城发现的绿度母缂丝唐卡、不动明王缂丝唐卡下方的绿度母以及东千佛洞第五窟北壁另一铺绿度母也都无高发髻。而且，东二窟北壁救八难绿度母与南壁十一面面观音救八难的主题相对称，而画家有意识地将南壁救八难的八尊观音皆以高发髻表现，北壁救八难的八尊度母则皆无高发髻（图4-4-6）。同样，西夏佛教艺术文化圈或东二窟创制者也都理解“无高发髻即表女尊”的图像逻辑。

图4-4-6　东千佛洞第2窟　南壁1铺（子寅拍摄）

确认此两尊图像为女尊之后，比对相关仪轨，可知其为所谓的“施宝度母”（Sgrol ma yid bzhin nor bu），在《纳塘百法》（*sNar thang brgya rtsa*）与《宝源百法》（*Rin 'byung brgya rtsa*）中皆收有关于此尊的成就法（图4-4-7）。[2]根据《宝源百法》记载：

〔1〕东印度贝叶经的插图例子颇多，例如大英图书馆藏纪年1145年的《般若经》中的绿度母、洛杉矶郡立美术馆藏《般若经》中的摩耶夫人、纽约亚洲协会（Asia Society）藏《般若经》中的绿度母与摩耶夫人；黑水城发现唐卡残片中的成就者之明妃、福特（John Ford）夫妇收藏品的《绿度母》，以及一件私人收藏的《释尊三尊像》下方的绿度母与般若佛母。分别刊载于：Jane Singer, “An Early Painting from Tibet”, *Orientations* 1986: 2, Fig. 3; Huntington & Huntington, *Leaves from the Bodhi Tree* (Seatle & London: Univ. of Washington Press, 2009), PL. 59, 58b, 58c；彼得罗夫斯基（Piotrovsky）编、许洋主译：《丝路上消失的王国》，台湾历史博物馆，1996，图10；Kossak & Singer, *Sacred Visions*, PL. 3, 10. 特别是最后一件《释尊三尊像》，下方5尊像正中的黄色4臂像，科萨克（Kossak）原误为文殊，然其手持经书与杵，实为般若佛母，此5尊像乃般若佛母与所谓的“噶当4尊”（释尊、观音、绿度母、不动明王）。再看这些尊像的发髻，观音为高发髻，绿度母与般若佛母则无高发髻，完全符合本节的推论。

〔2〕见Lokesh Chandra, *Buddhist Iconography* (New Delhi: International Academy of Indian Culture, 1991), No. 674；当增扎西编：《宝源三百图解：藏文》（*Rin 'byung lha sku sum brgya*），北京：民族出版社，2007，第135页，另见Willson & Brauen, *Deities of Tibetan Buddhism* (Boston: Wisdom, 2000), No. 138、《五百佛像集：见即获益》，北京：中国藏学出版社，2011年，No. 138。

施宝度母为黄色妙龄女身，左侧依着一颗如意宝树，其左手正在摘采树上的如意果，右手施予愿印予有情众生。以优雅之姿立于莲花与月轮座上，身饰丝质天衣与璎珞。[1]

另有记载施宝度母“顶饰宝生佛”。[2]东二窟两铺尊像显然表现了仪轨所说的“黄色妙龄女身”“顶饰宝生佛”“以优雅之姿立于莲花与月轮座上”，以及“如意宝树”“摘采树上的如意果”并“予有情众生”，两铺另将予愿印加上“甘露施饿鬼”与“七宝施贫儿”的情节。

在榆林窟第3窟北壁西侧描绘了一铺金刚界37尊曼荼罗，上栏为一组5尊尚待辨识的密教本尊，下栏中央尊像漫漶，两旁为七政宝的主题。在曼荼罗外侧四隅各有一尊像，上方有文殊金刚，下方亦有两尊与东二窟施宝度母极为相似的尊像（图4-4-8），但没有东二窟施甘露与施财宝的细节，而尊像身后的树木则从宝瓶中生出。此两尊高发髻、不着上衣、亦无明显女性特征，可能为男尊（但不能完全排除为女尊）。以笔者管见，在藏文《丹珠尔·密续部》以及其他藏地常见百法集中都未收有这种男尊的成就法，但

图4-4-7　宝源百法138　施宝度母

图4-4-8　榆林3窟　北壁西侧金刚界曼荼罗局部

〔1〕藏文原文为：“sgrol ma yid bzhin nor bu sku mdog ser mo lang tsho la bab pa/ g.yon ngos su brten pa'i dpag bsam shing gi yal kha las phyag g.yon pas yid bzhin nor bu'i 'bras bu 'thog par mdzad cing/ g.yas pas sems can la sbyin pa'i tshul gyis bsnams pa/ pad zla'i gdan la sgeg pa'i stabs kyis bzhengs pa/ dar dang rin po che'i rgyan thams cad kyis brgyan pa'o”。见：当增札西编著：《宝源三百图解：藏文》，第135页。

〔2〕Willson & Brauen, *Deities of Tibetan Buddhism*, No. 138.

比对印度与尼泊尔的图像（详后），可推测此尊如果是男尊，则才是施宝观音（Cintāmaṇi Lokeśvara）。另外，在位于东二窟上方的东千佛洞第四窟，南壁十一面救八难观音左侧也有一小尊立像，其姿态与绿度母缂丝唐卡中的施宝度母如出一辙，但由于极为漫漶，无法判定是施宝度母还是施宝观音。

虽然施宝度母的成就法被收入前述藏文成就百法集中，但无论是女尊度母抑或男尊观音，在藏地的美术遗品中都未见，甚至让人怀疑施宝观音的法门是否曾传入过藏地。基于此认识，在东千佛洞、榆林窟都发现了这种度母或观音，不能不说是极为有趣的文化现象。

（二）西夏河西地区的施宝度母和施宝观音印度图像渊源

从印度现存的文物中也可以看到10—12世纪波罗王朝遗存的施宝观音。以笔者管见，一件出土于东印度西孟加拉邦（West Bengal）约为10世纪的石雕，为最早的施宝观音图像（图4-4-9），观音高发髻，以三折姿立于莲台上，一棵珍宝树从其左侧的一个宝瓶中生长出来，观音左手上举攀折宝树的花朵，右手下垂施予愿印（残）。虽然植物的主干表现似莲花梗，但从其下垂的末梢开出各式花朵来看，可知是表现宝树，而识别其为宝树是将此尊定为施宝观音而非莲花手观音的关键特征。在观音左侧的宝瓶旁边有一矮胖小人跪抱宝树，右侧予愿印下另有三尊，为首的呈跪姿、嘴尖、鼓腹，应是表现饿鬼，后两者一高一矮站立，高者身饰璎珞，矮者身无装饰，或许是暗示贵族与穷人。观音左侧的宝树枝干上还长出几朵花苞，分别乘载了象、马、与两位坐姿的人。比对冯·施罗德（Ulrich von Schroeder）所公布的布达拉宫收藏的一件东印度12世纪的金铜造像（图4-4-10），尊像左手上举攀扶身侧长出的大树，右手施予愿印，树上装饰有象宝、马宝、将军宝（以剑代替）、后宝、臣宝、摩尼宝、与轮宝（塑为不太清楚的圆形物）等所谓的“转轮王七政宝”。[1]此尊的造

图4-4-9　施宝观音，Ashutosh

〔1〕von Schroeder, *Buddhist Sculptures in Tibet. Vol. 1: India & Nepal* (HK: Visual Dharma, 2001), PL. 90A.

型特征显然是施宝观音，“七政宝”出现在此的典故不明，但或许就是要表现宝树之“宝”意。前述阿苏托什（Asutosh）印度艺术博物馆藏施宝观音虽无完整表现七宝，但也当是此意。在意大利藏学家图齐（Giuseppe Tucci）所著《穿越喜马拉雅》（*Transhimalaya*）一书中，也有一件东印度12世纪的施宝观音雕像，[1]与上述布达拉宫所藏施宝观音非常类似，这件作品在观音所立的莲台下，还有一个典型波罗样式的多折角方形高台，高台右侧跪了几个作乞食状的人。由此可以推测布达拉宫所藏雕像应该原本也有分铸的折角方台但今已遗失。依据瑞士学者冯·施罗德（Ulrich Von Schroeder）所公布的资料，布达拉宫还藏有一件东印度12世纪的施宝观音像，其高发髻，冠上有阿弥陀佛，左侧所生出的植物同样绕过观音的高发髻后在右侧下垂，这样的表现已多次出现于前例诸作品，可知当是表现宝树而非一般的莲花。施宝观音的左手举起于左耳际，但已失去了攀折树枝的意匠，不过右手下垂的予愿印中有果实（亦或宝珠）。

图4-4-10　观音，布达拉宫

美国纽约大都会博物馆收藏有一件东印度“大寺画师”（Mahavihara Master，活动于12世纪初）敬赠给女供养人的《般若八千颂》（*Astasahasrika-prajna-paramita*）贝叶经，内有智行佛母、弥勒、绿度母与观音4幅插图。[2]其中的观音（图4-4-11）身白色，两腿交叉似行走状立于莲花上，左手高举，右手施予愿印，华丽的头光后有伞盖以及茂密的树叶，树上装饰有马宝、后宝等，可知正是表现宝树，观音右侧人物姿态各异，但都表现正在承接观音之所施。观音两侧另有两较小的尊像凝视着他，一红一黄，红者应为马头明王（但无表现出头顶的马头），黄者则可能正是黄色的施宝度母。另一幅绿度母（图4-4-12）无论是其姿态、或背景的伞盖、茂密的树林以及树林中的马宝等，显然与施宝观音的主题相对应，绿

〔1〕Tucci, *Transhimalaya* (Delhi: Vikas, 1973), PL. 151. 中译本见图齐著、向红笳译：《西藏考古》，拉萨：西藏人民出版社，1987年，图版151。

〔2〕馆藏编号：2001.445，感谢中国社科院廖旸研究员提供此图片信息。大都会网站将其中的弥勒定为观音，然从倚坐姿、旁边的佛塔，可知应为弥勒向女供养人说法。

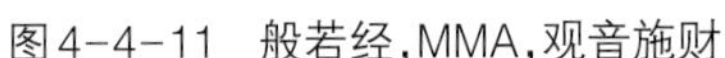

图4-4-11　般若经,MMA,观音施财

图4-4-12　般若经,MMA,绿度母施财

度母交叉的腿间有一宝瓶,也回应了前述印度艺术博物馆所藏石雕施宝观音的创作意匠。绿度母右侧亦是拥挤且姿态各异的承接者,前方坐于地者鼓腹,或许也是表现饿鬼。绿度母同样有两尊胁侍,应该分别是蓝色的一髻母(Ekajati)与黄色的常瞿梨母(Janguli)。

虽然可举出以上几件例子,但事实上施宝观音与度母在印度非常罕见,相比较而言,尼泊尔则较为流行,特别是16世纪以后。[1]对于图像的配置,以目前遗存的作品来看,施宝度母抑或施宝观音并无固定的搭配模式,在大都会藏12世纪东印度贝叶经中,施宝观音显然与施宝的绿度母相对应,据尼泊尔学者班黛儿(Dina Bangdel)的研究,在尼泊尔地区,施宝观音却是常与释迦牟尼佛的母亲摩耶夫人(Mayadevi)相对而立。[2]一件布达拉宫收藏的11世纪尼泊尔金铜双面像,正表现了这种颇令人困惑的配置。[3]在晚期尼泊尔

---

〔1〕 Pratapaditya Pal与Dina Bangdel都先后指出这点,其尼泊尔的作例有洛杉矶郡立美术馆藏15—16世纪的木雕像、尼泊尔Svayambhu博物馆藏1613纪年的石雕等。见:Pal, *Art of Nepal* (LA: Univ. of California Press, 1985), PL. S36; Huntington & Bangdel, *The Circle of Bliss*, PL. 49.

〔2〕 Huntington & Bangdel, *The Circle of Bliss*, PL. 49。

〔3〕 此件作品冯·施罗德(von Schroeder)认为是东印度的作品(von Schroeder, *Buddhist Sculptures in Tibet. Vol. 1: India & Nepal*, PL. 92A, B),然以笔者管见,更可能是尼泊尔之作。另,此件作品正面毫无疑义为施宝观音,其双腿也是特有地交叉而立;背面女尊左手举起攀折树枝,右手举起于胸前而非施予愿印,摩耶夫人诞佛常以这种姿势描绘(双推交叉而立的特征亦同)。考虑此件为尼泊尔作品,虽其女尊左腋下虽无诞生佛,但仍应放在尼泊尔施宝观音与摩耶夫人对称的脉络下来理解。

绘画中，则有施宝观音与度母并立于同一朵莲花上的例子。[1]

回到河西的几个例子，东二窟和榆林三窟的施宝观音图像原型无疑来源于印度波罗样式，尤其榆林窟第三窟两尊施宝观音后方的宝树从宝瓶中生长出来，显然是直接源自印度作品的表现。然而，无论是榆林窟、东千佛洞或绿度母缂丝唐卡，三者都"遗失"了东印度作品中常出现的"七政宝"之元素。东二窟以两尊施宝度母相对，榆林窟则以两尊施宝观音相对。相对于榆林窟较纯粹波罗样式的表现，东二窟的两铺施宝度母则显得更写实，将宝树化为现实世界中的春、夏场景，并各添加了具有敦煌传统的"甘露施饿鬼"与"七宝施贫儿"情节，这些都是不见于印度的表现。而东二窟施宝度母中的这些混合变异的特点也呈现出印度图样进入河西之后与敦煌佛教传统的融合，以及西夏人对于施宝度母及施宝观音这一新图样的理解和改造。

（三）"甘露施饿鬼"与"七宝施贫儿"组像

东二窟中心柱南、北两侧壁施宝度母图像为西夏时期出现的新题材，两铺度母所施舍对象分别为贫儿和饿鬼，由前文讨论可知，贫儿、饿鬼这一组图像并没有左右对称地出现在印度或尼泊尔的施宝观音或施宝度母图像中。"甘露施饿鬼"情节更不见于与度母相关的印度图像遗存，在西藏也未见相关的成就法记载，此"施饿鬼"应当是为与南侧施宝度母"施贫儿"情节相呼应而绘制。此左右对称的"贫儿"与"饿鬼"图像样式更可能与10—13世纪流行于敦煌、四川等地的千手千眼观音经变中的"甘露施饿鬼、七宝施贫儿"有关。

关于此组图像，最早作深入讨论的是王惠民，王先生考察了敦煌、四川等地千手观音造像中的贫儿、饿鬼图像遗存，认为此组像并无明确的经典依据，甘露施饿鬼来自不空译《千手千眼观音经》中的甘露手，七宝施贫儿与经文中的如意宝珠手相关，观音手中流出的七宝则来自《不空绢索神变真言经》中的"一手安慰扬垂宝雨，一手捻数珠"。[2]日本学者秋山光和亦对"贫儿、饿鬼"组像做过讨论，他认为救度三恶趣本就是观音的使命，千手千眼观音之"甘露手"为"甘露施饿鬼"经典来源，但施贫儿则经典不载，完全是中国典型的新创造。[3]但依据笔者调查，此组图像具有明确的经典来源，并且，"甘露施饿鬼"与"七宝施贫儿"分别可以从印度图像中找到母题依据。但贫儿、饿鬼作为一左一右对称式的组像出现在不同千手观音经变中，则可能来源于唐代所传千手观音经典，其宗教内涵应当与"布施法门"相关。

---

〔1〕见：Pal, *Himalayas* (Berkeley: Univ. of California Press, 2003), PL. 47. 在这幅18世纪的尼泊尔绘画中，世俗人物拿着布袋装填观音与度母所施的财宝。

〔2〕王惠民：《"甘露施饿鬼、七宝施贫儿"图像考释》，《敦煌研究》2011年第1期，第16—20页。

〔3〕ジャン・フランスワ・ジャリージュ、秋山光和監修：《西域美术：ギメ美术馆ペリオ．コレクション》，东京：讲谈社，1994—1995年，图98解说。

1.“甘露施饿鬼”“七宝施贫儿”图像渊源

“甘露施饿鬼”图像在印度早期密教作品中即可看到，例如印度那烂陀（Nalanda）寺出土的一件年代约8世纪的12臂观音石雕像（图4-4-13），在观音右侧脚跟旁即有一个跪姿的饿鬼，伸出双手祈求观音施予的甘露。同样那烂陀寺出土的一件年代约10世纪的四臂观音石雕，其右侧脚跟前也有类似鼓腹的饿鬼。另外在藏西东嘎第一窟的北壁西侧与南壁西侧的十一面六臂观音与千手观音的右下方也各蹲坐了一个饿鬼，后者甚至表现出将甘露倒入口的细节。而“七宝施贫儿”之贫儿形象也出现在印度10—12世纪的施宝度母、施宝观音图像中。

图4-4-13 印度那烂陀寺出土施财观音

然而，这些作品中均没有饿鬼、贫儿作为一左一右对称的图像，依据王惠民的考察，“甘露施饿鬼”“七宝施贫儿”题材广泛地分布在8—13世纪的敦煌与四川地区，并多与千手观音有关。其中著名的作品有出自敦煌藏经洞的大英博物馆所藏《千手观音》（Stein 35），以及法国吉美博物馆所藏具有“太平兴国六年”（981）题记的《千手观音》（MG. 17659），两尊千手观音的下方两侧各有一饿鬼与贫儿，并都有榜题分别写着“甘露施饿鬼”“七宝施贫儿”，以及“饿鬼乞甘露时”与“贫儿乞钱时”（图4-4-14）。[1]在大理国张胜温画《梵像卷》（1172—1175年绘）的一叶立尊千手观音的两侧，也分别跪有饿鬼以及拿了布袋装钱的贫儿。[2]另外，在莫高窟第

〔1〕王氏考察敦煌藏经洞所出帛画与纸本遗品至少有5例；另东千佛洞第7窟前壁下积土中亦出土一件（瓜州县博物馆藏）（图20）。至于四川石窟的作品有：安岳卧佛院第45窟左壁（盛唐）、营山县太蓬山透明崖石窟第16窟（890年题记）、第25窟、大足北山佛湾第9龛（以上为晚唐）、第235龛、第273龛、大足佛耳岩第13龛（以上为前后蜀）、大足宝顶山大佛湾第8龛（南宋），以及内江资中县重龙山石窟、翔龙山石窟等；敦煌石窟的作例有：莫高窟第292窟前室西壁门北（五代）、第141窟甬道顶、第335窟前室窟顶西披、第380窟甬道南壁、456窟西壁龛内（以上宋代）、第3窟（蒙元）。见王惠民：《“甘露施饿鬼、七宝施贫儿”图像考释》，《敦煌研究》2011年第1期，第17—18页。

〔2〕台北故宫博物院编辑委员会编：《故宫书画菁华特集》，台北：故宫博物院，1996年，第144页。

图4-4-14　千手观音（981），Guimet（局部）

35窟甬道顶，则有十一面八臂观音配上如上主题的一例。[1]

据笔者调查，《大正藏》中有关千手千眼观音的经典有十四部之多，均为唐代译本。检视这些佛典中对观音正大手及持物的描述，均没有“七宝施贫儿、甘露施饿鬼”之完整描述。但在日本僧静然（12世纪）所撰《行林抄》（八十二卷）第二十六卷《千手下》中发现与敦煌、四川、云南等地的例子，英藏绢画中的“七宝施贫儿、甘露施饿鬼”及法藏绢画“贫儿祈钱时、饿鬼祈甘露时”的榜题完全契合的描述，如下：

> 引《千臂经》：次说造像法，谨案西国梵本，造像皆用白氎广一丈六尺长三丈二尺，菩萨身作檀金色面有三眼，一千臂，一一掌中各有一眼。正前面身有十二臂及左右两傍总一千譬，中十二贤，一手把铁剑与身齐，一手指莲花台亦如剑长，一手把灭罪印，手把澡灌，一手把罥索，两手合掌当心，又伸一手向下施如意手，更一手出无尽宝施贫人，又一手出甘露施饿鬼。前十二手中各各把物作法拟拔济众生，菩萨一手臂手，复各各执大作印降魔。若令人画菩萨像，辨色中不得着胶，以薰陆香乳汁和辨色，菩萨头上着花冠，身垂璎珞。[2]

静然所见的这部《千臂经》并不见于《大正藏》，翻译年代也尚不可知，但或许仍是在唐代大量翻译梵本千手观音经典的风潮下所译出的经典。如是，则表明唐代所传千手观音经典中已有“甘露施饿鬼”“七宝施贫儿”的版本，8—13世纪的敦煌与四川地区“甘露施饿鬼”“财宝施贫儿”对称的图像模式也当还是在唐代密教千手观音的脉络下来理解，尽管它们可能是不同千手观音经典间的借用与添加。其外，与观音施宝、施甘露有关的经典还有唐代菩提流志（？—727）译《千手千眼观世音菩萨姥陀罗尼身经》，主尊正大手

〔1〕同注23，第18页。图版见彭金章主编：《敦煌石窟全集10：密教画卷》，香港：商务印书馆，2003年，图版131。
〔2〕［日］静然：《行林抄》，《大正藏》第76册，No. 2409。

有十八臂，其中有四手“一手把数珠，一手把澡罐，一手施出甘露，一手施出种种宝雨施之无畏”。[1]不空（Amoghavajra，705—774年）译《千手千眼观世音菩萨大悲心陀罗尼》之“甘露手”亦与“甘露施饿鬼”相关，经云：“若为一切饥渴有情及诸饿鬼得清凉者，当于甘露手真言”，不空译本之甘露手专门救度饥渴有情及饿鬼。

2. 观音信仰中体系中的经变图像对“贫儿、饿鬼”组像的借用

由以上讨论可知，除一部已佚的《千臂经》之外，其他诸部观音经典中均无“贫儿、饿鬼”组像的记载，但其却频繁出现在不同形式的千手观音及十一面观音经变中。以笔者管见，这或许是在观音信仰体系中对这一组像的“借用”。而图像借用在敦煌佛教艺术中并非偶然现象，如莫高窟壁画及藏经洞所出密教观音经变中的日、月形象，日中有蟾蜍，月中有桂树、玉兔的表现即是对中国传统神话中的日、月形象的借用。[2]

并且，以上述英藏与法藏千手观音绢画而论，英藏本观音有41只“正大手”，法藏本有43只“正大手”。在14部唐代千手观音译本中，伽梵达摩（Bhagavaddharma）译本（大正藏No. 1060）描述了40种“大手”，不空译本（《千手千眼观世音菩萨大悲心陀罗尼》，大正藏No. 1064）中正大手的名称及持物与其完全相同，但多了一个“甘露手”，总数为41手。将英藏本与法藏本绢画与不空译本比对，两者大体一致（英藏本与法藏本分别缺漏了“顶上化佛手”“宝剑手”“傍牌手”或“顶上化佛手”“杨柳枝手”“白拂手”等的描述），[3]英、法藏绢画可能依据上述两部经典所作，经典中均无“贫儿”记载，但绢画中都多了“七宝施贫儿”，此贫儿、饿鬼组像可能是不同观音经变之间的“图像借用”。值得注意的是，将英、法藏绢画中“七宝施贫儿、甘露施饿鬼”组象与其他诸尊神相对照，可看到贫儿、饿鬼在诸神队伍中显得较为突兀，尤其游离于千手观音经变所表现的三部海会备具及诸神赴会的主题，施贫儿、饿鬼这一组像应当是被借用到此。再者，如前所述，法藏本显然将“施甘露”放在澡灌中滴下，而另有个“甘露手”。再者，静然所引本《千臂经》记载观音有12正大手，比英、法藏千手观音绢画中正大手要少得多，也与现存的6臂、8臂、18臂等大手的作品难以吻合。英藏本与法藏本绢画之间对于甘露与铜钱该从何者出的歧异，也可能是因为贫儿、饿鬼这对组像作为一组具有特定意义的“母题图像”被移用或借用到此。十一面观音的经典中也没“甘露施饿鬼”“七宝施贫儿”的内容，莫高窟第35窟甬道顶十一面八臂观音中的“贫儿、饿鬼”也当是一种“图像的借用”。而东二窟两尊施宝度母左右下方的贫儿、饿鬼也应当是借用敦煌密教观音信仰中这一流行的母题组像。

---

〔1〕（唐）菩提流志译：《千手千眼观世音菩萨姥陀罗尼身经》，《大正藏》No. 1058。

〔2〕刘惠萍：《图像与文化交流：以P.4518（24）之图像为例》，《张广达先生八十华诞祝寿论文集》，台北：新文丰出版社，2010年，第1057—1084页。

〔3〕相关讨论见：ジャン・フランスワ・ジャリージュ、秋山光和监修《西域美术：ギメ美术馆ペリオ．コレクション》，图96、98秋山光和之解说。

回到图像的讨论，前述敦煌与四川的饿鬼形象皆骨瘦如柴，然而在印度的作品中，饿鬼都依据经典描述而以鼓腹为特征。[1]在阿奇寺三层殿二楼东壁中央一铺十一面二十二臂观音，其莲花下两侧也混杂地描绘了贫儿与饿鬼，其饿鬼就是以螺旋状的鼓腹为识别特征，是为遵循印度传统。东二窟这两铺壁画中的贫儿已漫漶几不可识，但饿鬼皆无鼓腹的特征，而其衣纹与嶙峋四肢的笔描，也非波罗风格以晕染表凹凸的表现，而是遵循敦煌汉地的笔描传统（可比较东二窟南、北壁两铺水月观音中的汉地风格的鬼神）。再者，东二窟中心柱北侧度母以净瓶倾倒出甘露，不仅印度没这样的表现，千手观音作品中的施饿鬼也未见如此意匠。但无论如何，以净瓶倾倒甘露的母题，还是属于敦煌当地的传统，如年代属盛唐时期的莫高窟第205窟西壁南侧下方，一尊持杨柳的观音手持净瓶将甘露施给一个供养人；在断代为元代的莫高窟第3窟东壁门南侧，也有一尊观音持净瓶将甘露倒给饿鬼（已残）。[2]通过以上讨论可知，东二窟两铺施宝度母，或许是采用了当时敦煌流行于千手观音图像上的意匠，也对称地添加了“甘露施饿鬼”与“七宝施贫儿”的主题，并再加上以净瓶倾倒甘露的母题，描绘风格也采用了敦煌当地的传统。东千佛洞第七窟前壁积土中出土约五代时期的千手观音绢画中亦有贫儿、饿鬼组像（图4-4-15），也证明东二窟的绘制者对这

图4-4-15　千手观音（981），Guimet

〔1〕多部经典对饿鬼有所描述，例如（北凉）浮陀跋摩共道泰等译《阿毘昙毘婆沙论·卷第七》（大正藏No. 1546）：“多饥渴故，名曰饿鬼。彼诸众生其腹如山，咽如针孔。”《大正藏》第28册，第48页；又如跋驮木阿译《佛说施饿鬼甘露味大陀罗尼经》（大正藏No. 1321）：“腹大胀，其状如鼓；咽如针锋，不通气息，常有猛火烧燃其中。”《大藏经》第21卷，第484页。

〔2〕莫高窟第205窟西壁南侧下方此尊观音与西壁北侧下方一尊将念珠施给贵妇的观音相对称。王惠民在壁上发现“圣历”（698—700）的残款，并以赐予甘露与念珠为线索，认为当以密教十一面观音的脉络来理解。见王惠民：《莫高窟第205窟施宝观音与施甘露观音图像考释》，《敦煌学辑刊》2010年第1期，第11页。莫高窟第3窟东壁门南侧以净瓶倾倒甘露的观音，也有东壁门北侧施七宝的观音相对称，为王惠民2011一文的例证之一。此两尊皆为1面2臂，但王氏从整体石窟壁画皆与千手观音有关，认为此两铺也当视为千手观音的变化身。

种传统绝不陌生。

3. “贫儿、饿鬼”组像之救度苦厄与“增”“息”意涵

重新检视上述英、法藏千手观音绢画题记会发现，“七宝施贫儿、甘露施饿鬼”组像之宗教内涵重点应在于榜题中的“施”，即布施之意。“七宝施贫儿”之意涵并非是施主向观音“求财”，在诸部千手千眼观音经中都有修得财宝法门的记载，如苏嚩罗译《千光眼观自在菩萨秘密法经》：“观自在言，若人欲得富饶财宝者，应修摩尼法（如意珠之手也）……唯随所愿求，执持宝物而来施与。”[1]又如不空译本：“若为富饶种种功德资具者，当于如意宝珠手”等等，[2]但检视现存的美术遗品可知，千手千眼观音的摩尼宝珠手并非与乞钱的贫人相对应，如上述法藏千手观音绢画，如意宝珠手甚至画在了与贫人相反的位置，说明千手观音具有获得富饶、财富功能的如意宝珠手与“贫儿”并无直接关联。这里所绘的“贫儿”意指世间穷困之苦，不空译本讲述十五种善生，第一种即“不令其人饥饿困苦死”；[3]另日僧静然《行林抄》引《千手经述秘》云：“众苦逼身，不如贫乏苦，如经云贫穷在人间，实过于死苦”；[4]地狱饿鬼在地狱中所受为诸苦中之极苦。[5]贫儿、饿鬼组像实为寓意世间有情众生与地狱幽灵所受之苦，为众苦中之至苦，千手千眼观音之施宝、施甘露意在救度人世间及幽冥界之苦厄。

同时，依密法施设的密意，“甘露施饿鬼”不仅表止息修法的违缘，同时也是止息饿鬼的痛苦，为悲心的展现；“财宝施贫儿”为增益资粮，两者虽分别是“息”“增”“怀”“诛”四种事业法中的“息”法与“增”法，但都属“布施”的法门，用以累积行者修道所需的“福资粮”。自唐高祖武德年间（618—626）始，千手观音信仰在中国广泛流行，并且一直延续到宋代。当时除了译有多部千手观音经典，实叉难陀（652—710）与不空还先后译了《佛说救面然饿鬼陀罗尼神咒经》（大正藏No. 1314）、《甘露陀罗尼咒》（No. 1317）、《佛说救拔焰口饿鬼陀罗尼经》（No. 1313）、《施诸饿鬼饮食及水法》（No. 1315）、《瑜伽集要救阿难陀罗尼焰口轨仪经》（No. 1318）等多部关于焰口施食的仪轨，这些仪轨中多云此法门为“观音所传”，反映了其与千手观音信仰关系密切。行此法门不仅被认为可累积福资粮，回向有情众生也有超度祖先亡灵的功德，诚如前述法藏千手观音绢画下方功德记所

[1] 《大正藏》第20册，No. 1065，第121页。

[2] 《大正藏》第20册，No. 1064，第118页。

[3] 《大正藏》第20册，No. 1064，第116页。

[4] 《大正藏》第76册，No. 2409。

[5] 跋驮木阿译《佛说施饿鬼甘露味大陀罗尼经》云：“世间八苦盖不足言，六趣诸殃甚可怖畏……种种苦切不可言说。感得此身，如大火聚，状厘里羸瘦枯槁，脚臂细弱足如覆盆皮肉干燥血脉燋竭，犹如暴脯。腹大胀，其状如鼓，咽如针锋，不通气息，常有猛火烧燃其中，头颅纵横五弥楼山，猛火赫焰不曾暂废，动身之时，洞燃火起常为饥渴，大火逼切烧恼身心……”《大正藏》第21册，第484页。

云："致使亡过宗族凭斯善而舍轮回，但是法界众生赖胜因而趣佛道"。这些焰口施食法本现今还存有西夏文译本，[1]可见在西夏也有相当的流行。

在《宝源百法》的观修中，当各种种字生起莲花、月轮，以及如意宝树之后，"随后该树转变为身为施宝度母形象的行者自身"，并要观想度母放出无量化身，以免除众生贫困的痛苦。[2]由此可知此观想的度母绝非外来神祇，行者坐等着接受度母的赐予，反之，度母其实即"行者自身"，行者当行"布施"给六道有情。观想法特别指出要免除众生"贫困的痛苦"，度母"顶饰宝生佛"，[3]可知此属"宝部"法门。或许正因为同属"布施"法门，东二窟的施宝度母很自然地与千手观音脉络中的"甘露施饿鬼""财宝施贫儿"的主题相结合，从而强化了救苦与超度祖先亡灵的特质。

综而观之，东二窟壁画中的施宝度母，以及榆林窟第三窟的施宝观音图像，其原型无疑来自东印度，其粉本来源或与西夏仁宗时期（1139—1193）大规模依据"梵本"校译前代所译的佛经有关。据研究，西夏校译佛经多"执梵本勘定"，程序严谨，并且有浓厚的藏式印记。[4]如夏仁宗天盛十九年（1167）刻印《佛说圣佛母般若波罗蜜多经》，仁宗皇帝撰写发愿文称"寻命兰山觉行国师沙门德慧，重将梵本再译微言"，[5]表明此经是译自印度梵本，而经中浓郁的波罗式样的"般若佛母"插图应当是依据梵本图样而刻印。[6]又如1991年宁夏贺兰县拜寺沟方塔废墟出土的西夏干佑十一年（1180）仁宗施刊的汉文本《三十五佛名礼忏功德文发愿文》，发愿文称："故贝书翻译，而法苑盛传。近遇名师，重加刊正，增释文之润色，焕佛日之光华。谨镂板以流行，俾赞扬而礼忏。"[7]发愿文中"贝书"即指印度的贝叶经书，唐代亦有"数叶贝书松火暗，一声金磬桧烟深"之诗句。[8]可见，上述经文是自梵文贝叶经翻译成汉文。再如俄藏《胜慧到彼岸要门慎教现前疏抄庄严明偈》，残存卷尾有西夏光定六年（1216）的译经，明确指出印度高僧依据梵文本校译藏文本，再由校译者依据梵本校勘，然后由藏文本译成西夏文。可见，至西夏亡国前十年，以梵文佛经为范本的佛经校译活动依然还在进行。西夏黑水城所发现的大量波罗风格唐卡、版画以及东二窟多铺浓郁的波罗风格壁画，或

---

〔1〕例如内蒙古博物馆所藏、相当于汉文《瑜伽集要焰口施食仪》（No. 1320）的西夏文残卷。见黄延军：《内蒙古博物馆藏西夏文〈瑜伽集要焰口施食仪〉残片考》，《西夏学》第二辑，2007年，125—126页。

〔2〕Willson & Brauen, *Deities of Tibetan Buddhism*, Wisdom Publications, 2001, No. 138.

〔3〕同前注。

〔4〕孙伯君：《西夏仁宗皇帝的教经实践》，《宁夏社会科学》2013年第4期，第91—92、97页。

〔5〕史金波：《西夏佛教史略》，台湾：商务印书馆，1993年，第33页。

〔6〕史金波、魏同贤、克恰诺夫主编：《圣彼得堡分所藏黑水城文献3：汉文部分》，上海古籍出版社，1996年，图版TK128。

〔7〕宁夏文物考古研究所编：《拜寺沟西夏方塔》，北京：文物出版社，2005年，第193页。

〔8〕（唐）皮日休：《奉和鲁望寒夜访寂人次韵》，《全唐诗》第613卷。

应当放在如上的文化氛围中来理解。此外，相对于榆林窟第三窟的施宝观音图案化的波罗风格，东二窟施宝度母添加了敦煌及汉地传统千手观音脉络中的“甘露施饿鬼”“七宝施贫儿”组像，可以说这两铺壁画表现了西夏画师对于印度波罗风格本土化的一种尝试。

二、十一面救八难观音图像

东二窟南壁东侧绘一铺大型的竖幅壁画（图4-4-16），画幅以黑色勾四周边框。主尊居画面中央，跏趺坐于莲花座上，身白色，十一面八臂，面数从上至下以1、1、3、3、3式排列，最上层为阿弥陀佛，其下为蓝色忿怒相，往下第三到五层共九面。其八臂分别为：主臂双手于胸前合掌，其余六手的右三手分别持念珠、作与愿印、持法轮；左三手持莲花、宝瓶、弓箭。主尊左、右两侧共画八尊胁侍菩萨，上方两侧画乘云而来的天人。另外，壁画左、右侧各画四个方格（共八格），每格内画一尊舒坐姿观音，观音前方各有一人合掌礼拜，并伴有狮、蛇、火焰、水等描绘，可知表现的是观音救度“火难”“蛇难”“象难”“狮难”“水难”“刑难”“劫难”“非人难”，即观音救八难主题。此外，整铺壁画的最上层画金刚界五方佛及忿怒尊护法两身。从艺术风格来看，此铺壁画中的主尊、眷属菩萨、八尊救八难观音及其他尊像的楔形叶冠和臂钏、轮状耳铛、贴体短裙以及掌心施红等特征，无疑透露出东印度波罗（Pāla）艺术的特点。

图4-4-16　十一面救八难观音，东二窟南壁，12—13世纪（常红红摄）

笔者乃从东二窟南壁十一面救八难观音壁画入手，考证其所据经典及教法传承，并对西藏、西夏所遗存的十一面救八难观音图像进行比较，探讨西夏该观音图像的印藏艺术渊源。结合西夏图像遗例，进一步探讨西夏时期该观音与六字真言的关系、与尊胜佛母及其他尊像的组合，以及11—13世纪多民族文化交流的史实。

（一）十一面救八难观音经典依据与图像判定

关于东二窟南壁观音图像尊格的判定，笔者从《宝源百法》（*Rin'brgya rtsa*）、《纳塘百法》（*sNar thang brgya rtsa*）的修法仪轨中找到此尊“十一面救八难观音”（Arya Avalokitesvara藏语bcu gcig zhal ‘hjigs pa brgyad skyobs）的成就法，依据《宝源百法》记载（图4-4-17）：

图4-4-17　十一面救八难观音（采自当增扎西编《宝源三百图解：藏文》，第119页）

八瓣莲花中央是十一面救八难观音，结金刚跏趺座。其十一面，自下而上第一层主面为白色，左面红色，右面绿色，第二、三层分别为红、白、绿色，此三层均为寂静相，第四层为蓝色忿怒相，最顶层是红色阿弥陀佛。观音主尊主臂当胸合十，右面三手分别持念珠、结予愿印（施甘露以止息饿鬼的痛苦）、法轮；左面三手分别持白莲花、净瓶、弓箭。八瓣莲花上生出八尊救八难观世音。东方为救火难观音，身白色，右边两手施无畏印及持拂尘，左边两手持莲花及月水晶；南方为救水难观音，身白色，右边两手施无畏印及持珍宝，左边两手持莲花和法轮；西方是救狮难观世音，身黄色，一双手施无畏印及持莲花，另一双手持宝石及经书；北方是救象难观世音，身橙色，一双手施无畏印及持莲花，另一双手持乌巴拉花和日水晶；东南方是救刑难观世音，身红色，一双手施无畏印及持莲花，另一双手持钩及套索。西南方是救蛇难观世音，身绿色，一双手施无畏印及持莲花，另一双手持幢及水瓶，他立于海魔之上。西北方是救魔难观世音，身黑色，一双手结施无畏印及持莲花，另一双手持三叉戟和旗帜。东北方是救劫难观世音，一双手施无畏印及持莲花，另一双手持铃杵。八尊救八难观音皆为忿怒尊，身穿忿怒尊的服饰和饰物。……在顶、额处观想有五方佛。[1]

---

〔1〕藏文转写：Phags pa bcu gcig zhal ‘jigs pa brgyad skyob ni/ badma ‘dab ma brgyad pa’i dbus su ‘phags pa bcu gcig zhal rtsa ba’i zhal dkar ba/ g.yas ljang ba’ g.yon dmar ba/ de’i steng gi zhal gsum ljang dmar dkar ba/ de’I steng gi zhal gsum dmar dkar ljang ba/ de rnams zhi ba’i zhal sgeg pa’i rnam pa can/ de’i steng du khro bo’i zhal nag po（转下页）

《宝源百法》中所收录的此尊观音，其跏趺坐姿、十一面八臂、手中持物均与东二窟南壁十一面观音图像完全吻合，二者救度八难内容相同，即火难、水难、狮难、象难、刑难、蛇难、魔难、劫难。依据成就法可知，在此密法观想中，除本尊以外另有本尊化现的八尊"救八难观音"，他们位居八个方位，即修行、供奉此尊观音即能解脱八难之苦，所以称其为"十一面救八难观音"。另外，成就法中提到的"在顶、额处观想有五方佛"亦与东二窟十一面救八难观音壁画上端的五方佛吻合。

除东二窟之外，东千佛洞第四窟南壁画十一面救八难观音一铺，尽管图像极漫漶，但仍可看到与东二窟一致的内容及构图。主尊为十一面八臂坐像，左右胁侍共八尊菩萨，在图像外围齐整的八个格子内各画一尊救八难观音，观音伸手救度合掌祈拜者。画面顶端画金刚界五方佛及忿怒尊护法神两身，其图像风格亦是与东二窟一致的波罗样式。

值得注意的是，《宝源百法》中的八尊救八难观音为四臂"忿怒尊"，而东二、四窟中的八尊救八难观音则为二臂"寂静尊"，东二、四窟主尊左右的八尊胁侍菩萨在成就法中也没有记载。事实上，图像与成就法仪轨不完全一致的情况在西夏极为普遍，西夏人会依据自己的佛事需求对图像内容进行"添加"或"简化"，其原因尚有待研究。依据《宝源百法》记载，十一面救八难观音传承脉络，首先是印度月宫大师（Chandragomi，7世纪）传至阿底峡尊者（Atisha，982—1054），依次历经噶当派上师贡巴哇（Gonpawa，1016—1082）、刚波巴（Gampopa，1079—1153）等传承，后达隆噶举派上师达隆塘巴（Taglung

（接上页）skra ser gyen du brdzes pa/ de'i steng du sangs rgyas 'od dpag med kyi zhal dmar po gtsug rtor dang bcas pa/ rtsa ba'i phag dang po thugs kar thal mo sbyar pa/ g.yas gnyis pas 'phreng ba/ gsum pas mchog spying gyi mthil na sa bdud rtsi'i brgyun 'bab pas yi dwags kyi bkras skom se1 ba/ bzhi pas 'khor lo/ g.yon gnyis pas padma dkar po 'dab ma brgyad pa/ gsum pas ril ba spyi blugs/ bzhi pas 'khor lo/ g.yon gnyis pas padma dkar po 'dab ma brgyad pa/ gsum pas ril ba spyi blugs/ bzhi pas mda' gzhu bsnams pa/ phyag lhag ma dgu brgya dang/ dgu bcu rtsa gnyis mchog sbyin gyi phag rgya rnam par brkyang ba/ phyag thams cad kyi mthil na spyan re re dang bcas pa/ zhabs rdo rje'i skyil krung gis bzhugs pa'o// 'dab ma brgyad la 'jigs pa brgyad skyob pa'i 'phags pa spyan ras gzigs brgyad ni/ shar du me'i 'jigs pa las skyob pa dkar po/ g.yas skyabs sbyin dang rnga yab/ g.yon padma dang rchu shel 'dzin pa/ lhor chu'i 'jigs skyob dkar po/ g.yas skyabs sbyin dang rin po che/ g.yon padma dang 'khor lo/ nub tu seng ge'i 'jigs skyob ser po phyag dang po gnyis skyabs sbin dang padma/ tha ma gnyis nor bu dang bu ti/ byang du glang bo'i'jigs skyob dmar ser phyag dang po gnyis skyabs spyin dang padma/ tha ma gnyis utapa la dang se shel/ shar lhor chad pa'i 'jigs skyob dmar po phyag dang po gnyis skyabs sbyin dang padma/ tha ma gnyis lcags kyu dang zhags pa/ lho nub tu klu'i 'jigs skyob ljang khu phyag dang po gnyis skyabs spyin dang padma/ tha ma gnyis rgyal mtshan dang ghundhe chu srin la gnas pa/ nub pyang du mkha' 'gro'i 'jigs skyob nag po phyag dang po gnyis skyabs sbyin dang padma/ tha ma gnyis rtse gsum dang bad an can/ phyang sar du mi rgod 'jigs skyob dmar po phyag dang po gnyis skyabs sbyin dang padma/ tha ma gnyis rdo rje dang dril bu/ de thams cad kyang khro bo'i nyams can/ khro bo'i rgyan dang chu lugs yongs su rdzogs pa/ g.yon brkyang gi stabs kyis bzhugs pa'o// 参见Willson, Martin & Martin Brauen eds, Deities of Tibetan Buddhism: The Zurich Paintings of the Icons Worthwhile to See (Bris sku mthon ba don ldan, Boston: Wisdom, 2000.no.121.参见当增扎西编著：《宝源三百图解：藏文》，北京：民族出版社，2007年，第119—121页；Martin Willson, & Martin Brauen eds, *Deities of Tibetan Buddhism: The Zurich Paintings of the Icons Worthwhile to See (Bris sku mthon ba don ldan)*, Boston: Wisdom, 2000, p. 121.

Tangpa，1142—1210）、桑结雅均（Sanggye Yarjon，1203—1272）亦传承此法。[1]从这一传承可知，十一面救八难观音成就法最初由阿底峡从印度传入西藏，首先在藏传佛教噶当派内传承，后噶举派亦传承此成就法。

（二）东二窟十一面救八难观音印藏图像渊源

1. 阿底峡传承的十一面救八难观音图像遗存

除文献记载之外，在西藏遗存的文物中可见到多件十一面救八难观音像，早期作品多发现于西藏西部地区。如阿里地区托林寺所出11—12世纪的十一面救八难观音擦擦，这些造像躯体修长、细腰、凸起的腹肌等呈现出克什米尔艺术的影响（图4-4-18）。美国芝加哥普里茨克（Pritzker）收藏有一件11世纪的十一面救八难观音曼荼罗唐卡（图4-4-19），艾米·海勒（Amy Heller）认为该观音主尊为11世纪早期西藏西部特有的一种观音样式，因未找到成就法仪轨，故误认为该观音成就法已失传，此件唐卡的主尊无疑是十一面救八难观音。此外，艾米·海勒指出在洛杉矶艺术博物馆（Los Angeles Country

图4-4-18 十一面救八难观音擦擦，11—12世纪，托林寺遗址出土，李逸之藏

图4-4-19 十一面救八难观音曼荼罗，11世纪，Pritzker收藏

〔1〕 多罗那他：《宝源百法》，第281—282页，转引自http:// www.himalayanart.org/ image.cfm/ 65291.html.

Museum of Art）藏有一件“十一面八臂坐相观音”造像，錾刻的题记表明该作品的施主属于西藏西部的大译师仁钦桑布（Rinchen Zangpo，958—1055）家族，〔1〕亦可见此类观音造像在11—12世纪的藏西地区颇为流行。

事实上，西藏阿里地区是藏传佛教后弘期“上路弘法”的发源地，印度高僧阿底峡应古格王国国王意希沃（965—1036）之邀，于公元1042年来到西藏西部的古格王朝传教。据文献记载，阿底峡赴藏时曾携带“三十一驼经像等物”，并在赴前藏途中传“十一面观音”“度母”修法等。〔2〕从西藏西部遗存的多件11—13世纪十一面救八难观音造像可推测，阿底峡从印度赴西藏传法时应首先将该观音成就法传入藏西地区，该观音造像在当地曾一度流行。

图4-4-20　十一面救八难观音，13世纪，布达拉宫藏

除西藏西部所见的该观音遗品之外，十一面救八难观音造像亦传入西藏腹地。在拉萨地区甲玛赤康村的一座噶当塔遗址中，有十一面救八难观音擦擦出土，该塔为12世纪噶当派上师卓滚·桑杰温（1138—1210）的灵塔，亦可见该观音与噶当派的渊源。〔3〕此外，冯·施罗德（Ulrich von Schroeder）所公布的布达拉宫收藏的两件13世纪的十一面救八难观音金铜佛造像，皆十一面八臂，跏趺坐姿，楔形叶冠和贴体衣饰为典型的东印度波罗样式，但造像略显溜肩、四肢修长、衣纹朴素以及因胎体较薄将造像部件都连接在一起的做法带有西藏西部造像的特点，〔4〕该观音造像或是经由藏西传入（图4-4-20）。另外，西藏现存的藏传佛教觉囊派寺院中也遗存有该观音图像，表明觉囊派也传承有此观音的成就法。西藏日喀则拉孜县觉囊寺附近的一座觉囊塔龛内，遗存一铺

〔1〕Amy Heller, “Early Painting from West Tibet and the Western Himalayas in the Margot and ThomasJ. Pritzker Collection”, *Orientation*, Vol.45, No 5, 2014, pp.46-48.

〔2〕法尊法师译：《阿底峡尊者传》，世界佛学苑，2010年，第39—51页。

〔3〕范久辉：《甲玛赤康村出土擦擦》，为2015年于浙江大学召开的“第六届西藏考古与艺术国际学术讨论会”上的提交论文。

〔4〕Ulrich von Schroeder, *Buddhist Sculptures in Tibet*, Visual Dharma Publications, 2001, PL. 283D; 283E.

约14世纪的该观音壁画，为单尊，并无其他胁侍（图4-4-21）。其后，在公元1615年由觉囊派高僧多罗那他主持修建的平措林寺中亦遗存有十一面救八难观音图像，其胁侍为“马头明王”与“善财女”。

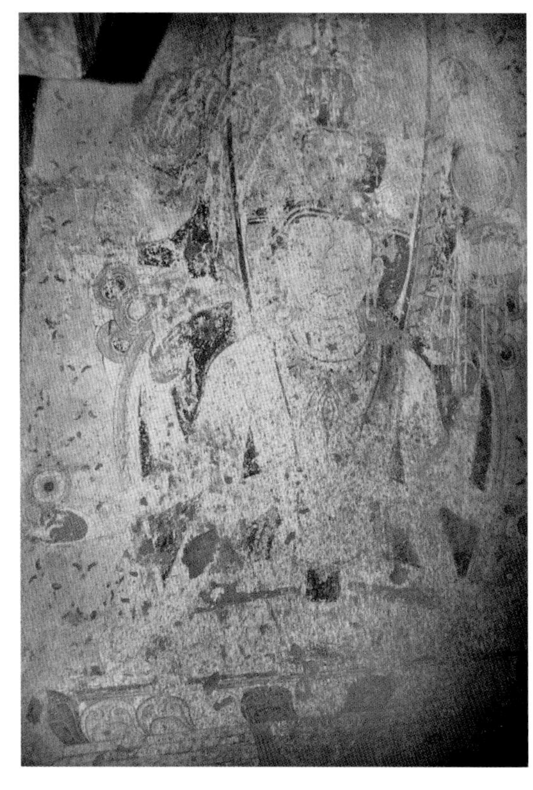
图4-4-21　十一面救八难观音，西藏拉孜觉囊塔，14世纪（谢继胜摄）

另外，十一面救八难观音图像在15世纪亦流传于中原汉地，于明宣德六年（1431）内府刊印的《诸佛菩萨妙相名号经咒》中收录一幅十一面救八难观音版画（按：见图4-4-27），被称为“土儿只缠卜即大悲观音”，带有明显的印藏特点，十一面八臂，跏趺坐于莲花座上，此书的前、后序发愿文部分指出：“绘画西来大宝法王所传诸佛世尊妙相番相，并书写诸品经咒，刊□（板）印施，流传持诵，广种福缘”。[1]从序文可知，此刻本中具有藏式番相特点的观音版画乃按照藏传佛教噶举派黑帽系五世活佛，即明封大宝法王得银协巴（De bzhin gshegs pa，1384—1415）所传而作。可知，由噶当派初传的十一面救八难观音，至明代已经由噶举派高僧传于汉、藏两地。

由以上讨论可知，十一面救八难观音成就法约11世纪中期由阿底峡从印度传入西藏，之后主要在噶当派内部传承。事实上，除了十一面救八难观音之外，东二窟还另遗存有噶当派传承的图像，如北壁“救八难度母”、东壁“顶髻尊胜佛母”等，这些由噶当派传承的多铺图像出现在东二窟颇让人意外和惊奇。笔者推测，这些图像的传入可能与12世纪早期西藏噶当派僧人在西夏弘法有关。依据日本学者井内真帆的研究，西藏僧人喜饶枚介（Brom Shes rab me Ice，13—14世纪）在其著作《佛陀隐修地热振寺之解说日光》（Rgyal ba’ idbengnas rwa sgreng gi bshad pa nyi ma’ iod）中记载，热振寺第五任堪布祥·沃觉哇（Zhang’Od’jo ba，?—1150）在任期间，其弟子们与西夏王室建立了供施关系，该文献提供了噶当派与西夏王室之间约12世纪早期就建立供施关系的重要证据。[2]另

〔1〕国家图书馆版本：《诸佛菩萨妙相名号经咒》，北京：中国藏学出版社，2011年，第38—39页。

〔2〕Maho Iuchi，“A Note on the Relationship between the Bka’ gdams pa School and Mi nyag/ Xixia”，收录于《藏学学刊》2012年第8期，第58—62页。

外，井内真帆在黑水城遗书中发现了与噶当派有关的五个写本。由于相关史料奇缺，目前尚无从考证西藏噶当派僧人在西夏的弘法活动，以及噶当派教法在西夏的传播状况，但东二窟与噶当派相关的壁画遗存或可提供文献缺载的新线索。

尽管十一面救八难观音成就法是阿底峡噶当派所传，但该成就法并非仅限在噶当派内部独修而不外传，约12世纪中期噶举派亦传承此法。所以，十一面救八难观音也不能排除是噶举派僧人赴西夏传法时传入。[1]

2. 印度“救八难观音”构图模式的影响

由前述讨论可知，《百源宝法》中收录的十一面救八难观音成就法最早由阿底峡从印度传入西藏，但依据笔者目前调查，印度并未发现此种十一面八臂的坐姿救八难观音遗存。尽管如此，东二窟十一面救八难观音采用的构图样式，仍可追溯至印度早期的“观音救八难”造像。如年代约6世纪的印度奥兰加巴德石窟（Aurangabad），在第7窟正门右侧刻“观音救八难”雕像，主尊位居中央，一面二臂，在其两侧左右对称的格子内雕出救八难情节。八难内容从上至下依次为火难、刑难、劫难、水难、狮难、蛇难、象难、魔难，观音位于每一方格的内侧，似从天而降，中间是祈拜的人，格子外侧刻具体的“灾难”（图4-4-22）。[2]另外，在印度堪赫里石窟（Kanheri）、阿旃陀（Ajanta）石窟、埃罗拉（Ellora）石窟中也存有多处这类构图的6世纪“救八难观音”造像。

图4-4-22　救八难观音，印度马哈拉施特拉邦奥兰加巴德石窟第7窟正门右侧

东二窟十一面救八难观音，在形式上无疑沿袭了印度早期救八难观音造像的构图模式。首先，二者都将主尊安置在画面中央，主尊上方一层为“五方佛”或“诸佛”，主尊上方左右侧画“天人”。最重要的是，二者都将“救八难”分别画在排列规整的八个格子内，每个格子的构图皆由“观音”“被救度的人”“八难之一”三部分组成。在图像配置上，东二窟十一面救八难观音与北壁救八难度母搭配，观

[1] 关于藏传佛教噶举派僧人在西夏的活动，参见史金波：《西夏的藏传佛教》，《中国藏学》2002年第1期，第33—49页。
[2] 星云大师总编：《世界佛教美术图说大辞典》，台北：佛光山文化出版社，2013年，第1617页。

音与度母的配置也来源于印度传统。成书于唐贞观二十年（646）的《大唐西域记》，在卷八中记载玄奘在印度所见观音搭配度母的作例："至摩揭陀国鞮罗释迦伽蓝，（中略）中精舍佛立像高三丈，左多罗菩萨像，右观自在菩萨像。"[1]此外，印度堪赫里石窟（Kanheri）第90窟，救八难观音的左右胁侍为两尊度母；7—8世纪的伊洛拉（Erolla）石窟中也有观音与度母搭配的例子。另外，美国大都会博物馆收藏有一件12世纪的东印度贝叶经《般若八千颂》（Astasahasrika-prajna-paramita），内有"施宝观音"与"施宝度母"搭配的插图。[2]

（三）西夏十一面救八难观音与其他图像的组合

除东二、四窟之外，西夏另遗存有多件十一面救八难观音图像，在西夏石窟寺及西夏刊印的经版插图中，该观音多与尊胜佛母搭配，在黑水城所出的唐卡遗品中，则搭配方式多样，但二者均"遗失"了救八难内容。如下：

1. 与尊胜佛母搭配

（1）十一面救八难观音+尊胜佛母版画

黑水城所出的西夏新译佛经《圣大悲心总持功能依经录》《胜相顶尊总持功能依经录》合刻本（刊印于1149年前后），十一面救八难观音与尊胜佛母作为附图亦组合在一起。两幅版画构图为左右双栏，主尊被画在左栏，四尊胁侍菩萨在右栏。主尊与胁侍菩萨的服饰、姿态犹为东印度波罗形式，但围绕着尊像背光的祥云、画面上部的凤鸟、天空中飘荡的乐器等图案，乃是常见于中原汉传佛画里的元素。与东二窟更为纯粹的印藏波罗样式的十一面救八难观音相比，此版画显然已深受汉风影响，年代应当比东二窟图像要晚（图4-4-23）。此观音/尊胜合刻陀罗尼经在西夏极为流行，1991年在内蒙古额济纳旗绿城遗址内发现的一批西夏文献中有西夏文刻本《圣观自在大悲心总持功德依经集》残页，并与《顶尊相胜总持功德依经录》前后相连（按：以下简称"绿城本"），存跋尾，译文如下：

> 今《大悲心总持》者，不虑威德，无量神力，所为爱乐，随意具足，一如所愿，悉皆成就。因有如此功德，先后多所刻印，持诵者众多，印版速见损毁，故郭善真复令新刻印版，以便受持。若有赎以受持者，可来殿前司西端赎之。[3]

〔1〕《大藏经》第51册，No. 2087，第913页。

〔2〕大都会博物馆藏品编号：2001.445；参见常红红：《论瓜州东千佛洞第二窟施宝度母图像源流及相关问题》，《故宫博物院院刊》2014年第2期，图版14。

〔3〕史金波，翁善珍：《额济纳旗绿城新见西夏文物考》，《文物》1996年第10期，第75页（图版八）。

图4-4-23 十一面救八难观尊胜佛母音版画，12世纪中期，西夏黑水城所出

该绿城本跋尾表明，因持诵者众多，此经被反复刻印，以至于印版很快损毁而复雕新版印刷。从此本的插图尊胜佛母版画可见，该“新刻印版”版画与前述黑书城本相比颇显粗糙，胁侍菩萨手中持物均已被“删减”，但依据图像布局、尊神样式仍可看出二者乃是依据同一粉本刻印。绿城本被明确告知去殿前司西端赎买，此经应当属于一官刻本，应为西夏官方所推行的信仰体系，观音/尊胜图像组合亦随着官方推行该经而在西夏广为流行。明清之际，《圣大悲心总持功能依经录》与《胜相顶尊总持功能依经录》两部陀罗尼经亦流传于明、清宫廷，应当是经由西夏传入了中原汉地。[1]

（2）十一面救八难观音+尊胜佛母壁画（东千佛洞第七窟中心柱南、北壁）

东千佛洞第七窟（按：以下简称东七窟）中心柱南壁画一铺十一面救八难观音曼荼罗。主尊十一面八臂，结跏趺座，肤色已氧化为黑色（应为白色）。主尊左右两侧各画一尊跪坐姿的胁侍菩萨，二菩萨皆双手于胸前合掌持莲花，应为两尊胁侍观音。主尊上方左右各画一组人物，前方一位撑伞而行，后面跟着一位手托供物，应为二供养菩萨。此铺图像呈现出较为纯粹的印藏波罗风格，主尊背龛上彩色条纹状的“虹光”与东二窟十一面救八难观音主尊背光相似，但东七窟并未选择“救八难”内容。在与东七窟中心柱南壁对称的北壁，则画一铺尊胜佛母曼荼罗，可见救八难观音/尊胜佛母这一固定组合在西夏已是流行样式。

（3）十一面救八难观音+尊胜佛母壁画（莫高窟第465窟窟顶西披）

莫高窟第465窟为西夏窟，窟室壁画皆为藏传密教题材。在窟顶西披画金刚界五佛

〔1〕明代永乐九至十年（1141—1412）南京内务府御制泥金写本《大乘经咒》，四卷四册，附图29幅，“为历代流传经咒与元代汉译西藏咒语的辑录”。事实上，《大乘经咒》中收录了多部西夏新译并流行的佛经，其卷二收录的《大悲观自在菩萨总持经咒》（第3—7开）、《佛顶尊胜总持经咒》（第8—13开）即为西夏时期新译并合刻在一起的陀罗尼经。在《大乘经咒》中，二者亦前后相接，并附“尊胜佛母”插图。参见葛婉章主编：《藏汉艺术小品：佛经附图》光碟，台北：故宫博物院，2003年。

之“无量寿佛说法”，主尊无量寿佛居中央，诸弟子、菩萨围绕左右听法，十一面救八难观音与尊胜佛母作为主胁侍菩萨出现在佛陀左、右两侧（图4-4-24）。[1]

将观音、尊胜陀罗尼经合刻，或将十一面救八难观音与尊胜佛母图像固定搭配在一起，笔者从印度、西藏佛教图像体系中并未找到相关的作例。可见这一传统并未源自印藏，而应当受中原地区所造“尊胜大悲经幢”的影响所致。唐代以来，中国兴起建立佛顶尊胜经幢的风潮，并在尊胜经幢上兼刻他咒，其中以刻“大悲咒”（即《千手千眼观世音菩萨广大圆满无碍大悲心陀罗尼》）为最流行，并出现“尊胜大悲陀罗尼幢”这样的名称，[2]这两部经咒具有无上威力，能为诵持者提供一条快速解脱之道，建幢多以荐亡追福为目的。可见，西夏将十一面救八难观音与尊胜佛母搭配，该配置方式乃受中原汉文化影响所致，将二者作为“观音咒”与“尊胜咒”的化身而备受崇奉。

图4-4-24　十一面救八难观音尊胜佛母，12—13世纪，莫高窟第465窟

---

〔1〕敦煌研究院编：《敦煌石窟艺术莫高窟465窟》，南京：江苏美术出版社，1998年，图版34。

〔2〕敦煌遗书S.2566、S.5598将大悲、尊胜陀罗尼经合抄在一起（参见敦煌研究院编：《敦煌遗书总目录索引新编》，北京：中华书局，2000年，第78、174页）；唐天福七年（942），吕氏为追荐亡夫所建《尊胜大悲陀罗尼幢》；宋代李恕所建经幢刻尊胜咒、大悲咒，并说明并刻的原因：“盖闻忏罪集福，莫急于尊胜陀罗尼、大悲真言”。宋真宗景德二年（1005），郭重显为其父母所造的墓幢上题：“奉为考妣二灵，特就坟所，于东南隅建尊胜大悲经幢一所。”此外，辽道宗寿昌五年（1067），僧人慈智大德的墓幢，题“故慈智大德佛顶尊胜大悲陀罗尼经幢”。参见刘淑芬：《经幢的形制、性质和来源——经幢研究之二》，《“中研院”历史语言研究所集刊》，第六十八本，1997年，第664页。

2. 其他搭配方式

除西夏石窟寺之外，黑水城所出西夏遗品中另有4件十一面救八难观音唐卡（含一残件），均无“救八难”内容，主尊与胁侍的配置也无统一标准。第一件十一面救八难观音唐卡（编号X-2355），主尊最上方是金刚界五方佛，背龛上方左、右各画一位僧人，主尊左、右侧画菩萨装“四大天王”，下方的四尊胁侍菩萨从左至右分别为“马头明王”“白伞盖”“摩利支天”“绿度母”，但这样的配置未找到明确的仪轨依据（图4-4-25）。[1]另一件唐卡，主尊十一面救八难观音分别胁侍“马头明王”与“绿度母”，马头明王乃是观音的忿怒相化现，绿度母亦是观音的化身。[2]在第三件唐卡中，主尊左右各胁侍一尊手持莲花的观音菩萨，此幅唐卡的简略结构与东千佛洞第七窟的该尊配置更为相近。[3]第四件十一面救八难观音唐卡（残件），仅遗存整件唐卡约4/ 1面积，是一件深受汉风影响的藏式作品，主尊十一面以1、1、3、3、3式排列、与仪轨符合的主尊持物，以及画面左侧上方的净居天等皆是依照藏式范例而作，主尊十一面中的“忿怒相”，以及净居天的曲腿式跪坐姿、穿贴体短裙等都可见印藏波罗艺术的特点。但值得注意的是，画面整体呈现浓厚的汉风影响，主尊的样貌、服饰已是完全的汉式笔描，可以说这幅唐卡表现了西夏画师对于印藏波罗风格本土化的一种尝试（图4-4-26）。[4]

图4-4-25　十一面救八难观音唐卡，13—14世纪，俄罗斯艾尔米塔什博物馆藏

西夏黑水城出土的十一面救八难观音唐卡主尊与眷属配置多样，且并未遵循仪轨中“观音”与“八难”的搭配模式，

---

〔1〕［俄］彼得洛夫斯基（Piotrovsky）编，许洋主译：《丝路上消失的王国：西夏黑水城的佛教艺术》，台湾历史博物馆，1996年，图版12。

〔2〕K.F.Samosyuk, *Buddhist Painting from Khara-Khoto, XII-XIVth Centuries: Between China and Tibet*, St.Petersburg: The State Hermitage Publishers, 2006, PL.115.

〔3〕K. F. Samosyuk: *Buddhist Painting from Khara-Khoto, XII-XIVth Centuries: Between China and Tibet*, 2006, PL.114.

〔4〕K. F. Samosyuk: *Buddhist Painting from Khara-Khoto, XII-XIVth Centuries: Between China and Tibet*, 2006, PL.116.

而是多与“度母”“马头明王”“观音”等观音的不同化身搭配。此图像配置可从印度密教成就法集《成就法鬘》(Sādhanamālā)中找到相关线索，《成就法鬘》中共收录了15种观音成就法（未收录十一面救八难观音成就法），其中世尊观音（Lokannātha）的胁侍菩萨为“度母”“马头明王”；水月观音（Khasarpaṇa）胁侍为“度母”“马头明王”“善财童子”“颦眉佛母”。[1]笔者认为，黑水城十一面救八难观音的配置可能是受到印度不同观音成就法影响下的“混搭”。

图4-4-26　十一面救八难观音（残件），13—14世纪，黑水城所出，俄罗斯艾尔米塔什博物馆藏

从图像风格来看，西夏石窟寺壁画、黑水城出土版画及唐卡中的十一面救八难观音图像，主尊及眷属均皆以瓔珞庄严，戴楔形叶冠和臂钏，下身穿贴体短裙、掌心施色以及胁侍菩萨呈三折枝式造型等特征，均透露出强烈的印藏波罗艺术的影响，该图像来源于印藏无疑。

3. 不同搭配方式的原因探析

西夏遗存的十一面救八难观音大致有3类配置方式：1. 主尊搭配救八难内容（仅存东二、四窟）；2. 主尊与尊胜佛母组合；3. 主尊虽无固定搭配对象，但多与度母、马头明王、观音等组合。以笔者管见，十一面救八难观音与尊胜佛母组合，属国家推行的“官方佛教”体系，如《圣大悲心总持功能依经录》与《胜相顶尊总持功能依经录》二经，其传者是来自印度的西夏国师，译出之后在国家举办的超度大法会上使用，并被大量刊印普施国内，经中插图中选用“六字大明咒”和“大悲咒”化身的十一面救八难观音，以及“尊胜咒”化身的尊胜佛母，以灭罪度亡及祈福消灾，这一组合在西夏经官方推行自上而下逐渐渗透民间并在国内流行。西夏石窟寺中所绘的二者组合，则属于民间佛教信仰受官方佛教影响下的产物，并逐渐“省略”了十一面救八难观音成就法中的“八难”内容。

[1] B. Bhattaeharyya, *The Indian Buddhist Iconography: Mainly Based on the Sādhanamālā and Cognate Tantric Texts of Rituals*, New Delhi: Cosmo Publication, 1987, pp.128-132.

然而，黑水城遗存的4件西夏唐卡均无一例与尊胜佛母搭配。事实上，西夏人刊施佛经、修建石窟佛寺主要是为了祈福消灾、超度亡者等世俗功利需求，石窟寺还会作为举办佛事道场的场所。而唐卡则主要是信徒修行密法时观想所用，是辅助密法修行的工具，二者在使用、功能上的不同使得同一图像呈现出不同的表现形式。

（四）从西藏十一面救八难观音到西夏大悲观音

在黑水城及西夏故地出土了多部西夏刻本《圣观自在大悲心总持功能依经录》（俄藏编号TK164、165，与《胜相顶尊总持功能依经集》合刻）。该经扉画为十一面救八难观音与四尊胁侍菩萨，主尊十一面八臂，跏趺坐于莲花上（莲座下方有莲华部梵文种子字hriḥ），其坐姿及手中持物皆与东二窟救八难十一面观音完全一致，具有浓郁的东印度波罗特点。该经由来自克什米尔的西夏国师拶也阿难捺（Jayānanda）所传，[1]被认为是在西夏仁宗天盛元年（1149）前后依据梵本敕译，是西夏的新译佛经，曾在皇室举办的超度大法会上大量印施。[2]该经含有大量经咒，经文部分与唐西天竺沙门伽梵达摩（Bhagavadharma）所译《千手千眼观世音菩萨大圆满无碍圆满大悲心陀罗尼经》类同，经咒部分则与唐金刚智译本《千手千眼观自在菩萨广大圆满无碍大悲心陀罗尼咒本》一致，乃是一部"集自观音诸经"的咒经。[3]该经的经咒分为"心咒"与"总持"两部分，心咒为"唵麻祢钵二合铭吽"，即汉译六字真言，[4]总持即"大悲咒"，与上述唐代伽梵达摩译本经咒类同。值得注意的是，上述两部唐译经典中均无六字真言，西夏新译《圣观自在大悲心总持功能依经录》在两部唐译经典的基础上添加了六字真言。十一面救八难观音是这部"集自诸经"的咒经的人格化，是六字真言和大悲咒的化身（其心咒是六字真言，咒语为大悲咒）。《宝源百法》指出，若念诵十一面救八难观音的长咒（即大悲咒）有困难，可在念

〔1〕依据范德康（Leonard van der Kuijp）教授的研究，拶也阿难捺是来自克什米尔的僧人，约12世纪中期曾在西藏活动，藏文典籍中保存与他有关的两部著作，即将《因明入正理论》译成藏文和对《入中观论颂》的注疏。他还在桑浦寺与中观派论师恰巴·却吉僧格（109—1169）进行公开辩论，后来离开西藏，去西夏之后被奉为国师。参见Leonard W.J.van der Kuijp, "Jayananda. A Twelfth Century Guoshi from Kashmir Among Tanggut", *Central Asiatic Journal*, 37(3/ 4), 1993, pp.188-197.

〔2〕孙伯君：《西夏宝源译〈圣观自在大悲心总持功能依经录〉考》，《敦煌学辑刊》第2006年第6期，第34—41页。

〔3〕沈卫荣：《汉藏文版〈圣观自在大悲心总持功能依经录〉之比较研究》，收录于《西藏历史和佛教的语文学研究》，上海古籍出版社，2010年，第327—328页。

〔4〕六字真言又称"六字大明咒"，梵文称om mani padme hūm；藏文称om ma ni pad me hūm。从密教角度讲，六字真言是集诸佛思想的主体，为一切如来的加持，堵截六道众生的生门而净除障碍。传松赞干布所著《尼玛全集》称，六字真言之"唵"字净堕天之苦而断非天处；"嘛"字净非天之争战之苦而断非大处；"呢"字净不变之苦而断人处；"叭"字净恶趣使役之苦而断恶趣之生门；"咪"字净饿鬼饥渴之苦而断饿鬼之处；"吽"字净地狱寒热之苦而断地狱之门。关于西藏六字大明咒详解，参见索南才让：《西藏密教史》，北京：中国社会科学出版社，1998年，第156—162页。

诵数便之后主要念诵六字真言。因此，十一面救八难观音在西夏也被称为“大悲观音”，[1]因其集诸经、诸经咒于一身，持诵亦可长、亦可短，遂在西夏广为流行。该“大悲观音”或经由西夏传入中原汉地，刊刻于明宣德六年（1431）的《诸佛菩萨妙相名号经咒》中，收录十一面救八难观音，其心咒为六字大明咒“唵嘛呢叭得弥吽合二”，亦被称为“大悲观音”，在后序部分指出以“大悲”等诸品经咒拔济群品，方便度人（图4-4-27）。[2]

图4-4-27　大悲观音名号心咒，《诸佛菩萨妙相名号经咒》，宣德六年（1431）内刊本影印

十一面救八难观音在西藏成就法仪轨中强调其救八难的特质，而在西夏则强调其“神咒威灵”，谓之“自在大悲”。西夏仁宗皇帝亲撰《圣观自在大悲心总持功能依经录》发愿文称：“若有志心，诵持”大悲咒“一遍或七遍，即能超灭百千亿劫生死罪，临命终时，十方诸佛皆来授手，随缘往生净土中。”[3]其身份从西藏救八难观音到西夏大悲观音的转变，其原因也在于西夏人对真言密咒的重视，集诸种密咒于一身的该十一面救八难观音遂成为具有灭罪、度亡功能的西夏“大悲观音”。

另一方面，十一面救八难观音心咒为“六字大明咒”，诵持简单、有效的“六字大明咒”传入西夏，亦快速成为当时最为广为诵持的经咒。黑水城所出西夏文献中有多件与“六字大明咒”相关，如乾祐十六年（1185）由比丘智通刊施的《六字大明王功德略》（TK136），指出书写六字大明陀罗尼一遍等于敬礼、供养一切诸佛菩萨，能获得的巨大福

〔1〕黑水城所出《圣观自在大悲心总持功能依经录》（TK164）首题之后有呼语“敬礼圣大悲心观自在”，白口上有经名简称“大悲”。可见，该经尊格化的“十一面救八难观音”在西夏亦被称为“大悲观音”。另，“大悲观音”通常是指“千手千眼观音菩萨”，而十一面观音实际名称当为“十一面千手观音”，但在绘画或雕塑作品中，通常只表现主臂，其他千手均省略。千手千眼观音亦具有救度八难的功能，所以，十一面救八难观音又被称为“大悲观音”并不足为奇。［俄］孟列夫著，王克孝译：《黑水城出土汉文遗书叙录》，银川：宁夏人民出版社，1994年，第152—153页。

〔2〕国家图书馆版本：《诸佛菩萨妙相名号经咒》，北京：中国藏学出版社，2011年，第41页。

〔3〕史金波、魏同贤、E.N克恰诺夫主编：《俄藏黑水城文献》第4册，上海古籍出版社，1996年，第50页。

报；[1]另一件《圣六字大明王心咒》(TK137)，与其他经咒合刻，强调了持诵、书写“六字大明咒”的种种不可思议之功效；[2]在黑水城文献TK102中，“观自在菩萨六字大明心咒”与“顶放污垢光一切如来心陀罗尼”合刻，经文部分阐述了诵持六字大明咒的无量功德及所获利益。[3]还有一部西夏僧人智广、慧真于天庆七年(1200)辑录的《密咒圆因往生集》残卷(TK271)，其中亦收录“六字真言”。[4]六字大明咒在西夏还具有追荐亡者的作用，西夏天庆七年(1200年)仇彦衷所施《圣六字增寿大明陀罗尼经》(TK135)为过世的父母祈冥福，题记为“右愿印施此经六百余卷，资荐亡灵父母及法界有请，同往净方”。[5]此外，六字大明咒还与西夏葬俗结合被书写在墓室中，如甘肃武威的3座西夏墓中发现有梵文、汉文书写的六字大明咒。[6]在西夏佛教施食仪式中，持诵“六字真言”还具有召请诸佛、菩萨受食的功能。[7]

除文献记载之外，莫高窟西夏窟第464窟主室窟门上方处书写兰扎体梵字六字真言，[8]以梵字六字真言加持以增强该窟之神力，具有统摄全窟之意。

由以上讨论可知，六字真言在西夏极为流行，被广泛用在西夏佛经刊印、石窟寺以及墓葬中。事实上，黑水城所出的十一面救八难观音其心咒、咒语为“六字大明咒”与“大悲咒”，该观音传入西夏后等同密教的“大悲观音”，成为两种经咒的化身，具有灭罪、度亡的功用，且被用作新译《圣观自在大悲心总持功能依经录》的插图，并随着该经在西夏广为流传。

西夏重视十一面救八难观音的神咒功用，此观音的“救八难”特质或被逐渐忽略乃至不为西夏人所选择。依据目前所遗存文物看，西夏遗存的“观音救八难”图像多是依据汉

[1] 该经云：“若有人书写此六字大明陀罗尼者，则同书八万四千法藏，若有人以天宝造作如微尘数佛像，己(以)一日中庆赞供养所获果报不如写此六字大明王陀罗尼者，是一切诸佛菩萨之所以敬礼者，念一遍即同供养一切诸佛，如是功德不可具述”。史金波、魏同贤、E.N克恰诺夫主编：《俄藏黑水城文献》第3册，上海古籍出版社，1996年，第173—175页。

[2] 史金波、魏同贤、克恰诺夫：《俄藏黑水城文献》第3册，1996年，第191—192页。

[3] 史金波、魏同贤、克恰诺夫：《俄藏黑水城文献》第2册，1996年，第397页。

[4] 史金波、魏同贤、克恰诺夫：《俄藏黑水城文献》第4册，1996年，第359—363页。

[5] 史金波、魏同贤、克恰诺夫：《俄藏黑水城文献》第3册，1996年，第171—173页。

[6] 1997年在甘肃武威西郊林场发现了两座西夏墓，其中一号墓出土的木缘塔上书写有梵文六字大明咒；1999年在武威发现一座西夏天庆八年(1201)的砖室火葬墓，墓内竖木牌5个，以汉字书写“唵麻你钵名吽”“药师留梨光佛”“本师释迦牟尼佛”，另一块木牌上书写亡者姓名“唐吉祥、唐奴见”。参见陈炳应：《西夏文物研究》，银川：宁夏人民出版社，1985年，第190页。

[7] 黑水城遗书中一件残页云：“□字大明咒王围绕心中唖字，离诸妄念而诵□也……行人欲放施食者于净器中盛，所办食净水沃之自身顿盛，圣者诵六字咒召请诸佛菩萨及……其中浩森广大，若人能于此咒发信敬心者，福德超彼大小积滴以成滴数，亦可知之神咒一遍功德难比世间天地山林河海，犹可担持明咒一……”参见李逸友编著：《黑城出土文书》，北京：科学出版社，1991年，第220页。

[8] 敦煌研究院编：《敦煌石窟艺术莫高窟·四六四》，南京：江苏美术出版社，1997年，图版42。

传佛教经典《妙法莲华经》第二十五品《观世音普门品》所作，与印藏佛教体系中的“观音救八难”在内容、形式上皆不尽相同。黑水城出土多部该经的汉文、西夏文刻本，多刊有观音救度八难插图，[1]除此之外，观音救八难还被使用在西夏其他各类观音经中。

另外，四臂观音也常被称为六字观音，与六字真言紧密联系在一起，但依据谢继胜教授的研究，在14世纪以前，四臂观音图像的应用与六字真言并无直接对应关系。[2]以目前遗存的文物看，四臂观音图像在西夏要远少于十一面救八难观音，后者应当是西夏流行的“大悲观音”与“六字观音”。

总之东二窟十一面救八难观音，在《宝源百法》《纳塘百法》中收录有该尊的成就法，其教法来源与阿底峡传承的噶当派有关，在西藏仍遗存有多件11—12世纪该尊的图像。东二窟的十一面救八难观音，与西夏12世纪中期的同类图像相比，呈现出更加纯正的印藏波罗样式的影响：1. 东二窟该尊基本上遵循了成就法仪轨（尽管将胁侍的“忿怒像”观音换成“寂静像”）；2. 在图像构图上受到印度早期“救八难观音”样式的影响；3. 十一面救八难观音与救八难度母的搭配方式亦是遵循印藏模式。相比较而言，呈现更纯粹的印藏样式的东二窟十一面救八难观音，或是12世纪早期藏传佛教噶当派（或噶举派）僧人从西藏传入，其年代可能比黑水城所出的12世纪中期的同类作品要早。

除东二、四窟之外，东七窟、莫高窟第465窟、黑水城经版画中的十一面救八难观音均与尊胜佛母搭配。观音、尊胜组合受唐代以来中原地区“尊胜大悲陀罗尼幢”影响所致，因十一面救八难观音心咒、咒语为“六字大明咒”和“大悲咒”，将其作为两种咒语的化身，强调其灭罪与度亡的功效，在西夏极为流行。十一面救八难观音信仰于11—13世纪在河西地区一度兴盛，然14世纪以来该尊造像在藏、汉两地却骤然减少。其原因或与元代独崇萨迦派有关，随着13世纪之后噶当派的衰弱，其传承的该尊观音便不再流行。尽管西夏新译经典《圣观自在大悲心总持功能依经录》与《胜相顶尊总持功能依经集》在明、清汉地仍有流传，[3]但该经附图“十一面救八难观音”却不复出现在经典中（尊胜佛母图像仍存）。

---

〔1〕黑水城所出西夏刻本《妙法莲华经观世音菩萨普门品第二十五》（TK90），插图版画为观音救八难图，主尊为水月观音，诸难从左至右有“恶兽围绕”“或因禁枷锁”“刀兵段段坏”“如日空中住”“蚖蛇及蝮蝎”“火坑变成池”“还着于本人”“云雷鼓掣电”八难。另还有该经的其他版本TK167等，皆附“观音救八难”插图。参见史金波、魏同贤、克恰诺夫上揭书《俄藏黑水城文献》第2册，1996年，第326页；《俄藏黑水城文献》第4册，1996年，第58页。另外，黑水城西夏刻本《佛说观世音经》（TK92）及故宫博物院所藏西夏文《高王观世音经》（B51·002），卷首插图皆为观音救八难。

〔2〕谢继胜：《平措林寺六体真言碑考——兼论蒙元之际四臂观音信仰与六字真言的流布》（待刊稿）。

〔3〕前揭注释65，明代泥金写本《大乘经咒》中辑录西夏新译佛经《圣大悲心总持功能依经录》与《胜相顶尊总持功能依经录》，并附图“顶髻尊胜佛母”，但并未选择与其固定搭配的“十一面救八难观音”插图。

三、结　语

西夏控制河西走廊近两百年，位于丝绸之路要冲位置的瓜州是多民族聚集之地，深厚的传统汉文化与外来宗教、文化、艺术在这里相互吸收和融合。东千佛洞第二窟中心柱南、北两侧壁的施宝度母，以及南壁东侧之十一面救八难观音图像，均为西夏时期出现的新题材，这些图像均呈现出纯粹的东印度波罗样式，其粉本无疑来源于印度或西藏地区。然而，这些西夏时期的图像在配置上却并非完全遵循印藏传统。其中如施宝观音将印度传统中的“宝树”转化为汉式特点的现实视觉中的春、夏场景，并添加了敦煌及汉地佛教文化传统的“甘露施饿鬼”“七宝施贫儿”情节，这些都是不见于印度图像的表现，乃是西夏画师的一种本土化的改造。此外，十一面救八难观音重视其心咒“六字大明咒”的灭罪、度亡功效，在西夏传播过程中亦受到汉地佛教传统影响，逐渐与尊胜佛母形成固定组合。

12世纪东千佛洞相继出现了施宝度母与十一面救八难观音等来自印藏地区的图像，这些图像中混合变异的特点也呈现出印藏图样进入西夏时代的河西地区之后，与本土文化相融合的特点，以及西夏人对这些新图样的理解和重新创造，也对印藏密法在当时西夏、印度、西藏、乃至于中亚的传播，提供了进一步研究的课题。

第五节　唐宋、吐蕃至宋元时期佛教艺术神圣与世俗的转换：宝胜如来、伏虎罗汉、行脚僧、达摩多罗与布袋和尚关系的辨析

一、汉、藏两地的罗汉信仰与图像纠葛

汉、藏两地均流行罗汉住世、护持佛法的信仰。汉地有关十六罗汉的名号、居所、眷属等内容，最早见于难提蜜多罗（Nandimitra，译为“庆友”）著、三藏玄奘法师（约600—664年）于唐高宗永徽五年（654）译出的《大阿罗汉难提蜜多罗所说法住记》。[1]十八罗汉是在十六罗汉的基础上再增加两位，为适应汉地的吉祥数字“十八”而形成的，并没有确凿的佛经依据。苏轼以《法住记》作者庆友为第十七、宾头卢为第十八罗汉；也有人在前加迦叶（Mahākāśyapa）与军徒钵叹（Kundapadhaṇīyaka）。但人们对苏轼的排列有争议，认为宾头卢其实就是十六罗汉已列出的宾度罗跋啰惰阇，或指摘庆友并不在住世之列。南宋咸淳五年（1269）四明沙门志磐撰《佛祖统纪》卷三十三认为诸阿罗汉之中，除四大罗汉与十六罗汉之外均要入灭，去除二者中重复的两位，应将迦叶与军徒钵叹增加到后者内。[2]

至于伏虎、降龙罗汉的起源及其如何成为十八罗汉的成员，艺术史界还没有一个确切的答案。唐末五代“禅月大师”贯休所作胡貌梵相的罗汉图只有十六位罗汉。苏轼《应梦罗汉记》记载，北宋元丰四年（1081）岐亭庙中有一罗汉像，左龙右虎。[3]甘肃庆阳

---

〔1〕十六罗汉即：宾度罗跋啰惰阇（Pindolabhāradvaja）、迦诺迦伐蹉（Kanakavatsa）、迦诺迦跋厘堕阇（Kanakabhāradvaja）、苏频陀（Suvinda）、诺距罗（Nakula）、跋陀罗（Bhadra）、迦理迦（Karīka）、伐阇罗弗多罗（Vajraputra）、戍博迦（Jīvaka）、半托迦（Panthaka）、啰怙罗（Rāhula）、那伽犀那（Nāgasena）、因揭陀（Añgaja）、伐那婆斯（Vanavāsi）、阿氏多（Ajita）以及注荼半托迦（Cūlapanthaka）。

〔2〕（南宋）志磐：《佛祖统纪》，《大藏经》第54卷，第2035部。有关十八罗汉的分析另见谢继胜、熊文彬、廖旸、赖天兵、R. Linrothe、叶少勇著：《江南藏传佛教艺术：杭州飞来峰石刻造像》，杭州：浙江古籍出版社，2007年。

〔3〕《应梦罗汉记》全文为：“元丰四年正月二十一日，予将往岐亭。宿于团封，梦一僧破面流血，若有所诉。明日至岐亭，过一庙，中有阿罗汉像，左龙右虎，仪制甚古，而面为人所坏，顾之惘然，庶几畴昔所见乎！遂载以归，完新而龛之，设于安国寺。四月八日，先妣武阳君忌日，饭僧于寺，乃记之。责授黄州团练副使眉山苏轼记。”（宋）苏轼：《苏东坡全集》2，卷五十九，北京：燕山出版社，2009年，第1561页。

图4-5-1　甘肃庆阳北石窟寺第165窟伴虎僧人石刻像

图4-5-2　富县直罗镇柏山寺宋塔石雕伏虎罗汉

北石窟寺第165窟明窗南北两壁上，有一组宋代的十六罗汉浮雕，其中一位罗汉身侧即伴随一只老虎，这很可能就是一位伏虎罗汉（图4-5-1）。陕西子长县安定镇的钟山石窟前壁下方石雕、富县直罗镇柏山寺宋塔石雕（图4-5-2）等北宋（960—1127）雕造的十六罗汉像里亦发现类似的例子。由此看来，宋代的罗汉系列已经包含了伏虎罗汉。此外，现今发现的伏虎罗汉石雕，都集中在西北（甘肃东南部与陕西北部，紧靠宁夏），与宁夏贺兰山山嘴沟石窟壁画所见胡貌梵像的伏虎罗汉（图4-5-3）形成一片特定图像分布区域，年代多为北宋11世纪前后，与卷轴画伏虎罗汉年代跨越南北宋、地域集中在江南杭州一线形成对比。

图4-5-3　贺兰山山嘴沟石窟伏虎罗汉壁画

北京故宫博物院藏《六尊者像》册，传为唐代画家卢楞伽作，[1]其中第十七嘎沙鸦巴尊者持长棍作降恶龙状，而第十八纳纳答密答喇尊者面前有伏卧的老虎（图4-5-4）。册上有乾隆帝留下的墨书十七、十八尊者的藏传梵文名字，从名称“嘎沙鸦巴”判断，即为大迦叶Mahā kāśyapa的“迦叶”，而“纳纳答密答喇”对应Nandimitra，即“庆友”。图像名称经章嘉国师审定，进而确定降龙、伏虎二罗汉为十八罗汉成员，从《六尊者像》译名看，章嘉国师认为降龙罗汉即迦叶尊者，伏虎罗汉为庆友或者是弥勒。[2]事实上，此画中人物及家具当摹自南宋传本，已难见唐人气象。卢楞伽究竟有没有画过降龙伏虎图，虽然无法

〔1〕关于卢楞伽所绘罗汉，朱景玄《唐朝名画录》说“卢棱迦”所绘为“佛像、地狱”，张彦远《历代名画记》也确认卢楞伽在京都“化度寺”绘“地域变”；邓椿《画继》明确提到“蜀之罗汉虽多，最称卢楞伽，其次杜措、丘文播兄弟耳。楞伽所作多定本，止坐、立两样。”作品只见“小本《十六罗汉图》”，看来卢楞伽绘制伏虎罗汉的说法不可信。

〔2〕乾隆帝在《宋李公麟画十八罗汉》书轴上题跋：“世俗相传十八阿罗汉，虽以苏拭之精通禅悦，亦未能深考博究。尝咨之章嘉国师，知西域止有十六应真，又别有降龙、伏虎二尊者，亦得称罗汉。”又在《御制唐贯休十八罗汉赞》题跋：“今重阅秘殿珠林贯休罗汉像十帧，其八并列二像，与前所定数悉合。其二像各一，则世所为降龙、伏虎者也。始览而疑之，复询诸章嘉，则一为嘎沙鸦巴尊者，一为纳纳达密答喇尊者，乃知西域十六应真之外，原别有降龙、伏虎二尊者，以具大神通法力，故亦得阿罗汉名。”章嘉国师将伏虎罗汉确定为弥勒，是受到12世纪以来西夏至元时期伏虎罗汉与布袋和尚图像纠结的影响。

图4-5-4　故宫博物院藏卢楞迦画《六尊者像》册局部，第十八纳纳答密答喇尊者

从此画得到十分肯定的答案，但是在8世纪中似应已有降伏恶毒龙虎的立意了，[1]至北宋时期当流行开来，前文提及苏轼的记载即为明证。可以确定，故宫藏传卢楞伽画《六尊者像》，虽见伏虎罗汉，但其并非唐画。至于新疆喀拉和卓出土的8世纪壁画残片中举拳大喝的罗汉图，虽有可能是伏虎或降龙的罗汉，但未见老虎、毒龙形象。

两宋时期，由于禅宗绘画中老虎与祖师形象的出现，人们将伏虎罗汉的形成与禅宗联系起来，台北中国文化大学陈清香教授撰《降龙伏虎罗汉图像源流考》就从这一途径对伏虎罗汉的图像渊源进行了考察。[2]陈教授推断，伏虎罗汉图像的出现，"或是伴随着宋元时代禅宗水墨画的崛起而盛行。禅宗水墨画，简称禅画，起于五代，经北宋、至南宋元代，臻于鼎盛，在题材上以释迦出山、白衣观音、或高僧祖师的公案故事为主，间或以山水自然果蔬等题材，以寓意禅机，表现悟道境界者是其宗旨。其中寒山、拾得、丰干、布袋等四位

〔1〕与卢楞伽同时代的诗人王维在《过香积寺》一诗中有"薄暮空潭曲，安禅制毒龙"句。

〔2〕陈清香：《降龙伏虎罗汉图像源流考》，《佛教与中国文化国际学术会议论文集》上辑，台北："中华文化复兴运动总会"宗教研究委员会编印，1995年，第101—123页。

散圣的形迹，是禅宗画家僧人最喜爱创作的画题。四位散圣的外形各有其特殊的表征，寒山、拾得衣衫褴褛、蓬头垢面，手持扫帚，一副叫化子的模样，布袋则以大肚、或背负布袋为标记，而丰干则有老虎相伴。”[1]传由五代至北宋时期画家石恪作的《二祖调心图》中有老僧抱虎而眠，疑为丰干（图4-5-5）。[2]

伏虎、降龙罗汉的出现，虽然与禅宗水墨画及散圣大士有关，但其立意似来自道教，龙虎之阴阳观念更是道家思想的直接反映。道教文献《周易参同契·龙虎两弦章》《龙虎经》等以龙虎喻阴阳乾坤，宋代出现与之对应的罗汉造像，不排除是禅宗为适应当时的社

图4-5-5　二祖调心图，（传）石恪绘，现藏日本东京博物馆

〔1〕陈清香：《降龙伏虎罗汉图像源流考》，《佛教与中国文化国际学术会议论文集》上辑，“中华文化复兴运动总会”宗教研究委员会编印，第112—113页。如《景德传灯录》载天台三圣：“天台丰干禅师者，不知何许人也，居天台山国清寺，剪发齐眉、衣布裘。人或问佛理，止答‘随时’二字。尝诵唱道歌，乘虎入松门。众僧惊畏。本寺厨中有二苦行，曰‘寒山子’、‘拾得’。二人执爨，终日晤语，潜听者都不体解，时涌风狂子，独与师相亲。”（道原：《景德传灯录》卷二七，《大藏经》第51卷，第2076部）又如《释氏稽古略》引国清寺记碑刻云：“丰干，垂迹天台山国清寺，庵于藏殿西北隅，来一虎游松径。”（觉岸：《释氏稽古略》卷三，《大正新修大藏经》第49册，第2037部）关于丰干、布袋和尚形象的纠葛与大肚丰干形象的出现，参看孟丽：《明代伴虎大肚神僧组像考释——兼论佛教信仰实践中的形象转用与母题演化》，《文艺研究》2020年第2期。

〔2〕传石恪作《二祖调心图》现藏日本东京博物馆，画中有一老僧抱虎而眠，画风虽符合画史所载石恪笔法，但日本学者户田桢佑却举出三点来断定此画并非石恪原作，人为其年代不可能早于北宋。但如果认定石恪曾画过这样的稿本，再由后人加以摹写，则石恪应是最早创作伏虎罗汉画迹的人了。陈清香：《降龙伏虎罗汉图像源流考》，《佛教与中国文化国际学术会议论文集》上辑，“中华文化复兴运动总会”宗教研究委员会编印，第113页。

会思想作出的变通，或者以伏虎降龙来象征佛教战胜道教的寓意。其次，伏虎罗汉图像虽然与禅宗水墨画密切相关，但应当是这种绘画形式促进了此类图像的传播，而非其创造了伏虎罗汉图像。

唐五代两宋的绘画史籍如张彦远《历代名画记》、郭若虚《图画见闻志》和邓椿《画继》，甚至《宣和画谱》等都没有提到“伏虎罗汉”，可见这一名称形成较晚。现今留存最早的与伏虎罗汉相关的禅画是传为石恪所绘《二祖调心图》，然而，除去作品的真伪外，图中僧人的绘画方法，与五代两宋盛行的胡貌梵相罗汉已大相径庭，是所谓的禅宗散圣人物画，类似五代、宋吴越杭州一带世俗相罗汉。而山嘴沟的伏虎罗汉，形象与贯休的罗汉非常接近，说明12世纪后半叶至13世纪初中国美术史上的伏虎罗汉造像已经成型，但此时中国内地又找不到与山嘴沟罗汉图像完全对应的例证，所见多为禅宗水墨风格的伏虎罗汉。

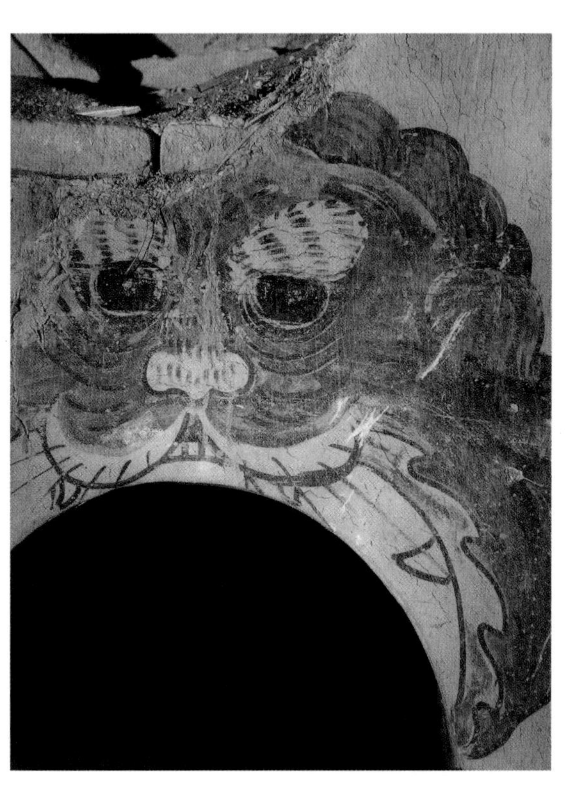

图4-5-6　莫高窟第95窟中心柱壁面所绘虎头

最值得我们关注的是断代在元代的莫高窟第95窟，窟内中心柱北通道口上方绘有虎头，[1]与山嘴沟石窟的西北民间老虎形象非常相似（图4-5-6）。老虎的职能也是守住洞门，与山嘴沟内室窟门上方绘画伏虎罗汉的作用相仿。此外，该窟绘有完整的十六罗汉像，其中并没有看到伏虎罗汉或降龙罗汉，可见西夏、元时期，伏虎罗汉还未成为十八罗汉体系的固定成员。及至明代初年，伏虎、降龙罗汉仍然作为成组的护法与四大天王一起出现，典型的例证就是北京建于明初的真觉寺（五塔寺），塔基西侧与东侧分别雕刻伏虎与降龙罗汉与四大天王并列（图4-5-7）。[2]

〔1〕参看敦煌研究院编：《敦煌石窟艺术·莫高窟四六四、三、九五、一四九窟·元》，南京：江苏美术出版社，1997年，图版126、145。

〔2〕真觉寺是为迎请印度班智达而建，最初建于明永乐年间，成化五年重修。相关研究见谢继胜、魏文、贾维维主编：《北京藏传佛教艺术（明）：北京藏传佛教文物遗存研究》，北京：北京出版集团公司、北京人民出版社，2018年，第285—308页。

图4-5-7：A　五塔寺金刚宝座塔塔基降龙罗汉

图4-5-7：B　五塔寺金刚宝座塔塔基伏虎罗汉

图4-5-8　白居寺祖拉康二层罗汉殿达摩多罗塑像

藏地佛教传统将十六罗汉称作gnas brtan bcu drug，即十六尊者，与汉传的十六罗汉并无二致。据藏文典籍所示，十六罗汉图像与成就法传入西藏有两条路径，一是鲁梅仲群（Klu mes 'brom chung）访问汉地后，从汉地带回并保存在叶尔巴（Yer pa）寺的十六罗汉粉本，二是阿底峡（Atiśa）尊者与释迦室利拔陀罗（Śākyaśrībhadra，1127—1225）从印度带来的成就法仪轨与"三片叶的印度僧衣"样式十六罗汉图像。[1]鲁梅所传十六罗汉的影响似乎仅限于图像上，而阿底峡所传则对罗汉的供养法与修习次第有深远影响。此外，藏传系统在十六罗汉后新增了两位侍从，即居士达摩多罗（dge bsnyen Dharmatrāta）与和尚（Hva shang，"和尚"一词的藏文译音），构成18尊，西藏江孜县白居寺祖拉康二层罗汉殿内的塑像即是其典型代表（图4-5-8）。达摩多罗图像表现为有虎随行的行脚僧，或特征各异的"伏虎"罗汉形象；和尚的图像则较为统一，都是肥头大耳、袒胸露腹、咧嘴大笑的坐姿汉地僧人像，身旁有多位童子相伴，显然受到了汉地大肚布袋和尚形象的影响。

由此可知，汉、藏两个系统的罗汉造像都有以十六罗汉为主的18尊组合，后增补的两位成员中都有一位与虎相伴的角色，另一角色与汉地宋元时期以布袋和尚为代表的大肚禅宗散圣、罗汉形象相似，形成了达摩多罗、行脚僧、伏虎罗汉、丰干禅师、布袋和尚、大肚僧人等图像的纠葛。

〔1〕 藏文文献有关十六罗汉传入藏地的种种记载，见扎雅著，谢继胜译：《西藏宗教艺术》，拉萨：西藏人民出版社，1989年，第154—162页。

二、吐蕃与西夏文化交流和达摩多罗、和尚图像的形成

与汉地十八罗汉形成的情形相仿，达摩多罗与和尚加入藏地十六罗汉体系是在不同时期。二者进入藏传佛教造像体系的路径似乎与西夏有密切关系。

藏传佛教中和尚图像的原型为汉地的布袋和尚，其图像传入藏地的路径较为清晰，故先行讨论。布袋和尚又称大肚弥勒，相传是唐末五代明州（今浙江宁波）奉化岳林寺的和尚，法号契此。他在圆寂前口诵偈语："弥勒真弥勒，分身千百亿，时时示时人，时人自不识"，[1]因而被当作化身人间的未来佛弥勒，成为佛教中国化进程中最具影响力的僧人之一。五代末、宋初，肥头大耳、袒胸露腹的布袋和尚图像已在江浙地区流行，两宋至元，随禅宗的大盛而传播到全国各地，逐渐取代了北传佛教初期庄重威严的着冠弥勒菩萨。[2]

结合文献记载与图像遗存可知，布袋和尚的图像有单尊与组合之分。[3]单尊像以坐姿为主，布袋和尚一手抚膝或持数珠，另一手抓布囊口沿或置布囊上，竖右膝呈游戏坐姿，袒胸露腹，张口大笑，是布袋和尚图像的主流样式（图4-5-9）。另有部分单尊立姿像，表现为身材矮胖的行脚僧，肩荷布囊行走于市，面部表情既有张口大笑，也有愁苦之状，后者可举重庆合川区涞滩二佛寺南宋摩崖石刻像为例（图4-5-10）。布袋和尚也以组合像的形式出现，一类与罗汉有关，或作为众罗汉的主尊，如杭州飞来峰摩崖石刻第68龛（图4-5-11），或成为十八位罗汉之一，如杭州烟霞洞十八罗汉像（图4-5-12）；另一类与数量不等的童子搭配，构成"童子戏弥勒"的情节，如福清瑞岩山布袋和尚像（图4-5-13）。主尊像中，不管周围配置如何，布袋和尚始终保持与单尊坐姿像一致的图像志特征。

作为最受欢迎的禅宗散圣之一，布袋和尚也是禅宗绘画热衷表现的对象。禅画中的布袋和尚，故事题材丰富，样式多变，无论动作、神态或随身物品，皆处处富有禅机。所见如日本香雪美术馆藏传为北宋梁楷所绘《布袋和尚图》，[4]藏于上海博物馆的佚名本《布

---

〔1〕（宋）道原：《景德传灯录》卷二七，《大正新修大藏经》第51册，台北：新文丰出版公司，1983年，第434页。

〔2〕相关研究成果颇多，如Ferdinand D. Lessing, *Yung-ho-kung, an Iconography of the Lamaist Cathedral in Peking with Notes on Lamaist Mythology and Cult*, Stockholm: Sino-Swedish Expeditions, 1942, pp. 21-31; Shimizu Yoshiaki, *Problems of Moku'an Rei'en (?—1323—1345)*, Dissertation, Princeton University, 1974, pp. 167-200；严雅美：《泼墨仙人图研究——兼论宋元禅宗绘画》，台北：法鼓文化事业股份有限公司，2000年，第10—41页；白化文、李鼎霞：《"布袋和尚"与"布袋"》，载《布袋和尚与弥勒文化》，北京：宗教文化出版社，2003年，第9—15页；Chang Qing, *Feilaifeng and the Flowering of Chinese Buddhist Sculpture from the Tenth to Fourteenth Centuries*, Dissertation, University of Kansas, 2005, pp. 206-213。

〔3〕Shimizu Yoshiaki从构图角度将文献与实物中不同主题的布袋和尚图像进行分类与总结，参见Shimizu Yoshiaki, *Problems of Moku'an Rei'en (?—1323—1345)*, p.195。

〔4〕图版见《宋画全集》编辑委员会编：《宋画全集》第七卷第二册，杭州：浙江大学出版社，2008年，第145页。

图4-5-9　赣州通天岩南宋布袋和尚摩崖石刻像

图4-5-10　重庆合川涞滩二佛寺南宋布袋和尚立姿像

图4-5-11　飞来峰第68龛布袋和尚与十八罗汉造像

图4-5-12　杭州烟霞洞十八罗汉石刻中的布袋和尚像老照片

图4-5-13　福建福清瑞岩山巨型布袋和尚像

袋和尚像》,[1]日本九州国立博物馆藏传为南宋牧溪所绘《半身布袋图》,[2]和日本根津美术馆藏元僧因陀罗所绘《布袋蒋摩诃问答图》[3]等。禅画数量巨大,有力地推动了布袋和尚图像、大肚弥勒信仰的传播与流行。

在河西走廊西夏故地留存的壁画中,可以看到多处布袋和尚图像。位于甘肃瓜州东千佛洞第2窟中心柱西壁,南、北甬道口上方壁画各绘一铺布袋和尚像。两布袋和尚像一为正面、一为侧面,均有头光,头顶或前方绘化佛,肥头大耳、表情凝重,身形矮胖,袒胸露腹,身着大袖宽袍、脚踏草履,一副游方僧模样(图4-5-14)。两铺绘画在风格上显示出来自江南禅宗水墨画的强烈影响。[4]甘肃肃南文殊山石窟万佛洞内门上方壁面也有一铺布袋和尚壁画。此像同样有头光和化佛,布袋和尚头微低,双眼紧闭作沉睡状,身体倚布袋席地而坐,左手持经卷、右手置右膝上,怀抱一杖,跣足,鞋履另置一侧(图4-5-15)。壁画以流畅有力的线条白描而成,略施淡彩,在风格上与洒脱粗放的禅宗水墨画截然不同。但脱去鞋履倚坐一处、酣然入睡等题材则常见于禅画,依旧揭示出它所受到的禅宗影响。

---

〔1〕图版见《宋画全集》第二卷第二册,杭州:浙江大学出版社,第104页。

〔2〕图版见《宋画全集》第七卷第一册,杭州:浙江大学出版社,第185页。

〔3〕图版见日本根津美术馆官网,藏品编号为10392。

〔4〕常红红博士结合该窟窟型、壁画配置,认为西夏人将北宋以来在中原地区流行的、作为弥勒佛化身的布袋和尚画在中心柱顶端与窟顶交界的位置,与中心柱后壁的涅槃变图像前后呼应,组成了“释迦灭度”与“付法弥勒”的模式。详见常红红:《敦煌东千佛洞第2窟壁画研究》,首都师范大学博士论文,2015年,第179—186页。

图4-5-14：A　东千佛洞第2窟中心柱西壁北侧布袋和尚壁画

图4-5-14：B　东千佛洞第2窟中心柱西壁南侧布袋和尚壁画

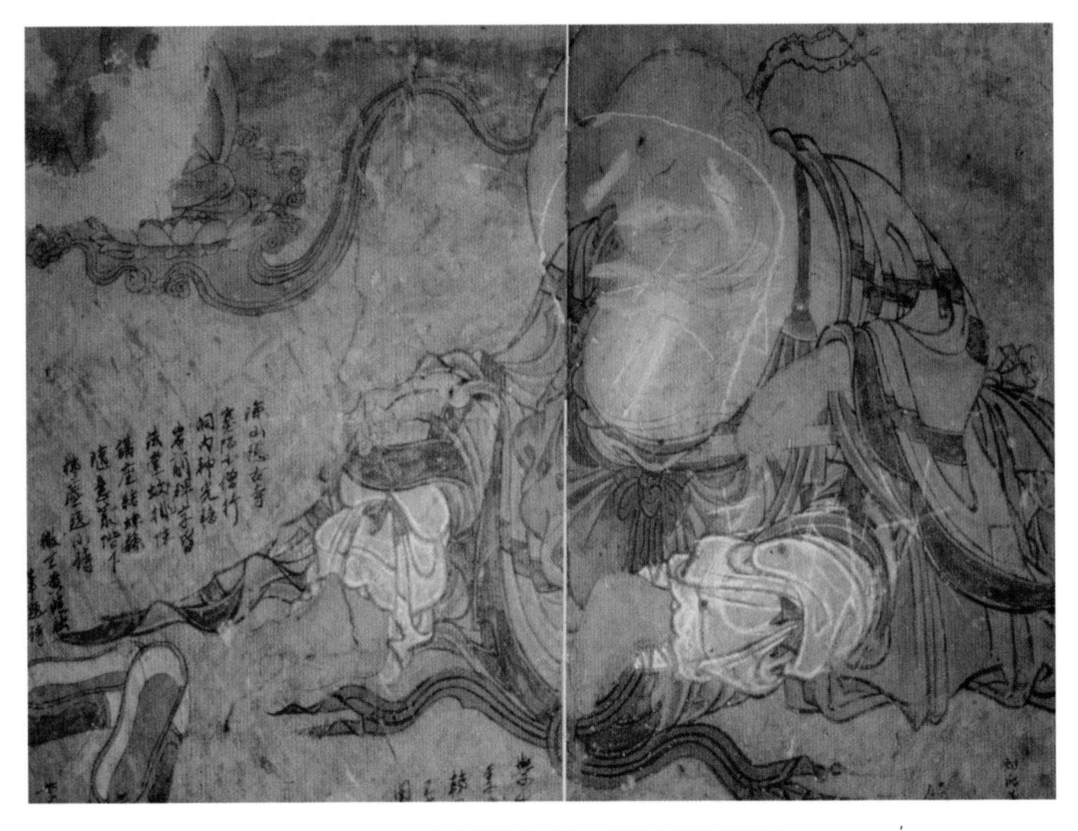

图4-5-15 肃南文殊山石窟万佛洞布袋和尚壁画

西夏建国前曾两度向北宋朝求赐佛经，禅宗的经典、图像随着大藏经的传入而流行于西夏治地。[1]印僧菩提达摩传入中国的禅宗提倡“见性成佛”的快速成佛法，与讲究实践仪轨的藏传佛教一样，在西夏中后期得到了很大的发展，唐代宗密所撰一系列禅宗文献也被译成了西夏文，[2]禅宗僧人如通晓“禅观之学”的黑禅和尚，在西夏享有较高的地位。[3]在岩窟修习禅宗也非常流行，贺兰山众多的西夏寺院，其中不乏禅宗道场。必须注意的是，西夏流行的禅宗并非北派神秀而是南派慧能的禅宗，慧能语录《六祖坛经》就有西夏文译本，[4]西夏偏僻之地都可见北宋僧道原撰《景德传灯录》，[5]属于南派禅宗的禅宗绘画进入西夏也在情理之中。

---

〔1〕 有关禅宗在西夏的传播，详见史金波：《西夏佛教史略》，银川：宁夏人民出版社，1988年，第29页。

〔2〕 K. J. Solonin（索罗宁），*Tangut Chan Buddhism and Guifeng Zong-mi*，载《中华佛学学报》第11期，第365—424页。宗密所撰如《禅源下》《诸说禅源集都序之解》《诸说禅源集都序略文》《注华严法界观门》《诸说禅源集都序发炬记》《中华传心地禅门师资承袭图》等都有西夏文译本。

〔3〕 明嘉靖年间胡汝砺纂修的《宁夏新志》称：“黑禅和尚，河西人，深通禅观之学。年六十余示微疾，先知死期，至日坐化。”转自贾学峰：《宁夏佛教历史钩沉》，《宁夏大学学报（人文社会科学版）》2009年第4期，第67页。

〔4〕 史金波：《西夏佛教史略》，银川：宁夏人民出版社，第161—163页。

〔5〕 马格侠：《俄藏黑城出土写本〈景德传灯录〉年代考》，《敦煌学辑刊》2005年第2期，第249—252页。

除西夏故地的布袋和尚图像遗存外，杭州飞来峰由西夏移民参与雕刻布袋和尚塑像，融西夏、宋元和西藏因素于一体，暗示了布袋和尚图像进入藏传佛教体系的路径。[1]位于冷泉西南岸悬崖上的第68龛塑像以作为弥勒佛化身的布袋和尚为中心，两侧分布小型十八罗汉像。如前图所示，布袋和尚肥头大耳，敞胸露怀，大腹便便，跣足而坐，右手抚布袋、左手持念珠，满面绽笑的表情刻画得生动传神，极富感染力；十八罗汉或坐或立，体现出各自与众不同的个性与气质。整组造像描述了在释迦牟尼佛般涅槃后，众罗汉住世护法，等待弥勒佛下生世间度人的主题。

布袋和尚或形似布袋和尚的大肚僧人与众多罗汉出现在同一图像中的做法，似始于南宋。重庆合川区涞滩二佛寺南宋摩崖石刻中，形似布袋和尚的大肚罗汉造像达十尊之多，[2]在第102—124号罗汉群像中就有一身材矮胖、大肚圆鼓的罗汉立像（图4-5-16），为大肚僧人形象出现在罗汉组像提供了较早的图像证明。杭州烟霞洞吴越国时期的十六

图4-5-16　涞滩二佛寺摩崖石刻所见大肚罗汉石刻像

〔1〕参看熊文彬、谢继胜著：《飞来峰石刻造像的题材、风格与历史渊源》，收录于谢继胜等著：《江南藏传佛教艺术：杭州飞来峰石刻造像研究》，北京：中国藏学出版社，第35—38页。相反，有关伏虎罗汉图像如何进入西藏、成为藏传罗汉组合成员之一的文献与图像证据并不多见，山嘴沟石窟出现的伏虎罗汉图像则提供了有力的图像证据。

〔2〕此结果系笔者于2017年8月16至17日在重庆市合川区涞滩二佛寺摩崖造像群调查时统计所得。关于涞滩摩崖石刻群的初步调查与研究，参见黄理、任进、杨旭德、罗世杰：《合川涞滩摩崖石刻造像》，《四川文物》1989年第3期；李巳生：《合川涞滩鹫峰禅窟内容探疑》，《法鼓佛学学报》2007年第1期。

罗汉像在后来增刻了一尊高僧像和一尊坐姿布袋和尚像，展示出十六罗汉发展到十八罗汉、并将布袋和尚补入其中的过程。台北故宫博物院收藏的元代《应真像》绘十八位罗汉，也有大肚形象位列其间（图4-5-17）。而元至正年间（1341—1370）释溥光所作罗汉册页（现存东京静嘉堂文库美术馆）表现了十九位尊者，跋文中明确提到了"布袋和尚"。[1]可以肯定地说，元代汉地罗汉，尤其是十八罗汉图像中已常见布袋和尚。

西藏方面，现藏克利夫兰艺术博物馆（Cleveland Art Museum）的罗汉唐卡（图4-5-18），[2]和断代在1435年、由尼泊尔画家在西藏绘制的稿本图像（图4-5-19），[3]以

图4-5-17　台北故宫博物院所藏元人画十八应真像之一

图4-5-18　克利夫兰艺术博物馆所藏14世纪西藏罗汉唐卡中的达摩多罗与和尚

〔1〕转自谢继胜等著：《江南藏传佛教艺术：杭州飞来峰石刻造像研究》，北京：中国藏学出版社，第273页。

〔2〕相关讨论见Stephen Little, "The Arhats in China and Tibet," in *Artibus Asiae*, Vol.52, No.3(1992), pp.255-281。

〔3〕R.C. Sharma, Kamal Girl, and Anjan Chakraverty, *Indian Art Treasures: Suresh Neotia Collection*, New Delhi: Mosaic Books, 2006, pp. 76-85, Leave No. 39.

及15世纪初的白居寺祖拉康罗汉殿雕塑和吉祥多门塔顶层佛堂内雕塑等，都是已经完全成熟的、模式化的十六罗汉与达摩多罗、和尚的十八尊组合，所以，布袋和尚演变为藏地罗汉组像中的“和尚”必在此之前。

图4-5-19　15世纪尼泊尔艺术家手稿中的罗汉像、达摩多罗与和尚

关于藏传佛教罗汉组像中“和尚”图像的由来，飞来峰第68龛以布袋和尚作十八罗汉主尊的造像是一条极为重要的线索。受西夏故旧指挥、有大量西夏工匠参与雕刻的飞来峰元代造像，是藏汉两种艺术在江南的首次汇聚之处，也很可能是布袋和尚和十八罗汉图像传入西藏的初始。一方面，随着禅宗水墨画在河西地区的传播，散圣布袋和尚形象早已成为西夏画家、工匠熟悉的题材，逐渐取代了传统的着冠弥勒像。而布袋和尚圆头大耳、袒胸鼓腹的特征和自在的坐姿，与西夏人熟悉的藏传佛教宝藏神、大成就者形象颇为相似，布袋和尚随身携带的布囊无所不包、应有尽有，也与宝藏神财神身份相契合。这些特点都使得西夏人更容易接受与认可布袋和尚。因此，元初在朝做官的西夏人来到布袋和尚信仰的发源地时，再次选择了这一题材作为表现的对象。现今在杭州飞来峰、吴山宝成寺、宝石山，福清市瑞岩山，乃至大都（今北京）八达岭弹琴峡（图4-5-20）、银山塔林古佛岩（图4-5-21）等处见到的布袋和尚像，都直接或间接地与这些西夏人的活动有关。另一方面，元初的江南、大都还有很多活跃在此的萨迦、噶举派僧人和俗人官员，以及从西藏甚至尼泊尔而来的艺术家，在返回家乡时，他们将这位与宝藏神或大成就者像相似、与罗汉关系密切的布袋和尚图像带到西藏，以致其成为藏地罗汉组合中的重要一员。

图4-5-20　八达岭弹琴峡大肚弥勒石刻

而西藏达摩多罗图像呈现的特征，更多与唐五代流行的行脚僧或行道僧图像有关，并与五台山新样文殊、贺兰山、佛陀波利、菩提达摩、宝胜如来、布袋和尚图像等形成纠葛。这或是伏虎罗汉起源的另一条并行线索。因为远在石恪作禅画《二祖调心图》之前，已有现藏大英博物馆（The British Museum）、法国吉美博物馆（Musée Guimet）、俄罗斯国立艾尔米塔什博物馆（The State Hermitage Museum）等处的数幅行脚僧图、“高僧经典将来图”或“宝胜如来图”，[1]可见到僧人与

〔1〕 图版参看王卫明：《大圣慈寺画史丛考：唐、五代、宋时期西蜀佛教美术发展探源》，北京：文化艺术出版社，2005年，第195页。

图4-5-21 昌平银山塔林古佛岩大肚弥勒像

老虎形象，画中行脚僧背负沉重经囊背架踽踽独行，身体右侧有老虎陪伴（图4-5-22）。此种行脚僧或行道僧图像流行于中晚唐，[1]个别早期宝胜如来形象并无老虎随行（图4-5-23），[2]由此判断出现老虎的年代或在晚唐，即9世纪以后。现今所见行道僧的最初样式为西安兴教寺藏石刻线画《玄奘法师像》，画面为一汉僧，着袈裟，右手持拂子，左手持经卷，身背竹质经箧，经箧前端有悬挂的油灯，然而身侧无虎（图4-5-24）。[3]玄奘法师唐贞观三年（629）启程赴天竺取经，贞观十九年（645）返回长安，彰显法师事迹的行僧图当形成于玄奘返国后相当长的一段时期内，所以，最初绘"行僧"图像者为韩干、陆耀、吴道子、李果奴、周昉等玄宗开元（713）至德宗建中年间（780）中唐至晚唐的画家，自在情理之中，但这些画家的行僧图像至今无存，难以了解具体形象如何，但很多著名画家皆

〔1〕张彦远在《历代名画记》"两京寺观壁画"中记载，唐代名画家韩干、陆曜在浙西甘露寺文殊堂内外壁各绘"行道僧四铺"，吴道子在长安景公寺绘"僧"，刘行臣在敬爱寺绘"行脚僧"。见《钦定四库全书·子部八·历代名画记》卷三，影印本。

〔2〕所见如现藏日本天理大学附属天理图书馆的敦煌绢画《宝胜如来》，藏品编号722—イ13，此画最初由日本大谷探险考察队盗自敦煌藏经洞。图片参见海外藏中国历代名画编辑委员会编：《海外藏中国历代名画（第二卷五代至北宋）》，长沙：湖南美术出版社，1998年，图版二三，第32页。

〔3〕图版参看王卫明：《大圣慈寺画史从考：唐、五代、宋时期西蜀佛教美术发展探源》，北京：文化艺术出版社，第196页。

图4-5-22　敦煌所出宝胜如来绢画四幅

图4-5-23　日本天理大学附属天理图书馆藏宝胜如来图

图4-5-24　西安兴教寺《玄奘取经图》石刻

以绘制行脚僧图像著名。[1]

唐代涉及此类图像时还称之为“行僧”“行脚僧”或“行道僧”，如张彦远《历代名画记》“两京寺观壁画”所记数躯“行脚僧”壁画，尚无“宝胜如来”名号，但敦煌绢画所见五代至宋时期此类图像，已称之为“宝胜如来佛”，[2]早期图像人物立于流云之上，高鼻深

---

〔1〕张彦远的《历代名画记》只提到（吴道子）在景公寺东廊所绘“行僧”“转目视人”。见《钦定四库全书·子部八·历代名画记》卷三，影印本。朱景玄的《唐朝名画录》载周昉绘“大云寺佛殿前行道僧，广福寺佛殿前面两神，皆殊绝当代”。见《钦定四库全书·子部八·唐朝名画录》，影印本。

〔2〕俄罗斯国立艾尔米塔什博物馆藏宝胜如来图为纸本彩绘，断代在五代宋时期，画面左侧榜题框书“宝胜如来佛”。图版参见俄罗斯国立艾尔米塔什博物馆、上海古籍出版社合编：《俄藏敦煌艺术品II》，上海古籍出版社，1997年，图版219。法国吉美博物馆所藏宝胜如来图（藏品编号EO.1141）较为工整，宛然汉僧形象，画面左上方榜题云：“宝胜如来一躯，意为亡弟知球三七斋尽造庆赞供养”。图版参见《西域美术：吉美博物馆藏伯希和收集品》下，东京：日本讲谈社，1995年，图版88之二。

图4-5-25　北宋都城开封繁塔（990年）砖雕行脚僧图像

目如贯休罗汉，戴斗笠，以此判定当为中土僧人。背负竹经箧，经箧上盖孔中云气飘逸而出成云朵，上绘坐佛一身，身右侧随行一虎，装具一如仪轨的记载（图4-5-25）。[1]必须引起注意的是，虽然唐代画史文献记载了唐代寺院壁画绘制行脚僧图，以上提到的晚唐五代敦煌绢画也多见宝胜如来像，但在敦煌石窟壁画中，行脚僧图像集中在莫高窟第306、308和363窟，即刘玉权先生所划定的沙州回鹘时期的洞窟壁画内，时代大约在10世纪至12世纪，且皆绘于石窟两侧甬道壁，这与唐前期称为“行僧”的行道僧图像的位置相符。山嘴沟将伏虎、降龙罗汉置于窟门两侧，及后代将达摩多罗或伏虎罗汉与四大天王并列，渊源或出于此。[2]考虑到敦煌十六罗汉最早亦出现与五代至宋（回鹘）时期的莫高窟第97窟，可见行脚僧与完整的十六罗汉图像是由长安西传至敦

[1] 关于行脚僧的典型装束，《百丈清规》记述甚详：“道具菩萨比丘戒僧之资生，顺道增善之具。按《梵网经》十八种，与律稍异，今当合而述之：一，安陀会（即五衣）；二，郁多罗僧（即七衣）；三，僧伽黎（即大衣）；四，尼师坛（即坐具，亦名随坐衣五分律云为护身、护衣、护僧床褥、故蓄坐具）；五，僧祇支（即偏衫，亦名覆膊衣，又号掩腋衣）；六，泥缚些罗（即禅裙，俗呼金刚裤，坐禅衲子，尤为利用）；七，直缀（俗呼袍子，亦名海青，以上三物，出比丘律）；八，钵多罗（此云应量器，盖西域僧，皆以托钵乞食，此钵随自量，而应大小，以一钵食饱为度，故云应量器也）；九，隙弃罗（即锡杖，按经有二种：一种四股十二环，今时所用，一种二股六环，形细小，重一斤许，佛世比丘所用）；十，拄杖（毗柰耶云，佛听蓄拄杖，为老瘦无力，或病苦婴身所用也）；十一，拂子（律云：比丘患草虫，听作拂子。僧祇云：佛听作线拂，樱拂。若马尾并金银宝物装柄者，皆不可执也）；十二，数珠（俗呼念佛珠，多用木槵子，一百八粒为一挂，随身也。以上三物，出比丘律）；十三，捃稚迦（即军迟，常贮水随身，以用净手。《寄归传》云：‘军迟有二，甆瓦瓶是净用，铜铁瓶是触用’）；十四，澡豆（即皂角洗净用）；十五，手巾；十六，火燧（即火刀、火石、火纸等）；十七，滤水囊（增辉记云，为器虽小，其功甚大，为护生命故。用细密绢为之，水虫可滤净也）；十八，戒刀（即剃刀类），依《梵网经》加杨枝（擦牙齿用）、绳床（东土即樱蒲、团。以代绳床）、镊子、香炉奁、经、律、佛像、菩萨像。（《梵网》重在行脚远游，故用经律佛像等；《律藏》重在分卫乞食，故用拄杖拂子数珠等。合用之，共二十六物。）凡行脚僧，此二十六物，如鸟二翼，常随其身，故名道具也。”见：《百丈丛林清规证义记》卷第七之上卷，《续藏经》第63卷，第1244部。

[2] 壁画皆绘于甬道两侧壁上，共6铺，左右对称式构图，行脚僧头戴斗笠，身穿窄袖裙衫，脚登木履，背行李与经卷，一手执拂尘，一手引虎，庞眉隆鼻，“胡貌梵像”。详见刘玉权：《沙洲回鹘石窟艺术》，载敦煌研究院编：《中国石窟·安西榆林窟》，北京：文物出版社，1997年，第216—217页。《历代名画记》记吴道子所绘“行僧”于荐福寺廊下，慈恩寺李果奴于“中、西廊绘行僧”，或绘行僧于“佛殿两轩”“纱廊”。《唐朝名画录》说周昉绘制行道僧于佛殿前方，与广福寺佛殿前“两神”的位置相当，可见唐代的行道僧就已具有了天王的功能。

煌的。虽然吐蕃统治敦煌时期的中晚唐壁画有五台山图，也见到若干带有古藏文的罗汉造像，但藏传佛教罗汉与行脚僧图像确实如后世藏文文献所言，是在后弘期经由安多及丝路一线传入吐蕃的，并非吐蕃人统治时期得自敦煌。

现今所见最早的达摩多罗图像位于藏西阿里，年代大约在13世纪后半叶到14世纪，如藏西阿钦寺壁画（图4-5-26）[1]及古格托林寺红殿（集会殿）后殿西壁壁画（图4-5-27）所见。早期卫藏壁画中的达摩多罗极少，多见于唐卡（图4-5-28）。这一现象恰好说明了该图像进入西藏的路径。值得注意的是，托林寺壁画中的达摩多罗居士并不是出现在十六尊者系列，而是绘于西壁高僧大德群像中，阿钦寺图像的情形也大抵如此，[2]表明13世纪前后正是作为藏传"罗汉"的达摩多罗图像的形成期。比较阿钦寺图像与五代宋宝胜如来绘画，尤其是随侍老虎粗线简笔的勾勒画法，显然是尊奉的早期样式，与后期写实的老虎图像大不相同，竹制经箧亦属前期式样。此阿钦寺图像或许是12世纪至13世纪得自五代至宋形成（10—12世纪）并沿袭至西夏的宝胜如来像。

图4-5-26　阿钦寺壁面所见达摩多罗像

图4-5-27　托林寺红殿后殿壁面所见达摩多罗像

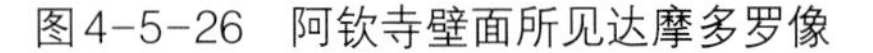

〔1〕 阿钦寺达摩多罗壁画图片系陕西省文物考古研究所张建林先生提供，谨致谢忱。

〔2〕 托林寺达摩多罗图像参看彭措朗杰著：《托林寺》，北京：中国大百科全书出版社，2001年，第38—39页。

图4-5-28　达隆祖师唐卡(局部)中的十六罗汉与达摩多罗

关于行脚僧为何又被称为宝胜如来名号,目前还没有找到相应的文献和更多的研究著作。[1]仅作为佛名来讲,佛典如《华严经·普贤行愿品》等多有记述。[2]此时宝胜如来有时等同"宝生如来",[3]但佛典又记"宝胜如来"居于西方,不是五方佛所记"宝生如来"居于南方,证明两者实有差别,如《佛说称赞如来功德神咒经》:"南无西方宝胜如来"。除了晚唐五代的敦煌绢画外,笔者还没有找到将行脚僧转化为宝胜如来的文献证据。考察乾元元年的一份文献,提到唐中京及东京一些寺院整理、修葺过去一些三藏法师由印度携来的经夹,其中提到义净、善无畏、流支、宝胜等,[4]可见"宝胜"确为当时往来丝路的三藏法师之一,而且他由印度带回了梵夹!宝胜如来护持西方,往来取经的僧人供奉此如来,行脚僧画像上方榜题"南无宝胜如来",或指行脚僧对如来的祈祷,云气上方的佛当为宝胜如来。因为取经的唐代僧人确实有名为宝胜者,晚唐五代至宋时期逐渐演变为行脚僧本人为"宝胜如来",由于汉人传统中有"西方白虎"之说,故往来"西域"的行脚僧便

〔1〕图版参见《西域美术:吉美博物馆藏伯希和收集品》下,日本讲谈社,图版87、88、89、96。王惠民先生在《敦煌画中的行脚僧图新探》一文的附注中称"宝胜如来是佛教密教捕捉恶鬼的五如来之一,是善男信女穿越荒漠之地的保护神",详见王惠民:《敦煌画中的行脚僧图新探》,《九州学刊》卷六,1995年第4期。

〔2〕如《大方广佛华严经》卷第三十一《入不思议解脱境界普贤行愿品》记:"药王如来、宝胜如来、金刚慧如来、白净吉祥如来。"《地藏菩萨本愿经》卷下《称佛名号品第九》记:"又于过去无量无数恒河沙劫,有佛出世,号宝胜如来。"《佛说大乘大方广佛冠经》卷下记:"复次迦叶,东方去此佛刹,过阿僧祇世界,有世界名宝耀,彼土有佛,号曰宝胜如来,应供正等正觉。"《佛说佛名经》卷第二记:"南无华世界名宝胜如来";《金光明经》功德天品第八记:"应当至心礼如是等诸佛世尊,其名曰宝胜如来。"又《瑜伽集要救阿难陀罗尼焰口轨仪经》记:"诸佛子等,若闻宝胜如来名号,能令汝等尘劳业火悉皆消灭。"《佛说称赞如来功德神咒经》记:"南无西方宝胜如来"。

〔3〕如丁福保《佛学大辞典》解释为"(佛名)于施饿鬼法,五智如来之南方宝生如来,称为宝胜如来。《教行录》一放生文曰:'释迦本师,弥陀慈父,宝胜如来。'秘藏记本曰:'施饿鬼义,宝胜如来南方宝生佛。'"

〔4〕《代宗朝赠司空大辨正广智三藏和上表制集》卷第一《上都长安西明寺沙门释圆照集》:"请搜捡天下梵夹修葺翻译,制书一首:中京慈恩荐福等寺,及东京圣善长寿福光等寺,并诸州县舍寺村坊,有旧大遍觉义净、善无畏、流支、宝胜等三藏所将梵夹,右大兴善寺三藏沙门不空奏,前件梵夹等,承前三藏多有未翻,年月已深绦索多断,湮沈零落实可哀伤,若不修补恐违圣教,近奉恩命许令翻译,事资探讨证会微言,望许所在捡阅收访,其中有破坏缺漏随事补葺,有堪弘阐助国扬化者,续译奏闻福资,圣躬最为殊胜。天恩允许,请宣付所司中书门下,牒大兴善寺三藏不空牒奉,敕宜依请牒至准,敕故牒。乾元元年(758)三月十二日。"(《大藏经》第52卷,第2120部)

有了白虎相伴，其间的轨迹大致如此。

必须分辨的是，藏传佛教增补的达摩多罗，根据藏传佛教自己的图像解释，与佛教史籍中出现的几位“达摩多罗”并没有任何的关系，他们都没有到过中土传法。[1]唯一的联系是禅宗初祖菩提达摩有时亦称“达摩多罗”，但也作菩提达磨、菩提达摩、菩提达磨多罗、达摩多罗、菩提多罗，梵名还原为Bodhidharma，通称达磨。[2]

达摩多罗梵文作Dharmatrāta，即Dharma trāta，Dharma梵文为“法”，-trāta梵文为“救度”，对应的藏文应为chos skyong（法救）。然而，藏文文献多称达摩多罗为chos vphel（法增），可见他与梵文的Dharmatrāta并不等同。而且，藏文对这位“罗汉”的梵文转写名称不确定，有时与Dharmatrāta相同，音转为“达磨怛逻多”，更多的写作Dharmatāla，即藏文的dharam tva la，[3]梵文-tāla即“多罗叶”，或以树木多果实象征增益。达摩多罗是一位在家居士（dge bsnyen）。与这位“法增”事迹相符的有著名的噶当派大师仲敦巴·杰卫炯乃（vbrom ston pa rgyal bavi vbyung nas），大师是观世音的化身，是在家的俗人，法名dge bsnyen chos vphel，正好就是法增居士。[4]一些藏文史料也提到正是仲敦巴遵照阿底峡大师之命祈请尊者入藏并随侍尊者左右，可以确定达摩多罗事迹与仲敦巴传说确实有互相重叠之处。[5]东噶仁波且（dun dkar rin po che）在注释《红史》“十六尊者”条目时，曾提到达摩多罗就是来源于仲敦巴。[6]然而，大名鼎鼎的仲敦巴却没有被藏族传统等同

〔1〕佛典提到的第一位达摩多罗（梵文Dharmatrāta，巴利文Dhammatāta，藏文Chos skyob），又作昙磨多罗、达磨怛逻多，意译“法救”，为印度说一切有部之论师。《大毗婆沙论》卷七七云：“说一切有部有四大论师，各别建立三世有异。谓尊者法救说类有异，尊者妙音说相有异，尊者世友说位有异，尊者觉天说待有异。”（《大正藏》第27卷，第1545部）故古来将法救与妙音、世友、觉天等称为“婆沙四大论师”。师之生平事迹不详，然《大毗婆沙论》《尊者婆须蜜菩萨所集论》及《俱舍论》等书尊称其为“大德法救”“尊者法救”“尊者昙摩多罗”，或单称“大德”，并多处引用其论说。第二位“达摩多罗”又作达摩怛逻多，译为“法救”，乃说一切有部之论师，健驮逻国布路沙布逻城人，住于健驮逻国布色羯逻伐底城北四、五里之伽蓝，以著述《杂阿毗昙心论》十一卷、解释法胜所著《阿毗昙心论》而闻名。故或属法胜之门下，如《杂阿毗昙心论》卷一〈序品〉偈云：“敬礼尊法胜，所说我顶受，我达摩多罗，说彼未曾说。”（《大正藏》第28卷，第1552部）

〔2〕菩提达摩名号的混淆始于西蜀保唐寺无住上师（714—774）。《历代法宝记》称之为“菩提达摩多罗”。（《大正藏》第51卷，第2075部）书末有“大历保唐寺和上传顿悟大乘禅门，门人写真赞文并序”，年代当在8世纪后半叶。

〔3〕如东噶仁波且。见东嘎·洛桑赤列：《东噶藏学大辞典》“十六罗汉”（gnas brtan bcu drug）条，北京：中国藏学出版社，2002年，第1226页。

〔4〕仲敦巴（1005—1064）为藏传佛教噶当派开派祖师、热振寺创建人，是阿底夏尊者晚年在藏的入门弟子和法统传承人。他一生未曾受戒，为一虔诚佛教居士。西藏唐卡绘仲敦巴形象多为长发披肩，身着俗装，背景画热振寺，左侧天空中有阿底峡像。

〔5〕扎雅仁波且在《西藏宗教艺术》中引述藏文文献，记载了很多仲敦巴与十六尊者、叶尔巴寺相关的传说，这些史料显示藏传佛教罗汉达摩多罗形成的过程中确实加入了仲敦巴的事迹，或者说仲敦巴是达摩多罗图像形成的元素之一。详见扎雅著，谢继胜译：《西藏宗教艺术》，拉萨：西藏人民出版社，第154—162页。

〔6〕注云：“十六尊者：按佛教说法，释迦牟尼圆寂时对罗睺罗等十六尊者说：‘我的教法在赡部洲消亡前，你们也不会入灭，须护持我的教法。’因而十六尊者在赡部洲十六个地方弘扬佛教。汉地佛教十八罗汉中的和尚尊者是唐太宗迎请十六尊者到国都长安时负责招待十六尊者的人，以后成为皇帝供养的对象，当了八个（转下页）

于进入罗汉体系的“法增”，居士法增的相关文献见于后期高僧大德所撰十六尊者传记，如益西坚赞撰《十六尊者传》(ye shes rgyal mtshan/ gnas brtan bcu drug gi rtogs brjod)及五世达赖所著《十六尊者供奉法·无尽佛法之宝》(vphags pavi gnas brtan chen po bcu drug gi mchod pa rgyal bstan vdzad med nor ba)。[1]非常令人吃惊的是，这些文献及传说都认定达摩多罗（法增）居士是宁夏贺兰山人（ he lan ），因侍奉十六尊者而得到感应，每日都见有无量光佛出现于云中。他的画像常是背负经箧，身旁伏有卧虎。乃至五世达赖喇嘛认定达摩多罗到了贺兰山，扎雅仁波且（ brag yag rin po che ）根据以上藏文文献描述达摩多罗道：

居士达摩多罗是一位在家俗人，是观世音菩萨的化身、十六尊者的侍仆。据说他拥有超凡的奇妙法力，无限的谋略，自然而威严的神情和高深的智慧，达摩多罗严格修习佛法，拥有渊博的知识。释迦牟尼佛曾预示阿难陀，居士达摩多罗将从北印度的具祥王宫而来安慰一些信仰佛法的人，其中有信徒也有施主，他们害怕在释迦牟尼佛死了之后，佛法将会衰微，他们的上师也将不和他们在一起。针对如上情况，达摩多罗说：“佛陀的教法仍会和我们在一起，你们不必生疑和害怕。相反，你们要努力掌握尚未理解的佛法，要以自己的智慧和能力所及获取更高的成就。”说了这番安抚和鼓励的话后，达摩多罗将他们引导到正确的道路上，并且传播了佛法。

在宗教绘画中，位于居士达摩多罗前方的是无量光佛。达摩多罗每天要听取无量光佛的指示。

人们相信十六尊者在未来佛，即弥勒佛（强巴佛）到来之前要一直住在人间护持传播佛陀的教法，居士达摩多罗的任务是侍奉十六尊者。在宗教艺术造像中，常常把他描绘成背负经书的虔诚信徒，张开的华盖表示对经典的敬意。

达摩多罗的右边画的是一只虎。虎的来源可以追溯到十六尊者应唐肃宗的邀请访问大唐的时候。在十六尊者访问期间，尊者进行夏季静修，还经常去贺兰山，由于这座山上有很多伤人的猛兽，居士达摩多罗施用法力，从自己的右膝处生出一只猛虎

（接上页）皇子的老师。十八罗汉中的居士达哈达拉（达摩多罗）的来历是，十一世纪初，阿底峡到了西藏，住在扎叶巴寺时，一天，十六尊者来到阿底峡的面前，仲敦巴招待十六尊者，因而他被列入罗汉之中。西藏十六尊者的画像和塑像，最先是在十世纪末，喇钦·贡巴饶色的弟子鲁麦仲穷到了长安后，临摹了唐太宗迎请十六罗汉时所造的塑像，回到拉萨后，照此摹本在扎叶巴的十圣地佛殿中塑造了十六尊者的塑像，此后流行于西藏各寺院。虽然十六尊者都是印度的阿罗汉，但通常西藏寺院中他们的画像上的衣着与汉地的和尚相同，原因即在于此。十六尊者的事迹详见策却林喇嘛容增仁波且意希坚赞所著《十六尊者的传记》十函。”见蔡巴司徒·贡噶多杰著，东噶仁波且注释，陈庆英、周润年译：《红史》，拉萨：西藏人民出版社，1984年，注释323。

〔1〕见东嘎·洛桑赤列：《东噶藏学大辞典》，北京：中国藏学出版社，第1226—1227页。五世达赖喇嘛这篇颂文收录在其全集第na函（北京民族文化宫藏木刻本，编号为003411）。扎雅仁波且在《西藏宗教艺术》一书中所列藏文参考书目第87至93皆为藏族大德所撰十六尊者传记或颂文，详见扎雅著，谢继胜译：《西藏宗教艺术》，拉萨：西藏人民出版社，第317—319页。

保卫尊者免受其他野兽的攻击。因而在造像中就把虎画在达摩多罗的右侧。

达摩多罗手里的拂子是表示居士侍奉十六尊者，例如用拂子给尊者扇凉。宝瓶是为尊者准备的净水瓶，包括居士为尊者净脚和以如净水之心侍奉尊者。

达摩多罗手中的宝瓶和拂子内在的含义是象征观世音菩萨的大慈大悲。他的同情怜悯心给那些处在热地狱之中的人带来了凉爽，正如净水洗去人们心灵的污垢一般，宝瓶所盛之物表示观世音菩萨慈悲心如净水般纯洁，有无比的效力。[1]

五世达赖生活在17世纪，但其所记的罗汉事迹当有所本，藏传罗汉达摩多罗形成的时间远在此之前。从达摩多罗化身观音、由北印度而来传法的记载，似乎与菩提达摩的事迹相关，只是将其由来地从南印度改为与藏地相关的北印度。如《传法正宗定祖图》卷一："第二十八祖菩提达磨，南天竺国人，姓刹帝利，盖其国王之子也。从般若多罗出家，得其付法，谓是观音菩萨之所垂迹。"[2]《佛祖统纪》卷五三《历代会要志》第十九"圣贤出化"记："达磨观音化身，梁武大通元年，自南天竺来。"[3]

至于藏传佛教如何认定法增是"贺兰山人"，笔者以为有如此下因素：

（1）吐蕃与五台山信仰有直接的关系，敦煌壁画五台山图最早出现在吐蕃占据敦煌时的中唐窟如莫高窟159、222、237窟壁画，吐蕃曾有僧人入五台山求法。[4]

（2）禅宗在西夏的传播为禅画进入西夏提供了土壤。西夏建国后与汉地禅宗多有接触，草堂寺圭峰山宗密（780—841）大师语录很多译成了西夏文，索罗宁认为圭峰禅曾为西夏佛教主干而且会昌灭佛（845）后并没有消灭而在西夏继续发展。[5]

（3）《益州名画录》记载卢楞伽于"明皇帝驻跸之日，自汴入蜀"，"至德二载，起大圣慈寺。乾元初，于殿东西廊下，画行道高僧数堵，颜真卿题，时称二绝。"[6]此处记载确定大圣慈寺建于至德二年（757），卢楞伽所作行道僧是在758年，至德（756—758）、乾元（758—760）至上元（760—761）的六年间，这条画史资料确定了中唐时期画家在蜀地绘制行道僧图像的确凿年代，正好是唐肃宗李亨755年安史之乱后于756年7月在灵武登基

---

〔1〕扎雅著，谢继胜译：《西藏宗教艺术》，拉萨：西藏人民出版社，第287—289页。

〔2〕（宋）契嵩撰：《传法正宗定祖图》，《大正藏》第51卷，第2079部。

〔3〕（宋）志磐：《佛祖统纪》，《大藏经》第54卷，第2035部。

〔4〕《巴协》有载："为了将来重修佛寺，（桑喜等）五位使臣便到五台山圣文殊菩萨的佛殿去求取图样。这座佛殿修建在山顶上，笼罩在非人的雾霭之中，据说只用七天便修成了。"（藏文原文为 de nas sang shi vgran bzangs shig pa glo ba la bcags nas bsad mi lnga po rgyavi ri mgo rde vu shan gyi rtse la/ mi ma yin gyi na bun stibs pavi khrod na zhag bdun la rtsigs pavi vphags pa vjam dpal gyi pho brang tav pa la dpe len du phyin te）见《巴协》，第8页。另可参看扎洛：《吐蕃求〈五台山图〉史实杂考》，《民族研究》1998年3期，第95—101页。

〔5〕K. J. Solonin（索罗宁），*Tangut Chan Buddhism and Guifeng Zong-mi*，载《中华佛学学报》第11期，第365—424页。

〔6〕黄休复在《益州名画录》中将卢楞伽列入"妙格上品六人"之一。见《钦定四库全书·子部八·益州名画录》，影印本。

号令全国的时期。此时京师很多的诗人、大批画家都跟随王室进入巴蜀，同时当有一部分艺术家跟随李亨进入灵武，从而形成8世纪后半叶艺术图像及其风格的大迁移，行道僧图像此时进入四川和西北边陲，应当是合理的解释。

（4）西藏罗汉的传说与灵武、[1]贺兰山、西夏五台山的形成背景相符合。西藏传说十六尊者在唐肃宗时期曾访问汉地，此时玄宗幸蜀，肃宗驻兵灵武。《宋高僧传》卷三十“唐朔方灵武下院无漏传”记新罗国僧人无漏“所还之路山名贺兰，乃冯（凭）前记遂入其中，得白草谷结茅栖止。无何安史兵乱，两京版荡，玄宗幸蜀，肃宗训兵灵武，帝屡梦有金色人念宝胜佛于御前。翌日，以梦中事问左右，或对曰：‘有沙门行迹不群，居于北山，兼恒诵此佛号。’肃宗乃宣征，不起。命朔方副元帅中书令郭子仪亲往谕之，漏乃爰来。帝视之曰：‘真梦中人也。’”[2]此外，《宋高僧传》“唐朔方灵武龙兴寺增忍传”记载该僧“会昌初，薄游塞垣访古贺兰山，中得净地者白草谷，内发菩提心，顿挂儒冠直归释氏，乃薙草结茅为舍，倍切精进。羌胡之族竞臻供献酥酪，至五载，节使李彦佐嘉其名节，于龙兴寺建别院号白草焉，盖取其始修道之本地也。”僧人在武宗会昌元年（841）灭法之初避入贺兰山，所居“中贺兰山净地者白草谷”，或为西夏时拜寺口与拜寺沟所在。

从以上记载来看，贺兰山是中晚唐京师动荡、佛法衰微之时的避难所，吐蕃也在这段时间从汉地引入了十六罗汉：据藏文文献记载，在赞普朗达玛灭法时（唐武宗会昌元年，公元841年），西藏六位大师来到多康，见到当地各寺普遍绘塑十六尊者像，卢梅、仲穷大师等都摹绘了罗汉像，迎到藏中叶尔巴地方，这就是著名的耶尔巴尊者像。[3]依此契机，即中晚唐僧人于贺兰山避难修法及肃宗进入灵武等，西夏时的贺兰山逐渐发展为佛教圣地北五台山。

---

〔1〕唐人经常将灵武与贺兰山联系在一起，如唐代诗人韦蟾《送卢潘尚书之灵武》：“贺兰山下果园成，塞北江南旧有名。水木万家朱户暗，弓刀千队铁衣鸣。心源落落堪为将，胆气堂堂合用兵。却使六番诸子弟，马前不信是书生。”见《全唐诗》卷五六六。

〔2〕《佛祖历代通载》卷第十二记：“秋七月，皇太子即位于灵武，是为肃宗。旬日，诸镇节度兵至者数十万，乃以房管为相，兼元帅讨贼，未几为禄山所败。于时寇难方剡，或言宜凭福佑，帝纳之。引沙门百余人，行宫结道场，朝夕讽呗。帝一夕梦沙门身金色诵宝胜如来名，以问左右，或对曰：‘贺兰白草谷有新罗僧名无漏者，常诵此佛，颇有神异。’帝益讶之，有旨追见无漏，固辞不赴。寻敕节度郭子仪谕旨，无漏乃来见于行在。帝悦曰：‘真梦中所见僧也。’既而三藏不空亦见于行宫，帝并留之，托以祈禳。”（元）念常：《佛祖统纪》，《大藏经》第49卷，第2036部。

〔3〕如噶妥司徒所著《雪域卫藏朝圣向导》记载：“其后不久，鲁梅从汉地所请唐卡安放在罗汉殿内，正中为一层楼高、古代制作的释迦牟尼佛像，内地的十六罗汉仪态优美，难以言表。”（藏文原文为：de nas mar ring tsam phyin par klu med vbrom chung gis rgya nag nas gdan drangs pavi zhal thang nang gzhuug yer pavi gnas bcu khang du/ dbus su thub dbang thog so mtho nges gcig sngon gyi bzo mying/ gnas bcu rgya nag ma bag dro mi tshad re/ 注意：这里的gnas bcu实际上就是gnas brtan bcu drug之略称）夏格巴所著《西藏政治史》第1卷页111云：“藏地早于丝唐的鲁梅本尊画是叶尔巴十尊者绘画唐卡。”（藏文原文为：bod yul du si thang las snga ba klu mes kyi thugs dam rten yer ba rwa ba mar grags pavi gnas bcuvi bris thang dang/）参见David P. Jackson, *A History of Tibetan Painting: The Great Tibetan Painters and Their Traditions*, Wien: Verlag der Österreichischen Akademie der Wissenschaften, 1996。中译本见［德］大卫·杰克逊著，向红笳、谢继胜、熊文彬译：《西藏绘画史》，济南：明天出版社，2001年。

关于唐肃宗在灵武梦见僧人颂宝胜佛号的记载对藏传佛教达摩多罗的来源至关重要，证明五世达赖所言有所本。记载以上事迹的著作都在五代至宋，此时的宝胜如来佛已经完全演变成行脚僧形象，肃宗梦见的新罗僧人在贺兰山内诵念的"宝胜佛"就是行脚僧形象的宝胜佛。因此，五世达赖才谈到肃宗时期罗汉传入藏地，达摩多罗是贺兰山人！从字义分析，"宝胜如来佛"的"宝"可为"法宝"，理解为藏文的chos，"胜"可以是增益，发展，藏文动词vphel为"增益""壮大"之意，vphel可见达摩多罗藏文之名chos vphel（法增）来源于"宝胜"而非"法救"。

（5）贺兰山原有的佛教圣地传统使得西夏时期的贺兰山取代了五台山的地位，并将文殊道场搬到贺兰山，建五台山寺。因此，文殊菩萨在西夏受到特别的尊崇，在敦煌莫高窟、榆林窟及河西诸石窟，西夏文殊变是刻意表现的题材，西夏王室成员往往化身文殊变内的人物。明朱旃撰《宁夏志》记：

> 文殊殿，在贺兰山中二十余里。闻之老僧，相传元昊僭居此土之时，梦文殊菩萨乘狮子现于山中，因见殿宇，绘塑其相。画工屡为之，皆莫能得其仿佛。一旦，工人咸饭于别室，留一小者守视之，忽见一老者鬓皤然，径至殿中，聚诸彩色于一器中泼之，壁间金碧辉焕，俨然文殊乘狮子相。元昊睹之甚喜，恭敬作礼，真梦中所见之相也，于是人皆崇敬。逮之元时，香火犹盛，敕修殿宇，每岁以七月十五日，倾城之人及邻近郡邑之人诣殿供斋、礼拜。今则兵火之后焚毁荡尽。[1]

以上记载实际上是演绎敦煌莫高窟第61窟《五台山图》[2]描绘的佛陀波利故事，文献记载，唐仪凤元年（676）罽宾僧人佛陀波利由北印度至五台山求见文殊菩萨，文殊化身白衣老者，要佛陀波利携佛经至中土方可见之。高僧返回携陀罗尼刻于经幢。[3]贺兰山内

---

〔1〕（明）朱旃：《宁夏志笺证》，银川：宁夏人民出版社，1996年，第96页。

〔2〕该窟由五代归义军节度使曹元忠出资开凿，约在公元950年完成。洞窟为崇拜文殊菩萨而造，原有文殊骑狮子的泥塑像，故俗称为"文殊堂"。可惜塑像已倒塌，尚有少许狮子尾巴和四足遗迹。西壁的一幅3.6米高、13.6米阔的巨型《五台山化现图》，描绘文殊在五台山显灵的故事和众生登山拜佛情况。

〔3〕《宋高僧传》卷二〈唐五台山佛陀波利传〉载：释佛陀波利，华言觉护，北印度罽宾国人，忘身徇道遍观灵迹。闻文殊师利在清凉山，远涉流沙躬来礼谒。以天皇仪凤元年丙子杖锡五台，虔诚礼拜悲泣雨泪，冀睹圣容。倏焉见一老翁从山而出，作婆罗门语谓波利曰："师何所求耶？"波利答曰："闻文殊大士隐迹此山，从印度来欲求瞻礼。"翁曰："师从彼国将佛顶尊胜陀罗尼经来否？此土众生多造诸罪，出家之辈亦多所犯，佛顶神咒除罪秘方，若不赍经，徒来何益？纵见文殊亦何能识？师可还西国取彼经来流传此土，即是遍奉众圣广利群生，拯接幽冥报诸佛恩也。师取经来至，弟子当示文殊居处。"波利闻已，不胜喜跃，裁抑悲泪向山更礼，举头之顷不见老人。波利惊愕，倍增虔恪，遂返本国取得经回。既达帝城便求进见，有司具奏，天皇赏其精诚崇斯秘典，下诏鸿胪寺典客令杜行顗与日照三藏于内共译。（宋）赞宁等撰：《宋高僧传》，见《大正藏》第50册，第2061部。宋代延一所撰《广清凉传》亦有相关记载，详见：《大正藏》第51册，第2099部。

文殊殿与原称“文殊堂”的敦煌莫高窟第61窟所绘黑衣人见白发老者同出此说，只不过元昊自比佛陀波利。

（6）西夏将贺兰山作为北五台山之后，原与山西五台山相关的人物、传说等皆移入贺兰山体系，典型的就是宋代文献广为记载的文殊菩萨与佛陀波利入五台山故事。由于中印僧人往来于途，吐蕃人将从中晚唐以来汉藏文化交流中得到的行道僧类形象赋予包括佛陀波利在内的所有行道僧人。由于他们对作为禅宗始祖的菩提达摩的认知度超过佛陀波利，故将佛陀波利替换为菩提达摩。而佛陀波利访问的五台山疑被11—13世纪的吐蕃人认定为西夏的北五台山，即贺兰山。在这种情势下，佛陀波利也就成为贺兰山人，与之形象转换的菩提达摩/达摩多罗自然变成了贺兰山人。12—13世纪前后，禅宗画的兴起，西夏人对汉地书画感悟极深，一些远在江南的禅宗画题材被西北边陲的西夏人照单全收，伏虎罗汉及一些散圣图像进入了西夏，如山嘴沟壁画第2窟“甬道”口的伏虎罗汉、降龙罗汉及瓜州东千佛洞第2窟南北甬道口上方布袋和尚画像。在蕃夏交往中，西夏禅宗画中的布袋和尚、伏虎罗汉又进入藏传图像体系，自然形成禅宗伏虎罗汉与行道僧“达摩多罗”的图像重叠。此外，伏虎罗汉进入贺兰山，或许与早期文献所记五台山出现老虎，阻挡大师行进的传说有关。[1]

当然，伏虎罗汉有自己独特的成长路径，我们不能将虎伴其右的敦煌晚唐五代行脚僧就等同于伏虎罗汉。藏传佛教达摩多罗造像分为两种类型，一类图像显然继承了敦煌五代时期的行脚僧或玄奘造像的主要特征；另一类则更接近禅宗伏虎罗汉的图像特征，僧人虽有虎相伴，但并非行道于途。如藏区东部15世纪的一幅唐卡，高僧作疾行状，背经箧，右手执禅杖，净瓶系于腰间，前方有猛虎回首（图4-5-29）。[2]至16世纪的西藏唐卡所绘达摩多罗，行旅特色逐渐消退，虽仍背经架，但已无负重孤寂感，锦衣帛带，右手拂子，左手净瓶，身体右侧有如同大猫般的卧虎（图4-5-30）。[3]可见藏式十六罗汉的一类造像主要继承了敦煌行脚僧样式。

最值得关注的是内蒙古阿尔寨石窟第33窟左壁有较为完整的藏传佛教十六罗汉供养图。其中有居士达摩多罗藏、蒙文榜题和壁画，画中人物作俗人装扮，有背光，右手执拂

〔1〕如由于667年参拜五台山的释慧祥所撰、成书于7世纪后半叶（宋高宗永隆元年至弘道元年，即公元680—683年）的《古清凉传》卷上载：“昔有一僧，游山礼拜，到中台上，欲向东台，遥见数十大虫，迎前而进。其僧，誓毕身命，要往登之。俄而祥云郁勃，生其左右，顾眄之间，冥如闭目，遂深怀大怖，慨恨而返。余与梵僧释迦蜜多，登中台之上，多罗初云必去，后竟不行，余以为圣者多居其内矣。”（唐）慧祥撰：《古清凉传》，见《大正藏》第51册，第2098部。

〔2〕Marylin M. Rhie and Robert A. F. Thurman (eds.), *Worlds of Transformation: Tibetan Art of Wisdom and Compassion*, New York: Tibet House, New York, 1999, plate.15, p.163.

〔3〕Marylin M. Rhie and Robert A. F. Thurman eds, *Wisdom and Compassion: The Sacred Art of Tibet*, New York: Tibet House, New York, 1996, plate 17, p.115.

图4-5-29　15世纪西藏唐卡中的达摩多罗

图4-5-30　16世纪西藏唐卡中的达摩多罗

尘，左手持净瓶，坐于大石几上，前方蹲坐老虎，可见其并非敦煌样式的行脚僧，而是伏虎罗汉造像（图4-5-31）。假如阿尔寨石窟建于元代，那么作为伏虎罗汉形象的达摩多罗在元代已经进入藏传佛教罗汉造像系统。此外，阿尔寨石窟达摩多罗图像展示了蒙古藏传佛教达摩多罗信仰的变化，由于地域的联系，达摩多罗图像贺兰山情节再次连接了不同地域和民族之间藏传佛教信仰的环节。五世达赖喇嘛的《十六尊者传》有蒙文译本名为《无尽的宝珠》（ baraγtal Űgei čindamani ），[1]蒙古学者阿旺伦珠达吉（ ngag dbang lhun vgrub dar rgyas ）1775年著《仓央嘉措密传》（ thams cad mkhyen pa ngag dbang chos grags dpal bzang bovi rnams par thar pa phul du byung bavi mdsad pa bzang povi gtam snyen lhavi tamburavi rgyud kyi sgra dbyang zhes bya ba bzhugs so "一切语自在法称祥妙本生记殊异圣行妙音天界琵琶音"）中同样提到达摩多罗生于阿拉善，还记载了六世达赖仓央嘉措于

---

〔1〕巴图吉日嘎拉、杨海英著：《阿尔寨石窟——成吉思汗的佛教纪念堂兴衰史》，东京：日本文响社，2005年，第58页。《十六尊者传》蒙文译本记载，罗汉们来到哈喇山（ Ha la Šan ）的时候，男居士（蒙文"吴巴喜" ubasi，梵文"优婆塞" upāsaka ）达摩达拉曾亲自洒扫而侍奉。《阿尔寨石窟》一书作者提到，"考虑到十六罗汉乃佛祖弟子，说他们来到阿拉善（贺兰山）一定是反映了古老的传说。"他们认为"这一传说或许与《魏书》中《释老志》的记录有关，即，佛教先传入匈奴，后才由北方传至中原汉地。"作者提及的《魏书·释老志》记载："汉武帝遣霍去病讨匈奴，获休屠王金人，以为大神，列于甘泉宫，不祭祀，但烧香礼拜而已。此则佛道流通之渐也。"蒙古学者著作参见成书于1835年的《蒙古政教史》，北京：民族出版社，1989年，第53页。

图4-5-31 阿尔寨第33窟壁画中的达摩多罗（伏虎罗汉）

贺兰山内见到“山神”，在神灵显圣处建造广宗寺。当地传说演绎有宁夏中卫人供奉六世达赖而得子，在贺兰山附近南河建昭化寺（朝克图库勒dpal ldan bstan rgyas gling）。[1]六世达赖的传说或许有某些历史因素，但其与贺兰山的联系，实际上可以看作五世达赖阐发的达摩多罗传说在18世纪特定蒙藏关系史条件下的发展，从而构成行脚僧、宝胜如来、伏虎罗汉到达摩多罗至六世达赖的演变轨迹，在中国美术史上也算是绝无仅有的个案！

明代万历年间，在土默特蒙古藏传佛教寺院壁画中出现十八罗汉绘送子布袋和尚和达摩多罗，且后者的形象呈两种样式：呼和浩特大召寺所见为行脚僧样式的“达摩多罗”，头戴典型的藏式居士帽，背经箧，经箧上方腾起的云雾上有化佛，左手托净瓶，右手执拂子，拂子下方有粗线勾勒的老虎，左侧另有一位行脚僧，双臂升起向外展。达摩多罗

〔1〕 阿旺伦珠达吉著，庄晶译：《仓央嘉措密传》，见黄颢、吴碧云编：《仓央嘉措及其情歌研究》，拉萨：西藏人民出版社，1982年，第484—552页。广宗寺藏语名为“丹吉楞”（bstan rgyas gling），俗称“南寺”，位于贺兰山西麓南端山谷中，寺中大经堂“黄楼寺”即供奉六世达赖之处，寺成于乾隆二十二年（1757），“是遵照六世达赖喇嘛的遗言而建，康熙五十五年（1716）西藏政变，六世达赖喇嘛出往阿拉善旗，为群众所信仰。六世达赖于广宗寺所在的位置遇见贺兰山神，因以建寺，六世达赖成为广宗寺第一任‘喇嘛坦’”。参见阿拉善左旗人民政府编：《阿拉善史志资料选编》（铅印本），巴彦浩特，1986年，第100—103页。

像绘制在青绿山水中，或许其生平事迹有关。[1]美岱召大雄宝殿壁画虽然未绘十六罗汉，但在佛殿正壁释迦牟尼佛须弥座下方两侧分别描绘布袋和尚和达摩多罗，与四大天王并列（图4-5-32），可见在明末清初布袋和尚与达摩多罗作为保护神，具有相当高的地位，此处达摩多罗同样描绘成行脚僧样式。而席力图召古佛殿的罗汉像中，达摩多罗已作伏虎罗汉形象（图4-5-33）。[2]另有一幅万历年间的缂丝唐卡，其间出现的伏虎罗汉手持净瓶与拂子，前方有卧虎，背上同样没有背经架（图4-5-34）。[3]可见藏传佛教达摩多罗造像仍有行脚僧与伏虎罗汉两种样式。此外，戴密微文章提到藏地十六罗汉增加的是达摩多罗和参与顿渐之争的和尚摩诃衍。[4]假设藏传罗汉最初为达摩多罗与和尚摩诃衍，在宋元之际逐渐置换为伏虎罗汉和布袋和尚，因此达摩多罗图像有伏虎罗汉画法，而更多的早期图像仍描绘为行脚僧样式。然而，即使是作为玄奘或行脚僧样式的达摩多罗，图像

图4-5-32　美岱召大雄宝殿壁画达摩多罗与天王像

〔1〕此处壁画位于呼和浩特大召寺大雄宝殿殿门东侧南壁，该寺为阿拉坦汗明万历年间（1573—1620）所建。

〔2〕壁画位于席力图召古佛殿的东壁。

〔3〕西藏自治区文物管理委员会编：《西藏唐卡》，北京：文物出版社，1985年，图版46。

〔4〕参看沈卫荣：《西藏文文献中的和尚摩诃衍及其教法——一个创造出来的传统》，《新史学》十六卷一期，2005年，第47页。

图4-5-33　席力图召古佛殿达摩多罗像

图4-5-34　明代缂丝罗汉唐卡（局部）

渊源仍与西夏相关，因为玄奘取经图皆出现在西夏统治瓜州晚期的石窟。[1]可以确认，与藏传佛教罗汉造像同时出现的伏虎罗汉和布袋和尚与西夏人的引荐相关。

三、结　语

本节从汉、藏两地罗汉信仰的区别与图像的纠葛入手，首先讨论了藏地罗汉图像中和尚形象的来源与传入路径：唐末五代江南地区出现的布袋和尚化身弥勒的信仰，随着禅宗与禅宗绘画在西夏传播而流行于河西走廊，西夏石窟中原本与中心柱后壁涅槃变对应的弥勒佛被西夏人替换成布袋和尚身着大袖宽袍、袒胸鼓腹的游方僧形象，这一形象经由12—13世纪蕃夏之间频繁的宗教文化交流而为西藏人所熟悉。杭州飞来峰第68龛中被十八罗汉围绕的布袋和尚造像，揭示了宋、元之际罗汉像从十六发展到十八、并将布袋和尚补入其中的过程。飞来峰元代造像是在来自河西走廊的党项人后裔的主持下完成的，同一时期，从大都到东南沿海活跃着大量西藏萨迦、噶举等教派的僧俗官员及艺术家，他们频繁往返于汉藏之间，加速了信仰与图像的交流融合。在这样的背景下，大肚的布袋和尚作为罗汉组合中的一员最终成了西藏佛教中的固定搭配。

另外，本节还重点分析了达摩多罗图像的形成及其发展演变：唐贞观以后玄奘事迹造就了取经高僧图像并衍变为泛指的名为"行僧""行道僧"或"行脚僧"图像，此类图像的行旅造像元素与当时流行的行道天王图像相契合，使行道僧具有西域敦煌北方天王护持信众的职能，并以往来丝路携经传法的行道僧名号"宝胜"与五方佛宝生如来形成关联，于晚唐五代演变为具有世俗神祇特征的"宝胜如来"。安史之乱后唐肃宗登基灵武激活了新罗僧人贺兰山修行的佛教传说，构成贺兰山与行脚僧、宝胜如来的图像联系；给予此时与唐文化交往密切的吐蕃以贺兰山与行道僧连为一体的印象。此外，跋山涉水的罗汉极强的行旅特征是行道僧进入藏传佛教罗汉体系的关键，吐蕃从汉地引入的罗汉体系本身就包含了行道僧与贺兰山的情节因素，其与西夏在12世纪前后的交往唤起了前者晚唐行道僧或宝胜如来与贺兰山的记忆；吐蕃、西夏与五台山的特殊关系造成贺兰山与五台山关系的置换，结果是佛陀波利、达摩多罗、行脚僧形象元素形诸藏传佛教的"达摩多罗"图像，而两宋时期借由禅宗自汉地引入西夏的禅画伴虎罗汉逐渐替代了行道僧形象的达摩多罗，并与藏传佛教史上作为居士的仲敦巴事迹杂糅，形成藏文名称dge bsnyen chos vphel"居士法增"指代达摩多罗，并由此形成13世纪以后藏传佛教艺术中双重的达

---

〔1〕见于瓜州县榆林窟第2、3、29窟和瓜州县东千佛洞第2窟。

摩多罗图像,呈现伏虎罗汉与行脚僧两种样式。

达摩多罗与布袋和尚是中国美术史上两个典型个案。达摩多罗图像的形成是唐代中外文化交流的背景下,经历8—9世纪、11—13世纪两个特殊时期,由唐五代两宋时期吐蕃、西夏、蒙古等我国境内各民族共同参与、创造的艺术形象,其错综复杂的信仰与图像演变是中国11—13世纪延续至近代的多民族美术关系史的集中体现;而唐末五代出现在浙江宁波地方的布袋和尚图像,随着禅宗在11至13世纪的播散而流行于两宋、西夏、金、元等区域,并在西夏末、元初时传入藏地,迅速成为我国各民族人民普遍信仰与供奉的对象,与达摩多罗一样,是我国各民族文化交流的最好见证!

第六节　西夏元时期佛教绘画的上师帽式与教法传统

藏传佛教僧人对其传法上师非常尊崇，上师地位在所有神灵之上，甚至有可能是在最高的佛释迦牟尼之上。[1]这种现象在藏传佛教的各个教派都非常普遍。石泰安教授将这种关系表述为：

> ……弟子遵奉他的上师为他挑选的本尊神，将本尊神与自己上师紧密的结合在一起；然后弟子再与已经吸收了神灵的上师融为一体。从上师那里获取他要得到的清净境界。[2]

西夏僧人在西夏社会中的地位与吐蕃僧人在吐蕃社会的地位十分相似，西夏王室大力提倡佛教的国策提高了佛教僧人的社会地位。僧人不仅享有崇高的政治地位，而且可以不纳租税或少纳租税，成为西夏社会中的特殊阶层。[3]西夏僧人最高的职位是帝师，这种帝师制度的设立对整个中国佛教，尤其是藏传佛教有极为深刻的影响。据考西夏的帝师中就有称为“西番僧”的吐蕃僧人。[4]除了帝师之外，西夏佛教中称呼僧人还有国师、法师和尚（上）师等各种称号。其中国师是西夏初期对僧人的称呼，在《西夏译经图》中，国师白智光踞坐高位，皇帝、太后分立两侧的布局可见国师地位之崇高。尚师之称来自藏传佛教，其地位与国师相似。在西夏的僧人中，也数吐蕃僧人的地位最高，剃度僧人时必须有吐蕃僧人在场。与此同时，西夏艺术本身也受到开始着意上师传承图像描绘的卫藏绘画的影响，在这种情势下，西夏藏传风格绘画出现了绘制精美的上师图像。

---

〔1〕 Stein R A., *Tibetan Civilization*. Stanford University, 1972, p.176.

〔2〕 迅鲁伯著，郭和卿译：《青史》，拉萨：西藏人民出版社，2003年，第624页。

〔3〕 史金波：《西夏佛教制度》，载《首届西夏学国际学术会议论文集》，银川：宁夏人民出版社，1998年。

〔4〕 史金波：《西夏佛教史略》，台湾：商务印书馆，1993年，第137—142页。

黑水城唐卡中的上师像最能体现西夏人艺术创造和多种艺术风格成分融合的作品。上师像的描绘让西夏艺术家暂时摆脱了藏传佛教神灵造像仪轨的约束，从而将他们自己原有的描绘人物的方法倾注于作品的形象之中。本节从西夏时期唐卡、壁画及佛经版画中高僧的冠帽、服饰出发，分析这批作品的风格渊源、创作地点和绘制年代，讨论藏传佛教在西夏传播的实际面貌以及藏传佛教支系与西夏佛教的关系，并探讨卫藏地区上师图像的来源及其与西夏上师图像的关系。

一、莲花冠与佛教上师的帽子

近年研究西夏藏传艺术一个突出的感受就是，西夏与藏传佛教相关的绘画作品中出现的上师造像所戴帽子，都是帽顶尖耸、帽檐向上翻卷并呈扇叶状或云头状围合、平面呈山字形状，在黑水城、宁夏周边及河西走廊等西夏故地出土的唐卡、版画及石窟壁画遗存中都能见到，这种帽子的样式是源自西藏。

黑水城出土的唐卡中，《作明佛母》画面底部左右两角分别绘有上师像（图4-6-1）与世俗供养人像。上师位于画面右侧，供养人似乎是身穿白色上衣的一对夫妇，绘于画面左侧，面向右侧上师而拜。上师面色较黑，着黄色袈裟，戴黄色（或白色）三角状僧帽，这种样式的帽子在黑水城多幅唐卡中都曾出现，敦煌465窟东壁窟门上方僧人像和榆林窟第29窟国师像也戴这种样式的帽子，所以供养人着意叩拜的上师可能是西夏国师或来自西藏的传法僧人。整个唐卡用以填充空白的花卉图案似乎是一种变形卷草纹，此种图案在黑水城出土的其他几幅丝质唐卡中都可以见到。

图4-6-1 《作明佛母》唐卡局部

《上乐金刚坛城》下方的上师与施主的构图法与前一幅作品完全相同，画面右尊是戴山状黄帽、着黄色袈裟的黑脸僧人，画面左下角是一位着白袍的西夏供养人，供养人前方有西夏文的榜题写明供养人的身份（图4-6-2）。《四臂大黑天神》唐卡没有画世俗供养人，只有画面两角坐于方垫之上的僧人（图4-6-3），其造像特征与同样绘于丝绸之上的作明佛母唐卡

出现的上师像完全相同，两位上师都戴黄色的山状僧帽，穿黄色袈裟，但面色稍浅；画面右侧的上师右手作无畏印。黄色袈裟用游丝线描，形体转折处用线能准确体现结构关系，与整幅作品采用的造型手法迥然不同。

图4-6-2　《上乐金刚坛城》唐卡局部

图4-6-3：1　《四臂大黑天》唐卡，黑水城出土

图4-6-3：2　《四臂大黑天》唐卡局部

宁夏贺兰县拜寺口西塔出土的《上师像》[1]也是一幅完整保留了西夏时期唐卡形制的作品。画面顶上一行与五方佛并列的上师中有戴红帽者，笔者发现此红帽与夏玛尔巴传承的红帽形制差别较大。夏玛尔巴的红帽样式实际上与噶玛噶举的黑帽形制基本相同，只是颜色不同；而唐卡中帽子帽顶尖长，两侧有护耳，护耳往上卷起时在帽子前端和帽顶形成三个角（图4-6-4）。在教派分立未完全成熟的时代，这种帽子是各个教法传承的高僧大德都戴的帽子，噶举派一些教派的大德僧人也戴红色的帽冠。因此，笔者判定拜寺口的唐卡画面下方上师所戴的红帽绝非夏玛尔巴派的红帽，而是噶举派早期僧人的红帽或莲花帽及通人冠。最近发现的一幅12世纪末或13世纪初的唐卡，证明笔者的判断无疑是正确的。这幅唐卡所绘上师像所戴红帽与拜寺口唐卡下方上师像所戴的红帽几近完全一致，这种红帽样式也出现在15世纪初年尼泊尔僧人所绘的西藏上师冠帽图样中（图4-6-5）。

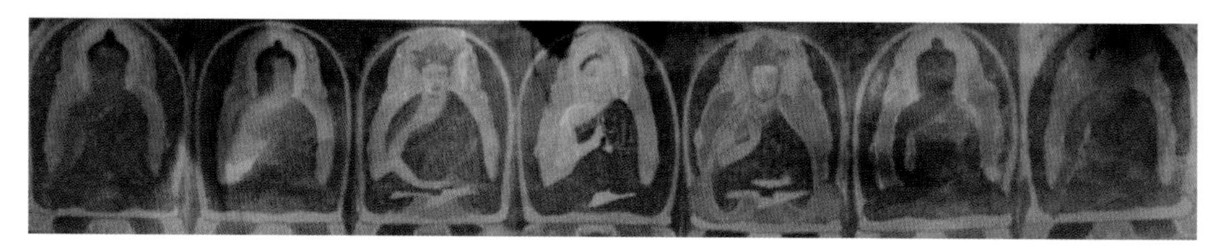

图4-6-4 《上师像》唐卡局部，宁夏贺兰县拜寺口西塔出土

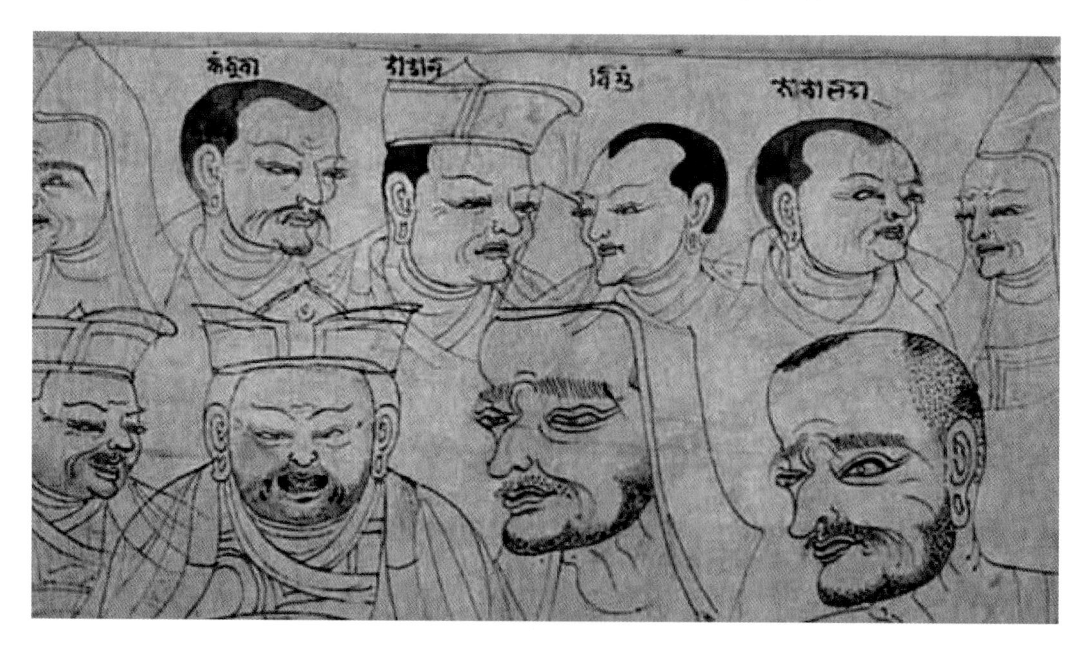

图4-6-5 不同教派上师的帽子

〔1〕 宁夏回族自治区文物管理委员会、贺兰县文化局：《宁夏贺兰县拜寺口双塔勘测维修简报》，载《文物》1991年第8期，第14—26页；麦克唐纳与今枝由郎编：《西藏艺术研究文集》，巴黎美术与东方图书馆，1977年，第83—118页。

俄藏黑水城西夏文木刻《贤智集》（刊刻于乾祐十九年，即公元1188年）卷首有一幅《鲜卑国师说法图》版画（图4-6-6），[1]主尊于高足官帽椅上跏趺而坐，身后有一侍者为其撑掌圆形带垂幔华盖，左右两侧分立一僧一俗弟子。身前有供桌，其上摆放灯、花等五种供物。桌前地面上有六名俗人信众作跪姿听法状，依据其衣着、发式可判断为西夏党项族人。画面右侧有一竖形榜题框，内书西夏文可译作“鲜卑国师”，跪姿人物旁榜题译为“听法众”。

图4-6-6　《鲜卑国师说法图》版画

几乎一样的形象也出现在榆林窟第29窟南壁东侧的两列供养人群像中。居于首位者即是这位鲜卑国师（图4-6-7），身侧碑形榜题框内有西夏文题记“真义国师鲜卑智海”，证明其身份便是前述版画中的鲜卑国师。“鲜卑”为西夏党项族姓氏，智海即是西夏本地的藏传佛教上师。对比两幅国师像可发现，人物面容、衣饰及身后掌撑伞盖的侍者等几乎如出一辙。国师头戴莲花帽、帽檐作云头纹，内着短袖镶白边浅红色交领僧衣，外披大红色百衲衣袈裟，身后有一侍者为其掌伞，头顶伞盖为圆形、围饰一圈垂幔。版画中描绘众人供养、求法的场景，国师双手似为说法印，气氛轻松欢快；而在29窟中，他作为供养人出现，表情庄重肃穆。

西夏国师头顶上的伞盖应有两层寓意：一是以象征世俗权力的伞盖，彰显国师尊崇

〔1〕 图版参见：史金波《西夏文珍贵典籍史话》，北京：国家图书馆出版社，2015年。

图4-6-7　榆林窟第29窟国师像

的身份和地位；二是西夏国师或等同于诸佛、菩萨的化身，如敦煌莫高窟西夏第464窟主室南壁画“观音三十二应变身”，其中一位“观音应变身”即是西夏国师，在其身后有一人持伞盖，该上师头戴山形冠，跏趺坐于方形毯上。可见，此处将西夏国师作为观音菩萨的化身，暗示其与观音菩萨具有同等的地位。

河西走廊地区有多幅头戴莲花帽的僧人图像遗存。瓜州东千佛洞第2窟北壁“灵鹫山说法”图底部，最右侧有一位坐在方形毯上的僧人形象，是窟内所见唯一一名僧人像，或为该窟的设计者以及法事活动的主持者（图4-6-8）。僧人头戴一帽，平面呈山形，帽檐等细节已经模糊，但仍可确定与前述莲花帽同；左手结禅定印、右手置于胸前，头顶有圆形带单层垂幔伞盖，身前有一供案，案上物品已漫漶不清，似有金刚杵、念珠等物。身后有石绿色勾画的背龛。底部中间画有四尊舞立姿供养神祇，为香、花、灯、涂、果五供的人格化。左侧应有与右侧相对应的供养僧俗人像，惜已损毁。通过比对鲜卑国师图像，可认为此僧人同为西夏时期的上师。

东千佛洞5窟东壁窟顶残存一尊上师形象（图4-6-9），头戴白色三角形莲花帽，左手持金刚杵，右手持金刚铃，其余部分皆残损。肃南马蹄寺噶当塔顶部日月两侧也出现了西夏上师像（图4-6-10），头戴莲花帽，似为酱红色。背龛上有源自中亚的三角形焰肩，头顶有单层垂幔伞盖。文殊山万佛洞内窟门右侧壁上绘有一尊上师坐像（图4-6-11），着白色内衣与僧衣，外皮红色袈裟，头上的白色山型帽呈云头式样，未见伞盖。

敦煌莫高窟第61窟是五代时期曹氏归义军时期曹元忠营建的一个大窟，窟内基本保持了初建时的原貌，甬道则被后代重修。甬道北壁壁面上部浮塑出一排方格，每一格内绘有佛像一身，画面东侧和下部残毁。上部绘二十八宿、下部绘九曜星神及黄道十二宫。[1]

---

〔1〕上部所绘二十八宿形象基本一致，均作文官打扮，双手持笏，四身一组侍立于彩云之中，现存五组。下部绘九曜星神，九曜星神仅存四身，从东到西，第一身仅存胸部，身份不明；第二身为文官打扮，头冠有羽，手持花果，疑为木星；第三身文官相，手持笏板，从手臂处涌出一朵绿色云彩，蛇形上升到其头部东侧，云上绘一红色圆形物，疑为太阳；第4身为妇女形象，怀抱琵琶，是金星。在二十八宿和九曜星神及助缘僧中间穿插绘黄道十二宫，每一宫作一圆圈，在圆内画出代表此宫的形象，现存九座，从东至西为：白羊宫、天蝎宫、天秤宫、室女宫、摩羯宫、人马宫、金牛宫、宝瓶宫、狮子宫。参见孟嗣徽：《炽盛光佛变相图图像研究》，收录于《敦煌吐鲁番研究》，第2卷，北京大学出版社，1997年，第101—148页。

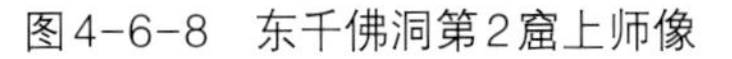

图4-6-8　东千佛洞第2窟上师像

图4-6-9　东千佛洞第5窟东壁上师像

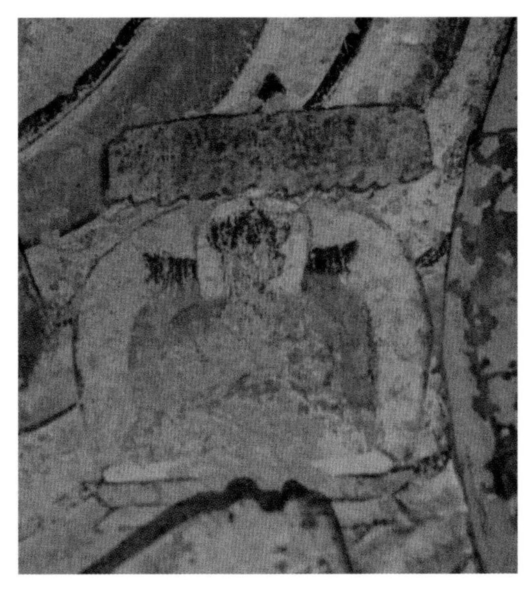

图4-6-10　马蹄寺噶当塔顶部上师像

图4-6-11　文殊山石窟万佛洞上师像

画面西侧下部有两排僧人供养像，上下各5人。供养人画像题记全是用汉文和西夏文对译并书，均是“助缘僧”供养像，部分是汉人，部分是姓“嵬名”“讹特”等的西夏人；与之相对的南壁绘有一身比丘尼像，汉文和西夏文榜题作“扫洒尼姑播盃氏愿明月像”，属西夏时期党项族僧尼。[1]在九曜星神和助缘僧之间，绘有一位同样身着红色披肩袍服的人

〔1〕 史金波、白滨：《莫高窟榆林窟西夏文题记研究》，敦煌研究院编：《敦煌研究文集·敦煌石窟考古篇》，兰州：甘肃民族出版社，2000年，第508页。

物形象,仅存上半身,身份不明,头部西侧有榜题一方,模糊不可识读,身后有一比丘手持伞状带垂幔华盖,与西夏文佛经版画中僧人相似,应为西夏某位国师像(图4-6-12)。

图4-6-12 莫高窟第61窟甬道北壁上师像

一般而言,壁画中出现的上师像或供养人像是确定壁画年代最重要的证据之一,能够将莫高窟第464窟与第465窟壁画确定为西夏壁画最为直接的证据也是其中出现的上师像或供养人像。西夏与藏传佛教相关的绘画作品中出现的上师造像,所戴都是早期的莲花帽。464窟主室南壁画"观音三十二应变身",其一为西夏国师像,在其身后有一人持伞盖,该上师头戴山形冠,跏趺坐于方形毯上。第465窟所谓的黑帽实际上是山形莲花帽(而非噶玛噶举派的黑帽),这种帽子与第464窟西夏上师的帽子应完全一致。另外,465窟上师像身后的红色背龛如同投影(不是背光)绘于人物身后侧,在宏佛塔所出上乐金刚唐卡下方上师图像中,此种背龛以更加抽象化的形式表现,看不到背龛的边缘。实际上这种背龛处理手法最早见于敦煌465窟东壁门上所绘僧人像,似乎是绘画者考虑到僧人多侧身而坐,故试图努力表现出背龛的透视效果(图4-6-13)。

图4-6-13 莫高窟第465窟上师像

值得注意的是，东千佛洞第4窟中，头戴白色莲花帽的上师像已经绘制在窟室中心柱正壁的塔龛内，作为该窟的主尊供奉，而此位置原来通常塑绘佛像，可见此时已将西夏上师的地位等同于诸佛（图4-6-14）。

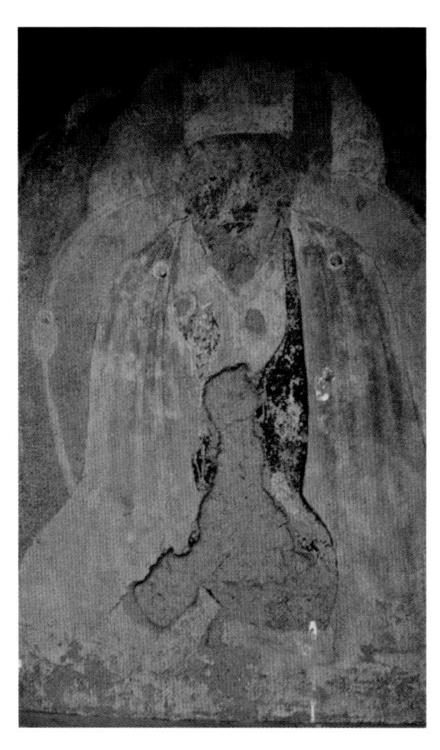

图4-6-14　东千佛洞第4窟上师像

11世纪以后，藏传佛教各个教法之间的派别意识逐渐强化，最终导致了教派林立甚至时有对峙的局面。藏传佛教各教派僧人的着装大体相同，与居士则由明显区别，通常以冠帽式样来判断其所宗之教派传承（通常将印度人表现为五官高鼻深目，肤色深重，袈裟袒露右肩的形象，藏族僧人则肤色较浅、五官较平）。如噶当派与格鲁派僧人通常头戴黄色班智达帽；噶举派则因其分枝众多而有多样僧帽，主要有达波噶举的扇形帽、噶玛噶举的黑帽和红帽等；萨迦派所戴为红色班智达帽，形状与黄帽大体相同。

西夏藏传绘画中所见的莲花帽出现在10世纪末，藏地旧译秘法时代（前弘期）的持咒师们多佩戴此种帽式。前弘期持咒僧被称为旧派（宁玛派），所以山形莲花帽通常被后人视作宁玛派僧人专有，尤其成为前弘期进藏传法的莲花生大士Padma rGyal po身相时的标准配戴。这与藏族历史中记载莲花生大士善于使用各种咒术、降伏了藏地一众鬼神等密不可分。藏传佛教图像体系中的莲花生大士图像大约在15世纪以后大量出现，可见山形莲花帽成为莲花生大士标配的时间可能晚至15世纪左右。此前的莲花生大士图像不多见，所戴帽式也并非莲花帽，而是将左右两块垂布向上折叠的通人冠（班智达帽，图4-6-15）。至于汉地流传唐玄奘（602—664）头戴莲花帽，应该是附会的结果，原因是唐玄奘生活的年代，中土秘法还未传播，开元三大士传播密教年代是在716年以后。

图4-6-15　莲花生大士唐卡，13世纪

西夏佛教与藏传佛教的联系在西夏建国之前的党项时代就已经开始，当时藏传佛教的诸多教派还没有兴起，在安多流行的藏传佛教多为旧派（宁玛派），这些教法同时也在党项人中间流行，旧派的莲花帽也是党项佛教法师的帽子。11世纪前后密教（唐密）的复兴，以大日如来或毗卢佛（三身佛之法身佛）为主尊的曼荼罗仪轨兴起，密教化的特征是曼荼罗坛场的仪轨化，个别演化为放焰口的民间仪式，主持仪轨的法师需要相关的服饰和威仪，上师具有特征的帽子正是在此情形下出现的。由于西夏佛教乃至此后的藏传佛教，都是侧重实践修持的宗教形式，因而著名的上师都是主持仪轨坛场的高手，因此西夏上师大都戴同一类型的帽子。我们可以根据西夏藏传绘画中上师的帽子样式来判定这些作品是西夏绘画或者纯粹的藏传作品。所以，第465窟东壁上师帽子与第464窟以及榆林窟第29窟等众多的西夏上师帽子相同，证明此窟所描绘的上师或者说该窟的施主是西夏的上师而不是藏区的僧人，因而第465窟是西夏窟而非元代蒙古人建造的窟室。

另外，笔者亦注意到西夏时期国王与文、武官员也佩戴形状与莲花帽相似的冠冕，见于佛经版画《西夏译经图》、东千佛洞第2窟入门甬道壁画与榆林窟第29窟壁面，以及黑水城出土《上师像》唐卡。因为穿戴者为俗人官员，冠冕表面依据官位等级高低有不同程度的贴金，因而冠帽呈金色或黑色（无贴金）。

图4-6-16 《西夏译经图》版画

这幅《西夏译经图》是国家图书馆藏西夏文佛经《现在贤劫千佛名经》（夏惠宗乾道元年至大安十一年，1068—1085）刻本的卷首。画面刻有僧俗人物共计二十五身、西夏文款识十二条共六十三字，[1]展现了皇太后、皇帝亲临译场之景，再现了西夏王朝对佛教的崇信和对佛经翻译事业的重视（图4-6-16）。画面下部供案两侧人物应为此图及此译经场的施主，题记明确了

〔1〕图顶部花帷幕上自左而右横刻款识一行，译成汉文为“都译勾管作者安全国师白智光”，所指是画面正中着短袖僧衣、披袈裟的西夏国师。靠近白智光像的两侧各有西夏文五字，实为一条款识，连起来意译为“辅助译经者僧俗十六人”，对应画面中端坐于白智光国师两侧前、后两排的十六个僧俗形象。参史金波：《〈西夏译经图〉解》，《文献》1979年第1期，第215—229页。

二者的身份即皇帝与皇太后。左侧画一女性坐像，头饰别致，手持香炉，身形较大，旁有西夏文款识六字，译为“母梁氏皇太后”，其后立黄门侍从三人，手持团扇等物；右侧与之相对有一男性坐像，手持鲜花，穿着华贵，旁有西夏文款识五字，直译为“子明盛皇帝”，后有黄门侍从三人，手持金瓜等物。[1]图中皇帝头戴山形帽，帽檐作菱形叶瓣状围合一周、菱形叶瓣中饰纹样，帽顶呈锥形，有刹，刹顶有珠宝类装饰。八位辅助翻译的俗人也都戴有形制大体相同的山形帽，锥形帽顶略矮。

东千佛洞第2窟入门甬道南北壁现存供养人仅剩4身，残损严重，几乎仅能看出头部（图4-6-17）。出甬道南壁第3身男性供养人为西夏的中级武官“边检校”，[2]北壁为与之相对的6身女性供养人，为南壁供养人的家眷。[3]东2窟甬道南壁供养人的尖顶圆形的帽子上残存有一层金色，但大部分金色现已脱落或被刮掉，而露出赭红底色。南壁的4身供养人可清晰看到在腰间裹有“腰袱”，为西夏武官的服饰特点。[4]东2窟西夏供养人与榆林窟29窟西壁门南侧的西夏武官供养人[5]的服饰具有一致性的特点，但

图4-6-17 东千佛洞第2窟甬道供养人壁画

〔1〕关于画中皇太后与皇帝身份的考证，参见史金波先生撰《〈西夏译经图〉解》，《文献》1979年第1期，第215—229页。

〔2〕“边检校”为在边境任职中级以上的武官，其名称在西夏律法《天盛改旧新定律令》中数次提到，如“边检校等职放弃守城垒等者使何往”，可知“边检校”具有“守城”之职责。另外，《天盛律令》规定，“盗寇者”已越过边境进入内地，本国的人、物及牲畜遭受损失“住滞出时”，则要对守城的官员进行处罚，官职越高处罚越轻。其中，检人比检头罪减一等，军溜罪减二等，边检校罪减三等，管事主编副行统罪减四等。可见，“边检校”的职位要高于检人、检头、军溜，低于管事主编副行统，应为西夏在边境所设之职位，其职责在于保卫边境安全，防止敌军、盗贼入侵。参见史金波、聂鸿音、白滨译注：《天盛旧改定新律令》，北京：法律出版社，2000年，第202页。

〔3〕张先堂：《瓜州东千佛洞第2窟供养人身份新探》，《敦煌学辑刊》2006年第4期，第24—32页。

〔4〕西夏显道二年（1033），李元昊规定西夏文、武官员的衣冠制度：“文资则幞头、靴笏、紫衣；武职则冠金帖起云镂冠，绯衣、金涂银黑束带，垂蹀躞，穿靴，或金帖纸冠、间起云银帖纸冠，余皆秃发，衣紫旋襕，下垂束带，佩解结椎、短刀、弓矢韣，马乘鲵皮鞍，垂红缨，打跨钹拂；便服则紫皂地绣盘球子花旋襕，束带；民庶则衣青绿，以别贵贱。”参见（元）脱脱等撰《宋史》第四八五卷《夏国传》，第13993页，北京：中华书局，1997年。另外，《辽史·西夏传》亦载西夏衣冠习俗：“其俗，衣白窄衫，毡冠，冠后垂红结绶。”自号嵬名，设官分文武。其冠用金缕贴，间起云，银纸帖，绯衣，金涂银带，佩蹀躞、解锥、短刀、弓矢，穿靴，秃发，耳重环，紫旋襕六袭。参见张先堂《瓜州东千佛洞第2窟供养人身份新探》，《敦煌学辑刊》2006年第4期，第24—32页。

〔5〕供养人像前均有西夏文题记，史金波、白滨先生对这些题记已作释读，判定其身份为西夏瓜州地区驻守边疆的武官、军士。史金波、白滨：《莫高窟、榆林窟西夏文题记研究》，《考古学报》1982年第3期，第367—386页。

29窟供养人帽子为黑色，并没有装饰金色，可能东2窟供养人比榆林窟29窟供养人有更高的社会地位。西夏《天盛律令》就规定："其中节亲、宰相及经略、内宫骑马、驸马，及往边地为军将等人允许镶金，停止为军将则不允再持用。"

此外，黑水城出《上师像》唐卡画面底端两侧各站立一男一女两位供养人，向结说法印的主尊上师表达恭敬供养。该男性供养人的衣着与西夏衣冠制度的"武官"颇为相似，身穿"绯衣（即红衣）"，"金涂银黑束带"，"垂蹀躞"，头戴金色的"金贴起云镂冠"（图4-6-18）。而且，其装束与东2窟、榆林窟第29窟西夏男性武官供养人衣冠、服饰也极为相似，从而可判断其身份应西夏武官。值得注意的是，黑水城出《上师像》唐卡中的男性武官供养人的"尖顶桃形"金冠与东2窟供养人的"尖顶圆形"冠颇为一致，二者皆为金色（东2窟金色多脱落），亦可能是文献所记载的西夏武官所戴的"金帖起云镂冠"的真实样貌。

西夏时期皇帝与官员所戴"金帖起云镂冠"与现存同时期壁画、唐卡中上师所戴山形莲花帽形状颇为相似，颜色稍作区别，二者之间的渊源还有待进一步探索。

卫藏唐卡中也有头戴莲花冠的僧人像，如布达拉宫藏《喇嘛相像》中画面底部右下角位置会有一位身着黄色短袖僧衣、外披红色袈裟的僧人像，或为这幅唐卡的施主或者开光者（图4-6-19）。僧人坐于方毯上，头戴黄色莲花帽，这种帽子我们已经在西夏地区

图4-6-18　黑水城出土《上师像》局部

图4-6-19　《贡唐喇嘛相》唐卡局部

发现了足够多的案例；头顶画一深绿色圆形带垂幔华盖，与东2窟鲜卑国师头顶伞盖一致；身后有三叶两柱型背龛，与东2窟、465窟上师像身后背龛基本一致，这些特征都暗示着这位僧人、这幅唐卡与西夏地区的紧密联系，年代应该在12世纪末、13世纪初。根据藏文史书《贤者喜宴》的记载，喇嘛相的弟子藏巴敦库瓦等师徒七人先到蒙古地方，后转道西夏，在西夏担任翻译，讲授三宝密咒。这位上师在成吉思汗毁灭西夏并破坏西夏寺院时，曾劝说成吉思汗修复佛寺，据说这是最早见到蒙古人的藏人。〔1〕东嘎仁波且编注《红史》对藏巴敦库瓦所作注释云："藏巴敦库瓦又名藏巴敦库瓦旺秋扎西，他是贡唐喇嘛相（1123—1194）的弟子，最初受西夏的邀请，为西夏王的上师，并在西夏弘扬了蔡巴噶举的教法……生卒年不详"。〔2〕所以，画面右下角僧人很可能就是贡唐喇嘛相的弟子、曾去往西夏地区传法的藏巴敦库瓦。

13世纪以后，卫藏唐卡大量涌现上师像，主要描绘与上师教法有关的传承人物谱系以及上师一生中的授记故事等。这批唐卡在构图上属于12—13世纪源于东印度波罗艺术、流行于卫藏和西夏的框式、棋格式构图，往往在唐卡底部一栏的右下角绘有与之相关的僧人形象。僧人一般坐于毯上，背光虽仍保留有中亚式样的焰肩，但身后背龛形状已经完全几何图案化，且见不到头顶的伞盖，身前有一层层摆放整齐的供品或仪式用具，彰显出较强的仪式感（图4-6-20），不似早期图像中绘一低矮供桌、桌上摆放的供品较为随意。同样的变化也表现在主尊及画面其余多处，表明由西夏作中介带来的东印度、中亚风格的影响力正在式微。

图4-6-20　13—14世纪卫藏唐卡右下角僧人像

〔1〕此处史料索引得自黄灏先生《新红史》注释233，见《贤者喜筵》藏文本，北京：民族出版社，1986年，第1414—1415页，这段史料对研究西夏与蔡巴噶举的关系极为重要。

〔2〕《红史》汉文本第271页，注释624；藏文本第452页：gtsang pa dung khur ba dbang phyug bkra shis/ gung thang bla ma zhang gi slob ma/ thog mar shis zhva rgyal povi bla mar spel/ 注中又云："此后成吉思汗征服了西夏，并邀请他到蒙古地方，他对成吉思汗讲授教法，并在蒙古地方弘扬了蔡巴噶举的教法。"（rdzes su jing ger han gyis shis zhva（mi nyag）rgyal khab gtor rdzes sog yul du gdan drangs nas jing ger han la chos gsungs te sog yul du tshal pa bkav brgyud kyi chos lugs thog mar spel/ vdivi vkhrungs lo dang vdas lo sogs lo rgyud zhib pa ma mthong）

二、噶玛巴黑帽的源头

武威市博物馆藏有一幅出土自武威新华乡亥母洞寺的《新样文殊》唐卡，属于12—13世纪流行于卫藏、西夏地区的框式构图（图4-6-21：1）。画面上部第二行左第二格中会有一名上师像，所戴黄色冠帽是前文所论西夏藏传佛教上师的法冠，源自藏传佛教旧派咒师的莲花帽，在西夏时期的绘画作品中非常普遍，如甘肃安西东千佛洞第7窟，肃南文殊山石窟，莫高窟第464窟、第465窟以及黑水城西夏唐卡中都有戴莲花帽的西夏旧派藏传上师。

图4-6-21 《新样文殊》唐卡，武威市新华乡亥母洞出土

武威唐卡最引人注目之处是主尊文殊菩萨左胁的白衣黑帽人像，此幅图像的解读事关西夏佛教史几个重要的问题。假若此幅唐卡中戴黑帽白衣人像为噶玛拔希，那么这幅作品属于蒙元时代、13世纪后期的作品，作品的施主应当是蒙古人，或者是蒙古统治凉州时的当地贵族等，因为噶玛拔希与西夏王室没有任何联系。噶玛拔希1253年应忽必烈之邀前往汉地，1255年会见忽必烈，1256见蒙哥汗并得赐黑帽，1271年回到西藏，那么这件作品的年代是在1256年至1271年或以后一段时间。[1]然而，我们对这件作品加以细致的分析，可以确认，戴黑帽白衣人像并非噶玛拔希，而是西夏的官员或长老，这件作品本身应为西夏作品而非蒙元唐卡。

[1] 关于噶玛拔希的事迹，谢继胜《西夏藏传绘画》（石家庄：河北教育出版社，2002年）有详尽讨论，参看该书第384—397页。

此幅唐卡虽然汉夏与藏传风格糅合，但其中心龛构图部分与西夏传统的汉式卷轴画风格极为相似，我们看完全汉式风格的《观音菩萨》（图4-6-22），须弥象座上为主尊观音，主尊右胁上方为持红色包裹（经书）的僧人，下方是作合十印参访观音的善财童子；左胁上方的人物有头光，似乎应是僧人，但戴的却是黑色的官帽，着灰白色长袍，值得注意的是人物须发灰白，长寿眉，络腮胡子长须飘逸，双手合十，左下方是两位白姓和高姓的女性西夏供养人。《普贤菩萨》（图4-6-23）的构图略有变化，主尊胁侍共有七位，着黑帽的老者仍安置在左胁，但善财童子位于黑帽长者的下方，双手合十作参访普贤菩萨状。黑帽人物仍有头光，人物面部特征和黑帽样式与“观音”黑帽人物完全相同，只是衣饰颜色更深。《文殊菩萨》（图4-6-24）与武威文殊唐卡更为相似，我们从这幅唐卡下方的御狮武士就可以补出武威唐卡缺损的御狮武士的全貌，善财童子在黑水城文殊卷轴中被安置在主尊左胁，右胁仍然是那位非常著名的黑帽长者，有头光，长眉，须髯飘逸。

图4-6-22 《观音菩萨》唐卡

图4-6-23 《普贤菩萨》唐卡

图4-6-24 《文殊菩萨》唐卡

令人惊奇的是，这位黑帽长者穿白色长袍，腰间所系两条红色的带扣腰带似乎表明这是西夏官服的一种，卷轴中人物的黑帽形制比较清晰，是西夏沿袭唐宋以来的官帽，黑水城卷轴中另有一幅戴黑色官帽的“官员像”，与北宋时期绘制的礼部侍郎王涣像完全相同（图4-6-25、图4-6-26），证明西夏黑帽确属宋代的官帽，[1]武威唐卡黑帽长者同样系有黑色端头的红色腰带，与黑水城官员像和文殊卷轴黑帽长者的红腰带一致

〔1〕参看Mikhail Piotrovsky, Lost Empire of the Silk Road Buddhist Art from Khara Khoto (X-XIIIth century), Thyssen-Bornemisza Foundation, Electa, 1993, p.98, figs 77 and 78. 王涣像现收藏于美国华盛顿弗利尔美术馆，画面榜题“礼部侍郎致仕王涣九十岁”。

图4-6-25　官员像，黑水城出土

图4-6-26　礼部侍郎致仕王涣像，北宋

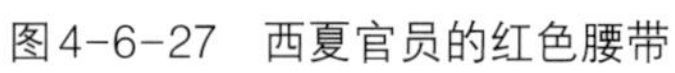

图4-6-27　西夏官员的红色腰带

（图4-6-27）。黑水城所出另外一幅“西夏王像”，[1]虽是黑白照片，但也可以确认，西夏王戴黑帽，穿白衣，腰间系有扣腰带（图4-6-28）。如果我们将以上的所有戴黑帽长者加以排列，可以发现在描绘菩萨（八大菩萨）的西夏汉式卷轴画中，将戴黑帽长须髯的长者作为右胁或左胁描绘是西夏绘画自己发展形成的一种程式。作为胁侍，绘有头光的黑帽须髯长者获得如此尊崇，肯定是西夏重要人物，如国王或王室的成员、官吏，因为戴的黑帽是官帽，我们不能说长者是僧人。考虑到西夏人尊崇白色，自称白上国，所以，笔者倾向于确认武威文殊菩萨唐卡白衣黑帽长者为西夏国王（图4-6-29）。[2]

图4-6-28　西夏国王像

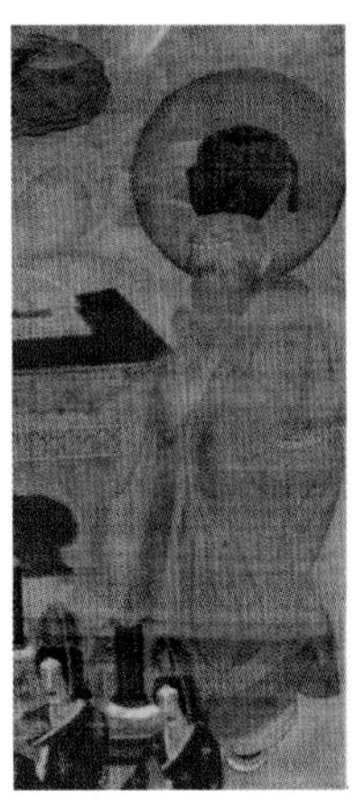

图4-6-29　《八大菩萨》中的老者形象与卷轴画中的国王形象，黑水城出土

〔1〕这件出自黑水城的卷轴画不幸佚失，现仅留有黑白照片，藏艾尔米塔什博物馆。

〔2〕关于文殊菩萨与西夏王的关系，明朱旃撰《宁夏志》“古迹”条云：“文殊殿，在贺兰山中二十余里。闻之老僧，相传元昊僭居此土之时，梦文殊菩萨乘狮子现于山中，因见殿宇，绘塑其相。画工屡为之，皆莫能得其仿佛。一旦，工人咸饭于别室，留一小者守视之，忽见一老者鬓皤然，径至殿中，聚诸彩色于一器中泼之，壁间金碧辉焕，俨然文殊乘狮子相。元昊睹之甚喜，恭敬作礼，真梦中所见之相也，于是人皆崇敬。逮之元时，香火犹盛，敕修殿宇，每岁以七月十五日，倾城之人及邻近郡邑之人诣殿供斋、礼拜。今则兵火之后焚毁荡尽。”（《宁夏志笺证》，银川：宁夏人民出版社，1996年，第96页）可见文殊菩萨于西夏王室的关系不同一般，其中同样出现了须髯老者。

图4-6-30 黑帽样式比较

图4-6-31 《药师佛》唐卡局部

实际上，西夏的黑色官帽已经是"金缘黑帽"。图4-6-29中各种黑帽的金色缘边似为早期样式，图4-6-28西夏王黑帽两侧折起，皆用金线镶边，帽前中央徽记为金色花枝。观察武威唐卡的黑帽，发现它与其他几幅卷轴官帽样式的黑帽有所不同，中间有一道金色的镶边，这不能不让我们想到噶玛噶举的金边黑帽，例如图4-6-30中的噶玛拔希像，[1]其黑帽样式与武威唐卡黑帽极为相似。

在黑水城出土《药师佛》唐卡底部左右两角，各描绘有一位僧人上师图像。左下角（图4-6-31）的上师穿长袖褐色外套，白色内袍和带有团花图案的黄色披风，戴着类似中亚穆斯林缠头的黄色翘檐帽子，帽子两侧有尖角垂带，可能是噶玛噶举黑帽的早期样式，最早为达布噶举所用。这位上师面色较黑，生有蓝灰色的胡须，可能是来自印度或克什米尔的上师，也可能就是与都松庆巴大致同时代的贡布巴。贡布巴是都松庆巴的上师，但不是黑帽系的创始人，所以没有带黑帽，他的名号为达布拉吉，达布为地名，拉吉，藏文作Lha rje，意为"神医"，是吐蕃时期赞普赤松德赞赐给医生的称号，所以达布拉吉造像往往绘药草于像前。考虑到帽子的形状和绘画的内容（药师佛），画面出现的人物与主尊都有密切的联系，主尊上方深蓝色背景的药草画面、所有的环绕人物背光的空间都绘有红白花蕾相间的枝桠，或许说明了药师佛的身份，也形成了这幅唐卡的突出特点，因此，笔者确认左侧下角上师为达布噶举上师达布拉吉。这位上师身后站立一位身穿黑色宽袖袍服，腰间系褐色腰带的西夏贵族供养人，或许就是这幅唐卡的施主，这位西夏供养人的出现确切表明此画为西夏时期作品。

〔1〕 图版见：《慈悲与智慧：藏传佛教艺术大展》，台湾时广企业有限公司出版，1998年，第127页，图版109。

右下角（图4-6-31）的上师穿短袖橙红色背心，褐色百衲衣袈裟有黄色线缝边，外披一件黄色的带有圆形团花的披风，上唇的髭胡和黑色的稀疏的连鬓胡突出了凸起的颧骨，头戴黄色镶边的黑帽，帽子前方缀有一黄色菱形，上绘十字交杵金刚。这是黑帽系噶玛巴，即噶玛噶举派的帽子。这幅噶玛噶举上师像是现今见到的最早的噶玛噶举僧人戴黑帽像。画面中描绘的上师极有可能是第一世噶玛巴都松庆巴（dus gsum mkhyen pa，1110—1193），或者是都松庆巴的弟子。如果画面左侧人物是达布拉吉，与此对应的人物应该是都松庆巴。虽然达布拉吉是都松庆巴的上师，而且也曾出家，但在噶举派的传承中，玛尔巴、米拉日巴和达布拉吉往往被视作在家人，故将都松庆巴置于右尊地位。

藏文史书《贤者喜筵》则记载了蔡巴噶举喇嘛相的弟子藏巴敦库瓦等师徒七人先到蒙古地方，后转道西夏，在西夏担任翻译，讲授三宝密咒。这位上师在成吉思汗毁灭西夏并破坏西夏寺院时，曾劝说成吉思汗修复佛寺，据说这是最早见到蒙古人的藏人。[1]东嘎仁波且编注《红史》对藏巴敦库瓦所作注释云："藏巴敦库瓦又名藏巴敦库瓦旺秋扎西，他是贡唐相喇嘛（1123—1194）的弟子，最初受西夏的邀请，为西夏王的上师，并在西夏弘扬了蔡巴噶举的教法……生卒年不详"。[2]所以笔者认为，可能是西夏王仁宗仁孝授予如都松庆巴弟子藏巴敦库瓦等噶玛噶举僧人黑帽，西夏画师为记其事，在《药师佛》唐卡下方绘制此上师像。噶玛噶举的黑帽实际上源自西夏而不是蒙古王室！

关于西夏早期藏传佛教究竟所宗何派的问题，学界一直以藏文文献所载噶举派（特别是噶玛噶举派）和萨迦派为准，认为西夏藏传佛教主要是噶举派和萨迦派。然而，笔者通过整理和分析西夏地区藏传佛教绘画作品中出现的上师造像，发现戴同一种莲花帽式的供养人广泛分布在黑水城唐卡、宁夏贺兰山麓及河西石窟西夏壁画中，甚至出现在卫藏唐卡下方。我们认为西夏上师的山形冠来自前弘期以莲花生为代表的持咒师们所佩戴的莲花帽，这种帽式在后弘初期（10世纪）开始流行于西夏地区。这也再一次证明了一个事实，即西夏佛教与藏传佛教的联系在西夏建国之前的党项时代就已经开始，当时藏传佛教的诸多教派还没有兴起，在安多流行的藏传佛教多为旧派（宁玛派），这些教法同时也在党项人中间流行，宁玛派的莲花帽也是党项佛教法师的帽子，并一直沿用到西夏时期。

---

〔1〕此处史料索引得自黄灏先生《新红史》注释233，见《贤者喜筵》，北京：民族出版社，1986年；藏文本，第1414—1415页，对研究西夏与蔡巴噶举的关系极为重要。

〔2〕《红史》第271页，注释624；藏文本第452页：gtsang pa dung khur ba dbang phyug bkra shis/ gung thang bla ma zhang gi slob ma/ thog mar shis zhva rgyal povi bla mar spel/ 注中又云："此后成吉思汗征服了西夏，并邀请他到蒙古地方，他对成吉思汗讲授教法，并在蒙古地方弘扬了蔡巴噶举的教法。"（rdzes su jing ger han gyis shis zhva 〔mi nyag〕rgyal khab gtor rdzes sog yul du gdan drangs nas jing ger han la chos gsungs te sog yul du tshal pa bkav brgyud kyi chos lugs thog mar spel/ vdivi vkhrungs lo dang vdas lo sogs lo rgyud zhib pa ma mthong）

噶玛噶举派被称为黑帽系(zhva nag pa),被认为是第二世噶玛巴噶玛拔希于1256年赴宪宗蒙哥汗庭帐时,传说蒙哥汗曾赐给噶玛拔希一顶金边黑色僧帽及一颗金印,从此以后噶玛拔希的噶玛噶举派活佛系统被称为黑帽系。然而,蒙哥汗赐噶玛拔希黑帽之事除了撰于后代的藏文史书《土观宗教源流》外,现在见到的时代较早的藏文文献如《红史》(deb ther dmar po)和《贤者喜筵》(mkhas pavi dgav ston)都没有提及蒙古皇帝赐噶玛拔希黑帽的史实。《贤者喜筵》认为噶玛噶举戴黑帽的传统始于都松庆巴。事实上,噶举派在河西地区的传法活动始于蔡巴噶举喇嘛相的弟子藏巴敦库瓦,他与其弟子在西夏担任翻译、讲授三宝密咒。他最初受西夏的邀请,成为西夏王的上师,在西夏弘扬了蔡巴噶举的教法,并获得了西夏皇帝赐予他的具有官帽性质的黑色帽子。这一结论的得出,也有利于我们合理地将第465窟现存壁画判断在西夏早期。

第七节　河西走廊唐僧取经图像与多民族的文化交流

敦煌地区是古代中国与西方文明的交汇处，也是古代通往西域的必经之路。今瓜州县隶属于甘肃酒泉市，汉武帝时为敦煌郡所辖，唐武德五年（622）称瓜州，清雍正年间设安西郡，民国二年（1913）改为安西县，2006年更名为瓜州县。瓜州东千佛洞、榆林窟的唐僧取经图绘于西夏，是我们所能见到的最早的取经壁画。1980年第9期《文物》刊载王静如文章《敦煌莫高窟和安西榆林窟中的西夏壁画》（作于1973年），介绍了榆林窟三处唐僧取经图。段文杰在《玄奘取经图研究》一文开篇提到1953年敦煌文物研究所考察榆林窟，在第2、3窟中发现了唐僧取经图，此后又陆续在榆林窟第3、29窟和东千佛洞第2窟中发现了4幅取经图。2009年刘玉权先生发文《榆林窟第29窟水月观音图部分内容新析》，依敦煌研究院复原该窟水月观音图稿及佛典，对这部分内容重新辨析后认为该窟《水月观音图》中并无玄奘取经图。故此瓜州洞窟中的唐僧取经图共有5处。

本节首先对东千佛洞、榆林窟几幅唐僧取经图进行分析，其基本特征为：1. 非独幅整铺壁画，而是存在于大型经变画中，且均出现在边角位置。2. 人物为唐僧、猴面行者（随从？）和一匹马。3. 各窟唐僧取经图人物形象不尽相同。近年多位学者对陕北、川渝、晋南石窟北宋取经造像的发现与研究，使得探讨11—14世纪唐僧取经图像的多民族交流成为可能，本节进而尝试对其进行比对分析，以示现存北宋、西夏、元唐僧取经图像特征与传播轨迹。

一、东千佛洞唐僧取经壁画内容

东千佛洞位于瓜州县境内，距县城约90公里。石窟开凿于干枯的河谷两岸，现存23个窟，其中东岸9个，西岸14个，有8个洞窟尚存有壁画和塑像，壁画总面积约486平方米，清代彩塑46身。东千佛洞始建于西夏，内容以密教题材为主，兼有汉密、藏密成分。

东千佛洞第2窟有两幅唐僧取经图，分别位于北壁西侧和南壁西侧的《水月观音图》中。关于洞窟开凿年代，张宝玺认为：东千佛洞第2窟门侧西夏供养人服饰特征及西夏文题名，表明该窟是西夏社会地位较高的人建功德而造。[1]门侧左右壁各画六身供养人，虽漫漶，但仍可看出他们与建于西夏乾祐二十四年（1193）的榆林窟第29窟供养人的服饰是一致的，是典型的党项人衣冠打扮。

东千佛洞第2窟坐西向东，窟内呈龟兹式，覆斗形顶，西壁前设佛坛，两侧及后方有甬道，南、北各设一像台。[2]南壁西侧唐僧取经图内容如下：玄奘法师面容平和，鹅蛋脸，有头光，双手合十，穿褐色交领僧衣，左肩披红色袈裟垂至脚踝，露朱红云头履。法师身后行者头戴发箍，长发、圆眼宽鼻下颚浅，闭口但三颗牙齿外露，相貌奇特似猴，身着青绿色圆领长衫，右侧开衩，腰束带，有芾垂下至大腿处，下穿褐色小口裤和麻鞋。他左手抬起，四指攥拳拇指伸出指向后方，身后有一匹褐色马，背对观者，头扭向唐僧一侧，马鬃厚密略卷，马鞍上空无一物，马尾长垂至地，中间打结（图4-7-1）。

图4-7-1　东千佛洞第二窟南壁西侧水月观音变中唐僧取经图线图（作者绘）

---

〔1〕张宝玺：《莫高窟周围中小石窟调查与研究》，载段文杰等编：《1990敦煌学国际研讨会文集：石窟考古编》，沈阳：辽宁美术出版社，1995年，第94页。

〔2〕王惠民整理：《安西东千佛洞内容总录》，敦煌研究院编：《敦煌石窟内容总录》，北京：文物出版社，1996年，第222页。

东千佛洞第2窟北壁西侧的唐僧取经图同样是绘在《水月观音图》中，但内容不同于南壁且壁画甚是斑驳难辨（图4-7-2）。画中玄奘法师侧身站立，长眉、双目微闭，神情庄重，双手合十，身着长袍僧衣，外披袈裟，有头光。身后一人似着淡青色短衫，褐色缚裤，小腿上缠有青蓝色绑腿，平底薄鞋，披风缠于颈部，左肩扛一长棍，头扭向一侧。在他身后有一匹棕褐色马，壁画斑驳不清，但马背上应是空无一物。东千佛洞第2窟中出现两幅唐僧取经图已是少见，二者均绘在《水月观音图》中则更为鲜有。不过，两幅取经壁画虽在内容上一致，但人物形象相去较远。

图4-7-2　东千佛洞第二窟北壁西侧水月观音变中唐僧取经图线图（作者绘）

关于这幅唐僧取经图还有两处疑点。其一是该壁画有洗刷痕迹。取经图人物所在区域颜色浅淡，四周却似烟熏般呈深褐色，二者对比强烈。实地查看可发现取经图部分墙面斑驳，壁画浅淡应是褪色所致，且壁画尚存有几道水流痕迹，造成今天面貌的原因无非两种：洞窟漏水或人为洗刷（擦洗？），在该幅水月观音像上也可以看到“擦拭”痕迹，原因尚不知。另一处疑点是该壁取经图剥落部分显出下层壁画。按常理，上层剥落应现下层壁画或墙体本身。此处属于前者，残缺处可见石绿色上绘墨线波纹，同壁画中所绘水波的颜色、画法相似。据此有两点推测，第一，壁画右上方可能原本绘有水面、波纹等，后被唐僧取经图覆盖，替代了原本内容。第二，在唐僧取经图下方可能绘有另一幅图像，换言之，北壁西侧这幅唐僧取经图也有可能是后人在原图上方补绘的。但被覆盖的图像究竟是唐僧取经图还是其他，尚不可知。

二、榆林窟唐僧取经壁画内容

榆林窟也称万佛峡，位于瓜州县南70公里的榆林河谷中，因河岸榆树成林而得名。石窟创建于初、盛唐时期，经中唐、晚唐、五代、宋、西夏、元及清代续建，现存41个洞窟，其中东崖上层19个，下层11个，西崖仅有1层11个洞窟。保存壁画约5 000平方米，彩塑200余身。西夏时期开凿的第2、3、29窟均分布在榆林河东崖上。[1]

榆林窟现存有唐僧取经图三处：第2窟西壁北侧《水月观音图》右下角一幅，第3窟西壁南侧《普贤变》中一幅和东壁北侧《十一面千手观音变》中一幅。

在第2窟西壁北侧《水月观音图》中，唐僧师徒站在画面右下角的岸边，岸上有树，枝叶繁茂。唐僧在前，头圆面方，双手合十高举礼拜观音。身后行者长发垂至前额，带有头箍，着淡绿色圆领窄袖衫，腰间束黄带，腰后有绿色衣襟垂下，腰下有褐色盖头，穿大口裤，脚穿麻鞋，可见纹理。他左臂下方绕出一根缰绳，拴在身后的马匹头部，马匹仅有头、颈出现在画面中，呈黑色（图4-7-3）。前文已述，东千佛洞第2窟两幅取经图中人物形象各异，但南壁西侧中的行者却与榆林窟第2窟行者有若干相似之处：第一，二者动作较为相

图4-7-3　榆林窟第二窟西壁北侧水月观音变中的唐僧取经图线图（作者绘）

〔1〕郭青林、薛平、侯文芳、王旭东：《安西榆林窟环境特征》，《敦煌研究》2002年第4期，第102页。

似。均是一臂弯曲放在胸前，一手高举至额头处。第二，形象相似。行者头发均垂至前额、披于脖颈，且头上均戴束发箍，与第3窟《十一面千手观音变》中猴行者相似。

榆林窟第3窟西壁南侧《普贤变》中唐僧师徒站在崖岸上，法师高鼻丰颚，有头光，双手合十，指尖朝下礼拜普贤菩萨。猴行者在唐僧身后，相貌似猴，毛发长，双目圆睁，昂头露齿，也跟着双手合十礼拜。白马鞍上驮莲台，上有内装经文的包袱烁烁放光，师徒二人身后亦有祥云缭绕（图4-7-4）。此处唐僧取经图人物刻画清晰精致，常常被视为玄奘取经图的代表作。然而它在人物形象表现上也确与其余不同。首先唐僧不再穿僧袍，而改为小口衫、松口裤，腰间束带，腿束行縢，脚穿线鞋，俨然一副行脚僧的模样。其次，猴行者也在合十礼拜，虽稍显笨拙，却与其余取经图动作不同。第三，该幅图中马背上驮有经袱并熠熠发光，东千佛洞中马背空空，榆林窟第2窟取经图像只有马头露于画面。段文杰描述《十一面千手观音变》中猴行者也身挎经包、肩挑经盒（详见下文引文），虽非马背所驮，但同是在榆林窟第3窟中出现，值得关注。

图4-7-4　榆林窟第三窟西壁南侧普贤变中的唐僧取经图线图（作者绘）

因尚未见到《十一面千手观音变》中唐僧取经图的清晰资料，故引用如下：

> 三同窟东壁北侧十一面千手观音变下部画青年玄奘像，头后有圆光，右袒褊衫，双手合十，虔诚默念。南侧画悟空，猴相，长发披肩，头束彩带，着衩衣，小口裤，脚蹬毡靴，腰间斜挎经包，右手握金环锡杖，紧靠右肩，挑起一叠经盒。左手高举额前，两眼圆睁，探视前方，精神抖擞。这里不仅表现了取经归来的喜悦，从头后圆光和安排的位置看，它们已被画师列入观音菩萨侍从神灵的行列。[1]

〔1〕段文杰：《玄奘取经图研究》，段文杰等编：《1990敦煌学国际研讨会文集：石窟艺术编》，沈阳：辽宁美术出版社，1995年，第2—5页。

三、早期唐僧取经故事文本

佛教壁画造像普遍依据佛教经典。提到唐僧取经图，人们会联想到明代神魔小说《西游记》，但敦煌壁画中的取经图却与小说相去甚远。明代神魔小说《西游记》的成书并非靠作者一己之力，有若干"前身"，有的已散佚不存。众所周知，唐僧玄奘法师贞观年间西行取经在历史上确有其事，法师归国后与弟子辩机撰写《大唐西域记》，记载了求经途中游历诸国的见闻，该书是一部历史地理名著。

与《大唐西域记》合称双璧的著作是由玄奘法师弟子撰写的《大慈恩寺三藏法师传》，记录玄奘西行经历，很多内容在《大唐西域记》中没有出现，梁启超赞誉此书为"古今所有名人谱传中，价值应推第一"。[1]该书主要是玄奘口述、弟子慧立、彦悰记录而成。有些内容今人读起来会觉奇异，似乎已有神魔成分的加入，如"即于睡中梦一大神长数丈，执戟麾曰：'何不强行，而更卧也！'"[2]文中对神魔的叙述可能并非子虚乌有，法师西行的经历也不能简单地以世俗眼光看待和想象，人们对玄奘法师西行求法的传奇经历充满好奇，而这部书也提供给人们想象空间。《大唐三藏取经诗话》今存残本，部分内容缺失。据王国维先生考证应是南宋刊行。所谓"诗话"，"非唐、宋士夫所谓诗话，以其中有诗有话，故得其名"。[3]但也有学者考证认为《大唐三藏取经诗话》刊行于南宋，并非作于南宋，实际成书年代要早很多。[4]此书虽写唐僧取经一事，但已加入了大量的神魔故事，而且出现了"猴行者""深沙神"两个关键人物。作为真实历史向神魔小说过渡的中间阶段，《大唐三藏取经诗话》有其明显特征：种种困难化身为妖魔猛兽，如《过长坑大蛇岭第六》的白虎精，《入九龙池处第七》的九条馗头鼍龙。猴行者化身"白衣秀士"虽一路护佑唐僧，但唐僧仍是取经故事主角，且有一定的法力。如第八处收服深沙神、《到陕西王长者妻杀儿处第十七》救痴那等。主神乃大梵天王而非观音菩萨，一路护佑唐僧、并送"隐形帽、金鐶锡杖、钵盂"给唐僧的是大梵天王，且道"有难之处，遥指天宫大叫'天王'一声，当有救用"。在《取经诗话》中虽出现了深沙神，但护送唐僧的只有"白衣秀士"

〔1〕梁启超：《支那内学院精校本〈玄奘传〉书后》，收于梁启超：《佛学研究十八篇》，上海古籍出版社，2011年，第412页。

〔2〕（唐）慧立、彦悰著，孙毓棠、谢方点校：《大慈恩寺三藏法师传》，北京：中华书局，2000年，第17页。

〔3〕王国维：《王国维跋》，李时人、蔡镜浩校注《大唐三藏取经诗话校注》，北京：中华书局，1997年，第55—56页。

〔4〕张锦池：《大唐三藏取经诗话成书年代考论》，《学术交流》1990年第4期，第67、108—114页。有关《大唐三藏取经诗话》成书年代的论述可参考任鹏程：《〈大唐三藏取经诗话〉成书年代考证综述》，《闽西职业技术学院院报》2017年第3期，第85—89页。

猴行者及随从，与敦煌壁画里表现的二人一马的组合十分接近，王邦维认为《大唐三藏取经诗话》很可能就是壁画背后流传的关于玄奘和猴行者故事的证据。[1]壁画中唐僧身形较从人更高大，站在最前面，其身后的随从也是相貌怪异，与石磐陀、白衣秀士猴行者不无关联。

唐僧取经图像进入佛教造像、壁画中大致可归纳为几点原因：首先，佛教非本土宗教，无佛时代求取真经意义重大，东晋释道安言："世不值佛，又处边国"。[2]玄奘法师亦于贞观八年（634）到达菩提伽耶摩诃菩提寺时感叹："佛成道时，不知漂沦何趣，今于像季方乃至斯。"[3]其在有诏不许的情况下坚决西行的原因也很简单："法师既遍谒众师，备飡其说，详考其理，各擅宗涂，验之圣典，亦隐显有异，莫知适从，乃誓游西方以问所惑……又言：'昔法显、智严亦一时之士，皆能求法导利群生，岂使高迹无追，清风绝后？大丈夫会当继之。'"[4]取经图像本身即象征佛法的传播，马背上放光的经书就是佛的代表。其次，唐僧玄奘法师事迹被人们所熟知，在唐宋寺院壁画有绘玄奘取经图的记载，如《类编长安志》记五代名将王彦超将他长安城南的庄园，舍建重云寺，在正殿东、西壁各绘有唐太宗和玄奘、唐玄宗和胜光法师组图。[5]宋代欧阳修《于役志》中记录《寿宁寺玄奘取经壁画》。宋代董逌的《广川画跋》卷四记录《书玄奘取经图》。《苏辙集·栾城后集》题为《题郾城彼岸寺二首·武宗元比部画文殊玄奘》。成寻《参天台五台山记》中，描述泗州普照王寺大佛殿四壁外的高僧组图中的玄奘姿态。[6]玄奘法师并非普通的取经僧，自唐至宋已逐渐从高僧转向圣僧，受人供养。在图像表现上逐渐被"圣化"，出现了头光，或为护法，或位列十八罗汉、五百罗汉之一。刘淑芬认为宋初古文运动家对佛教展开了更严厉的攻击，僧俗纷纷著书立说予以驳斥，辩驳欧阳修"唐太宗为中才庸主"之非。他们在替唐太宗辩护之余，也间接提升玄奘的地位。第三，可能存在一些文本如《大唐三藏取经诗话》，丰富地描绘取经故事。在陕北、川渝、晋南、杭州唐僧取经图像遗存，多见以雕塑造像形式表现取经内容，加之敦煌石窟取经壁画，构成北宋、西夏、元唐僧取经图的大致面貌。只是目前所能参照的故事文本十分有限，而且残缺不全，难以从文字上更好地理解图像内容。如日本所藏传元人王振鹏绘《唐僧取经图册》，其画面内容、榜题内容尚有不可辨别之处，使人更加怀疑历史上确有散佚唐僧取经故事文本尚未被找到。

---

〔1〕王邦维：《历史怎样变为神话：玄奘与〈西游记〉故事的来源》，《新世纪图书馆》2012年第2期，第5页。

〔2〕《出三藏记集》卷6，CBETA 2020.Q1, T55, no. 2145, p. 45a10-11。

〔3〕（唐）慧立、彦悰著，孙毓棠、谢方点校：《大慈恩寺三藏法师传》，第66页。

〔4〕出处同上，第10页。

〔5〕"正殿东壁间，王思温画太宗与三藏对谈；西壁画玄宗与胜光法师对谈，至今犹存，号为奇绝"，《类编长安志》卷九《胜游·三川·御宿川》，西安：三秦出版社，2006年，第270页。见刘淑芬：《宋代玄奘的圣化——图像、文物和遗迹》，《中华文史论丛》2019年第1期，第174页。

〔6〕出处同上，第164页。

四、宋元唐僧取经图像

（一）陕北宋金石窟中的唐僧取经图像

近年陕北宋金石窟中发现的唐僧取经图像达12例，[1]其中安塞樊庄石窟第2窟内存两组取经浮雕，该处石窟雕凿时间为北宋元祐八年（1093）至政和三年（1113）修凿。[2]第一组塑三身人物，左侧一人为取经高僧，略躬身，圆方脸，面如满月，汉地僧人形象，着圆领僧袍，双手捧经卷，系有绑腿，便于长途行走。后负竹笈，内装经卷。旁边站立一位挑夫，头部缺失，着交领衫，扁担两头挑经书和佛像。挑夫身边还站立一人，头部缺失，风化严重，未见马匹，没有明显的依附关系（图4-7-5、图4-7-6）。第二组取经图在北壁东侧，水月观音像下方。该组共九人一马，人物头部均残缺，分为上下两层。上层五人，左起第一身人物身形略高大，手持经书，推测为取经僧人。第二身人物双手捧物，第三身持铙钹，第四、五身人物正面站立，双手合十。下方共四人一马，左起一匹马，马背驮莲座，上有方形物，疑为装有经书的包袱，上方生出一道光芒。马前面一人双手合十，屈膝行走状，姿态与其他八人不同，似为牵马者。其前塑有侧身持铙钹者一身、双手合十站立人物一身，反方向侧身持铙钹人物一身（图4-7-7）。该窟第一组唐僧取经图像与敦煌石窟不同，打

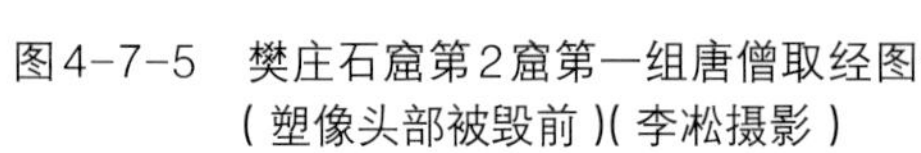
图4-7-5　樊庄石窟第2窟第一组唐僧取经图像（塑像头部被毁前）（李凇摄影）

图4-7-6　樊庄石窟第2窟第一组唐僧取经图像（作者拍摄）

〔1〕石建刚、杨军：《延安宋金石窟玄奘取经图像考察——兼论宋金夏元时期玄奘取经图像的流变》，《西夏学》2017年第2期，第129—142页。

〔2〕杨宏明、李凇、何利群等均曾对其进行论述。杨宏明：《安塞县石窟寺调查报告》，《文博》1990年第3期，第64—70、101页。李凇：《陕西佛教艺术》，北京：文物出版社，2008年，第196页。何利群：《延安地区宋金石窟分期研究》，北京大学考古与文博院硕士学位论文，2001年，第24页。

破了二人一马的常见组合，以挑担的从人代替牵马的从人，以负笈行脚僧代替恭敬施礼的取经僧。第二组场景人物众多，有的手持铙钹欢迎取经归来，这些都是此前唐僧取经图中所未曾见过的。

与西夏唐僧取经图像内容相似的北宋陕北石窟造像有多处。其一为安塞县招安石窟第3窟，开凿于绍圣元年（1094）至崇宁元年（1102），取经图像位于水月观音下方，浮雕风化严重，但通过人物轮廓可以看到二人一马的组合：前方一人向前施礼，其头部缺失，仅存人物后脑勺，推测为取经僧人仰头望向观音菩萨。浮雕手部缺失，应在施礼。小腿绑腿刻画清晰。其后方随从头戴发箍，穿长袍，左手牵马，右臂风化疑似叉腰，仰头望向主尊，他身旁的马头部缺失，背上驮有一捆捆的经书，由宽带绑缚，并向上放射出光芒。水月观音下方另一侧塑有三人站立在云或水之上，风化严重，中间一人头戴冠（图4-7-8）。

图4-7-7　樊庄石窟第2窟第二组唐僧取经图像（作者拍摄）

图4-7-8　招安石窟第3窟北壁唐僧取经图（王瑞雷拍摄）

第二处为北宋宝塔区石窑石窟第2窟西壁水月观音菩萨游戏坐在石台上，上方周围雕有岩石和净瓶。观音右下方有马匹，马背驮莲座，莲中有经函向上放光。与常见唐僧取经图像不同的是，取经僧人和随从不见马旁边，而是出现在马的左上方。有一人穿交领长衫，手搭凉棚，仰望观音，他前面的取经僧人则在躬身施礼（图4-7-9）。石窑石窟第1窟的情形与之相似，水月观音游戏

图4-7-9　石窑第2窟西壁唐僧取经图（王瑞雷拍摄）

图4-7-10　石窑第1窟东壁唐僧取经图（王瑞雷拍摄）

坐于石台，上方塑岩壁和净瓶。观音右下方有驮经马匹，不见取经僧人与随从。马的上方有云，云上有一身人物，圆脸，穿圆领长袍，腰间系带，双手合十。水月观音菩萨左侧中部有一身人物，同样站在云上，头部缺失，穿僧袍，双手合十（图4-7-10）。石建刚认为此二者为随从和取经僧人，[1]从形象与穿着上看，确有一定道理，但也尚存疑问：取经僧人与随从为何分别驾云站在观音左右？石窑第2窟水月观音两侧也有两位驾云人物出现，其身份又是何人？因大多数浮雕人物、马匹头部缺失，加之风化，使得难以对情节、身份加以辨认，尚待进一步研究。石窑石窟第1、2两窟中唐僧取经图像具有相同的特征，即人物与驮经马匹没有形成组合关系。事实上，第1窟中驾云站立在菩萨两侧的人物与取经僧人和随从的身份不符，对于他们的身份尚待更合理的解释。

第三处为富县石泓寺石窟第7窟，开凿于金皇统元年（1141）至贞元七年（1159）。其中典型一例位于中央佛坛东南柱南向面上部水月观音一侧，系二人一马的组合，从人长发后披，头戴发箍，身穿窄袖长袍，右手持物，仰头望向观音。他的身旁有驮经马匹，前方有一僧人，头部缺失，双手合十礼拜菩萨。观音另一侧下方有二人，一人头部缺失，右手捧珠，左手持棍站立。后方一人脖子上戴大颗串珠，拱手望向观音（图4-7-11）。[2]

第四处为子长县钟山石窟第4窟水月观音龛，[3]有题记“清信张氏修观音菩萨一会，永为供养。政和二年（1112）九月二十日记”。唐僧取经浮雕保存较好，唐僧塑有头光，双手合十仰望观音菩萨，行者右手牵马左臂弯曲上举，动作与敦煌石窟壁画中的猴面从人相似。水月观音另一侧塑有三身人物乘云而来，第一身人物头戴冠，有头光，穿广袖长袍双手合十礼敬观音。第二身人物亦有头光，双手持物。第三身人物披铠甲似为天王，右臂弯曲，手中托有一物（图4-7-12）。

---

〔1〕石建刚、杨军：《延安宋金石窟玄奘取经图像考察——兼论宋金夏元时期玄奘取经图像的流变》，第132页。
〔2〕石建刚认为此二人为毗沙门天王的上首夜叉与深沙神。出处同上，第133—134页。
〔3〕延安文物研究所对延安石窟所做的最新编号将原钟山石窟第4窟改编为第12窟。

图4-7-11　石泓寺第7窟佛坛东南柱南向面上部唐僧取经图像（王瑞雷拍摄）

图4-7-12　钟山石窟第4窟西壁水月观音变相龛（王瑞雷拍摄）

上述四处陕北宋金石窟中的唐僧取经图与瓜州东千佛洞第2窟、榆林窟第2窟的唐僧取经图像内容相似。主尊均为游戏坐的水月观音菩萨，行者牵马，望向观音菩萨，[1]取经僧人躬身施礼或双手合十。不同在于陕北宋金石窟中马背上均驮有放光的经书或经函。这种一僧一从人和一匹马的组合，有赖于《大慈恩寺三藏法师传》《大唐三藏取经诗话》的流传。张世南《游宦纪闻》一书中，记载有一号为“张圣者”的僧人为福州永福县重光寺经藏院题诗中提及猴行者随玄奘西行取经之事：“苦海波中猴行复，沈毛江上马驰前。长沙过了金沙难，望岸还知到岸缘。夜叉欢喜随心答，菩萨精虔合掌传”，似乎是对《大唐三藏取经诗话》的描述。[2]李时人、蔡镜浩认为《取经诗话》是晚唐五代寺院俗讲的底本，唐三藏取经故事的流行也在北宋石窟雕塑中得到反映。

同时，上述唐僧取经图像除樊庄石窟一组外，均处于水月观音周围。沙武田认为研究取经图，还需注意整体画面图像组合关系，[3]这样才能更全面解读唐僧取经图像。从东千佛洞第2窟北壁西侧《水月观音变》人物安排和所占面积看，水月观音所占比重最大、其次为云上四人，唐僧取经图所占空间最小。该窟两幅《水月观音变》都绘有云上的一组人物，沙武田、石建刚在各自论文中均总结了前人对其身份的判断，有“大梵天王”“西夏主（节度使）”“功德主”“龙王”等。沙武田认为戴头冠的人为往生亡人，[4]石建刚结合陕北宋金石窟取经图像分析认为应是大梵天王。[5]西夏黑水城绢画中有大量阿弥陀佛来迎图，其信仰净土祈求往生极乐世界的心愿可见一斑。但是，往生净土是去西方极乐世界，教主应是阿弥陀佛。此外，取经图像与往生亡人有何关系，为何同时出现？这些问题均未找到满意答案。陕北宋金石窟水月观音的一侧也多塑有驾云礼敬菩萨的人物，有的人物头上戴冠，或塑有头光。他们恐怕不是往生亡人，而至少应是如大梵天王等的天人。所以

---

〔1〕美国伍斯特艺术博物馆藏一件雕像，观音菩萨自在坐于水旁，其头顶岩石上方刻有唐僧取经图像，行者牵马走在前面，唐僧在后，其为正面像，一手持锡杖，一手持念珠，俯身仿佛望向下方的观音菩萨。雕塑年代被认为是宋代。见郝稷：《新见美国伍斯特艺术博物馆所藏宋代雕像及其与西游取经故事关系考》，《明清小说研究》2018年第2期，第153—175页。

〔2〕（宋）张世南著，张茂鹏点校：《游宦纪闻》卷四，北京：中华书局，1981年，第30—31页。见刘淑芬：《宋代玄奘的圣化——图像、文物和遗迹》，《中华文史论丛》2019年第1期，第195页。李时人、刘荫柏、中野美代子论著中也曾提到这条材料。李时人：《〈西游记〉的成书过程和孙悟空形像的渊源》，江苏省社会科学院文学研究所编：《西游记研究》，南京：江苏古籍出版社，1984年。刘荫柏：《西游记研究资料》，上海古籍出版社，1990年，第256页。中野美代子认为“泉州开元寺西塔浮雕上的猴也好，福建人刘克庄的《取经烦猴行者》的诗也好，还有福建人张圣者的诗（《游宦纪闻》所引）都足以证实南宋中叶称为猴行者的猴与玄奘一起赴西天取经的故事是先于《诗话》在福建形成的。”见［日］中野美代子著，王秀文等译：《〈西游记〉的秘密（外二种）》，北京：中华书局，2002年，第383页。

〔3〕沙武田：《水月观音图像样式的创新与意图——瓜州西夏石窟唐僧取经图出现原因再考察》，《民族艺林》2019年第1期，第15页。

〔4〕出处同上，第16—17页。

〔5〕石建刚、杨军：《延安宋金石窟玄奘取经图像考察——兼论宋金夏元时期玄奘取经图像的流变》，第135—136页。

东千佛洞第2窟壁画与陕北宋金石窟中菩萨身边的驾云人物不可混为一谈，身份可能并不相同。

山西晋城市泽州县紫金山大云院水月观音龛的情况更加特殊。水月观音下方两侧同时出现了两组取经人物，一组如同常见的僧人礼拜、行者牵马样式，另一组是领头人头戴通天冠，身后也有从人和马，从人手搭凉棚，另一手持棍棒。该龛题记位于水月观音下方的台座中央："时大元至元三十年（1293）岁次癸巳季春上旬有六日住持僧大云老人道凝镌观音之记。"头戴通天冠持笏参礼观音的人令人联想到泉州开元寺南宋西塔仁寿塔四层唐玄奘与梁武帝相对的一组浮雕。学者们对唐玄奘、梁武帝两位相差百年的人物相对出现感到疑惑。[1]对大云院水月观音一侧下方的人物身份的考证还有待深入，但水月观音、唐僧取经图像与驾云一组人物的图像组合形式是相似的，在北宋、西夏、元的水月观音变相中形成了相对固定的表现形式。

（二）川渝地区北宋石窟中的唐僧取经图像

川渝地区目前发现的取经图像均为雕塑。大足北山168窟为五百罗汉窟，存北宋宣和年间（1119—1125）施资镌记，另有南宋建炎二年（1128）妆彩题记。[2]左壁两身罗汉塑像中间雕有二人一马取经图像。取经僧人胸部以上皆损，残高18厘米，穿宽袖长袍，腰间束带作行进状，身旁一马，背上驮圆柱形物向上放光。上方墙面浮雕一身人物，头戴发箍，穿交领长袍，腰间束带，手持双刀。其衣着、佩刀、衣纹等均与杭州飞来峰龙泓洞口第47龛第一身人物相似。

大足妙高山第3窟罗汉洞内也有一组唐僧取经图浮雕，开凿于南宋绍兴年间（1131—1162），[3]共三身人物一匹马。走在最前的是牵马持棒的从人，头部缺失。身旁马匹的鞍上驮有一物，残损难辨，但蜷曲上升如同烟雾的光芒示意其应为经书。马匹后方站立一人，头部缺失，胸前残损，肘臂弯曲，但动作不可辨，起身后一人大部分残损。

四川泸州延福寺第8龛正壁塑有一佛二弟子二菩萨，在观音、势至二菩萨下方分别塑有猴行者、驮经马匹和唐僧，取经图像被分为左右两部分，马背经书上方散射的光芒象征取经归来。

大足北山168窟、大足妙高山第3窟中的唐僧取经图像均出现在五百罗汉和十六罗汉

---

〔1〕［日］中野美代子著，王秀文等译：《〈西游记〉的秘密（外二种）》，第491—492页。刘淑芬认为唐三藏与梁武帝浮雕相对可视为"明君高僧组图"，其目的在于"强调明君崇仰佛教、尊礼高僧。"刘淑芬：《宋代玄奘的圣化——图像、文物和遗迹》，《中华文史论丛》2019年第1期，第177—178页。

〔2〕李小强、姚淇琳：《大足石刻宋代两组取经图简说》，《敦煌研究》2015年第6期，第69页。

〔3〕出处同上。

中间,[1]李小强认为与《大唐三藏取经诗话》中的一段记述有关。京都大德寺《五百罗汉图》共百幅,每幅绘五位罗汉。其中第七十七幅名为《唐僧取经》,画面下方绘四位罗汉,上方绘唐僧玄奘法师骑在白马上,与深沙神、猴行者三人取经赶路。[2]很显然玄奘法师被当作是此幅五位罗汉之一,也是五百罗汉之一。这与大足北山168窟的情况相似,该窟取经图像占据了一个罗汉身位,似乎也告知观者取经僧玄奘法师即五百罗汉之一。此外,日本东京国立博物馆所藏平安时代(794—1192)12世纪"十六罗汉图"中"南瞻部州第五诺矩罗尊者"可能也是依据玄奘法师取经故事为底本创作的。因为作品中出现了鬼面人物和相貌似猿猴的侍者,前者令人想到《大唐三藏取经诗话》中的深沙神的形象。日本镰仓时代及以后的《释迦佛与十六善神图》中深沙神常与玄奘一同出现并相对而立,二者均颈戴髑髅头骨项珠,且面目狰狞似鬼。[3]而后者则令人联想到"白衣秀士"猴行者或胡人石磐陀。玄奘法师曾译《法住记》,同时也被增补至十八罗汉之一。日本藏有多幅玄奘法师像,常作为祖师或护法出现,画像中其右手"屈二指"的动作被认为是超凡入圣的标志——证得二果斯陀含。[4]

元代目前有三处唐僧取经图像遗存,上文题及的晋南大云院有榜题,其余两处为推测。杭州飞来峰高僧取经组雕位于龙泓洞洞口西侧,自西向东共有七身造像、三匹马和八处榜题。西起第一身为唐三藏玄奘法师立像,容相温雅,背后有头光,身着袈裟,袖子宽大垂至膝下,双手合十,左上角有榜题"唐三藏玄奘法师"。西起第二人立于矮台上,头部、上躯残毁,人物着长裙、穿草鞋、佩刀。此人身后是一匹长颈满鬣的马,背上驮着经书,颈部上方有榜题"朱八戒"。第三、四人是两位牵马者,前者头部已佚,袒露胸腹,项下挂佛珠,双臂残缺,右手似提有棍棒,束绑腿,作前行状。后者头部、身躯已残,但可看出牵马姿势,腰间束带,侧面佩有短刀,身旁还有一马,比前马略矮小,背上负莲座,颈部上方有榜题"从人"(图4-7-13)。第47龛人物因残缺而身份尚存争议:一方认为是玄奘的随行者,取经路上保护法师和经卷;另一方认为是此组人马与玄奘无关,讲述三国时高僧朱士行取经故事。我们倾向于前者,即玄奘法师随从。[5]虽较敦煌壁画中多出两人一马,但玄奘依旧走在最前,后面三人均身配兵器,可能是今人未见取经故事的再现。

---

〔1〕李小强论文中提到延福寺第8龛两侧也塑有罗汉像:"从该处出现场景来看,取经图人物造像分别位于正壁的普贤和水月观音的下方,也处在正壁与左右壁的罗汉像的转角处,或存在二者兼顾的可能性。"李小强、姚淇琳:《大足石刻宋代两组取经图简说》,《敦煌研究》2015年第6期,第73页。

〔2〕《聖地寧波——日本仏教1300年の源流》,奈良国立博物馆,2009年,第152页。

〔3〕另一件奈良药师寺所藏元代《玄奘三藏取经图》中也有深沙神出现。朝日新闻社文化企画局大阪企画部编集:《三藏法师の道:西遊記のシルクロード》,朝日新闻社,1999年,第268页。

〔4〕刘淑芬:《宋代玄奘的圣化——图像、文物和遗迹》,《中华文史论丛》2019年第1期,第167—171页。

〔5〕于硕:《杭州飞来峰高僧取经组雕内容与时间再分析》,《南京艺术学院学报(美术与设计版)》2013年第1期。

图4-7-13　杭州飞来峰第46—47龛线图（作者绘）

山西稷山县青龙寺唐僧取经壁画位于大雄宝殿门上方拱眼处第三幅。画中走在最前的是玄奘法师，身形大于后两位，人物无头光，面阔头圆，五官清秀，身着交领垂地大袍，外披宽肩袈裟，双手合十。唐僧身后有一僧侣，双手合十，头扁圆无发，眼睛细长，口似微张，略清瘦，着宽袖长袍，左肩披袈裟，腰间系黑带。《大唐三藏取经诗话》中玄奘带有弟子多人一同赴西天求经，此人可能是玄奘众弟子之一。队伍中最后一人相貌似猴，面孔扁平怪异，头部扁圆，前额处带一金箍，着圆领上衣，腰中围布巾，白色裤子，右手牵马，左手放于胸前（图4-7-14）。壁画反映了玄奘取经途中的一个行进场景，其创作年代为元至正五

图4-7-14　稷山县青龙寺大雄宝殿拱眼取经壁画（作者绘）

年（1345）前后。[1]该幅绘三人一马，尚未出现猪八戒、沙和尚，与《大唐三藏取经诗话》中的描述亦有相通之处。

五、小　结

陕北宋金石窟、川渝石窟寺中的唐僧取经图像创作年代与敦煌石窟唐僧取经图像接近，并有很高的相似度，可见这一时期的《水月观音变》的图像内容与风格是基本固定的。唐五代敦煌石窟壁画与藏经洞出土纸本、绢本《水月观音图》中均未见取经僧人，重点描绘观音菩萨及周围环境。松本荣一总结斯坦因、伯希和劫掠四铺水月观音图S.P.15、S.P.29、MG17775（作于天福八年943）和EO.1136构图上的共同点为：菩萨半跏坐于莲池中的岩石上；宝冠有化佛；一手持杨柳，一手持水瓶；有大圆光；菩萨身后绘有竹类植物；画面效果反映出画工努力接近印度风格的意识。[2]从目前的资料看，北宋元祐八年（1093）开始开凿的樊庄石窟首先将取经图像"引入"水月观音变浮雕中，后有元祐九年（1094）开始开凿的安塞招安石窟、崇宁二、三年（1103、1104）开凿的宜川贺家沟佛爷洞石窟、政和二年（1112）开凿的钟山石窟第4窟、金皇统元年（1141）开始修建的石泓寺石窟第7窟、西夏（1038—1227）修建的东千佛洞、榆林窟等，[3]唐僧取经图像与水月观音组合的新样式基本形成并逐渐固定下来。从取经人物相貌特征看，应与当时流行的取经故事有必然联系。在这期间，唐僧玄奘法师也逐渐完成了"圣化"的过程，在东千佛洞第2窟南壁西侧水月观音图、钟山石窟第4窟水月观音龛、杭州飞来峰第46龛的唐玄奘法师均带有头光，象征法师已超凡入圣。北宋11世纪于陕北诸石窟中出现的唐僧取经浮雕形式多样，可以视为新题材加入之初的探索。其内容也影响到西夏晚期敦煌洞窟图像的创作，将这些取经图像进行比对，可以找到11—13世纪多民族文化交流的蛛丝马迹。另外，东

---

〔1〕于硕：《山西青龙寺取经壁画与榆林窟取经图像关系的初步分析》，《艺术设计研究》2010年第3期。

〔2〕［日］松本荣一著，林保尧、赵声良、李梅译：《敦煌画研究》，杭州：浙江大学出版社，2019年，第202—203页。王惠民在《敦煌佛教图像研究》中也对其进行了讨论，并补充了两幅分别藏于四川省博物院和美国弗利尔美术馆的绢本《水月观音图》。

〔3〕王惠民《敦煌佛教图像研究》中记录莫高窟第6窟中的水月观音像："水月观音坐在上大下小的须弥山形岩石上，左腿压着横在岩石上的右腿并下垂到水中莲花上，左手持净瓶，右手持柳枝，身后有三竹一笋。画面左边有二僧人，一个正双手合十，面对观音，神态虔诚；另一个体态肥胖，穿着宽大的袈裟，五体投地向观音行礼。画面右边有二俗人，前面一人正回头同后面的伙伴说什么，右手指着水月观音；后面那人左手扶腰带，右手遮着前额，顺着前面那人的手势向前眺望。画家把4个人的不同情态惟妙惟肖地表现出来了，与端坐在岩石上不苟言笑的水月观音形成鲜明的对比。"见王惠民著：《敦煌佛教图像研究》，杭州：浙江大学出版社，2016年，第155页。第6窟为五代修建、西夏重修。敦煌研究院编：《敦煌石窟内容总录》，北京：文物出版社，1996年，第6页。

千佛洞第2窟中出现有两幅唐僧取经图，此前是孤例。现在发现子长县钟山石窟第4窟中的情况与之相同——同一窟内两铺水月观音变相中出现了两组唐僧取经浮雕（图4-7-15）。

图4-7-15　钟山石窟第4窟西壁唐僧取经图像（王瑞雷拍摄）

大足石刻两处的唐僧取经图出现在罗汉塑像中间，马背驮经并向上射出光芒。大足北山第168窟从人的雕刻非同寻常，既未牵马也没有手搭凉棚、双手合十等动作，而是双手持刀，李小强认为此处“场景表现为后者正在追杀前者，后者所持为刀，这与上述文献中所记胡人‘拔刀而起’‘抽刀行’相合”。[1]但胡人欲害法师乃在取经路上，此处浮雕马背驮经，示意玄奘法师取经归来，则无加害之理。从人持刀应意在归程路上保护佛经与法师。泉州开元寺西塔仁寿塔建于南宋嘉熙元年（1237），其第四层东北壁面浮雕猴行者即手持长刀站立。飞来峰第47龛第一身人物虽已残破，但仍然可辨其腰间佩刀，这大概是长途旅行者的必备之物。另外，持刀从人装束与飘动的衣裙皱褶与敦煌、陕北宋金石窟中从人不同，却和飞来峰第47龛第一身人物残像相似。大足北山第168窟中玄奘法师是该窟五百罗汉之一，与大德寺《五百罗汉图·唐僧取经》一样，玄奘取经图由经变画中的配角变为主角之一，也是宋代玄奘三藏超凡入圣的重要体现之一。

现存已知的宋、金、西夏、元代唐僧取经图分布在陕北、川渝、泉州、敦煌、晋南、杭州各地，取经图内容与样式的不断变化反映出取经故事内容的发展。随着玄奘法师形象的转凡入圣，唐僧取经图渐渐从“配角”变为“主角”。《西游记》小说问世后，出现了绘满整窟整壁的《西游记》壁画，显现出由历史史实向宗教神异、再向世俗神话故事转变的过程。这些变化既反映在取经故事内容的发展上，也体现在取经图像的遗存中。与此同时，取经图像分布范围广泛，且在西夏时期的洞窟中出现，是各民族文化艺术交流的直接体现。

---

〔1〕“上述文献”指《大慈恩寺三藏法师传》和《大唐故三藏法师玄奘行状》，见李小强、姚淇琳：《大足石刻宋代两组取经图简说》，《敦煌研究》2015年第6期，第71页。

第五章

元代汉藏艺术的气势与张力

第一节　文物史籍叙述的元代汉藏多民族政治关系史

一、元代北京的汉藏多民族文明关系史

北京，伟大祖国的首都，她的形成与发展，与北方民族在这块土地上的耕耘与繁衍密切相关，是我国多民族共建中华文明史的缩影。燕赵旧地的北京，宋、辽、夏金时期各民族在共同的舞台上演出一幕幕波澜壮阔的全景剧目。[1]元明清时期，汉藏蒙满等民族在特定的历史时期、在数百年的历史长河中，政治经济文化相互交融发展，为中华民族统一体的兴起与壮大，作出了伟大的贡献。

北京佛教美术史、民族关系发展史与北京城市的发展史紧密相关，呈现绵延之势，唐幽州佛教遗物、辽金时期的寺塔建筑遗存与元明清时期大量的汉藏佛教寺院相互承继，[2]构成了以佛教建筑为纪念碑标志的北京佛教物质文明发展史，对实物留存或文献中记载的佛教寺院及其相关文物或艺术遗物的研究，是北京佛教美术研究最重要的领域；[3]以寺院为时间和空间的坐标，把特定时期的佛教美术与之联系起来，从而构建与北京城市发展同步的、立体的佛教美术史是北京史地研究的方向之一。

---

〔1〕北京建城有三千多年的历史，琉璃河商周燕国古城是北京建城的开始。及至辽代，北京从中原王朝的边疆重镇而成为北方游牧民族王朝的陪都，掀开了北京成为全国政治中心的序幕。1153年，金海陵王完颜亮自金上京阿城迁都于燕京，改称中都，自此北京成为北方游牧民族王朝的国都。目前辽金时期的遗迹遍及北京18个行政区县，以佛教文物为主，还有一些重要的建筑遗迹。大部分佛教遗址分布在房山、门头沟、昌平三区的靠山地带，由于人迹罕至，因而多得以保留。建筑遗迹多分布在平川地带，以辽南京城和金中都城的城址所在，宣武、丰台两区较为集中。除少数的塔、寺，如广安门外辽天宁寺塔外，还有金中都宫殿区、右安门外金中都南城垣水关遗址、卢沟桥以及高楼村、凤凰嘴、万泉寺三处中都土城遗址。此外，大兴、通州二区还保存了一定数量的游猎遗迹和佛教遗物。北京地区现存辽代的地上建筑仅有15座辽塔，以天宁寺塔、燃灯塔、良乡塔为代表。金代的地上建筑除9座金塔外，还有一座卢沟桥。辽金时期的墓幢共有19种，如严行大德灵塔、故衍公长老塔、广公大师塔记等。关于北京史地，参看北京大学历史系：《北京史》（增订本），北京出版社，1999年；李淑兰：《北京史稿》，北京：学苑出版社，1994年，侯仁之主编：《北京城市历史地理》，北京：燕山出版社，2000年。

〔2〕事实上，北京元明清藏传佛教寺院大多是在辽金寺院和元代旧寺的基础上发展起来的。例如西山大觉寺、潭柘寺、戒台寺皆辽代故寺，寺门朝向东方；妙因寺为元代寺院的继承，真觉寺或在元代高梁河寺的遗址上兴建。

〔3〕黄颢先生《在北京的藏族文物》（北京：民族出版社，1993年）开拓了北京藏族文物研究的先河，功莫大焉。

元明以后，中央政权所在的北京与雪域高原的西藏有一条政治经济文化的纽带将两地联系在一起。北京藏传佛教艺术恰如攀援岩壁时时露出的藤蔓，背后串联起巍峨的崖体，通过分析元明清以来北京的藏传佛教文物留存与艺术作品，可以从中析离背后的文化与政治寓意，尽可能阐明这些藏传佛教艺术品在与之相关的情境中所起的作用。宗教艺术品是驻留于信仰底层思想观念的形象展示，不同人群对兴盛期理论化的宗教及其艺术品的接受需要漫长的历史时期，与民族间政治交流史并不完全同步。元明清北京藏传佛教及其艺术的形成、发展与演变的进程细腻、形象地记录了汉藏民族以至同时期各民族间心灵的沟通。

从藏传佛教东渐的历史进程看，元代是藏传佛教艺术向中原传播的重要时期，现藏武威博物馆、掘出于水井中、高约60厘米的实心浇铸喜金刚与大黑天金铜像，似乎与萨迦班智达及八思巴在凉州与阔端会见并为王室传播喜金刚教法有关。[1]蒙元统治者借鉴了西夏处理藏传佛教事务的体例，元代的汉藏艺术交流也继承了由西夏艺术作为媒介联系的汉藏艺术关系并将之加以发展和壮大。可以说蒙元早期的藏传佛教艺术主要是蒙古人从西夏人那里继承的，现今在敦煌莫高窟和榆林窟看到的所谓蒙元时期的作品，大部分是西夏藏传艺术的余绪，因为刚入主中原的蒙古人统治的社会还没有形成创造具有风格辨识特征的藏传佛教艺术作品的氛围和时间。蒙元早期艺术大多具有西夏藏传艺术的特质，现今甘肃张掖马蹄寺石窟群所见、借助汉地早期北凉石窟与石室为依托创作的西夏元时期的壁画和雕塑，完整地体现了西藏夏鲁萨迦造像的风格。上观音洞第4窟龛侧残存的西夏胁侍菩萨是12世纪卫藏波罗样式的典型样式，马蹄寺西夏作品或许连接了敦煌瓜州至西夏故地银川等地留存的西夏艺术遗存延展至蒙元时期，马蹄山口岩壁众多的噶当式塔龛雕刻是东渐的藏传佛教艺术史由12世纪进入13世纪的标志。杭州作为南宋旧都，飞来峰藏传佛教雕塑身处于其中的社会氛围与元代大都藏传佛教造像的境遇形成鲜明的对比，构成元代中国南北藏传佛教艺术传播的中心区域。杭州飞来峰藏传风格佛教石刻造像也继承了西夏元的传统，造像与灵隐寺相邻，位于江南杭州，形成一个独特的汉藏文化交融圈，并为藏传佛教及其艺术在江南的传播奠定了基础。

北京藏传佛教艺术有一个产生发展的过程。元代1267年定都北京、萨迦派高僧八思巴及阿尼哥于1262年进入朝廷可以看作元明清藏传佛教美术在北京正式传播的开始，[2]与藏传佛教相关的寺院的建立、寺院藏传造像的配置，与宗教修习相关的铃钵法器、唐卡

〔1〕 韦陀著，常红红译：《武威博物馆藏两尊藏传金铜造像分析》，《敦煌研究》2011年第1期。

〔2〕 成吉思汗时，蒙古还没有固定的首都。窝阔台汗七年（1235），在今蒙古国鄂尔浑河上游后杭爱省厄尔得尼召北哈尔和林建都，称喀拉和林，简称和林。蒙哥汗六年（1256）忽必烈在今内蒙古正蓝旗东闪电河北岸营建宫室城郭，忽必烈汗中统元年（1260）在此即位，称开平府，中统四年升为上都。至元四年（1267）在金中都城（今北京）东北另筑新城，至元九年（1272）改称大都，成为元朝的首都。

绘画、缂丝织锦、经卷插图的涌现，写实御容风格的形成，汉人艺术家刘元等对“西天梵相”的继承等等都是元代北京藏传佛教美术发展的事证，而元代北京藏传佛教造像的信仰化，自至元七年后逐年举行的迎请大白伞盖佛母游皇城的民俗仪式，是藏传佛教图像渗入普通人社会生活的重要标志。[1]忽必烈至元七年（1270）封八思巴为帝师，赐以玉印，并在大都设立宣政院，令八思巴统领天下释教与西藏地区军政事务。此后历代帝师都由萨迦派高僧担任，元帝登基前必须受帝师灌顶授戒，可以说蒙元王室基本信奉萨迦派教法。北京平谷王庄乡太后村萧家院遗址所出元大德三年（1299）大兴隆禅寺创建经藏圣旨碑，碑阴有八思巴文《皇帝特赐圣旨译本》，[2]这是北京唯一的八思巴文碑记，以藏僧创

---

〔1〕《古今图书集成》释教部汇考卷第五：（至元七年）是年启建白伞盖佛事岁以为常。请胆巴金刚上师。住持仁王寺。按《元史・世祖本纪》至元七年十二月建大护国仁王寺于高良河。敕更定僧服色。按《元史・祭祀志》，至元七年，以帝师八思巴之言，于大明殿御座上，置白伞盖一顶，用素缎泥金书梵字于其上，谓镇伏邪魔，护安国刹。自后每岁二月十五日，于大殿，启建白伞盖佛事，用诸色仪仗社直，迎引伞盖，周游皇城内外，云与众生，祓除不祥，导迎福祉。岁正月十五日，宣政院同中书省奏请，先期中书奉旨，移文枢密院八卫，拨伞鼓手一百二十人，殿后军甲马五百人，抬舁监坛汉关羽神轿军，及杂用五百人，宣政院所辖宫寺三百六十所，掌供应佛像坛面幢幡宝盖车鼓头旗三百六十坛，每坛擎执抬舁二十六人，钹鼓僧一十二人，大都路掌供各色金门大社一百二十队，教坊司云和署掌大乐鼓板杖鼓筚篥龙笛琵琶筝纂七色四百人，兴和署掌妓女杂扮队戏一百五十人，祥和署掌杂把戏男女一百五十人，仪凤司掌汉人回回河西三色细乐每色各三队三百二十四人。凡执役者，皆官给铠甲袍服器仗，以鲜丽整齐为尚，珠玉金绣，装束奇巧，首尾排列，三十余里，都城士女，闾阎聚观。礼部官点视诸色队仗，刑部官巡绰喧闹，枢密院官分守城门，而中书省官一员总督视之。先二日于西镇国寺迎太子游四门，舁高塑像，且仪仗入城。十四日帝师率梵僧五百人，于大明殿，内建佛事。至十五日，恭请伞盖于御座奉置宝舆诸仪卫队仗，列殿前，诸色社直暨诸坛面，列崇天门外，迎引出宫，至庆寿寺具素食，食罢起行，从西宫门外垣海子南岸入厚载红门，由东华门，过延春门而西。帝及后妃公主，于五德殿门外搭金脊吾殿彩楼而观焉，及诸队仗社直送金伞还宫。复恭置御榻上，帝师僧众作佛事，至十六日散，谓之游皇城。六月中，上京亦如之。按《续文献通考》，至元七年，诏请瞻巴金刚上师，住持仁王寺，普度僧员。

〔2〕图版参看北京市文物局编《北京文物精粹大系石刻卷》图版128，129，北京出版社，2004年。太后村，旧时统称萧家院，民国年间因山中有兴隆寺，改名兴隆庄。抗战时期化名太后，沿用至今。太后村内的大兴隆禅寺坐北朝南，《平谷县志》记载：“兴隆寺，元大德元年建，宏（弘）治年间重修……”该寺于1943年农历九月三十日，被日军烧毁。现存元代碑刻2通，立于原址西侧山脚下，保存完好。一为《大兴隆禅寺创建经藏记》，一为《大兴隆禅寺圣旨碑》。八思巴1260年奉忽必烈之命制蒙古新字，1264年任总制院制事，1265年返藏，1267年重返大都，1269年贡献新字，颁行全国，是为八思巴字。忽必烈1295年去世以后，这种文字就不再使用。《大兴隆禅寺创建经藏记》，元大德元年（1297）立石，青石材质，螭首，通高240厘米，宽82厘米，厚22厘米，碑阳四框饰以波浪纹，碑额、正文皆为八思巴文。碑阴：篆额，正文阴刻楷书，即元代白话文，模糊不清。此碑宣谕军兵、官员使臣人等，禁约侵扰寺院。此碑为北京仅存的八思巴文圣旨碑。碑额篆书“皇恩特赐圣旨译本”，正文为楷书，漫漶甚重。碑阳文字刻石保存完好。中国社会科学院民族所照那斯图研究员解释碑文：

> 靠长生天的气力，托大福荫的护助，皇帝圣旨。
>
> 向军官们、士兵们、城子达鲁花赤、官员们、来往的使臣们宣谕的圣旨。
>
> 成吉思汗、窝阔台皇帝、薛禅皇帝圣旨里说道：“和尚们、也里可温们、先生们不承担任何差发，祷告上天保佑。”兹按以前的圣旨，不承担任何差发，祷告上天保佑；向在大都路所属蓟州平谷县瑞屏山的兴隆寺、净严都老法严寺等寺院的太章老兴觉二人颁发了收执的圣旨。在他们寺院、房舍里使臣不得下榻。向他们不得索取铺马、祇应，不得征收地税、商税。不得抢夺寺院所属土地、河流、园林、碾磨、店舍、铺、浴堂等一切物品。他们也不得因持有太章老兴觉二人收执的圣旨而做无理的事。如做岂不怕？
>
> 圣旨，马儿年六月十二日写于上都。刘嗣正书。

“马儿年”应为至元三十一年，即1294年，立碑时间则为大德三年，即1299年。

制的文字记录了佑护汉传佛教寺院的圣旨。

王室与帝师等在大都城内与郊区修建佛寺，寺内供奉藏传佛教造像，同时配置供奉帝后御容的神御殿，这些御容“影堂”主要安置在与藏传佛教有关的寺院，也就是元初敕建的大寺内，可见蒙元皇室对藏传佛教的重视，美国大都会博物馆藏大威德金刚唐卡就是藏传佛教曼荼罗造像与御容的结合样式。同时，将皇帝遗像置于藏传佛教寺院的传统与清代陵寝安置藏传佛教造像的做法或有某种因缘关系。通过对这些寺院造像配置与相关活动的分析，可以勾画元代藏传佛教寺院的面貌。

文献提及这些寺院有大护国仁王寺，或称高粱河寺，至元七年（1270）建，用了11年建成，由胆巴国师（dam-pa）住持。[1]寺内雕像，传出自刘元，寺内会有皇后察必“御容”。[2]阿尼哥主持修建的大圣寿万安寺供奉世祖御容。《元代画塑记》记载其佛像配置云：

> 仁宗皇帝皇庆二年八月十六日，敕院使也讷，大圣寿万安寺内，五间殿八角楼四座。令阿僧哥提调，某佛像计并稟搠思哥斡节儿八哈失塑之，省部给所用物。塑造大小佛像一百四十尊。东北角楼尊圣佛七尊，西北垛楼内山子二座，大小龛子六十二，内菩萨六十四尊。西北角楼朵儿只南砖一十一尊，各带莲花座光焰等。西南北角楼马哈哥剌等一十五尊，九曜殿星官九尊，五方佛殿五方佛五尊，五部陀罗尼殿佛五尊，天王殿九尊。东西角楼四背马哈哥剌等一十五尊。

从以上记载看，万安寺内几乎所有佛像皆由来自尼泊尔或藏地的艺术家为之，由蒙古大艺术家搠思哥斡节儿八哈失（大师Pakshi）主持。东北和西北角楼安置尊胜七佛（药师七佛？）和金刚萨埵（多儿只南砖 rdo-rje sems-dpav），西南、西北角楼供奉大黑天神

〔1〕八思巴时，又有国师胆巴者，一名功嘉葛剌思，西番突甘斯旦麻人。幼从西天竺古达麻失利传习梵秘，得其法要。中统间，帝师八思巴荐之。时怀孟大旱，世祖命祷之，立雨。又尝咒食投龙湫，顷之奇花异果上尊涌出波面，取以上进，世祖大悦。至元末，以不容于时相桑哥，力请西归。既复召还，谪之潮州。时枢密副使月的迷失镇潮，而妻得奇疾，胆巴以所持数珠加其身，即愈。又尝为月的迷失言异梦及己还朝期，后皆验。元贞间，海都犯西番界，成宗命祷于摩诃葛剌神，已而捷书果至；又为成宗祷疾，遄愈，赐与甚厚，且诏分御前校尉十人为之导从。成宗北巡，命胆巴以象舆前导。过云州，语诸弟子曰：“此地有灵怪，恐惊乘舆，当密持神咒以厌之。”未几，风雨大至，众咸震惧，惟幄殿无虞，复赐碧钿杯一。大德七年夏卒。皇庆间，追号大觉普惠广照无上胆巴帝师。（《元史》列传第八十九·释老）

〔2〕《元史》卷二十七《本纪第二十七》：“己亥，奉仁宗及帝御容于大圣寿万安寺。”卷三十二：“幸大圣寿万安寺，谒世祖、裕宗神御殿。”《元史》卷七十五《志第二十六》：“神御殿，旧称影堂。所奉祖宗御容，皆纹绮局织锦为之。影堂所在：世祖帝后大圣寿万安寺，裕宗帝后亦在焉；顺宗帝后大普庆寺，仁宗帝后亦在焉；成宗帝后大天寿万宁寺；武宗及二后大崇恩福元寺，为东西二殿；明宗帝后大天源延圣寺；英宗帝后大永福寺；也可皇后大护国仁王寺。世祖、武宗影堂，皆藏玉册十有二牒，玉宝一钮。仁守影堂，藏皇太子玉册十有二牒，皇后玉册十有二牒，玉宝一钮。英宗影堂，藏皇帝玉册十有二牒，玉宝一钮，皇太子玉册十有二牒。凡帝后册宝，以匣匮金锁钥藏于太庙，此其分置者。”

（Mahakala）和道教星神。另有五方佛殿供奉密教五方佛等。《元代画塑记》所记元代藏传寺院大黑天神殿皆位于寺院西南角楼，也就是进入寺门的右侧尊位，但元代涿州所建玛哈噶拉庙当在皇城的东南，杭州宝成寺玛哈噶拉庙在西湖之西南。元代皇宫延春阁为后殿，在今故宫北墙外万岁山，其中供奉玛哈噶拉像的微清亭在宫殿西南。清代的普度寺在皇宫的东南，今南池子。[1]

大承华普庆寺更是元代与藏传佛教关系密切的寺院之一，赵孟頫的《大普庆寺碑铭》与1316年撰写的《胆巴碑》使这位饱受争议的著名画家与藏传佛教有了不解之缘。《大普庆寺碑铭》记载寺院形制为：

直其北为正觉之殿，奉三圣大像于其中。殿北之西偏为最胜之殿，奉释迦金像。东偏为智严之殿，奉文殊、普贤、观音三大士。二殿之间，对峙为二浮图。浮图北为堂二，属之以廊，自堂徂门，庑以周之。西庑之间为总持之阁，中实宝塔经藏环焉。东庑之间为圆通之阁，奉大悲弥勒、金刚手菩萨。斋堂在右，庖井在左，最后又为二门，西曰真如，东曰妙祥。门之南东西又为二殿，一以事护法之神，一以事多闻天王。

大承华普庆寺虽属藏传佛教寺院，但此寺是武宗朝时皇太子爱育黎拔力八达在成宗朝所建寺院的基础上加以扩建而成，与现今北京很多在辽金旧寺基础上建立的寺院不同，普庆寺山门朝向正南而非向东，其次是其主殿供奉属于净土宗的西方三圣，这与杨琏真迦所造飞来峰南端呼猿洞98龛、众藏传佛教造像龛引首者亦为西夏流行净土信仰的西方三圣（阿弥陀佛、大势至和观世音）的配置相似，另与福建泉州弥陀岩至正二十四年（1364）造像引首为阿弥陀殿的安排有关，从中可见蒙元统治者佛教信仰对西夏多元宗教的继承性。寺门左右护法殿与多闻天王殿皆为藏传佛教造像。[2]赵孟頫书篆之《丹巴碑》，最初收藏的元大都寺院或是大承华普庆寺。[3]

大天寿万宁寺建于成宗大德九年（1305），阿尼哥塑“秘密佛”于其中：《元史》（卷一百一十四《列传第一》）记“京师创建万宁寺，中塑秘密佛像，其形丑怪，（卜鲁罕皇）后以手帕蒙覆其面，寻传旨毁之。”西夏元时期称为“秘密佛”者，大多为双身本尊造像（yab-

〔1〕《日下旧闻考》卷三〇：“至治三年十二月，塑玛哈噶拉佛像于延春阁之微清亭。”（《元史·泰定帝纪》）

〔2〕（清）吴长元《宸垣识略》卷八：“宝禅寺在宝禅寺胡同崇国寺之街西，即元大承华普庆寺也，建于元大德四年。明成化间，内官麻俊买地治宅，掘得赵承旨碑，始知为寺基，乃复建寺，具闻于朝，赐额曰宝禅，有万安、彭华、甘为霖三碑。本朝康熙间大学士明珠、乾隆间大学士傅恒，先后修葺，皆立碣以纪。”

〔3〕大元敕赐龙兴寺大觉普慈广照无上帝师之碑。集贤学士、资德大夫、臣赵孟頫奉敕撰并书篆。皇帝即位之元年，有诏金刚上师胆巴，赐谥大觉普慈广照无上帝师。敕臣孟頫为文并书，刻石大都□□寺。五年，真定路龙兴寺僧迭凡八奏，师本住其寺，乞刻石寺中。复敕臣孟頫为文并书。

yum）或护法神造像，这些造像与皇帝皇后御容并列。[1]因“秘密佛像”“其形丑怪”而致皇后用自己的手帕盖住塑像并最终下旨拆毁，说明蒙古王室接受藏传佛教造像同样经历了一个观念转变的过程，也是藏传佛教造像在内地传播时逐渐加上罩衣的开始。南镇国寺，即大崇恩福元寺，武宗海山至大元年（1308）创建，皇庆元年四月（1312）完工，后殿密教五方佛皆为元代阿尼哥所传入的尼泊尔纽瓦尔风格金铜铸像，回廊诸天像都是藏式“变相诡形，怵心骇目”的“梵像”。[2]《元代画塑记》记载大崇恩福元寺时则清楚地说明后殿五尊佛（五方如来）用铜铸，[3]其余佛像为泥塑，并仿照高粱河寺在寺门前立“番竿”一对。[4]大承天护圣寺后殿同样供奉此时由藏地引入的五方五智如来（rigs-rnga），东西室（护法殿）安置护法神（大黑天神或大威德）和护世天王（北方天王），并设置神御殿供奉皇后御容。[5]

位于今天八大处的大天源延圣寺，是在隋代卢师寺基础上重建，《元史·泰定帝纪》：“泰定三年（1326）二月，建显宗神御殿于卢师山，赐额曰‘大天源延圣寺’，敕贮金字西番字藏经。八月，大天源延圣寺神御殿成。十月，奉安显宗御容于大天源延圣寺，赐钞二万

〔1〕（元）权衡《庚申外史》卷上：“癸巳至正十三年，脱脱奏用哈麻为宣政院使，哈麻既得幸于上，阴荐西番僧行运气之术者号演楪儿法。能使人身之气，或消或胀，或伸或缩，以蛊惑上心。哈麻自是日亲近左右，号为倚纳。是时，资政院使陇卜亦进西番僧伽璘真善此术者，号秘密佛法。谓上曰：‘陛下虽贵为天子，富有四海，亦不过保有见世而已，人生能几何？当受我秘密大喜乐禅定，又名多修法，其乐无穷。’上喜，命哈麻传旨，封为司徒，以四女为供养。西番僧为大元国师，以三女为供养。”《续资治通鉴》卷二○○：“丙寅，修秘密佛事于延春阁。”卷二一六：“帝尝谓伊纳克曰：‘太子苦不晓秘密佛法，秘密佛法可以延寿。’乃令图噜特穆尔教太子以秘密佛法。太子悦之，尝于清宁殿布长席，西番僧、高丽女东西列坐。太子顾谓左右曰：‘李先生教我儒书多年，我不省书中所言何事。西番僧教我佛法，我一夕便晓。’”藏文《萨迦世系史》等记元廷所传为本尊上乐金刚、喜金刚法，甚或作为本尊时的大黑天修法，故秘密佛当为本尊佛。

〔2〕姚燧《崇恩福元寺碑》：“惟以其日，銮辂亲巡，胥地所宜，于都城南，不杂阛阓，得是吉卜，敕行工曹，甓其外垣为屋，再重逾五百础。门其前而殿，于后左右为阁楼，其四隅大殿孤峙，为制五方，四出翼室，文石席之，玉石为台，黄金为趺。塑三世佛，后殿五佛皆范金为席，台及趺与前殿一。诸天之神，列塑诸庑，皆作梵像，变相诡形，怵心骇目，使人劝以趋善，惩其为恶，而不待翻诵其书，已悠然而生者矣。至其榱题棁桷，藻绘丹碧，缘饰皆金，不可赀算。楯槛衡纵，捍陛承宇，一惟玉石，皆前名刹所未曾有，榜其名曰大崇恩福元寺。用实愿言，外为僧居，方丈之南，延为行宇，属之后殿，厩库庖湢，井井有条。所置隆禧院比秩二品。”

〔3〕至治元年（1321）六月作金浮屠于上都，藏佛舍利。同年十二月，冶铜50万斤做寿安山寺佛像。泰定元年（1324），造金宝盖，饰以七宝，贮佛舍利。三年（1326）秋七月，敕铸五方佛铜像。见《元史》卷二七《英宗一》、卷二九《泰定帝一》、卷三十《泰定帝二》。

〔4〕《元代画塑记》：“武宗皇帝至大三年正月二十一日。敕虎坚帖木儿丞相。奉旨新建寺后殿五尊佛。咸用铜铸。前殿三世佛、四角楼洞房诸处佛像以泥塑。仿高良河寺铸铜番竿一对。虎坚帖木儿、月即儿、阿僧哥洎帝师议。依佛经之法。拟高良河寺并五台佛像从其佳者为之。用物省部应付。正殿三世佛三尊。东西垛殿内山子二座。大小龛六十二。菩萨六十四尊。西洞房内螺髻佛并菩萨一百四十六尊。东西垛殿九圣菩萨九尊。罗汉一十六尊。十一口殿菩萨一十一尊。药师殿佛一尊。东西角楼魔梨支王四尊。东北角楼尊圣佛七尊。西北角楼无量寿佛九尊。内山门天王一十二尊。”

〔5〕虞集《大承天护圣寺碑》：“寺之前殿，置释迦、燃灯、弥勒、文殊、金刚手二大士之像。后殿，置五智如来之像。西殿，庋金书《大藏经》，皇后之所施也。东殿，庋墨书《大藏经》，岁庚午，上所施也。又像护法神王于西室，护世天王于东室。二阁在水中坻，东曰圆通，有观音大士像。西曰寿仁，上所御也。曰神御殿，奉太皇太后容于中。”

锭。"《元代画塑记》更明确地记载："泰定三年三月二十日，宣政院使满秃传敕——诸色府可依帝师指受，画大天源延圣寺。前后殿四角楼画佛，□□制为之。其正殿内光焰佛座及幡杆咸依普庆寺制造。仍令张同知提调，用物需之省部。正殿佛五尊，各带须弥座及光焰。东南角楼天王九尊，西南角楼马哈哥剌等佛一十五尊，东北角楼尊胜佛七尊，西北角楼阿弥陀佛九尊，各带莲花须弥座、光焰。东西藏灯殿二，内东殿孛佛母等三尊，西殿释迦说法像二尊，内山门天王四尊，各带须弥座、五山屏。后殿五方佛五尊。各带须弥座、光焰。"从以上文献看，敕建延圣寺是按照藏僧帝师的旨意绘制，在前后殿及四个角楼绘制壁画，"□□制为之"或许是在说用一种新的样式。该寺背光佛座与寺门前"番竿"皆与普庆寺藏式风格同，后殿仍然安置密教五方佛，并根据萨迦派寺院的布局设置四次方四角楼，大黑天神安置在西南角楼。[1]

通过对以上寺院造像布置的观察，发现元代敕建寺院在建筑形式和造像配置方面具有鲜明的藏传佛教特点，并将其与汉地或夏金旧制完美地融合；与明代在西山大规模沿用辽金旧寺的做法不同，元代敕建佛寺主要沿大都内城沿高粱河西北而上布置，大都是新建的寺院。寺院门前竖立一对藏传佛教铜铸"番竿"，佛寺造像配置保留了得自西夏佛教的西方三圣殿，昭示以接引佛引导信众朝向阿弥陀净土，并吸收了有辽金密教成分的藏传密教的五方佛，安置在整个寺院相对隐秘的后殿。五方佛与其他佛菩萨造像所用材质不同，用元代西番匠人擅长的金铜铸造、晢刻而非泥塑，从中透露出对藏传佛教主佛的尊崇。寺庙入口置有东西护法殿（mgon khang），供奉金刚手（phyag na rdo rje）、不动（mi bskyod rdo rje）或大威德金刚（vjigs byad）和北方天王布禄金刚（Jambhala），此北方天王被称为护世天王，当是执吐宝兽、执彩杖与飞来峰脱脱夫人所造多闻天王相似者，而非汉地托塔天王，故元代敕寺另有四天王殿。寺院建筑吸收了西藏萨迦南寺等地的建筑样式设有角楼，寺院前部的东南与西南角楼以"天王"与大黑天神作为护法体系，并结合元代流行的道教信仰在护法殿同样供奉星曜神；寺院后部的东北与西北角楼供奉尊胜佛与阿弥陀作为延寿与往生净土的归宿，与寺院西方三圣相呼应。寺院诸天或雕塑为"梵像"，但二十四天造像在藏地并不流行，此处"梵像"并不一定是西藏样式。回廊的壁画大多由帝师设定，由尼泊尔纽瓦尔艺术家及其汉地弟子绘制。元代与藏传佛教相关的敕寺后殿置有影堂，供奉帝后御容。御容的绘制技法同样受到了14世纪前后卫藏纽瓦尔重彩晕染

---

〔1〕《汉藏史集》："阴火兔年（至元四年，1267）朝廷派人来迎请上师八思巴。八思巴动身前往时，本钦也去了。他们师徒一行到达杰日拉康的那天晚上上师说，其人必有能干之侍从，才能修建起这样一座佛殿来。本钦在上师身后听见了这话，趁上师高兴，就请求修建一座能把杰日拉康从天窗中装进去的佛殿。由于坚持请求，上师同意了。本钦立即进行了测量，把图纸带回萨迦，向当雄蒙古以上的乌斯藏地方各个万户和千户府发布命令，征调人力，于次年（1268）为萨迦大殿奠基，还修建了里（外）面的围墙、角楼和殿墙等。"达仓宗巴·班觉桑布著，陈庆英译：《汉藏史集》，拉萨：西藏人民出版社，1986年，第224—225页。

技法的影响。

《元史》阿尼哥传记记载其擅长绘画雕塑和金铜铸造工艺，能将汉地旧有的金属铸造工艺与纽瓦尔样式结合起来，能够原样复制汉地金铜造像，大都寺观造像都出自阿尼哥之手，并造“七宝镔铁法轮”，元大都寺院陈列织锦皇帝皇后御容，多为画工巧匠写生后织造，[1]但佛画粉本除却来自西夏的旧本外，与阿尼哥尼泊尔纽瓦尔—萨迦样式密切相关，故当时的画工所绘绘画无法达到这个水准。师从阿尼哥学习“西天梵相”的刘元，就是学习藏传佛教密教造像的雕造与绘画。[2]此外，敕寺主殿塑像无论金铜佛还是泥塑都是来自西番的异域工匠完成，由蒙藏上师主持雕塑工程，汉地工匠学习梵像制作法制作“西天梵相”样式的雕塑。从《元代画塑记》所记绘画与雕塑材料，看出汉地传统的夹苎雕塑技术与卫藏雕塑技法的结合，师从阿尼哥学习的刘元，将夹苎技术与金铜造像技术结合，所谓“塑土范金抟换为佛”，[3]制作夹苎像雕塑时掺入了香料和贵金属，使得成型的夹苎像

---

〔1〕柯劭忞《新元史》卷八十五《志第五十二》：“神御殿，旧称影堂。所奉祖宗御容，皆纹绮局织锦为之。大德十二年，敕丞相脱脱、平章秃坚帖木儿：‘成宗及贞慈静懿皇后御影，依大天寿万宁寺内御容织之。南木罕太子及妃，晋王及妃，依帐殿内小影织之。’延祐七年，敕平章伯帖木儿，进巧工及伟传神李肖岩。依世祖御容之制，画仁宗及庄懿慈圣皇后，高九尺五寸，阔八尺。至治三年太傅朵歹、左丞善生、院使明理董阿进呈太皇太后、英宗御容，令画毕，复织之。天历二年，敕平章董阿、同知储政院阿木腹：‘朕令画后妣、皇后御容，可令诸色府达鲁花赤阿咱、杜总管、蔡总管、李肖岩提调速画之。’其绘画用物：土粉五斤，明胶五斤，回回青八两，回回胭脂八两，回回胡麻一斤，心红三斤，泥金一两二钱，黄子红一斤，官粉三斤，紫八两，鸡子五十枚，生石青十一斤，鸦青暗花纻丝八十尺，五色绒八两，大红销红朽花罗四十尺，红绢四十尺，紫梅花罗七尺，紫檀轴一，椴木额条一，白银六两。”

〔2〕《元史》列传第九十《方技（工艺附）》：“阿尼哥，尼波罗国人也，其国人称之曰八鲁布。幼敏悟异凡儿，稍长，诵习佛书，期年能晓其义。同学有为绘画妆塑业者，读《尺寸经》，阿尼哥一闻，即能记。长善画塑，及铸金为像。中统元年，命帝师八合斯巴建黄金塔于吐蕃，尼波罗国选匠百人往成之，得八十人，求部送之人未得。阿尼哥年十七，请行，众以其幼，难之。对曰：‘年幼心不幼也。’乃遣之。帝师一见奇之，命监其役。明年，塔成，请归，帝师勉以入朝，乃祝发受具为弟子，从帝师入见。帝视之久，问曰：‘汝来大国，得无惧乎？’对曰：‘圣人子育万方，子至父前，何惧之有。’又问：‘汝来何为？’对曰：‘臣家西域，奉命造塔吐蕃，二载而成。见彼土兵难，民不堪命，愿陛下安辑之，不远万里，为生灵而来耳。’又问：‘汝何所能？’对曰：‘臣以心为师，颇知画塑铸金之艺。’帝命取明堂针灸铜像示之曰：‘此宣抚王檝使宋时所进，岁久阙坏，无能修完之者，汝能新之乎？’对曰：‘臣虽未尝为此，请试之。’至元二年，新像成，关鬲脉络皆备，金工叹其天巧，莫不愧服。凡两京寺观之像，多出其手。为七宝镔铁法轮，车驾行幸，用以前导。原庙列圣御容，织锦为之，图画弗及也。至元十年，始授人匠总管，银章虎符。十五年，有诏返初服，授光禄大夫，大司徒，领将作院事，宠遇赏赐，无与为比。卒，赠太师、开府仪同三司、凉国公、上柱国，谥敏慧。古笏子六人，曰阿僧哥，大司徒；阿述腊，诸色人匠总管府达鲁花赤。有刘元者，尝从阿尼哥学西天梵相，亦称绝艺。元字秉元，蓟之宝坻人，始为黄冠，师事青州把道录，传其艺非一。至元中，凡两都名刹，塑土、范金、抟换为佛像，出元手者，神思妙合，天下称之。其上都三皇尤古粹，识者以为造意得三圣人之微者。由是两赐宫女为妻，命以官长其属，行幸必从。仁宗尝敕元非有旨不许为人造他神像。后大都南城作东岳庙，元为造仁圣帝像，巍巍然有帝王之度，其侍臣像，乃若忧深思远者。始元欲作侍臣像，久之未措手，适阅秘书图画，见唐魏征像，矍然曰：‘得之矣，非若此，莫称为相臣者。’遽走庙中为之，即日成，士大夫观者，咸叹异焉。其所为西番佛像多秘，人罕得见者。元官为昭文馆大学士、正奉大夫、秘书卿，以寿终。抟换者，漫帛土偶上而髹之，已而去其土，髹帛俨然成像云。”

〔3〕夹苎又称“脱沙”“脱活儿”“抟换”，是魏晋时戴逵父子所创梵式雕塑法，刘元借鉴尼泊尔夹苎像做法，或以金铜像替换泥胎，形象结构转折更加明晰。塑像模范对开，粘贴苎麻布或绸布后再合拢，且夹苎像表面以泥金处理，使得夹苎像与金铜造像几无区别。虞集《刘正奉塑记》：“至元七年，世祖皇帝始建大护国仁王寺，（转下页）

与金属造像外观非常相似。仿铜夹苎技术的进展对元代兴起的塑造金铜大型雕塑风尚所致的金属材料的不足有很好的补充，而且造像重量较金属造像大为减轻，也降低了对寺院建筑结构承重的要求。

与此同时，元代宫廷贵胄对藏传佛教的尊崇使得社会僧俗人士对藏传佛教宗教艺术品的需求急速增长，元代的汉藏政治文化交流又使得藏地艺术创作，特别是金铜造像和卷轴唐卡所需要的材料贵金属与织物大为丰富，汉地艺术的建筑样式，雕塑与绘画的技法在后藏夏鲁寺等众多寺院建筑艺术中有完美的体现。[1]藏区的艺术家借鉴尼泊尔加德满都河谷纽瓦尔艺术家的造型手段，使得西藏的金属雕铸工艺水平快速成长，出现了金铜造像的黄金时期，萨迦寺大经堂金铜释迦牟尼大像，现今供奉在大昭寺的觉沃释迦牟尼像，乃至此后具有卫藏夏鲁风格、丹萨替风格的金铜佛都是这一时期、这一样式的发展，并对元以来汉地极度衰落的金属造像乃至整个汉地雕塑起到了推进作用：元代的艺术家将阿尼哥所代表的尼泊尔纽瓦尔艺术引入大都，并将萨迦寺夏鲁寺为代表的造像风格传入西北，为明代永宣时期金铜佛融合汉藏艺术元素形成一种新的风格样式创造了条件；元代的艺术家刘元师从阿尼哥将尼泊尔和卫藏雕塑风格融入自己的作品中，成为皇家样式并延诸明代；汉地明永乐、宣德时期所造比例匀称、形体分明、清秀宜人的藏传金铜佛造像的兴起正是这一风格的自然演进。

元人继承了西夏的造塔传统，居庸关过街塔将卫藏流行的过街塔样式引入中央王朝的腹地，[2]并与有着千年历史的著名关隘联系起来，多民族的艺术元素形成了北京新的环境空间想象；[3]拱券的“六拏具”样式在明代的南京和北京演变成为一种建筑装饰并延

（接上页）严梵天佛像，求奇工为之，得刘正奉于黄冠师。正奉先事青州杞道录，传其艺。及被召，又从阿尼尔格学西天梵相，神思妙合，遂为绝艺，凡两都名刹有塑土范金抟换为佛者，一出正奉之手，天下无与比。由是上两赐宫女为之妻，又命以官长其属，迨今四十余年，凡行幸无所不从。今皇帝尤重象教，尝敕正奉非有旨不许擅为人造神像，其见贵异如此。正奉名元，字秉元，蓟之宝坻人。年七十矣。其官曰昭文馆大学士正奉大夫秘书监卿。”（见《道园学古录》）此外，北京八大处大悲寺供奉的十六罗汉据说就是刘元的作品。

〔1〕 *Jing Anning*: “Financial and Material Aspects of Tibetan Art in the *Yuan Dynasty*”, *Artibus* Asiae, Vol. 64, No. 2, 2004, S. 213-241.

〔2〕 江苏镇江韶关过街塔亦为元代藏传佛教过街塔。顺帝妥欢帖睦尔于至正二年（1342）命大丞相阿鲁图、左丞相别儿怯规划创建。至正五年（1345）建成。北为永明寺，南为过街塔，西有花园，寺前立穹碑二座，南北建两座大红门，设扃钥，置斥候。至正六年（1346）命翰林学士承旨欧阳玄撰《过街塔铭》立碑于永明寺前。（《析津志辑佚》）《日下旧闻考》载：“居庸关过街塔成，欧阳元功（欧阳玄字）奉敕建碑，赐白金五十两。”（清）吴长元《宸垣识略》卷十二：“元时居庸关、卢沟桥俱有过街塔。按欧阳元功诗，蓟门城头过街塔，一一行人通窦间，则蓟邱城门亦有之矣。”《日下旧闻考》卷九二：“至正十四年（1354）四月，造过街塔于卢沟桥。”卷九二：“过街塔在西直门外迤西四十里，距卢沟桥十余里，今尚存。”宿白：《居庸关过街塔考稿》（《文物》1964年第4期）考述甚详。

〔3〕 元契丹文人耶律希逸（柳溪）《南口永明寺过街塔》诗是如此氛围的记录：“驱车荦确上居庸，古涧流泉拂晓风。当道朱扉司管钥，过街白塔耸窿穹。碑镌赑屃朝京阙，仙与弥陀峙梵宫。巡幸百年冠盖盛，六龙行处五云从。”《顺天府志》卷一四《昌平县·关隘》，《析津志辑佚》，第256—258页。

续至清，如南京大报恩寺塔券门、北京真觉寺塔门、西山八大处大悲寺山门雕塑等。元代造塔将西夏流行的噶当塔转换为当时兴起的、布敦大师倡导的覆钵大菩提塔，[1]开启了中国内地藏传大白塔的营造风气，现存北京妙因寺的白塔是元代藏传佛教覆钵塔的典型样式。[2]自元以后，这种大塔样式传播至全国各地，以汉藏佛教的宗教寓意和白色的色彩扩张感成为我国南北众多城市的标志，白色覆钵大塔也是西藏与藏族融入中华民族大家庭的巍峨见证。[3]必须指出的是，元代北京在多民族艺术的交流方面值得称道的贡献之一是将汉地流行的苍龙信仰[4]与形象引入西藏艺术并固定下来，使得汉藏民族有了共同的图腾，元上都宫殿石柱所见龙形象进入夏鲁寺护法殿壁画成为中央王朝的象征并在藏传佛教图像中延续至今。此外，西夏时期藏传佛教艺术基本是单向的东传之势，西夏地方没有对此东传趋势强有力的回应，直至元代随着中央政府对西藏的有效统治，这种趋势发生了变化，中原艺术的变化及其对西藏艺术进行的修正影响了西藏艺术。

元代的梵像提举司[5]将作院[6]等将"西天梵相"等为藏传佛教艺术造像的创作建立了专门机构，引领了明代御用监"佛作"[7]与清代"造办处"，使得皇室藏传佛教造像的传承体系化，为北京藏传佛教艺术的传承与发展提供了保证。元代大都的缂丝藏传佛教造

---

〔1〕传八思巴辑《大乘要道密集》有《大菩提塔样尺寸法：造塔仪轨名为摄受最胜》，参看沈卫荣《元代汉译卜思端大师造〈大菩提塔样尺寸法〉之对勘、研究》，《汉藏佛教艺术研究——第二届国际西藏艺术讨论会文集》，北京：中国藏学出版社，2006年，第77—108页。Bu-ston-rin-chen-grub, "*Byang chub chen po'i mchod rten gyi tsad: Measurements for the Stūpa of Great Enlightenment.*" In The Collected Works of Bu-Ston, New Delhi: International Academy of Indian Culture, 1965, vol.14, pp.551-558.

〔2〕《宸垣识略》卷八："白塔寺在河漕西坊阜成门街北，遗寿隆间建，元至元八年重修，名大圣寿万安寺，明天顺间改名妙应。本朝康熙间修寺与塔，有圣祖御制碑二，乾隆间重修，赐御书心经及尊胜咒，御制重修妙应寺文、白塔铭，勒碑寺内；又御书匾额，并满汉蒙古西番合璧大藏全咒十套、西番首楞严经一分、维摩诘所说大乘经全部，命寺僧敬谨尊藏。"又顾炎武《日知录》卷十一：《元史·世祖本纪》："建大圣寿万安寺，佛像及窗壁皆金饰之，凡费金五百四十两有奇，水银二百四十斤。"又言："缮写金字藏经，凡糜金三千二百四十四两。"

〔3〕至元十六年时期建造的大圣寿万安寺白塔在北京佛教艺术史甚至在中国艺术史上都有极为重要的象征意义。虽然北京辽金时代建有众多佛塔，但这种密檐塔并未成为百姓认可的城市标志。

〔4〕吐蕃时已有汉地四象神信仰，但汉地苍龙作为影响西藏的政治图腾则始于元代。参看罗勃著、谢继胜译：《夏鲁寺部分壁画的汉地影响及其所在文化情境下的政治寓意》，《故宫博物院院刊》2007年第5期。

〔5〕《元史》卷八五《志第三十五》："梵像提举司，秩从五品。提举一员，同提举一员，副提举一员，吏目一员，董绘画佛像及土木刻削之工。至元十二年，始置梵像局。延祐三年，升提举司，设今官。"柯劭忞《新元史》卷五五《志第二十二》："梵像提举司。秩从五品。提举一员，从五品。《元典章》工部大仓提举，从五品。同提举一员。从六品。吏目一员。掌绘佛像及土木刻削之工。至元十二年，置梵像局。从七品。延祐三年，升提举司。"《日下旧闻考》卷五八："元设梵像提举司，专董绘画佛像及土木刻削之工，故其艺特绝，后人不能为也。"

〔6〕《元史》卷八八《志第三十八》："将作院，秩正二品，掌成造金玉珠翠犀象宝贝冠佩器皿，织造刺绣段匹纱罗，异样百色造作。至元三十年始置。院使一员，经历、都事各一员。三十一年，增院使二员。元贞元年，又增二员。延祐七年，省院使二员。后定置院使七员，正二品；同知二员，正三品；同佥二员，正四品；院判二员，正五品；经历一员，从五品；都事一员，从七品；照磨管勾一员，正八品；令史六人，译史、知印各二人，宣使四人。"

〔7〕《日下旧闻考》卷四一："明《嘉靖癸丑修造南库碑记》略云：'御用监初立为行在作房，次改御用司，宣德朝更为监，置设公厅。各库作东则外库、大库，西则花房库作、南库冰窨，左右四作，曰木漆、碾玉，曰灯作，曰佛作。'"

像大部分是沿袭了西夏旧有的传统而发扬光大，这使得元代的缂丝工艺有一个高起点。此外，元代北京所织唐卡的内容和题材对理解元代藏传佛教的内容有重大作用，例如出现了有元文宗图贴睦尔（rgyal po thur the mur）和元明宗和世㻋（rgyal bu kor shal）、卜答失里皇后（dpon mo bhudha shri）和八不沙皇后（dpon mo vbahu cha）作为供养人的缂丝《大威德金刚》唐卡，至今的研究者没有注意到这幅唐卡本尊像的差别，这里的主尊是罕见的大威德而不是萨迦派与之联系密切的本尊喜金刚或噶举派之上乐金刚，个中缘由叵耐寻味，或与蒙元时期八思巴荐举的传承大威德教法的喇温卜上师有关。[1]元大都宫廷有大威德殿，但“大威德”或作为形容词指释迦牟尼等佛像，而非作为本尊神的大威德。[2]大威德图像很少见诸卫藏早期唐卡或壁画，集中出现在14世纪以后，12世纪前后的本尊神大威德造像或只见于云南大理一带的密教传承。[3]北京元代缂丝大威德唐卡很可能是现今见到的最早的大威德造像，也是元代纺织丝绸艺术的代表作，代表了元代宫廷艺术的最高水平。[4]

二、元代杭州与东南沿海的汉藏文明与多民族文明交流

元代造像是飞来峰继两宋造像以来的最后一个高峰。这个高峰的突出特点是突然涌现出大量的藏传佛教艺术作品。这些作品的出现与元朝信奉藏传佛教和藏传佛教在江南的传播以及杭州特殊的地位密切相关。

---

〔1〕《佛祖历代统载》卷三十六：“（沙罗巴）依帝师发思巴剃染为僧，学诸部灌顶之法。时有上士名剌温卜，以焰曼德迦密乘之要，见称于世。帝师命公往学此法。温卜以公器伟识高非流辈比，悉以秘要授之，于是王公大人凡有志兹道者，皆于公师而受焉。”西夏时期涉及大威德金刚的文献极少，留存图像也极为罕见。元初修习大威德教法源出自萨迦上师传承。萨迦五祖文集涉及大威德金刚修习仪轨的有《萨迦贡噶宁保文集》kha卷收录《怖畏金刚七品注释》（vjigs byed rtog pa bdun pavi tvikk bzhugs so）；《八思巴文集》pa卷收录《怖畏金刚传承祈请文》（vjigs byed brgyud pavi vdebs bzhugs so）；pha卷《黑敌阎曼德迦略修法》（dpal gshin rjevi gshed dgra nag povi sgrub pavi thabs bsdus pa bzhugs so）。

〔2〕（元）熊梦祥《析津志辑佚》：“微清殿西有大威德殿。墙西有方碧亭。正北有两所花房。在南北延华阁东南，偏浴堂西，畏吾儿佛殿。正南前，延华之门。畏吾殿东墙外，有木香殿。延华东芳壁夹墙外，有红门。入四方墙内，有鹿顶，东西相向二殿。”

〔3〕如芝加哥艺术研究所藏大理国时期大威德，参看Elinor Pearlstein, Yamataka, *Art Institute of Chicago Museum Studies*, Vol. 30, No. 1, Notable Acquisitions at the Art Institute of Chicago（2004）, pp. 34-35, 95. 大理的大威德或许与洮岷地方大威德金刚院的大威德属于早期体系。如《续资治通鉴长编》卷二三九・神宗熙宁五年：“于镇洮军建僧寺，以大威德禅院为额。”《续资治通鉴长编》卷二四七・神宗熙宁六年：“又诏熙州大威德、河州德广禅院岁各赐钱五十万，设道场，为汉蕃阵亡人营福。”

〔4〕James C. Y. Watt & Anne E. Wardwell, *When Silk Was Gold: Central Asian and Chinese Textiles*, Metropolitan Museum of Art (New York and Cleveland Museum of Art, Oct 1997), Thomas T. Allsen, *Commodity and Exchange in the Mongol Empire: A Cultural History of Islamic Textiles* (Cambridge Studies in Islamic Civilization).

自1247年萨迦班智达同阔端汗在凉州会面后，元朝的皇室成员都积极推行扶持藏传佛教的政策，尤其是忽必烈即位以后，出于政治上的需要，不仅身体力行地尊崇藏传佛教的高僧，同时还在中央设置掌管西藏行政和全国佛教事务的机构总制院（1288年改为宣政院），封八思巴为帝师，并由帝师领衔管理。藏传佛教的僧人也通过举行各种宗教活动来报效朝廷，这些宗教活动和仪式下至皇帝的出行，上至朝廷的军国大事，无所不包，深得朝廷的青睐。

1276年元军挥师南下，攻占杭州之后，为了彻底动摇南宋在江南长期统治的根基，"从精神文化上消除前宋的遗留的影响"，[1]从而确保自己的地位，元朝在以杭州为中心的江南采取了一系列措施，开始传播藏传佛教。其中，最重要的措施之一就是在杭州建立了管理江南佛教事务的总统所和行宣政院。

就在元军攻陷杭州的次年、即至元十四年（1277）二月，元世祖随即"诏以僧亢吉祥、怜真加、加瓦并为江南总摄，掌释教"，[2]专门管理江南地区的佛教事务。"江南总摄"一职文献多作"总统"，如至元二十三年（1286）春正月甲戌，"以江南废寺土田为人占据者，悉付总统杨琏真加修寺。"[3]其正式名称尽管在《元史》和《元典章》等正史中不见记载，但据相关文献应为"江淮诸路释教都总统"，如杭州飞来峰至元二十九年（1292）杨琏真迦出资镌造的"西方三圣"铭文署衔为"大元国功德主宣授江淮诸路释教都总统永福杨大师"。[4]其正式机构名称尽管也不见诸于正史，但据相关铭文为"江淮诸路释教都总统所"，如至元二十四年郭经历的题名署衔为"江淮诸路释教都总统所"。[5]关于总统所内所设职官，目前不详。据飞来峰造像供养人题记等载来看，当时设有僧录[6]、僧判[7]和经

---

〔1〕详细参见邓锐龄：《元代杭州行宣政院》，《中国史研究》1995年第2期，第85页。

〔2〕《元史》卷一〇《本纪第十·世祖六》，第174页。

〔3〕《元史》卷一四《本纪第十四·世祖十一》，第285页。在杭州飞来峰杨琏真迦出资镌造的佛像铭文中均写作"总统"，如第89龛至元二十六年（1289）无量寿佛铭文《大元国杭州佛国山石像赞》作："永福杨总统，江淮驰重望。旌灵鹫山中，向飞来峰上。凿破苍崖石，现出黄金像……"《佛祖历代通载》前引卷二十二（第720页）之载也与此载大致相同，作"江南释教都总统"。

〔4〕《西湖石窟》著作前引《图版说明》第108条。

〔5〕《两浙金石志》卷一四，转自邓锐龄著作前引第93页注2。又，飞来峰第92龛至元二十五年（1288）青头观音像造像供养人题记作"总统所"。参见《西湖石窟》著作前引《图版说明》第156条。同时参见黄涌泉：《杭州元代石窟艺术》，北京：中国古典艺术出版社，1958年图版61中的相关拓片。

〔6〕关于僧录一职，如《西湖石窟》图版说明第106条至元十九年（1282）"华严三圣"造像铭文作"大元国功德主徐僧录等命舍净财，镌造毗卢遮那、文殊师利菩萨、普贤菩萨三尊，端为祝延皇帝万安，四恩三有齐登觉岸者。至元十九年八月日授杭州路僧录徐□□潭州僧录李□□。"又如第174条至元二十五年金刚萨埵造像铭文作"至元二十五年八月□日建功德主石僧录液沙里兼赞"。又如，第194条密理瓦巴造像铭文作"平江路僧录范□真谨发诚心，命工刊造密理瓦巴一堂……"等。

〔7〕关于僧判一职，如《西湖石窟》前引《图版说明》第157条至元二十七年（1290）普贤菩萨造像铭文作"平江路僧判□□麻斯，诚心施财，命工镌造普贤菩萨一身，□□圣恩，以祈福禄，寿命绵远者。至元庚寅五月初三日。"

历[1]等职。由于总统由三位僧人出任，因此他们从上隶属于总制院，其下有原南宋各地的僧官机关，即僧录司、僧正司等机构。[2]按前引1277年元世祖任命诏令，其中的“怜真加”就是杨琏真迦。他在所任命的三位僧官中担负主要职责，[3]为首任江南释教总统。

杨琏真迦在位的15年间忠实地执行元世祖忽必烈的政策，修建藏传佛教寺塔，在江南大力传播藏传佛教，广建寺院，如《元史》记载：“至元二十一年（1284）丙申，以江南总摄杨琏真迦发宋陵冢所收金银宝器，修天衣寺……二十二年（1285）春正月……庚辰……毁宋天郊台。桑哥言：‘杨辇真加云，会稽有泰宁寺，宋毁之以建宁宗等攒宫；钱塘有龙华寺，宋毁之以为南郊。皆胜地也，宜复为寺，以为皇上东宫祈祷。’时宁宗等攒宫已毁建寺，敕毁郊天台，亦建寺焉。”[4]

杨琏真迦在出任释教总统期间，除大规模兴建藏传佛教寺塔外，还参与了杭州飞来峰石窟造像的雕刻和元代《普宁藏》大藏经（1277—1279）部分木刻版画的施刊。[5]据飞来峰石窟造像铭文，飞来峰冷泉溪南岸的无量寿佛像和呼猿洞的“西方三圣”造像为杨琏真迦分别于1289年和1292年出资雕刻而成。其中，1289年施造的无量寿佛造像题写有著名的《大元国杭州佛国山石像赞》：“永福杨总统，江淮驰重望，旌灵鹫山中，向飞来峰上。凿破苍崖石，现出黄金像。佛名无量寿，佛身含万象，无量亦无边，一切入瞻仰。树此功德幢，无能为此况。入此大施门，喜有大丞相。省府众名官，相继来称尝。其一佛二佛，□起模画样，花木四时春，可以作供养。猿鸟四时啼，可以作回向。日月无尽灯，烟云无尽藏。华雨而纷纷，国风而荡荡。愿祝圣明君，与佛寿无量。为法界众生，尽除烦恼障。我作如是说，此语即非妄。至元二十六年重阳日住灵隐虎岩净伏谨述。大都海云易庵子安丹书。武林钱永昌刊。”除杨琏真迦本人外，江南释教总统所的其他人员也资助了飞来峰石窟造像的雕刻。如据冷泉溪南岸山岩上的青头观音像所镌刻的“总统所的董口祥特发诚心施财，命工刊造观音圣像，上答洪恩，以祈福禄增崇，寿年绵远者。大元戊子三月吉日题”的铭文，总统所的董口祥于1288年出资雕刻了这尊青头观音像。此外，按飞来峰造像题记，“石僧录液沙里兼赞”等人也应为总统所的官员，此人曾于至元二十五年（1288）在飞来峰的通天洞口外施造了金刚萨埵像。由于杨琏真迦“在江浙发掘宋皇室陵墓和大臣冢

---

〔1〕关于经历一职，参见前注《元史·志第三十五》。

〔2〕邓锐龄著作前引，第85页。

〔3〕关于两位僧官，诸史无载。从名字上来看，似为藏人。其中，亢吉祥的名字似为意译，藏文为bkra-shis；“加瓦”为音译，藏文为rgyal-ba，意为“王”。待考。

〔4〕《元史》卷一〇《本纪第十三·世祖十》，第272页。

〔5〕版画参见郑振铎《中国古代木刻版画选集》，第一册《碛砂藏》首引（一），北京：人民美术出版社，1985年。同时参见宿白著作前引，图18-9。刊记分别为“总统永福大师”和“都功德主江淮诸路释教都总统永福杨琏真佳”。作品为典型的宋代汉式风格。

墓,[1]掠取财宝;[2]在故宋宫室遗址上修建藏传佛教密宗式的塔寺以施行镇魇;改道观为佛寺以配合元室在释道两家争辩中支持佛教排斥道教的举动;指使支持僧人夺占书院、学舍以及其他前宋产业,以收买汉僧泯灭民族敌对心理与之合流;在江南佛教界,在传入藏传佛教同时,又扶植元世祖所重视的北方的教门、压抑盛行于南方的禅宗",[3]从而引起

---

〔1〕关于杨琏真迦发宋陵之事,元明文献多有记载。其中,由宋入元的周密在《癸辛杂识》和《癸辛杂识别集》二著中记载最详。其中前者在《杨髡发陵》(《四库全书·子部346·小说家类》1040前引,第79页)中云:"扬髡发陵之事人皆知之,而莫能知其详。余偶录得当时其徒互告状一纸,庶可知其首尾。云:至元二十二年八月,内有绍兴路会稽县泰宁寺僧宗允、宗恺盗斫陵木,与守陵人争讼,遂称亡宋陵墓有金玉异宝,说诱杨总统。诈称杨侍郎、汪安抚侵占寺地为名出给文书,将带河西僧人部领人匠丁夫前来,将宁宗、杨后、理宗、度宗四陵盗行发掘,割破棺椁,尽取宝货,不计其数。又断理宗头,沥取水银含珠,用船装载宝货。回至迎恩门,有省台所委官拦挡不住,亦有台察陈言,不见施行。其宗允、宗恺并杨总统等发掘得志,由于当年十一月十一日前来,将孟后、徽宗、郑后、高宗、吴后、孝宗、谢后、光宗等陵尽法掘劫,取宝货,毁弃骸骨其下。本路文书只言争寺地界,并不曾说开发坟墓。因此,江南发坟大起,而天下无不发之墓矣。其宗恺余总统分赃不平,已受杖而死。有宗允者,见为寺主,多蓄宝货,豪霸一方。"

关于发朝臣冢墓之事,在后者(见《四库全书·子部346·小说家类》1040前引)最详。该著第135—136页《杨髡发陵》云:"乙酉杨髡发陵之事,起于天长寺僧福闻、号西山者,成于剡僧演福寺允泽、号云梦者。初,天长乃魏宪靖王坟。闻欲媚杨髡,遂献其寺。继之,发魏王之冢,多得金玉,以此遂起发陵之想。泽一力赞成之,俾泰宁寺僧宗恺、宗允等诈称杨侍郎、汪安抚侵占寺地为名,出给文书。(详见前集——原作者注)将带河西僧及凶党、如沈照磨之徒部领人夫发掘。时,有宋陵使中官罗铣者,犹守陵不去,与之极力争执。为泽率凶徒痛棰,胁之以刃,令人拥而逐之。铣力敌不能,犹据地大哭。遂先发宁宗、理宗、度宗、杨后四陵,劫取宝玉极多。独理宗之陵所藏尤厚,启棺之初有白气竟天,盖宝气也。(帝王之陵乃天人也,岂无神灵守之——原作者注。)理宗之尸如生,其下皆籍以津,锦之下则承以竹丝细簟。一小厮攫取,掷地有声,视之,乃金丝所成也。或谓含珠,有夜明者。遂倒悬其尸树间,沥取水银。如此三日夜,竟失其首;或谓西番僧、回回,其俗以得帝王骷髅,可以压胜致巨富,故盗去耳。事竟,罗铣买棺制衣收殓,大恸垂绝,乡里皆为之感泣。是夕,闻四山皆有哭声,凡旬日不绝。至十一月,复发掘徽、钦、高、孝、光五帝陵,孟、韦、吴、谢四后陵。徽、钦二陵皆空无一物,徽陵有朽木一段,钦陵有木灯檠一枚而已。高宗之陵,骨骸尽化,略无寸骸,止有锡器数件,端砚一双。孝宗陵亦蜕化无余,止有顶骨小片,内有玉瓶炉一副及古铜鬲一双。(亦为泽取——原作者注。)尝闻有道之士能蜕骨而仙,未闻并骨而蜕化者,盖天人也。若光、宁诸后俨然如生,罗陵使亦如前棺敛,后悉从火化,可谓忠且义矣。惜未知其名,当与唐张承业同传否?(后之作宋史者,当览此以入忠臣之传——原作者注。)金钱以万计,为尸气所蚀,如铜钱,以故诸凶弃而不取,往往为村民所得。间有得猫睛金刚石异宝者,独一村翁于孟后陵得一髻,其发长六尺余,其色绀碧,髻根有短金钗,遂取以归。以其为帝后之遗物庋藏圣堂中奉事之,自此家道渐丰。其后凡得金钱之家,非病即死,翁恐甚,遂送之龙洞中。闻此翁今为富家矣。方移理宗尸时,允泽在旁,以足蹴其首,以示无惧,随觉奇痛一点起于足心,自此苦足疾,凡数年,以致溃烂,双股堕落十指而死。天长闻僧者,既得志且富不义之财,复倚杨髡之势,豪夺乡人之产,后为乡夫二十余辈,俱俟道间屠而脔之。当时刑法不明,以罪不加众而决之,各受杖而已。"

此外,元人陶宗仪在《辍耕录》,卷三《发宋陵寝》(见《四库全书·子部346·小说家类》1040,前引第449—453页)和元人叶子奇在《草木子》卷三上《谈薮篇》(北京图书馆藏明万历三十四年杜有麟刻本,四卷本,卷三第106—107页)中也有与此大致相同的记载。

〔2〕《元史》卷二百二《列传第八十九·释老》第4521页对杨琏真迦的这些不法行径总结道:"为其徒者,怙势恣睢,日新月盛,气焰熏灼,延于四方,为害不可胜言。有杨琏真迦者,世祖用为江南释教总统,发掘故宋赵氏诸陵之在钱塘、绍兴者及其大小臣冢墓番一百一所;戕杀平民四人;受人献美女宝物无算;且攘夺盗取财物,计金一千七百两、银六千八百两、玉带九、玉器大小百一十有一、杂宝贝百五十有二、大珠五十两、钞一十一万六千二百锭、田二万三千亩;私庇平民不输公赋者二万三千户。他所藏匿未露者不论也。"

〔3〕邓锐龄:《元代杭州行宣政院》,《中国史》1987年第2期,第85页,同时参见陈高华:《略论杨琏真迦和杨暗普父子》,《西北民族研究》1986年第1期,第55—56页。

了江南人民的强烈愤慨和历代文人的强烈谴责，他在飞来峰命人为自己雕造的石像也遭到了被毁的命运。加之战争等原因，与他相关的文物除飞来峰石窟造像和《普宁藏》大藏经部分木刻得以幸存外，其他都已灰飞烟灭，不复存在。尽管杨琏真迦的所作所为有背民意，但客观上为藏传佛教在江南的传播和汉藏文化的交流提供了直接的契机。

杭州行宣政院的建立也与飞来峰石窟造像密切相关。1291年桑哥败露后，尽管杨琏真迦仍在任，但元朝中央已开始调查其不法之事。为了彻底清除杨琏真迦在江南的遗留的影响，元朝一方面选贤用能派沙罗巴出任江浙释教总统，以正僧风，另一方面决定尝试用一个新的俗人机构来代替僧人主政的释教总统所，这个俗人机构就是行宣政院。正是因为1291—1299年之间朝廷管理江南佛教事务用的是僧俗两套班子，因此1295年上任的沙罗巴才发出了“夫设官愈多则事愈烦，今诸僧之苦，盖事烦而官多也，十羊九牧，其为苟扰可胜言哉”的感叹，并建议朝廷最后撤销了总统所。因此，从1277年世祖在杭州设立释教总统所开始，至成宗1299年罢诸路释教总统所为止，由僧官出任管理江南佛教事务的机构在行使了22年权利之后便被行宣政院取而代之，结束了自己的历史使命。也就是说，从中央帝师系统派来的藏传佛教僧人享有的在江浙福建等地的宗教事务的管理权至此全部让与了俗人组成的机构。

此外，在元初的江南还活跃着一些著名的藏传佛教高僧。他们与藏传佛教在江南的传播和藏传佛教造像在江南的出现以及汉藏文化交流也发挥了积极重要的作用。其中，沙罗巴和胆巴国师最为著名。沙罗巴为元代著名翻译家、江南著名的藏传佛教高僧，于1259年生于秦州（今天水）积宁，1314年卒。曾于元贞元年（1295）出任江浙释教总统，1297年改任福建等处释教总统，[1]元人多记其事。其中，《中庵集》云：“江浙释总统雪岩，名沙喇卜（为沙罗巴的不同音译），西蕃人”。[2]《秋涧集》也云：“释教总统佛智大师，姓积宁氏，名沙罗巴，华言为吉祥慧也。西番人，祖相嘉屹罗，父沙罗观，以象胥主译诸经，至师八世矣。师早侍帝师发（八）思巴，受知先朝，精详内典。”[3]《佛祖历代通载》也有与此

〔1〕关于江浙释教总统与福建等处释教总统之间的建制和关系，由于文献缺乏详细的记载，目前尚不清楚，有待于今后进一步研究。从清陈棨仁《闽中金石录》抄本（国家图书馆善本部藏本）卷一一所收铭文来看，沙罗巴于大德二年（1298）在福建出任总统。如福建乌石山留有“大德二年立秋日，同雪岩总统饮乌石之道山亭”（同著第6页）和“雪岩总统沙罗巴、海岩总统苑吉祥、雪庵宗师李傅光大德二年四月望日同登绝顶（卷12，同著前引第6—7页）”的铭文，鼓山也留有“总统三藏大师沙罗巴、监宪公脱脱木儿、签司陈锡、潘昂霄、秃满同余来游鼓山。大德二年春正月乙未福建闽海道肃政廉访使赵文昌题（卷11，同著前引第10页）”的铭文。另外，从铭文来看，当时还有一位海岩总统苑吉祥，不知是否也为福建等处释教总统？从名字来看，此人似藏人，但其生平不见文献记载，待考。关于他的生平，同时参见《佛祖历代通载》前引，卷二十二，第729—730页。

〔2〕（元）刘敏中《中庵集》卷五，《四库全书》文渊阁影印本《集部145・别集类》1206，上海古籍出版社，第40页。

〔3〕（元）王恽《秋涧集》卷二二《送总统佛智师南还》，《四库全书》文渊阁影印本《集部139・别集类》1200，上海古籍出版社，第275页。

大致相同的记载，并说他的名字叫“沙啰巴观照”。[1]从上述可知，沙罗巴似为藏人，号雪岩，又有佛智大师之称，累世以翻译而著名于世，为八思巴的弟子。同时，似乎沙罗巴为其简称，而沙啰巴观照为其全名。从其名字含义“吉祥慧”推之，沙罗巴的藏文对音疑为shes rab dpal，而沙啰巴观照的藏文对音疑为shes rab dpal kun mchog。[2]

沙罗巴1295年的出任与江淮诸路释教都总统杨琏真迦及其部属在江南的不法行径密切相关。据《历代佛祖通载》，“时僧司虽盛，风纪浸蔽。所在官吏既不能干城遗法抗御海外，返为诸僧之害。桂蠹乘痈虽欲去之，莫能尽也，颓波所激江南尤盛。”[3]因此，朝廷在罢免杨琏真迦之职后，为了整治江南的僧风，故特任沙罗巴前往。关于江浙释教总统与江淮诸路释教都总统的关系文献不载，疑杨琏真迦下台后以江浙释教总统取而代之。沙罗巴任职期间的最大功绩就是整治僧风，精简释教管理机构，最后建议朝廷撤销了管理佛教事务的“诸路总统”，自己率先辞职，告老还乡。对此，《历代佛祖通载》详载如下：

> 朝廷久选能者欲使正之，以白帝师。佥谓“诸色之人岂无能者？必以为识时务孰与公贤？”以诏受江浙等处释教总统。既至，削去烦苛，务从宽大，其人安之。既而改授福建等处释教总统，以其气之正，数与同列乖忤而不合。公谓：“天下何事（不如是），况教门乎？盖吾人之庸自扰之耳。夫设官愈多则事愈烦，今诸僧之苦，盖事烦而官多也，十羊九牧，其为苛扰可胜言哉！”建言罢之。以闻，诏罢诸路总统，议者称其高。公既得请，乃遁迹垅坻，筑室种树盖将终焉。至大中，以皇太子令召至京师，授光禄大夫司徒。[4]

沙罗巴在旅居大都和南方出任总统之间，不仅精通佛学，而且还好读儒家书籍，喜欢与当时著名的儒学名流交往，关系甚密，彼此之间常赋诗相赠。据《元史》大德三年（1299）五月“壬午，（成宗）罢江南诸路释教总统所[5]”的记载来看，沙罗巴从1295至

〔1〕《佛祖历代通载》卷二二，第729页。

〔2〕关于沙罗巴的出生地与生平，参见王启龙《八思巴评传》，北京：民族出版社，1998年，第237—250页。关于沙罗巴的藏文对音，王著第240页认为是shes rab pa，笔者认为值得商榷。其原因是shes rab pa不仅不像人名，而且与“吉祥慧”的含义也不能完全吻合，因为shes-rab-pa只有慧之意，而无吉祥之意。因此，笔者认为应为shes rab dpal。主要理由是dpal不仅为吉祥之意，而且经常用于元代的藏族人名中。如前引居庸关过街塔造塔功德记中的帝师之名即是一个典型的例证。在汉文造塔功德记中，帝师名字意译为“喜幢吉祥贤”，而在藏文造塔功德记中原名为“kun dgav rgyal mtshan dpal bzang po”，其中的dpal就对意为“吉祥”。实际上，在当时的藏文文献中有许多这样的实例。对音为shes rab dpal不仅与当时藏人人名的惯例吻合，而且也与沙罗巴的好友王恽所载含义也极为吻合。

〔3〕《历代佛祖通载》前引，卷二二，第730页。

〔4〕《历代佛祖通载》前引，卷二二，第730页。

〔5〕《元史》卷二一《本纪第二十一·成宗二》，第462页。

1299年为止一共出任了4年的江浙和福建释教总统。在此期间,他不仅以自己的正气改变了当时的僧风,而且以博学的才识受到了当时儒学名流的敬重,为汉藏民族和文化的交流作出了积极的贡献。翰林学士承旨程钜夫在《雪楼集》中为沙罗巴遁迹故里时所作《送司徒沙罗巴法师归秦州》一诗就是对他一生人品和才学的最好评价。[1]

在江南活动的另一位高僧为著名的胆巴国师。据《元史》和《佛祖历代通载》,胆巴国师"师名功嘉葛剌思(kun-dgav grags-pa),此云普喜名闻。又名胆巴,此云微妙。西番突甘斯旦麻(又作朵甘斯麻,即今青海省称多县)人。"[2]因传为吐蕃名相噶尔家族的后裔,又名噶·阿年胆巴。幼年丧父,一直由其叔父抚养。后师从萨迦班智达出家,并前往西天竺师从"古达麻室利习梵典,尽得其传"。1264年八思巴返藏途经其家乡时,因深得八思巴赏识而随八思巴前往萨迦。1267年,受八思巴之命在其家乡创建萨迦派寺院尕藏寺,1269年随八思巴前往大都,并向忽必烈举荐。"时怀孟大旱,世祖命祷之,立雨。又尝咒食投龙湫,顷之奇花异果上尊涌出波面,取以上进,世祖大悦。"后忽必烈命其前往五台山寿宁寺。1271年八思巴赴临洮时,受八思巴之命返回大都,并受托朝廷宗教事务之重任。

正是在此期间,因与朝廷显赫一时的桑哥不和而于1282年返回家乡建寺传法。在此期间,先后前往云中、西夏故地和临洮等地传法。6年之后、即1289年在八思巴的力请之下返回大都圣安寺。由于桑哥猜忌,最后被贬到了广东潮州。因此《元史》云:"至元末,以不容于时相桑哥,力请西归。既复召还,谪之潮州。"1291年桑哥东窗事发被处死后奉命回到大都,为忽必烈设立道场,祈禳治病。从1289年至1291年的两年时间里,胆巴国师在潮州的主要活动是在净乐寺的地基上重建了宝积寺。对此,《佛祖历代通载》详载道:1289年4月,"令往潮州。师忻然引侍僧昔坚藏,孑身乘驿,即日南向。及出都门,雷雨冥晦。由汴涉江洎于闽广,所至州城俱沾戒法。八月至潮阳,馆于开元寺。有枢密使月的迷失,奉旨南行。初不知佛,妻得奇疾,医祷无验,闻师之道礼请至再。师临其家尽取其巫觋绘像焚之,以所持数珠加患者身。惊泣乃醒,且曰:梦中见一黑恶形人,释我而去。使军中得报喜甚,遂能胜敌,由是倾心佛化。师谓门人曰,潮乃大韩癫子论道之处,宜建刹利生。因得城南净乐寺故基,将求材,未知其计。寺先有河,断流既久。庚寅(1290)五月大雨倾注,河流瀑溢,适有良材泛集充斥。见者惊诧,咸谓鬼输神运焉。枢使董工兴创,殿宇既完,师手塑梵像,斋万僧以庆赞之。尝谓昔坚藏曰,吾不久有他往,宜速成此寺。后师还都,奏田二十顷,赐额宝积焉。"[3]

---

〔1〕程钜夫《雪楼集》卷二九,前引第15页。

〔2〕《佛祖历代通载》卷二二,第725页。

〔3〕《佛祖历代通载》卷二二,第726页。

胆巴国师以学识渊博、才思敏捷、善于言辞、道行卓异而著称于世。[1]1269年，在五台山寿宁寺居住期间，元世祖即令“建立道场，行秘密咒法，作诸佛事，祠祭摩诃伽（葛）剌（即大黑天），持戒甚严，昼夜不懈，屡彰神异，赫然流闻，自是德业兴隆，人天归敬。”[2]成宗时期，于北京颐和园万寿山等地设立道场祠祭摩诃葛剌神，摩诃葛剌神随祷而至，帮助元军统一江南和击退海都犯西番界。并为世祖、成宗治病，[3]因而倍受尊重。成宗时奉诏住持大都大护国仁王寺期间，成宗特“诏分御前校尉十人为之导从”。出行时，令胆巴国师护随左右。胆巴国师正是由于其博学的才识，卓异的道行，因此在大德七年（1303）圆寂后，成宗诏令将其舍利迎入大护国仁王寺，安葬于庆安塔中。仁宗即位后，被追封为“大觉普惠广照无上胆巴帝师”。[4]胆巴国师精于摩诃葛剌神的修炼而著名，因此，元朝对摩诃葛剌神极为崇敬，在全国各地修建专祠，予以供养。杭州吴山宝成寺1322年立塑的摩诃葛剌神像便是其中的代表。

此外，据元代的汉文文献，江南当时还有另外一些藏族僧人。他们有的在总统所下任职，有的则在一些寺院中出任住持。如据贡师泰的《玩斋集》，当时杭州的圣安寺即有一位藏族僧人，名叫公歌藏卜。该著明确说：“杭之圣安寺主僧公歌藏卜，西番人也。心空而行超善，以其学教诸子弟。”并且说“公歌藏卜，华言普喜。”[5]由此可知，此人确为藏人，其名字的藏文原文为kun dgav bzang po。《西湖游览志》另外提到一位“河西僧朵罗只”住持智果院。此寺位于杭州南山之石佛山，其文云：“石佛西联宝山，南面瑞石，旧有大乘石佛寺。宋嘉熙间，僧凿石为三佛。元至正间，河西僧朵罗只募缘庄严建寺居之，改名智果院。”[6]“朵罗只”藏文当为rdo rje，注明为“河西僧”，有可能是来自西夏故地的

---

〔1〕如陶宗仪《辍耕录》（《四库全书·子部三四六·小说家类》，卷1040，上海古籍出版社影印本）第461页：“大德间，僧丹巴者，一时朝贵咸敬之。德寿太子病瘢薨，布尔罕皇后遣人问曰：‘我夫妇崇信佛法，以师事汝，止有一子，宁不能延其寿耶？’答曰：‘佛法比犹灯笼，风雨至则可蔽。如烛尽，则无如之何也。’此语即吾儒死生有命之意，异端中得此，亦可谓有口才者也。”扬禹《山居新话》（《钦定四库全书·子部三四六·小说家类》，卷1040，上海古籍出版社影印本，第351页）卷一也有于此大致相同的记载：“丹巴师父者，河西僧也。大德间，朝廷事之，与帝师并驾。适德寿太子病瘢而薨，博啰罕皇后遣使致言于师曰：‘我夫妇以师事汝至矣，止有一子，何不能保护耶？’师答曰：‘佛法比若灯笼，风雨至则可蔽尔。如灯尽，则灯笼亦无如之何也。’可谓善于应对。”

〔2〕赵孟頫：《大元敕赐龙兴寺大觉普慈广照无上帝师之碑》，转自陈庆英《元朝帝师八思巴》前引，第165页。

〔3〕如《元史》卷二〇二《列传第八十九·释老》，前引第4519页云：“又为成宗祷疾，遄愈”。

〔4〕参见《元史》卷二〇二《列传第八十九·释老》，前引第4519页。

〔5〕（元）贡师泰：《玩斋集》，《四库全书·集部一五四·别集类》，卷1215，上海古籍出版社影印本前引，卷八《笑堂偈并序》，第47页。该著接着记述道：公歌藏卜“间为予言：‘公歌藏卜，华言普喜。人则笑吾，笑以名堂，其亦有知我所以笑者乎？’予笑答曰：‘昔庄生以开口而笑为达惠远，以三笑为乐，而后之人又有付万事于一笑者，笑固多端矣。然皆不若，不笑之为愈也，笑堂其以笑为不笑乎？其以不笑为笑乎？’予不得而知之，遂为偈曰：‘我观人世事，无一不可笑，大慝藏机关，小智闪磷爝，热火欲肺肝，有若原野燎，一旦受苦厄，颠顿发狂叫，所赖慈悲力，普赐光明照，遂使迷途者解脱。老少闭门一炷香，灵台湛空，妙如走暗方出，如睡梦方觉。而师于是时，欢喜见容貌，蹁跹笑堂中，即此为众教。’”

〔6〕（明）田汝成：《西湖游览志》，杭州：浙江人民出版社，1980年，第140页。

番藏僧人。

另据《汉藏史集》和《萨迦世系史》等藏文文献记载，在江南当时还生活有一位重要的藏人，此即萨迦派座主达尼钦波桑波贝（1262—1322）。他由于在八思巴去世后不久到了朝廷，因被指斥为不符合悼念八思巴的仪轨，而被忽必烈下令流放到江南。他先到离大都二十几个水站路程的苏州，以后又到离苏州七站路的杭州，以后又逃到普陀山修行。他从21岁开始一直到35岁为止，总共在江南居住了15年。在江南生活期间，他还娶了一个汉人女子，生有一子，早夭。从江南诏回朝廷后，被爱育黎拔力八达皇帝封为白兰王，并尚公主门达干。返回萨迦后，继任了萨迦寺座主。[1]

〔1〕参看陈庆英等译：《萨迦世系史》第173—174页（藏文本第144—149页）；《汉藏史集》第208—209页。（拉萨：西藏人民出版社，1986，1989年）

第二节 飞来峰与江南西夏蒙元系石刻及所见汉藏文明观念的冲突与调适

位于浙江省省会杭州市西子湖畔、与灵隐寺隔溪相对、海拔209米的飞来峰是我国内地现存规模最大的藏传佛教艺术遗迹之一，也是我国石窟分布较少的南方地区石窟造像的重要实例。五代、宋、元时期的大小佛教石窟和摩崖石刻造像分布其间，集汉传佛教和藏传佛教造像于一身，是中国佛教造像中融汉藏佛教艺术风格于一体、规模庞大、绝无仅有的大型石刻造像群，其中元代造像是飞来峰佛教造像中的主体和精髓部分，不仅数量最多，形制巨大，其中部分造像题写有汉文、梵文经咒和赞语。据统计，现存元代造像67龛，大小造像116尊。其中46尊为藏传佛教风格造像，62尊为汉式风格造像，8尊为受藏传佛教风格影响的汉式造像。[1]

关于飞来峰藏传佛教造像，近年有国内外学者进行了研究，但学者在分析元代飞来峰藏传佛教造像的风格渊源时，人们自然把这些作品与元代宫廷活跃的藏传佛教萨迦派及其僧人联系起来，认为飞来峰藏传造像的粉本必定是萨迦派僧人的杰作，遵循萨迦派的艺术风格。然而，飞来峰造像年代明确的题记中，我们没有找到明确无误的与萨迦派相关的藏僧题名，[2]也没有发现萨迦派尊崇的大黑天神（宝成寺出现大黑天神是元军继续南下以后的1322年）。元军攻陷杭州是在1276年，次年，即至元十四年（1277）二月，元世

---

〔1〕洪惠镇：《杭州飞来峰"梵式"造像初探》，《文物》1986年第1期，第50页。赖天兵：《杭州飞来峰元代石刻造像艺术》，《中国藏学》1998年第4期，第96页。赖天兵认为，飞来峰现存元代造像共有68龛、117尊，其中藏传佛教造像为33龛、47尊，其数目与洪文差1龛1尊，尚待进一步调查。另据笔者1997年前往飞来峰调查时，杭州市文物建筑工程公司告知，飞来峰现存造像734尊，其中五代造像数量不多，仅存11尊，主要分布在青林洞附近。宋代造像形制较小，共有222尊，多集中在青林洞和玉乳洞洞内及其附近。黄涌泉：《杭州元代石窟艺术》，浙江省文物考古研究所编，前引图版第26—28。浙江省文物考古研究所编：《西湖石窟》，杭州：浙江人民出版社，1986年，图版第17—98，《序言》第2—3页，介绍了关于五代和宋代造像。Richard Edwards, "Pu-Ta-Maitreya and a Reintroduction to Hangchou's Fei-Lai-Feng", *Ars Orientalis*, vol.14, 1984, pp.5-50, figs.2-23, 29-34. 记载了西方学者关于五代和宋飞来峰造像的研究。

〔2〕第23龛的"石僧录液沙里兼赞"，究竟是藏人还是西夏人仍有待考订。"液沙里兼赞"藏文准确对应为ye shes rgyal mtshan，但又注明为"石"姓僧录，或许是来自河西的西夏人，当时为杨琏真迦的部下。据此，杨琏真迦开龛的时间虽然晚于液沙里兼赞，但我们还是把杨琏真迦看作是飞来峰石刻造像的代表。

祖随即“诏以僧亢吉祥、怜真加(杨琏真迦)、加瓦并为江南总摄,掌释教”。[1]四年之后(1282),杨琏真迦就开始造像,至至元二十九年(1292)这批造像完成,仅十年时间。综观整个的飞来峰造像,无论是藏传还是汉传,应该都是同一批当地工匠完成的。因为每一龛造像的细部雕凿手法都是完全一致的,可见没有藏区的艺术家参与其事。可以设想,四年的时间或许还不能培养出当地通晓藏传造像神韵的熟练工匠。所以,飞来峰造像除个别作品外,所谓汉藏样式的区别只是造像形式的不同而没有作品内在气质和意韵的差别。

那么,飞来峰藏传图像的渊源在哪里?讨论这一问题,我们首先要对蒙古藏传佛教美术的历史有所理解。通过近年的实地考察,我们将蒙古藏传佛教美术分为前后两个阶段。前一个阶段是在蒙古人与西夏人及蒙古人与藏传佛教萨迦派的联系的背景下出现的,其中又可以细分为两个时期:(1)蒙古人最初通过西夏人了解了藏传佛教美术,蒙古早期藏传佛教美术应与西夏藏传美术相关;(2)待萨迦派、萨迦班智达、八思巴与蒙古王室有密切关系之后,以萨迦派风格为主的藏传佛教美术在元代的蒙古传播开来。以这种观点分析,飞来峰就是西夏藏传风格与西藏萨迦派风格过渡时期风格糅合的作品,宝成寺造像,以至后期的居庸关造像则大部分萨迦风格化了,这种萨迦风格与13世纪西藏本土的萨迦风格略有不同,其中已经融合阿尼哥所传播的尼泊尔纽瓦尔风格的成分,虽然卫藏萨迦派风格造像同样融合纽瓦尔成分,但两者的纽瓦尔成分表现形式并不相同,因为阿尼哥进入内地时对其样式作了适合当地风格的改变。[2]另外值得注意的是,此期的藏传佛教主要是在蒙古王室和贵族中间传播,并没有在普通的蒙古百姓中完全流传开来。除了飞来峰、宝成寺以至居庸关外,云南晋宁尚有元代藏传佛教遗存,主要是大成就者密哩瓦巴造像。内蒙古鄂托克旗阿尔寨石窟可以看作是蒙古第一个时期藏传佛教美术的杰出代表,其风格似乎也是西夏风格与卫藏萨迦派风格的结合体。[3]假如杨琏真迦真是西夏人,

---

〔1〕(明)宋濂:《元史》卷一〇《本纪第十·世祖六》,第174页。

〔2〕S. Kramrisch, *The Art of Nepal*, The Asian Society, Vienna, 1964, pp.47-48. 纽瓦尔艺术指流传在尼泊尔加德满都谷地的艺术流派,其艺术史可以划分为两个时期:第一个时期是14世纪到16世纪,第二个时期是从16世纪到18世纪。14世纪到15世纪的纽瓦尔艺术获得的灵感并非全部来自印度,而是来源于11至12世纪前后的卫藏,因为纽瓦尔艺术开始兴盛的14世纪,印度本土的伊斯兰化使得佛教艺术几乎无迹可寻,而早期卫藏艺术中的印度影响并不是借道尼泊尔。如果说从15世纪至16世纪开始,兴盛起来的纽瓦尔艺术在西藏艺术中留下印迹,那么,从17世纪末至整个18世纪人们又可以在纽瓦尔作品中注意到逆向的影响:其时,西藏艺术已经形成了自己的风格,纽瓦尔艺术反而开始完全模仿甚至复制西藏艺术。另参见D. Snellgrove, and T. Skorupski, *The Cultural Heritage of Ladakh*, Vol. I, Warminster, Aris & Phillips, 1977, p.16, note 17.斯内尔格鲁夫教授指出,Tibeto-Nepalese style(“西藏—尼泊尔绘画风格”)这一术语也被用来归纳敦煌发现的断代在10世纪的某些绘画的特征,实际上是不正确的。所以将任何梵相作品统称印度尼泊尔艺术是不正确的。至于元代阿尼哥所代表的纽瓦尔艺术流派,实际上可以看作是藏传佛教艺术的支流,而不是本末倒置。

〔3〕蒙古藏传佛教美术的第二个阶段是在入明以后,蒙古人在元朝灭亡以后,大部分退至漠北。随着蒙古王室的消亡,前期的藏传佛教美术似乎随风而逝,当时蒙古人几乎又全部转向信仰萨满教,这种变化导致了鄂尔多斯石窟的衰落。土默特俺答汗邀请三世达赖锁南嘉措赴蒙古传教标志着蒙古藏传佛教美术第二个(转下页)

对西夏的造像传统非常熟悉，在就任杭州释教总统时，随行左右的人当有一些西夏故旧，在飞来峰开始造像时，他们肯定会将西夏的造像风格融入其中。

西夏人对藏传佛教和藏传绘画的认识和态度强烈地影响了蒙古人，元代藏传绘画在内地的广泛传播的基础是在西夏与吐蕃及西藏绘画风格紧密联系的基础之上，在早期蒙古藏传佛教美术作品中可以找到很多西夏藏传风格成分。因为任何一种艺术风格的形成与发展都需要相当长的一段时间，飞来峰造像完成于13世纪末，我们很难相信在元代初年藏传佛教美术传入蒙古伊始，蒙古人就能够将汉藏佛教两种迥异的风格天衣无缝地融合在一起，创造出一种全新的、成熟的汉藏藏传佛教美术风格。从这个意义上说，无论杨琏真迦是否为西夏人，处在特定时期内的飞来峰造像包含西夏藏传风格在内的多种艺术风格成分是不容置疑的。[1]例如位于冷泉溪南岸的第55龛佛顶尊胜佛母九尊坛城，是飞来峰唯一一龛坛城造像（图5-2-1）。藏传佛教造像中佛顶尊胜的早期造像并不多见，但西夏佛顶尊胜佛母非常流行，如甘肃安西东千佛洞第2窟佛顶尊胜，以及现存西夏雕版印画中的塔龛式佛顶尊胜像，[2]当然西夏流行此类造像的原因之一是10世纪末叶以后，随着新密籍流入中原对佛教图像进行大规模的更新和密教在中原的传播。[3]及至元代，对佛顶尊胜的尊崇依然兴盛，榆林窟第3窟就有与飞来峰样式大致相同的塔龛式佛顶尊胜壁画，飞来峰石刻出现规模宏大的佛顶尊胜造像龛，当是继承了西夏时期广造塔龛式佛顶尊胜的余韵。飞来峰造像在图像学上尽管与西藏和西夏时期同类题材遗迹具有继承关系，但它仍然具有十分重要的价值，因为它是同类题材迄今为止完整保存至今时代最早的大型雕塑。

观察西夏时期的藏传般若佛母像，如刻于西夏天盛十九年（1167）的般若佛母，皆一面二臂而非四臂，佛母双手作说法印，以两支长茎莲花托起梵箧经书于双肩侧，这一造像样式与飞来峰般若佛母造像相同，但藏传佛教般若佛母呈跏趺座，一面四臂，上侧右手持金刚杵，臂上举与肩平，主臂当胸，右手作说法手印；上侧左手执梵箧经书，臂上举与肩平，左手作禅定印。可见飞来峰般若佛母的造像渊源不是来源于同时期的西藏，或许采用

（接上页）辉煌阶段的来临。必须强调的是，蒙古前后期的藏传佛教美术的风格没有在本质上没有卫藏美术那样承上启下的风格继承关系。后期是在俺答汗与锁南嘉措建立联系之后，以土默特为中心，在明隆庆、万历年间开始建立寺庙，绘塑佛像，其壁画的风格与明代的藏传美术有对应关系，而且补足了卫藏明后期至清初美术作品例证的不足。后期蒙古藏传佛教美术与格鲁派在蒙古地区在传播进程相一致，其清代作品甚至与卫藏作品完全相同，反而与安多清代藏传美术不同。

〔1〕 谢继胜：《西夏藏传绘画》，石家庄：河北教育出版社，2002年，第416—419页。

〔2〕 谢继胜《西夏藏传绘画》，第98—101页。

〔3〕 宿白：《藏传佛教寺院考古》，北京：文物出版社，1996年，第239页。在11世纪的辽代，正是辽兴宗大兴密教之际，佛顶尊胜陀罗尼经幢的建立，朝野成风。宿白先生指出："辽人佞密，更甚于中原，1123年金人灭辽，又三年（1126年）亡北宋。有金密籍如房山刻密、陕北密像以及分布于各地的佛顶尊胜陀罗尼经幢和雕饰密像的密檐塔等，皆沿辽宋之旧。"

图5-2-1　飞来峰55龛佛顶尊胜

了西夏的粉本。最为明显的风格承继关系是飞来峰第46龛的多闻天王造像（图5-2-2），与黑水城的多闻天王风格可以说完全一致。

又如我们分析第15龛的四臂观音三尊与第36龛的四臂观音时，面临这样的问题：飞来峰藏传风格的图像来源没有疑问，但汉地风格的观音等图像是采用的当地的观音造像传承，还是和藏传风格的图像一样，是与藏传风格造像同时接受的艺术形式？假如汉地风格同样是引进样式，这种样式就可能是西夏的汉传样式，因为将汉传、藏传佛教造像糅合成一种你中有我，我中有你的“汉”藏成熟风格需要相当的时间，对于元代前期的蒙古藏传佛教艺术而言，远远不能达到这样的成就，飞来峰所处的吴越地方有其自己的佛教造像传统，我们在

图5-2-2　飞来峰75龛多闻天王

西湖附近的唐宋五代吴越石窟可以看到其作品例证，但它们与飞来峰的汉藏杂糅的风格没有直接的继承关系。所以，我们分析飞来峰的观音造像，应该考虑西夏末期的汉传艺术特征。因为观音信仰在西夏时期非常盛行，现存的西夏绘画有很多作品都是描绘观音，不过都是遵奉汉地造像传统，并发展完善了由晚唐五代宋而来的水月观音。我们比较飞来峰观音造像与西夏后期汉传观音造像，会发现其中风格的联系。

实际上，从杭州刊印河西字大藏经到至正五年（1345）北京居庸关过街塔雕刻，西夏人及其艺术风格对元代蒙古藏传佛教艺术的影响一直没有间断。〔1〕

杭州藏传佛教石刻造像除了飞来峰之外，尚有城北宝石山一龛三尊藏传造像，为触地印释迦牟尼、文殊和普贤三尊造像，此龛造像毁于文革时期，现在只存1920年代的黑白照片，2003年初作者考查宝石山时可见残龛和梵文岩刻真言以及明洪武年间的题记。据田汝成《西湖游览志》记载，宝石山麓有大佛禅寺，“寺畔有塔，俗称壶瓶塔，乃元时河西僧所建。”〔2〕由此可知，宝石山藏传石刻当与此喇嘛塔为同时建造，所谓“河西僧”者，应为来自西夏的杨琏真迦或其西夏故旧。如果我们将元代番僧在西湖周围所建的塔庙联系起来，可见当时建塔是按照四大方来布局的。《湖山便览》卷四“北山路”同样提到此类喇嘛塔：“庆忌塔，在霍山。俗以形似，呼壶瓶塔。相传吴公子庆忌葬此。旧大佛寺畔，亦有此塔。康熙三年（1664）坏，中有小塔数千枚，及瓦棺、细人数千左右，悉番字环绕。吴任臣辨曰：‘庆忌’水怪名，见《白泽图》。元时，西僧有所谓‘擦擦’者，以泥作小浮屠，或十万、二十万、至三十万，见《元史纪事本末》。据此，则塔乃元僧造以厌水怪者。其所藏小塔，乃‘擦擦’类也。唐人陆广微《吴地记》言，庆忌坟在吴县东北，安得更葬西湖侧哉？吴农祥又以塔四面脚下各有‘宝’字，断为吴越王钱弘俶造。”〔3〕

虽然藏传佛教艺术向汉地传播始于唐吐蕃时期，敦煌吐蕃时期的艺术作品就是明证。至12世纪前后，西夏接受藏传艺术形成了自己的独特风格，但藏传佛教艺术（包括藏传佛教本身）在中国内地汉人活动的腹地的传播是在元代，杭州飞来峰造像是其中最早的，也是最突出的标志。实际上是杨琏真迦将藏传佛教艺术最早传入汉地，拉开了汉藏艺术在元代交流的大幕，为明清时期汉藏艺术的进一步发展创造了条件。这是我们评价这位历史人物的出发点（图5-2-3）。杨琏真迦的主要“恶行”是发掘宋帝陵，在其上建塔厌胜，

〔1〕参与居庸关工程的有党项人官员纳麟，还有主持工程的藏人南加惺机（rnam rgyal seng ge）和西夏人领占那征，其中“领占”，为藏语rin chen。

〔2〕（明）田汝成：《西湖游览志》，杭州：浙江人民出版社，1980年，第90页。“宝石山麓，为大佛禅寺，沁雪泉。大石佛，旧传为秦始皇缆船石。宋宣和中，僧思静者，当儿时见之，作念曰：‘异日出家，当镌此石为佛。’及长，为僧妙行寺，遂镌石为半身佛像，饰以黄金，构殿复之，遂名为大石佛院。元至元间，院毁，佛像亦剥落。皇明永乐间，僧志琳重建，敕赐为大佛禅寺。弘治四年，僧永安重修。寺畔有塔，俗称壶瓶塔，乃元时西河僧所建。”

〔3〕（清）翟灏等辑：《湖山便览》，上海古籍出版社，1998年。

图5-2-3　飞来峰杨琏真迦龛

并用宋代皇帝的头盖骨做颅钵，[1]引起汉人知识分子等的痛恨。如果换一个角度观察，这些事件的背后是两种不同的文化思潮的冲突，可以设想，以佛教造像为代表的藏传佛教思潮首次传入儒学理学浸淫的江南，人们对蓦然来临的异域造像及其代表的文化的惊诧，自然会引发一场冲突，这是有关杨琏真迦事件的本质，并不完全在于杨琏真迦本身一些过激的做法，他发掘宋帝陵的目的是获得起塔建寺的经费，所以，《佛祖历代通载》对杨琏真迦没有一句责难，视其为佛教徒，[2]而同时的汉文记载，极尽丑化，其间夹杂了元代人们对异族统治不满的情绪，此后更是将杨琏真迦事件作为文学创作的题材，与历史真实相去甚远。[3]假如不是杨总统，这种冲突肯定会是另一种表现方式。元朝皇帝将南宋少帝赵显遣送吐蕃“习学梵书、西番字经”，虽然是发配，其中仍有让汉人了解蒙藏信仰与生活的意

〔1〕（明）田汝成：《西湖游览志余》，卷六，清文渊阁四库全书本：“初，至元二十一年甲申，僧嗣古妙高上言，欲毁宋会稽诸陵。江南总摄杨辇真伽与丞相桑哥，相表里为奸。明年乙酉正月，奏请如二僧言，发诸陵实器，以诸帝遗骨，建浮图塔。于杭之故宫，截理宗顶，以为饮器。”所谓“饮器”，实际上是颅钵，藏传佛教高僧圆寂后，头骨也常用来作颅钵。

〔2〕（元）念常：《佛祖历代通载》卷二一，第710页。

〔3〕汉人笔记、小说、杂文中的杨琏真迦与历史真实相去甚远，很多内容是文人的凭空捏造，因为掘陵事件本身迎合了人们窥暗的某种心理，使得杨琏真迦成为后代文学创作的题材，甚至是丑化的对象，如传为唐寅撰《僧尼孽海》等。

味。果然，瀛国公在萨迦寺成了合尊大师。[1]所以，我们可以将飞来峰造像与南宋少帝至西藏两件史实联系起来。

实际上，杨琏真迦已经考虑到江南汉人的习惯，飞来峰造像大多是佛、菩萨、佛母造像，除了金刚手和宝藏神之外，并没有出现任何形容怖畏的护法神，更没有一尊双身本尊像，如果这些不成体系的造像出现在西夏故地是难以想象的。飞来峰造像的结果是汉藏佛教艺术的融合，如果没有杨琏真迦将藏传佛教艺术引入汉地、首开先河，元明，乃至后代藏传佛教艺术在汉地的传播可能会是不同的情形。我们要肯定杨琏真迦在各民族藏传艺术交流方面所作的贡献。

值得注意的是，虽然藏传佛教造像风格深刻的影响了飞来峰石刻，但飞来峰的罗汉造像对藏传佛教十六罗汉造像，尤其是其中的和尚造像有明显的影响（图5-2-4）。[2]众所周知，汉地佛教为十八罗汉，[3]藏传佛教造像称十六罗汉（gnas rten bcu drug），另有达摩多罗（Dharmatrāta）与"和尚"（Hwa shang）和十六罗汉一起出现，实际上仍然是"十八罗汉"。其中和尚的造型即来自汉地的布袋和尚，但他是如何进入藏传佛教艺术的，一直是个谜团。最早记载布袋和尚传记的文献，是北宋初年赞宁《宋高僧传》卷二一《唐明州奉化县契此传》，[4]其后又有景德元年道原《景德传灯录》。[5]描写布袋和尚，自号契此，

[1] 王尧:《南宋少帝赵显遗事考辨》,《西藏研究》1981年第1期。王尧:《西藏文史考信集》，北京：中国藏学出版社，1994年，第67—88页。（明）释大闻:《释鉴稽古略续集》，集一，大正新修大藏经本："至元十四年，宋景炎二年，封宋主为瀛国公。令往脱思麻路。习学梵书西番字经。全后于正智寺为尼，建大圣万安寺。"

[2] 位于冷泉西南岸悬崖上的布袋弥勒和十八罗汉保存十分完整，堪称飞来峰罗汉题材中的杰作。作者因地制宜，沿弧形的山岩开龛并创作了十九身造像。布袋弥勒位于作品中心，两侧为十八罗汉。布袋弥勒肥头大耳，双颐丰满，敞胸露怀，大腹便便，跣脚而坐，右手抚布袋，左手持念珠。造型十分夸张，尤其是面部的刻画生动传神，极富艺术感染力。额头皱纹、双眼、面部、嘴部和下颏的处理有力地刻画出一种物我两忘、清澈透明、发自内心的笑。与此同时，随意斜披的袈裟，尤其是一条条流水般繁密衣褶的处理和自在的坐卧造型，与面部的刻画互为表里，相得益彰，营造出一种洞穿红尘、自得其乐、随心所欲、自由、闲适、归真的意境。两侧十八罗汉的造型也栩栩如生，或坐、或立、或卧，姿势各不相同。持物也不相同，或托塔，或合十，或持锡杖，或舒展经卷，或持如意。运用夸张和写实相结合的手法赋予每一位罗汉与众不同独特的个性，与中心的弥勒遥相呼应，有力烘托出主体的表现。

[3] 汉地佛教造像中最早的十八罗汉图像为公元10世纪前后张玄及贯休所绘，其后沙门觉范与苏东坡皆为文颂赞，苏东坡所题之十八首赞文，每首皆标出罗汉之名，于十六罗汉之外，以庆友尊者为第十七罗汉，以宾头卢尊者为第十八罗汉。实际上"庆友"即难提蜜多罗，为著《法住记》之人；宾头卢即宾度卢颇罗堕，原已列为十六罗汉之首，这是因为不熟经典、不懂梵语引起的错误，却使十六罗汉逐渐发展为十八罗汉。自元代以来，多数寺院的大殿中皆供有十八罗汉，且罗汉像的绘画与雕塑亦多以十八罗汉为主，成为汉地罗汉的定数。飞来峰出现完整的十八罗汉造像，因而其主尊布袋和尚不可能是宋代的作品。藏传佛教的"十八罗汉"外加达摩多罗和尚，虽然描绘十八罗汉，但藏传佛教造像仍然称"十六罗汉"，单称达摩多罗和尚。

[4]（宋）释赞宁:《宋高僧传》，卷二一，大正新修大藏经本。其文云："释契此者，不详氏族，或云四明人也。形裁腲脮，蹙頞皤腹，言语无恒，寝卧随处。常以杖荷布囊入鄽肆，见物则乞，至于醯酱鱼菹，才接入口，分少许入囊，号为长汀子布袋师也。曾于雪中卧，而身上无雪，人以此奇之。有偈云：'弥勒真弥勒，时人皆不识'等句。人言慈氏垂迹也。又于大桥上立，或问：'和尚在此何为？'曰：'我在此觅人。'常就人乞啜，其店则物售。袋囊中皆百一供身具也。示人吉凶，必现相表兆。亢阳，即曳高齿木屐，市桥上竖膝而眠。水潦，则系湿草屦。人以此验知。以天复中终于奉川，乡邑共埋之。后有他州见此公，亦荷布袋行。江浙之间多图画其像焉。"

[5]（宋）道原:《景德传灯录》,《大正藏》，册51，卷27，页四三四上一中：明州奉化县布袋和尚者，未详氏族，自称名契此，形裁腲脮，蹙额皤腹，出语无定，寝卧随处，常以杖荷一布囊，凡供身之具，尽贮囊中。入鄽肆聚落，（转下页）

图5-2-4　飞来峰第68龛布袋和尚与十八罗汉

为浙东明州僧人。形裁腲脮，蹙额皤腹，以杖荷布袋随身，而且言行奇特怪异，并具神通。圆寂前说“弥勒真弥勒，分身千百亿，时时示时人，时人自不识。”因而被认为其为弥勒的化身。北宋以来汉地佛教造像逐渐以布袋和尚的图像取代原来法相庄严的天冠弥勒或弥勒佛。[1]

（接上页）见物则乞，或酰醢鱼菹，才接入口，分少许投囊中，时号长汀子布袋师也。尝雪中卧而去。先保福和尚问：“如何是佛法大意？”师，雪不沾身，人以此奇之，或就人乞，其货则售，示人吉凶，必应期无忒，天将雨，即着湿草履途中骤行，遇亢阳，即曳高齿木屐市桥上竖膝而眠，居民以此验知，有一僧在师前行，师乃拊僧背一下，僧回头，师曰：“乞我一文钱。”曰：“道得，即与汝一文。”师放下布囊，叉手而立，白鹿和尚问：“如何是布袋？”师便放下布袋，又问：“如何是布袋下事？”师负之放下布袋叉手。保福曰：“为只如此，为更有向上事？”师负之而去。师在街衢立，有僧问：“和尚在这里作什么？”师曰：“等个人。”曰：“来也来也。”师曰：“汝不是这个人。”曰：“如何是这个人？”师曰：“乞我一文钱。”师有歌曰：“只个心心心是佛，十方世界最灵物；纵横妙用可怜生，一切不如心真实；腾腾自在无所为，闲闲究竟出家儿；若睹目前真大道，不见纤毫也大奇；万法何殊心何异？何劳更用寻经义？心王本自绝多和，智者只明无学地，非凡非圣复若乎。不强分别圣情孤，无价心珠本图净；凡是异相妄空呼，人能弘道道分明；无量清高称道情，携锡若登故国路，莫悉诸处不闻声。”又有偈曰：“一钵千家饭，孤身万里游；青目睹人少，问路白云头。”梁贞明三年（917）丙子三月，师将示灭，于岳林寺东廊下端坐盘石而说偈曰：“弥勒真弥勒，分身千百亿，时时示时人，时人自不识。”偈毕安然而化。其后他州有人见师亦负布袋而行，于是四众竞图其像，今岳林寺大殿东堂全身现存。

〔1〕严雅美：《〈泼墨仙人图〉研究——兼论宋元禅宗绘画》，台北：法鼓文化出版社，2000年，其中有有关布袋和尚及其演变的分析。

关于布袋和尚的造像,《宋高僧传》云:“后有他州见此公亦荷布袋行,江浙之间多图画其像焉”。说明最迟在北宋初年,布袋和尚像的流传就已经开始。《景德传灯录》则云:“……四众竞图其像。今岳林寺大殿东堂全身见存。”可以确定,在北宋中期的11世纪左右,布袋的画像在汉传佛教造像中已经非常普遍了。苏轼就曾经画过应身弥勒像,并为藏真所画布袋和尚像作偈。[1]至于布袋和尚与十八罗汉作为一组图像描绘,涉及布袋和尚图像的演变。玄奘所译《大阿罗汉难提蜜多罗所说法住记》其中仅提到十六罗汉,并描述了罗汉与弥勒的关系,如来命十六罗汉在现世佛释迦牟尼佛之后为众生说法,期待弥勒转世,十六罗汉可谓是现在佛释迦与未来佛弥勒之间的中介人物。布袋和尚为弥勒化身,所以经常和罗汉一起描绘。现藏台北故宫博物院藏元人《应真像》绘十八罗汉,其中弥勒位于右侧。可见将布袋弥勒混入十八罗汉的观念在元代时就可能存在。[2]然而,以布袋和尚作为十八罗汉之主尊,最早的图像例证就是飞来峰。[3]因为14世纪的唐卡和断代在1435年的藏文绘本的罗汉,已经有布袋和尚造型的和尚和达摩多罗,所以,布袋和尚演变为藏地十八罗汉中的“和尚”应在此之前。[4]

解决藏传佛教罗汉造像“和尚”的由来,飞来峰布袋和尚是一条极为重要的线索。这里的布袋和尚的眷属不是攀缘的童子,[5]而是作为主尊的弥勒布袋和十八罗汉的组像!

---

〔1〕杨家骆主编:《苏东坡集续集》,《苏东坡全集》,台北:商务印书馆,1964年,册2,卷12,第394页。苏轼曾有《观藏真画布袋和尚像偈》。转引自严雅美:《〈泼墨仙人图〉研究——兼论宋元禅宗绘画》,台北:法鼓文化出版社,2000年。(宋)吴自牧:《梦粱录》,杭州:浙江人民出版社,1984年,第107页。其中有载:“仁和长乐乡像光湖,唐时湖中现五色光,掘地得弥勒佛石像,乃建寺及湖,名俱曰像光。”可见唐代只有弥勒,不见布袋和尚。

〔2〕严雅美:《〈泼墨仙人图〉研究——兼论宋元禅宗绘画》。

〔3〕其后,布袋和尚作为主尊与十八罗汉一同出现的最佳例证是北京雍和宫弥勒殿。

〔4〕有一种说法认为,藏传罗汉造像的“和尚”最初可能源自参与782年桑耶寺“顿渐之争”的大乘和尚。假如“和尚”最初为人名,则与布袋和尚的用名混淆。实际上,此“和尚”是汉地普通僧人的统称,与“大乘和尚”应无关系。关于“和尚”一词的来源参看《佛学大辞典》第753页:Upādhyāya,又称“和上”。律家用“上”字,其余多用“尚”。本为印度之俗语,呼吾师为“乌社”,至于阗等国等则称“和社”“和阇”(khosha)等,“和尚”者之转讹也。罗什三藏翻为“力生”以依师而弟子之道力得生故也。《晋书·佛图澄传》曰:“法常与法佐对车夜谈,言及和尚。比旦,佐入见澄,澄已知之。于是国人每相与曰:‘莫起恶心,和尚知汝。’”按,此二字见正史之始也。《魏书·释老志》:“浮图澄为石勒所宗信,号为大和尚。”大和尚又始见此。《翻译名义集》曰:“‘和尚’,外国名,汉言知有罪知无罪也。”《寄归传》三曰:“言‘和尚’者,非也。西方凡唤博士皆名乌社,斯非典语。若依梵本经律之文,咸云邬波驮耶,译为亲教师。北方诸国皆唤‘和社’致令传译习彼讹音。”《百一羯磨》一曰:“邬波驮耶、译为亲教师、言‘和上’者,乃是西方时俗语,非是典语。”玄应《音义》十四曰:“‘和尚’,《菩萨内戒经》作‘和阇’,皆于阗国等讹也。应言郁波弟耶,此云近诵。以弟子年少不离于师,常逐近授经而诵也。又言邬波陀耶,此云亲教。旧译云知罪知无罪名为‘和尚’也。”慧苑《音义》上曰:“和上,按《五天雅言》,‘和上’谓之鸠波陀耶,然彼土流俗谓之‘殟社’,于阗、疏勒乃云‘鹘社’。今此方讹音谓之‘和上’。”虽诸方殊异,今依正释。言“邬波”者,此云近也,“陀耶”者,读也。言此尊师为弟子亲近,习读之者也。《业疏》三上曰:“中梵本邬波陀耶,在唐译言名之依学,依附此人学出道故。自古翻译,多杂蕃胡。胡传天语,不得声实,故有讹僻,转云‘和上’,如昔人解和中最上。此诸字而释,不知音本。人又解云:翻‘力生’,弟子道力,假教生成。得其远意,失其近语。”

〔5〕虽然文献出现较早,但有童子攀缘的布袋和尚造像最初出现于15世纪。有关小儿和布袋和尚的典故,《佛祖统纪》中布袋传的篇幅虽少,但却加入了《景德传灯录》所没有的记载,且和后世所见的布袋和尚像构图(转下页)

飞来峰是藏汉艺术在江南的首次汇聚之处，也是飞来峰造像的价值所在，它很可能是布袋和尚及十八罗汉造像传入西藏的初始，而不是有些研究者认为十八罗汉在明代15世纪以后才传入西藏。[1]因为在元代朝廷有很多在内地的藏族僧俗官员和从西藏乃至尼泊尔来到内地的艺术家，他们返回时将布袋和尚和罗汉造像带到了西藏，卫藏13至14世纪的罗汉造像与汉地布袋和尚造像风格有直接的承继关系，并且留有很多此期作品的例证。[2]

飞来峰造像在中国美术史和藏传佛教艺术史上具有重要意义，它具有明确的断代，补充此期藏传佛教造像实物例证缺少的不足，可以作为图像学和断代的标尺。例如，传统的摩利支天，其象征标识为阿输迦（Aśoka）树枝和金刚，身色为黄色或红色，坐骑为七头猪，或七头猪拉的车，其化身为金刚亥母和摩利支天无忧女（Aśokakāntā）。后期摩利支天更为常见的身相是居于无忧树环绕的塔龛内，三面三目六臂，左侧面为猪面，主臂右手执针，左手持无忧花。右侧臂二手持箭和金刚，左侧臂二手持弓和线。然而，飞来峰的摩利支天为早期身相，一面二目二臂，右手作与愿印，左手当胸作说法印并持无忧花枝，左脚结半跏趺，右脚屈伸踏在前面的猪背上，游戏坐于莲花座上。坐下没有七头猪拉的车驾，只有一头猪，猪也没有承载莲花座的重量，只是雕在莲座前方（图5-2-5）。又如，阿弥陀佛无明妃的着冠身相为无量寿佛（Amitāyus藏文作tshe-dpag-med），是藏传佛教造像最着意表现的佛造像之一，但多是着冠菩萨装无量寿佛，佛相无量寿佛几乎不见，如佛相则被称作阿

（接上页）有密切的关系。如十六群儿哗逐布袋，并争掣其袋的典故；以及蒋摩诃见其背上有一眼的典故等等。志磐：《佛祖统纪》，卷四八，页390下—1上。迄于《定应大师布袋和尚传》，十六小儿增为十八，细节描写更为繁复，又加入了布袋像的产生等典故，将布袋和尚的传说与神话带向完备的境界。（昙噩：《定应大师布袋和尚传》）有关这些典故与布袋的图像，Lessing与Shimizu Yoshiaki都曾有相当的讨论。Lessing, "*Yong-ho-kung*"; Shimizu, *Moku'an Rei'en*, pp.195-200。另见Marsha Weinder, *Maitreya as Budai with Childern*, pp. 392-393.

〔1〕 Rhie, M.M., & Thurman, R.A.F., eds., *Wisdom and Compassion: The Sacred Art of Tibet*, exhibition catalogue, London, 1991, pp.52-53.

〔2〕 这种观点最初见Richard Edwards, "Pu-tai-Maitreya and a Reintroduction to Hangzhou's Fei-lai-feng", *Ars Orientalis*, vol.14, 1984, pp. 8-9以及Stephen Little, "The Arhats in China and Tibet", *Artibus Asia 52*, 1992, pp.255-281.不过，罗汉造像进入西藏的时间可能更早，如噶妥司徒（kav thog si tu chos kyi rgya mtsho）著作《雪域卫藏朝圣向导》（gangs ljongs dbus gtsang gnas bskor lam yig nor bu zla shel gyi se mo do）记："其后不久，鲁梅从汉地所请唐卡安放在罗汉殿内，正中为一层楼高、古代制作的释迦牟尼佛像，内地的十六罗汉仪态优美，难以言表。"（de nas mar ring tsam phyin par klu med vbrom chung gis rgya nag nas gdan drangs pavi zhal thang nang gzhuug yer pavi gnas bcu khang du/ dbus su thub dbang thog so mtho nges gcig sngon gyi bzo rnying/ gnas bcu rgya nag ma bag dro mi tshad re/ 注意：这里的gnas bcu实际上就是gnas brten bcu drug之略称）夏格巴《西藏政治史》第1卷第111页云："藏地早于丝唐的鲁梅本尊画是叶尔巴十尊者绘画唐卡"（bod yul du si thang las snga ba klu mes kyi thugs dam rten yer ba rwa ba mar grags pavi gnas bcuvi bris thang dang/）参看大卫·杰克逊著，向红笳、谢继胜、熊文彬译：《西藏绘画史》，明天出版社和西藏人民出版社联合出版，2001年，第143页（Jackson, David, "A History of Tibetan Painting: The Great Tibetan Painters and Their Traditions", Beiträge zur Kultur-und Geistesgeschichte Asiens, 15, Vienna, 1996. Chapter 5.）西夏同样出现了汉地风格的罗汉造像，所以，汉地佛教的罗汉造像进入西藏的时间可能较早，因为整个藏传佛教造像的罗汉造像系统都是从汉地风格的罗汉演变而来，但布袋和尚进入西藏的时间或许与飞来峰的造像有关。

图5-2-5 飞来峰第79龛摩利支天

弥陀佛。然而，飞来峰造像龛造像题记明确记载有佛相无量寿佛，其胁侍不是汉地佛教造像阿弥陀佛常见的大势至菩萨和观音菩萨，而是文殊菩萨和绿度母，说明元代藏传佛教造像中仍有佛相无量寿佛，不像后世区分的那么严格。此外，藏传佛教无量寿佛的胁侍菩萨，后期多为白度母和佛顶尊胜，称为“长寿三尊”，但此龛的胁侍却为绿度母和文殊菩萨，证明当时佛相无量寿佛的眷属为度母和文殊。这为考察藏传佛教图像演变的历史提供了图像例证。

飞来峰造像与灵隐寺相邻，位于江南杭州，形成一个特殊的藏汉文化交融的独特氛围，并为藏传佛教及其艺术在江南的传播奠定了基础，此后，福建泉州清源山尚有蒙古人与西夏人施造于至元壬辰年（1292）的碧霄岩藏传佛教三世佛，蒙古人建于元至大年间的江苏镇江西津渡过街塔，建于元至正三年（1343）的湖北武汉胜象宝塔等。[1]

川流不息的灵隐寺香客，来自祖国各地摩肩接踵的游人，拜谒游览灵隐寺和飞来峰的同时，将充满人文意味的汉族江南文化与藏传佛教文化根植在他们思想意识的深处，早在13世纪就将汉、藏、蒙古、西夏各民族的文化联系在一起，其文化历史价值难以估量。它是中华各民族艺术交流的博物馆，是我国各民族共同创造中华民族文化的里程碑！

---

〔1〕温玉成：《镇江市西津渡过街塔考》，刊《宿白先生八秩华诞纪念文集》，北京：文物出版社，2002年，第597—613页。江南地方尚有江苏镇江的藏传佛教过街塔，宁波也出土了带有兰札体梵文的元代瓷器。见罗哲文：《中国古塔》，北京：外文出版社，1994年，第250页。胜象宝塔瓶底刻有“洪武二十七年岁在甲戌九月乙卯谨志”，说明此塔在明处被开启。塔身有金刚杵和梵文字母装饰。实际上，胜象宝塔与西津渡过街塔为同样类型的塔。

第三节　云南大黑天的信仰和图像流变*

大黑天，梵语为摩诃噶喇（Mahākāla），原是古印度婆罗门教神祇，与早期雅利安人的神灵崇拜有关。[1]在印度，大黑天是湿婆的化身；在诸天神与恶神共同搅动乳海出现一团剧毒时，湿婆一口吞下剧毒，烧黑了脖子，故有“青颈”之名。大黑天在佛教中为护法神之一，是大自在天的化身，而大自在天的原形为印度教大神湿婆。在密教中，大黑天被认为是大日如来因降伏恶魔所示现的忿怒药叉主形象：一面或三面，四臂、六臂或八臂（罕有）；裸身；三眼怒睁，呈忿怒可畏之相，张着大嘴，獠牙龇露，舌头向后卷起；头戴髑髅冠，胸挂人骷髅璎珞，以蛇束发，以蛇为铛、环、钏、腰带，等等。大黑天信仰在中国内地未形成主流，主要在云南、西藏、敦煌一线流布。西夏和蒙古族地区受藏传佛教影响，也信仰大黑天。元代以后，西藏大黑天在内地也有影响。大黑天信仰广泛而深刻地影响了云南洱海、滇池等腹心地区，可追溯至南诏时期，在南诏大理国时期尤其盛行，包括了佛教护法、本主（土主）[2]和神话神灵等多重层面的内涵，历经千年复杂曲折的流变，流传直至当代。

一、云南大黑天信仰的多维特质、研究的现状和不足

在云南洱海、滇池地区的白、彝、汉等民族中，大黑天信仰烙印深刻，不仅是佛教万神殿中最重要的护法神，还是民间土主（本主）信仰的大神，大黑天神话在大理一带的民间

* 云南滇西北藏族、纳西族（摩梭人）和普米族中影响较大的是11世纪以后传入的藏传佛教，不在本节的云南大黑天讨论之列。

〔1〕对大黑天与婆罗门教的渊源主要有三种观点：一、大黑天的原型是湿婆或大自在天（而大自在天的原型也是湿婆）。二、大黑天是婆罗门教建设之神毗湿奴的化身，还是大日如来降魔显现的愤怒相。三、大黑天是自在天的眷属鲁傣罗（Rudra）。参见黄杰华：《汉藏宝鬘：佛教护法大黑天信仰研究》，中央民族大学藏学研究院博士论文，2011年，第31—32页。

〔2〕即村寨或地区的保护神或福主；白族称本主，彝、汉多称土主。

传承至当代，在甲马等民俗信仰和民间美术中仍可见其身影，故民间言大黑天“在天为天神，在寺为伽蓝，在庙为本主”。云南大黑天信仰是复合了本主信仰、佛教护法神信仰和民间口承神话三个层面的有机体；三个层面间的内涵和图像特征有复杂的内在联系并历经曲折的流变，具有突出的特殊性和复杂性。除了在图像学特征上有自身的特色之外，云南大黑天信仰的这种多维特质是与西藏、敦煌、内蒙古和西夏等地大黑天纯粹作为佛教护法神的最为本质的差别。

20世纪80年代至90年代，在民族文化、民间信仰的调查研究热潮中，大黑天调查研究成为热点：[1]其一，调查整理了以南诏大理国时期为主的佛教护法大黑天的文献、实物和图像遗存、仪轨等资料，对其信仰状况和图像学特征形成了基本认识。其二，对洱海、滇池地区白、彝和部分汉族中的大黑天本主（土主）崇拜作了调查研究。[2]云南历代方志和碑刻中有关大黑天本主的材料本身尤为丰富，反映了民间广泛信奉的盛况，近现代众多有关云南的民族和历史文化著述涉及大黑天本主信仰。1982年昆明市文物大普查，在市属八个县区发现的132座土主庙中，供奉大黑天的就有130座。[3]其三，搜集整理大黑天神话，对其类型和本土化过程作了概括梳理，如傅光宇列举了大理地区大黑天神话故事，分为三类并做了分期断代，认为：天神抗玉帝旨而吞下瘟疫丹，流行于南诏大理时期；清官义士与恶蟒大战而牺牲，成为土主或本主，流行于元明时期；其他本主传说，产生于明清时期。显然，云南大黑天神话由印度湿婆神话演变而来，在发展中融入了一定道教和民间信仰的因素。[4]

既有研究勾勒了云南大黑天信仰的概貌，但仍有不足之处和探讨空间，主要是仅着力于佛教护法大黑天、本主大黑天或大黑天神话的某一个单一层面，对三重内涵之间的内在关联和发展脉络缺乏总体把握，且多为共时层面的研究，不能历时性地展现发展流变的轨

[1] 重要成果有：赵橹：《〈大黑天神〉考释》，《民间文学论坛》1983年第4期；田鸿：《大理地区信仰大黑天神源流考说》，《云南大理佛教论文集》，高雄：佛光出版社，1991年；王海涛：《云南大黑天神》，《中国历史文物》1993年第1期；李玉珉：《南诏大理大黑天图像研究》，《故宫学术季刊》第十三卷第二期，台北故宫博物院，1995年；傅光宇：《大黑天神神话在大理地区的演变》，《思想战线》1995年第5期；侯冲（整理）：《大黑天神道场仪》，《藏外佛教文献》，1998年；张锡禄：《大理白族佛教密宗》，昆明：云南民族出版社，1999年；朱悦梅：《大黑天造像初探——兼论大理、西藏、敦煌等地大黑天造像之关系》，《敦煌研究》2001年第4期；李翎：《大黑天图像样式考》，《敦煌研究》2007年第1期；黄杰华：《汉藏宝鬘：佛教护法大黑天信仰研究》（2011年，中央民族大学博士论文）；黄璜：《南诏大理国观音和大黑天信仰关系考——以剑川石窟和〈梵像卷〉为中心》，《云南社会科学》2014年第2期；Megan Bryson, “Between China and Tibet: Mahākāla worship and Esoteric Buddhism in the Dali Kingdom.” In *Chinese and Tibet Esoteric Buddhism*, edited by Yael Bentor and Meir Shahar, Koninklijke Brill NV, Leiden, The Netherlands, 2017, pp.402-428. 等等。

[2] 参见杨政业：《白族本主文化》一书附录二：本主文化论著要目索引；昆明：云南人民出版社，1994年，第220－224页。

[3] 参见云南省编辑组：《白族社会历史调查·二》，昆明：云南人民出版社，1986年，第167页。

[4] 傅光宇：《大黑天神神话在大理地区的演变》，《思想战线》1995年第5期。

迹，某些观点如前述大黑天神话的分期断代需要商榷。因此，在共时性的单一层面研究的基础上，很有必要将云南大黑天信仰放置在与印度、西藏、敦煌、内地等大黑天信仰有所关联的"大黑天文化圈"下，历时性地梳理云南大黑天信仰在几个层面上的关联，把握其信仰内涵和图像学特征流变的脉络。

二、南诏大理国和元代云南大黑天信仰的文献记载和图像遗存

南诏大理国和元代期间，含有密宗成分的佛教（学术界称之为阿吒力或阿叱力教）盛行，大黑天信仰在云南腹心地区非常兴盛，留下了零星的文字记载和丰富的图像资料。

（一）"大灵""土主"：早期文献中的大黑天

对云南大黑天的记载最早见于元代云南地方文献，显示大黑天信仰于8世纪时在南诏开始流传，但明确表明大黑天是作为"大灵""本主"得到供奉。

《云南通志》卷一载元至正初（14世纪40年代）王升撰《大灵庙碑记》称：

> 蒙氏威成王（712—728年在位）尊信摩诃迦罗大黑天神，始立庙肖像祀之，其灵赫然。世祖以之载在祀典，至今滇人无间远迩，遇水旱疾疫，祷之无不应者。[1]

此"大灵庙"供奉之"大灵"，即摩诃迦罗大黑天无疑；"大灵"指巫教神祇，在此即土主。此则记述还表明大黑天受到信奉藏传佛教的元世祖认可，元代时在云南亦十分尊崇灵验。

元张道宗《纪古滇说集》记：

> （南诏）第三世威成王，名诚乐，威服诸邦。有滇人杨道清者，殉道忘躯，感现观音大士，……王闻之，亲幸于滇，封道清为显密圆通大义法师，始塑大灵土主天神圣像，曰：摩诃迦罗。……有神匠曰罗都道太，自蜀中塑像，又有菩提巴坡者，自天竺至，以密咒丹书神位，创庙中城而奉之。以摩诃迦罗神像立庙以镇城。[2]

---

〔1〕 云南省编辑组编：《云南地方志佛教资料琐编》，昆明：云南民族出版社，1986年，第30页。转引自李玉珉：《南诏大理大黑天图像研究》，载《故宫学术季刊》第十三卷第二期，1995年，第22页。

〔2〕 张道宗：《纪古滇说集》，收录于《云南地方志佛教资料琐编》，第245页。转引自李玉珉：《南诏大理大黑天图像研究》，载《故宫学术季刊》第十三卷第二期，1995年，第22页。

此段记述值得深究。黄璜据“感现观音大士……始塑大灵土主天神，曰：摩诃迦罗”认为南诏观音信仰的流传应稍早于大黑天信仰，[1]事实上，这里还暗含以观音信仰为代表的佛教确立之后，大黑天才以“大灵土主天神”的身份得到南诏统治者认可，并以梵名称之。“有神匠曰罗都道太，自蜀中塑像，又有菩提巴坡者，自天竺至，以密咒丹书神位”表明此大黑天像由蜀地造像技艺而成，其神通展现与印度来的密教僧人有关，大黑天在当时兼有土主和佛教护法神的双重属性。“创庙中城而奉之”之“庙”表明是土主庙。“以摩诃迦罗神像立庙以镇城”表明其作为滇池拓东城的守护神。

康熙《云南通志》卷一八记：

> 大灵庙在城隍东，即土主庙。神为摩诃迦罗，蒙氏城滇时建。

凤迦异筑拓东城在永泰元年（765），记为“大灵庙”“土主庙”也表明大黑天为土主。

王海涛指出云南大黑天经天竺道（蜀身毒道）从印度传来，但未明确依据。他的依据似乎是保山城有较早供奉大黑天神的寺庙，而保山处天竺道之滇缅道（永昌古道）要冲，是入滇的头一站：

> 保山城西北四十里有栖贤山，山南有一座黑天庙，志载始建于汉，南诏时改名为“报恩寺”。据寺内《报恩梵刹记》碑载：寺中“所供佛像即摩诃迦罗七转王神等”，并指出滇中寺庙“供大黑天神，犹其遗制”。就是说，云南大黑天神寺，此为始祖。[2]

“志载始建于汉”的“黑天庙”，顾名思义，当供奉大黑天；后改为“报恩寺”，即“梵刹”，供摩诃迦罗“佛像”，即大黑天护法。云南大黑天素有“在天为天神，在寺为伽蓝，在庙为土主”；“寺”指佛寺，“庙”即土主庙，据“寺”或“庙”的称谓可判定属佛教还是本主信仰。

（二）南诏大理国佛教护法大黑天的图像遗存

目前尚未发现云南最早的“大灵”“土主”大黑天图像遗存或文字描述，按理，应接

〔1〕 黄璜：《南诏大理国观音和大黑天信仰关系考——以剑川石窟和〈梵像卷〉为中心》。
〔2〕 王海涛：《云南佛教史》，昆明：云南美术出版社，2002年，第43页。

近现存的南诏佛教护法大黑天。佛教护法大黑天的图像遗存多属南诏大理国时期，目前发现的云南最早的是剑川石窟沙登菁区第16号龛的大黑天浮雕，与毗沙门像相邻（见图5-3-1）。另外还有考订为南诏末期的石钟寺第6号窟明王堂右端也是大黑天像，左端为毗沙门像（见图5-3-2）；喜洲金圭乡归源寺大理国时期“镇国灵君天神”大黑天浅浮雕石像（见图5-3-3），此名号反映出佛教和巫教的双重属性；禄劝密达拉乡三台山大理国时期摩崖大黑天像，与毗沙门像相邻（见图5-3-4）。另大理崇圣寺千寻塔出土文物中，有数件大黑天像。[1]

图5-3-1　石钟山第15号石窟（沙登箐区）的毗沙门（左）和16号石窟的大黑天神（右），南诏末（图版采自李昆声：《南诏大理国雕刻绘画艺术》，云南人民出版社，1999年，第120页）

〔1〕以上图像图版参见李昆声主编：《南诏大理国雕刻绘画艺术》，昆明：云南人民出版社、云南美术出版社，1999年，第120、90、169、170页。

图5-3-2 石钟寺第6窟明王堂释迦牟尼佛和二弟子及八大明王两侧的大黑天（左）和毗沙门像（右），南诏末大理国初（图版来源同图5-3-1，第90页）

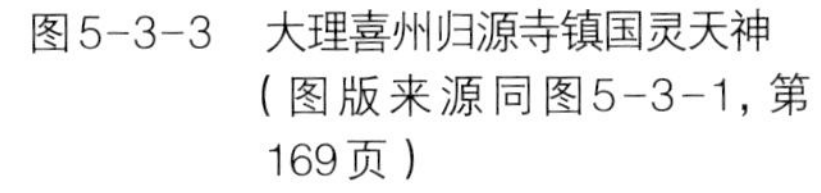
图5-3-3　大理喜州归源寺镇国灵天神（图版来源同图5-3-1，第169页）

图5-3-4　禄劝三台山摩崖石刻，南诏末大理国初（图版来源同图5-3-1，第170页）

《梵像卷》(《宋时大理国描工张胜温画梵像》，又称《张胜温画卷》）中有多幅大黑天护法图像。第124开（见图5-3-7）有题记“大圣大黑天神”，1993年李玉珉据《大黑天仪轨》(该文献发现于大理凤仪北汤天董氏宗祠，收藏于云南省图书馆，不见于汉文大藏经，交代了大黑天的形态、性格和社会功能）的残损文献，结合《梵像卷》进行比对研究，考订了4幅图像为大黑天，即除第124开之外，第119开（无题，一头四臂，章嘉国师订为“四臂大黑永保护法”，见图5-3-5）亦为大黑天；第121开（题记“金钵伽罗”，见图5-3-6）与《大黑天仪轨》中的金钵伽罗完全吻合，为大黑天的变身，可以息战除灾，又能够在地府判生死，既是战斗神，又是冥府神；第122开（题记“大安药叉”，见图5-3-6）莲台上足踏七星，与《大黑天仪轨》中的安乐伽罗吻合，集护国、宗教和延命神于一身。李玉珉认为金钵伽罗和大安药叉等为云南特有的大黑天类型。[1]

〔1〕 李玉珉：《南诏大理大黑天图像研究》，第24—28页。

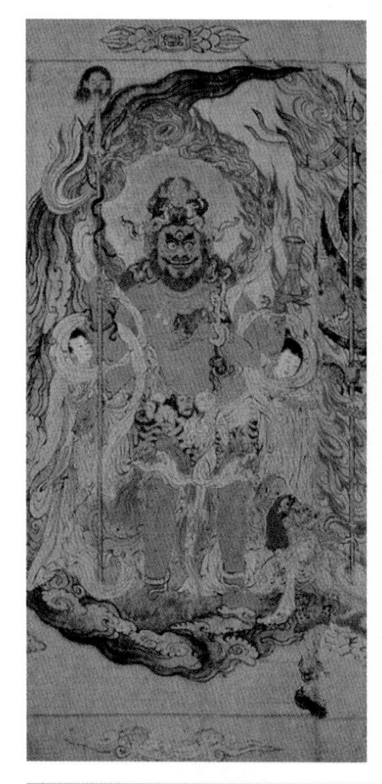

图5-3-5	图5-3-7
图5-3-6	

图5-3-5 《梵像卷》第119开藏式意味浓厚的四臂大黑天（图版来源同图5-3-1，第232页）

图5-3-6 《梵像卷》第121和122开（图版来源同图5-3-1，第235页）

图5-3-7 《梵像卷》第124开（图版来源同图5-3-1，第234页）

《大黑天仪轨》还记载了四臂的日月伽罗、八臂的宝藏伽罗以及另一种八臂大黑天类型，共七种类型，目前尚未发现与之对应的每一种类型的图像，有的类型不见于佛经，初步判断此仪轨可能为云南地方化的产物。

以上文物遗存表明，南诏时期就盛行大黑天护法，至大理国时期还发展出多种名目、形态和功能的大黑天变体，并有图像和仪轨对应。

三、南诏大理国和元代云南大黑天信仰的起源发展与图像学特征

学术界一般认为，“南诏以来，大理密教盛行。……密教无疑是南诏佛教的一个重要流派。大黑天既是密教的护法，云南大黑天信仰的起源当与密教的传入有关。”[1]引文所指的大黑天信仰应仅限于佛教护法大黑天。在云南大黑天护法和大黑天本主信仰的产生和相互关系上，目前普遍认为阿吒力教的传入带来了大黑天护法神，相应地在民间信仰中产生大黑天本主，如“最早出现的本主神是密宗的佛教护法大黑天神，而最早出现的本主庙是供奉大黑天神的大灵庙，足以说明本主神像、神庙的出现，与阿吒力教直接有关。”[2]在大黑天信仰的流变上，有学者认为大黑天在阿吒力教衰落后，其护佑众生的宗教职能与民间信仰需要吻合，因而从佛教护法神转变为本主；此观点以杨政业的《大黑天神（伽蓝）本主：从佛教密宗护法神到白族本主神的嬗变》为代表。

以上几种认识似乎大致合理，但结合历史深入思考，会发现面临一系列问题：既然本主大黑天源自佛教大黑天护法，为何前述最早关于云南大黑天的记载显示大黑天为“大灵”或“土主”？后文将论证云南大黑天的图像学特征保留有较多原始的印度湿婆要素，而且大理地区至今流传的大黑天神话为印度湿婆神话的翻版，与佛教的关联性并不强，这一切说明什么？南诏大理国时期的佛教在明清衰落，阿吒力教被禁，唯大黑天因是“土主”，被划在“土教”之列，不仅得以延续，甚至更为兴盛，这意味着什么？

因此，以上将云南大黑天信仰概括为由大黑天护法衍生大黑天本主信仰，而大黑天护法神在阿吒力教衰落后随即又进入本主行列的单线发展轨迹过于简单化、绝对化，有必要重新加以认识和梳理。带着上述疑问，综合审视有关大黑天的记载、文物和调查研究之后，可以认为：南诏时期大黑天信仰在云南兴起；南诏大理国至元代为云南大黑天的兴盛期，在信仰内涵和图像特征上有浓厚的自身特色，并受到西藏艺术的一定影响，具体论述

---

〔1〕 李玉珉：《南诏大理大黑天图像研究》，第24—28页。
〔2〕 李东红：《白族佛教密宗阿吒力教派研究》，昆明：云南民族出版社，2000年，第182页。

如下：

（一）南诏时期佛教护法大黑天兴起，与本主（土主）大黑天并行不悖

前述云南最早的大黑天都明确被记为“大灵”“本主”，至少说明大黑天本主信仰自不必是明代阿吒力教衰落后才兴起的。据前述张道宗《纪古滇说集》，观音显灵标志着佛教在南诏确立后，南诏威成王开始为大黑天立庙造像，不应当理解为大黑天信仰之始，而应当理解为大黑天信仰上升到被统治阶层认可和主导的层面，并且是作为土主来加以供奉，表明此前大黑天在民间已被作为村寨保护神得到崇奉。佛教密宗传入后，佛教护法大黑天信仰才开始慢慢在统治阶层中盛行。此间，大黑天在云南具有土主、护法的双重身份，双重信仰并行不悖；从“佛教”“巫教”或是“佛巫并用”任何一个角度来说，大黑天都不可或缺。

（二）南诏大理国和元代云南佛教护法大黑天与西藏大黑天的图像学特征差异

关于云南佛教护法大黑天的图像学特征，朱悦梅从大理、西藏、敦煌三地大黑天的造像形态、身材比例、法器持物等图像学特征加以分析比对，凸显出彼此的异同和渊源，总结出大理及西藏的大黑天造像均来自印度系统，但分属不同的造像体系；大理大黑天保留了较多的印度教湿婆的特征，是中国境内较早的大黑天造像（一定程度上实证了前述王海涛的观点）；敦煌则包含藏密、汉密两种因素而自成一系。西藏大黑天与现存印度10世纪以后的大黑天造像遗存较为接近，而云南佛教护法大黑天与西藏大黑天有明显图像学特征差异，总结如下：[1]

发型：藏密大黑天怒发冲冠，而云南大黑天基本是高发髻，并饰以珠宝，这与湿婆像一致。

头冠：云南大黑天头上戴的是三髑髅冠，藏密大黑天及敦煌大黑天戴的是五髑髅冠。

装饰：云南大黑天腕、踝及全身的装饰均为白蛇，而藏密图像身上除蛇之外还有其他珠饰。

身材比例：云南大黑天造像基本上体形匀称，符合人体比例，而藏密大黑天身材短而粗壮，尤其是立姿造像。

法器：不尽相同，有的同种法器造型也不尽相同。如三叉戟，大理的很长，拄在地上仍高出主尊像一头左右，藏密造像中的却较短，且高举在空中。云南三叉戟挑人头，是完全不见于藏密和汉密造像的。再如鼓，典型的藏密造像中的手鼓是两覆钵状鼓身倒扣起，

---

〔1〕 朱悦梅：《大黑天造像初探——兼论大理、西藏、敦煌等地大黑天造像之关系》，载《敦煌研究》2001年第4期。

中央扎一根带以供手抓握；造像中的“都昙鼓”造型优美，是一种具有高度工艺水平的装饰性乐器。

髑髅串：云南大黑天像的璎珞为六颗大的髑髅或四颗人头串在一起，而非如藏密大黑天像那样由50颗小髑髅串成。云南造像中的髑髅都没有下颌骨，藏密造像中的髑髅却是完整的。

（三）南诏大理国和元代云南佛教护法大黑天的总体图像学特征

南诏大理国时期的大黑天图像遗存实际都是密教化的佛教护法大黑天的造像，经前述朱悦梅的比对，较西藏、敦煌等地有更多的湿婆特征，说明在密教大黑天造像传入西藏之前，早期湿婆特征更浓厚的密教大黑天样式就已经沿天竺道传入滇西。大理民间神话描绘的大黑天也以湿婆为原型，因此，云南佛教护法大黑天的早期样式可能和印度最早期的密教化样式非常接近，有不同于其他区域大黑天造像的特征，对各种器物的宗教意义的要求并不像藏密造像那么严格，保存了初期佛教造像的遗风，与晚唐五代宋的敦煌大黑天图像、元代敦煌和10世纪西藏古格王国壁画以及西藏13世纪以后的大黑天造像相比较，表现出更古老、更朴拙的特点，保留了更多的印度教湿婆神造像的原始样貌特征，故朱悦梅称其“是中国境内较早的大黑天造像。”〔1〕

李玉珉在《南诏大理大黑天图像研究》中探讨了作为佛教护法的云南大黑天图像与信仰的来源，经与印度、唐宋、西藏的大黑天作图像比较后认为“云南大黑天图像与信仰显然直接承续印度的传统”。李玉珉认为：大黑天与毗沙门同时出现，为云南的“一大特色”；云南大黑天造像要素包括形相忿怒、硕大粗壮、头顶有髑髅冠、人头环饰、以蛇为璎珞，重要持物有三叉戟、血杯、念珠，与毗沙门天一同出现等。而印度大黑天像身材短粗、腹部特出，持物以钺刀、血杯、髑髅幢为主，部分大黑天像踏在尸体上，象征降伏。〔2〕

云南大黑天与其印度湿婆原型最为接近，相应的，南诏大理国期间流传的大黑天神话应较为接近印度湿婆神话，可能在流传过程中逐渐变形。据研究，至明代，道教在云南才产生广泛影响。〔3〕近代在大理地区搜集到的天神违抗玉帝旨意而吞下瘟疫丹的大黑天神话可能并非如前述傅光宇认为的属南诏大理时期，可能晚至明代。

事实上，南诏大理国大黑天和毗沙门合龛的配置或许暗含由唐代毗沙门护法向元代大黑天护法转换的过渡环节。

---

〔1〕朱悦梅：《大黑天造像初探——兼论大理、西藏、敦煌等地大黑天造像之关系》。

〔2〕李玉珉：《南诏大理大黑天图像研究》。

〔3〕郭武：《道教与云南文化——道教在云南的传播、演变及影响》，昆明：云南大学出版社，2000年，第112页。

在南诏、大理的大黑天造像中，尚未发现神王相的大黑天图像。[1]中国江南和日本均有手持布囊的“神王相”大黑天样式，其传播中的一个重要关联有可能是中国的西南地区，而入滇的前哨就是滇西一带。据此，前述大黑天在8世纪以前就已经沿天竺道（蜀身毒道）传入云南的推论亦可得到旁证，只不过和云南巫教文化土壤下大黑天为“大灵”“土主”不同的是，江南地区已经有佛教的基础，因而大黑天被供奉在寺院里。

（四）南诏大理国佛教护法大黑天和其他神祇的虎皮衣饰与西藏的关联

朱悦梅和李玉珉等以图像学比对讨论云南佛教护法大黑天造像时，没有涉及大黑天和其他神祇的虎皮衣饰这个重要特征的来源和内涵。

以护法、明王等为主的神祇和武士穿着虎皮衣饰这一造像特征，广泛出现在南诏大理与西藏吐蕃和敦煌吐蕃统治时期的艺术中，究其根由，与两地在虎崇拜基础上皆实行的大虫皮（即虎皮，亦称“波罗衣”）告身制度有关。敦煌学研究者陆离认为，南诏与吐蕃关系密切，公元751—794年曾臣服吐蕃，仿效吐蕃的大虫皮制度建立了本国的大虫皮制度，而南诏的后继政权大理也继承了这一制度。[2]吐蕃王朝佛教造像艺术中护法、明王、武士的虎皮衣饰又为后世藏区以及周边南诏、西夏等民族政权的佛教艺术所传承，并且得到了进一步的发展。就唐代从天竺传入中土的佛教密宗中也有着虎皮衣饰神灵图像，陆离还特别把吐蕃着虎皮衣饰的神灵图像的特点与之作了区分。他指出：据这一时期翻译的《陀罗尼集经》《甘露军荼利菩萨供养念诵成就仪规》《俱摩罗仪规》等密宗经典记载，马头明王、军荼利明王、大威德明王、金刚童子都或以虎皮为裙、或肩膊上掩虎皮、或用虎皮缦胯，可见这也是唐代从天竺传入中土的佛教密宗图像的一个特点。但是前面所列举的南诏、西夏、藏地着虎皮衣饰的佛教与本教神灵的名号与上述这些神灵名号并不相同，数量也多于后者，而且他们所着虎皮衣饰式样也存在有不同之处，西藏神灵所着虎皮裙往往头、尾、爪俱存，有的神灵则穿豹皮衣（注：在藏文文献中，虎和豹常常相提并论，这是因为在古代藏族和北方草原的观念中，虎与豹的区别并不严格，常常可以相互代替。虎和豹被视为同一类动物，即斑纹动物），这些特点为中原内地神灵图像所无。[3]

---

〔1〕李翎曾引图文考证在公元7世纪末印度大黑天尚未出现多头多臂的密教样式，而是所谓“神王相”的男子造像：须发浓密直立，单足垂下坐于榻上，怀抱布囊。印度信众虽然将大黑天神当作佛教的天部属神，求其保佑众生的福德财宝，但供奉方式极为简单，即每到饭口，将食物供于其像。到8世纪初的中国浙江嘉祥寺仍供养“神王相”大黑天，改为站立或行走状的敦厚老者，戴黑冠或包头巾，肩持布囊，其宗教功能还是保护财米；同时，密教化的六臂大黑天也已传入。“神王相”的大黑天还沿江南传播到日本，有许多属同样特征的图像遗存。参见李翎：《大黑天图像样式考》。

〔2〕陆离：《大虫皮考——兼论吐蕃、南诏虎崇拜及其影响》，《敦煌研究》2004年第1期。

〔3〕陆离：《敦煌、新疆等地吐蕃时期石窟中着虎皮衣饰神灵、武士图像及雕塑研究》，《敦煌学辑刊》2005年第3期。

《梵像卷》中有众多神灵穿着虎皮衣饰，主要为金刚、护法、明王穿着，如第118开、第125开（有题记，无法辨识），与大黑天有关的如第119开（无题，见图5-3-5）、第124开“大圣大黑天神”（见图5-3-7）、第122开“大安药叉神”和第121开“金钵迦罗神”（见图5-3-6），主尊皆着虎皮裙，且可辨出大多为头、爪、尾俱全的形制。综合来看，腰系虎（或象、狮）皮是湿婆的特征，云南大黑天的虎皮裙首先应来自其原型湿婆，其次，南诏属氐羌系民族，本来就有虎崇拜的传统，再加上受吐蕃大虫皮告身制度的影响，最终形成了首爪尾俱全的虎皮裙样式。

（五）大理国时期多种佛教大黑天在造像风格和艺术手法上的藏式意味

前述李玉珉对《梵像卷》中4幅大黑天图像的考订非常有价值，尤其在仪轨方面，但还可以从造像风格和艺术手法上继续探讨其中包含的图像学特征的变迁。

让我们从艺术手法和效果上来比较两组造像。第122开和第124开为一组，属于云南本土大黑天的造型风格和艺术效果：神祇身体比例匀称，呈威吓状但不暴烈，腰间挂的是没有下颌骨的髑髅串。第116开、118开、119开、120开和121开为另一组，在整部《梵像卷》中非常不同凡响，吸引眼球的不仅是大腹便便的深色身躯、较大比例的躯干，还有愤怒激越的表情和充满动感、速度感的身姿，身后熊熊燃烧如吞噬万物的烈焰，髑髅串是完整的新鲜人头，所有这些都显示出与西藏艺术的关联。从名目上看，第124开题记为大黑天神，第121开金钵伽罗神和第122大安药叉神为云南特有的大黑天变体，第119开则被章嘉国师认定为西藏也有的“四臂大黑永保护法”，即此4开造像皆为佛教护法大黑天，但119开和121开的图像特征显示出大理国的大黑天造像在西藏艺术影响下的悄然流变。

四、明清后的云南大黑天信仰和图像学特征

明代以后，西南边疆与中央王朝的一体化空前强化，导致云南文化剧烈转型，腹心地区的经济社会和文化艺术逐渐趋同于内地，云南大黑天信仰和图像亦发生重大变迁，影响一直延续至今。

（一）明代以来的大黑天信仰和神话的变迁、变异

明代以后，在滇池、洱海流域，南诏大理国和元代延续下来的佛教逐渐衰落，总体上被汉地佛教取代，至清代，更被清廷认为“非释非道”，故而“删之何疑”，阿吒力教受到打压禁除，南诏大理国时期最为尊崇的阿嵯耶观音自然未能幸免。此间，作为佛教护法

的大黑天也开始衰落，光景大不如前，但大黑天并未被全面禁止，而是被划为“土主”，属“土教”，继续留存下来。直至今日，源自南诏大理时期的护法大黑天在明代后转化为汉地佛教系统的一些寺院中仍留有一席之地，有时与达摩造像（为高鼻深目美髯的印度僧人造型，疑此“达摩”实为南诏大理国时普遍流传的梵僧，因后世汉地禅宗兴盛而被视为达摩）一左一右配置，供奉在主殿主尊像两侧。在民间信仰和生活中，大黑天甚至还更加兴旺发达，成为洱海、滇池地区的白、彝、汉等民族很多村落的本境之主。大黑天在云南剧烈文化变迁中的特殊命运，自有缘由，既是其在民间巫教中根基深厚的反映，更是早至南诏时期最初的“大灵”“土主”信仰在民间文化中的一脉相承，并非是到了明清时期，因阿吒力教衰落，作为佛教护法的大黑天才从佛堂走进土主庙，由佛教护法“嬗变”为土主。

明代，随着中原移民大量迁徙入滇，在一代高道的积极推动下，全真教在云南走向兴盛；在此过程中，道教不可避免地和原有基础深厚的佛教和民间本主信仰交锋。道教的兴盛使得玉帝这个形象在民间深入人心，替代了印度湿婆神话中的至高神，大黑天在民间讲述中逐渐变为玉帝的属下，派生出天神违抗玉帝旨意而吞下瘟疫丹的大黑天神话。此为大黑天神话的第一重变异。随后，与地方民族宗教文化进一步融合，更出现了清官义士与恶蟒大战而牺牲的大黑天神话。此为大黑天神话的第二重变异。再往后，随着早期湿婆神话的淡忘和大黑天护法的边缘化，印度湿婆神话的核心，即大黑天为民众牺牲自己，服毒导致身体发黑这一情节消失了，而内容丰富、形象各异的大黑天本主形象和形形色色的本主传说故事则在民间进一步演化，甚至出现了“黑衣老僧”这样的人形态的大黑天变体。大黑天由异域神灵脱胎换骨为民族地域色彩浓重的地方神灵，延绵千年，在民间存活至当代，影响云南至深。此为大黑天神话的第三重变异。大黑天神话的变迁和变异轨迹实为大黑天信仰在民间的演变历程，至此，大黑天在云南实现了真正意义上的本土化、民族化，披上民间的各式外衣，转而成为各种与民间民众生活相关的角色和形象，极其富于人间气息。

（二）明清后融入道教元素的民间本主大黑天图像

道教的盛行使得云南佛教和本主信仰中的大黑天形象受到冲击，甚至一定程度上被涵化，许多庙宇中遗存至今的大黑天造像直观地反映了这一点。明代后，佛寺中的大黑天造像的图像学特征总体呈“简化”或“去密宗化”趋势，现存的造像多为一面二臂，手持法器多为三叉戟和血杯、以蛇为身体饰物，无髑髅瓔珞或较少，虽仍龇牙裂口，但恐怖愤怒的情绪大大减弱。存世的土主大黑天多为近代或现当代土主庙塑像，宋恩常先生根据昆明郊区西山白族聚集区民俗情况调查，曾指出：

> 分布在西山区的白族亦崇信本主，有的一村建一土主庙，有的数村共建一个土主祭祀，而所有土主的神号都称为“本境土主大黑天神”……原各土主庙内，均塑有泥塑土主金身，青面蓝衣，六臂，两手执日、月，两手执书卷、斗印，两手执刀环，与传统的藏传佛教中大黑天神像……不同。[1]

总体上，明清后的本主大黑天像多为青面蓝衣，六臂，最上两手高举日、月，两手执书卷（或为毛笔）、斗印，两手执刀（或为三叉戟）、环（或为铃），其面貌虽威严但已失却密宗护法神的狰狞狂暴色彩，不仅不同于藏传佛教，与前述南诏和大理国时期的大黑天像也有了实质性的区别，在原有的湿婆形象基础上，融会了中原文化尤其是儒、道等的一些因素，且道教因素占据突出地位。甲马雕版中的图像最早应源自密宗大黑天护法造像，有的也多足多臂，手持三叉戟等多种武器，但面部造型简化并日常化，一如普通长须男子。总之，现存民间土主和甲马中的大黑天图像的上限应不早于明代，实际清代的也很少有原样保留下来。这种大黑天造像的造型和艺术效果有浓郁的民间美术风貌，显得朴实感人，即使多头多臂，已不再像密宗护法神那般神秘诡异（见图5-3-8）。

图5-3-8　昆明西山区团结乡本主庙里的大黑天塑像（黄龙光拍摄）

五、结　语

总之，云南大黑天信仰可追溯至较早时期，很可能在前南诏时经由天竺道传入云南，是佛教“南传之路”的早期“活文物”，在民间流传至今。云南早期的巫教文化土壤尚未

〔1〕宋恩常：《云南少数民族研究文集》，昆明：云南人民出版社，1986年，第618页。

能接受佛教和佛教护法大黑天，因此最初是作为巫教神灵（土主或本主）得到供奉，同时流传以印度湿婆为原型的大黑天神话，因而云南大黑天形态较为古老，样式较为接近印度湿婆的原型。随着南诏时观音信仰的确立，佛教护法大黑天也开始盛行，与土主大黑天并行不悖。至大理国后期，西藏大黑天的一些造像因素和艺术风格也在云南大黑天图像中有所显现。明清禁阿吒力教以后，护法大黑天边缘化但未消失，造像中融入了道教元素，在民间则继续兴盛并演变异化，存活至当代。

大黑天信仰在云南根基深厚，生命力顽强，延绵千年，生生不息，不断脱胎换骨，成为贯穿云南一千多年历史的一个重要宗教文化板块，其信仰内涵和图像学特征的曲折流变，反映了佛教在云南的传播、接受、发展和变迁的历程，折射出本土民族文化与周边多元文化的互动融合。

第四节　夏鲁寺龙凤御榻与13—14世纪汉藏多民族佛教图像重构

夏鲁寺（Zhwa lu dgon）地处年楚河西岸，日喀则东南，古时谓之娘思兑（nyang stod）地区，11世纪上半叶始建，后于13世纪末至14世纪上半叶由元朝皇室施资扩建，[1]是迄今卫藏地区保存最为完好的元代佛寺遗迹。该寺保留了大量与转轮圣王观念密切相关的元代壁画，[2]其中不乏寓意和映射元朝皇权与皇室供养人的图像内容，位于夏鲁寺一层护法殿的龙凤御榻图壁画即是重要一例。[3]

一、绘制年代考证

夏鲁寺坐西向东，建筑平面布局呈倒立的"凸"字形，除东翼为三层，其他三面均为两层建筑，在此要讨论的龙凤御榻图壁画即位于东翼一层护法殿的门厅北壁（图5-4-1）。护法殿主体，也即中间部分，建于后弘期初期，[4]内置天王、菩萨塑像与星宿、吐蕃装束人

---

〔1〕dPal 'byor bzang po，《汉藏史集》藏文本（*rGya bod yig tshang mkhas pa dga' byed chen mo 'dzam gling gsal ba'i me long*），vol.2，Thim phu: kunsang topgyel and mani dorji, 1979年，TBRC扫描本W23958，叶48b—49a。达仓宗巴·班觉桑布著，陈庆英译：《汉藏史集》，拉萨：西藏人民出版社，1986年，第231页。

〔2〕如绘于一层集会大殿转经回廊中的体现释迦牟尼往世为王的佛本生故事壁画，建筑与壁画装饰中频繁出现的与转轮王联系密切的七政宝纹样，以及二层般若佛母殿转经回廊中由布顿仁钦珠命制的《文殊根本续》壁画，等等。关于后者与转轮圣王思想的关系，参见杨鸿蛟：《夏鲁寺般若佛母殿〈文殊根本续〉壁画与转轮王观念关系考》，《中国藏学》2012年第2期，第188—195页。

〔3〕意大利学者埃尔伯托·罗勃（Erberto Lo Bue）在其《夏鲁寺部分壁画的汉地影响及其所在文化情境下的政治寓意》一文中曾探讨过此铺壁画，但由于将龙凤图背景中的结构辨识为汉地元杂剧的舞台，因而未能对图像中所蕴含的汉地皇权寓意予以充分挖掘和阐释，本节即是在其文基础上对此铺壁画进行的进一步深入研究。参见Erberto Lo Bue, "Chinese Influence in Some Wall Paintings at Zhwa lu and Their Political Meaning within Their Cultural Context", *Palace Museum Journal*, 5/ 133（2007）, pp. 67-77（in Chinese）and 151（abstract in English）.［意］埃尔伯托·罗勃著，谢继胜译：《夏鲁寺部分壁画的汉地影响及其所在文化情境下的政治寓意》，《故宫博物院院刊》2007年第5期，第67—77页。

〔4〕T'aran'atha，《后藏志》藏文本（*Myang yul stod smad bar gsum ngo mtshar gtam gyi legs bshad mkhas pa'i 'jug gnogs*），拉萨：西藏人民出版社，1988年，第161—162页。多罗那他著，佘万治译：《后藏志》，拉萨：西藏人民出版社，1994年，第89页。

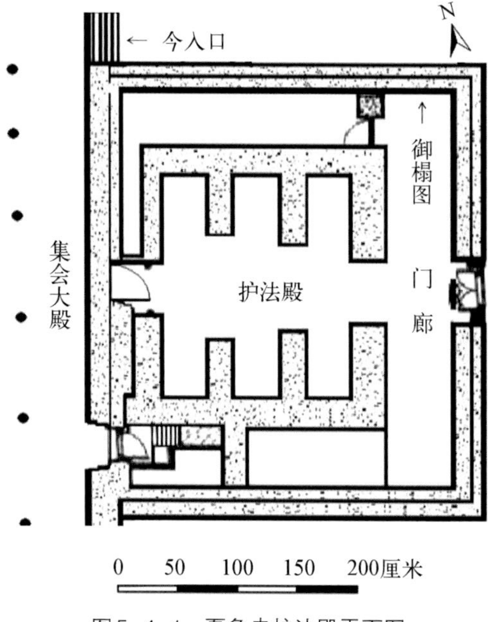

图5-4-1 夏鲁寺护法殿平面图

物等题材壁画，[1]塑像已失，现仅存壁画；古相扎巴坚赞（sKu zhang Grags pa rgyal mtshan，1306—1326年任古相）时期加盖外围回廊，南北回廊为狭长小室，用于储存法器，并无壁塑，壁塑主要集中在东侧门厅之中。据1959年宿白先生的夏鲁寺考察报告称，当时门厅“左右各立一护法，左右壁亦画护法，后壁两侧皆画佛弟子众，俱旧绘”，[2]两尊护法塑像和南壁护法壁画现已不存，仅余后壁四铺后弘期佛说法图壁画和北壁龙凤御榻图及其左右东西二壁上的毗沙门天王与金刚手护法壁画。

关于护法殿北壁龙凤御榻图的绘制年代，可以根据文献记载与壁面断层上给予判断。据《布顿传记》等文献记载，护法殿主尊即是毗沙门天王，其“四周围绕无数用各种珠宝［绘］制成的眷属”，[3]由上下文可知，至少在布顿仁钦珠（Bu ston Rin chen grub，1290—1364年）任夏鲁寺座主的藏历阳铁猴年（1320）之前，毗沙门天王壁画即已存在。[4]此外，根据墙体脱落部分的断层来看，毗沙门天王与龙凤御榻图和金刚手壁画均为单层绘画痕迹，未有重绘的迹象，在通常情况下，佛寺与石窟绘塑在修造之前即有总体的图像安排，不会仅画一殿之中的一铺，因此判断龙凤图、金刚手壁画与毗沙门天王绘于同时，也即布顿任夏鲁寺座主的1320年之前是可以成立的。

〔1〕塑像菩萨与天王塑像为汉式风格。Giuseppe Tucci, *Tibetan Painted Scrolls*, vol.1, Kyoto: Rinsen Book Co., Ltd, 1980, p.166-167.

〔2〕宿白：《西藏日喀则地区寺院调查记》，《藏传佛教寺院考古》，北京：文物出版社，1996年，第90页。

〔3〕藏文转写：de'i 'og na rgyal chen rnam thos sras gyi mgon khang dang bcas pa la 'khor grangs kyis mi chod pas bskor ba rin po che sna tshogs las grub pa dang/ D. S. Ruegg, *The Life of Bu ston Rin po che: with the Tibetan Text of the Bu ston rNam thar*, [Tibetan text in facsimile], SOR XXXIV, Roma: Is. M. E. O, 1966, p. 91. sGra tshad pa Rin chen rnam rgyal，《布顿仁钦珠传》藏文本（*Chos rje thams cad mkhyen pa bu ston lo tsA ba'i rnam par thar pa snyim pa'i me tog ces bya ba bzhugs so*），Lokesh Chandra ed., New delhi: International Academy of Indian Culture, 1965—1971, TBRC扫描本W22106，叶14b。另参见桑珠：《〈夏鲁世系史〉译注》，《藏学研究》，北京：中央民族学院藏学研究所，1987年，第307页。Giuseppe Tucci, 1980, vol.2, p,659.

〔4〕同上。Franco Ricca and Lionel Fournier, “Notes concerning the Mgon-khaṅ of Źwa-lu”, Artibus Asiae, Vol. 56, No. 3/4（1996）, pp. 343-363. 文中提出此图风格在很多方面类似白居寺吉祥多门塔壁画：龙的出现不仅象征宫廷，也与其守护宝藏的天职有关，而后者又可与相邻的财宝天王像联系起来（pp. 357-358）。

二、壁画内容分析

龙凤御榻图，独占北壁，2米高，2.4米宽，尺幅较大。观察可知图像表现的是束腰须弥座上承扶手椅，座后树红屏，顶悬伞盖，伞盖两旁的云头上天人现身虹光之中，画面左右两端分格纵向安排八吉祥与转轮王七政宝图案（底部增加宝瓶以与左侧对称）。上述形象中，除元代中原内地寓意皇权的宝座和双龙双凤[1]图外，其他要素均是典型的藏传佛教母题，尤其是与佛部图像密切相关（图5-4-2），现分述如下：

（一）御座与华盖

画面前方为须弥座木质坐具，其木纹以金丝勾画，纹理清晰可见，似为楠木抑或樟木质地；该坐具形制宽大，底座低矮，为收腰须弥座，不同于元代内地文献与图像中常现之四足与箱形壶门结构；宝座两肩出金色衔幢龙头搭脑，下腰处引卷边扶手，台座中央铺设红地云龙图案的织物；因该坐具系以二维空间表示，搭脑与扶手的空间位置交代不

图5-4-2　龙凤御榻图，1306—1320年间，壁画，约2×2.4米，夏鲁寺护法殿门廊北壁（廖旸拍摄）

〔1〕确言之，这种尾羽如飘带的祥禽为鸾，此据（宋）李诫原著，中国建筑设计研究院建筑历史研究所选编：《〈营造法式〉图样》下卷《飞仙及飞走等第三》，北京：中国建筑工业出版社，2007年，第236—237页。

甚明了，因而容易与宋元时期的背屏形制相混淆，[1]但从扶手与靠背衔接处的遮蔽关系以及台座中央铺设的“行龙云纹宝帕”来看，判断为坐具更为可靠。此外，因为龙凤纹在元代为禁限纹样，除皇家外，其他职官、庶人包括蒙古、色目等人一律被禁限服用，[2]在这里龙头搭脑与台座中央铺设宝帕中云龙纹的出现，能够说明该坐具表现的是帝王规格，是为元代皇帝所服用的御座。从材料来说，壁画中所表现的木质纹理亦可与文献中记载的元代御座材料相印证，据陶宗仪《南村辍耕录》，元代皇宫内的御座多称“御榻”，用料即主要为紫檀、樟木、楠木材料。[3]

图5-4-3 《拉施特史集》波斯文抄本蒙古皇帝后插画 (Rashid-al-Din's Jami' at-tawarih, illustration from the Diez Albums, ink, colors and gold on paper, Iran〔possibly Tabriz〕, early 14th century, Staatsbibliothek zu Berlin — Preussischer Kulturbesitz, Orientabteilung (Diez A fol. 70, S. 10). 1st quarter of 14th century)

此外，从形制来说，壁画中所表现的御座与宋元时期的坐具具有诸多相似之处，可将其与蒙古贵族坐具、汉地禅师椅以及宋代皇帝的龙椅相类比。从宽大的形制、板面式靠背与矮座足等特征来讲，该御座与14世纪初的《拉施特史集》波斯文抄本蒙古皇帝后插画（图5-4-3）以及元代榆林窟蒙古供养人壁画中的蒙古人坐具（图5-4-4）相类似，后者被宋人称其为“胡床”，[4]是供蒙古贵族夫妇盘腿共坐之具，但这类胡床大多不具汉地常见之搭脑与扶手。

再从龙首搭脑与扶手及须弥底座等特征来看，该御榻与宋代山西晋祠圣母殿中圣母乘坐的须弥座凤首宝座（图5-4-5）最为相似，[5]因供圣母跏趺而坐，

〔1〕受宋代佛寺影响较深的日本京都大德寺法堂法座屏风和妙心寺屏风与之形制即十分相似，下层搭脑出挑类似于座椅扶手。参见张十庆编著：《五山十刹图与南宋江南禅寺》，南京：东南大学出版社，2000年，第85页，图3-2b、c。在此感谢中国社会科学院廖旸研究员在这一观点上对作者的提示。此外，学者埃尔伯托·罗勃认为此座椅为汉地元杂剧中的舞台，显然亦是有待商榷的。参见前引《夏鲁寺部分壁画的汉地影响及其所在文化情境下的政治寓意》一文。

〔2〕《元史》志第二十八，舆服一；《元典章·礼部》。

〔3〕（元）陶宗仪：《南村辍耕录》，北京：中华书局，1997年，第252页。

〔4〕（宋）彭大雅：《黑鞑事略》，丛书集成初编，北京：商务印书馆，1937年，第3页。

〔5〕《五山十刹图与南宋江南禅寺》，第84页，图3-2a。

因此坐面也相对宽大，只是后者靠背为多层山字牙样式，搭脑与扶手亦是凤首为之。须弥座铺设方形织锦宝帕是为佛尊造像中常见的规制。

然就靠背形制、低矮座足、搭脑及扶手的样式上来看，宋代禅师椅可以是有趣的比较对象，尤其是宋代《张胜温画卷》中罗汉所乘禅师椅多是这种宽大坐面、矮足，具搭脑、扶手的样式（图5-4-6），与壁画中御榻样式以及蒙古贵族的胡床有几分相似，宋人彭大雅在看到鞑靼人坐具时，也称其形制“如禅寺讲座”，[1]这是因为禅宗上师坐禅之时需结跏趺坐，其居坐习惯上与蒙古人盘腿而坐是相似的。宋代禅师椅中亦有龙首衔幢搭脑和卷边扶手的样式。另有在龙首搭脑的形制上，元代御座应是取自宋代龙椅的，宋代帝后图画中的龙椅，多为龙首搭脑的官帽椅样式，只是座足较高，亦少见扶手出现。这一比较可以看出，龙凤图中的御榻应是蒙古“胡床”与宋代禅师椅、龙椅以及庙宇圣像宝座相杂糅的样式，既方便了蒙古族习惯盘腿而坐的低矮、宽大的形制，又加入了汉地惯用的象征皇权的龙形装饰以及寓意佛菩萨尊贵地位的须弥宝座，材料上亦是汉地尊贵的实木质地。

图5-4-4　榆林第六窟　蒙古供养人像

图5-4-5　元代山西晋祠圣母像

〔1〕《黑鞑事略》，第3页。

图5-4-6 云南大理《张胜温画卷》,12世纪下半叶

元代实物中,虽未有此类御榻传世,但在文献中似乎有迹可循,宋人赵珙在《蒙韃备录》中记载,“成吉思……所坐乃金裹龙头胡床。”[1]此“金裹龙头胡床”,在名称要素上与龙凤图中的御榻形制十分接近。另在《南村辍耕录》中对忽必烈在中原建立的宫殿内陈设有过详细描述,各殿正中均设御榻,大明殿中设“七宝云龙御榻”、隆福殿设“缕金云龙樟木御榻”、广寒殿设“金嵌玉龙御榻”,[2]壁画中御座应系此类。

据《南村辍耕录》,元代皇帝御榻,一般铺设四方的“金锦方坐”[3](蒙语称“朵儿别真”[4]),其下铺垫一块金锦织成的“绿可贴褥”,在此图中未见方坐的出现。但在夏鲁寺的另一铺绘于同一时期的壁画中却有出现,亦可提供这类御榻图像的佐证,该铺位于一层转经回廊,是为释迦牟尼佛本生故事第50品《好世王本生》(rgyal po ’jig rten sna tshogs la mngon par dga’ ba’i skyes pa’i rabs)(图5-4-7)。

---

〔1〕(宋)赵珙:《蒙韃备录》,丛书集成初编,北京:中华书局,1985年,第7页。
〔2〕《南村辍耕录》,第251、253、256页。
〔3〕《元史》志第二十八《舆服一》。
〔4〕《南村辍耕录》,第20页。

图5-4-7 夏鲁寺一层转经回廊《好世王本生》壁画，14世纪

图5-4-8 布顿大师像，1333—1335年间，夏鲁寺东无量宫回廊壁画

依惯例并参考元人记述，诸宫殿乘舆所设御榻"裀褥咸备"，[1]凡"寝处床座，每用裀褥，必重数叠，然后上盖纳失失（našiš<nasīj，织金锦），再加金花，贴薰异香"，[2]更明记大明殿御榻与延春阁香阁寝床铺金缕褥，[3]并留下"绣凤铺裀氍叠暖"这样描写大明殿的诗句。夏鲁寺御榻图上不见裀褥，榻正中铺有一块红地云龙图案的织物，从台座前面垂下（图5-4-8）。龙的造型特征与靠背上的类似，横向右行，四周表现如意云头。此物即"宝帕"，元顺帝（1333—1368年在位）时代杨允孚组诗中描写正元节（正月十五）时有所提及："正元紫金肃朝仪，御榻中间宝帕提。王母寿词歌未彻，雪花片片彩云低。"[4]

一说这种御榻上的宝帕为"黄帕"，似指罗帕底色，可留意。[5]宝帕至迟7—8世纪已见于佛教造像；在11—15世纪的西藏造型艺术中，此物常置褥与座面之间，图案往往表现

〔1〕《故宫遗录》，第74页。

〔2〕《南村辍耕录》，第252页。

〔3〕（元）朱德润：《大明殿口占》（其二），《存复斋文集》卷九（明刻本）。

〔4〕（元）杨允孚：《深京杂咏》卷下（清知不足斋丛书本）。

〔5〕（元）杨允孚曾咏及（《深京杂咏》卷上）："太平天子重文曹，阁建奎章选俊髦。一自六龙天上去，至今黄帕御床高。"按作者自注，"昔文宗（1328—1332年间两度在位）建奎章阁于大内，年深洒扫，睹御榻之巍然，感而赋此"。另至元三年（1266）刘秉忠考古制而造神主，帝主覆以黄罗帕，后主则覆红罗帕。参见《元史》卷七四《宗庙上》。由此可参考颜色制度。

主尊的三昧耶，如大日如来座中宝帕现法轮，夏鲁寺甘珠尔殿和三门殿内壁画就是很好的例子。上师像的宝帕则往往选择纯色或几何、花卉图案。[1]由此推测，壁画上云龙宝帕再次宣示皇权。

壁画中，御榻上方罩以饰璎珞龙首华盖，华盖顶饰宝珠，以黑色云纹锦为盖，朱蓝二色绸缎为裙鬘，上下两层为之，外饰一圈璎珞，正面视之，华盖顶出六骨，四股饰以涂金龙首，华丽异常，究其形制应与元代仪仗之中的"华盖"与"葆盖"接近，据《元史·舆服志》记载，"华盖，制如伞而圆顶隆起，赤质，绣杂花云龙，上施金浮屠"。"葆盖，金涂龙头竿，悬以缨络，销金圆裙，六角葆盖。"[2]虽与后者的鸟羽材料不同，但大体规制一样。元代伞盖均顶饰"金浮屠"，一改宋以前之平顶，因而该华盖顶之宝珠应是金塔的变异。

华盖悬于高座之上多见于佛堂配置，置于皇帝御座之上，是为庄严具。壁画若以元大都御榻为蓝本，那它自然令人联想到大明殿御榻上所张的伞盖。据成书于13世纪中叶的《柏朗嘉宾蒙古行纪》，蒙古贵由皇帝的坐台上即顶饰有华盖。[3]据《南村辍耕录》载，大明殿中设"七宝云龙御榻，白盖金缕褥并设后位"，[4]御榻之上即置伞盖，但此伞盖为白色；据《元史·祭祀志》，"世祖至元七年，以帝师八思巴之言，于大明殿御座上置白伞盖一，顶用素缎，泥金书梵字于其上，谓镇伏邪魔护安国刹。"[5]俟大明殿成，白伞盖巍然殿上，在那些渲染大明殿庄严宏阔与朝仪整肃气象的诗句中屡屡出现：

> 黄金大殿万斯年，十二丹楹日月边。
> 伞盖葳蕤当御榻，珠光照曜九重天。[6]

其他宫殿中也常见宝盖与御榻的结合，如皇城内琼华岛西、大内西北的兴圣宫正殿"中设扆屏榻，张白盖帘帷，皆绵绣为之"；[7]上都亦类似。[8]

每年二月十五之时亦有迎请白伞盖的仪式。《佛顶尊胜陀罗尼》与《佛说大白伞盖总

---

[1] 有些例子比较特别。在布顿与其弟子仁钦南杰（Rin chen rnam rgyal, 1318—1388）像布画唐卡（1400年前后，私人藏品）上，两位上师的宝帕分别绘出鸦兔，显然象征日月。而白居寺大塔还有表现对凤的例子。参见［法］艾米·海勒（Amy Heller）著，赵能、廖旸译：《西藏佛教艺术》，北京：文化艺术出版社，2008年，彩图2-43及第112页图版说明。另可参考彩图2-39上栏两位上师的宝帕分别表现双狮与单狮，也有特定内涵。

[2]《元史》志第二十九《舆服二》。

[3] 耿昇、何高济译：《柏朗嘉宾蒙古行纪·鲁布鲁克东行纪》，北京：中华书局，1985年，第163页。

[4]《南村辍耕录》，第251页。

[5]《元史》志第二七下，祭祀六。

[6]（元）张昱：《辇下曲》（其一），载《张光弼诗集》卷三（四部丛刊续编景明钞本）。

[7]《南村辍耕录》，第254页。1308—1310年间元武宗为其母修建兴圣宫，见《元史·后妃传》二。

[8]（元）贡师泰（1298—1362）《上都诈马大燕》（其二）如此描写棕闾殿："棕闾别殿拥仙曹，宝盖沉沉御座高。"（《玩斋集》卷四，明嘉靖刻本）

持陀罗尼经》是元代流行密咒，这从元代回鹘文译经与飞来峰造像中可见一斑，值得探讨的是在西夏佛顶尊胜陀罗尼版画中亦出现过书梵字华盖。因此处华盖并非白色，是否与此仪式有关或受其大明殿陈设影响亦也未可知。确有记载，八思巴曾受忽必烈赏赐黄金宝座和宝盖，因此亦有可能壁画中的这种配置是受此影响。[1]至少是在元末明初，西藏与汉地艺术在表现西藏上师时，仍十分喜爱采用这种汉地龙首御榻与宝盖的配置。[2]

当然壁画上的伞盖与大明殿白伞盖还有很多不同。仅就颜色而言，前者顶面为黑地祥云纹织物而非素缎，伞周垂沥水两重，绯罗表、青绢里。按仪仗之制，宋代之伞"天子用红黄二等，而庶僚通用青"；[3]成吉思汗时代的仪卫中"惟伞亦用红黄为之"；[4]元卤簿使用的伞盖主要有红、紫、黄三色，大伞沥水两重。因此，此伞盖固然与声名最盛的大明殿白伞盖不符，仍合仪仗之制。

图5-4-9　夏鲁寺金殿布顿大师像局部

夏鲁寺壁画上梵式与内地样式的伞盖均有出现，进而结合创新。汉式更典型的例子见于金殿第三层东无量宫（gZhal yas khang shar，一名布顿堂）回廊壁画布顿大师像（图5-4-9）。布顿头顶伞盖之伞额青色，垂檐两层，分别为红黄色，内现一牙花台、数片花瓣，描绘的是伞顶之下倒悬莲花，这种设计常见于汉地（图5-4-10）。御榻图上伞盖则具混合特征：除织物图案透露出的汉

图5-4-10　观音经变（局部：华盖），盛唐（8世纪），莫高窟第45窟南壁壁画

〔1〕参见王辅仁、陈庆英：《蒙藏关系史略》，北京：中国社会科学出版社，1985年，第34页。

〔2〕一处是夏鲁寺东翼三层东曼陀罗殿外回廊布顿仁钦珠上师画像中即是以龙凤头御榻与宝盖的规格出现，绘画年代当在元末古相益希贡嘎（sku zhang ye shes kun dga'）时期，另一例是在明宣德大慈法王缂丝唐卡中。

〔3〕（宋）高承撰，（明）李果订，金园、许沛藻点校：《事物纪原》卷八，北京：中华书局，1989年，第412页。

〔4〕（宋）孟珙撰，（清）曹元忠校注：《蒙鞑备录校注》"军装器械"（清光绪二十七年刻笺经室丛书本）。

风而外，伞顶面露出伞骨结构，金铜螭首衔幡（部分类似藏式三脚幡 'phan rtse gsum pa），旁垂二飘带的做法延续至清代。[1]而伞盖周边垂白珠串半满璎珞（参见图5-4-11），坠以珠宝，相间位置点缀三绺珠串，并非汉地风习。

在佛教物质文化当中，伞盖是表示尊崇的核心要素之一，其内涵不断趋于丰富。伞下不出现人物形象的例子往往有之，如在表现《法华经》三车譬喻的明代版画（图5-4-12）上，曲柄车盖荫覆着顶面有法轮状图案的箱子，譬喻佛法。在遮阳、庄严而外，它越来越多地被赋予覆护、加持的职能。[2]在这里，伞盖庇护着御榻的主人及其权力。

图5-4-11 《一百本生图》第94品夜本生（局部：梵式伞盖）

图5-4-12 三车图，明程大约编：《程氏墨苑》，明万历三十三年（1605）滋兰堂刊

（二）双龙双凤

御座中央有对称式排布的双龙双凤戏珠，两条“五爪金龙”居上，身躯蜿蜒腾飞，双目圆睁，鬃毛倒竖，张牙飘须，四肢张扬足趾，指向燃焰火珠，充满气势，下呈横向一字排

〔1〕（清）允禄、蒋溥等纂修：《皇朝礼器图式》〔乾隆三十一年（1766年）武英殿版〕卷十“卤簿·皇帝大驾卤簿九龙曲盖”；法驾卤簿同。

〔2〕伞盖职能的变化或因其与白伞盖真言（楞严咒）相结合的趋势有关，尤其在元代前后。参见廖旸：《经咒·尊神·象征——对白伞盖信仰多层面的解析》，载中国社会科学院历史研究所文化史研究室编：《形象史学研究》，北京：人民出版社，2015年，第82—106页。

布的戏珠对凤，凤鸟具雉首雁身，羽翼艳丽，呈赤红色，奋展双翅，尾部翎羽飘扬，与元代大都丹陛石刻中凤鸟样式相形肖（图5-4-13）。仔细辨观，二龙与火珠的笔触已经蔓延至御座的边框（图5-4-14），这就说明画家在表现龙凤图时有可能并不是将其作为敷贴在御座靠背上的装饰纹样，而是有意将其刻画成独立于御座之外并受御座承托的主体。如果推论成立的话，那么双龙双凤的寓意也就值得研究了。

图5-4-13　1966年北京市桦皮厂西部明代城墙墙基出土元代丹陛凤鸟石刻图

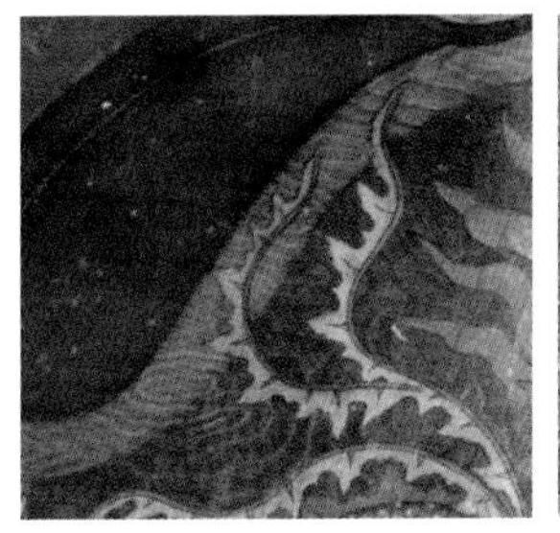

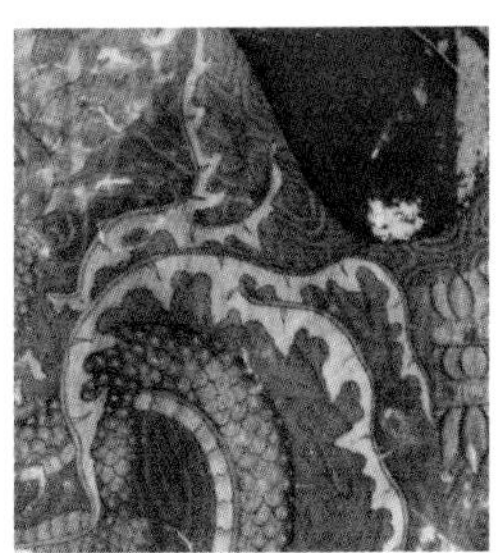

图5-4-14　夏鲁寺龙凤御座图细节

龙凤纹为汉地传统装饰母题，寓意祥瑞，象征皇权。蒙元之时，更以律条方式禁限一般人服用龙凤纹。据《元史·舆服志》，仁宗延佑元年（1314）冬十有二月，命中书省定立服色等第，“一，蒙古人不在禁限，及见当怯薛诸色人等，亦不在禁限，惟不许服龙凤文。龙谓五爪二角者。一，职官除龙凤文外，一品、二品服浑金花……违禁之物，付告捉人充赏。有司禁治不严，从监察御史、廉访司究治。御赐之物，不在禁限”。[1]所限之物，除服饰外，仍有器皿、帐幕、车舆等项。而在宋、辽、金时期，龙凤纹样并没有如此严格受禁，由此可以看出龙凤图在元代隐喻皇权的思想较于前代更为明显，而以御座烘托龙凤的形式，又与元代帝后并尊、同御大明殿并坐受朝贺的仪制相暗合。意大利旅行家马可·波罗（Marco Polo，1254—1324）细致地写到，“大汗开任何大朝会之时，其列席之法如下。大汗之席位置最高，坐于殿北，面南向。其第一妻坐其左”。[2]天历二年（1329）曾造武宗（1307—1311年在位）帝后共坐御影一轴，[3]在历代帝后像中别具一格。这一独特礼俗史家多有关注，朱彝尊（1629—1709）就指出：“前代未

〔1〕《元史》志第二八，舆服一。
〔2〕［法］沙海昂注，冯承钧译：《马可波罗行纪》，北京：商务印书馆，2012年，第197页。
〔3〕（元）佚名著，秦岭云点校：《元代画塑记》，北京：人民美术出版社，1964年，第5页。

有帝后并临朝者，惟元则然。”〔1〕

就现存实物来看，元及元以前，龙凤相配并成双出现的情况极少，多系单独出现，单龙单凤配合出现的情况有时也有，而双龙配以双凤者更无从查找，笔者仅知现存较早的双龙双凤图是在明初，大多是表现在成于明初的皇家建筑的丹陛石刻中，例如北京故宫钦安殿（图5-4-15）和祈年殿等，因明皇宫很大程度上借鉴了元大都皇宫的建筑样式，因此这些图样也应反映了元代的样式。然由《元史·舆服志》《南村辍耕录》等文献可知，龙凤同时出现的资料却比比皆是，而且其出现的情境也无外乎是皇家舆服及器具之上，双龙、双凤纹亦有之，如仪仗之中的告止旛与信旛，分别“绯帛错彩为告止字，承以双凤，立仗者红罗销金升龙，余如绛引”，“错彩为信字，承以双龙，立仗者绘飞凤”，〔2〕另有传教旛，三者通常配合出现，“制如告止旛，错彩为传教字，承以双白虎，立仗者白罗绘云龙”，其上虽无双龙双凤纹，但据其可知，元代在祥瑞图中喜双数。在元代之前，二龙火珠图案已用于御座的设计，如南宋玉辂：“绍兴十二年（1142），命工部尚书莫将等制造玉辂。以天禧

图5-4-15　北京故宫明初钦安殿丹陛

〔1〕转引自（清）于敏中等编纂：《日下旧闻考》卷三〇《宫室》，北京古籍出版社，1981年，第439页；（明）郭正域《典礼志序》亦记元代“帝后并座大明殿……从其本俗”，收入《合并黄离草》卷一八（明万历刻本）。

〔2〕《元史》志第二十九《舆服二》。

（1017—1021）、宣和（1119—1125）卤簿及工匠省记制度，参酌取文质适中之制。……御座居中，纯用香檀，不饰他物，取黄中正色也。座之左右金龙首，衔珠穗球一。中两龙闲（衔）一大火珠，乘以金莲花。台座之引手亦饰金龙。倚背及座皆以金银丝织成纹锦。"[1]杨万里（1127—1206）曾写下"黄罗图扇暗花纹，蹙金突起双龙凤"[2]的诗句，可见当时双龙凤图案渗透进日常生活。元英宗至治元年（1321）玉辂成，其中"金涂鍮石较碾玉龙椅一，靠背上金涂圈焰玉明珠一"。[3]

辽双龙、双凤等对称纹样样式也甚为流行，巴林左旗境内白音罕山韩匡嗣家族墓地之辽招讨相公（韩德威）墓出土的"团龙""团凤"石棺盖及石棺左壁所雕"青龙"。[4]如果再进一步追溯，辽代的装饰纹样则是直接承继于唐代，以对龙对凤为代表的对称纹样则是借鉴于受波斯萨珊织锦、金银器中对兽纹样影响的唐代装饰纹样。[5]

龙是中国艺术的传统图案，变化极为丰富，不易在发展演变史上准确定位。不过夏鲁寺壁画上的龙有两个细节特征，其一，与传统龙为马面或曰"头似驼"不同，龙头类似印度的神话动物摩羯（makara），具有高扬的象鼻，鳄鱼下颚，舌卷起。此特征在唐代已经出现，明代虽仍有延续，已逐渐转向猪鼻等形象。其二，前腿根部生出裂状长带。粗略地说，汉代开始流行两前肢生翼的龙形象，唐代渐向飞腾的火焰转变并进而蔓延到四肢。这种龙造型是如此风靡，以至于在波斯细密画[6]上也有精彩描绘，体现出龙文化借元代畅通的欧亚交通所发挥的影响。另外，升龙图案具有元代特色：上半身和后肢的运动方向不同，行走的两后肢颇具力度感，通常近观者一侧的后肢后蹬、远侧的后肢前迈。

---

〔1〕（元）马端临：《文献通考》卷一一七《王礼考十二》（清浙江书局本）。

〔2〕（南宋）杨万里：《中秋月长句》，收入《诚斋集》卷一四（《四部丛刊》景宋写本）。

〔3〕《元史》卷七八《舆服志一》。之后英宗复命造金、象、革、木等四辂，同书亦分述其规制，因"工未成而罢"，在现实中应无影响。考其设计，靠背材质不同，然图案相同。

〔4〕再如出土于哈达英格乡前召开化寺的"石雕经幢基座"上镌刻的"双龙戏珠""双凤对翔"；辽代马鞍鞍桥上也有铜鎏金、鎏银、錾刻双凤戏珠纹饰；哈拉哈达官司太沟辽代壁画墓甬道穹顶上所绘"丹凤朝阳"；宣化张世卿墓壁画中《妇人启门图》中的双凤祥云，等等。然而辽代龙凤图并非孤例，而是与四神纹、十二生肖星君像等一样，是为对汉地文化的系统接受和吸收。参见张正旭：《浅析辽代文物上的龙凤纹饰》，《宋史研究论丛》，第11辑，2010年，第300—314页。另从几则有关13世纪蒙古哈剌和林地区的契丹人后裔史料中，亦可以看出辽代契丹后裔及其手工业在蒙古地区的遗存状况。《柏朗嘉宾蒙古行纪》记载，"世界上人们所习惯从事的各行业中再也找不到比他们更为娴熟的精工良匠了。"《鲁布鲁克东行纪》中记载蒙古哈剌和林地区的工匠时说："另一个是契丹人的城区，他们全是工匠。"又载："这些契丹人身材矮小，他们说话中发强鼻音，而且和所有东方人一样，长着小眼睛，他们是各种工艺的能工巧匠"，说明契丹人在蒙古地区从事手工业者极多，而且工艺精湛。参见前引《柏朗嘉宾蒙古行纪・鲁布鲁克东行纪》，第49、292、254页。

〔5〕尤其凤纹在唐代鸡嘴型凤的基础上，辽代凤纹更融入了辽代自身文化因素，受到萨满教中对于鹰的崇拜，辽代凤的勾喙呈鹰嘴形，而有别于唐代凤鸡嘴形喙，另外也吸收了佛教金翅鸟的形象，金翅鸟形象也在辽代纹饰中十分流行。前引《浅析辽代文物上的龙凤纹饰》，第300—314页。

〔6〕例见《列王纪》（Shāh-nāmeh）写本插图《帖木儿帝国王子Bahram射龙》，1371年，设拉子圆派（Shīrāz School），伊斯坦布尔托普卡帕宫博物院图书馆（Topkapi Sarayi Muzesi Kutuphanesi）藏，Haz 1511，folio 203v. Francis Robinson: *The Mughal Emperors and the Islamic Dynasties of India*, Iran and Central Asia, p. 21.

（三）净居天子等元素

在龙凤御榻图的画面左右上方，各有一净居天子，均作白色身，着宝冠、项饰、臂钏，下乘卷云，手持净瓶，作灌顶状，身后附彩虹背光。净居天子，梵文 śuddhāvāsa devaputra，藏文 gnas gtsang ma'i ris kyi lha'i bu，是居于净居天界中的天众，[1]常见于释迦牟尼、顶髻尊胜佛母及准提佛母等诸尊的相关经典与图像中。灌顶对道俗而言内涵不同，既然判断宝座的主人是帝后，则这里应取喻于转轮王即位时、取四海水灌顶的仪式。

御榻的背后为红色拱形背光，背光是佛、菩萨像背后之光相，象征佛、菩萨之智慧，[2]在壁画中与净居天子一同出现，无疑是将二龙二凤，也即此铺壁画的主尊置于佛教的语境之中，并且赋予其佛、菩萨的尊格。从元代御座配置上来看，另有一种可能为御榻后方的屏台。

对龙对凤御榻两侧分别绘七政宝与八吉祥，形成边框。八吉祥（梵文 astamangala，藏文 bkra shis rtags brgyad），是佛教中象征吉祥、圆满的八件法物，即白伞、金鱼、宝瓶、妙莲、右旋白螺、吉祥结、胜利幢与金轮。佛教传统中，八吉祥代表的是释迦牟尼得道时吠陀教众神敬献他的供物。[3]七政宝（梵文 saptaratna，藏文 rgyal srid rin chen sna bdun）系指转轮王所具七件宝物，即金轮宝、白象宝、绀马宝、神珠宝、玉女宝、将军宝、主藏臣宝，通常在坛城供物中，金瓶宝也列入其中，构成八种宝物，[4]此铺壁画中的七政宝即是如此排布，在最后添加了金瓶宝，恰好与八吉祥形成对称。两者在元代夏鲁寺壁画中多处出现。[5]

它们不仅是装饰：从转轮王角度审视龙椅与七政宝、八吉祥，图案组合非常贴切。换个角度看龙与八吉祥图案的结合，传世卵白釉印花盘在盘心表现云龙，边沿缠枝花间安插八吉祥，分别是汉藏文化中最流行的图案之一。从"太禧"款知其为专掌祭祀的太禧宗禋院定制，解读元皇家定制祭器上的这一图案组合饶富兴味。

七政宝随转轮圣王现世，这与元代统治者以转轮王自居契合，罗勃已详述之。元文宗图帖睦尔（Tuγ Temür）尚在潜邸时，曾于1325—1328年出居建康（后改集庆。今江苏南京），天历二年（1329）敕以其潜邸作大龙翔集庆寺，以这层因缘，该寺不但一跃成为元末

---

〔1〕参见星云大师监修、慈怡法师主编：《佛光大辞典》，卷二，台北：佛光出版社，1988年，第1150—1151页，"五净居天"条。

〔2〕参见前引《佛光大辞典》，卷三，第2178—2179页，"光相""光背"条。

〔3〕［英］罗伯特·比尔著，向红笳译：《藏传佛教象征符号与器物图解》，北京：中国藏学出版社，2007年，第1—18页。

〔4〕前引《藏传佛教象征符号与器物图解》，第40—52页。

〔5〕另如一层集会大殿转经回廊佛本生故事壁画、护法殿门厅毗沙门天王壁画等。

明初建康首刹，更被置于五山（南宋确立的最高等级禅寺）之上，其地位可想而知。翌年寺成，虞集奉命述赞：[1]

> 中城有宫，皇所肇迹。惟时父老，载慕畴昔。
> 云来日临，庶我心怿。皇帝曰：嘻，予岂汝释？
> ……
> 汝见大雄，如我来即。马宝[2]象宝，珠贝金璧。
> 凡为汝故，我施无惜。无菑无害，居佛之域。
> 民庶稽首，我不知识。我愿天子，圣寿万亿。
> 与佛同体，住世有赫。一诚报恩，有永无斁。

这里提及文宗愿为父老黎民施马宝象宝，既称颂其仁德，也暗喻皇帝坐拥七政宝，为转轮王。在宋金元文献中反复提及八宝分列御座左右：

> 〔宋高宗绍兴〕十四年（1144）九月，有司言：来年正旦大朝会……合设八宝于御座之东西。[3]
>
> 〔金〕大定七年（1167），恭上皇帝尊号。……符宝郎其日俟文武群官入，奉八宝置于御座左右，候上册宝讫，复舁宝还所司。[4]

这里所谓"八宝"是天子八宝，源于唐制，[5]元代的礼制基本相同，只是可能有金玉两套。册/宝分列御榻东西，分别象征正统与权力。此八宝非彼七政宝八吉祥，而奉皇帝为转轮王、视与佛同的观念，是理解灌顶天人、七政宝与八吉祥与龙凤御榻图像内在关系的钥匙。

因此，仅就壁画内容来看，不难得出如下初步结论：此铺壁画是巧妙地将汉地寓意皇权的龙凤御座图像安置于佛教语境之中，并被赋予了佛、菩萨的尊格。然而，对于龙凤御榻图壁画绘制缘由与意义的探讨还需依赖进一步的历史背景的分析。

---

〔1〕（元）虞集：《大龙翔集庆寺碑》，收入《道园学古录》卷二五（四部丛刊景明景泰翻元小字本）。另可见（元）苏天爵《元文类》国朝文类卷二十二"碑文"（四部丛刊景元至正本）。

〔2〕（明）葛寅亮：《金陵梵刹志》（明万历天启印本）卷十六作"玛瑙"，不确。

〔3〕（元）马端临：《文献通考》卷一八〇"王礼考三"（清浙江书局本）。

〔4〕《金史》卷三六"志第十七·礼九·受尊号仪"。亦见于"册皇太子仪"等，不赘。

〔5〕《大唐六典》卷八"门下省·符宝郎"。

三、御榻图物象的来源

综上所述，御榻伞盖与皇宫（尤其是大明殿）陈设虽非完全一致，但堪称接近。2011年笔者考察时，东无量宫还有数张木雕法座实物（图5-4-16），攒框但未装板，搭脑两端出头部分作云头纹装饰。这些例子提示我们，壁画或有眼前实物作为模型，或有传摹小样可以依凭。在中央赠与西藏政教领袖的礼物中，坐具、伞盖、法衣与织物等均比较突出。八思巴为赢得忽必烈尊敬与信任，列举其父祖之时西夏王曾献锦缎大伞盖一。[1]1253年他为忽必烈行喜金刚灌顶，后者奉献金座、坐垫与金伞盖等供养作为回报。[2]

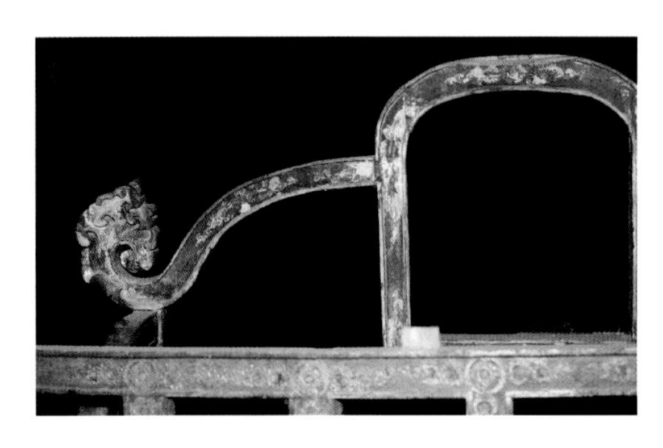

图5-4-16 夏鲁寺东无量宫外回廊内旧藏木椅

再以明初大慈法王释迦也失（Byams chen chos rje Shākya ye shes，1354—1435）为例，他在前往内地的途中使者就带着坐具四件去迎接，后又获赐金银装饰的宝座、椅子、坐垫和脚踏这一套完整的坐具，去世后其塔院（河州弘化寺）还收藏着法座与鎏金香炉。[3]汉藏文献明确记载了上述史实并可对证。[4]在弟子们为纪念他而定制的缂丝唐卡像（图5-4-17）上，[5]形形色色的赐物都巧妙地组织到画面里，身穿的龙纹僧衣折射出中央朝廷的威光，其印及印盒布置在座右，如前所述当非率意布局。对照另一件充满宗教象征符号的大慈法王像刺绣唐卡，[6]缂丝像彰扬其政治地位，刺绣像称颂宗教修为，用心不同显而易见。另一件可资比较的作品是萨迦初祖贡噶宁布像，尽管整体构图与本节讨论的例子相差很大，但是在须弥座（图5-4-18）中央的宝帕上出现了熟悉的对龙的身影。并且，在宝座两侧也再次对称出现八吉祥与七政宝，宝瓶涌出卷草形成团窠承托其他宝物，构思

---

〔1〕阿旺贡噶索南著，陈庆英、高禾福、周润年译注：《萨迦世系史》，拉萨：西藏人民出版社，1989年，第107页。

〔2〕《萨迦世系史》，第111、116页。

〔3〕拉巴平措：《大慈法王释迦也失》，北京：中国藏学出版社，2012年，第35、55、99等页。综合来看，宝座、椅子、坐垫和脚踏是一套完整的坐具，恰好四件。

〔4〕关于大慈法王生平，尤其是历年获赐方面的信息，见拉巴平措《大慈法王释迦也失》一书各处。

〔5〕关于该作品的讨论详见熊文彬：《西藏罗布林卡藏明代大慈法王像缂丝唐卡再探》，《中国藏学》2014年第3期，第154—159页。

〔6〕色拉寺旧藏，西藏博物馆藏。西藏博物馆编：《西藏博物馆》，北京：中国大百科全书出版社，2001年版，第41页。

图5-4-17　大慈法王释迦也失像上表现的历年获赐物品

图5-4-18　贡噶宁布像（局部：须弥座），俄尔寺，约1426—1450年，布画唐卡

巧妙，正是当时坛城设计中城门两侧常见的图像。贡噶宁布（Kun dga' snying po, 1092—1158）的时代西藏与内地尚未充分接触，但15世纪绘制的这幅唐卡却保留了历史信息：它真实反映了萨迦与中央政府、内地文化的丝缕联系；也表明夏鲁寺的壁画虽然独特，某些意匠却未必孤例。

四、御榻与御容、牌位

在追溯御榻图像所反映出的元宫规式之后，要面对的问题是：它为何出现在夏鲁寺的这个位置。此前的研究成果已经对当时夏鲁寺所处的历史情境做了比较充分的揭示，还需要回答为何皇权的象征要以这种形式出现。关于寺观中供御榻的情形，在藏地尚待详考，而在内地则由来有自。元文宗居建康时常游幸钟山玄妙观，登皇位之后玄妙观冶亭（至顺二年分别敕改大元兴永寿宫、飞龙亭）即置御榻。[1]钟山大崇禧万寿寺为文宗敕令新建，至顺三年（1332）萨都剌（1307—1359）过此时御榻犹在，[2]两年后再游时还咏及"夜深行殿无人到，应有山灵护御床"。[3]大龙翔集庆寺安奉神御（即圣容），春秋二祭时展祭。[4]该寺住持大忻（笑隐，1284—1344）重修的《百丈清规》中提到，旦望时转藏祝寿，必须清晨登殿，于"御座前祝赞"。[5]再往前追溯可举出扬州建隆寺御榻殿，此处因圣迹以建寺院、奉御榻并安圣容，成为各地宫寺中的七处宋太祖（960—976年在位）神御殿之一：它原本是建隆元年（960）其亲征李重进的御营，翌年正月诏建寺，"有御榻在寺，太祖忌日，寺僧奉榻修供"。[6]景德二年（1005）请得图画圣容，景祐四年（1037）易为塑像。[7]汉地寺观内设神御殿的传统被元大都的藏传佛教寺院继承、传扬，[8]并在西藏衍生：蛇年（1329）第三世噶玛巴让迥多吉（Rang 'byung rdo rje, 1284—1339）奉诏进京，狗年（元统二年，1334）返回时，顺帝命他在噶玛噶举派主寺楚布寺为皇帝建期供和[文宗]

---

〔1〕许正弘：《元代原庙制度初探——以太禧宗禋院为中心》，台湾清华大学历史研究所硕士学位论文，2009年，第41页及脚注256。

〔2〕（元）萨都拉：《同郭侍御过钟山大崇禧寺万寿宫文皇潜邸所建御榻在焉侍御索诗故赋此》，《雁门集》卷五，上海古籍出版社，1982年版，第142页。

〔3〕（元）萨都拉：《游崇禧寺有感》（一名"再过钟山大崇禧万寿寺有感"），《雁门集》卷七，第192页。

〔4〕相关考述见许正弘：《元代原庙制度初探》，第41页及脚注255。

〔5〕《敕修百丈清规》卷一"祝釐章第一·旦望藏殿祝赞"，《大正藏》卷四八，第1114页。

〔6〕《事物纪原》卷七，第370页。

〔7〕参见《宋会要》《续资治通鉴长编》等文献的记述，（清）沈钦韩编《王荆公文注》卷二"十月一日起居扬州诸帝神御殿表"（民国嘉业堂丛书本）。相关考述见汪圣铎：《宋代寓于寺院的帝后神御》，姜锡东、李华瑞主编：《宋史研究论丛》第五辑，保定：河北大学出版社，2003年版，第252—254页。

〔8〕参见许正弘：《元代原庙制度初探》，第5—7页、第13—14页表一。

神御殿,[1]只是供奉御容的具体方式未详。

御座除了和绘塑御容结合在一起,还可能与牌位相结合。《百丈清规》指出若逢国忌:[2]

上宾日届期,隔宿库司报堂司,令行者覆住持、两序,报众挂讽经牌。就法座上安御座,用黄纸写圣号牌位,严设香花、灯烛、几筵供养。

纪念帝师八思巴涅槃日同样需在“法座上敬安牌位,如法铺设”。[3]而八思巴又曾参与设计元皇室祭祖的神主牌位,特别地,神主与大榻金椅结合在一起:[4]

〔至元〕六年(1269)十二月十八日,国师奉旨造木质金表牌位十有六,亦号神主。设大榻金椅位,置祏室前。帝位于右,后位于左,题号其面,笼以销金绛纱,其制如椟。

这两个例子把汉地通行的做法与藏地政教核心人物关联到一起,值得注意。牌位除在忌日特意安设而外,还有日常陈设者。南宋具有官寺色彩的五山十刹中出现过在大殿正脊和云版上雕出“〔今上〕皇帝万岁”[5]的做法,殿中常设“今上皇帝万岁”九龙牌位(图5-4-19)。元代禅刹则在主殿本尊前设三牌,即“皇帝万岁”及左右的“皇后齐年”“太子千秋”。[6]供万岁牌渐成规式,不独禅门。

《百丈清规》由释德辉(生卒年不详)和释大忻在后至元元年(1335)奉敕修订,翌年赐玺书颁行。这一活动得到国家大力支持,被视为“中国佛教与封建皇权一次成功的合作”。[7]清规以“祝圣”为首,透露出为争取统治者支持所做的努力。它主要是汉传佛

〔1〕蔡巴·贡噶多吉著,东嘎·洛桑赤列校注,陈庆英、周润年译:《红史》,拉萨:西藏人民出版社,1988年,第89—90页。另元统元年(1333),顺帝奉文宗御容于大承天护圣寺(《元史》卷三八“顺帝纪一”)。

〔2〕《敕修百丈清规》“报恩章第二·国忌”,《大正藏》卷四八,第1114页。

〔3〕《敕修百丈清规》卷二“报本章第三·帝师涅槃”,《大正藏》卷四八,第1117页。

〔4〕《元史》卷七四“志第二十五·祭祀三·宗庙上”。同书并称“为太庙荐佛事之始”。关于元太庙祭享中嵌入的藏传佛教新元素,参见高荣盛:《元代祭礼三题》,《南京大学学报》(哲学·人文科学·社会科学)2000年第6期,第73—75页。供奉神位的宝座罕见传世,清早期奉先殿金漆龙纹宝座(165×109×60厘米)是一例。《人民文摘》2014年第1期,第15页右中图。

〔5〕『大宋名藍図』(日本京都妙心寺龙华院本),转引自张十庆编著:《五山十刹图与南宋江南禅寺》,南京:东南大学出版社,2000年,图2-4、5-2。

〔6〕[日]无著道忠(1653—1744):《禅林象器笺》(1741年刊)“图牌门·三牌”,《大藏经补编》19,华宇出版社,1985年版,第650页。

〔7〕详见《〈百丈清规〉之研究》,附编于(元)德辉编,李继武校点:《敕修百丈清规》,郑州:中州古籍出版社,2011年版,第302—313页。

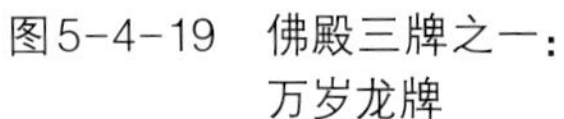
图5-4-19　佛殿三牌之一：万岁龙牌

图5-4-20　八思巴传记唐卡组画之三（局部：龙凤牌）

教寺院的管理制度，号称“遍行天下丛林”，[1]夏鲁寺壁画引导我们思考这种风气有无可能波及西藏。从夏鲁文书看到，祝延圣寿也是对包括夏鲁寺在内的藏传佛寺的要求。[2]元明汉地寺院供奉万岁龙牌蔚然成风、并从国家层面给予推广，进而传播至藏传佛教地区。在八思巴画传组画唐卡上，可以看到并列的龙牌与凤牌（图5-4-20），其上有“皇上万岁万万岁”“大明成化十四年（1478）七月吉日製”字样，[3]与御榻图靠背上的龙凤图案一样，显系藏族画家摹写。藏地供奉万岁牌的历史显然还可以上溯，例如青海乐都瞿昙寺。这是明初在朝廷资助和供养下兴建的一座藏传佛教寺院，正殿隆国殿内供奉“大明宣德二年（1427）二月初九日御用监太监孟继尚义陈亨袁琦建立”的“皇帝万万岁”龙牌。[4]

---

〔1〕明正统七年（1442）礼部尚书臣胡濙等谨题为重刊《清规》事，礼科抄出，《大正藏》卷四八，第1109页。

〔2〕例见蛇年（1305）Rin chen rgyal mtshan法旨，陆莲蒂、孟庆芬译：《元朝十一篇藏文帝师法旨》，《藏文史料译文集》，1985年版，第165—166页；龙年（1316）Kun dga' blo gros rgyal mtshan dpal bzang po，尤其是鼠年（1336/ 1348）Kun dga' rgyal mtshan dpal bzang po（1310—1358）法旨，分别编号为Ža Lu Documents V and VIII, Giuseppe Tucci, *Tibetan Painted Scrolls* vol. II, SDI Publications, 1999, pp. 671-672.

〔3〕中央民族学院少数民族文学艺术研究所主编，杨树文、张加吉、安旭、罗丹编著：《八思巴画传》，拉萨：西藏人民出版社、新世界出版社，1987年。浙江大学文化遗产研究院博士后贾维维提示此书重要性，中国藏学研究中心魏文博士指引笔者注意到这一细节，并致谢忱。

〔4〕龙牌左右两侧分别书对应的梵文与藏文。参见谢继胜主编：《藏传佛教艺术发展史》上“青海乐都瞿昙寺（上）”（廖旸撰文），上海书画出版社，2010年版，第426—427页及脚注⑩—⑫。

元代对具有特殊象征意义的御榻的崇拜广泛存在，可以上溯至忽必烈时代。“光禄寺、万亿库、白云楼，俱有世皇御座”，[1]居庸关永明寺亦“有御榻在焉”。[2]相关活动以佛诞日的大都游城最为盛大：[3]

（二月）八日，平则门外三里许，即西镇国寺……南北二城，行院、社直、杂戏毕集，恭迎帝坐、金牌与寺之大佛游于城外，极甚华丽。

这个年例活动因辽金之旧，世祖“中统壬戌（三年，1262）春，诏都城二月八日大建佛事”。[4]西镇国寺由世祖察必皇后（Čabui, 1227?—1281）创建于至元七年七月，[5]既然二月初八的盛大佛事活动从世祖皇后功德寺开始，推测继位者为追念而推出迎帝座、金牌作为仪式内容的一部分。而在纪念佛诞的同时恭迎帝座金牌，又令人回想虞集歌颂的天子“与佛同体”。

五、作为供养人的元代皇室

对于龙凤御榻图壁画绘制历史背景的分析，主要从以下两方面，即元代夏鲁寺得以大规模扩建主要是得益于元代皇室的一笔丰厚赏赐与汉地工匠的参与。

早在乌思藏归顺蒙元之初，夏鲁家族已然势力蔚然，1268年蒙古对乌斯藏的初次括户中，夏鲁万户所辖税户的数量时列十三万户之首，亦即占据乌斯藏纳里速古鲁孙地区十分之一强。[6]元时夏鲁家族主要是借助与帝师所属的萨迦派世代联姻来维护自身的政治利益，因成为萨迦派的舅氏而获得元代皇帝的格外礼遇，优越于其他乌思藏万户。[7]元成宗时，寺主古相扎巴坚赞曾亲赴汉地觐见皇帝，受封诰命“担任乌思藏纳里速古鲁孙都元帅，赐以虎符”，[8]秩从二品，相当于元代宣慰使司都元帅府职阶，高于一般乌思藏

〔1〕《析津志辑佚》“古迹”，第113页。
〔2〕同上书“属县”，第252页。
〔3〕同上书“岁纪”，第214—215页。
〔4〕（元）程钜夫：《拂林忠献王神道碑》（1312），《雪楼集》卷五“玉堂类稿 · 敕赐碑”（清文渊阁四库全书补配清文津阁四库全书本）。
〔5〕《析津志辑佚》“河闸桥梁”，第100页。另见第214页。
〔6〕共计3892户，参见王森：《西藏佛教发展史略》，北京：中国藏学出版社，2001年，第235—236页。
〔7〕《汉藏史集》藏文本，叶48b—49a；《汉藏史集》汉译本，第231页。
〔8〕《〈夏鲁世系史〉译注》，第297—314页。Giuseppe Tucci, 1980, vol.2, pp. 656-662. 另参见《后藏志》藏文本，第161—162页。《后藏志》汉译本，第89页。

万户，[1]于古相衮巴班（sKu zhang mGon po dpal，1290—1303年在任）时期所建的三门殿中，即有一铺题有// sku zhang du dben sha chen po//（汉译为：大古相都元帅）的壁画。[2]此次觐见，古相扎巴坚赞还获得一笔数目可观的赏金用于修筑寺院，夏鲁寺遂得以大规模扩建。[3]据《汉藏史集》记载："上师答儿麻八剌乞列（1268—1287年在任）到朝廷后朝见蒙古完泽笃皇帝（1294—1307年在位，此处应是忽必烈薛禅皇帝，1271—1294年在位）时，向皇帝奏请说：'在吐蕃乌思藏，有我的舅舅夏鲁万户家，请下诏褒封。'皇帝说：'既是上师的舅舅，也就与我的舅舅一般。应当特别照应。'赐给夏鲁家世代掌管万户的诏书，以及白银一百五十八升（锭）等大量布施，用于为皇帝和萨迦福田施主念经祈福建造的金银所制的三所依（佛修、佛经和佛塔）与寺院佛殿的修建。由于有了这些助缘，修建了被称为夏鲁金殿的佛殿以及大、小屋顶殿，许多珍奇的佛像，后来还修建了围墙。在这期间，还迎请了自现观世音菩萨像，修建了神变门楼及各个山间静修洞窟等。"[4]此处并没有记载古相扎巴坚赞前往汉地觐见元成宗，略有出入。

夏鲁万户对于这份褒赏与格外的礼遇，亦以佛教功德回向的方式回馈于蒙古皇帝，这种回馈无论在文献中抑或夏鲁寺扩建的壁画图像中，均得到体现。《布顿传记》中提到，"[古相扎巴坚赞]欲与过去赤松德赞和赤热巴巾等法王、菩萨一样行事，即为了佛法的弘传，尤其是大乘佛法的兴盛，以及佛法之根本的皇帝施主与福田的身体健康与国土之内一切众生的安乐幸福，基本完成了[夏鲁寺]寺院的[扩建]"。[5]在布顿撰写的《丹珠尔目录》（1335年）前言中，每言及忽必烈皇帝及其后裔必冠以"力之转轮圣王"（stobs kyi 'khor los bsgyur ba'i rgyal po）的尊号，赞其尊崇善知识为上师，敬信善法，广施善缘，并愿

〔1〕一般的乌思藏万户受封官阶均等与内地宣慰司下属诸路万户府同阶，即秩从三品、赐虎符。《元史》卷九一《百官志》"宣慰使司都元帅府，秩从二品。" Giuseppe Tucci, 1980, vol.2, p. 673. 沈卫荣：《略论元与元以前的沙鲁派》，《中国藏学》1988年第3期，第72页。

〔2〕或因该殿成于古相扎巴坚赞受封都元帅之后，或暗示着在古相衮巴班时期夏鲁万户是已受赐都元帅一职。该则题记并都元帅画像是位于三门殿北侧主壁一铺题材为不空成就佛的壁画下方。都元帅画像面部已毁损。

〔3〕《汉藏史集》藏文本，叶48b—49a；《汉藏史集》汉译本，第231页。

〔4〕藏文bla ma dharma pha la rakShi ta/ gong du byon/ lor ol ja du rgyal po dang mjal dus/ bod dbus gtsang na/ nged kyi zhang po zhal lu khri dpon bya ba yod pa la/ lung las kha bzang po gnang dgos zhus pas/ bla ma'i zhang po yin na/ nged kyi 'ang zhang po yin du chug la/ khri stong byin pos phud du khur cig/ mi rabs kyi bar la/ khri bskor 'jags su chug gsungs pa'i lung gtsang ma dang/ rgyal po yon mchod kyi sku rim la dmigs pa'i/ gser dngul la grub pa'i rten gsum/ gtsug lag khang dang bcas pa bzhengs pa gyis/ brgya dang dngul bre lnga brgyad mgo byas pa'i gnang spyin bzang po skur/ de'i cha rkyan gyis/ zhal lu gser khang du grags pa'i lha khang/ dbu rtse che chung/ rten ngo mtshar can mang du bzhengs/ phyi'i lcags ri mar btab/ 'di'i 'tshams su/ rang byon 'phags pa gdan drangs lugs/ tshod 'dud 'phrul spe sku zhang su'i dus bzhengs/ ri phug nam btab la sogs 'jug cing// 前引《汉藏史集》，第231页；《汉藏史集》藏文本，叶48b—49a。感谢中国藏学中心、西藏文化博物馆研究馆员仁青卓玛老师对于译文的校正与修改。

〔5〕mdor na sngon gyi chos ryal byang chub sems dpa' khri srong lde btsan dang/ khri ral pa can la sogs pa'i rnam par thar pa bskyangs te/ thugs la 'di ltar du dgongs/ spyir sangs ryas kyi bstan pa dar ba/ sgos theg pa chen po'i chos 'phel ba/ bstan pa'i rtsa lag gong ma yon mchod sku khams bzang ba/ rgyal khams kyi sems can thams cad bde zhing skyid par bya ba'i phyir gtsug lag khang yang mno ba bzhin du a to grub/ D.S.Ruegg, 1966, p.92.《布顿传记》，叶14b。

造此《丹珠尔目录》祈福大皇帝施主福寿安康；[1]另在《续部目录》编订中，转轮圣王观念亦被布顿融入密续部属的名称中，他开创性地将事续中佛部、莲花部部主（rigs kyi dag po）前均冠名为"转轮"（'khor los bsgyur ba），[2]如"佛部之部转轮圣文殊菩萨"（de bzhin shegs pa'i rigs gyi 'khor los bsgyur ba 'phags pa 'jam dpal），莲花部之"部主转轮观世音"（rigs kyi dag po 'khor los bsgyur ba spyan ras gzigs），尤其是佛部部主文殊之《根本续》，还被绘制于夏鲁寺的重要位置上，以图像的方式予以强调。

实则，这种通过建寺等方式为汉地皇帝施主祈福回向的事迹，在藏地并不鲜见。据《汉藏史集》，曾前后三次前往朝廷，并在宣政院任职的本钦甲哇桑布（rGyal ba bzang po）返回吐蕃后派人奏请皇上："'请允许我兴建一座为皇帝施主和福田祈祷、发愿、烧香的神殿。'皇帝下诏同意后，他仿照皇宫样式兴建了一座行宫，称为吕杰康（nyug rgyal khang）。"[3]这是藏文史籍中记载最为明确的一座专门为皇室所建的寺院，亦是一座汉式建筑，即"rgya phibs"，意为"汉式屋顶"，"宫殿式建筑"。另据前述，约在1334年，攘迥多吉"在楚普恰雅寺中为皇帝建期供和影堂"。[4]元顺帝还曾下令在楚普寺兴建元文宗影堂。[5]

另据《布顿传记》等文献，古相扎巴坚赞此次扩建夏鲁寺，"从山南门隅运来大量的木料，从东边汉地邀请来技艺精湛的工匠。修建了四个装饰有鎏金屋脊宝瓶的绿琉璃瓦汉式歇山顶建筑，外部飞檐翘角，连缀大小风铎，内部平棋彩绘。东面为三层汉式歇山顶建筑，其余为二层歇山顶建筑。殿内绘有多彩如来佛像壁画，在犀牛门殿中（绘塑）有三世佛像，在西面的两座佛殿中，其中一座佛殿的主尊为自现观世音菩萨像，另一座主尊为大日如来佛像；南面佛殿的主尊为三世佛，北面佛殿的主尊为释迦牟尼佛，东面佛殿的主尊为般若波罗蜜多佛母；该殿楼下护法神殿主尊为毗沙门天王，四周为其眷属，均用各种珠宝绘制。又有大量的金书《甘珠尔》等经书……"[6]汉地工匠的参与，也为龙凤御榻图的

---

〔1〕D. S. Ruegg, *Bstan 'gyur gyi dkar chag yid bzhin nor bu dbang gi rgyal po'i phreng ba bzhugs so*, 1966, pp.31–32. in Lokesh Chandra. ed. 1971.*The Collection Works of Bu ston*, vol. 26, La. New Delhi, International Academy of Indian Culture, fol.407–408（4a–4b）.

〔2〕rGyud 'bum gyi dkar chag, in *The Collection Works of Bu ston*. vol. 26, La. fol. 384, 393. See Helmut Eimer, *Der Tantra-Katalog des Bu ston imVergleichmit der Abteilung Tantra des Tibetischen Kanjur: Studie, Textausgabe, Konkordanzen Und Indices*. Inica Et TibeticaVerlag Bonn, 1989, p. 33.

〔3〕参见《汉藏史集》第210页和第249页。Nyug可能为myug gu幼芽的缩写，rgyal khang为皇帝寺院或皇宫等皇家之所。

〔4〕影堂为记录当时真实情况的彩画。蔡巴・贡噶多吉著，东噶・洛桑赤列校注，陈庆英、周润年译：《红史》，拉萨：西藏人民出版社，2002年，第84页，第236页、注释488。

〔5〕陈庆英：《噶玛巴・攘迥多吉两次进京事略》，《中国藏学》1988年第3期，第96页。西藏自治区社会科学院、中央民族学院藏族研究所编：《中国西藏地方历史资料选辑》，拉萨：西藏人民出版社，1986年，第257页。《红史》，北京：民族出版社，1981年，102—103页。《智者喜宴》下册，北京：民族出版社，1986年，第940—941页。

〔6〕藏文lho mo gyi yul nas shing cha chen po drangs/ shar rgya'i yul nas bzo bo mkhas pa bos/ rgya phibs g.yu chu can gser gyi gzhin btsugs pa che ba bzhi blo 'bur mig mang ris su bris pa g.yu chu'i bgan lan kan la gser gyi ga（转下页）

艺术表现提供了可能，他们不仅带来了汉地的龙凤图、御座等艺术母题，同时也将汉地这种文化观念传入西藏。

作为对于元代皇室供养人的象征性的表现手法，龙凤御榻图与护法殿门厅中的另一铺毗沙门天王壁画有着共通之处。毗沙门天王为护法殿的主尊，据《布顿传记》等文献记载，古相扎巴坚赞被称为此尊的化身，[1]此铺壁画亦是对古相扎巴坚赞的象征性的描绘。然而，为何将寓意元代皇权与皇室供养人的龙凤御座图绘制于护法殿，是否同毗沙门天王一样，也是有一定的仪轨文献之规，还有待进一步的研究。

六、结　语

政教史及夏鲁文书等藏文史料已清晰勾勒出夏鲁寺的重要地位，学界也对夏鲁寺与夏鲁万户、与当时帝师萨迦派、与元廷的紧密关系给予了高度关注。元统治者视以世间法护持释氏教法为己任，[2]寺院也积极地引以为护身符。至正甲午（1354）诏以大都庆寿寺为太子功德院，疏上由东宫手书“大功德主”字样后还镇山门。[3]再举个晚些的例子：瞿昙寺山门内安置了两座石碑，右为永乐十六年（1418）正月二十二日“皇帝敕谕碑”，左为同年三月一日“御制金佛像碑”；此外山门上亦悬宣德二年（1427）正月初六日敕谕匾额（已佚）。三者均用汉藏两种文字强调在“西土”尊崇佛教的现实意义，申明对僧人宗教活动和世俗利益的保护。[4]这与元代夏鲁文书中数道法旨所体现的保障寺院利益的要求

（接上页）ras brgyan pa/ gser khang rgya phibs sum brtsegs su yod pa/ gzhan rnams rgya phibs nyis brtsegs su yod ba de thams cad la dril bu g.yer ba'i dra bas bris pa/ nang na chon sna brgya rtsa gcig gis bkras ba'i de bzhin bshegs pa'i sku gzugs bsam gyis mi khyab ba dang/ gtsug lag khang nub ma gnyis nag cig gi gtso bo la rang byon 'phags pa/ gcig gi gtso bo la rnam snang/ lho'i gtso bo la dus gsum sangs rgyas/ byang gi gtso bo la thub ba chen po/ shar gyi gtso bo la yum chen mo/ de'i 'og na rgyal chen rnam thos sas kyi mgon khang dang bcas pa la 'khor grangs kyi mi chod pas bskor ba rin po che sna tshogs las grub pa dang/ rin po che gser las bzhengs pa'i bka' 'gyur la sogs pa'i gsung rab gyi po ti chen po dang/ D.S.Ruegg, 1966, p. 90–91.《布顿传记》藏文本，叶14a—14b。熊文彬：《元代藏汉艺术交流研究》，石家庄：河北教育出版社，2003年，第233页。《后藏志》藏文本，第168页。《后藏志》汉译本，第92页。见仁青卓玛：《夏鲁寺艺术与元代汉藏文化交流》（第一章），2015年，中国藏学研究中心重点课题，西藏文化博物馆。

〔1〕藏文转写：bstan pa gus pas mchod pa'i sbyin bdag rgyal po chen po rnam thos sras kyi sprul par grags pa'i sku zhang chen po grags pa rgyal mtshan gyis sngar gyi gtsug lag khang nyams pa rnams gsos/“虔诚供养佛法的施主古相扎巴坚赞被称为毗沙门天王的化身，对此前的［夏鲁寺］寺院进行了修复。”D.S.Ruegg, 1966, pp. 89–90.《布顿传记》藏文本，叶14a。

〔2〕“萨班班智达贡噶坚赞致乌思藏善知识大德及诸施主信”，转引自《萨迦世系史》，第92页。

〔3〕《皇太子大庆寿禅师功德院事状》（1358），党宝海：《〈析津志〉佚文的新发现》，《北京社会科学》1998年第3期，第115—116页。

〔4〕此外，在山门与金刚殿之间还建有御碑亭两座，分别立洪熙元年（1425）“御制瞿昙寺碑”与宣德二年“御制瞿昙寺后殿碑”。参见《藏传佛教艺术发展史》上，第422—423页；录文见第439—440、449—450页。

基本一致。

御榻图固然可能作为祝延圣寿的对象，然而门廊空间局促，难以展开仪式。门廊横长，北壁这个位置似乎并不如何尊崇；可是从内地建筑安排来看，北壁却往往是正壁，前文引马可·波罗见闻也特别提及大汗坐北面南。[1]更重要的是，护法殿是当时夏鲁寺建筑群的入口，门廊是入寺的必经之路：[2]踏进夏鲁寺的第一步就可以感受到皇权的威严存在，它对于寺院及其背后的杰氏（lCe）家族的庇护——正是缘于觐见皇帝并得到任命和布施，古相扎巴坚赞大规模地扩建了夏鲁寺。[3]学者们业已指出，帝师法旨多以rgyal po'i lung gis“皇帝圣旨里”这一句起首，表明帝师颁行法旨需奉皇帝圣旨之名义，其权力最终来源于皇帝。[4]御榻是“皇帝圣旨里”的形象化展示，其上未具体表现某位皇帝的形象，犹如龙牌但写“今上皇帝”，而与供奉特定帝后的影堂（神御殿）不同。

这幅华丽张扬却阒然无人的御榻图，还有很多可深思之处。图像可以辅助认识元宫舆服制度，若本节对御榻细节的解读合理，则除了大明殿御榻上的白伞盖，屏台和宝帕也可能是帝师精心设计的佛教文化元素。屏台既具内地传统文化中屏风的功用，又与尊神造像的光背有渊源。佛教元素开始渗透到原庙祭祀、舆服仪仗，从而在皇帝活动并进而在国家层面体现出来。随着这些元素越来越多被发现、被揭示，推测帝师高僧们很可能不是孤零零地安排了这些细节，而是有完整的设计，以吻合他们对于世界、历史的阐述，彰扬皇权的正统与威势。

自元代夏鲁寺护法殿龙凤御榻图开始，藏传佛教艺术图像中，象征汉地皇权的御座元素逐渐又被吸收融入藏传佛教高僧的艺术遗迹中，[5]得到了更为广泛的运用。此外，随着元以后汉藏之间政治、文化等各方面交流的衍进，这种将汉地皇权融入佛教语境之中，赋予其佛、菩萨尊格的观念和图像样式，也被不断地演化着，清代乾隆时期宫廷所创制的诸多版本的“乾隆御容佛装像”唐卡应被视为这一观念和图像样式的典范。

---

〔1〕与御榻图毗邻，门廊东壁北端表现财宝天王与八马主，而他是北方多闻天的化身之一，因此这种安排似也有方位的考虑。

〔2〕后来入口改到金殿北侧并延续至今。相关历史传说的记载见谢斌：《西藏夏鲁寺建筑及壁画艺术》，北京：民族出版社，2005年版，第74—75页。

〔3〕参见达仓宗巴·班觉桑布著，陈庆英译：《汉藏史集》，拉萨：西藏人民出版社，1986年版，第231页；*The Genealogies of Za Lu*, in Tucci, *Op. cit.*, p. 659. 多种史料记载夏鲁寺有四种荣耀，其一即施主为赞普（rtsad po btsan po），指元皇帝及尼泊尔王等。

〔4〕对此的解读参见Tucci, *Op.cit.*, vol. I, pp. 15-16；［意］伯戴克著，张云译：《中部西藏与蒙古人——元代西藏历史》（增订本），兰州大学出版社，2010年，第36页；陈庆英：《夏鲁的元朝帝师法旨》，《西藏民族学院学报》社会科学版，1988年第4期，第39—41页。

〔5〕如约建于1355年的夏鲁寺顶层东曼荼罗殿的回廊壁画布顿仁钦珠像、建于1419—1436年间的江孜白居寺道果殿中的塑像札玛如巴（slob dpon Dāmarupa）祖师像、明宣德缂丝唐卡大慈法王像，等等。

第五节　夏鲁寺甘珠尔殿“佛说法图”与13世纪汉藏多民族佛教图像重构

夏鲁寺甘珠尔殿北壁西侧绘有一铺精美的佛说法图，学界对此铺说法图的理解多局限于“礼佛图”或“释迦牟尼说法图”等笼统概念，未做深入探究。本节以释读说法图榜题框内题记为线索，追溯此段题记乃渊源自《金刚手最上智大续》，复结合题记内容考证此身“说法释迦”实为如来相金刚手菩萨，进而统筹观察说法佛与其身侧的金刚萨埵和双身大成就者。结合13—14世纪西藏早期绘画中的大成就者形象传统，辨识佛身侧听法的双身大成就者为乌仗那（Uḍḍiyāna）国王因扎部底（Indrabhūti）及其明妃女性大成就者罗什米伽罗（Lakśminkarā），由此引出藏文史籍中涉及无上金刚乘密法问世的源流描述，并基于题记内容，考定此铺“说法图”实为表现金刚乘佛教于人间赡部洲传布的殊胜图景。

一、“说法图”解析

甘珠尔殿始建于14世纪初古相·扎巴坚赞时期，其位于寺内集会大殿的南侧，与北侧的三门殿（sgo gsum lha khang）共同构成了集会殿之南北配殿的格局，因殿门呈现皮革状，故亦称犀牛门殿（bso sgo ma lha khang）。该殿门壁以殿门为界，壁画分东西两部，各以不空羂索观音和说法佛为主尊（见图5-5-1：No.1—2）。殿门东西两侧以蓝身怖畏尊与白身不动明王（图5-5-1：No.17）形成门护尊配置。不动明王之上为一面四臂、蓝身菩萨（图5-5-1：No.14，图5-5-2：2），或为金刚手，其左右主手当胸持金刚杵、施与愿印，左右次手侧举各持钩和杖，主尊两侧跪坐二黄身胁侍（图5-5-1：No.15—16）。

门壁西侧主像说法佛（图5-5-2：1），黄身，两手当胸结说法印，身着红色袒右袈裟，蓝色马蹄形背光，白色马蹄形头光，环饰六拏具。说法佛两侧各见两身小像。（图5-5-1：No.1&3，图5-5-3：1—2）左侧为双身大成就者，男尊白身，施游戏坐，四分之三侧望面向主佛，戴宝冠，高发髻饰金丝发箍，饰物华美，右手当胸持三叉戟，左臂环拥明妃；明妃娇

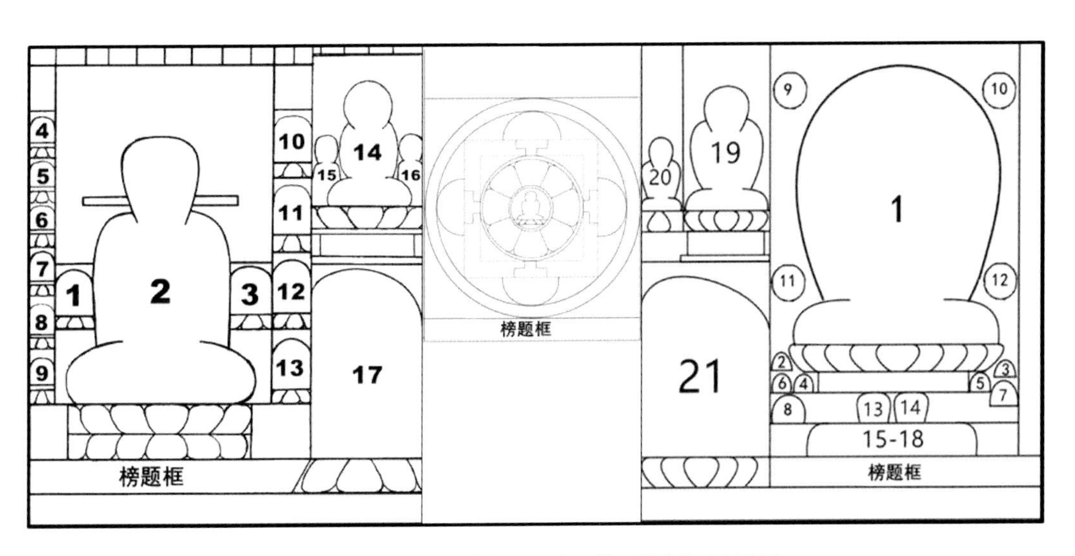

图5-5-1：1　甘珠尔殿北壁图像配置（作者绘制）

图5-5-2：1　门壁释迦牟尼说法图（钟子寅摄）

图5-5-2：2　四臂金刚手菩萨（钟子寅摄）

小，身色淡红，左臂举于身侧持颅钵，右臂置于男尊脖颈处并持蓝色钺刀，明妃上身赤裸，下着裙裤，头戴三叶冠，具足庄严。（图5-5-3：2）。成就者左侧现上下排列的四尊红身勇猛瑜伽行者，立于莲座之上，身着五骨饰（图5-5-1：No.10—13，图5-5-3：4）。主佛右

图5-5-3：1　金刚萨埵

图5-5-3：2　双身大成就者

图5-5-3：3　蓝身瑜伽女

图5-5-3：4　红身瑜伽士

侧小像为蓝身金刚萨埵，一面二臂，施半跏趺坐，右手当胸持金刚杵，左手于腰际持铃（图5-5-3：1）。金刚萨埵右侧排列六身女像，最上两尊黄身，第三身已残，第四身为红色，最下两尊为蓝色（图5-5-1：No.4-9，图5-5-3：3）。

主佛之下见榜题框，内载三行藏文题记。第一行：

Rag ... las/ gang ga'i de bzhin gzhegs pa'i bris sku'i mtshan nyid 'di mthong na/ de mthong ma thag du de bzhin gzhegs pa bye ba phrag dgu bcu rtsa dgus dngos grub rtsol bar mdzod rig pa mchog pho nya ma'i tshogs dang bcas pas kyang dngos grub sbyin par 'gyur ro// yar gyi ngo tshes brgyad la zhag cig bsnyung ba gnas ba byas te/

……，观此一切如来绘身性相，见即可立受九亿九千万如来勤作精进之成就，并众最上智使女所施成就。于上弦月八吉日中的一日斋戒。

第二行：

'phags pa lag na rdo rje la mchod pa byas nas/ me tog dkar po la lan re bzlas brjod byas la/ brgyad bstong gis 'phags lag na rdo rje la bsnun la/ de nas mchod brten nam/ mtshan la ldas ste/

供奉圣甚金刚手，持白花并诵咒八千遍，顶礼圣甚金刚手。复见佛塔或尊号

第三行：

Rigs sngags bsgrubs nab de blab du 'grub par 'gyur ro// mdor na las thams cad byed nus par 'gyur ro zhes gsungs so// phyag na rdo rje'i bris sku 'di/ sangs rgyas on pos bris// bkra shis par gyur dge'o//

修习明咒，可立证成就。简言之，如是诵持，将现所作一切善业。此金刚手之绘相乃桑杰温波制，显现殊胜吉祥。

此题记源出《圣甚最上智大续》（'phags pa rig pa mchog gi rgyud chen po，Ārya Vidyottama Mahatantra，Toh. 746），[1]亦称《金刚手最上智大续》（phya na rdo rje rig pa mchog gi rgyud chen mo），于公元9世纪由Vidyākaraprabha和译师贝泽（dpal brtsegs）所

---

〔1〕感谢中国藏学研究中心西藏文化博物馆杨鸿蛟博士见告。

译。摘录原文如下：[1]

灵验圣善金刚手向诸尊讲说生起圆满极乐，为一切有情之利益，大菩萨为众生之业作殊胜大圆满性相仪轨并开示仪轨。大菩萨金刚手向众尊所讲如是："尔等听好，见此一切如来身之性相，见此现相可立受九亿九千万如来所作成就，亦连同受赐众使女（坛城）之成就。于上弦月八吉日中的一日斋戒，后供养圣金刚手菩萨，持白花并背诵八千遍圣金刚手，后见佛塔或尊号，修习明咒便可立证成就。"

结合原文语境可知，说法佛对应之题记源自金刚手菩萨所讲的方便成就之法，其功德缘起为金刚手菩萨。题记末尾处亦称此身金刚手"乃桑杰温波制，显现殊胜吉祥"。故知此身说法佛之原初实指，当为金刚手菩萨。连并主佛两侧的金刚萨埵和大成就者小像观察，三尊配置或呈现了某教法传承的视觉逻辑。主佛右侧的金刚萨埵是为教法传承之起始，中央说法佛则是"金刚手菩萨"之某种化现，讲说证取成就的秘密法门，而双身成就者或为教法之耳传者，即世间传续之祖师。若此说法图确为展现教法传承的话，所传何法？为何仅现一位大成就者？金刚手与说法佛之内在关系是什么？皆是必要回应之问。在此，成就者之实际身份乃是关键所在。

二、大成就者身份辨识

作为密法修行先驱，印度大成就者（Māhasīddha, grub chen）被藏传佛教诸派尊为密法传承的重要祖师。早期大成就者多见八尊配置，集中出现在12至14世纪初的噶举派绘画，常配置在本尊胜乐金刚两侧，以此表现密法的传承脉络。完整汇合表现八十四大成就者的情况则多见15世纪以后。"八大成就者"（grub chen brgyal）的概念最早出现在传为

〔1〕德格版No.746，第303—304页。"de nas lha de dga yid dka' bar gyur nas lag na rdo rje la legs so zhes bya ba byin te/ byang chub sems dpa' chen po gang khyod sems can thams cad la phan pa'i phyir zhugs te/ sems can thams cad kyi don gyi phyir rig pa mchog gi cho ga rgyas pa chen po mtshan nyid dang bcas// cho ga dang bcas par bshad pa legs so legs so// de nas byang chub sems dpa' chen po lag na rdo rjes lha de dga la 'di skad ces smras so// bzod ldan dga khyed nyon cig/ gang gis de bzhin gshegs pa'i sku'i mtshan nyid 'di mthong na/ de mthong ma thag tu de bzhin gshegs pa bye ba phrag dgu bcu rtsa dgu dngos grub stsol bar mdzad do// rig pa mchog pho nya ma'i tshogs kyi dkyil 'khor dang bcas pas kyang dngos grub shyin par 'gyur ro// yar gyi ngo tshes brgyad la zhag gcig smyung ba byas de/ 'phags pa lag na rdo rje la mchod pa byas nas me tog dkar po la lan re bzlas brjod byas pa brgyad stong gis 'phags pa lag na rdo rje la bsnun la/ de nas mchod rten nam mtshan la bltas te rig sngags bsgrubs na bde blag tu 'grub par 'gyur ro//"

鲁抑巴（Luyipa）所作的《冢墓仪轨》（Śmaśānavidhi）中，但并未明示诸成就者名号。[1]

早期大成就者的形象未见明确图像志经典，多依生平故事而提炼出各自尊形特征。[2]鲁宾美术馆藏的一幅13世纪初的止贡派胜乐金刚唐卡中，以朱色榜题明示八成就者身份（图5-5-4：1—2），提供了辨识早期大成就者的重要依据。[3]八成就者以（1）因扎部底（Indrabhūti）起首，后为（2）龙树（Nāgārjuna），（3）达比·黑如迦（Dombi Heruka），（4）鲁抑巴（Lūyipa），（5）萨罗诃（Saraha），（6）莲花金刚（Padmavajra），（7）古古日巴（Kukkuripa），（8）持铃者（Ghaṇṭapāda）。

据此综合考察早期八大成就者像发现，常现双身形态者以因扎部底、达比·黑如迦、萨罗诃为代表。下面便以双身图式为考察标尺，以尝试剥离辨识甘珠尔殿成就者的身份。达比·黑如迦的突出特征为骑虎，间或配合明妃。止贡派胜乐唐卡中达比·黑如迦与其明妃共同坐于虎背，明妃正坐在男尊身后，左手搭在其肩头，这是该尊双身形态的典型模式（图5-5-5：1-2）。而萨罗诃，"Saraha"本意是"制箭人"（Sara即箭）。[4]因其迎娶了一位制箭工匠之女，故有此名。故其突出特征为弓与箭，间或以二女尊胁侍。综合来看，以上二成就者的双身态并非其必要的辨识要素（图5-5-5：3—4）。

相较来看，以双身之形为稳定图像特征的大成就者，是因扎部底。因扎部底为印藏密教圣地乌仗那国的国王（Uḍḍiyanā），[5]其稳定的双身形态或与其明妃罗什米迦罗（Lakṣminkarā）的显赫地位有关。因扎部底对《秘密集会怛特罗》（Guhyasamāja）的成书意义深远，被视为密集教法的传承初祖。[6]著有《智慧成就》（Jñānasiddhi, ye she grub pa）

---

〔1〕Richard Othon Meisezahl, *Geist und Ikonographie des Vajrayana-Buddhismus*, Sankt Augustin: VGH Wissenschaftsverlag, 1980, p. 39, v.28. 参看Christian Luczanits, "The Eight Great Siddhas in Early Tibetan Painting", *Holy Madness: Portraits of Tantric Siddhas*, New York/ Chicago: Rubin Museum of Art and Serindia Publications, 2006, pp. 78-91. 八大成就者与八大尸林（Shmashana）关系密切，《喜金刚续》与《胜乐金刚续》的相关仪轨文本中有对尸林的描述，"八大尸林"分别对应四方四维之八方，文本不同各尸林的名称亦有不同。二者在图像上的交集应不晚于12世纪。一幅断代于12世纪初期的胜乐金刚曼荼罗的外部完整表现了此主题，详见Steven M. Kossak, Jane Casey Singer, Robert Bruce, Sacred Visions, *Early Paintings From Central Tibet*, New York: The Metropolitan Museum of Art, 1998, pp. 52-54.

〔2〕八十四大成就者的生平故事及活跃时代的专著见James B. Robinson, trans., *Buddha's Lions: The Lives of the Eighty-four Siddhas*, Berkeley: Dharma Publishing, 1979; Keith Dowman, trans., *Masters of Mahamudra: Songs and Histories of the Eighty-four Buddhist Siddhas*, Albany: State University of New York Press, 1985.

〔3〕关于此幅唐卡及早期止贡派绘画中的大成就者的相关研究见Christian Luczanits, "A First Glance at Early Drigungpa Painting"，谢继胜、沈卫荣、廖旸：《汉藏佛教艺术研究——第二届西藏考古与艺术国际学术讨论会论文集》，北京：中国藏学出版社，2006年，第459—488页。

〔4〕萨罗诃的生平故事参见Keith Dowman, trans., *Masters of Mahamudra: Songs and Histories of the Eighty-four Buddhist Siddhas*, Albany: State University of New York Press, 1985, pp. 71-72.

〔5〕事实上，印度历史中出现的名为"因扎部底"的人物有很多，而西藏密教史观却并未对此进行细致区分，将其皆对应为上述的乌仗那国王、大成就者因扎部底。

〔6〕《秘密集会续》的成书、传播及教法内容的相关研究见Francesca Fremantle, *A Critical Study of the Guhyasamaja Tantra*, London 1971.

图5-5-4：1　止贡派胜乐金刚唐卡（鲁宾美术馆藏C2003.7.1，采自Himlayan Art Resource, No.65205）

图5-5-4：2　止贡派胜乐金刚唐卡（笔者制图）

图5-5-5：1　达比·黑如迦

图5-5-5：2　达比·黑如迦（采自鲁宾美术馆藏米拉日巴唐卡，C2002.24.5）

图5-5-5：3　萨罗诃

图5-5-5：4　萨罗诃（采自S. Kossak & J. Casey, Sacred Vision: Early Paintings from Central Tibet, New York: Metropolitian Museum of Art, 1998, p.89）

一书对密集教法之义理作了全面论述，并将此教法传至成就者龙树（Nāgārjuna），由此逐步产生了"密集"修习实践的两大学派，即以龙树和佛智（Buddhaśrījñāna）为代表的"圣者派"（Ārya Nāgārjuna）与"佛智足派"（Jñānapāda）。[1]明妃罗什米迦罗则为乌仗那国公主，与因扎部底一并尊为《秘密集会怛特罗》的实际作者，此尊还是"亥母六法"（Vārāhī）之初祖。二人对金刚乘佛教的发展与传播影响深远。在13—14世纪的藏传佛教绘画实践中，因扎部底及其明妃已因其密法传承的重要地位而形成稳定的双身表现范式，这为我

〔1〕索南才让：《西藏密教史》，北京：中国社会科学出版社，1998年，第36—41页。该续现存的梵文注疏仅一部，即龙树弟子"月称"（Candrakirti, zla grags）所作的《灯明辉耀》（Pradipodyotana），写本现藏于K. P. Jaya-wal Research Institute.

们探寻甘珠尔殿双身大成就者提供了重要的思考方向。

二尊相拥之身相，已稳定见于13—14世纪的西藏绘画中。因扎部底面拥明妃，身后或见毗卢巴，此为该尊在早期藏地绘画中的典型形态，如拉达克万喇寺（Wanla）三层殿中所见因扎部底像（图5-5-6：1）。此外，绘于13世纪上半叶的帕竹·多吉杰波（pha mo grub pa rdo rje rgyal po, 1110—1170）本生故事唐卡中亦见因扎部底。[1]综合来看，此期该尊成就者的形象已固定化为明妃坐于男尊身侧、环抱其脖颈，男尊白身、女尊红身（图5-5-6：2—3），此身形特征与甘珠尔殿双身成就者高度吻合（图5-5-6：4）。

图5-5-6：1　万喇寺因扎部底

图5-5-6：2　因扎部底（采自鲁宾美术馆藏帕竹多吉杰波唐卡，C2005.16.38）

图5-5-6：3　因扎部底（采自鲁宾美术馆藏帕竹多吉杰波唐卡，C2002.24.3）

图5-5-6：4　甘珠尔殿双身成就者

〔1〕帕木竹巴·多吉杰波传记中称他的诸多前世为佛，菩萨，印藏阿阇梨以及印、尼、汉、藏的君主，而因扎部底则被视为他的众多前世中的一个。深入研究见David P. Jackson, “Reflections of Enlightenment in Three Early Portraits”, *Mirror of Buddha: Early Portraits from Tibet*, New York: Rubin Museum of Art, 2011, pp. 138-141.

三、所说何法：图像学的探索

若甘珠尔殿“佛说法图”中的成就者确为因扎部底，那么此铺“说法图”意指何处呢？藏文史料在论及密法起源时常涉及“国王扎”（rgyal po rdza）受金刚手教授而宏传金刚乘的传说。这为探索整铺说法图的内在意蕴提供了有价值的研究方向。

此传说的早期论述见娘·尼玛沃色（nyang ral nyi ma 'od zer, 1124—1192\1204）著《教法源流·花蜜精髓》（chos 'byung me tog snying po sbrang rtsi'i bcud）中对“密咒金刚乘（gsang sngags rdo rje theg pa）弘传世间之情况”。其中金刚乘密法宏传分“人与非人持明者（rig pa 'dzin pa mi dang mi ma yin ba rnams pa gnyis）和人道（mi yul）”两类范畴的传承。金刚手菩萨分别以不同身相授密法于此二道，国王扎（rdza）作为人道传承初祖，受金刚手菩萨灌顶于世间宏传密法。[1]15世纪达仓宗巴·班觉桑布所作《汉藏史集》中对密法传承的描述更为系统，分“心传”（dgongs brgyud）、“口传”（brda' brgyud）、“耳传”（snyan brgyud）。心传乃是对法身、报身、化身等佛陀胜尊的传承；口传则是对神、龙、药叉等尊的传承；耳传即密法于人间赡部洲的传承，讲述金刚手灌顶国王扎（tsa）广传密乘的故事。[2]转引耳传相关叙述如下：

又因化身释迦牟尼在世间之时，向赡部洲众人开始大乘密宗教法的实际还未到来，当用化身说法，所以金刚手菩萨化现为转轮王，前往尸多婆那尸林，为众持明男女

〔1〕“人与非人持明者如何传承密咒金刚乘各类大续部的情况：‘在吉祥金刚座的西南交界处，秘密主吉祥金刚手加持之地，名曰“玛拉雅山”（ri ma la ya）。……大能仁入涅槃后二十八年，诸善逝以大悲劝请之故，秘密主金刚手现前降临玛拉雅山，向五位圣妙种传授金刚乘教法。上即（金刚手）向天持明具称善护、安置龙王、流星面药叉、具慧方便罗刹、人道中离遮族无垢称等人与非人的具器所化众，宣讲密咒金刚乘诸续部的教法。’此后具慧方便罗刹结集续部，以加持力书写称文字经函，弘扬于人道的情况：……（如来）密意加持作传承，持明觉悟实相心，传补特伽罗之耳中，此传承：金刚手向持明者宣讲（密法），由于转动密咒金刚乘法轮的加持力，‘国王扎’降生在萨霍尔‘札达木娘’（pra dha mu nya）地方，他对佛菩萨、正法、僧伽具有坚固不变的信心。……闻此之后，迎请至此，他翻阅并了知，故（国王扎）知此为《面见金刚萨埵品》（rdo rje sems dpa' zhal mthong gi le'u），直到必需修持金刚萨埵，祈请因而现见金刚萨埵，金刚萨埵问：‘善男子！欲求何成就？’（国王扎）祈请道：‘暂时上能通达此经典；究竟上，一切有情皆能成佛。’说后，（金刚萨埵）消失不见。此后生起不可思议的欢喜心。专一实修，大地动摇，金刚手现前降临。在亲见本尊时，金刚手显现禁行之形相，持金刚杵于空中，净除所有化众的身体垢障。在面前虚空中，显现化身之坛城。（金刚手）向古古热扎，国王扎等进行灌顶……后来，国王扎令恩扎菩提（Indrabodhe）等（心续）成熟，（恩扎菩提）与百人（眷属）众依照会众修行道，证得持明地。此后，具慧者国王扎为了安置具缘的有情众生于金刚乘甚深妙道，将佛陀浩瀚的教言、经典、密续等造成语所依的各类经典，广为宏传。”参见娘·尼玛沃色著，许渊钦译：《〈娘氏教法源流〉译注（三）》（即《教法源流·花蜜精髓》），《中国藏学》2014年第3期，第73—75页。

〔2〕达仓宗巴·班觉桑布著，陈庆英译：《汉藏史集》，拉萨：西藏人民出版社，1986年，第259页。另见第262—263页。

讲说事部续，又前往他化自在天，讲说行部续，又前往色究竟天，讲说瑜伽续，又前往印度南方的教法源头之地章哈巴拉，坐于交叉的三艘石船之上，向众非人讲说无上瑜伽续。大乘无上密宗教法在人间赡部洲传布的情形如下所述……释迦牟尼回答说："从我不在人世时算起，过一百一十二年，将有从天界三处降世之教法心要圣人，在赡部洲东方向人类中的具缘者、名字中有'扎'(tsa)字之国王开示此法。在被称为圣雄的城堡中，由金刚手菩萨作身材美好的助伴菩萨、楞伽之主等人的导师。"以上系《佛说教诫传授王经》所说。……

众生的密法耳传的情形，有一具缘国王名叫"扎"，乃是在洞中修习外部传授密法者，他七次梦见秘密主降临马来耶山顶上，转动密法内部传授之法轮，并为他加持护佑。在最后一次梦中，空中有无身形之神发声说："你这具有善缘与大福德之人，正复合化身佛所做的授记……"国王从梦中醒来后即刻爬上山顶，见一尊黑色珍宝造成秘密部主金刚手菩萨之身像……此王按此修习七个月，果有金刚手菩萨来现，三次点燃金刚，赐给断取戒行之灌顶，使之趋善去恶，摒弃进去之法相乘，体验自成就之密宗乘。

作为密乘人间传承之初祖，国王"扎"的真实身份不明，有据"扎"音认为其是帝释天(Indra)或帝释天之子的说法。《汉藏史集》中转引《幻化授记未来》(sprul pas phyis 'byung lung bstan)称："释迦灭寂后一百二十载，内传之乘以咒语出现，传布于赡部洲乌仗那(u rgyan)等地，有名叫'扎'(dza)的人和文殊、阎罗等无数持明师出现。此后在印度传播，无数获成就者出现。"[1]可见"扎"与乌仗那王因扎部底已有身份认同之势。[2]后来的藏文史料对金刚乘渊源的记述普遍展现了因扎部底与《密集本续》流传的密切关系，成书于15世纪后半叶的《青史》对此有如下描述：

诸密集修士异口同声都说是：此一《密集续》由乌仗那国王因扎菩提(Indrabhūti)祈祷之力，获得释迦牟尼王佛前来灌顶并宣说《密集本续》。国王的诸位眷属也由有戏论行，而善为修行，得成持明(即持咒者)已，乌仗那圣地遂成如"空无"。复有龙族所变成的瑜伽女从国王听受密集法已，而讲授给南方的酋长毗苏嘎哇(Viśukalpa)；毗苏嘎哇的座前又由萨惹哈(Saraha)前来所受此法后；而传授给阿阇

〔1〕《汉藏史籍》，成都：四川民族出版社，1985年，第439—440页。('das nas lo brgya bcu gnyis na// nang rgyud theg pa sngags kyis 'char// 'jam gling u rgyan gling sogs babs/ dza dang 'jam doal gshin rje sogs// rig pa 'dzin pa dpag med byung// de nas rgya gar yul du rgyas// grub pa brnyes pa tshad las 'das/)

〔2〕"国王扎"身份的专论见Karmay, S. G., "King Tsa/ Dza and Vajrayana." Strickmann, M. (ed.), *Tantric and Taoist Studies in Honour of R. A. Stein*, MCB 20, 1981, pp. 192-211.

梨龙树(Nāgārjuna)……[1]

16世纪后半叶竹巴·白玛嘎波('brug pa pad ma dkar po, 1527—1592)在《竹巴教法史》(sgrub pa bka' brgyud kyi chos 'byung)中更为细致地描述了因扎部底祈请世尊灌顶密集本续教法、并在人道传承的情况：

> 此显现情况是，世尊所在的婆罗尼斯西五百里，有地名乌仗那，其君名因扎部底。清晨当他穿行七政宝宫顶时，众多声闻僧伽于空中西向走来，傍晚复回东方。后问故于大臣月贤，“不知，诸彼或为大天”。为求指导，复问诸城众博学大臣，来自东五百里之城婆罗尼斯之人称“据说此缘起自年轻的净饭王太子悉达觉悟成佛，安于转法轮。”具此神力，国王崇慕佛陀之盛名与声闻。发心此殊胜力与大慈悲，面向东方合掌持花朝天跪地礼拜。……后世尊融入佛之显相，作转法轮形，以此讲说密集三十二尊阿閦佛曼荼罗之自性，国王受以灌顶，解说此续。国王在此七政宝无量宫中领悟此真性知识，后国王之自性为主尊，儿子与妃之自性为四佛、四佛母，臣民之性为菩萨与女菩萨，仆人之性为怖畏尊……自此乌仗那之地变为空荒，南部渐成一片大海，众多龙族逐步来到此地。而后金刚手菩萨以琉璃溶于金书之上书写各种吉祥密集续，依书讲说此续，海中龙族化而成熟，大都转为人形，集中在海滩城邑上，以方便续受感官之事，使大多普通人等获得殊胜成就，众清净男子成为瑜伽士，众女子变为空行母。此后吉祥乌仗那便成所谓空性之地而闻名于今。[2]

萨迦高僧阿旺·贡嘎索南(Ngag dbang kun dga' bsod nams, 1597—1659)所著《密集教法源流》(dpal gsang ba 'dus pa'i chos kyi byung tshul gsal bar bshad pa gsang 'dus chos kun gsal ba'i nyin byed)、旦增·白马坚赞('bri gung bstan 'dzin pad ma'i rgyal mtshan, 1770—1826)的《直贡法嗣》('bri gung gdan rabs gser phrang)、《觉囊派教法史》中皆有类似论述。[3]此外也有称金刚手菩萨向因扎部底传授密集教法的论述。[4]

---

〔1〕廓诺·迅鲁伯著，郭和卿译：《青史》，拉萨：西藏人民出版社，2003年，第221页。

〔2〕《竹巴教法史》，拉萨：西藏藏文古籍出版社，1992年，第89—92页。

〔3〕《直贡法嗣》，拉萨：西藏人民出版社，1995年，第8—9页；《觉囊派教法史》，拉萨：西藏人民出版社，1993年，第7页。

〔4〕阿旺·贡噶索南扎巴坚赞：《善知识噶当派正法源流格言奇异海》，德格印经院木刻本，第26叶，《噶当派教法源流》中记载：“佛在世时，结集者金刚手在乌仗那结集一切真言续部，授予自在慧王及其眷从，他们依教修行获得成就，被称为自性成就的勇士及瑜伽母。之后，乌仗那地方失空，大海被龙占据，金刚手将经续记录，托付给海中群龙，龙因此而逐渐变成人形，移居海滩建造城池修炼金刚乘教法得到成就，男性成为勇士，女性成为空性母。尔时，由于修行的时机尚未成熟，大海干涸，海水退去的地方出现一座自然形成呬噜迦(Heruka)佛殿。金刚手用金粉宝汁缮写《密集》等，托给众瑜伽师和瑜伽母。”参看索南才让：《西藏密教史》，北京：中国社会科学出版社，1998年，第41页。

基于以上文献梳理可知，藏传佛教历史视野中的金刚乘密法缘起当从“持明者”和“人道”两重范畴把握。早期文献中，秘密主金刚手主导了密法于此二类群体中的传播。14—15世纪，释迦牟尼佛始充当人道传承中联结金刚手和国王扎的纽带，通过释迦牟尼住世时的寓言、转介，将弘传密法于人间的任务引向“国王扎”或因扎部底。此后释迦牟尼在人道传承中的地位渐胜，成为传授因扎部底密集本续的主尊，并演绎出因扎部底祈请“释迦牟尼佛”前来讲说“密集本续”、授其灌顶的故事情节，由此完成金刚乘密法在人间传续渊源的情节转换。

回到甘珠尔殿“说法图”，主佛两侧的金刚手与因扎部底皆有深刻的密法缘起色彩，结合最外侧两列男女尊像一并观察，此图像特征十分趋近上文所举金刚乘密法于人道传承的情景。金刚手视作金刚乘密法缘起的初始本尊；结说法印主佛当是秘密主金刚手的化现，于人道开示密咒，这呼应了14—15世纪释迦牟尼于人道密法缘起故事中愈发突出的地位；而因扎部底以双身之态表征密法的双运修持，为弘传无上密法于人间赡部洲的初祖。此主体画面便构成了金刚乘于人间传承的圆满格局。说法图最外侧两边分别表现的男女尊应是对受密法加持而获证成就的空行母、瑜伽士的再现。

将此说法图右上所见四臂蓝身菩萨纳入此文本环境中观察，其当是对密法于“非人及持明者”系统传承的表现。蓝身菩萨左一手当胸持金刚杵，右主手施与愿印，左右次手于身侧持钩和杖，据榜题及持物特征推断，此四臂尊应为金刚手菩萨的某种身相。主尊左右两侧的黄身尊像身相一致，侧跪、二手合十仰望主尊，或简化展现了金刚手菩萨于此系统内的说法盛况。综合来看，甘珠尔殿门壁西侧便完整构成了金刚乘密法于世间传布的圆满图景。

四、结　论

综上所述，甘珠尔殿门壁“佛说法图”是以金刚手菩萨为核心，以该尊于世间弘传无上金刚乘密法的历史渊源为依托的图像表现，并从“持明者口传”与“人道耳传”两种传承路径为脉络进行整体规划，意在完整表现金刚乘密法于世间的缘起与发展。其中人道传承依据《圣甚最上智大续》中述及的见即获益的“一切如来绘身”之理论，达成金刚手与释迦牟尼在图像上的置换，并纳入大成就者因扎部底，进而构成金刚乘密法之人道传承的系统场景。释迦牟尼对金刚手的置换也鲜明呼应了同期文本论述中的转向趋势。而“持明者口传”则被简化表现为金刚手菩萨的教法集会的形式。

事实上，借“释迦牟尼”的形象来宣扬金刚乘密法的合法性是很迎合普通信众的信

仰认识的。早期怛特罗经典中即以“世尊结集”的形式，假借释迦之口来引介密教义理思想，并逐步建立信众基础。对于缺乏知识素养和义理认知的普通民众来说，释迦牟尼佛在礼拜活动中的无上尊崇地位是不言而喻的，所以此期借用释迦牟尼的形象来自上而下地推广业已系统成熟的金刚乘佛教信仰是十分有效且恰当的方式，这也是上层僧侣与时俱进地为民众赐福净罪的一种新的礼拜形式。甘珠尔殿的“佛说法图”采用传统的佛说法图式来展现无上密法的传承脉络，以此为受众加持赐福，生动展现了佛教怛特罗对自身渊源传统的严格的“正法化阐释”的倾向。

从西藏绘画的演变历程来看，主尊在构图中的位置比重随年代推移而愈发突出，次要尊格逐步弱化，甚至省略，装饰意味随之增强，这在11—15世纪的西藏绘画艺术中是十分突出的趋势。在没有明确的图像或文字线索作为支撑时，导致后人在观看“说法图”这一绘画题材时因缺失文本环境而感到茫然，也致使我们对西藏绘画史中常见的说法释迦类图像的认识概念化，并未深究其中所蕴含的文本信息和仪轨所指。在考定此类图像题材的意蕴之时，我们应更加关注主尊形象以外的图像细节和题记信息，来深入探索其内在的宗教意涵。

第六章

汉藏与多民族文明的记功碑

第一节　从雪域高原到东海之滨：汉藏多民族地区多体六字真言的流布

本节从讨论西藏拉孜平措林寺寺院围墙镶嵌的雕刻梵文、蒲甘文、藏文、八思巴字、汉文和回鹘文六体六字真言的片石方碑入手，从石碑形制、六体碑文的内容与用字特点，以及平措林寺建寺历史及教法传承等方面，结合其他地区所见真言碑，考察此寺真言碑出现的原因，认为石碑乃原觉囊大塔所藏旧物，原属萨迦派的觉囊寺住持笃布巴和与蒙元朝廷关系密切的诸位萨迦上师的交往，乃至寺院所处的元代十三万户拉堆绛万户与西夏后裔建造昂仁大寺的史实，都与寺院出现六体真言碑相关。本节引证六字真言出现的经典，考察多体真言形式由西夏进入蒙元的路径，认为北京八达岭与密云所见元泰定三年（1326）蒙元军队镌刻的六字真言是多体真言形制的初始，由此衍传至全国各地，如甘肃永昌圣容寺、敦煌莫高窟、河南浚县大伾山乃至后藏平措林寺。同时，六字真言借助转轮藏演变而来的玛尼轮流布至藏汉佛教传播的广大地区。由六字真言的演变史可以勾画11至14世纪前后藏、汉、回鹘、西夏、蒙古等多民族政治文化交流的轨迹，并印证了元明以来多民族文化的趋同特征。

一、平措林寺六体真言碑的发现与碑文释读

西藏自治区拉孜县平措林寺（Phun-tshogs-gling），寺院正门前方有院落，院落周围有约2米高的围墙，墙上半部装嵌片石佛教线刻，院墙东侧起首有一块约90公分见方的石碑，石碑以拉孜地方产褐色叶岩片石雕刻，壁面錾刻六体六字真言，壁面文字与边框构成敞口不规则亚字型布局（图6-1-1），石碑六体文字从上而下依此是（1）梵文（Oṃ Maṇi Padme Hūṃ旁注Sindhu’i ma-ṇi）、（2）蒲甘文（ပြဋ္ဋလသာယိဗ်，旁注Pukkam’i ma-ṇi）、（3）藏文六字真言（Om ma ṇi pad me hum），右侧（以画面方位看）为（4）八思巴字（Oëm ma ni bad mei qung），左上为（5）汉文真言“唵哑吽”，左下为（6）回鹘文（Yu-gur

图6-1-1　平措林寺六体真言碑

残)。[1]以下笔者依据编号对此六体真言逐个讨论:

梵文(1)没有用藏文文献提及印度梵文时常用的“梵语云”rGya-gar[skad],与“汉文”rGya-nag[skad]的“汉语云”形成对应,而是非常罕见地用了藏文音译的Sindhu(即“身毒”或“信度”)。虽然六字真言是体系化的藏传佛教信仰的精髓,但藏区各地至今仍未发现以不同国家、地区或民族的文字书写“六字真言”并置诸岩壁或石片錾刻方龛或边框内排列供奉的传统,笔者看到的平措林寺的六体真言碑,或为其他地方传入后藏的真言造像碑做法,刻石供奉的觉囊寺院最初得到六体碑底本就是如此,不用习见的藏文rGya-kar而使用译音Sindhu或许是对六体真言碑原本的直译。(2)平措林寺六体碑出现的缅甸蒲甘文字是西藏罕见的文字碑铭材料。虽然,在西藏乃至西夏元12至13世纪的藏传绘画中蒲甘的影响并不鲜见,[2]典型者如黑水城的“短颈佛”,但缺乏藏地与蒲甘两者联系的蒲甘文字证据。六体碑出现蒲甘文字当与这段时间蒙古军队进入缅甸有关,[3]有相关塔铭记录了元代云南蒙古人接受六字真言的史实,《大光明寺住持瑞岩长老智照灵塔铭并序》记载,至正九年(1349),智照长老前往大都,拜谒大觉寺,见到在此寺修习的西番帝师,蒙赐法旨,又蒙灌顶国师授以六字真言秘诀。智照的祖父名南嘉台,曾率兵征伐缅甸。[4]平措林寺原为觉

〔1〕2012年8月间,笔者和几位研究生随同四川阿坝藏洼寺住持觉囊上师嘉阳乐住前往西藏拉孜县平措林寺(Phun-tshogs-gling)考察,经上师指引,在寺院正门前院满是镶嵌页岩石刻造像的围墙上,找到本节讨论的六体六字真言石碑。

〔2〕关于蒲甘艺术及其影响,参看Claudine Bautze-picron, “The Elaboration of a Style: Eastern Indian Motifs and Forms in Early Tibetan (?) and Burmese Painting”, pp.15–66. The Inner Asian International Style 12th-14th century. Papers presented at a panel of the 7th Seminar of International Association for Tibetan studies. Edited by Klimburg-Salter Deborah and Eva Allinger and Published by Verlag Der Osterreichischen Akademie Der Wissenshaften, Vienna 1998.

〔3〕蒙古人1287年攻入缅北蒲甘王国,1303年退出。1287年,元兵自云南地区进攻蒲甘,蒲甘城破,蒲甘国成为元朝的藩属,那罗梯诃波帝失去王位,他之后的蒲甘国王都是元朝傀儡。元朝败蒲甘国后,其领土就开始分裂。掸族乘机发展势力,1368年于缅甸东部阿瓦(Ara)建立阿瓦王国。而蒙人也在缅甸南部发展势力,建都于马达班(Martaban),1369年迁都白古,建立白古王国。二王国建立后南北交战。

〔4〕智照本“本怯薛官兀鲁氏子,其先北庭察罕脑儿人,大父讳南嘉台,至元初,诏南嘉台侍从,谏凤哥赤云南王,殿邦南方。越四年,命南嘉台为总兵官,薄伐大缅,因功授正议大夫同知普安宣抚司事,既而家焉。父完者,袭嵩盟州达鲁花赤,娶贡驾剌氏女生瑞岩。师赋性淳淑,父母钟爱。至治初,年甫十四,投中庆妙高山月口长老,祝发为僧,初受沙弥戒法,学习经文,侍师左右,八九年间精勤无倦。逮天历庚午,中庆镇兵叛,师避乱大理暨腾冲之初,蒙土官高侯延之以金轮寺。既经年,□□苍耳间,时总管段奉训复任以大光明寺。权数十年,僧徒供馔,院宇修葺,大有功效,远近□□□□。”见《大光明寺住持瑞岩长老智照灵塔铭并序》,第1册,第74—96页。

图6-1-2　敦煌莫高窟速来蛮造像碑

囊派寺院、觉囊沟内原有觉囊寺及觉囊大塔，13世纪觉囊大师笃布巴与几位与元廷关系密切的萨迦派上师过从甚密，正如西宁王速来蛮所造莫高窟六体碑（图6-1-2）中出现西夏文字的情形，显示民族关系的六体真言造像碑在西藏的变通式样中就出现了蒲甘文。[1]（3）碑中出现的藏文六字真言没有像其他文字那样特别标注"Bod-kyi-ma-ṇi（藏文六字真言）或Bod-yig（藏文）"说明此真言碑由当地藏人制作，人人皆知，不需标注。（4）八思巴字六字真言旁注Hor-yig gsar gyi ma ṇi即"蒙文新字玛尼"。八思巴1260年奉忽必烈之命制蒙古新字，1264年任总制院使，1265年返藏，1267年重返大都，1269年贡献新字，颁行全国，是为八思巴字。[2]现存早期八思巴文多为石刻碑铭，年代多在忽必烈1295年去世之前，此后八思巴字不做公文使用，1300年以后的八思巴文，大多属于元顺帝时期的真言咒语碑铭，但偶有延至北元的官印。[3]平措林寺真言碑在禁止称呼"新字"后，仍然标注八思巴字为"蒙文新字"，可见后藏地方与京师有地域的时滞。[4]（5）此处的汉文六字真言用字并非如同莫高窟六体真言碑的"唵嘛呢八谜吽"，而是"唵哑吽"，旁注rGya-nag-g［i］-［yig］ma-ṇi（汉地玛尼），汉字"唵哑吽"后面再用藏语注音Om-Ya'-Hum。表明镌刻平措林寺六体碑时的13世纪前后，汉地佛教不流行六字大明咒而流行正觉总持咒的"唵哑吽"，俗称"三字明咒"，故刻碑的藏人特意标注三字咒是"汉人的玛尼"。[5]

---

〔1〕蒲甘文为元音附标文字，大约在1050年开始使用。

〔2〕《元史》卷六，本纪第六：（至元六年）"乙丑，诏以新制蒙古字颁行天下。"

〔3〕参看罗常培、蔡美彪：《八思巴字与元代汉语》列举的宣光三年（1373）北元"太尉之印"，北京：中国社会科学出版社，2004年，第16页。

〔4〕据《元典章》卷四礼部四"学校蒙古学""用蒙古字"条：至元八年（1271）圣旨记："今后不得将蒙古字道作新字"，平措林寺六体碑称八思巴字为"蒙古新字玛尼"，或有两种可能：一是碑刻在1271年以前，或者是刻碑者并不知道至元八年的圣旨。见陈高华著，张帆、刘晓、党宝海校勘：《元典章》第3册，北京中华书局与天津古籍出版社合作出版，2011年，第1082页。

〔5〕此碑对判断汉藏佛教六字真言的流行时间有重要作用。藏地12至13世纪的唐卡，背后覆盖种子字多使用三字咒。三字咒也称三字总持咒（gZugs sngags yi ge gusm），以OṃAh Hūṃ三字分别对应身语意，北宋太平兴国五年（980）施护译《佛说一切如来安像三昧仪轨经》"复想如来如真实身诸相圆满，然以唵阿吽三字安在像身三处：用唵字安顶上，用阿字安口上，用吽字安心上。"《大正新修大藏经》第二十一册，No. 1418。

“唵哑吽”的汉字写法最初或见于法贤（天息灾，？—1000）汉译《佛说瑜伽大教王经》，[1]但三字成组流传见于传为成书于元代的《瑜伽集要焰口施食仪》，元末明初的瑜伽焰口科仪中常见。[2]值得注意的是，云南发现的大理国至元明时期《凤仪北汤天佛经》，其中留存三段残缺的焰口施食仪，[3]具体年代不可判定，但是至今所见较早的焰口施食仪，似乎让人产生《瑜伽集要焰口施食仪》所录藏密焰口施食仪轨或最早来自云南的疑问。假定如此，平措林寺六体碑文的汉字“唵哑吽”似乎有了源头，并与碑文中的缅甸蒲甘文字相互呼应，因为平措林寺六体真言碑的梵文字体也是圆润的蒲甘式的天城体，说明此时的梵文或许来自蒲甘。（6）六体碑左下方残损，由寺院用水泥修补，只见“Yu-gur 回鹘……”字样，说明此处是回鹘文六字真言而非回鹘蒙文，因为蒙文已在碑右尊醒目位置由“蒙古新字”代表；如是回鹘蒙文，会与莫高窟六体碑文的处理方式相似，将其与八思巴字并置右侧，此处标明“回鹘”的只能是回鹘文。[4]

二、六字真言所据经典与真言在汉藏地区的流布

藏区所见六体真言碑目前仅见拉孜平措林寺一处，这块呈正方形方框式的多体真言

---

〔1〕《佛说瑜伽大教王经》梵名为Mayajala-tantra，又称为《毗卢遮那幻化网经》，藏文为rGyud-kyi rgyal-po chen-po sgyu-'phrul dra-ba shes-bya-ba，本密续属于无上瑜伽部，有十品，梵文原本已佚，仅存汉文本和藏文译本。收入《大正新修大藏经》第十八册No. 890。

〔2〕如《大正藏》第21册（No.1320）《瑜伽集要焰口施食仪》：“唵（引）、哑、吽（二七遍摄受成智甘露）。”此施食仪虽说是译自藏文，但在《藏文大藏经》中并未找到原本。又如大正藏（No.1083）《修习瑜伽集要施食坛仪》上师三宝真言：“捺谟孤噜（二合）毗耶（二合），捺谟勃塔耶，捺谟达而麻耶，捺谟桑渴耶，唵哩哩哈哈吽吽登怛，唵失哩麻哈歌罗哈哈吽吽登怛莎诃，唵哑吽”。事实上，《修习瑜伽集要施食坛仪》与《瑜伽集要焰口施食仪》（No.1320）瑜伽焰口施食，本是密教依不空所译《救拔焰口饿鬼陀罗尼经》修法的仪则。此经最初唐实叉难陀译为《救面然饿鬼陀罗尼神咒经》，“面然”即“焰口”，为一饿鬼名。经中说阿难在定中受到面然的警告而去请示佛陀，因而佛陀说此施食之法，即说诵施食经咒，解除诸饿鬼痛苦。此经不空译出后，唐末即失传。宋代诸名僧取显教经中的真言加以观想，编撰施食仪，推行此法。元代藏密传来汉地，焰口施食重依此奉行。今大藏经《瑜伽集要焰口施食仪》一卷，或为元代译本，其内容从严饰道场，备办香花、饮食、净水、皈依上师三宝开始，到金刚萨埵百字咒止，主要是持诵有关供养、施食、灭罪、发菩提心、入观音定等真言佛号和结印观想。仪后还附有十类孤魂文和三皈依赞，为以后通行仪轨的基础。元明清三代所出施食仪轨很多，但师承不一，各不相同。其中明代天机依据《瑜伽焰口施食科仪》删成《修习瑜伽集要施食坛仪》，世称《天机焰口》。明人袾宏对此又略加参订，名《瑜伽集要施食仪轨》（No.1080−A）。清初宝华山德基再据袾宏本略加删辑，名《瑜伽焰口施食要集》，世称《华山焰口》。此后两本通行于世。

〔3〕《大理凤仪北汤天佛经》，指1956年由费孝通等先生在云南省大理市凤仪镇北汤天村董氏宗祠发现的三千多卷册写本和刻本佛经。参看侯冲：《大理凤仪北汤天佛经》，收入中国佛教协会等编：《第二届世界佛教论坛论文集》，第二届世界佛教论坛筹备办公室编印，2009年。

〔4〕回鹘文，是公元8至15世纪回鹘人的文字，用以书写回鹘语。回鹘文为全音素文字，由18个辅音及5个元音字母来拼写字词。字母在词头、词中、词末会有不同形状。回鹘文由上至下拼写成列，列与列由左至右排。成吉思汗崛起后，曾以回鹘文拼写蒙古语，成为回鹘式蒙古文，而满文则借自回鹘式蒙古文。

碑与北京、敦煌等地的六字真言碑刻与墨书，如八达岭六字真言石刻与《莫高窟六体真言碑》及莫高窟第464窟所见真言书写刻画基本相同。那么，平措林寺的六体碑与全国其他地方见到的多文字真言碑是否存在联系？要回答这个问题，我们先简要梳理六字真言的经典与真言在汉藏地方传播的历史及特点。

藏文文献最早记载的“六字真言”见收入北京版《丹珠尔》经疏部（mDo-'grel）Ngo卷《声明八品之六》（sGra'i-gnas-brgyad-kyi-drug-pa）的《说声明类别品》（sGra'i-rnam-par dbye-ba bstan-pa），在本卷最后一部分讨论呼唤词（Bod-pa）时引用的例子就是Oṃ Maṇi Padme Hūṃ。[1]该卷作者不明，年代与见于公元9世纪吐蕃赞普赤热巴巾时印藏译师于温姜多宫（'On-cang-do）编纂的《声明两卷》（sGra-sbyor Bam-po gnyis-pa）的编纂年代相当；[2]最早记述“六字真言”的还有敦煌9世纪或10世纪的文献，但与现今真言的写法略不同。[3]可见在西藏佛教前弘期（sNga-dar）的吐蕃佛教已有六字真言，但限定在特定的范围内传布。此外，尚有传为松赞干布所作的伏藏（gTer-ma）《玛尼宝训》（Ma-ṇi bKa'-'bum），其中上卷有千手千眼大悲观音、《宝箧经》和千手观音陀罗尼，该书具体年代存疑，或在11世纪末。[4]体系化的藏传佛教对与观音相关的“六字真言”及相关的《宝箧经》的记载多为12世纪以后的文献，认为在吐蕃赞普拉脱脱日年赞（lHa-tho-tho-ri-gnyan-btsan）时期的天降“玄密灵物”（gNyan-po gsang-ba），其中有《宝箧庄严经》和“六字真言”。[5]

---

〔1〕北京版《丹珠尔》经疏部（mDo 'grel）ngo卷（vol. *NGO* 63v7-64r2:）（*Sgra'i rnam par dbye ba bstan pa*）藏文原文：gzhan yang bod pa 'di phal-/［63v8:］cher e ston pa yin la/ de yang snying po rnams ni bod pa kho na yin pas phal cher e yod de/ de yang 'di ltar **oṃ ma ṇi padme hūṃ** zhes pa lta bu la/ oṃ ma ṇi ye shes lnga'i ngo bo yin pas dang por smos pa［64r1:］yin pas/ hūṃni thugs dgongs shig ces par mjug bsdus pa yin te bar gyi bod pa dngos ni ma ṇi ni nor bu yin la/ padme ni dngos te sor bzhag go［/］/ des na nor bu padma zhes pa la-［64r2:］phyag 'tshal gyi sgo nas bod pa yin la/ me zhes pa'e sbyar ba ni kye yin te/ kye nor bu padma zhes pa lta bu'o/ 参看P. C. Verhagen, The *Mantra Oṃ maṇi-padme hūṃ*, in an Early Tibetan Grammatical Treatise, The Journal of the International Association of Buddhist Studies, Editor-in-chief by *Roger Jackson*, pp.133-138.

〔2〕《语合》（*Sgra'i rnam par dbye ba bstan pa*）全文收在藏文《丹珠尔》中，敦煌藏文写卷P.t.845就是该书的一部分。《语合》的全文包括序言、正文和跋三部分。正文是佛教的词语集，全部词目与部分注释梵藏对照（藏文转写梵文）。词目部分是有关神佛名号和佛教义理。

〔3〕参看今枝由郎:《敦煌藏文写卷六字真言初探》（Y. Imaeda, “Note preliminaire sur la formule *Om mani padme hum* dans les manuscrits tibetains de Touen-houang”），刊M. Soymie编辑《敦煌研究论稿》（*Contributions aux etudes sur Tbuen-houang*, Geneve-Paris, 1979, pp. 71-76）。今枝由郎所辑三份敦煌写卷中的真言有不同写法，分别是“*oṃ ma ni pad me hūṃ myi tra swa-hā”, “oṃ ma ma ni pad me/ hum-mye*”和P.t. 37写卷中的“*oṃ ma ma-n［?］i pad me/ hūṃ myi*”。

〔4〕本书有德格木刻版和印度新德里却央和绛央桑典编辑的1975年印本（Ma-ṇi bKa'-'bum, A Collection of rediscovered teachings focusing upon the tutelary deity Avalokitesvara［Mahākaruṇika］, Reproduced from a print from the no longer extant Spuń thań［Punakha］, blocks by Tranyang and Jamyang Samten, New Delhi, 1975）。

〔5〕如《奈巴教法史》记载，拉脱脱日年赞时期，李提斯（Li-the-se）与吐火罗（Tho-gar）译师罗森措（Blo-sems-'tsho）自天竺请来班智达李敬（Legs-byin）为国王讲经，因吐蕃没有文字，乃将《宝箧庄严经》心咒六字真言，用金粉书写于黄纸上，摁上手印献于赞普。《奈巴教法史》（*sNgon-gyi-me-tog phren-ba*），藏文本，第78—79页，王尧、陈践汉译本，第114页。参看《中国藏学》藏文版1989年第1期，第71—100页，汉文版1990年第1期，第108—127页。《布顿佛教史》记赞普十岁所居雍布拉康宫顶，自天宫降落宝箧，有《宝箧庄严经》（转下页）

可靠的记述为公元9世纪前后的《丹噶目录》(*dKar chag ldan dkar ma*)[1]和14世纪的《布顿佛教史》(*Bu ston Chos 'byung*, 1322)的著录。《丹噶目录》大乘经部收有《宝箧庄严颂》1365颂，四卷，传说于公元7世纪前后由吞米桑布扎(Thon-mi Sambhoṭa)译出，现存《甘珠尔》Ja函叶200a—247b(东北大学目录116)收录《宝箧庄严经》，藏文全名*'Phags pa za ma tog bkod pa shes bya ba heg pa chen po'i mdo*，于公元8世纪赤松德赞执政时期由印度译师胜友(Jinamitra)、施戒(Danasila)与吐蕃译师智军(Ye-shes sDe)藏译。[2]梵文经名简称*Kāraṇḍavyūha Sūtra*。此经由天息灾于宋太宗太平兴国八年(983)开封译经传法院译出，汉文经名《佛说大乘庄严宝王经》四卷，收入《大正藏》20卷No. 1050。此经详述了六字大明咒的精义与功德、[3]佩饰与念诵六字大明咒无与伦比的功用，[4]提到的观音则是千手千眼观音，[5]四臂观音是在卷四的曼荼罗坛场中叙及。[6]虽然12世纪前后的文

(接上页)(*Za-mo-tog bkod-pa*)和《百拜忏悔经》(*dPang-skong phyag-brgya-ba*)及金塔一座，藏文本第181页，汉译本第109页;《红史》(*Deb-thar dmar-po*)则记载降落的有《六字大明心咒》，藏文本第34页，汉译本第31页;《西藏王统记》(*rGyal-rabs gSal-ba'i Me-long*)、《汉藏史集》(*rGya-bod yig-tshang*)、《贤者喜宴》(*mKhas-pa'i-dga'-ston*)、《青史》(*Deb-ther sNgon-po*)对“玄密灵物”的记载大同小异。

〔1〕全文名称为《丹噶宫所藏一切经目录》(*Pho-brang-stod thang ldan-dkar-gyi-chos-'gyur ro-cog-gi-dkar- chag*)，《丹珠尔》德格版jo，叶294—310，东北大学4364。

〔2〕此经收入《甘珠尔》(那唐版Ja函200a—247b)，经末跋尾云:“此《宝箧庄严大乘经》由印度堪布胜友、施戒与主译智军译师翻译”('Phags-pa za-ma-tog bkod-pa zhes-bya-ba theg-pa chen-po'i-mdo rdzogs-so// rgya gar gyi mkhan po dzi na mi tra dang/ dā na shī la dang/ zhu chen gyi lo tsha ba ban dhe ye shes sdes bsgyur cing zhus te gtan la phab pastog)，《丹噶目录》中另有两种“宝箧经”，一是《大方广宝箧经》(或名《文殊室利现宝藏经》，藏文*'Phags-pa dkon- mchog-gi-za-ma-tog ces bya-ba theg-pa chen-po'i-mdo*)，另一是《无字宝箧经》(Yi-ge-med-pa'i-za-ma-tog)。

〔3〕《宝箧经》卷三“是观自在菩萨摩诃萨微妙本心，若有知是微妙本心即知解脱。”“若有人能而常受持此六字大明陀罗尼者，于是持诵之时，有九十九殑伽河沙数如来集会，复有如微尘数菩萨集会，复有三十二天天子众亦皆集会，复有四大天王，而于四方为其卫护，复有娑啰龙王无热恼龙王，得叉迦龙王嚩苏枳龙王，如是无数百千万俱胝那庾多龙王而来卫护是人，复有地中药叉虚空神等而亦卫护是人。”“若得彼者不可思议无量禅定相应，即同得阿耨多罗三藐三菩提，入解脱门见涅盘地，贪瞋永灭法藏圆满，破坏五趣轮回净诸地狱，断除烦恼救度傍生。”

〔4〕《宝箧经》卷三:“若复有人以此六字大明陀罗尼，身中项上戴持者，善男子若有得见是戴持之人，则同见于金刚之身，又如见于舍利窣堵波，又如见于如来，又如见于具一俱胝智慧者;若有善男子善女人，而能依法念此六字大明陀罗尼，是人而得无尽辩才，得清净智聚，得大慈悲;如是之人日日，得具六波罗蜜多圆满功德，是人得天转轮灌顶，是人于其口中所出之气触他人身，所触之人发起慈心离诸瞋毒，当得不退转菩萨，速疾证得阿耨多罗三藐三菩提;若此戴持之人，以手触于余人之身，蒙所触者是人速得菩萨之位，若是戴持之人，见其男子女人童男童女，乃至异类诸有情身，如是得所见者，悉皆速得菩萨之位;如是之人，而永不受生老病死苦爱别离苦，而得不可思议相应念诵。今此六字大明陀罗尼。作如是说。”

〔5〕《宝箧经》卷一:“归命莲华王，大悲观自在。大自在吉祥，能施有情愿。具大威神力，降伏极暴恶，暗趣为明灯，睹者皆无畏。示现百千臂，其眼亦复然。具足十一面，智如四大海。”

〔6〕《宝箧经》卷四:“观自在菩萨白世尊言:‘不见曼拏啰者不能得此法。’云:‘何知是莲华印。’云:‘何知是持摩尼印。’云:‘何知是一切王印。’云‘何知是曼拏啰清净体。’今此曼拏啰相:周围四方方各五肘量中心曼拏啰安立无量寿。于无量寿如来右边，安持大摩尼宝菩萨;于佛左边，安六字大明。四臂、肉色白如月色、种种宝庄严。左手持莲华，于莲华上安摩尼宝;右手持数珠，下二手结一切王印。于六字大明足下安天人，种种庄严。右手执香炉，左手掌钵满盛诸宝。于曼拏啰四角列四大天王，执持种种器杖;于曼拏啰外四角，安四贤瓶，满盛种种摩尼之宝。若有善男子善女人，欲入是曼拏啰者。所有眷属不及入是曼拏啰中，但书其名。彼先入者掷彼眷属名字，入于曼拏啰中，彼诸眷属皆得菩萨之位，于其人中离诸苦恼，速疾证得阿耨多罗三藐三菩提，彼阿阇梨不得妄传。”

献如《娘氏宗教源流》(*Chos-'byung me-tog snying-po sbrad-tsi'i-bcud*)、[1]《弟吴教法史》(*mKhas-pa lde-'us mdzad-pa'i rgya-bod kyi chos-'byung rgyas-pa*)[2]与《巴协》(sBa-bzhed-zhabs btags-ma bzhugs-so)等记载,吐蕃时期修建的桑耶寺(bSam-yas)佛殿中绘制了《宝王经》的壁画,实际上叙述的史实当是《巴协》成书时12世纪寺庙建筑前后的情景。[3]事实上,《宝王经》译出后在藏地并不流行,藏区中部现今所见六字真言年代大都在13世纪以后。

三、西夏传六字真言及其蒙元时期在江南与大都的传播

与藏地13世纪以后大量涌现六字真言信仰及相关四臂观音造像的情形相仿,吐鲁番、敦煌、河西走廊乃至东南沿海等广大地区流布的真言是经由回鹘、西夏地区的弘传,后以《宝箧经》所叙曼荼罗及四臂观音图像逐渐结合的六字真言形式,出现年代在12世纪后半叶至13世纪,表现形式大都是不规则的种子字曼荼罗式样。例如吐鲁番柏孜克里克石窟所出回鹘六字真言兰札体梵字曼荼罗(图6-1-3);西夏故地最初出现六字真言的具体年代不可考,作为参照的是敦煌莫高窟第464窟后室西壁门上,作为窟顶五方佛曼荼罗组成部分的六字真言,遵奉《宝箧经》观音曼荼罗主尊为西方无量寿佛(阿弥陀佛)的

---

〔1〕西藏人民出版社1988年藏文版《娘氏宗教源流》第296—297页:thugs rje rgyun 'byung arya pa lo'i gling na/ lha tshogs ni khasarpaṇia gtso 'khor lnga/ steng phyogs na snang ba tha' yas gtso 'khor lnga bzhugs so/ glo 'bur na rigs gsum mgon po/ phra men gyi mchod rten rgyal po'i sku tshad/ dngul gyi thugs rje chen po/ rje btsun seng ge sgra/ bse'i jo mo stong phrag brgya pa bzhugs so/ ri mo za ma tog bkod pa/ lnga bcu pa'i rgyud ris yod/ chos skyong dbang chen gyi pho nya rnams la gtad do/ mngon par byang chub mchog tu sems bskyed pa'i gling ngo/ 在大悲水流圣巴洛洲(即"圣观音洲")里,有观世音(khasarpaṇi)主从五尊,在上方有无量光佛(snang ba mtha'yas)主从五尊,墙外房间里有密宗事部三怙主(rigs gsum mgon po,此处可以看到吐蕃时期三怙主取代四臂观音的痕迹)、国王身量的降服非人塔(phra men'i mchod rten rgyal po'i sku tshad)、白色观世音(dngul gyi thugs rje chen po)、至尊狮子吼(rje btsun seng ge sgra)、犀甲十万般若佛母(bse'i jo mo stong phrag brgya pa)。有《宝箧庄严大乘经》和《五十续部》的壁画。以大威使者(dbang chen gyi pho nya)为护法神。这是发无上菩提心的洲。

〔2〕西藏人民出版社1987年版《弟吴宗教源流》第352页:dad ldan chos byed bar chod srung ba dang/ thugs rje rgyun 'byung arya po lo'i gling gi lha tshogs ni/ dbus su gtso 'khor lnga dang/ rgyal po'i sku tsab thugs rje chen po dang/ rigs gsum mgon po dang/ rje btsun seng ge sgra dang/ ba so'i jo mo sgrol ma dang/ 'phra men gyi mchod rten/ stong phrg brgya pa'i yum chen mo dang bcu gsum bzhugs/ ri mo ni za ma tog bkod pa dang/ mdo sde sa bcu yi rgyud ris bris nas bzhugs so// chos skyong dam chen pho nya rnams la gtad// 具信修法守护者和悲心流水般涌出的圣巴洛洲(arya pa lo gling)的众神呢,中间为主从五尊,国王的大悲替身像(rgyal po'i sku tshab thugs rje chen po)、密宗事部三怙主、智尊狮子吼(rje btsun seng ge sgra)、象牙的比丘尼度母(ba so'i jo mo sgrol mo)、降服非人佛塔('phra men gyi mchod rten)、《大般若经》佛母(sTong-phrag brgya-pa'i yum-chen-mo),共十三人。画有《佛说大乘庄严宝王经》和《十地经》(mDo-sde sa-bcu)的壁画,以众大誓愿者信使(Dam-chen pho-nya rnams)为护法神。

〔3〕有12世纪前后巴塞囊著《巴协》(sBa/ dBa'-gSal-snang/ sBa-bzhed)第四章对建造桑耶寺佛殿绘制壁画情景的描绘。参看佟锦华汉译本《巴协》,成都:四川民族出版社,1991年。

图6-1-3　柏孜克里克石窟出土壁画

配置，当为早期式样（图6-1-4）；其次有莫高窟第95窟窟顶以曼荼罗种子字形式呈现的六字真言（图6-1-5）。这些西夏时期的真言都是兰札体梵文，大都与《宝箧庄严经》记述的曼荼罗相关或单独出现，12世纪以前种子曼荼罗六字真言后面大多没有指代阿弥陀佛与观音的种子字Hrīḥ，13至14世纪以后的六字真言多用Oṃ Maṇi Padme Hūṃ Hrīḥ，这只是响应《宝王经》曼荼罗的主尊阿弥陀佛（无量寿或无量光），但与四臂观音并没有直接的关联。此外，六字真言经咒与西夏时期流行的大乘佛教净土宗或禅宗等念诵仪轨的相似性，使得西夏佛教中六字真言信仰蔓延开来，并与种子字曼荼罗的表现形式分离，成为单纯的念诵真言。西夏汉文佛经有乾祐十六年（1185）释智通印施《六字大明王功德略》题记，皇建二年（1211）释宗密、释本明集勘《亲集耳传观音供养赞叹》题记等。应当说，正是西夏人及其余裔在11至14世纪丝路佛教的中兴时代将《宝箧庄严经》等沉寂的早期六字真言信仰唤醒，使之在西域敦煌及河西走廊等西夏故地流行，六字真言信仰随着西夏人后裔转移到东海沿海之滨。杭州飞来峰石刻（1292），飞来峰

图6-1-4　莫高窟465窟壁画六字真言

第33龛杨枝观音龛侧有梵文兰札体横写六字真言，东南侧可见汉梵合璧六字真言。[1]这是目前已知中国内地有明确纪年的、也是最早的梵汉合璧六字真言，其中句首的字母Oṃ与莫高窟第464壁画中的写法相同，使用早期的兰札体梵字字体。[2]右侧起首兰札体梵文Oṃ Maṇi Padme Hūṃ，左侧为汉字“唵麻祢吧㖿铭吽”。元代的六字真言汉字多用“唵麻弥（尼）把密吽”（如莫高窟第464窟）、“唵麻尼巴迷吽”（如河南浚县大伾山）。飞来峰的汉文六字真言有宋译和西夏译本特征。如《佛说大乘庄严宝王经》卷四中音译为“唵，么抳，钵讷铭，吽”。[3]㖿则是西夏时期番汉互译特定的用字，说明作为西夏人的杨琏真迦施造飞来峰采用的是西夏粉本，双语合璧采用竖排构图，也是钟情汉文化的西夏人的设计，此后兰扎体六字真言竖排皆缘于此。另外，福建泉州开元寺仁寿塔三层北侧塔龛门上横梁所见梵文兰札体六字真言（图6-1-6），抑或是与飞来峰兰札体梵字年代相近的六字真言。[4]泉州开元寺的汉梵二体铜钟（图6-1-7），铸造于至正二十四年（1364），但六字真言采用汉字“唵麻祢钵弥吽”，用字接近《宝箧庄严经》与西夏汉字的影响，从中可见西夏梵字真言自吴越旧地至福建、广东沿海等地有独特的宗教传播路径。[5]厦门同安区独石石壁所见“住僧”镌刻兰

图6-1-5　莫高窟95窟窟顶梵文曼荼罗

〔1〕赖天兵：《杭州飞来峰发现元代梵汉合璧六字真言题记》，《文博》2006年第4期，第78—79页。

〔2〕飞来峰兰札体石刻中主要使用早期梵字的Oṃ，Oṃ两种字形的转化大约在13世纪末。参看叶少勇《飞来峰石刻梵文陀罗尼的兰札字体》，载谢继胜等著：《江南藏传佛教艺术：杭州飞来峰石刻造像》，北京：中国藏学出版社，2014年，第179页。泰鼎三年（1326）北京密云番字牌像石刻、至正八年（1348）莫高窟速来蛮造像碑皆已是后期形式。然而，至正六年（1346）潮州开元寺铜钣却是早期样式。笔者认为，传自西夏的梵字用早期式样，源自藏区的兰札体用后期式样。

〔3〕《佛说大乘庄严宝王经》卷四：“唵（引）么抳钵讷铭（二合）吽（引）当说此六字大明陀罗尼时……”

〔4〕仁寿塔位于大雄宝殿前西侧，属开元寺东西双塔中的西塔。五代梁贞明年间（915—920），建七级木塔，号无量寿塔，宋政和四年（1114）改名仁寿。绍兴二十五年（1155）遭火灾，淳熙年间（1174—1189）改建为砖塔。绍定元年（1228），改建为石塔，至嘉熙元年（1237）完工。明代释元贤撰《泉州开元寺志》，参看杜洁祥主编《中国佛寺志汇刊》第二辑第8册《泉州开元寺志厦门南普陀寺志》，台北：明文书局，1980年，第29—30页。仁寿塔塔身石刻环塔逐层分布，镌刻浮雕神佛人物或有錾刻榜题框，此处六字真言涂写的横梁石壁上，下方有持莲立相观音。字体及写法与杭州飞来峰兰札体六字真言石刻大致相同，但自首Oṃ采用了同样见于飞来峰的后期字体。考虑到泉州碧霄岩有1292年西夏灵武人广威大将军施刻的三世佛造像，与飞来峰相同的兰札体题字或在1292年前后。

〔5〕此钟收藏在泉州开元寺佛教文化博物馆，由“化主”“知事”等于“至元二十四年岁次甲辰三月上巳日”铸造，六字真言于钟腰，上方一圈兰札体梵文，下方一圈汉文。铭文有“泉州晋邑□□院谨募众缘造铜钟二口，僧堂前钟楼永充供养，恭祝皇帝圣寿，檀信福慧庄严。”

图6-1-6　泉州开元寺仁寿塔阑札体六字真言

札体梵文六字真言当在至正年间(图6-1-8);[1]另有至正六年(1346),广东潮州开元寺为"供养天人同圆种智"而铸造的六字真言铜云钣。[2]如此便形成杭州飞来峰造像、梵字真言与布袋、宝成寺三世佛与玛哈嘎拉像,福建福清布袋和尚,泉州开元寺仁寿塔与铜钟梵字真言、碧霄岩三世佛,厦门同安梵字真言,广东潮州开元寺云钣真言、广东潮州八思巴帝师殿等江南地区西夏元系统的佛教遗迹,后者或许是元代宗教新思潮沿海东传的节点。[3]

---

〔1〕 感谢同安区文体局颜立水先生引荐,感谢同安杨志刚先生提供石刻图版。梵字六字真言在福建厦门同安区莲花镇澳溪村将军洋自然村一块岩石上,每个梵字大小约0.3米。梵字采用竖排方式,首字Oṃ为后期字体,左侧有一行小字注明"住僧续智云涛[谦?]氏勒",勒石僧人续智云涛(或为一人,法名续智,字云涛者)还没有找到数据。泉州碧霄岩智聪题记有"官讲资寿教寺讲主智润及广威公外孙同安县达鲁花赤寿山与焉",证明至正二十七年(1367)同安达鲁花赤名为寿安,或与崖刻梵字真言有关。

〔2〕 参看黄挺、马明达著:《潮汕金石文征·宋元卷》,广州:广东人民出版社,1999年,第307页。云钣悬挂在潮州开元寺藏经楼西檐下,正面为兰札体梵文六字真言,背面铸四个梵文种子字,正中为总持咒Oṃ和Hūṃ,象征正觉总持咒,也就是铭文中的"种智";下方铭文左侧为"文殊护身真言"cchrīṃ,右侧为"一字轮王真言"dhrīṃ。韩山学院郑群辉认为此云钣或与萨迦胆巴帝师流寓潮州有关,参看《胆巴帝师与元代潮州藏传佛教密宗的传播》,《西藏研究》2012年第1期,第19—24页。

〔3〕 至元二十七年(1290),八思巴在萨迦寺拉康拉章圆寂,1318年,元廷建八思巴殿于长安大兴教寺。延佑七年(1320),元仁宗诏令各路建帝师殿;元英宗诏各路建帝师殿,规格超过孔庙。1323年,又建八思巴帝师寺于上都。建造帝师寺详尽的记载存世的很少,保存下来的建寺碑文仅此一例!潮州泰定五年(1328)《创建帝师殿碑》是现今极为重要的元代建寺史料,碑文记曰:"西方圣人之教,自汉入于中国,历代奉之。暨我皇元混一天下,尊拔师巴为帝师,赐号皇天之下一人之上西天佛子大元帝师。以佛教扶植治道,有大功于国。(转下页)

图6-1-7　泉州开元寺汉梵六字真言铜钟声

图6-1-8　厦门同安区莲花镇阑札体六字真言

如上所述，杭州飞来峰、泉州开元寺仁寿塔等地出现中国内地现存最早的梵字多体六字真言与西夏后裔在江南的活动有关。元代前期，在宗教体系尚未完备之前，也是在蒙元朝廷多民族怀柔政策指导下，西夏旧僧官得到了重用，主要任职于东南沿海一线，甚至形成了独特的河西僧官小团体。[1]随着这些僧官往来于江南与大都之间，将六字真言的相关信仰传入大都朝廷。江南僧官与大都联络的史实，前期如江南释教总统杨琏真迦于至元二十年（1283）年为平息教禅纷争，携江南各派山头赴大都御前辩论。[2]此后，其子杨

（接上页）译西番篆文，创蒙古字行之于世，居诸字之右。昭圣代之斯文，立浮屠之纲纪，自古以来未有如师之盛者。"碑文还极为罕见的记载了帝师殿的造像配置，殿内主像帝师八思巴南面而立，两侧分别是胆巴和搠思剌，构成藏传佛教图像习见的师徒三尊形式，其中搠思剌或许是指仁宗朝追随八思巴左右的西僧搠思吉斡节儿。碑文现今收录于黄挺、马明达编：《潮汕金石文征·宋元卷》，广州：广东人民出版社，1999年，第275—278页。

〔1〕最为典型的例证是福建泉州碧霄岩三世佛题记（笔者拍摄抄录）。记述至正二十七年（1367）与汉僧智聪同游碧霄岩时的"河西帮"官员："至正丁未秋，福建江西等处行中书省参知政事般若贴穆尔公，分治广东道，出泉南，追忆先伯监郡公遗迹，慨然兴修，再新堂构。山川增辉，岩壑改观。林木若有德色，而况于人乎？暇日获陪公游，因摩崖以记。郡守新安郑潜拜手书。同游：行中书省理问官忽纳台唐吾氏；广东道宣慰使司同知、副都元帅阿儿温沙哈儿鲁氏；泉州路达鲁花赤元德瓮吉剌氏；官讲资寿教寺讲主智润及广威公外孙同安区达鲁花赤寿山与焉。主岩僧志聪时至正二十七年十月丙午日题。"

〔2〕《佛祖统记》"二十五年正月十九日。江淮释教都总统杨琏真佳集江南教禅律三宗诸山至燕京问法。禅宗举云门公案。上不悦。云梦泽法师说法称旨。命讲僧披红袈裟右边立者。于是赐斋香殿。授红金襕法衣。锡以佛慧玄辩大师之号。使教冠于禅之上者自此。"参看宋咸淳四明东湖沙门志盘撰《佛祖统纪》卷四八。

暗普在武宗、仁宗朝任宣政院使，至大四年（1311）被封秦国公，曾附议在大都建立八思巴帝师殿。[1]而沙罗巴（1259—1314）在担任江浙、福建等地释教总统后"至大中，以皇太子令召至京师，诏授光禄大夫、司徒"，仁宗皇帝就佛事时常咨询沙罗巴。[2]作为多民族国体的蒙元朝廷，对不同族群使用的文字的敏感与规划及重视是六字真言于此时超出其宗教意蕴而迅速图腾化的重要推手，正如潮州《创帝师殿碑》所说："译西番篆文，创蒙古字行之于世，居诸字之右。昭圣代之斯文，立浮屠之纲纪，自古以来未有如师之盛者。"[3]

稍后，来自河西诸族的僧官团体频繁往来于江南与大都之间，继而将先前流行于辖区的梵字真言及相关造像引入京畿之地。北京市西北部昌平区八达岭及东北部密云县北部燕山山系，是华北通往关外蒙古的交通孔道，[4]其间留存了数处不同文字的六字真言摩崖石刻以及与之伴随的四臂观音和布袋弥勒造像：计有北京银山塔林古佛台藏文真言与布袋和尚，八达岭特区办事处院内藏文六字真言方龛；关沟弹琴峡五桂头藏文、梵文、蒙文方龛与条龛及布袋弥勒听音石雕，关沟金鱼池遗址出四臂观音；关沟弹琴峡仙枕石卷草纹边框藏文真言方龛；密云番字牌乡藏文、蒙文、兰札体六字真言。如上文所述，西夏元时期多文字排列六字真言集中出现在元廷所在的大都或有两个原因：其一是蒙古人多接受了西夏人的佛教信仰，元初这种趋势仍然十分明显。蒙元时代一些大工程的监理大多由来自河西的党项后裔负责，例如飞来峰是来自河西的杨琏真迦（Yang Rin chen skyabs），1292年雕造的福建泉州碧霄岩三世佛监工是来自宁夏灵武的西夏人"唐吾氏广威将军阿沙公"。[5]居庸关过街塔具体负责施工的官员，也是来自河西党项旧地转投蒙元

---

〔1〕（肃王元年1314）"时有鲜卑僧上言，帝师帕克斯巴，制蒙古字以利国家，宜令天下立祠比孔子，有诏公卿耆老会议。国公杨安普力主其说，璋谓安普曰：'师制字有功于国，祀之自应古典，何必比之孔氏！孔氏百王之师，其得通祀，以德不以功，后世恐有异论。'言虽不纳，闻者韪之。"《续资治通鉴》· 元纪 · 元纪二十。陈高华：《略论杨琏真珈和杨暗普父子》，《陈高华文集》，上海辞书出版社，2005年，第211—226页。

〔2〕元人念常《佛祖历代通载》卷二二记载沙罗巴事迹最详：甲寅（1314）"弘教佛智三藏法师入寂。公积宁氏，讳沙啰巴观照。事上师着栗赫学佛氏法。善吐番（蕃）文字，颇得秘密之要。世祖皇帝尝受教于帝师发（八）思巴，诏师译语，辞致明辨，允惬圣衷，诏赐大辩广智法师。河西之人，尊其道而不敢名，止称其氏，至呼其子弟皆曰：'此积宁法师家'，其为见重如此。公昆弟四人，公其季也，总丱之岁，依帝师发（八）思巴剃染为僧，学诸部灌顶之法。时有上士名刺温卜，以焰曼德迦密乘之要，见称于世。帝师命公往学此法，温卜以公器伟识高，非流辈比，悉以秘要授之。于是王公大人，凡有志兹道者，皆于公师而受焉。帝师迦啰思巴干即哩，以公之能，荐之世祖。诏译诸秘要，俾传于世。时僧司虽盛，风纪寖蔽，所在官吏，既不能干城遗法，抗御外侮，返为诸僧之害。桂蠹乘痈，虽欲去之，莫能尽也。颓波所激，江南尤甚，朝廷久选能者，欲使正之。以白帝师，佥谓诸色之人，岂无能者，必以为识时务，孰与公贤。以诏授江浙等处释教总统。既至，削去烦苛，务从宽大，其人安之。既而改授福建等处释教总统，以其气之正，数与同列乖迕而不合。""至大中，以皇太子令，召至京师，诏授光禄大夫司徒。"

〔3〕参看黄挺、马明达：《潮汕金石文征 · 宋元卷》，广州：广东人民出版社，1999年，第275—278页。

〔4〕参看谢继胜：《居庸关过街塔造像意蕴考——11至14世纪中国佛教艺术图像配置的重构》，《故宫博物院院刊》2014年第5期，第49—80页。

〔5〕2016年11月9日笔者考察泉州碧霄岩，拍摄抄录"三世佛"造像东侧的造像记事石刻碑文："透碧霄为北山第一胜概。至元壬辰间（至元二十九年，1292），灵武唐吾氏广威将军阿沙公来临泉郡，登兹岩而奇之，刻石为三世佛像，饰以金碧，构殿崇奉，以为焚修祝圣之所，仍捐俸买田五十余亩，入大开元万寿禅寺，以供佛赡僧为悠久规，其报国爱民之诚可见已。"

的西夏官员，参与过街塔工程的有官居中书平章政事的党项上层人士纳麟、[1]主持西夏文译写的智妙咩布和显密二种巧猛沙门领占那征师，[2]他们均为党项人。因此，北京八达岭及密云一线集中出现与布袋和尚、四臂观音相伴随的六字真言，与元初西夏佛教信仰的传播关系密切。其二，正是西夏真言信仰的传播与西夏故吏的推动，元泰定帝（也孙铁木儿 Yesün Temür, 1293—1328）于泰定三年（1326）派遣高官兀都蛮监工在大都周边岩壁镌刻"西番咒语"的兰札体梵文和藏文六字真言，此事完整著录于《元史》，密云番字牌乡现存兰札体梵文六字真言题刻藏文附记，清晰记载真言系军队镌刻，年代是泰定三年（图6-4-9）！[3]其三，元初藏地前往元廷的番僧迎合皇室的喜好对六字真言的宣讲，使得源自西夏的六字真言信仰借助政治因素的推动传播至全国各地。如元人盛熙明撰《补陀洛迦山传》记：

> 今上（妥欢帖木儿）即位之初，圣师大宝葛噜麻瓦，自西域来京师。解行渊深，福慧具足，明通三世，阐扬一乘。同自在之慈悲，宣六字之神力。上自宫庭王臣，下及士庶，均蒙法施，灵感寔多，不可备录，将非大士之应化者乎，然江南未之闻也，故略纪其实。若六字咒，师所常诵。唵麻尼巴噤二合边谜吽。

此处提及的葛噜麻瓦（Karma pa）明译哈里麻，即三世噶玛巴让迥多吉（Rang byung rDo rje 1284—1339），传为观世音大士的化身，与妥欢帖木儿关系密切。盛熙明记载证实噶玛巴向元顺帝宣讲"六字之神力"。另外，前引云南新见史料《大光明寺住持瑞岩长老

---

〔1〕《元史·列传第二十九》纳麟有传："纳麟……天历元年（1328），除杭州路总管。"《新元史》卷一五六《列传第五十三》叙述纳麟家世云："高智耀，字显达，河西人。祖逸，夏大都督府尹。父良惠，夏右丞相，封宁国公。智耀登进士第，而国亡，遂隐于贺兰山。太宗召见，将用之，固辞。睿，年十八，以父荫授符宝郎，出入禁闼，恭谨详雅。久之，除唐兀卫指挥副使，累迁礼部侍郎，子纳麟。纳麟，大德六用丞相哈剌哈孙荐，入直宿卫，除中书舍人。至大四年，迁宗正府良中。皇庆元年，出佥河南道廉访司事。延佑初，拜监察御史。以言事忤旨，帝怒甚，中丞杨朵儿只（宁夏人）力救之，始解。事具《杨朵儿只传》（"御史纳璘言事忤旨，帝怒叵测，朵儿只救之，一日至八九奏，曰：'臣非爱纳麟，诚不愿陛下有杀御史之名。'帝曰：'为卿宥之，可左迁为昌平令。'昌平，畿内据县，欲以是困南林。"）。四年，迁刑部员外郎。出为河南行省郎中。至治三年，入为都漕运使。未几，擢湖南湖北两道廉访使。天历元年，除杭州路总管。"

〔2〕西夏人多有以纳征或那征名者，榆林窟第19窟有一条西夏时代的汉文题记："干佑廿四年……画师甘州住户高崇德小名那征，到此画秘密堂记之。"史金波：《西夏佛教史略》，银川：宁夏人民出版社，1988年，第339页。

〔3〕番字牌村六字真言石刻题记匾之下，有两行乌金体（dbu-can）藏文，呈双钩体，字体工整，共两字：dmag-'zo［bzo］。其中'zo或是bzo的差别或是藏文刻写"'"与"b"连写时极易产生的结构误读。意思是"军队造"。小者文字是线刻体，共五字：me mo yos lo gsum，意思是"阴火兔三（年）"。此外，元人军队或塞外草原入关僧众多居于居庸关一线，元代大学者袁桷《次韵继学途中竹枝词十首》（载《清容居士集》卷一五《历代竹枝词》，第1册，第30页）有"居庸夹山僧屋多，凿石化作金弥陀。但看行车度流水，不见举拂谈悬河。"又有"红袍旋风漾金泥，车前把酒长跪齐。忽听琵琶相思曲，迎郎北来背面啼。"密云石刻最初由黄灏先生发现，参看黄灏：《密云番字牌乡藏文石刻初探》，《中国藏学》1988年第3期，第112—116页。

图6-1-9：1　密云番字牌阑札体梵文六字真言

图6-1-9：2　密云番字牌阑札体梵字石刻“军队造”

图6-1-9：3　密云番字牌阑札体梵字石刻藏文“阴火兔三年”局部

智照灵塔铭并序》记载，身为蒙古人的瑞岩长老智照于至正九年（1349）前往大都，拜谒大觉寺，时居大觉寺的帝师赐瑞岩长老法旨，并传授六字真言秘诀。[1]此时寓居大都的帝师正是设计居庸关云台的萨迦帝师贡噶坚赞贝桑布（Kun dga' rGyal mtshan dPal bzang po, 1310—1358），元至顺四年至至正十八年间，即1333至1358年任元顺帝妥欢帖睦尔的帝师。从时间次序分析，八达岭崖壁镌刻六字真言的指令是泰定帝孛儿只斤也孙铁木儿于泰定三年（1326）颁布，三世噶玛巴进京是应元文宗妥帖睦尔（Tuq temür, 1304—1332）邀请，在皇帝驾崩的元统元年（1333）进入大都，至元元年（1335）应元顺帝邀请再度赴京。所以，八达岭等地六字真言起初并非是受到噶玛巴传授密法后镌刻，而是传自西夏的系统，但萨迦派帝师和噶玛巴法王的推崇，使得六字真言信仰很快在藏汉蒙古各地流行。至元六年（1340）河南浚县大伾山镌刻多体六字真言，有兰札体梵文、蒙古文和汉文，但没有藏文，很明显看出此真言系大都传来；[2]至正五年（1345）居庸关云台券洞的藏、梵、八思巴、回鹘、汉、西夏六体陀罗尼，首创六体式样；至正八年（1348），莫高窟速来蛮（Sulaiman）造像碑以梵、藏、回鹘、八思巴、西夏、汉六字真言环绕，碑中央线刻四臂观音，表明自14世纪初，《宝箧经》曼荼罗中作为眷属的四臂观音已经作为主尊与六字真言直接关联；至正十年（1350），西宁王速来蛮三子阿速歹（Asutai）为超度亡者于莫高窟464窟前室书写梵、藏、蒙、汉四体和梵、蒙、藏、汉、八思巴五体六字真言（图6-1-10）。[3]蒙元时期位于河西走廊的永昌圣容寺东侧河岸岩壁，有以八思巴字、回鹘文、西夏文、汉文、梵文和藏文镌刻的六体六字真言，其位置将大

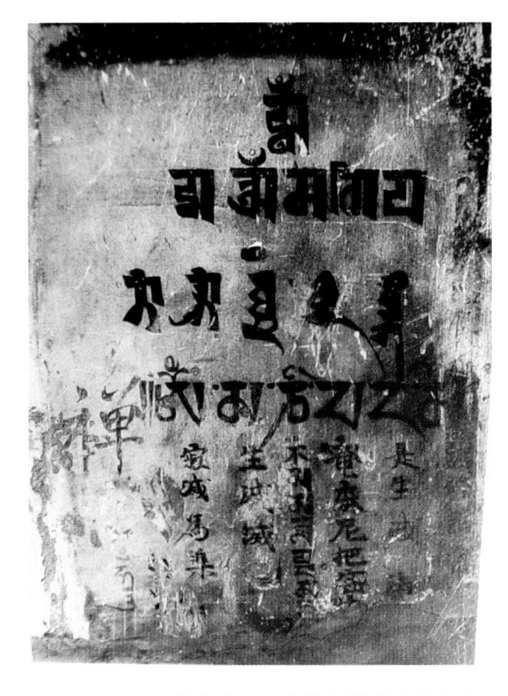

图6-1-10　莫高窟464窟前室墨书六字真言

[1] 感谢廖旸博士见告。"至正九年，龙集乙丑，□云南省平章政事三旦班荣禄给咨赴，□得观光□□，遂诣大觉寺，参观……帝师蒙赐法旨，又蒙灌顶国师授以六字真言秘诀。"《大理丛书·金石篇》，《大光明寺住持瑞岩长老智照灵塔铭并序》，第一册，北京：民族出版社，2010年，第27页。

[2] 梵文题刻七处。在大伾山的六字真言题刻中，古天城体梵文，现已找到的至少有七处。一处在天宁寺大佛楼北石壁，字呈红色，有至元六年（1340）题款。杨富学：《浚县大伾山六字真言题刻研究》，收入《中国北方民族历史文化论稿》，兰州：甘肃民族出版社，2012年。

[3] 该窟出土的回鹘文《吉祥胜乐轮》就是至正十年（1350）西宁王速来蛮三子阿速歹（Asutai）为超度某位亡故亲属而请人抄写。

都真言镌刻活动穿越河西与敦煌六体真言联通。[1]

四、多体六字真言衍传至后藏觉囊沟的路径及其缘由

讨论藏区腹地出现六体真言碑，我们必须考虑出现石碑的寺院传承及所在地域的历史沿革及重要事件，分析泰定三年之后的多体六字真言碑传播到后藏的可能路径。

从平措林寺的历史考察，现存平措林寺是明万历四十三年（1615）由多罗那他（Twa ra na tha, 1575—1634）主持修建，原为觉囊派寺院，到五世达赖喇嘛执政时期被改宗格鲁派。距离此寺不远的觉囊沟沟头，原有觉囊寺（Jo nang dGon），是13世纪由衮邦·吐吉尊追（Kun spangs Thugs rje brtsun 'grus, 1242—1313）创建。必须提及的是，这位上师原属萨迦派，为八思巴弟子，因其宣扬其承继的"他空见"（gZhan stong）教法与正统佛法略有差别而受到排挤，自吐吉尊追之后觉囊派逐渐衰落。[2]明万历年间，当时的觉囊寺寺主多罗那他得到后藏藏巴汗（gTsan pa rGyal po）的支持，一度中兴觉囊派，建达丹丹曲林寺（rTag brtan dam chos gling nges don dga' tshal gling）。[3]清初，格鲁派在藏区跃居统治地

---

〔1〕吐蕃至西夏时期，圣容寺是非常著名的寺院，与刘萨诃事迹相关，莫高窟98窟壁画有此寺，武威《凉州重修护国寺感通塔碑》出现此寺高僧。道光《镇番县志》卷二《建置·寺观》记载"圣容寺在城内西南，明洪武初年，指挥陈胜创建于城内东北隅。成化五年（1469），守备马昭移建今地。嘉靖三十年（1551）重修，崇正二年（1629）卢访、李述儒等重修。康熙六年（1667）邑人孟良允建观音堂，位于大殿东，偏韦驮殿，背大殿，藏经阁在其后，储藏经二框，嗣卢敏等改建两廊。"六字真言石刻在圣容寺东侧河岸岩壁，面积约0.8平方米，汉文"唵嘛呢叭咪吽"文字距地面2.4米，面积高1.8米，阴刻，共两方，单字面积约20厘米，左侧共四行，从上到下分别为八思巴文、回鹘文、西夏文和汉文。右边一方共两行，上行为兰札体梵文，下行为藏文。现今圣容寺为明洪武初年重建，石刻以八思巴字判定，年代与莫高窟六体真言碑当在同一个时期。

〔2〕《土观宗教源流》记载，他空见最早创始人是裕莫·吉米多吉（Yu mo Mi bskyod rDo rje, 82岁圆寂，生卒年不详）。他最初是个瑜伽行者（rNal 'byor ba），后来出家并亲近众多高僧大德如喀且班钦（Kha che Paṇ chen），学习了《时轮》法、《时轮本续经》（Dus- 'khor-rgyud）以及注疏要门等，后来又学《集密》的明炬释和要门等。之后到后藏乌郁（'u yug）去观修，得了证悟，发现空色光明从内显发，于是生起胜义本有之他空见（gZhan stong gi lta ba thugs la shar）。吉米多吉把时轮教授和他空见传授给达麦夏热。到香衮邦·吐吉尊追（Zhang Kun spang Thugs rje brtson 'grus, 1243—1313）建立觉囊派时，已经是他的第六传弟子。前面分别为达麦夏热（Dharme-shwa-ra）、南喀沃色（Nam mkha' 'od zer）、色莫齐瓦（Se mo che ba）、降萨喜饶沃色（'Jam gsar Shes rab 'od zer）和贡钦·却古沃色（Kun-mkhyen Chos-sku 'od-zer）。以上传承参看1984年甘肃民族出版社该书藏文版Thu'u-kwan Grub-mtha'，第213页。由于以前对《时轮》的传授极为守密，而且也没有寺院作为宏传教义思想的基地，所以很难形成一派。汉文本参看觉囊活佛阿旺洛追扎巴撰、许德存译：《觉囊派教法史》，拉萨：西藏人民出版社，1993年；藏文版《觉囊教法史》（Jo nang Chos 'byung Zla ba'i sGron me），参看北京：中国藏学出版社，2007年，第21页。

〔3〕《土观宗教源流》记载觉囊派云："后来觉囊·衮噶卓乔，尤其是卓乔的转生多罗那他又将此见重行恢复，大肆宣讲，广为著述，建达登彭措林寺，造象起塔，精美绝伦。并广刊觉囊派的各种著述，聚集了不少的僧伽，与仁蚌第巴·迦玛丹炯旺布结供施之缘。"（phyis su jo nang kun dga' grol mchog dang/ khyad par du grol mchog gi skye ba tva ra nva thas skyas gsol bar mdzad nas 'chad spel dang yig 'jog kyang mang du mdzad/ rtag brten（转下页）

位，第五世达赖喇嘛将达丹丹曲林寺改为格鲁派寺院，易名噶丹平措林寺（dGa' ldan Phun tshogs gling）。[1]现今存放六体真言碑的平措林寺是多罗那他于明万历四十二年（1614）所建，但这一建寺年代与我们所知的六体碑显示的年代特征并不相吻合，考虑到平措林寺所藏诸多石刻都是原来觉囊沟上部原觉囊寺及觉囊大塔的旧物流入，可以推测此碑或原藏觉囊寺，很可能是觉囊派十八代座主笃布巴喜饶坚赞主持觉囊寺时所造。

笃布巴（rDol po pa或Dol po ba, 1292—1361）法名喜饶坚赞（Shes rab rgyal tshan），元至元二十九年（1292）出生于西藏阿里笃布（rDol po）地方的班仓（Ban tshang）家族，初奉萨迦派，并兼习噶当教法。元至治二年（1322）三十一岁时前往觉囊寺，改宗觉囊派，向当时的座主克尊・云丹嘉措学习时轮教法。元泰定三年（1326），笃布巴继克尊・云丹嘉措（mKhas btsun Yon tan rgya mtsho）任觉囊寺座主，尊为该派的第十八代传人。笃布巴三十五岁升任座主直到元至正二十一年（1361）年七十岁圆寂，共主持寺务三十五年。[2]上师建觉囊"见即解脱"的"通卓钦摩大塔"（sKu 'bum thong-'grol chen-mo），此塔是藏地首创的"吉祥多门塔"（bKra-shis sgo-mang）样式，大塔1330年（至顺元年）奠基，1354年（至正十四年）建成。觉囊大塔附近散落的建筑构件和石刻，多有大塔初建时期者。平措林寺所见六体碑可能的镌造年代应当在笃卜巴担任觉囊寺寺主之后的1326年（泰定三年）至1361年（至正二十一年），与建造佛塔的时间相仿，也可能是在笃布巴于1339年（至元五年）前往前藏讲经、声誉鹊起之后的1339年至1361年。从觉囊大塔附近存留的大塔陶制构件和刻石文献来看，14世纪前后觉囊沟内流行雕凿或烧制六字真言的宗教仪轨（图6-1-11）。[3]

（接上页）phung tshogs gling btang nas rten bzhengs dpe bral dang/ jo nang lugs kyi bstan bcos du ma'i bar bsgrubs/ tshgos pa 'ang mang du 'dus/ rin spung sde ba karma bstan skyong dbang po dang yon mchod du gyur pas lugs gnyis cha nas gzi brjid che tsam byung/）土观罗桑却吉尼玛：《土观宗教源流水晶明鉴》对觉囊派的记述简洁而准确，刘立千汉译本，北京：民族出版社，2000年，第114—115页；甘肃民族出版社1984年藏文版，第216—217页。

〔1〕土观罗桑却吉尼玛：《土观宗教源流》对觉囊派的记述简洁而准确，刘立千汉译本，第114—117页，北京：民族出版社，2000年；甘肃民族出版社1984年藏文本，第212—219页。

〔2〕《觉囊派教法史》有非常详尽的笃布巴传记，参看许得存汉译本第20—27页（拉萨：西藏人民出版社，1999年），据称笃布巴有诸多本生化现，参看陈庆英《元代西藏的传记文学的精品——笃布巴本生传》，《西藏民族学院学报》2011年第1期，第1—8页；藏文传记见《觉囊祖师本生传》（ma ti dang chos grags dpal bzang撰kun mkhyen jo nang pa chen po'I skyes rabs rtogs brjod），北京：民族出版社，2000年；另见Stearns C., The Buddha from Dölpo: a Study of the Life and Thought of the Tibetan Master Dölpopa Sherab Gyaltsen. Snow Lion Publications, 2010.

〔3〕笔者在觉囊大塔考察时拍得塔身脱落红色滴水莲瓣，有烧铸的藏文Oṃ Maṇi Pa［*dme Hūṃ*］（斜体部分残），并有"萨隆内务官班觉……"字样（Sa lung nang mo□□□□）（感谢西藏图书馆尼夏先生告知），另一块刻石记载，敬奉三宝，为纪念堪钦旬努仁青过世，刻造并竖立108块玛尼石碑，书写者为比丘桑杰本，刻石者为丹巴父子（Sangs rgyas chos/ dang dge bdun gsum/ la phyag 'chol lo/ brag dam khan chen bzhun nub rin chen pa 'thugs/ dgongs rdzogs phyir ma ṇi brkos ma brgyad bzhungs pa lags/ sems can kun kyi don du kun kyi ma ṇi gsung bar zhu/ yi ge ma ṇi dge slong sangs rgyas 'bum/ brkos byed mkhan ba brten pa yab sras lags/ sams can kun gyis sangs rgyas myur thob shog/）

图6-1-11 平措林寺镌刻真言石碑

此外，我们还必须关注后期文献有关西夏后裔建造昂仁大寺的史料。现今拉孜县（lHa rtse）紧邻昂仁县，距离平措林寺西北约80公里，至元五年（1268）在全藏设立的十三万户（Bod khri skor bcu gsum）中位于后藏的拉堆绛（La stod byang）与拉堆洛（La stod lho）的万户，户府就设在昂仁却德寺，即昂仁大寺（Ngam ring chos sde）。觉囊五代寺主衮邦·吐吉尊追出生地达夏（Dab shar）就属于拉堆绛，最初也正是拉堆绛地方万户长资助了觉囊寺的修建。[1]笃布巴的弟子觉囊·乔杰哇（Jo nang Chos rGyal ba，或称乔列南杰Phyogs las rNam rgyal）初求学萨迦寺，后追随笃布巴，同时又从布顿（Bu ston）学习教法，后来继任觉囊和昂仁大寺两个寺院的寺主（Chos dpon）。[2]拉堆绛地方的居民是后藏一个特殊的聚落，藏文文献和当地传说提到他们是来自中原的西夏人（弭药Mi nyag）后裔，如五世达赖喇嘛《西藏王臣记》记载：

绛巴地方之主，自从那获得福德圆满的中原皇帝的封职诏命，而成为区域统治者

---

〔1〕衮邦·吐吉尊追时，受到拉堆绛领主的大力支持，修建觉囊寺，觉囊派的名声开始大振。参看许得存译：《觉囊派教法史》页15—16，拉萨：西藏人民出版社，1993年。

〔2〕土观罗桑却吉尼玛著：《土观宗教源流水晶明鉴》，刘立千汉译本，北京：民族出版社，2000年，第114—117页。“（乔杰哇）巧勒南杰初游学萨迦，已成博学之士，因不满他空之见，来觉囊辩论。笃补巴乃引证教理广为解说，于是不满之心涣然冰释，投其门下，从学各种显密的讲解，特别是受了全部的《时轮》灌顶引导。又从衮钦·布防御大师广听经教，继升为昂仁之法主。曾著《现观庄严论》《量论》诸论疏释。他的弟子出了聂温衮噶白这位最负盛名的贤哲。宗喀巴大师亦曾从巧杰瓦学《时轮法》，从聂温学《现观庄严论》。从此以后《时轮》灌顶和讲解的传承虽大为发展，然他空之见，则为诸智者共同之所破斥，因此逐渐趋于消沉。”（phyogs rgyal ba ni/ sa skyar slob gnyer mdzad pas mkhas pa chen por gyur/ thog mar gzhan stong gi lta ba thugs la ma ’thad nas jo nang du rtsad par phebs pa dol bu ba chen pos lung ring kyis ’bel gtam mdzad pas thugs la mi bde ba med par song nas slob mar gyur te mdo sngags kyi bshad pa du ma dang khyad par du dus ’khor gyi dbang khrid rdzogs par gsan/ kun mkhyen bus ton la yang chos mang du zhus/ ngam rings kyi chos dpon mdzad cing/ phar tshad kyi gzhung mang po brtsams/ de’I slob ma nya dbon kun dga’ dpal zhes grags pa’I mkhas pa chen po de byon/ rje thams cad mkhyen pa tsong kha pas kyang/ phyogs rgyal ba las dus ‘khor dang/ nya dbon las phar phyin sogs gsan/ de phyin chad nas dus ’khor gyi dbang bshad rgyun rgya cher ’pher yang/ gzhan gston gi lta ba ni mkhas grub du mas mgrin gcig tu bkag pas bag la zha bar gyur na’ang/）甘肃民族出版社，1984年藏文版，第215—216页；另外参看D. S. Ruegg：《觉囊派：一个佛教本体论者的教派》对本书的译释，参看沈卫荣主编：《他空见与如来藏》，北京大学出版社，2014年，第29—58页。

的木雅西乌王，传嗣到第七代为木雅嘉果。复有木雅嘉果次第传出木雅僧格达。僧格达之子名多吉，他去到扎巴坚赞大师的座前作为近侍，这样也就和萨迦派建立了联系。他的儿子贡却有子三人，三子中的绷德对法王萨迦班智达十分敬信。他有子六人，六子中的扎巴达，曾经获得元世祖忽必烈的诏命颁赐宝印受任为司徒之职，他建立了北派昂仁大寺。[1]

其中提到的扎巴坚赞（Grags pa rGyal mtshan, 1147—1216）为萨迦三祖，同时代的西夏王应该是在天盛至乾佑年间的仁宗仁孝，以上记载说明名叫多吉（rDo rje）的西夏王子曾为扎巴坚赞近侍。同时，扎巴坚赞也有一位叫做觉本的弟子曾前往西夏，作了西夏王的应供喇嘛。[2]西夏后裔的扎巴达（Grags pa dar）由薛禅皇帝（即忽必烈，藏文作Gong

〔1〕这是一段记述西夏后裔入藏进入拉堆羌地方事迹的极为重要的史料。汉文参看郭和卿先生译《西藏王臣记》（北京：民族出版社，1993年），第110—113页。藏文原文如下：byang pa bdag po ni phun sum tshogs pa'i bsod nams kyi dpal las grub pa'i dbang phyogs rgya nag gong ma'i khri la gnam gyi lung gis dbang sgyur ba mi nyig si'u rgyal po nas gdung rabs bdun pa mi nyig rgyal rgod las rim par brgyud pa'i rigs las mi nyig sengge dar/ de'i sras rdo rje dpal gyi rje btsun grags pa rgyal mtshan gyi zhags la gtugs nas/ dpal sa skya pa dang 'brel ba'i 'go tshugs/ de'i sras dkon cog de la sras gsum las/ 'bum sdes chos sa pan la gus 'dud lhur mdzad/ 'di la sras drug las grags pa dar gyi gong ma se chen rgyal po'i lung bzhin rin po che'i dam kha dang si tu'i las ka blangs/ byang ngam ring gi chos sde chen po btsugs/ dpon chen grags pa dar ming gzhan yon btsun zhes grags snyan can de'i sras rdo rje mgon pos yab mes kyi srol bzhin sa skya'i dpon chen gyi las ka bzung/ tshogs sde bzhin la bkur sti bla lhag tu mdzad/ 参看北京：民族出版社，1981年藏文本，第113页。另外，笔者在《如意宝树史》中也找到同样的记载，其文云："木雅嘉果王的后裔藏绛卡的达赛和其子多吉贝时期，他们也与萨迦派联合，多吉贝之子官却，官却之子本代，本代之子绛达头人扎巴达杰亦从薛禅汗那里得到诏书印章，修建北部的昂仁寺，其子多吉贡波曾为萨迦本钦。"（松巴堪布益西班觉著、蒲文成、才让译：《如意宝树史》，兰州：甘肃民族出版社，1994年，第275页）两位作者的生卒年分别为1617年至1682年和1704年至1788年，显然后者是从五世达赖喇嘛的著作中引入这段史料。石泰安《木雅与西夏》《西藏的文明》等书讨论La stod byang的问题，但他认为byang就是"羌"（R. A. Stein, Tibetan Civilization, Stanford University Press, 1972, p. 34）。桑珠（沈卫荣）:《西夏王族迁入西藏时间献疑》，（刊《甘肃民族研究》1986年第2期，第62—63页）说明la-stod-byang之"羌"仅指与阿里相对的拉堆的北部。14—15世纪在拉多羌地方流行一种称为"北方风格"（byang-lugs）的流派，史密斯先生认为这种北方风格与羌达南杰扎桑（Byang-bdag rNam-rgyal grags-bzang, 1395—1475）及其主要驻锡地拉多羌的昂仁大寺有关，或许这才是西夏艺术对西藏绘画的影响，参看Smith, E. Gene, *Introduction to Kongtrulvs Encyclopedia of Indo-Tibetan Culture*, 1970, New Delhi, p.47, note 81. 戴维・杰克逊认为此北方流派与珀东班钦（Bo-dong Pan-chen, 1375—1451）的流派相关。参看Jackson, David, *A History of Tibetan Painting: The Great Tibetan Painters and Their Traditions*, Chapter 2, Beiträge zur Kultur-und Geistesgeschichte Asiens, 15, Vienna, 1996。

〔2〕《萨迦世系史》记："扎巴坚赞（1147—1216）弟子有一名叫国师觉本者，前往米涅，作了米涅王之应供喇嘛，由此得到银器、稀奇有之咒士衣和鹿皮华盖等大批财物，这些经典和财物全部敬献于三宝及施舍于乞丐。"（拉萨：西藏人民出版社，1986年，陈庆英、高贺福、周润年汉译本，第52页；北京民族出版社，1981年版藏文本，第75页：gzhan yang gcung pa bgug shi jo 'bum bya ba'i slob ma gcig mi nyag rgyal rgod kyi bla mchod la phyain/ de nas dngul gyi spyad cha dang/ gos khyad par can mang po'i phod kha dang/ bla bre sha ba ma la sogs pa longs spyod rgya cher 'bul ba byung/ de la sogs pa chos dang zang zing gi 'bul ba rgya chen po byung ba thams cad dkon mchog pa dang）；又该书第107页：八思巴向忽必烈薛禅汗说他的先辈曾被汉地、西夏等奉为上师，同时也提到了西夏王给扎巴坚赞赠鹿皮华盖之事："我的祖父（扎巴坚赞）之时，西夏王曾献一可将公鹿从角尖整个罩住的锦缎伞盖。汗王派人去萨迦去查看，回报真有此事，汗王父子俱生信仰。"（藏文本第153页：yang 'phags pas spyir nged kyi pha mes la mi nyag rgyal pos gos chen gyi bla bre sha ba'i rav co nas bzung thub pa phul yod gsungs pas/ rgyal pos sa skyar blta btang bas 'dug zer bas rgyal po yab sras mos par gyur to//）

ma Se chen rGyal po, 1215—1294）封为司徒，其子多吉贡布（rDo rje mGon po）任萨迦本钦（Sa skya dPon chen），本钦有六子，其一为南卡丹巴（Nam mkha' brTen pa）曾赴大都（Gong sa）朝贡，获封“国公”（Gu'i gung），获赐宝印与封册，后加封为大元国师（Ta dBen Gu shri），[1]《俄尔教法史》（Ngor pa chos 'byung）的记载可以印证：昂仁大寺住持与拉堆绛的领主（bDag chen）大元钦保·南卡赞巴（Ta wen chen po Nam kha' btsan pa，即《西藏王臣记》所记南卡丹巴）的事迹大多吻合，昂仁大寺的喇章（Bla brang）和大殿都是这位南卡丹巴住持寺院时建造。[2]从以上世系与史实梳理，后藏地方活动的西夏后裔在西夏亡国以后继续在元廷任职并定居昂仁。以年代推算，扎巴达与忽必烈（1215—1294）同时代，经多吉贡布与南卡丹巴两代，定居后藏、与蒙元朝廷关系密切的西夏后人建造昂仁大寺的年代与六字真言碑刻流行的时间应大致吻合。

从以上史实来看，西夏衰落前后居住在拉堆绛万户的党项人与元廷关系非常密切，我们设想平措林寺所见的六字真言碑的制作方法大致在这段时间由大都传入后藏，由居于拉堆绛通晓汉文、回鹘文和八思巴字的西夏后裔雕刻，或许是当地镌刻的众多真言碑中的一块，六体真言碑本身也印证了五世达赖所记史料的可靠性。[3]

虽然觉囊寺或平措林寺留存的六体真言碑形制及碑中出现八思巴蒙古新字，说明觉囊寺与蒙元朝廷之间存在某种联系，但笃布巴与蒙元朝廷得以沟通应当得益于与元廷关系密切的萨迦或噶举上师的引荐。笃布巴原本就是萨迦派僧人，皈依上师为萨迦派高僧，改宗觉囊派后与萨迦派关系仍然密切，与夏鲁寺住持布顿大师（Bu ston, 1290—1364）私交甚厚。[4]萨迦上师喇嘛胆巴（Bla ma Dam pa, 1229—1303）与笃布巴关系同样密切，笃布巴所建觉囊大塔就绘有萨迦派祖师贡噶宁保的壁画。[5]喇嘛胆巴本人也曾学习觉囊时轮教法并曾在曲垄（Chos lung）地方与笃卜巴会面，请求上师造论《第四结集》（bKa'

---

〔1〕五世达赖喇嘛：《西藏王臣记》，北京：民族出版社，1981年，藏文本第113页。

〔2〕这部《俄尔巴教法史》出自桑杰彭措（Sangs-rgyas Phun-tshogs）《佳言宝藏补编》（Kha-skong Legs-bshad nor-bu'i bang-mdzod）下部叶148，参看D. S. Ruegg：《觉囊派：一个佛教本体论者的教派》，沈卫荣主编：《他空见与如来藏》，北京大学出版社，2014年，第29—58页。

〔3〕西藏雕刻造像碑较为罕见，在12世纪至13世纪有以当地片岩雕刻造像碑者，例如林周县吐蕃旧寺杰拉康寺（rGyal-lha-khang）出土12世纪东印度波罗式样弥勒菩萨，就是以外来式样在当地雕刻而成。

〔4〕据说布顿大师以其学养尚不能与笃布巴大师辩论，见壤唐活佛阿旺洛追札巴《觉囊派教法史》，许得存汉译本第26页：“若说更钦笃布巴与第二如来布顿大师的谈论，据说布顿大师不能与他辩论”（thams cad mkhyen pa gnyis pa bus ton dang 'bel gtam mdzad par bzhed na'ang bu ston chen pos rtsod pa mdzad ma nus zhes grags pa yang don la gnas，藏文版第33页）。

〔5〕壁画在觉囊塔二层，贡嘎宁保与大成就者毗卢巴绘制在一处，题记有“顶礼大萨迦上师（贡嘎宁保），顶礼自在大瑜伽师毗卢巴”（Sa skya pa chen po la phyag tshal lo/ rnam 'byar dbang phyug bhir wa pa la phyag tshal lo）。

bsdu bzhi po）。[1]胆巴上师也曾受元顺帝邀请前往大都而未去的经历，这或与笃卜巴受邀未去的史实重合。[2]大元罗追坚赞（Ta wen chen po Blo gros rgyal mtshan）任命的萨迦细脱拉章（bZhi thog bla brang）的内务官（囊钦nang chen）帕巴贝桑波（'Phags dpal bzang po）之弟帕巴贝仁巴（'Phags dpal Rin pa）建造新的汉地丝绸坛场时，前后邀请了布顿大师和笃布巴。[3]壤唐活佛阿旺罗追扎巴著《觉囊派教法史》提到笃卜巴·喜饶坚赞预料到元朝皇帝会邀请自己前往大都，藏在荒僻之地四年，等皇帝下了圣旨他可以不去大都时才回到觉囊寺。[4]

---

〔1〕《萨迦世系史》记载，"喇嘛胆巴八岁时学习了觉囊派所传时轮圆满次第甚深密法修习六只经咒以及慈悲自在讲义，胜乐、喜金刚、度母等灌顶法及大小护法神召请、听受大乘发心等许多教法，并领会于心。"参看阿旺贡噶索南著，陈庆英、高禾福、周润年译注：《萨迦世系史》，拉萨：西藏人民出版社，2002年，第180—181页。藏文见北京：民族出版社，1986年藏文版，第266—267页：de nas bla ma de nyid kyi drung du kye rdo rje'i phyag len dang/ gzhan yang sa skya pa'I yab mes kyi chos kun mthar phyin par mdzad cing/ jo nang pa'i lugs kyi dus 'khor lo'i rdzogs rim zab mo sbyor ba yan lan drug pa'I man ngag dang/ thugs rje'i dbang phyung gi dmar khrid zhugs pas 'jam pa'i dbyangs kyi zhal gzigs te ting nge 'dzin gyi sgo du ma thugs la 'khrungs shing....... 另见《觉囊大遍知法王传》叶39b（Chos rje jo nang pa kun mkhyen chen po'i rnam thar 39b），全名chos rje kun mkhyen chen po'i rnam thar gsal sgron gyi rnam grangs dge legs chen po nor bu'i 'phreng ba/ 收入《壤唐西热坚赞文集》卷一，第363页［gSung-'bum/ Shes-rab rGyal-mtshan（'dzam thang）,Volume 1, p.363］shes rab rgyal mtshan. chos rje kun mkhyen chen po'i rnam thar gsal sgron gyi rnam grangs dge legs chen po nor bu'i 'phreng ba/ TBRC W21208。

〔2〕《萨迦世系史》记载，喇嘛胆巴二十七岁时，一年之中蒙古三次派人前来迎请，但胆巴认为去了蒙古地方不会长寿。阿旺贡噶索南著，陈庆英、高禾福、周润年译注：《萨迦世系史》，第185页。北京：民族出版社，1986年藏文版Sa-skya gdung-rabs ngo-mtshar bang-mdzod，第275页：dgung lo nyer bdun bzhes pa'i tshe lo gcig gi nang du hor gyi gdan 'dren thengs gsum byung ste/ sngor bla ma na bza' brag phug pas hor yul du byon na sku tshe ring po mi yong gsungs pa thugs kyi dkyil du bzhan nas thabs lam sna tshogs pa zhig mdzad cing/ 此段记载与史实稍有出入，胆巴上师曾两次前往大都。赵孟頫延佑三年（1316）书撰《胆巴碑》记述"至元七年，与帝师巴思八俱至中国。"且圆寂于上都（今锡林郭勒正蓝旗境内）"大德七年，师在上都弥陀院入般涅盘，现五色宝光，获舍利无数。"

〔3〕参看多罗那他著《后藏志》，畬万治汉译本，拉萨：西藏人民出版社，2002年，第49—50页；藏文版《后藏志》（Myang yul stod sman bar gsum gyi ngo mtshar gtam gyi legs bshad mkhas pa'i 'jug ngogs zhes bya ba bzhugs so/），第90页。"北方香巴拉法种王的转世觉囊派法主一切智笃卜巴大师前藏之行后，从羊卓到宁若曼怡寺，给绒地至拉萨以上地的千余人讲授六加行。返回的路上受到帕巴贝仁巴的欢迎。在此之前笃卜巴大师已同帕巴贝昆季多次结法缘。帕巴贝迎请大师至江热，在阶梯致以问候后，随即在池塘畔打禾场揭开丝绸大坛城，举行供修仪规，大师传授详尽的灌顶。接着长驻江热。"（Byang sham bha la'i ring ldan chen po jo nang pa chos rje kun mkhyen chen po dal po zhabs kyis dbus phyogs phebs pa'i rting ma rong nas lha sa yan la sbyor drung khrid mi stong lhag la bskyangs pa'i phar lam ye 'brog nas nying ro sman chab la byon pa'I chur lam bsu ba mdzad/ de'i gong du'ang nang chen 'phags pa dpal bzang sku mched kyi chos 'brel zhus mod pa chud yod par snang bas ljang rar gdan 'dren pas skas la 'o rgyal nas rdzing kha'i g-yul thang du dpal dus kyi 'khor lo'i dar dkyil che mo zhal phye nas sgrub mchod mdzad/ dbang rgyas par snang［gnang］zhing ljang rar rgyun ring bzhugs shing/）

〔4〕藏文本参看*jo nang chos 'byung gi lhan thabs brgyud rim dpal ldan bla ma gang ngag gi mtshan nyid rab tu gsal ba nyi gzhon 'od snang dad pa'i pad+mo rnam par bzhad byed/* blo gros grags pa; gsung 'bum/ blo gros grags pa; W19762.［s.n.］,［'dzam thang, 'bar thang］.［199?—］. Block Print. Fols. 57-58，有许得存汉译本《觉囊派教法史》，拉萨：西藏人民出版社，1992年，第23页："（笃卜巴）半夜时塔内渗进一点水等细小事情他都能立即知道；皇帝福田施主的权势的变化，国家的变化等他都能准确的预言。他早就预料到蒙古使者要来迎请，当使者前来邀请时，他却隐居娘热、哇尔普、纳都玛等僻静地方共达四年之久，后来听说皇帝降下圣旨，他可以不去朝廷，他才高兴地从隐居处回到觉囊寺。"（nam phyed sku 'bum nang du chu shor ba sogs 'phran bu rnams（转下页）

由此看来，各地六字真言最初兴起于西夏，蒙古人将西夏人的双语或多语言六字真言并列传统在元代定型，泰定帝也孙帖木儿（Yesün Temür）于泰定三年（1326）敕令军队于大都附近八达岭镌刻多种文字六字真言，这是多民族文字六体六字真言的源头，随后借助政治因素散播至包括敦煌在内的整个河西走廊，以及卫藏腹地。平措林寺六体碑恰好印证了觉囊派祖师笃布巴与元廷联系的部分史实，并说明五世达赖喇嘛所记拉堆绛西夏后裔建造昂仁大寺的史实并非空穴来风。此碑与莫高窟六体真言碑及河西走廊各地所见六体真言墨书题记一样是元泰定三年（1326）以后形成的多体真言碑的演化式样，蒙元时代这些出现在各地的六体真言碑，虽然相隔千万里，但其重要性无与伦比，是蒙元时代西藏地方与中央政权紧密联系的佐证。

五、六字真言传播与西夏元时期的多民族信仰的趋同性

行文至此，我们对现今所见六字真言按照年代大致排序，从中可以清晰看出六体或多民族文字真言碑或真言匾演进的痕迹：元代兴起的多民族文字六字真言碑匾，成为新兴的多民族王朝以智慧慈悲之心进行意识形态相互沟通、交流的符号。虽然《宝箧经》卷四六字大明王曼荼罗提到四臂观音，但在14世纪之前，六字真言与四臂观音并无直接的联系，自14世纪后，六字真言专指或等同于四臂观音，但脱离了与之相连的四臂观音图像而以密咒真言形式成为藏传佛教的象征；同时，六字真言具有了种子字特征，借助《宝箧经》原本呈现的曼荼罗式样，以种子字展示六字大明咒观音曼荼罗形式，八辐轮形制使之具有了旋转的意蕴，并借助转轮藏演变而来的转经筒流布至藏传佛教传播，或受到藏传佛教信仰影响的广大地区，实现了六字真言信仰模式的固定格式。探索六字真言的演变史可以勾画11至14世纪前后藏、汉、回鹘、西夏、蒙古等多民族政治文化交流的轨迹，并印证了元明以来多民族文化的趋同特征。

（接上页）kyang 'phral 'phral mkhyen cing/ gong ma yon mchod kyi mnga' thang 'gyur ldog dang/ rgyal khams kyi 'gyur ldog rnams kyang ji skad gsungs pa bzhi na thog tu khel/ hor gyi spyan 'dren 'byung ba yang snga mo nas dgongs/ spyan 'dren 'byung ba'i tshe/ nying ro dang/ bar phug dang/ nang ma sogs su dben pa kho na brten pa lo bzhi tsam mdzad/ phyis rgyal pos lung bzang po gnang nas phebs mi dgos par byung nas shin tu dgyes te dgon par phebs/）

附录：西夏蒙元时期多体文字六字真言碑分布表

所在位置	真言文字	年　代	形　制
甘肃敦煌莫高窟464窟顶壁画，后室门上	兰札体梵文	西夏元12—13世纪	壁画长条榜题框
甘肃敦煌莫高窟95窟后室门上、窟顶	兰札体梵文种子字曼荼罗	西夏元12—13世纪	曼荼罗种子字
飞来峰33龛杨枝观音龛	兰札体六字真言，汉文六字真言	至元二十九年（1292）	竖行长龛
福建泉州开元寺仁寿塔	兰札体梵文六字真言	南宋或元（1237—1292）	仿木檐石塔三层横梁
甘肃金昌市永昌县圣容寺后山岩壁	兰札体梵文，藏文、八思巴字、回鹘文、西夏文、汉文	西夏元12—13世纪，或泰定三年后（1326）	六体文字方龛
北京八达岭；关沟弹琴峡五桂头；关沟弹琴峡仙枕石；密云番字牌	藏文；兰札体梵文；蒙文	泰定三年（1326）	藏文方龛，条龛；卷草纹边框
河南浚县大伾山	兰札体梵文；汉文；蒙文	泰定三年（1326）	长条单龛
北京八达岭居庸关云台	六体陀罗尼：藏、梵、八思巴、回鹘、汉、西夏	至正五年（1345）	云台券洞
广东潮州开元寺	梵文	至正六年（1346）	铜云钣
甘肃敦煌莫高窟速来蛮造像碑	梵、藏、回鹘、八思巴、西夏、汉。四臂观音像	至正八年（1348）	造像碑；上下左右排列
甘肃敦煌莫高窟464窟前室墙壁	A：梵、藏、蒙、汉四体墨书框；B：梵、蒙、藏、汉、八思巴五体	至正十年（1350）	石窟墙壁墨书
福建厦门同安区莲花镇澳溪村	竖刻兰札体六字真言	至正六年以后（？）（1325—1368?）	独石崖壁摩崖石刻
福建泉州开元寺	汉文、梵文上下环列	至正二十四年（1365）	铜钟
西藏拉孜县平措林寺	八思巴、梵、藏、蒲甘、汉、回鹘	至元五年至至正二十一年（1339—1361）	造像碑；上下左右排列方龛

第二节　从藏语词汇变化看西藏金铜制造、金铜造像及其与周边文明的联系

7至13世纪汉藏与多民族文明的交流与发展，在不同民族语言、特别是相关名物的词汇中可以看到端倪。本节从藏语li一词的演变中考察藏汉佛教艺术对作为圣地的于阗的共同认知，佛教图像与造像技术的发展及其与邻近国家和地区的政治经济文化交流的对应关系，乃至汉藏与不同民族之间物质文明共同发展的轨迹。

藏语解释li yul一词的li时，指li多指"钟铜"或"响铜"，《藏汉大辞典》"钟铜，响铜，一种以铜为主要成分的合金，可以铸造乐器或其他器物"（lcags sna tshogs bsres nas bzhu ba'i li zhes sbub tshal dang sil snyan sogs rol cha'i rgyur dgogs pa zhig）。[1]称之"响铜"是因为铜在吐蕃主要用于铸钟，也用于制作铙钹法器，都是发声的器物。加上后缀-ma名词化为li ma，则专指用这种铜制成包括佛像在内的器物（li yis bzos pa'i dngos rigs），并特指rgya gar shar li ma"古代印度东部所铸响铜佛像"。1946年成稿的《格西曲扎藏文词典》解释li ma是"旧佛像"，等同于lha sku（lha sku rnying pa lta bu），这是对li ma一词的最初阐释。[2]

"响铜"一词当源自汉语，流行于明初，明人宋应星《天工开物》记："凡铸钟，高者铜质，下者铁质"；[3]《大明会典》记："凡铸造朝钟，用响铜，于铸钟厂铸造"；《大明会典》又记隆庆五年造朝钟使用的材料有"生铜""响铜"和"红熟铜"。[4]将藏地金铜佛与藏语

---

〔1〕张怡荪主编：《藏汉大词典》下册，北京：民族出版社，1993年，第2778页。

〔2〕《格西曲扎藏文字典》1949年刊刻，1957年民族出版社根据拉萨霍康木刻本翻译出版，由法尊法师和张克强先生根据达斯字典（Chandra Das, Graham Sandberg & Augustus William Heyde *A Tibetan-English dictionary, with Sanskrit synonyms*. 1st Edition — Calcutta, 1902.）做了补充。

〔3〕宋应星《天工开物》（崇祯十年，1637）全书分为上中下三篇共18卷，并附有123幅插图，描绘了130多项生产技术和工具的名称、形状、工序。铸钟收入中篇卷八"冶铸"，其文记载："凡铸钟高者铜质，下者铁质。今北极朝钟，则纯用响铜。每口共费铜四万七千斤、锡四千斤、金五十两、银一百二十两于内。成器亦重二万斤，身高一丈一尺五寸，双龙蒲牢高二尺七寸，口径八尺，则今朝钟之制也。"

〔4〕（明）李东阳正德四年（1509）编校《大明会典》，有江苏广陵古籍刻印社2007年新印版，第2684页。参看夏明明《从永乐大钟谈"响钟"的结构与设计》，收入张宝胜《永乐大钟梵字铭文考》，北京大学出版社，2006年，第232页。

li ma称为“响铜”则源于清代宫廷涉藏的文献，约始于乾隆四十五年（1780）。[1]铸钟工艺要保持铜钟的声效，需要调节铸铜内含锡量，所谓响铜，就是锡与青铜的混合物。在17世纪后半叶，li ma衍生出与金银材料并列的、专门铸造金铜佛的铸材的寓意，[2]近现代演变为“合金”。当代藏族手工艺学者扎西维色认为li ma是“铜与锡不同比例混合”的结果，[3]东噶仁波切则确切定义为“用不同金属混合后制成的器物。”[4]

要讨论作为“合金”的li ma，先观察藏语“锡”一词的形成，sil bu或sil ma原意为有象声义蕴的“细碎”，如“花瓣”（me tog sil ma），此后转用于汉语借词sil（即“锡”），因锡主要用于制作“响铜”提高音效，sil因此与乐器相关，sil snyan“铙钹”，sil byed“锡杖”，sil khol“乐器”“铿锵”，并逐渐形成sil li ma“锡琍玛”。另一个更晚近的汉语借词是gsha'，或者写成gsha' tshe dkar po。12至13世纪的《娘氏教法史》谈到阿底峡在普兰甲兴寺，各地大德显贵供奉各种用金、锡和铜制成的净盆（gzhong），分别用gser，sil ma和zangs，可见在12世纪已有“锡”的汉语借词，尚无li ma一词，以li ma指代“合金”更是现代后起义项，[5]出现得非常晚，不同地区的金铜佛像，如li smug，li dkar，li dmar等这些佛像，其中

---

〔1〕如乾隆四十五年二月六世班禅“天神文殊菩萨大皇帝一向对小僧慈悲怜悯之隆恩永世难报。……为叩谢圣恩，敬备洁白哈达、释迦牟尼佛像、镀金前辈历世班禅像、赐寿如意轮吉祥响铜佛像、扎什俐玛佛像及各佛像佛衣、印度氆氇线等，伏乞御览。”同年六月六世班禅为谢圣恩“敬备礼品洁白哈达、无量寿佛和赐寿如意轮及作明佛母等镶璁玉扎西响铜佛像、扎什琍玛佛像、观音和文殊菩萨之响铜佛像及其佛衣……”途经多伦诺尔时又呈进“无量寿佛和观音之吉祥响铜佛像各一尊、恰那多杰吉祥响铜佛像一尊。弥勒赤金佛像一尊，以及各佛像之佛衣……”中国第一历史档案馆、中国藏学研究中心编：《六世班禅朝覲档案选编》，北京：中国藏学出版社，1996年，第153、199页。清宫扎什琍玛参看马云华《清宫扎西琍玛造像的来源及像式类型分析》，《故宫博物院院刊》2007年第1期，第106—158页。

〔2〕例如《五世达赖喇嘛自传》卷二（ngag dbang blo bzang rgya mtsho'i rman thar）第123页在记述哲蚌寺整理西色古拉康（gser sku lha khang）时介绍不同材质的造像：提到不同的造像有gser sku（金像）、rag sku（黄铜像）、dngul sku（银像）、li'i mandala（li铜制成的曼荼罗）；第126页又记载“li铜、金、生铜、木材和药泥等制作的佛像86尊”（li gser zangs khro shing dang sman 'dam sogs las grub pa'i sku chig brgyad drug），拉萨：西藏人民出版社，1989—1991年。

〔3〕“所谓li者，源出自天竺、泥婆罗和吐蕃三地，每地各有白黄琍玛两种，由天竺琍玛矿石熔炼出白红琍玛两种，不过据说还有更多的琍玛。琍玛量大且多的上品是以白锡掺入六成或八成紫铜，由此所得两种软硬不同的铜合金。”（li zhes pa 'di rgya bal bod gsum nas 'byung ba dang/ de la'ang dkar ser gnyis re 'byung zhing/ rgya gar du li rdo rang nas bzhus pa'i li dkar dmar gnyis kyang yod par bshad pa sogs mang du snang yang/ li chas mang che ba ni stod kyi gsha' dkar la zangs drug skor dang brgyad skor sogs bsres pa las li la sra snyis rigs gnyis 'byung ba dang/）参看bKra-shis 'od-ser, *mKhar gyi bstan bjos*/ 北京：民族出版社，1989年，第121—123页。

〔4〕东噶仁波切（Dung dkar Rin po che）：《东噶藏学大词典》：lcags rigs sna tshogs bsres te bzos pa'i dngos po la zer zhing'/ 北京：中国藏学出版社，2002年，第1981页。

〔5〕“于是，藏地大师涌来此地，以仲（敦巴）为首之卫藏众显贵，祈请尊者前往卫藏，于普兰甲兴寺大译师（仁钦桑布）驻地，奉献金、锡和铜制净盆。”（de nas bod kyi ston pa mang po byon/ 'brom gyis gtso byas dbus gtsang gi mi che ba rnams kyis dbus su byon par zhu [ba] phul/ spu [rang] gi rgya zhing dgon pa lo chen gyi gnas su/ gser sil ma zangs gzhong gang phul te）《娘氏教法史》（Nyang Nyi-ma 'od-zer gyis brtsams, Chos 'byung me tog snying po sbrang rtsi'i bcud/），拉萨：西藏藏文古籍出版社（bod yig dpe rnying dpe skrun khang），1988年，第468—469页。此外，藏语后缀-ma，具有极强的构词属性，一般置于名词后面构成多指代物品，且没有较强的词汇阴阳属性，虽然略偏阴性。如dter ma（伏藏）、gtor ma（朵玛）、bla ma（喇嘛）、zangs ma（铜）、li ma（金铜佛像）等。

差别被分类总结为不同的合金成分，因而li ma一词衍转为"合金"。事实上，藏语没有集合名词的"金属"或"合金"，以铁作为五行的"金"，合金可做称为lcags sres ma，是现代新词。

Li或li ma被认为是响铜，也就是钟铜有其渊源。从西藏铸钟历史来看，藏文"钟"使用的是汉语借词，如8世纪末（779—791）赤松德赞王妃杰莫尊（Jo mo rGyal mo brtsan）铸造的桑耶寺钟，写作cong；[1]赤松德赞王妃菩提氏（Jo mo Byung chub）作为施主铸造的昌珠寺钟"铸钟"，称为drīl chen po，由住持汉僧大宝监造（mKhan pho rgya'i dge slong Rin chen）。[2]这种称呼一直延续至清中叶，"钟"译为cong chen，[3]是放大版金刚铃dril bu chen po zhi，但"喇叭"却是zang dung（铜海螺）。可见汉语"响铜"与li ma的词义来源途径略有不同，16世纪后半叶由钟形成的"钟铜"，藏文称为cong li，[4]西藏学者认为钟铜大约是在阔端和也孙帖木儿时期由汉地获取。[5]

既然li或li ma被认为是一种以铜为主要成分的合金，这种近现代解释影响到包含li的古地名"于阗"，即li yul的史地研究。li yul中的li指"响铜"或"钟铜"，yul指"区域""地方"，依此解释，很多学者以为"li yul"就是"产铜之地"。[6]虽然汉文古籍提到

---

〔1〕王尧：《吐蕃金石录》，北京：文物出版社，1982年，第183—188页。

〔2〕王尧：《吐蕃金石录》，第191—193页。

〔3〕《五体清文鉴》，北京：民族出版社，第706页。

〔4〕扎雅仁波切在《西藏宗教艺术》讨论"钟铜"时认为没有资料可查。扎雅著，谢继胜译：《西藏佛教艺术》，拉萨：西藏人民出版社，1989年，第134页。

〔5〕"生紫铜琍玛（白琍玛与红琍玛合金）与白铜（钟铜）两者以旃檀名木为媒合金制成，时在蒙古把持汉地时（从阔端王到也送帖木儿六代蒙元汗王执政时期），钟铜就是生紫铜琍玛与红琍玛合金而成。"（khri li smug [li dkar dmar bsres pa'i] dang khri dkar shing las byas// bya brag hor gyis rgya nag 'dzin pa'i dus/ [rgyal po go dan nas ye sun the mur gyi bar gyal rabs drug gis 'dzin pa'i dus] cong li dang de dang li dmar bsres//）白玛噶布文章的排印本，名称是rten brtag pa'i rab byed nyung du smra mkhas 'dod pa'i kha rgyan zhes by aba bzhugs so// 收入《藏族工艺典籍选编》（bzo rig nyer mkho bdams bsgrigs），拉萨：西藏藏文古籍出版社（bod ljongs bod yig dpe rnying dpe skrun khang），1990年，第254页。

〔6〕"李域"（li-yul）一词的本义，美国学者柔克义（W. W. Rockhill）认为，li在藏文里为钟铜之意，藏文典籍称于阗为"李域"，其意是钟铜之国。参看William Woodville Rockhill, *The life of the Buddha and the early history of his order*: derived from Tibetan works in the *Bkah-Hgyur* and *Bstan-Hgyur*, followed by notices on the early history of Tibet and Khoten, Chapter III, pp.230-248, Published 1884 by Trübner in London，此书2016年由英国Forgotten Books出版社再版。巴桑旺堆先生则认为，li字本意为钟铜，引申为合成、混合之意，吐蕃人把于阗看做是"源发于印度之佛教文字和来自汉王朝之俗人礼义人种混合在一起之国家"，故呼为"李域"。参看巴桑旺堆：《藏文文献中的若干古于阗史料》，《敦煌学辑刊》1986年第1期，第71页。王尧先生认为南疆一带古代产铜，藏语li又为青铜合金之一，因而名该地区为"产铜之地"。（参看王尧、陈践践：《〈于阗教法史〉——敦煌古藏文写卷P.T.960译解》，《西北史地》1982年第3期，第19页。）格勒在《藏族早期的历史与文化》论述古代藏族与于阗的关系时说："藏族之所以称于阗为li-yul，是因为古代南疆一带产铜，藏语li即为青铜合金之意，yul为地方之意，li-yul则为'产铜之地'。"参看格勒《藏族早期的历史与文化》，北京：商务印书馆，2006年，第362页。丹曲、朱悦梅就此做了梳理[参看《藏文文献中"李域"（li-yul，于阗）的不同称谓》，《中国藏学》2007年第2期，第83—94页]。

于阗人很早就善于铸造铜器，如《梁书》明确记载于阗“国人善铸铜器”，[1]但仅此而已，此后的文献史籍叙及于阗事迹，基本没有于阗产铜或制造铜器的记载。事实是自古至今，于阗一直以出产玉石闻名，并非响铜产地。其次，观察藏语基本词汇，“铜”藏语有专名，称为zangs，《藏汉大辞典》有关zangs的词条有55条（li则不超过15条，且多后起义），[2]zangs也可以加上-m构成名词“天然铜”zangs ma（rang byung zangs），西藏的桑日县名称就是“铜山”zangs ri。现今的li，仅有li ma“响铜器物”，li dkar“白响铜”，li ser“黄响铜”，li dmar“紫响铜”，li nag“黑响铜”之意。其基本意只有li ma，众多释义“响铜”，实际意义是由“佛像”或“金铜佛像”所用材料为“响铜”衍生而来，如布达拉宫li ma lha khang“响铜殿”全供奉佛像。[3]如前所述，以往藏族学者或辞书对li ma的解释是指旧佛像或东印度佛像。所以藏文“李域”li yul，笔者认为是“出产佛像之地”，与“铜”无涉。以下我们讨论li yul至li ma的演变路径。

“于阗”一词的原形应是伊朗语族的huvatana，[4]梵文称于阗为Ku stana，《大唐西域记》玄奘音译为“瞿萨旦那”，意译作“地乳”，[5]此言来自梵语的译音Gostana; go，梵文“大地”之意；stana，梵文“乳房”之意。此后诸语言译名多出自梵语。藏语称为sa nu（地乳），这是阿育王（Aśoka）之子地乳王（Kuṇāla）的名字，后者也被认为是于阗国的创建者。汉文早期文献多用“于阗”，[6]《元史》译为“斡端”，《元朝秘史》称“兀丹”《西游录》称“五端”，回鹘文做udun。[7]早期涉及于阗的藏文简牍，很少用li yul来称呼“于阗”，更

---

〔1〕《梁书·列传》卷五十四“诸夷”“西北诸戎”条记载“其地多水潦沙石，气温，宜稻、麦、蒲桃。有水出玉，名曰玉河。国人善铸铜器。其治曰西山城，有屋室市井。果蓏菜蔬与中国等。尤敬佛法。王所居室，加以朱画。王冠金帻，如今胡公帽；与妻并坐接客。国中妇人皆辫发，衣裘袴。其人恭，相见则跪，其跪则一膝至地。书则以木为笔札，以玉为印。国人得书，戴于首而后开札。魏文帝时，王山习献名马。天监九年，遣使献方物。十三年，又献波罗婆步鄣。十八年，又献琉璃罂。大同七年，又献外国刻玉佛。”

〔2〕张怡荪主编：《藏汉大词典》下册，北京：民族出版社，1993年，第2447—2450页。

〔3〕参看五世达赖喇嘛阿旺罗桑嘉措（Ngag dbang Blo bzang rgya mtsho）：《布达拉宫琍玛拉康新志》（pho brang chen po po ta la'i li ma lha khang gi deb ther gsar bsgrigs kyi mchod brjod nam mkha' mdzod kyi sgo 'byed sogs），收入《阿旺罗桑嘉措全集》十九卷，北京：中国藏学出版社，2009年，第217—219页。

〔4〕S. Konow, “Ein neuer Saka-Dialekt”, *SPAW*, phil.-hist. Kl., Berlin, 1935, no. 20, p. 30[=799].

〔5〕《大唐西域记》卷十二曰：“瞿萨旦那国，唐言地乳，即其俗之雅言也。俗语谓之涣那国，匈奴谓之于遁，诸胡谓之豁旦，印度谓之屈丹，旧曰于阗讹也。昔于阗国王暮年无嗣，于是祈祷天神，请求继嗣。忽间神像前额剖裂，出一婴孩。全国上下欢庆。但婴儿不食人乳。国王恐其夭折，又去神前求助养育之法。突然神前地面隆起一包，形状如乳，婴儿吮饮，长大成人，继承王位，世代相传。”因为“于时地乳所育，因为国号”。

〔6〕如《汉书》《后汉书》《魏书》《梁书》《旧唐书》《新唐书》《法显传》《洛阳伽蓝记》等。

〔7〕《于阗教法史》提到“在于阗大市场等处[安置佛像]”（'u-ten gyī tshong dus chen po na），《于阗教法史》（Li-yul Chos-kyi-lo-rgyus），法藏敦煌卷子P.t. 960，相关研究有F. W. Thomas, *Tibetan Literary Texts and Documents concerning Chinese Turkestan*, Part I, London: The Royal Asiatic Society, 1935, pp. 303-323. R. E. Emmerick, Tibetan Texts concerning Khotan, London: Oxford University Press, 1967, pp. 78-79. 王尧、陈践：《敦煌吐蕃文献选》，成都：四川民族出版社，1983年，第140—158页。近年有荣新江、朱丽双《于阗与敦煌》附录二：朱丽双《于阗教法史译注》（收入“敦煌讲座”丛书），兰州：甘肃教育出版社，2013年，第454—458页。

多的是用'u ten或者'u den，如新疆吐蕃简牍记“猪年，于和田城备鲜肉银九两”（phagi lo la skun kar ***'u then*** du/ dmar srang dgu gsogs brnangs gcho pa mchis nas）。[1]另一块简牍记载“佣奴梅悉猎去和田”（myi las mes slebs ***'u ten***［du］）。[2]对于于阗藏文简牍出现li yul的中的li，蒲立本（Edwin George Pulleyblank, 1922—2013）认为藏文之称于阗为li yul，是因为于阗国王在唐朝被赐为李姓，如于阗王李圣天，以王姓冠以地域，遂称为“李域”，王尧、陈践先生早已指出时间过晚。[3]李圣天称王，并被赐李姓是在10世纪，公元938年，后晋朝廷册封李圣天（尉迟娑婆，912—966年在位）为“大宝于阗国王”。[4]

li vu ten此或为音译的汉语“于阗”。Li很可能是当地人自称或外族、外地人对居于vu ten的人的称呼。最有说服力的例子是新疆出土吐蕃简牍记录gling ring gi ***li*** la nas bre gang skur 'am ma skur，王尧先生准确译为“给林仁的于阗人是否送去青稞一升。”其中清晰的语法结构说明li确实指称住在长洲（gling ring）的于阗人li。[5]有时候li直接说是一名于阗人，直接写明li gchig［gcig］。[6]新疆吐蕃简牍No. 288则提到于阗人“李杂”（li 'dzas）等二人前往于阗（'u then），从中可以明确地看出li与'u then的区别。[7]另一块简牍提到于阗时称为“李和田”（li 'u ten），[8]称呼于阗人“银代”（li 'in dad）、索尔代（li sor dad），名字前面都冠有li。[9]新疆吐蕃简牍No. 293则列出数位于阗人的名字，前面无一例外冠有li：例如li gos de, li shir de, li hir bod。[10]《于阗教法史》记载li yul，也写作'u ten，似乎li yul是藏人对'u ten的不同称呼。[11]11世纪的藏文文献《韦协》提到于阗地方人用li rnams，后面加上表示众人的复数-rnams，可见li确实是

［1］王尧、陈践：《吐蕃简牍综录》，北京：文物出版社，1986年，第69页，编号397。

［2］王尧、陈践：《吐蕃简牍综录》，第68页，编号379。

［3］蒲立本：《论钢和泰卷子的时间》，刊1954年《泰东》（Asia Major）第四卷，第90—97页（“The Date of the Stael-Holstein Roll”），转引自王尧、陈践践：《〈于阗教法史〉——敦煌古藏文写卷P.T.960译解》，《西北史地》1982年第2期，第19页。

［4］莫高窟第98窟有“大朝大宝于阗国大圣大明天子”画像。

［5］王尧、陈践：《吐蕃简牍综录》，第68页，编号377。

［6］王尧、陈践：《吐蕃简牍综录》，第49页，编号153：“墀古瞬尔之斥候缺于阗人一名”（khrī skugs 'jor gyi so pa li gchig chad）。

［7］王尧、陈践：《吐蕃简牍综录》，第60页，编号288：“我派于阗人李杂和谢岱去和田听取高见，一人已返回，另一人尚未归，另派夏日玛前去。”（li 'dzas dang/ shir 'de gnyis// 'u then du bdagis dgun cha len du btang b alas// gchig ni slar mchis/ gchig ni ma mchis// de'i tsal ma ni/［par］sha ris ma/ lcogs pa snga mas）

［8］王尧、陈践：《吐蕃简牍综录》，第41页，编号85。

［9］王尧、陈践：《吐蕃简牍综录》，第49页，编号145；第38页，编号66：“使者于阗银代向阿玛加之拉松哲部分交纳青稞”（la ma ca lha zung gre/ tshand la sna bo li 'in dad 'bul ba nas）。

［10］王尧、陈践：《吐蕃简牍综录》，第61页，编号293。

［11］“公主从汉地迎请的一尊释迦牟尼金像也供奉在小昭寺”（aong jos gser gyi lha shvakya mu ne cig rgya yul nas spyan drangs pa yang ram o cher bzhugs te），《韦协》（dBa' bzhed bZhugs so），拉萨：西藏古籍出版社（Bod ljongs bod yig dpe rnying dpe skrun khang），2012年，第5页。

指人。[1]

北传佛教传统中，于阗是佛陀驻锡、菩萨莅临、世系嫡传，等同于印度八大圣地的佛教天国，[2]其佛教中心就是藏文史料中经常提及的“李域姜若穆波”（Li yul lcang ra smug po）。[3]在晚唐五代至宋夏蒙元时期，即9世纪至13世纪五台山以文殊菩萨图像为特征的佛教造像圈形成之前，于阗佛教造像在中唐至晚唐，即7—9世纪的中国佛教史和佛教艺术史中占有绝对突出的地位，源于印度的佛教艺术是以融通中亚与丝路的“于阗样式”或“于阗风格”、以适应不同族群此消彼长政治环境的北方天王为图像母题，在包括吐蕃在内的广大地区流布。藏汉文史料中有很多于阗工匠前来吐蕃雕塑佛像，或者从于阗迎取佛像的记载，这些记载主要与吐蕃两个寺院有关，即位于拉萨以东蔡公堂的温姜多寺（’ong ’jang do）和位于山南泽当镇的昌珠寺（khra ’brug）。[4]伏藏（gTor ma）史籍《柱间史》提到松赞干布时期借大臣吞弥之口讲述两位于阗沙弥（li yul gyi dge tshul gnyis）因修习文殊不得证悟转而修持观音，前往吐蕃面见观音化身之松赞干布。在进入拉萨堆龙地方时，看到尸骨遍地，都是吐蕃赞普为维护十善法而处死的罪犯；经过旦巴滩时，满目都是断头、断手的死尸残块。据云可以昼死夜复生。这里的史料说明赤热巴巾赞普崇佛法律的严酷：“两位比丘来到堆龙沟口时，看到此地被赞普定罪处死人的断头、剜掉的眼睛、躯干残块，血流成河。”“经过询问，得知赞普现在住在拉萨。当他们经过旦巴地方觐见时，在此地看到断头、残眼、断肢，一些遭受火刑、一些切成残段、一些用利木穿刺，真是

---

〔1〕记载李域地方的人都认为松赞干布是圣观音的化身，li rnams ni btsan po khri srong btsan arya pa lo lags so zhes mchi ste/ 参看《韦协》（dBa’ bzhed bZhugs so），拉萨：西藏古籍出版社，2012年，第5页。“li”可以看做是于阗人的“姓”，据称此姓起源于两河流域的ilu，指“神”，亚述人的人名后面，很多有al，或者al，都是指“神”，感谢北京大学东语系段晴教授见告。

〔2〕《于阗教法史》（*Li-yul Chos-kyi-lo-rgyas*）云：“当佛法出现一千七百三十三年，自地乳王至于阗赞勒传五十六代国王。尔后，弥勒菩萨与尊者文殊二者，领悟此于阗乃三世诸佛之不共佛土，遂往于阗。”（chos byung nas lo stong bdun brgya sum cu rtsa gum lon// rgyal po sa nu nas// lī rje btsan legs kyī bar du// rgyal po rabs lnga bcu rtsa drug g[ī]s bgy[ī]s.....// de nas byang cub sems pa byams pa dang/ ’phags pa ’jam dpal gnyīs kyīs// lī yul ’di dus gsum gyī sangs rgyas kyī zhing khud pa/ legs par thugs su chud nas/ lī yul gshegste//）本卷原文在法藏敦煌写卷P.t. 960，《北京版大藏经》nye部，129卷，叶448a3-468a8，汉译文见王尧、陈践：《敦煌吐蕃文献选》，成都：四川民族出版社，1993年，第140—158页。荣新江、朱丽双：《于阗与敦煌》附录二：朱丽双《于阗教法史译注》（收入“敦煌讲座”丛书），兰州：甘肃教育出版社，2013年，第454—458页。

〔3〕姜若穆姆在10世纪的藏文史料中与金刚座、灵鹫山一样，都是非常有名的、佛陀曾经到过的佛教圣地。例如《禅定明灯》记述大乘信徒朝佛路线有印度金刚座、灵鹫山和于阗姜若穆波（Bsam gtan mig sgron, 5-6: rgyu’i theg pa chen po’i lugs kyis kyang sngon ston pas zhabs kyis bcags pa’i rdo rje’i gdan dang/ bya rgod phung po’i ri dang/ li yul lcang ra smug po la stsogs pa bkra shis pa’i gnas dag bya ba grub par byed pas btsal lo/.）参看Sam van Schaik, “Red Faced Barbarians, Benign Despots and Drunken Masters: Khotan as a Mirror to Tibet”, *Revue d’Etudes Tibétaines*, no. 36, October 2016, p. 45.

〔4〕参看谢继胜、贾维维：《温姜多无例吉祥兴善寺修建史实考述——兼论藏文史书记载的温姜多寺、昌珠寺与于阗工匠入藏的关系》，《故宫博物院院刊》2011年第6期，第14—41页。

惨不忍睹。”[1]在11世纪前后成书的《韦协》中,同样记载了两位于阗沙弥进入吐蕃追寻观世音化身的松赞干布时看到多人因赞普初次推行法律被惩处,“只见违法者有人或被杀,或被放逐,或被拘于刺篱中,或被劓鼻挖眼。”[2]

事实上,早期昌珠寺与于阗并无联系,我们在早期的碑铭史料中找不到这些记载,将昌珠寺与于阗联系起来的是传为阿底峡掘出的伏藏《柱间史》,但从该书叙述的史实来看,《柱间史》成书的年代或许在12世纪以后,至于为什么选择昌珠寺作为与于阗联系的寺庙,目前我们还没有找到答案,或许可以看作是于阗相关传说的一个中心,为湖中诞生寺庙的于阗母题;或许与昌珠寺寺名 khra/ khrag 'brug “龙,鹞子” 演绎为湖中起寺的传说有关。据《柱间史》以及后世的《昌珠寺志》记载,昌珠寺是从湖中建立的寺院,与藏文文献《于阗授记》等记载的佛国于阗的形成路径相似。[3]既然与于阗建国史联系,昌珠寺的佛像壁画等皆来自于阗:“如此,吐蕃雪域地方起建了佛塔,昌珠寺亦有金刚宝座塔。所建神殿先前是昌珠大经堂,神殿内供奉从李域地方来到此地的自生五方佛,其中三佛为塑像,二佛为壁画;尚有十二位男女菩萨,供养神馐天女等。”[4]

后期文献《昌珠寺志》记载了从于阗迎请八大菩萨的情形。

---

〔1〕《松赞干布遗训·柱间史》(bKa' chems ka khol ma),兰州:甘肃民族出版社,藏文本,第302页,卢亚军汉译本易名为《西藏的观世音》,兰州:甘肃民族出版社,2001年,第288页。(原文:Ston lungs mdav mar yong bas/ der rgyal pos chad pa bcad pavi mgovi phung po dang/ mig phyung pavi phung po dang/ mi rovi thang ma/ khrag gi 'do ba chu bran tsam du vdug pa la/)《西藏王统记》第十六章等也有二位李域沙弥进藏看到如此惨状的记载。原文如下:Rgyal po da lta gang du bzhugs dris pas/ lha sa na bzhugs zer bas/ dan vbag gi dgung seb cig na yar phyin pa dang/ der yang mgovi ra ba/ mig gi phung po/ rkang lag gi bcad gtubs/ la la me la gtug pa dang/ la la phyed ma byad pa dang/ la la gsal shing la skyon pa la sogs pavi rigs mi vdra ba mang por spyod pa mthong bas/

〔2〕巴桑旺堆《韦协译注》,拉萨:西藏人民出版社,2005年,第3页。原文见《韦协》藏文版(dBa'-bzhed bZhugs-so)第6页:btsan po'i bka' khrims dang po 'cha' ba'i dus su phyin te la la ni bkum/ la la ni spyugs/ la la ni bzung nas tsher bgsa su sjal[bsjal]/ la la ni sna mig la phab pa mthong ste/(拉萨:西藏古籍出版社,2012年)这些记载大都出自《于阗授记》(Li-yul lung-bstan chen-po)或《于阗阿罗汉授记》(Li-yul gyi dgra-bcom-bas lung-bstan-pa),大英博物馆编号IOL Tib J 597-598,不过,恰如11世纪之后以新的佛教史观建立的叙述模式,此处的景象被解释为两位沙弥看到的幻象。

〔3〕藏文《于阗国授记》云:“尔时于阗久为湖泊,释迦牟尼佛为预言:该湖泊将成陆地获治国家,乃引菩萨、声闻弟子在内之二十万众,龙王、天人等八部众于灵鹫山升空。既至于阗,时为湖泊,乃坐于今 mgo ma 河附近水中莲花坐上。释迦预言该湖泊将变为获治之陆地之国,乃口申教敕,命包括八大菩萨在内之二万随侍、三万五千五百〇七眷属护法神祇护持该国的这一供养圣地。舍利弗、毗沙门奉敕而开通墨水山,排除湖水,而得地基。佛于原来莲花座上,在牛头山现,今立有释迦牟尼大佛像处结跏七日,而后返回天竺国之吠舍厘城。”见托马斯《新疆出土藏文文献》(F. W. Thomas, *Tibetan Literary Texts and Documents concerning Chinese Turkestan*, Part I, London: The Royal Asiatic Society, 1935, pp 89-90)。

〔4〕《柱间史》(bKa' chems ka khol ma),兰州:甘肃民族出版社,1991年,第301—302页。原文:De ltar bo kha ba can du mchod rten bzhengs pa la khra 'brug gi mchod rten rtse lnga pa 'di snga ba yin no/ lha khang bzhengs pa la khra 'brug gi gtsug lag khang snga ba yin no/ khra 'brug lha khang nang na rten ni/ rgyal ba rigs lnga rang byon bzhugs pa'i gsum ni lder sku/ gnyis nig yang yin/ sems dpa' sems ma bcu gnyis dang/ mchod pa'i lha mo zhal zas ma li'i yul nas rang byung du byon pa bzhugs/

“雕像的眷属应该安置哪些？”法王刚这样想，虚空之上天神及十方菩萨再次以一种声音答道：“汝等雕像眷属的‘八近侍菩萨弟子’、杰尊度母、忿怒金刚手等以前是光护佛（Kāśyapa）呈献的眷属，现在安放在印度李域的姜若牧波。迎请诸神菩萨作为汝等雕像的眷属吧！在此世间没有比这些雕像更神奇的，迎请眷属我们要为你们助一臂之力。”法王闻此感到无比的满足。于是召集臣下和百姓，说：“昨夜王我得到天神授记，雕像的眷属现在供奉在印度李域的姜若牧波。因此，我必须去那里然后护卫圣像到我们这里，汝等最好准备军阵！”随即有180万人军阵和无数神通变幻勇士的军队赶到了李域，李域王异常惊恐：“据说此王松赞干布是十一面观世音的化身，但看来更像一位邪恶君王。即使我与他毫发无损，为什么他要派大军攻打我国？”法王回答说：“为了在雪域周边蛮荒之地传播圣法，王我已建造108座殿堂。在这些殿堂要供奉的主佛像中，腰茹昌珠寺圣像是从索塘贡布日山迎请，此后我我得到天神授记，说诸尊由男女菩萨组成的眷属应从李域的姜若牧波迎请！正是这个缘故我来到此地，王我要你给我男女菩萨眷属。如果你交出，汝等臣民会有大喜乐；如若不交，王我不能如愿，我的军队将摧毁李域，甚至你们国家的名字也不存在了，汝等君臣也要被王我掳走。”李域王回禀说：“凭功德和实力我都不能和吐蕃王相比，请求给我留下文殊法界作为我尊崇祭拜的圣像，其他的圣物我可以呈献给大王。”法王大喜称善。[1]

---

〔1〕 Per K. Sørensen and Guntram Hazod in Cooperation with Tsering Gyalbo, *Thundering Falcon: An Inquiry into the History and Cult of Khra-'brug Tibet's First Buddhist Temple*, pp. 62–63, 原文pp. 342–344: rgyal po de mtshar dpag tu med pa bskyed nas/ da ng'i rten gtso rnams shin tu legs pa byung/ lha'i 'khor rnams ltar dgod snyam byunr ba dang/ slar yang phyogs bcu'i rgyal ba sras bcas gyis mgrin gcig tu khyad gyi lha'i 'khor rnams rgya gar li yul lcang ra smug po na sngar sangs rgyas 'od srung gis rab gnas mnga' gsol mdzad ba'i nye sras brgyad/ rje btsun sgrol ma/ khro bo dang bcas pa bzhugs yod/ de rnams khyed kyi lha'i 'khor bug dan drongs shig/ 'dzam bu'i gling na rten de las ram tshar che ba med/ nged rnams kyis kyang grogs byed/ (11a) gsung pa nam khab nas sgra bsgrasgs pas/ nang par rgyal po thugs shin tu m nyes te/ blon 'bangs rnams bsdus nas/ mdang nub lha 'khor rnams rgya gar li yul lcang ra smug po na bzhugs yod pa'i lung bstan byung pas/ de gdan 'dren du vgro dgos pas khyod rnams dmag dpung sogs la grab gyis gsungs nas de ma thag dmag 'bum phrag bco brgyad dang/ bzhan yang sbrul pavi dmag tshogs dpag tu med pa dang bcas pa li yul du byon pas/ li yul rgyal po skrag nas rgyal po srong btsan sgam po de thugs rje chen po'i sbrul pa yin zer na'ng/ sdigs rgyal zhig yin pa 'dra/ ngas khong la gnod pa ci yang ma byas rung/ nga'i yul du (11b) damg mi 'di tsam 'dren phal ci yin zer bas/ chos rgyal gyis nges mtha' khob bod kyi yul du dam pa'i chos dar zhing rgyas ba'i phyir du/ gtsug lag khang brgya rtsa brgyad bzhengs bar dam bcas pa'i nang tshan/ khyad par g.yo ru khra 'brug gi gtsug lag khang bzhengs pa'i rten gtso rnams zo thang mgon po ri nas spyan drangs pa zinc in/ de'i 'khor sems dpa' sems ma rnams li yul lcang ra smug po nas gdan drengs shig zer ba'i lung bstan byung bas/ de'i phyi 'ong pa yin pas khyed kyi sems dpa' sems ma'i sku 'di rnams nga la phul zhin/ de ltar phul na khyed kyi mnga' vbangs rnams kyang bde ba dang ldan no/ ma phul na nga'i bsam pa mi rdzogs pas (12a)// li yul 'dam bcam mad bar dmag gas bcams nas rten rnams rang dbang mad par das sphyan 'jam dpal dhramdhrutu ng'i phyag mchod 'bul ba'i rten du zhu/ gzhan rnams thams cad khyed la 'bul lo zhus pas/ chos rgyal thugs shin tu dgyes nas legs so zhes gsungs nas//

涉及昌珠寺的文献同时出现了八大菩萨与五方佛，这一造像系统与敦煌及汉藏边境地区出现的大日如来与八大菩萨相比，属于不同的造像传播体系。后者是属于9世纪前后脱胎于佛顶尊胜的胎藏界曼荼罗禅定印大日如来配八大菩萨，后者是源于于阗的释迦牟尼统领护方八大菩萨，于阗八大菩萨与大日如来无关，当为释迦牟尼眷属，所以昌珠寺的“八大菩萨”称作“八大近侍弟子”指的就是释迦牟尼的弟子。11世纪所谓于阗样式的八大菩萨与释迦牟尼或许真与于阗八大菩萨信仰有关。[1]

《巴协增广本》提到赤热巴巾赞普建造温姜多寺时，曾经召遣于阗的工匠父子三人到吐蕃修建寺庙：

（赞普）召来了汉地、印度、尼泊尔、克什米尔、李域、吐蕃各地所有的能工巧匠，并请一位汉地的堪舆家查看好地形。说在李域的加诺木莫地方[2]有一个巧匠，他是修建温姜多乌宫殿的工匠师傅。于是，赞普命人将一只獐子关在铁笼中，派使者带着獐子和一封信函。信中写道：“笼中关的是吐蕃赞普的香象，今派人送去，请收下。贵国有一个叫李·觉白杰布的巧匠，请让他来修建吐蕃赞普的誓愿寺庙。如果不肯赠与，赞普震怒，将陈兵相向！”使者到了李域，把信函献给李域君王。李域王看了函令，看见送来的礼物香象连屎尿都散发香味，对之非常喜爱。又怕不遵从赞普命令会引起战祸，便商定遵命照办。杰布说：“我太老了，我有三个儿子，把他们奉献给吐蕃赞普吧！”李域王说：“你如果不去亲见赞普一面，赞普就会领兵来打李域。听说从前吐蕃赞普就曾率骑兵击败过李域。这次，你李·觉白杰布一定要到吐蕃去，哪怕死在途中，也要把你的头颅献给赞普！”于是派李·赛松、李·赛悦李·赛道等三子陪同父亲去吐蕃做工。让使者带着礼品返回吐蕃。李·觉白杰布未死于途，平安到达吐蕃与赞普相见。[3]

---

〔1〕即使敦煌的瑞像图出现的年代也集中在晚唐、五代、宋初。参张广达、荣新江：《敦煌〈瑞像记〉瑞像图及其反映的于阗》，《于阗史丛考》，上海书店出版社，1993年，第228页。

〔2〕此处提到的李域地名，藏文写作lcags-ra smug-mo（“紫红矮墙”），此类地名在敦煌藏文写卷或新疆出土的藏文简牍中涉及于阗的内容中亦有出现，如gling-ring smug-po-tshal。（托马斯书第220页）但《奈巴教法史》却提到松赞干布在藏地建“又谓修建镇魇四隅的寺庙，东南方修建江若牟保（即‘姜若穆波’）寺庙，西南方修建科亭寺庙，西北方修建智慧卓玛寺庙，东北方修建莲花卓玛寺庙。”王尧、陈践译：《奈巴教法史》，《中国藏学》1990年第1期。

〔3〕佟锦华、黄布凡译注《巴协》汉文本第60—61；藏文第182—183页，成都：四川民族出版社，1990年。藏文原文：rgya dkar nag dang bal po dang/ kha che dang/ li yul dang/ bod yul gyi bzo bo mkhas pa thams cad bkug te/ rgya'i ju bzhag mkhas pa gcig gis sa btsal nas/ ‘on cang de'u yi bzo bo mkhas pa zhig li yul lcags ra smug mo na yod par thos pas/ gla ba gcig lcag kyi dra bar bcug nas ‘di bod kyi btsan po'i spos kyi glang po yin pas ‘di bzhes la/ li spyod pa'i rgyal po zhes pa［pa'i］bzo bo mkhas pa zhig yod zer ba de bod kyi btsan po'i thugs dam gyi lha khang gi bzo byed pa la gnang ba zhu ba dang/ de ma gnang na btsan po'i thugs khros nas dmag ‘dren no bya ba'i sgrom（转下页）

此段史料中寻访、召请居住于于阗佛教圣地李域姜若穆姆（紫红柳li yul lcags ra smu mo）的工匠大师李·觉白杰布（bzo po mkhas pa li spyod pa'i rgyal po）到吐蕃负责温姜多寺的修建。派使臣送给于阗王的礼物是麝（gla-ba）就是吐蕃人所说的佛教圣物"香象"（spos kyi glang po）[1]，并威胁使用武力。觉白杰布携三子，虽名为工匠，但名字却很勇武，觉白杰布称为"行事大王"或"威武大王"（spyod pa'i rgyal po），父子三人名字都冠有li，三个儿子名字都包含gser（金），称为li gser-gzung（持金）；li gser vod（金光）；li gser tog（金顶），寓含"执顶金光焰"的意思。这是一条非常重要的记载，印证前叙新疆吐蕃简牍记载的li确实是指居住在于阗的人，并说明父子三人或来自称为"金国"（Ysarrnai bāḍä）时期的于阗！这位善于造像的"威武大王"，也可能影射那位著名的"于阗金汗"（Ysarrnai ha: nä，回鹘语Altun Khan）。根据张广达和荣新江先生的考订，《巴协》记载的于阗工匠进藏的年代或在于阗金国存续的851年至917年。[2]考虑到是朗达玛灭法前最后一位赞普赤祖德赞邀请于阗工匠入藏修建温姜多宫殿，这位赞普在位817年至838年，或许"于阗金国"的名称比现今认定的略早。

虽然印度为佛教发祥地，但吐蕃时期由域外携入佛像、或由域外工匠造佛的传说却鲜

（接上页）bu skur nas pho nya btang/ pha nya bas de li rje la phul bas/ li rje bka' sgrom gzigs nas/ spos kyi glang po'i chu dang rul ma tshur［tshul］chad spos su byung bas zhu rten l'ang mnyes/ btsan po'i bka' ma nyan na dmag l'ang 'jigs nas/ bka' sgrom nas byung ba ltar rdzong bar chad nas/ li spyod pa'i rgyal po bod yul du mchis 'tshal bar sgo bas/ nga rgas nga'i bu gsum btsan po'i phyag tu 'bul lo mchis bas/ li rje na re khyod rang btsan po dang dyar ma mjal na li yul du btsan po'i dmag 'ong/ sngon kyang bod kyi btsan pos rta dmag drangs nas li cham la phab ces zer nas kho de/ li spyod pa'i rgyal po lam du gum kyang mgo btsan po'i phyag tu phul gcig［cig］ces/ bu li gser gzung/ li gser 'od/ li gser tog gsum bod du bzo byed du sdzangs［brdzangs］/ pho nya la skyes bskur nas yar 'ong/ li spyod pa'i rgyal po ma gum bar btsan po dang zhal mjal/ 另见，拉萨：西藏古籍出版社，2012年（Bod ljongs bod yig dpe rnying dpe skrun khang），第236—237页。

〔1〕其一，佛经中指诸象之一。其身青色，有香气。《杂宝藏经·迦尸国王白香象养盲父母并和二国缘》："比提醯王有大香象，以香象力，摧伏迦尸王军。"南朝陈徐陵《丹阳上庯路碑》："香象之力，特所未胜。"唐王维《和宋中丞夏日游福贤观天长寺之作》："积水浮香象，深山鸣白鸡。"清赵翼《黔中牟珠洞》诗："又有释迦古佛、观世音、手掣香象调鹦鹉。"鲁迅《〈唐宋传奇集〉序例》："大蚊子惜鼻，固犹香象，嫫母护面，讵逊毛嫱，则彼虽小说，夙称卑卑不足厕九流之列者乎，而换头削足，仍亦骇心之厄也。"其二为菩萨名。《华严经·诸菩萨住处品》："北方有处，名香积山，从昔已来，诸菩萨众，于中止住。现有菩萨，名曰香象。"其三为香药和象牙。宋曾巩《本朝政要策·茶》："用三说，则官有七倍之损，而香象之货，居积停滞，公私皆失其利焉。"梵语gandha-hastin，或gandha-gaja。系指由鬓角可分泌有香气液体之强硕大象而言，即指交配期之大象。据大毗婆沙论卷三十等载，此时期之象，其力特强，性甚狂暴，难以制伏，合十凡象之力仅可抵一香象之力。见《杂宝藏经卷二、注维摩经卷一》。又作象炉。于秘密灌顶之道场，所用之象形香炉；以之烧香，受灌顶时，受者入坛前之际，先跨越香象，以此薰身而得清净。此外，日本净土宗之传法仪式中，亦用象形之香炉，称为触香。见《乳味钞卷十六》。

〔2〕有关于阗曾经称作"金国"的说法，国外学者如有贝利（H. W. Bailey）、哈密屯（J. Hamilton）、恩莫瑞克（R. E. Emmerick）等根据于阗语、回鹘文和汉文写卷，认定"金国"就是于阗，张广达、荣新江在此基础上对年代加以限定，认定此期于阗的国号是"金国"。张广达、荣新江：《关于唐末宋初于阗国的国号、年号及其王家世系问题》，收入《于阗史丛考（增订本）》，沈卫荣主编"西域历史语言研究丛书"，北京：中国人民大学出版社，2008年，第17—20页。

见印度传入说，早期是松赞干布迎娶唐文成公主和泥婆罗赤尊公主之时，分别从长安和泥婆罗带来的释迦牟尼等身像、旃檀佛像，[1]大规模引入佛像、召请神变工匠造佛是由于阗肇始，或中转于阗。其中原因之一是藏文史书叙述吐蕃历史时往往将作者所处年代史实植入，10世纪前后于阗的逐步伊斯兰化，先期进入吐蕃的工匠及其弟子滞留藏地，后有新的于阗工匠涌入。唐时藏人译师法成（Chos grub）由《于阗教法史》选译的《释迦牟尼如来像法灭尽因缘》，[2]其间或根据当时于阗教法境遇对此后于阗佛造像的前景作出了"像法灭尽"的判断，其间也透露出吐蕃与于阗"像法"之间特殊的关系。[3]

于阗在佛教美术史上特殊的地位是探讨包含li意义的li ma的关键。如上所考，li是指代居住在**'u then**（于阗）的人本身，藏文li yul就是li人居住的区域。藏文叙事传统中居住于佛像起源地于阗人Li、擅长佛教造像的于阗人li，在藏传佛教造像肇源地由于阗转变为印度本土的过程中，li演变为佛像的代称，以藏语-ma指代人或物的名词性阴性或中性后缀转而形成完美的新词li ma。li语义转变为指称佛像有一个十分有利的证据：藏地一些学者大都认为li yul就是bal yul，分不清两者的差异。[4]藏文文献中li yul一词在15世纪前后被用来指代尼泊尔（bal po），《汉藏史集》（1434）将"于阗王统"（Li yul rgyal

---

〔1〕如索南坚赞《王统世系明鉴》（Sa-skya bSod-namas rgyal-mtshan, rGyal rabs gsal ba'i me long，北京：民族出版社，2008年）第十二章至第十三章。文成公主所携毗首羯摩所造觉沃释迦牟尼等身像（第111—113页）；赤尊公主出嫁时，所带的佛像有本尊不动佛（yi dam mi bskyod rdo rje）、尊胜弥勒法轮像（rje btsun byams pa chos kyi 'khor lo）、天竺王积栗（rgya gar chos rgyal kri kri'i thugs dam）、本师释迦佛（ston pa shvakya'i rgyal po）、自生旃檀度母像（tsandan jo mo sgrol ma rang byon）等（藏文版第92—93页）。值得注意的是，第十章"自天竺及尼婆罗迎请法王本尊佛像"，14世纪的作者将早期文献从于阗得到佛像改为从印度和尼泊尔取得圣观音旃檀瑞像。关于旃檀瑞像，《增一阿含经》卷二十八有释提桓因请佛升三十三天说法，优填王以牛头旃檀请巧匠制释迦瑞像的记载。见《增一阿含经》卷二八，参看尚永琪《优填王旃檀瑞像流布中国考》，《历史研究》2012年第2期。

〔2〕（《大正藏》51册《释迦牟尼如来像法灭尽之记》唐法成译）"尔时于阗属彼赤面王，故广行正法，建立塔寺，置其三宝人户田园，兴大供养。赤面国王，七代已来以行妙。此七代王，于余国中所有三宝及塔寺处，不起恶心，亦不损害。尔时于阗众僧。如月藏菩萨受记经中所说，多分信心渐薄，不于戒法，求世利誉，入于王臣谋密之事，令其正法渐渐衰秏。尔时王臣及以子孙，退失净信，常住所有一切诸物，苾刍秏己用。故于阗塔寺正法常住所属诸物，不同往日，渐当衰秏。国王大臣，于出家众不生欢喜。后于异时有一菩萨，为赤面国第七代王，彼王纳汉菩萨公主以为妃，后将六百侍从至赤面国，时彼公主极信佛法，大具福德。赤面国王亦大净信，过于先代，广兴正法。"

〔3〕后晋天福三年（938）高居诲奉使于阗，著《使于阗记》（收入《新五代史》《四夷附录三》），其中记于阗法难时僧人播散于河西一线的情势："自灵州渡黄河至于阗，往往见吐蕃族帐。"

〔4〕东噶仁波切记述li-yul时写道（第1982页）："藏地一些学者将li-yul认作尼泊尔bal-yul，但贡钦卓隆巴（Kun mkhyen gro lung pa）、萨迦班智达（Sa skya paṅ chen 1181—1251）、薄伽梵日惹、结尊仁达瓦（rJe btsun red mda' ba 1349—1412）等大学者都说过li-yul与bal-yul不是一个地方。"（bod kyi mkhas pa 'ga' zhig gis bal yul la ngos 'dzin mdzad kyang/ kun mkhyen gro lung pa dang/ sa skya paṅ chen/ bcom ldan rig ral/ rje btsun red mda' ba sogs mkhas pa mang che bas bal yul dang li yul gcig pa min par gsungs pa ma zad/）见巴卧祖拉陈瓦《贤者喜宴》（dPa' bo gtsug lag phreng ba *mKhas pa'i dga' ston*），北京：中国藏学出版社，2002年；藏文本下卷，北京：民族出版社，1986年，第1387页更明确说明"于阗在汉地北方至藏地东北的区域"（yul 'di rgya nag gi byang ngos bod nas byang shar gyi mtshams na yod）。

rabs）错成“尼泊尔王统”（Bal po'i rgyal rabs）正是这种观念的反映。[1]在15世纪，尼泊尔加德满都谷地纽瓦尔（Newar）艺术家大量进入卫藏，纽瓦尔式样金铜造像，尤其是大型金铜造像盛行，li yul的地理位置变动使得人们将li ma赋予“纽瓦尔金铜像”的概念，li yul自然由于阗转移到了尼泊尔。[2]

由以上分析来看，藏语li ma一词包含的li，语源来自于阗，作为佛像或神像的代称，背后的含义是藏地佛教来源于汉地或印度，但吐蕃早期佛教图像的传播谱系仍然遵从中亚、西域至敦煌的脉络，以这一地区各民族人群建构的、界限不甚清晰的“于阗样式”为佛教图像的共同认知，形成认同于阗样式的信仰圈，并将之等同于佛陀印度圣地，于阗之姜若穆波如同天竺之菩提伽耶与灵鹫山。这一地理与信仰圈在9世纪末以后被逐渐兴盛的内陆五台山信仰完全替代，由护法军政佛王转为传法的菩萨，佛教本身也完成了不同地区的在地化过程。

下面我们从藏文史籍称呼佛像或金铜造像的用词来考察li ma一词形成的痕迹。

目前还没有找到藏文史籍中li ma一词最初出现的确切时间和具体文献，9世纪前后的敦煌吐蕃藏文卷子《于阗教法史》（Li yul Chos kyi lo rgyus）在记述守护于阗的佛像时，“佛像”用的名称是现今称为“身体”的sku gzugs，如“瑞相”写作sprul pa'i sku gzugs，有时也有用到gzugs brnyan（影像），更多称为“誓愿法身像”（dam pa'i chos kyi gzugs brnyan）。[3]其中谈到安置在固城[4]城门、自印度飞来的六尊铸造瑞像，藏文写作ko sheng gī mkhar sgo na/ rgya gar yul nas gshegs pa' ī sprul pa' ī sku gzugs lug pur drug bzhugs pa 'dī rnams，其中“铸造”藏文用lug[s]-pur，此处尚不能确定是金属造像。[5]11世纪前后成书

---

〔1〕《汉藏史集》第九章章目是“尼泊尔王统”（bal po'i rgyal rabs），但实际内容是于阗王统，并非无意舛错，而是当时人将以佛像著名的尼泊尔认作是li yul。因为正文特意说明，“此li人之地的李域，是泥婆罗的名号。”（li'i yul bal po grags pa 'dir）见班觉桑布著：《汉藏史集》（dPal 'byor bzang pos brtsams/ rGya bod yig tshangs），藏文版，成都：四川民族出版社，1985年，第84页。本书有陈庆英先生汉译本，拉萨：西藏人民出版社，1986年。另外参看Brough J, Legends of Khotan and Nepal. *Bulletin of the School of Oriental and African Studies*, 1948, 12（02），pp. 333-339.

〔2〕这种地域的迁移不是突然形成的，据东噶仁波切所说，li也指今天阿里地区的某个地方。《东噶大词典》li字条，第1981页：“li为阿里地区的一个地名，一些藏文史书中清楚记载，今日阿里也有li地方的说法，但具体地方仍需探究”（'di mnga' ris khongs kyis sa cha zhig yin par lo rgyas khag gi nang la gsal yang mnga' ris khul du deng sang li zer ba'i sa cha zhig yod skad mi 'dug pas dpyad par 'tshal/），北京：中国藏学出版社，2002年。

〔3〕《于阗授记》（Li yul Lung bstan pa bzhugs so），德格版藏文大藏经183卷，叶1073。

〔4〕王尧《敦煌本吐蕃历史文书》（北京：民族出版社，1982年）“大事纪年”记载猪年（687）夏，“论钦陵率军前往突厥固城（Gu-zan）之境。”《新唐书》卷四三下《地理志》：“（于阗城）西二百里有固城镇。”

〔5〕《于阗教法史》（Li yul Chos kyi lo rgyus），法藏敦煌卷子P.t. 960，相关研究有F. W. Thomas, *Tibetan Literary Texts and Documents concerning Chinese Turkestan*, Part I, London: The Royal Asiatic Society, 1935, pp. 303-323. R. E. Emmerick, Tibetan Texts concerning Khotan, London: Oxford University Press, 1967, pp. 78-79. 王尧、陈践：《敦煌吐蕃文献选》，成都：四川民族出版社，1983年，第140—158页。荣新江、朱丽双《于阗与敦煌》附录二：朱丽双《于阗教法史译注》，第454—458页。

的《韦协》记载文成公主从汉地带来的释迦牟尼金像时，用gser gyi lha，用lha直接指代佛像，此时大多无li ma一词。[1]

7至9世纪前后的古藏文碑简牍与写卷文献中也未能检索出li-ma一词，12世纪前后的藏文典籍如《巴协》（sBa bzhed）、《弟吴教法史》（lDe'u Chos 'byung）等在详细描写桑耶寺各个佛殿的尊像与壁画配置时，也没有用到li ma一词，其中指称"佛菩萨护法众"，多用lha tshogs，指称造像本身，则用lha'i sku gzugs；或者说12世纪前后li ma一词仍然没有流行。其中谈到"铜像"时，使用"铜"zangs。最有说服力的是12世纪前后的藏文史籍《巴协》，记载修建桑耶寺西方三洲时，其中供奉的尊像中，特意说明大日如来像"用铜制作"（zangs las byas pa），"铜"用的是zangs，而非使用li或li ma，说明13世纪以前，藏文li或li ma也不等于"铜"。[2]同样的记载出现在《弟吴教法史》（mKhas pa lDe'us mDzad pa'i *rGya bod kyi chos 'byung rgyas pa*）记载天竺译师殿（sGra bsgyur rgya gar gling）尊像配置时，直接说明"铜质大日如来主从五身"（zangs kyi rnam par snang mdzad gtso 'khor lnga）。[3]12世纪前后的文献，即指称使用其他材料制成的金属造像，也以具体材质称之，尚无"合金"（li ma）的概念。[4]即使到了清代19世纪，藏文文献也不用li或li ma指代作为金属材料的"铜"，仍然明确的用zangs。大昭寺觉沃金铜像下方浇铸题记，说明修复像座用了金、银和铜，其中还提到了铜匠的名字，其中没有li ma指代铜的情形。[5]

虽然以前的文献付之阙如，但藏文文献迟至15或16世纪已经完全用li ma指代佛像或金铜佛像，这种变化首先从后藏及接近于阗的藏区西部开始，刻板于1481年（成化十七年）、后藏学者旬奴贝（Gos lo tsā ba gZhon nu dpal, 1392—1481）《青史》（Deb ther sngon

---

〔1〕《韦协》（dBa' bzhed bZhugs so），拉萨：西藏古籍出版社，2012年，第5页。"公主从汉地迎请的释迦牟尼金像供奉在惹木其。"（aong jos gser gyi lha shvakya mu ne cig rgya yul nas spyan drangs pa yang ra mo cher bzhugs te）

〔2〕"桑耶寺西侧建圆形三殿，毗卢遮那殿大日如来像用生铜制作，眷属有四密妃，所绘经变为毗卢遮那现证菩提经。护法为象头夜叉。"（nub kyi gling gsum zlum po la/ bee ro tsa na'i gling na rnam par snang dzad zangs las byas pa/ 'khor gsang ba'i yum bzhi/ rgyud ris rnam snang mngon par byang chub pa'i rgyud/ chos skyong gnod sbyin glang gi mgo can/）《韦协》（dBa' bzhed bZhugs-so），拉萨：西藏古籍出版社，2012年，第115页。

〔3〕mKhas pa lDe'us mDzad pa'i *rGya bod kyi chos 'byung rgyas pa*, pp.352-353，记载译师殿除了以大日如来为主尊的五方佛之外，绘制《大日现证菩提续》（ri mo rnam snang mngon par byang chub pa'i rgyud ris bkod）壁画，护法神是夜叉象鼻天（gnod sbyin glang mgo can）。

〔4〕《娘氏教法史》（Nyang Nyi-ma 'od zer gyis brtsams, Chos 'byung me tog snying po sbrang rtsi'i bcud/）在叙述阿底峡入藏的事迹时，提到天喇嘛松艾之子扎西代等天喇嘛益西沃和大译师（仁钦桑布），在阔恰地方为二位先贤建造大银像（lha bla ma dang/ lo chen gyi sku tshe'i gzhug la srong nge'i sras lhang nge gzigs bkra shis ldes/ kho char du dngul sku chen po bzhengs so），拉萨：西藏藏文古籍出版社（bod yig dpe rnying dpe skrun khang），1988年，第465页。

〔5〕这些浇铸的题记在觉沃像汉式法座下方一圈，提到"汉式屋脊法座由金银铜制成"（rgya phibs gdan khri gser dngul ***zangs*** las grub pa），铜匠为zangs bzo ba，为首的铜匠是囊（zangs bzo dbu mdzad ***rnam sras***），其中"铜"都写成zangs，其中提到修缮法座使用的铜材，同样用zangs，而不用li活li ma。题记由Michael Henss于1980年代初拍摄，感谢汉斯先生提供笔者题记原文。

po），在记述扎塘寺创建者扎巴翁协（Graw pa mNgon shes）灌顶时使用的法物有“琍玛佛像”（dbang yon la sku li ma can），可以确认以琍玛指代“佛像”；〔1〕近年发现的15世纪的阿里史地文献《天喇嘛益西沃广传》，作者古格班钦扎巴坚赞（1413—1498）生活年代与旬奴贝相近，书中明确记载天喇嘛益西沃之子那伽冉咋（Nav ga rva dzva/ Nagaraja）召请克什米尔巴达夏（pa dag sha）地方众多工匠批量铸造金铜佛，称这些造像为“金铜大像”（li sku che ba），其中用到了藏文词汇li-sku，留存例证是现今所见镌刻有此位古格王子名号的金铜释迦牟尼立相；〔2〕另一处直接使用了li ma，指王子主持修建普让擦瓦岗百神殿时，起造佛塔、金像、银像和li ma，可见阿里地区15世纪后半叶已经将藏语词汇li或li ma认定为一种与金银并列的佛像种类。〔3〕这些称为“能仁达夏”thub pa dag sha的造像，在同时代学者古格·阿旺扎巴（Gu ke Ngang dbang grags pa）的《阿里王统记》中则记为“卡夏那地方释迦牟尼城市像与金刚座像”（ga sha na'i thub pa grong khyer ma dkyil krung ma）：“那伽冉咋起造了杰尊·绛白央银像，装嵌250‘多罗’金、钻石和各种宝石，与卡切（克什米尔）中部的圣像非常相似；另起造一‘匝初’高的白文殊像银像；全部金刚界曼荼罗神众银像，全套金刚界曼荼罗的黄铜像，起造来自卡夏的释迦能仁城市像与金刚座像，这些琍玛佛像奇妙而有大加持力。”〔4〕这里值得注意的是，阿旺扎巴以一个集合名词li-ma来称呼包括金、银、黄铜、珠宝镶嵌造像等“佛像奇妙且大加持力”（***li ma*** ngo mtshar zhing/ byin rlabs che ba）可见阿旺扎巴用的li-ma是指代“佛像”。

阿旺扎巴提及的ga sha na亦即稍后的白玛噶布所说的早期式样“于阗卡夏”（li yul

---

〔1〕本书完成于1476年（成化十二年），藏文版《青史》上卷，成都：四川民族出版社，1984年，第125页。

〔2〕《西藏日报》穷达先生提醒笔者关注罗布林卡藏的所谓“释迦牟尼城市立像”（li ma'i thub pa grang khyer ma'i bzhengs sku），就是当时那伽冉咋召请众多克什米尔工匠所作。现今见到的两尊“城市立像”，带有藏文铭文，前者是克里夫兰艺术博物（The Cleveland Museum of Art）Lha-btsun-pa Na-ga-ra-dzai thugs-dam “拉尊巴那嘎拉咱之本尊”；后者故宫收藏的铭文是Lha Na-ga-ra-dza。参看罗文华：《西藏古格那嘎拉咱王及其铜像分析》，《故宫学术季刊》1998年16卷第1期，第183—192页。

〔3〕“如此，那伽冉咋召请卡切地方巴达厦海螺门众多工巧名匠，建造达夏能仁佛像。”（de yang lha nav ga rva dzvas/ kha che'i yul pa dag sha dung gi sgo mo/ nas bzo rigs［rig］mkhas pa mang po bos ste/ thub pa dag sha nas thogs drangs li sku che ba rnas［rnams］dang）（p.197）“其他普让擦瓦岗地方神殿百座，佛塔、金像、银像和琍玛等。”（gzhan yang pu hrangsu［hrang su］tsha ba sgang lato［la sogs］pa lha khang bdya［brgya］rtsa dang/ mchod brten［rten］dang/ gser sku/ dngul sku/ li ma lato［la sogs］pa dpag tu med pa bzhengs/）（p.98）Khyung -dar/ ***Lha bla ma ye shes 'od kyi rnam thar rgyas pa bzhugs so.*** 拉萨：西藏人民出版社，2015年。非常感谢西藏日报社穷达先生提请笔者注意这条史料。

〔4〕古格·阿旺扎巴著、维塔利译：《阿里王统记》第60页，原文参看Roberto Vitali, *The Kingdoms of Gu.Ge Pu.Hrang: According to Mnga'.Ris Rgyal.Rabs by Gu.Ge Mkhan.Chen Ngag. Dbang Grags. Pa* p.60 and p.114, Serindia Publications 1997. (kha char gyi 'phags pa dbus ma dang mnyam pa'i dngul sku rje btsun 'jam pa'i dbyang la gser to lo phyed dang gsum brgya'i brgyad rdo rje pha lam la sogs pa rin po che phra stong gis spras dang/ 'jam dbyang dkar po'i dngul sku rtsi khru gang pa dang/ rdo rje dbyings kyi dkyil 'khor lha yongs su rdzogs pa dngul nas grub pa dang/ rag gan las grub pa'i rdo rje dbyings kyi lha yogs su rdzogs pa dang/ zhan yang ga sha na'i thub pa grong khyer ma dkyil krung ma li ma ngo mtshar zhing/ byin rlabs che ba mang du bzhengs pa sogs rgya ma shin tu che bar mdzad/)

kha sha)，[1]从中透露出li ma形成与于阗佛像的直接关联：虽是15世纪后期文献，但古格班钦记载的那伽冉咋召请克什米尔巴达夏工匠铸造金铜佛是确凿的事实，有留存作品为证。[2]由于被称作"能仁达夏"(thub pa dag sha)，使之与北方诸族群于阗佛教美术语境中的旃檀瑞像极为相似，15世纪以后阿里三围以外的藏地学者逐渐不知kha sha形成的缘由及具体地望，将这类克什米尔(kha che)造像通称为"于阗卡夏"(li yul kha sha)，kha sha读音正好与后代表示于阗"玉河"即玉龙喀什河(Yurung ***qash*** Deryasi)的读音吻合。[3]于是，于阗kha-sha逐渐指代11世纪前后铸造的克什米尔kha sha或dag sha，成为一种单独的样式。[4]扎雅仁波切讨论藏传佛教金铜造像时采用白玛噶布说法将之单列为"于阗卡夏"(li yul kha sha)一类，[5]实际上，11世纪前后的于阗地方并不能铸造金铜造像，地理的错位仍然是藏人对早期于阗佛教情绪的回顾。

如此，在15至16世纪的艺术叙述传统中，即使是后弘期克什米尔的金铜造像，也被归之于于阗。白玛噶布甚至认为kha sha是于阗的本名："所谓卡夏者，乃于阗本名。"(kha sha zhes pa li yul dag gi ming)其地造像风格与吐蕃法王时期的佛像非常相似(有可能将江孜法王所造琍玛理解为吐蕃法王时期的造像，因都称为chos li)，留存的雕塑作品有桑耶寺遍净天殿金铜佛，约如地方昌珠寺大殿众神像，从而在叙述逻辑上将卡夏佛像与昌珠寺等吐蕃时期的于阗话语建立了勾连。[6]及至近代，西藏学者土登喜饶嘉措所著《琍玛

[1] 竹巴噶举上师白玛噶布认为卡夏(kha-sha)是李域(于阗)的正确名称，也是指霍尔地方的巴达霍尔(bha-da-hor)和李域地方的姜若穆波("卡夏"者，乃李域正名[由霍尔地方之巴达霍尔、李域地方姜若穆波名义而来。] kha sha zhes pa li yul dag gi ming//[hor yul yin te bha da hor gyi yul li yul ljang ra smug po nas zhes 'byung bas so]，p.254)；白玛噶布进一步注释道"霍尔地方之上霍尔(杜如喀)回鹘是(于阗的名称)卡夏(玉河两岸的区域)，这地方多圣地。"(hor la stod hor[du ru ka]yu gur[li yul gyi ming]kha sha[chu bo si ta'i 'gram gyi yul/ 'di rnams brang chags su gnas so, pp.251-252])白玛噶布文章的排印本，名称是rten brtag pa'i rab byed nyung du smra mkhas 'dod pa'i kha rgyan zhes by aba bzhugs so// 收入《藏族工艺典籍选编》(bzo rig nyer mkho bdams bsgrigs)，拉萨：西藏藏文古籍出版社(bod ljongs bod yig dpe rnying dpe skrun khang)，1990年，第254页。

[2] 实际上，所谓藏区西部的造像大都是克什米尔的工匠所作，古格班钦没有提及是召请这些工匠赴古格造像，而是委托在当地造像。

[3] 高居诲天福三年(938)使于阗，撰《于阗国行程记》："(玉)其河源所出，至于阗分为三：东曰白玉河，西曰绿玉河，又西曰乌玉河。三河皆有玉而色异，每岁秋水涸，国王捞玉于河，然后国人得捞玉。"(收入《新五代史》卷七四)其白玉河即今玉龙喀什河。这些河均为塔里木河支流，发源于昆仑山。

[4] 藏语"克什米尔"(kha/ ke che)一词起源的具体时间尚不得而知，应当是克什米尔自汉代以来的古称"罽宾"或"箇失密"的音译。大约在11世纪藏语kha/ ke-che成为指代"迦湿弥罗"的专用词。《达斯字典》(Sarat Chandra Das, *A Tibetan-English Dictionary with Sanskrit Synonyms*)说kha che是当地居民的称呼(a native of Kashimir)。家乡在阿里日土的穷达先生知会笔者，阿里当地方言kha che恰好读若dag-sha。

[5] 扎雅仁波切著，谢继胜译：《西藏宗教艺术》，拉萨：西藏人民出版社，1989年，第139页。无论是白玛噶布著作的编注者，还是扎雅仁波切，都认为kha-sha佛像属于于阗，并将kha sha比定为和田地方塔里木盆地的玉河。

[6] "卡夏佛像与早期法王造像非常相似，如桑耶寺遍净天殿佛像与约如昌珠寺据说来自于阗的神像。" lha rigs chos li snga ma dag dang mchungs[bsam yas dge rgyas kyi lha khang dang g-yu ru/ khra 'brug lha rnams phebs par bshad pas so]《藏族工艺典籍选编》(bzo rig nyer mkho bdams bsgrigs)，拉萨：西藏藏文古籍出版社(bod ljongs bod yig dpe rnying dpe skrun khang)，1990年，第251页。

佛像鉴别论》也是如此观点："神变法王赤松德赞（742—797）以神变大军自于阗取得佛像，在诸造像传承中选取大小成就派样式各一，于遍净天琍玛造像殿铸造。松赞干布时也曾铸造一些造像，这两种分为'无行'（mi spyod）新旧佛像，其中如称为旧琍玛者皆在藏地制作，而且日后有较多仿品。"[1]

16世纪竹巴噶举学者白玛噶保（Padma dKar-po 1527—1592）的《利玛佛像考察品・论者口饰》[2]是研究藏传佛教金铜佛最重要的文献，其中将藏地金铜佛分为印、藏、蒙古、汉地四地来源（rgya gar bod dang hor dang rgya nag bzhi）并对各地不同地区金铜佛特点加以辨析。[3]提到的有印度中部zi khyim li dmar, li dkar zangs dmar（红铜白利玛），东印度萨霍尔的li dkar；印度西部克什米尔的li dkar和li dmar；藏地江孜法王时期chos-rgyal li ma；蒙古、汉地旧佛像两个时期的钟铜利玛cong li、li smug pom，还有黑利玛和紫利玛（li smug li nag），甚至提到回鹘（yu-gur）制作的白银白利玛佛像（li-dkar dngul-

〔1〕原文如下：sprul pa'i chos rgyal khri srong sde'u btsan gyis// sprul pa'i dmag gis li yul nas blangs pa'i// rgyu tshogs las grub che chung sna tshogs zhig/ dge rgyas li ma ging du lugs sub lug/ srong btsan sgam pos bzhengs pa'ng 'ga' zung yod// 'di gnyis bye brag mi spyod gsar rnying tsham// 'di la li rnying zhes 'bod gang gis na// bod du bzhengs kyang dus phyis sgro btags tsam/ 叶9a-9b, pp. 158-159. *rten li ma brtag pa'i rab byed*/ gsung thor bu/ _thub bstan shes rab rgya mtsho, Volume 1, pp. 151-162. Open Access Work under CC-BY License. See TBRC License Policy for more information. 本抄本TBRC标号W25975是TIFF和PDF格式扫描件，作者gsung thor bu/ _thub bstan shes rab rgya mtsho或者署名Go 'jo Bla chung Thub btsan shes rab rgya mtsho'i gsung thor phyogs bsdus bzhugs so（《果觉拉群土丹喜饶作品汇集》）。Go 'jo Bla chung Apho Thub bstan shes rab rgya mtsho，生卒年为1905—1975，文集由扎西次仁和阿旺隆多编辑（Tashi Tsering and Ngawang Lungtok）。

〔2〕Padma dkar-po. "li ma brtag pa'i rab byed smra 'dod pa'i kha rgyan/" 收入《白玛噶布文集》。《藏族工艺典籍选编》全文收入。*rten brtag pa'i rab byed nyung du smra mkhas 'dod pa'i kha rgyan zhes by aba bzhugs so//*（bzo rig nyer mkho bdams bsgrigs），拉萨：西藏藏文古籍出版社（bod ljongs bod yig dpe rnying dpe skrun khang），1990年，第245页，行9—10。

〔3〕后世学者对金铜佛像的描述与分类大都遵从白玛噶布的原则：例如洛丹贡都噶哇（bLo-ldan Kun-tu-dga' ba）的《细辨金铜佛像》（rTen li ma brtags pa'i rab tu byed jes bya ba）记载："如此说来，印度、克什米尔、尼泊尔、汉地、上部蒙古等地的琍玛金铜像，依鉴识可以分为六种：经典中琍玛传承有白琍玛、红琍玛等，造像变幻美妙，晶莹透亮。在多种混杂的琍玛中，值得言说的是所谓匝那卡西玛者，以多寡来区分有白琍玛、黄琍玛、红琍玛和亮光绿琍玛，可取为舍利装藏者视之甚佳，衣饰与骨肉如触手盈握，视之如水晶般清澈；金铜像生成的包浆亮光如同水晶，边地与前藏所出特别的大小琍玛，多少新旧皆容易查辨。如此，有特征的六种琍玛，有众佛加持并授记，出自化身王施主的善行，由具五明大智者施造，迎请诸悉地成就智者班智达，敬礼这些具备奇异宝相的琍玛。"（de ltar rgya gar kha che bal po dang/ rgya nag stod hor bod kyi li ma ste// bye brag rnam pa drug tu shes par bya// mdor na li ma'i rgyu ni dkar dmar sogs// ji ltar gyur kyang shin tu dvangs shing gsal// sna tshogs 'dres mar dze kṣhim zhes su brjod// mang nyung dbye bas dkar ser dmar ljang snang// ring bsrel len jing mthong na yi 'phrog pa// gos dang sha la bcangs kyang shel ltar d[v]angs// gya' bral 'od dang ldan pas chu shel 'dra// mtha' dbus yul gyi khyad par che chung gis// dkon mod gsar rnying byed bas legs par brtag// de ltar khyad par can gyi li ma drug// sangs rgyas rnams kyis byin brlabs lung bstan jing// sprul pa'i rgyal pos sbyin bdag legs sbyar nas// gnas lnga rigs byed bcas la mkhas pas bgyis// mkhas grub paṅ chen rnams kyis spyin drangs pa'i// ya mtshan ldan pa'i li ma gus pas bsten/) 参看thub bstan shes rab rgya mtsho, bkra shis tshe ring, ngag dbang lung rtogs. "rten li ma brtag pa'i rab byed/." In gsung thor bu/ _thub bstan shes rab rgya mtsho. TBRC W25975, pp. 151-162. haramshala, distt. kangra, h.p.: library of tibetan works & archives, 2002.

dkar)。[1]非常值得重视的是，白玛噶布在专论中为我们俗称的"永宣样式"赋予了一个专名！他认为汉地新利玛(rgya nag gsar ma)就是明代王室传统(tva ming rgyal brgyud)，以此生成的金铜佛被称为"大明玛"(Tva ming ma)，铜色黄白纯净，鎏金细腻，佛像双眼细长，衣服贴体，双排莲座，座前有交杵金刚，有封顶装藏。[2]这位16世纪的学者还确认"大明玛"使用的铜是流行于明代的黄白铜，藏文对此有专名，称为rgya rag和rag skya，其中rag是藏语表示"黄铜"的专词，更多拼作ra gan，[3]早于15世纪的文献看不到这个词，阿旺扎巴的《阿里王统记》使用ra gan来指代"黄铜"佛造像。[4]可以判定ra gan是明代炼铜业广泛使用的锌矿石"炉甘石"的音译，明宋应星(1587—1666)《天工开物》记载用"火法"冶炼黄铜的必备材料炉甘石(碳酸锌)，[5]明代以此指代黄铜，"大明玛"主要使用炉甘石火法得到的黄铜，因而，康熙皇帝(1654—1722)诏文称琍玛佛像为内地所出，有他的理由。[6]

白玛噶布琍玛专文最着意描述的还是zi khyim li dmar，开首写道：

分述印、藏、霍尔和汉地琍玛的情形：印度圣地从东到西，从南到北概说与详尽

---

〔1〕《藏族工艺典籍选编》(bzo rig nyer mkho bdams bsgrigs)，第254页，行1。

〔2〕原文："大明诸王统治时期施造的汉地新琍玛佛像，相好庄严，色泽纯净，躯体合度，衣饰贴体；面孔略方正，眼睛细长，以双排莲花形成莲花座，莲座的上下边缘都镶嵌了珠宝，莲座座前有十字交杵金刚，完成后在底盖装藏。(藏地形成的)大明玛造像诸个精美，身形清瘦，没有交杵金刚和大明施造题字，若论不同等级造像名望，要辨识汉地黄铜和白铜二种。"(rgay nag gsar ma [tva ming ygya rgyud kyis 'dzin pa'i dus] tshugs dang brag brad rdar gtsang/ gser mdog gvangs shing sha rgyags gos 'khyud legs/ zhal ras cung leb spyan dkyus rin ba yin/ padma kha nyis brtsegs rgyab mdun 'khor/ yar mar rtse gnyis cung zad phyir gyed [gyes] pa/ gong 'og mu tig phra zhib ltar skyus [star dkyus] snyoms/ zhabs sdom legs shing rdo rje rgya gri spras/ de la zho rtsi nges par byugs pa yin/ [tva ming ma] bye brag cung zad gtsang sha chung ba dang/ rdo rje rgya gram mtshal dang yi ge med/ sku rim mar grags rgyu ni rgya rag dang/ rag skya ci rigs 'byung ba rtogs par sla/ 参看*rten brtag pa'i rab byed nyung du smra mkhas 'dod pa'i kha rgyan zhes by aba bzhugs so//*)收入《藏族工艺典籍选编》(bzo rig nyer mkho bdams bsgrigs)，第255页。

〔3〕张怡荪《藏汉大词典》下册，北京：民族出版社，1993年，第2635页。谚语"黄铜颜色虽美，价值难敌黄金"(ra gan ser po mdog legs kyang/ rin chen gser gyi do zla min/)。

〔4〕"用炉甘石黄铜铸造金刚界众神圆满"(rag gan las grub pa'i rdo rje dbyings kyi lha yogs su rdzogs pa dang)。Roberto Vitali, *The Kingdoms of Gu.Ge Pu. Hrang: According to Mnga'. Ris Rgyal.Rabs by Gu.Ge Mkhan. Chen Ngag. Dbang Grags, Pa*, Serindia Publications, 1997, p.60 and p.114.

〔5〕《天工开物》初刊于1637年(明崇祯十年)，共三卷十八篇。"火法"："炉甘石十斤，装载入一泥罐内……然后逐层用煤炭饼垫盛，其底铺薪，发火煅红……冷淀，毁罐取出……，即倭铅也。"宋应星是世界上第一个科学地论述锌和铜锌合金(黄铜)的明代科学家。他确认了锌是一种新金属，并且首次记载了它的冶炼方法。这是我国古代金属冶炼史上的重要成就之一，使中国在很长一段时间里成为世界上唯一能大规模炼锌的国家。宋应星记载的用金属锌代替锌化合物(炉甘石)炼制黄铜的方法，是人类历史上用铜和锌两种金属直接熔融而得黄铜的最早记录。参看袁翰青《我国古代人民的炼铜技术》，《化学通报》1954年第2期。

〔6〕故宫博物院1928年编印的《掌故丛编》第二辑康熙皇帝评价永乐佛像"乌丝藏旧佛中最重者莫过利嘛，利嘛之原出中国。永乐年件宫中所遣者为弟(第)一。又乌丝藏仿其形象炼英铜体追者，亦是利嘛，颇为可爱，如今甚少。近世又仿利嘛而十不及一。尔秦间所进乃汉人所造，非乌丝藏旧物。念尔久在大内，将乌丝藏仿遣利嘛无量寿佛一尊赐去，亦可以为母祝寿可也。"王家鹏：《永宣佛像样式说略》，《文物天地》2010年第10期。

分辨之；佛教圣地（中印度）有zi khyim li dmar佛像，红铜白琍玛菩提树佛成道像，清净龙王塑像。zi khyim产于印度河谷洁净两岸〔工匠协会认为zi khyim li dmar类似古紫铜的铜垢包浆，毗首羯摩天所用紫金琍玛类似花琍玛，后者集合各种珍贵金属。紫金琍玛比纯正的红琍玛略白，如果仔细观察，如同有彩虹闪烁，这就是所谓最上等的匝那卡西玛（dzhee kshim），拉萨大昭寺的释迦牟尼等身像用zi khyim li dmar雕铸〕，因产如意真金故以紫金（gser dmar）闻名。此处有龙王七大宝，如聚龙王如意珠，细察颜色红亮如彩虹光焰。如触毒水自在现空性。红琍玛佛像色红而略黄，白利玛佛像色白而略黄（原注：上部霍尔的琍玛为色泽略黑的生铜，回鹘地方的是色泽略淡的白生铜，以其中掺入白银闻名。吐蕃前期法王琍玛与印度红琍玛无疑十分相像，后期法王琍玛混杂紫铜缘故，与前期纯净铜色相比略泛紫色。藏地旧琍玛混合紫铜与白锡，主干色黑且油亮。）这两种zi khyim li dmar佛像在于阗山中得到四位释迦能仁佛加持，因而臻于上品。做法是佛像身体用白琍玛，衣饰用红琍玛，如此铸造佛像亦称之为桑唐玛。[1]

以往对金铜造像的研究没有特别注意白玛噶布列出的zi khyim li dmar，这个称呼究竟最初来源于何处、具体指代什么，现有的研究成果多语焉不详。[2]现今检索到的最早文献就是如上引文的16世纪白玛噶布的著作《琍玛佛像考察品・论者口饰》的记载，认定zi khyim li dmar出于印度"中部之'紫金琍玛'"（dbus 'gyur yul du zi khyim li dmar）。[3]《藏汉大词典》收入了zi khyim一词，解释说是梵文dzhee kṣhim的音变，是"自然铜、天然

---

〔1〕参看根秋登子编：《藏族工艺学经典汇编》（bZo rig phyogs bsgrigs rin chen sgrom bu zhes bya ba），北京：中国藏学出版社，2011年，第564—565页。（原文rgya gar bod dang hor dang rgya nag bzhi/ rgya gar la yang dbus 'gyur shar nub dang// lho byang re re spyid dang bye brag dbye/ dbus 'gyur yul du zi khyim li dmar dang// li dkar zangs dmar byang chub shing dang ni// klu 'jim rdob dag las bsgrubs pa ste// zi khyim sin du'i chu klung dag gi 'gram// [*gzhung las/ zangs snying g-ya' chad 'dra ba// mnggal bi dzi yas/ li khra rin chen sna tshogs 'dus pa ste/ ngo bo li ma rtsod med las cung dkar/ legs par bltas na 'ja' 'od lta buy od// 'di la dzhee kshim mchog tu bshad pa yin/ lha sa'i jo bo rin bo che'i sku rgyu bzhin*] gser bzhin chags bas gser dmar yin par grags// 'di la klu yi rin chen sna bdun po// ma lus 'dus pas yid bzhin nor bu zhin// kha dog cher dmar zhib brtags 'ja' 'od snang/ dug chus reg na dbang po'i/ gzhu nyid ston/ li dmar dmar dngas cung zad ser ba dang// li dkar dkar dngas cung zad ser ba yin// 'di gnyis li yul ri la thub dbang bzhis// byin gyis brlabs pa las 'ongs mchog tu bsdags// sku sha li dkar na bza' li dmar gyis// byas pa dag la *zangs thang ma* zhes 'bod// 文章名称是rten brtag pa'i rab byed nyung du smra mkhas 'dod pa'i kha rgyan zhes by aba bzhugs so）《藏族工艺典籍选编》（bzo rig nyer mkho bdams bsgrigs），第251页收录的内容与此略有不同。

〔2〕参看罗文华《清宫紫金琍玛造像考述》，《故宫博物院院刊》2004年第6期，第49—63页。Erberto Lo Bue, *Statuary Metals in Tibet and the Himālayas: History, Tradition and Modern Use.* In: *Bulletin of Tibetology,* 1991, hier S. 11, 16. pp. 1-3, 7-41.

〔3〕参看*rten brtag pa'i rab byed nyung du smra mkhas 'dod pa'i kha rgyan zhes by aba bzhugs so*// 收入《藏族工艺典籍选编》（bzo rig nyer mkho bdams bsgrigs），拉萨：西藏藏文古籍出版社（bod ljongs bod yig dpe rnying dpe skrun khang），1990年，第245页，行9—10。

铜”（rang ’byung），“熔入多种宝物的合金”（rin po che du ma phyogs gcig tu bzhus pa/），色呈紫红，常用以铸造佛像等。[1]扎雅仁波切（Dagyab Rinpoche）也持梵语音变说，在讨论金属造像时，扎雅根据钦饶维色·晋美岭巴（mKhyen rab ’od zer ’jigs med gling pa, 1729—1798）《〈如乘教言海〉所记辨别佛像、佛经、佛塔用塑形材料优劣详解》的记载，[2]将zi khyim译成dzhee kśhi ma译音，仁波切拟写成梵文Dzñêkṣim，汉文音译为“匝那卡西玛”；[3]图齐讨论金铜造像风格时，认为此称呼来自隆多喇嘛。[4]两位将zi khyim“还原”为“梵文”的西藏大德晋美岭巴与隆多喇嘛，皆活跃于18世纪，比白玛噶布晚了200年，应该注意的是，白玛噶布木刻本原文并没有提到zi khyim li dmar是dzhee kśhi ma，其中附注是现今编辑者补入。[5]事实上，zi khyim li dmar无论如何也不可能直接转写为梵文，现今梵文各种字典中也查不到Dzñêkṣim这个词汇。[6]

就读音看，zi khyim li dmar很容易对音清代宫廷金铜佛所系黄条的“紫金琍玛”。[7]应该注意的是zi khyim li dmar的后面的li dmar，不是写作li ma而是li damr，指紫红色的金铜造像，zi khyim与li dmar是同位语关系，“紫金”是很明显的汉语借词。[8]然而，汉语

---

〔1〕张怡孙主编《藏汉大词典》下册，北京：民族出版社，2004年，第2457—2458页。现在笔者能检索到的zi khyim li ma只有数处，除了白玛噶布，另有噶陀司徒（Kav thog si tu）《卫藏胜迹志》（gangs ljongs dbus gtsang gnas skor lam yig nor bu zla shel gyi so do/ 四川民族出版社，藏文版第12页）提到拔希康寺（pkshi’i gzimms khang）时说“上师殿内主供具七圣知时持钩大神像，为紫金琍玛庄严上品，自身六法能言母。”（bla ma lha khang du rten gtso khyad ’phags bdun ldan dus mkhyen sku kyur ra lha chen nas bzhengs pa zi khyim li ma bkod pa phul du byung ba chos drug gsung ’byon ma）此处li dmar已经写成li ma。

〔2〕gDam tshogs theg pa’i rgya mtsho las sku gsung thugs rten rnams kyi sku rgyu ngos ’dzin bya tshul gsal bar bshad pa’i tshul/ 收入《晋美岭巴全集》ng卷，扎雅仁波切《西藏宗教艺术》，藏文书目附录63。

〔3〕笔者翻译《西藏宗教艺术》时所用的译名。扎雅著，谢继胜译：《西藏宗教艺术》，拉萨：西藏人民出版社，1989年，第132—133页。

〔4〕图齐认为，最好的合金铜是ji k’yims（ji khyims），也就是隆多喇嘛（Klong rdol Bla ma Ngag dbang Blo bzang 1719—1795）提到的dsai ksim，皆源出自白玛噶布。参看Giuseppe Tucci，“A Tibetan Classification of Buddhist Images, According to Their Style”, *Artibus Asiae* Vol. 22, No. 1/ 2（1959）, pp. 179-187。有关喜马拉雅金铜造像成分的分析，参看Reedy, Chandra L. “Determining Region of Origin of Himalayan Copper Alloy Statues through Technical Analysis”，刊于*A Pot-pourri of Indian Art* Marg Publications, 1988, pp. 75-98.

〔5〕*rten brtag pa’i rab byed nyung du smra mkhas ’dod pa’i kha rgyan zhes by aba bzhugs so//* 收入《藏族工艺典籍选编》（bzo rig nyer mkho bdams bsgrigs），第245页，行9—10。该书由西藏著名学者恰白·次丹平措先生（Chab spel Tshe brten phun tshogs）主编，书中小字体附注或由次仁班觉先生（Tshe ring dPal ’byor）补入，后者为本册责任编辑，已故。

〔6〕Erberto Lo Bue, *Statuary Metals in Tibet and the Himālayas: History, Tradition and Modern Use*. In: *Bulletin of Tibetology* 1-3: 7-41（1991）, pp.15-17.罗布将zi khyim确认为copper，红橙色，即汉地所谓“紫铜”。

〔7〕直接写明“紫金琍玛”者，有乾隆五十五年（1799）九月二十四日鄂辉进奉藏西11世纪立像弥勒“大利益紫金琍玛弥勒菩萨”。

〔8〕考虑到汉语“金”在元明以前汉文文献中多指代铜，如《周礼·考工记》：“金有六齐。六分其金而锡居一，谓之钟鼎之齐；五分其金而锡居一，谓之斧斤之齐；四分其金而锡居一，谓之戈戟之齐；三分其金而锡居一，谓之大刃之齐；五分其金而锡居二，谓之削杀矢之齐；金锡半，谓之鉴燧之齐。”南朝梁江淹（444—505）《铜剑赞》云：“黑金是铁，赤金是铜，黄金是金。”近人章鸿钊（1877—1951）《石雅·三品》：（转下页）

“紫金”是明末清初兴起的称呼，主要不是指铜，而是指金本身，“紫金”为明代非常流行的贵金属名称。[1]即使是明代的工匠，也并不能确定什么是“紫金”，故洪武年间成书的曹昭《格古要论·珍宝论·紫金》云：“古云半两钱即紫金。今人用赤铜和黄金为之。然世人未尝见真紫金也。”[2]身处明代末期的白玛噶布（1527—1592，明嘉靖六年至万历二十年）撰写金铜像分类专文，以zi khyim来音译汉语的“紫金”是最为合理的解释。

然而，明人对“紫金”衍传体系的不确定态度与白玛噶布对zi khyim源流的清晰描述两者之间存在认识上的差异。如上文索引，白玛噶布认为zi khyim源出印度河谷，当地出如意真金故以赤金或紫金（gser dmar）闻名。

如此，我们换个角度来切入，根据白玛噶布紫金琍玛形成路径观察汉语佛典对金铜造像的记载，可谓柳暗花明。考察佛教造像史典籍，东晋（317—420）瀫宾三藏瞿昙僧伽提婆译《增壹阿含经卷第二十八》记载了佛教传说中用紫磨金造像的情形，其中透露出（1）古印度王以紫磨金造如来像；（2）造像与“阎浮里”有关。

（接上页）“《山海经》有黄金、白金、赤金。《史记·平准书》云：‘虞夏之际，金分三品，或黄或白或赤。’《汉书·食货志》云：‘金有三等：黄金为上，白金为中，赤金为下。’释之者皆以金、银、铜当之。《禹贡》‘惟金三品’，亦犹是也。然不曰金、银、铜而必曰黄金、白金、赤金者，盖古人制名，必自金始，由金而分也。”

zi khyim的另一种可能的汉语词汇译音是“曾青”。汉地宋元以来流行胆铜法，以“曾青”（音céng或空青，石青）涂于铁片置于石帆水，便可置换出红铜（西汉淮南王刘安著《淮南万毕术》记载“曾青得铁，则化为铜。”东汉《神农本草经》云“石胆能化铁为铜”。东晋葛洪《抱朴子·内篇》：“以曾青涂铁，铁赤色如铜”。五代时，“胆水冶铜”正式成为一种实用性生产铜的方法。及至宋代，这种工艺发展到很大的规模。）清代西藏学者杜马格西（De'u dmar bsTan 'dzin phun tshogs）将铜分为阴阳，处理铜器时使用石帆和曾青，都是源自炼丹术的胆铜法的遗留：“若论铜之调服，无论阳性紫铜，还是阴性浅红铜，以锉刀砂布打磨表面，浸入石矾和青稞酒溶液中清洗，据说如黄金一般；此后放入用浸泡曾青（sngo grung）的稀薄乳酪液内刷洗以除去铜垢，如此铜器色泽上好。”[参看塔布噶举上师杜马·旦增平措（De'u dmar bsTan 'dzin phun tshogs）所撰《诸类工巧所在·九欲圆光·光亮影相》（rig pa bzo yi gnas kyi las tshogs phran tshegs 'dod rgur sgyur ba pra phab 'od kyi snang brnyan zhes bya ba），收入杜马格西全集，撰于1845年，参看《藏族工艺典籍选编》（bzo rig nyer mkho bdams bsgrigs），第11页。原文：（zangs 'dul ba ni/ pho zangs smug po ma yin pa'i/ mo zangs dmar skya legs pa de seg brdar gyis brdar/ phyes ma chang dang tshur dkar nang du yang yang btsos la bkrus nas gong bshad gser ltar 'dul/ dus nas zho skya'i sngo grung nang du btsos la bkrus pas g ya' chod de kha dog bzang po 'ongs/）]宋元时期流行以曾青置铁的胆铜法冶铜，“曾青”与zi khyim严格对音，因此，不排除白玛噶布的zi khyim就是汉语“曾青”的译音[值得注意的是，现在的琍玛名称如“扎什琍玛”（bkra shi li ma如故宫博物院藏15世纪释迦牟尼佛坐像底板纸签，墨书款识：“乾隆四十五年八月二十四日，皇上驾幸扎什伦布，班禅额尔德尼恭进大利益扎什琍玛释迦牟尼佛。”）“印度琍玛”（rgya gar li ma）、“蒙古琍玛”（hor li）、“汉地琍玛”（rgya nag li ma）、“来乌群巴琍玛”（le'u chun pa li ma，故宫博物院藏四臂观音，黄条“大利益流崇干琍玛四臂观音菩萨，乾隆四十六年十一月二十九日收嘎尔丹西勒图罗藏丹巴……”）等，前面的限定语指地名或人名，而“紫金琍玛”的紫金后人指响铜本身，白玛噶布原文“紫金琍玛”写作zi khyim li damr，以此推之，“紫金”或有可能是地名。]

〔1〕最为典型的是吴承恩（1499—1582）《西游记》，小说中几乎所有的法宝都是“紫金”制成的，如金角大王紫金红葫芦、“赛太岁”的紫金铃、唐王赠送的紫金钵盂等。参看《西游记》第七十回“妖魔宝放烟沙火，悟空计盗紫金铃。”（明）曹昭《格古要论·珍宝论·紫金》（《格古要论》三卷，成书于明洪武二十年1387）记载：“古云半两钱即紫金。今人用赤铜和黄金为之。然世人未尝见真紫金也。”

〔2〕（明）曹昭《格古要论·珍宝论·紫金》。

是时，波斯匿王闻优填王作如来形像高五尺而供养。是时，波斯匿王复召国中巧匠，而告之曰："我今欲造如来形像，汝等当时办之。"时，波斯匿王而生此念："当用何宝，作如来形像耶？"斯须复作是念："如来形体，黄如天金，今当以金作如来形像。"是时，波斯匿王纯以紫磨金作如来像高五尺。尔时，阎浮里内始有此二如来形像。[1]

唐以前汉语古籍称上品铜为"紫磨金"，如郦道元（472?—527?）《水经注·温水》云："华俗谓上金为紫磨金。"[2]唐以后紫磨金似乎就是指上品黄金。[3]明法比丘编《涅槃论》记载："'阎浮檀金有四种：一青二黄三赤四紫磨，紫磨金具有众色。'本是汉名。孔融圣人优劣论曰：'金之精者名为紫磨，犹人之有圣也。'《续博物志》曰：'华俗谓上金为紫磨金，夷俗谓上金为阳迈金。'"唐慧苑（673—743?）《慧苑音义》卷上："'阎浮檀金，具正云染部捺陀，此是西域河名，其河近阎浮捺陀树，其金出彼河中，此则河因树以立称，金由河以得名；或曰阎浮果汁点物成金，因流入河，染石成此阎浮檀金，其色赤黄兼带紫焰气。'"

阎浮檀金应当是古代印度想象中的黄金名。阎浮檀是梵语Jambu nada的译音（巴利语jambo nada suvarṇa，藏语dzam bu chu bo'i gser）。"阎浮"（jambū）是树名，"檀"，或称"那提"（nada）是"河"之意。亦称"阎浮那檀""染部捺陀""瞻部捺陀""剡浮那陀""阎浮那提"等。阎浮檀有一阎浮树林，流经之地依树名称为"南瞻部洲"（jambūdvīpa），由流经此片树林的河段中所淘取的砂金，沿用河名称为阎浮檀金。[4]据称在黄金之中为最上，其色赤黄，带紫焰，故亦称紫磨金、紫磨黄金。唐释玄应《众经音义》卷二十一："赡部捺陀金，或作剡浮那他金，旧云阎浮檀金。名一也。"

汉文佛典有关紫磨金来源的记载与白玛噶布所记紫金琍玛的形成路径几乎完全相同，可见16世纪后半叶白玛噶布撰著《琍玛佛像考察品·论者口饰》时，翻译了由佛典中"紫磨金"演变的"紫金"为zi khyim，因紫磨金等同于阎浮檀金，也就是瞻部捺陀金，18世纪的西藏学者据此演绎出匝那卡西玛（dzhee kṣhim）或制造出个新词Dzñêkṣim，然而，包括图齐（G. Tucci）在内的诸多艺术家或金铜造像专家，没有人能解释"匝那卡西玛"的来源，实际上，这个名称来源于梵语的"阎浮檀树"即Jambū vṛkṣa，藏语dzhee源自指代瞻部洲的'dzam bu，kṣhi恰好是梵语vṛkṣa，ma是藏语构成新词的后缀。藏语对译为'dzam bu'i

[1]《增壹阿含经卷第二十八》《听法品第三十六》，《大正新修大藏经》第2册《阿含部下》，第705c—796a页。

[2]《水经注》卷三六：温水："华俗谓上金为紫磨金，夷俗谓上金为杨迈金。"

[3]如宋人乐史《杨太真外传》卷上："上又自执丽水镇库紫磨金琢成步摇，至妆阁，亲与插鬓。"（收入鲁迅校录《唐宋传奇集》，沈阳：北方文艺出版社，2006年）

[4]《大智度论》卷三五（《大正藏》第二十五卷，第320页）："阎浮树名，其林茂盛，此树于林中最大。提名为洲。此洲上，有此树林。林中有河，底有金沙，名为阎浮檀金。"

shing。藏语文献中将这种阎浮檀金jambū nada音译为'dzam bu na da（“上品赤金”），或意译为'dzam bu'i chu gser（“纯金”）。[1]

如此看来，清代宫廷紫金琍玛的形成颇具戏剧性，藏地在16世纪前后，即汉地永乐宣德佛像作为一种域外风格融入西藏金铜造像之后，藏地学者用源自汉语的“紫金”转义来描述早期印度佛像。随着清初中央与西藏地方的文化交流的增强，藏地僧俗要人供奉皇宫大量精美金铜造像，其中早期印度金铜佛被藏人标注“梵铜紫金琍玛”（rgya gar zi khyim li dmar/ ma），将此专名“转销”内地。

藏文史籍对金铜铁器、冶炼工艺等有所记载，[2]印度各地金铜造像在吐蕃法王时期也已进入藏地，在后弘初期的11至12世纪印度波罗王朝金铜造像大量输入藏地，直接促进了藏地金铜造像的形成与发展。然而，我们并未见到较早的藏文文献对西藏金铜佛造像进行整理分类与研究，出现此类文献竟然已晚至15至16世纪。此时，前、后弘期的印度造像的记忆逐渐模糊而消退，因萨迦、噶举与汉地交往而形成教派的特殊路径得以强化的汉藏之间文化的交流浸润了15至16世纪西藏艺术审美的氛围，如同绘画中勉拉顿珠嘉措（sMan bla Dun grub rgya mtsho）倡导的勉唐画派（sMan bris）的兴起，[3]金铜造像中出现了源于汉地宫廷的永乐、宣德式样的“大明玛”。学者白玛噶布总结西藏早期的金铜像的演变史时，认为藏地所见最好的金铜佛是来自印度圣地的“紫金琍玛”，但却使用了来自汉语译音的zi khyim li dmar来指代印度金铜佛，这些佛像在于阗圣山得到佛陀的加持，因而是最为殊胜的上品。紫金琍玛造像技艺的进展表现在由不同金属材质与不同颜色铜拼接的技艺所创造出的“桑唐玛”（zangs thang ma即“完美的铜佛像”），这可以看做是前后期金铜造像的一个节点。[4]

按照白玛噶布上文描述，紫金琍玛就是li dmar或gser dmar，即“红铜或红金佛像”，同时也是与金铜佛像并列的另一种材质的佛像。[5]桑唐玛的代表作品很少，作品年代延

〔1〕张怡荪《藏汉大词典》下册，第2342页。故此，源于印度佛教造像的宝藏神“布禄金刚”，梵文Jambhala，其包含的财富，源于词根jambu，藏传佛教罕见地保留了此神的音译dzam bha la。

〔2〕《西藏王统记》（rGyal rabs gsal ba'i me long）第八章记载止贡赞普时期“斯时，又烧木为炭。炼皮制胶。发现铁、铜、银三矿石，以炭熔三石而冶炼之，提取银、铜、铁质。”（gzhan yang shing bsregs pa'i snying po sol ba/ ko ba bzhu ba'i snying po la spyin byung/ lcags rdo/ zangs rdo/ dngul rdo gsum rnyed nas/ sol bas rdo gsum bzhus nas/ dngul zangs lcags gsum bton/）北京：民族出版社，2008年，第58页。

〔3〕扎雅著、谢继胜译：《西藏宗教艺术》，第91—96页。

〔4〕台湾辽楼居原藏11世纪前后斯瓦特错金银释迦牟尼佛，狮座前方正面方框藏文錾刻bzang mdzes（即“好美”），或是古格人将此金铜像作为范本的印记，因錾刻题记与人名或造像名称无关，由此可以追溯“桑唐玛”称呼的由来。参看中国西藏文化发展与保护协会编《海外回流文物精粹》封面作品及插页，北京：文物出版社，2012年，第24—27页。

〔5〕“形成诸清净宝石、犀角、金、银、紫金琍玛”（rdo ring dag las byas dang bse ru dang/ gser dngul zi khyim dag kyang srid pa yin），见《藏族工艺典籍选编》（bzo rig nyer mkho bdams bsgrigs），第254页。

续时间较长，大约在7至14世纪。故宫博物院有黄条标识的桑唐玛佛像属于印度7至9世纪佛像，有嵌银镶铜工艺；[1]而故宫另一尊桑唐玛坐像四臂观音年代在13世纪。[2]

从白玛噶布的描述分析，紫金琍玛被看做是出自中印度恒河的圣物，是最重要的金铜造像，主要是红铜和白铜两种外观，红铜应当与现今9至11世纪造像类似，白铜当与11世纪至12世纪掺入锡的克什米尔或拉达克一带的金铜佛式样类似，今天拉达克以东克什米尔查谟（Jammu）地方的桑斯嘎尔（Zangskar），就是藏语的zangs dkar，即“白铜”。[3]其中特意提到此类造像在于阗得到释迦佛的加持，透露出早期金铜佛像与于阗的关系。以此推断，紫金琍玛应当特指西藏早期的金铜佛像，白玛噶布认为前弘期松赞干布时期就有色泽纯净的紫金琍玛（zi khyim li dmar），与江孜法王时期的“法王琍玛”（chos rgyal li ma）并存。[4]以此观察，紫金琍玛的年代跨度或在11至13世纪，在14世纪以后并无流行。从紫金琍玛的来源可以认定，这本是一种存在于理想中的金铜佛式样，具体是指11至13世纪前后来源于东印度和西北印度乃至中亚克什米尔一线的金铜造像，特别是红铜为主，镶嵌黄铜和白铜的造像式样，由于作品年代跨度很长，其中的铸造方法多种多样，并不为后人所知，因而也没有确定无疑的紫金琍玛铸造手册。虽然白玛噶布提到了zi khyim li dmar，但此后的藏文典籍文献对此工艺却语焉不详。即使是五世达赖喇嘛（1617—1682）撰写的《布达拉宫琍玛拉康殿新志序》也没有提到紫金琍玛。[5]最为根本的原因是，紫

〔1〕佛着袒右袈裟，薄衣贴体，阴刻双线衣纹，只在衣缘处塑出立体的衣褶。结跏趺坐，手作说法印。长方形多层束腰台座，厚坐垫。椭圆背光，上部镂雕繁茂的菩提树叶。背光与头后部连铸为一体。眼睛嵌银，衣缘嵌红铜线，属北印度笈多王朝造像。造像附黄条：“大利益桑唐琍玛密……乾隆五十一年正月初二日收达……进。”参看故宫博物院编：《图像与风格：故宫藏传佛教造像》，北京：紫禁城出版社，2002年，第181页。

〔2〕坐像附黄条：“大利益桑唐琍玛四臂观音菩萨，乾隆五十八年八月二十六日收，热河带来。”参看故宫博物院编《图像与风格：故宫藏传佛教造像》，第263页。

〔3〕桑斯嘎尔原属古格王朝的一部分。

〔4〕“藏地前、后弘期法王琍玛有三种，前弘期法王松赞干布时，有纯净紫金琍玛，红白琍玛镶嵌，及用金银。水晶与石制成的造像”（bod la chos rgyal li ma snga phyi gsum// snga ma chos rgyal srong btsan sgam po'i dus// zi khyim li dmar gtsang ma dang// dkar dmar sho sgrig byas dang gser dngul dang// shel dang rdo 'jim sogs las bsgrub pa ste//）此是白玛噶布文章的排印本，名称是rten brtag pa'i rab byed nyung du smra mkhas 'dod pa'i kha rgyan zhes by aba bzhugs so// 收入《藏族工艺典籍选编》（bzo rig nyer mkho bdams bsgrigs）第251页。

〔5〕《布达拉宫响铜殿新志序言》（pho brang chen po po ta la'i li ma lha khang gi deb ther gsar bsgrigs kyi mchod brjod nam mkha' mdzod kyi sgo 'byed sogs/），北京民族文化宫图书馆藏：《五世达赖喇嘛文集》第19卷（共30卷），第217—219页。刻本跋尾附说明提到布达拉宫琍玛拉康原本有殿志“布达拉宫宫殿殿志细目记琍玛拉康殿内所供佛像原有旧本目录，此后车载箱装新入收藏甚多，故于第十一饶炯木龙年（1664）12月3日重新编制了先前旧本，于金星会奎宿之日编辑成新目录。”（po ta la'i pho brang chen po 'dir bzhugs pa'i nang tshan li ma lha khang gi rten gyi deb rnying 'dug na'ang/ slar yang legs byas kyi shing rtas drangs te mang du 'phel bar brten rab byung bcu gcig pa'i khro mo zhes pa shing 'brug hor zla gsum pa nyis brtsegs kyi sngon ma'i dkar cha dga' ba dang po pa sangs nam gru'i 'grub sbyor gyi thog deb ther gsar du bsgrigs pa la/）东噶仁波切（Dung dkar Rin po che）记述布达拉宫琍玛拉康藏品时写道：“琍玛拉康有东印度琍玛，西印度琍玛，克什米尔琍玛，尼泊尔琍玛、源自于阗的自生琍玛，约五百年前江孜法王热丹贡桑时期铸造的法王琍玛，明代输入藏区的汉地琍玛，五世达赖喇嘛时期雪堆白所造多边琍玛等近八百余种。”（lha khang 'di'i nang rgya khar shar li/ nub li/ kha che'i li ma/ bal po'i li ma/（转下页）

金琍玛名称是16世纪学者源自汉地佛经“神话”的“当代记忆”，以汉文名称来指代跨度几个世纪的东印度及克什米尔地区金铜造像，这些金铜佛铸造方法各不相同，所以不可能有完全的“紫金琍玛”制造手册。东噶仁波切提到三世噶玛巴让迥多吉（Karma pa Rang ’byung rdo rje, 1284—1339）的著作《诸种大宝物鉴察方法》和杜马格西·旦增平措（De’u dmar dge bshes bStan ’dzin phun tshogs, 1725—？）的《工巧明所欲意乐光影》记述了匝那卡西玛的制作方法，但不见白玛噶布记载。[1]

铸造紫金琍玛的方法在清代宫廷得以继续，仿制的起因是藏地高僧贡献的印度金铜佛得到了皇帝的赏识：乾隆四十五年（1780）六世班禅进京为乾隆皇帝祝寿，随行带来的紫金俐玛造像为乾隆皇帝看重。现今故宫博物院藏智拳印大日如来佛，配紫檀木龛，龛后以满蒙汉藏四体文字记“乾隆十七年（1752）六月初九日，钦命章嘉胡土克图认看供奉大利益梵铜琍玛毗卢佛”（// gnam skyong gi lo bcu bdun pa’i zla tshes la bka’ yis lcang skya hut hog thu la gtad nas ngos bzung byas te mchod pa’i rgya gar li ma rnam par snang mdzad sku brnyan byin chen）。题记中藏文对译“大利益”用mchod pa，对译“梵铜琍玛”用rgya gar li ma；[2]乾隆四十五年（1780）以后，清宫在随同六世班禅晋京的仲巴活佛（Drung pa u thog thu）[3]的帮助下，开始仿制当时称为“梵铜”的紫金琍玛。造办处活计档记载：

于（乾隆四十六年）正月二十二日，经管理造办处事务舒文照宁寿宫现供铜镀金无量寿佛样款拨得无量寿佛蜡样一尊，随做样无量寿佛一尊呈览。奉旨：照样准造。其镀饰金色务要与做样无量寿佛金色一样。着舒文至西黄寺问明仲巴胡土克图岁本亢伦如何镀金之处，令匠学习，并将烧紫金琍吗之法亦令匠学习。钦此。

（接上页）li yul nas thon pa’i li ma/ lo lnga brgya lhag tsam gyi gong du rgyal rtse chos rgyal rab rten kun bzang skabs gsar du bzhengs pa’i chos rgyal li ma/ ming rgyal rabs kyi skabs gsar du bzhengs pa’i rgya nag li ma/ taw la’i bla ma sku phreng lnga pa’i skabs zhol ’dod dpal li ma sogs li sku brgyad brgya tsam yod/）藏文版《东噶藏学大词典》，北京：中国藏学出版社，2002年，第1982页。

〔1〕东噶仁波切记述的书名分别是rin po che sna tshogs kyi brtag thabs和rig pa bzo yi gnas la ’dod rgur sgyur ba ’od kyi snang brnyan，《东噶藏学大词典》，第1982页。笔者在TBRC三世噶玛巴文集中没有检索到这篇文章。

〔2〕故宫博物院编：《图像与风格：故宫藏传佛教造像》，第54—55页。

〔3〕仲巴呼图克图是六世班禅之兄，随班禅大师来京朝觐。大师圆寂后，他在西黄寺主持班禅善后事宜，主要包括清净化城塔的建设与供奉、护送灵梓回后藏等繁杂事务。乾隆四十六年（1781）二月十三日六世班禅的灵梓正式启程，仲巴呼图克图离开北京。后因他将六世班禅的珍宝财物尽吞，其同父异母弟红帽系沙玛尔巴（Zhwa dmar pa）怀恨在心，借故唆使廓尔喀人进兵西藏，劫掠扎什伦布寺，各寺僧和藏兵也因仲巴呼图克图分文不施，心怀怨愤，不愿为其卖命，纷纷溃逃，后藏大乱。乾隆五十七年（1792），福康安率清军平定廓尔喀之乱后，仲巴论罪当正法，但乾隆帝念其是六世班禅之兄，谕令解送来京，拘禁于南苑德寿寺内，不许返藏。详见中国第一历史档案馆、中国藏学研究中心合编：《六世班禅朝觐档案选编》，北京：中国藏学出版社，1996年，第315，341，347，360页。详细记载参看吴丰培整理《西藏志·西藏通志合刊》，拉萨：西藏人民出版社，1982年，第395—413页。

于正月二十四日奴才舒文谨奏，遵旨问得仲巴胡土克图岁本亢伦，藏内并未带来镀金能烧紫金琍吗等匠，缘藏内镀金烧紫金琍吗俱系巴尔布匠役成造。其镀金烧紫金琍吗系用十足高金镀饰，如不妥，再为再镀，仍用茜草水提炸则金水即能较红；至烧紫金琍吗，系用自来铜、金、银、铅、钢等八项加入洋条红铜内合化打造，方能烧得各种色彩等语。奴才现在依照试办，俟办有样式再为呈进，今先将烧造所需材料缮折恭呈御览，请旨示训谨奏等因，缮折具奏。奉旨知道了。钦此。[1]

清宫开始供奉紫金琍玛，并下令在宫中造办处仿做，其后，又对原配方加以改进，成造了具有宫中特色的紫金琍玛造像。仿制琍玛在清宫的铸造始于乾隆四十六年（1781），止于乾隆六十年（1795），用时14年。由于配方材料包括金、银、铜、锡、铅、钢、水银、五色玻璃及金刚钻石等贵重材料，在十多年中仅制造了174尊左右紫金俐玛。[2]班禅于嘉庆四年（1799）六月十六日进奉"大利益梵铜琍玛昭释迦牟尼佛"（实为11世纪宝生佛）；[3]故宫博物院藏8世纪燃灯铜佛，黄条记曰"大利益梵铜琍玛燃灯古佛"。[4]乾隆五十三年（1788）九月二十五日达赖喇嘛进奉斯瓦特"大利益密噜什喀释迦牟尼佛"；[5]乾隆六十年（1795）十二月二十五日8世纪斯瓦特转法轮印释迦牟尼佛，黄条记曰"大利益梵铜琍玛墨鲁式喀释迦牟尼佛。"[6]乾隆六十一年（1796）十一月初一日济咙呼图克图进奉8世纪斯瓦特"大利益梵铜琍玛弥勒菩萨"。[7]因而"紫金琍玛"等同于"大利益梵铜琍玛"，清宫最上等金铜佛标记为"大利益"即藏文的mchod pa"供品"。直接写明"紫金琍玛"者，有乾隆五十五年（1790）九月二十四日鄂辉进奉藏西11世纪立像弥勒"大利益紫金琍玛弥勒菩萨"。[8]

藏地自己铸造的铜佛，与紫金琍玛时间对应的是我们上面提及的法王琍玛；其他西藏本地产佛像，清宫记为"番铜琍玛"，如乾隆五十八年（1793）八月二十六日从热河带来、风格类似丹萨替金铜像（gdan sa mthil）[9]的16世纪密集金刚"利益番铜琍玛阳体秘密

---

〔1〕引文参看罗文华：《清宫紫金琍玛造像考述》，《故宫博物院院刊》2004年第6期，第60页文末附录"造办处活计档"。

〔2〕罗文华：《清宫紫金琍玛造像考述》，《故宫博物院院刊》2004年第6期，第49—63页。

〔3〕故宫博物院编：《图像与风格：故宫藏传佛教造像》，第67页。

〔4〕故宫博物院编：《图像与风格：故宫藏传佛教造像》，第162—163页。

〔5〕故宫博物院编：《图像与风格：故宫藏传佛教造像》，第170—171页。

〔6〕故宫博物院编：《图像与风格：故宫藏传佛教造像》，第178—179页。

〔7〕故宫博物院编：《图像与风格：故宫藏传佛教造像》，第228—229页。

〔8〕故宫博物院编：《图像与风格：故宫藏传佛教造像》，第222—223页。英文解说紫金根据满文转写成dzi kim，可见满文"紫金"的译者知道藏文的原文zi khyim li ma。感谢人民大学国学院乌云毕力格教授转写满文。

〔9〕丹萨替造像是15至16世纪西藏山南帕竹噶举丹萨替寺佛塔所见金铜佛，造像继承了尼泊尔纽瓦尔和东印度波罗与大明玛的混合风格，并镶嵌珠宝。Olaf Czaja, "The Sculptural Art of Densatil", *Oriental Art*, Vol.50. No.4. 2006.

佛”。[1]嘉庆九年十二月十二日收“利益番铜琍玛阴体佛海(观世音)……”[2]

本节从藏语指代金铜佛像的li ma一词入手,考订藏语li yul并非表示于阗是产铜之地,并使用新疆简牍材料和12世纪前后藏文史料辨析li与'u then的关系,确定li是指居住在于阗的居民的称呼。文章梳理了9至11世纪于阗在整个北传大乘佛教信仰人群中的地位及由此形成的多民族认同的共同佛教文化中心圈;特别释读了藏文史料中记述的9世纪前后吐蕃与于阗在佛教造像领域的重要事件,解释于阗作为藏传佛教早期图像肇源地的缘由;并分析了藏文文献语境中于阗的li人都是塑作寺庙神像的高手,li为藏语实义基本词,以藏文中性兼阴性名词后缀 ma与之构成li ma专名,“佛像”或“金铜佛像”称为li ma正是后代藏语名称对早期相关文明历史关系的反顾,也是早期以于阗为中心的佛教文化在藏语中的存留。即使是在9世纪以后,佛教图像地域中心的位置认知发生变化,印度成为造像中心,中印度造像、克什米尔造像,乃至13世纪以后尼泊尔纽瓦尔谷地金铜佛大量涌入,导致li yul的位置也从丝路于阗逐渐迁移到了尼泊尔。

li ma一词的出现时间大约在15世纪以后,16世纪白玛噶布金铜佛像专文中即以li ma命名,对藏地金铜佛流传序列进行了归纳。作者讨论的zi khyim li ma,以其所处15至16世纪汉藏文化交流盛期的语境,将汉文佛典中早期阎浮檀金的想象具体化,并将藏传佛教造像与于阗造像两者以佛陀在于阗山加持“紫金琍玛”的形式,将7至9世纪与15至16世纪的造像认知逻辑勾合,并将作者所处时代的中、东印度红铜或紫铜的金铜佛作为“紫金琍玛”的主体,以此将原本汉地文献中想象的“阎浮檀金金像”物化为可触可见的具象实体,所以用li dmar(即“红铜佛像”)来限定zi khyim(即“紫金”)。为使“紫金琍玛”的产生摆脱神话光晕,白玛噶布还将11世纪前后流行于克什米尔的白银与红铜等镶嵌工艺归入紫金琍玛的工艺流程,以此工艺产出的特种“紫金琍玛”,被称为当时金铜佛的范本“桑唐玛”,现今被收藏学家归于藏西金铜造像的大量11至14世纪的作品,实际上属于“桑唐玛”的范围;[3]白玛噶布还总结了当时与红铜紫金琍玛对应的汉地黄铜“大明玛”,点明了明代以炉甘石“火法”所炼黄铜流行藏地的史实。延至清乾隆年间,宫廷造

---

〔1〕故宫博物院编:《图像与风格:故宫藏传佛教造像》,第141页。

〔2〕故宫博物院编:《图像与风格:故宫藏传佛教造像》,第54—55页。

〔3〕Ulrich von Schroeder, *Buddhist Sculptures in Tibet*, Volume One: India & Nepal, pp.68-87 and Volume Two: Tibet & China, pp. 771-791, Visual Dharma Publications Ltd. Hongkang, 2001.编者施罗德完全不考虑白玛噶布对16世纪前后藏传佛教金铜佛像所做的分类与解说,此处笔者基本同意迈克汉斯(Michel Henss)对此问题所做的解说,参看其论文“Buddhist Metal Images of Western Tibet, ca. 1000-1500 A.D.: Historical Evidence, Stylistic Consideration and Modern Myths”, *The Tibet Journal,* Vol.27, No.3/ 4, Contributions to the History of Tibetan Art (Autumn & Winter 2002), pp. 23-82.(《公元1000—1500年前后西藏西部的佛教金属造像——历史证据、风格要素与现代虚构》,廖旸译文,刊张长虹、廖旸主编:《越过喜马拉雅》,成都:四川大学出版社,2007年,第242—334页)。

办处由藏地呈献宫廷造像中辨别出zi khyim li dmar的名称，准确还原为“紫金琍玛”，归之于等级最高的“梵铜大利益”，进而进行仿制。

通过对藏文li ma一词演变的分析，我们可以考察藏汉佛教艺术对作为圣地的丝路于阗的共同认知，佛教图像与造像技术的发展与邻近国家和地区的政治文化交流的对应关系，乃至汉藏与不同民族之间物质文明史共同发展的轨迹；与此同时，我们可以循迹还原藏传佛教金铜造像起源、发展及其演变的内在逻辑，合理构建藏传佛教艺术发展的历史。这正如一滴水反射了太阳的七彩光焰。

第三节　汉藏交融中的过街塔

过街塔是遍布于我国内地与边疆的特殊塔型，常建在道路通衢处，世俗聚落与佛寺空间中皆有，行人车马可于塔下交通。该塔型源自西藏，蒙元时期传入汉地，并逐步演绎出在地化的汉式样貌。过街塔在元明清汉藏民间生活中扮演着重要角色，真切见证了汉藏交融的历史进程。其中所蕴含的丰富的宗教、艺术、历史及民俗信息能使我们从物质文化层面系统剖析元明清汉藏文化的交流历程，进而推动铸牢中华民族共同体意识。

一、藏汉过街塔的修建位置

过街塔在藏汉地带修建位置和功能多存在以下几点情况：（一）以过街塔为城门；（二）以过街塔为通衢枢纽；（三）以过街塔为佛寺入门。

（一）以过街塔为城门

第一种情况，作为拉萨西门进入布达拉宫山脚下雪村（zhol）的札廓喀尼塔；此外，江孜入城主路旧时亦有过街塔，1927年1月A. J. Hopkinson率领的英国商贸代表团在首次访问江孜时曾拍下珍贵照片；尼泊尔穆斯塘地区的过街塔也多有建立于村口者，[1]以擦让村最为知名（Tsarang）。[2]例证众多，不胜枚举，此为显示以塔为城门的设定（图6-3-1：1—3）。

以塔为城门的情况，在汉地常见。最早者如北京彰义门塔。《佛祖历代通载》（卷

〔1〕在木斯塘南部被称为"克恁"（Ken nen），或称为具腿塔（mchod rten with legs）。木斯塘地区的早期佛塔的介绍参见Niels Gutschow: "Chorten in Mustang", Khadga Man Shrestha, Tarananda Mishra, Mrs Riddhi Pradhan (eds), *Ancient Nepal. Journal of the Department of Archaeology*. No.130-133, 1992-1993, pp. 59-62.

〔2〕目前并未发现与之相关的文献记载，但擦让村过街塔就形制来看，与洛门塘（Lo Mantang）洛日寺（luri）塔窟内的绘塔（painted stupa，13世纪末至14世纪初）相似，颇具萨迦时期佛塔韵味，覆钵圆润宽大、塔刹粗短应不晚于15世纪。

图6-3-1：1 拉萨札廓喀尼过街塔（SIR FRANCIS YOUNGHUSBAND（荣赫鹏），India and Tibet; a history of the relations which have subsisted between the two countries from the time of Warren Hastings to 1910; with a particular account of the mission to Lhasa of 1904, p. 25）

图6-3-1：2 江孜主路过街塔（采自https://eyeteeth.blogspot.com/2006/04/tibet-1942-43.html）

二二）："十条。外邦贡佛舍利，（世祖忽必烈）帝云'不独朕一人得福，乃于南城彰义门高建门塔。普令往来，皆得顶戴。'"所谓彰义门，为原金中都旧城西北侧的城门，遗址位于明清南城广安门外，与元大都毗邻，也是进入大都的重要门径。大都落成后，南城繁盛，汉人南来大都多取道彰义门。

元翰林学士欧阳玄（字原功，1274—1358）作诗讽彰义门为名利关："蓟门城头过街塔，一一行人通窦间。今朝送客又还入，那忍更头名利关。"[1]此蓟门城头所指为蓟邱城门，在金中都旧燕城西北隅。[2]元代名臣许有壬（字可用，1287—1364）亦有类似彰显为名利关窦之地的诗句。"过街塔原功（欧阳玄）名之曰雪窦，又谓之名利关，窦言其状，关言其实也，过之有感赋二口号，'来往憧憧急欲飞，此关参透古来稀，老夫今日出关去，却是罢参真欲归。石城琼璧耸浮屠，一窍开通作要途，为问几人能不窦，更从窦外觅江湖。'"[3]至明清时，广安门仍是各省陆路入京的必经之路。

图6-3-1：3　擦让村口过街塔（张超音拍摄）

彰义门南行二十里，便是大都南门——卢沟桥，此地亦有过街塔。该塔建于至正十四年（1354）四月，见载于《元史·顺帝纪》（卷四十三）："（十四年）夏四月癸巳朔……造过街塔于卢沟桥，命有司给物色人匠，以御史大夫也先不花督之。"此外，《读史方舆纪要》卷一一有载："卢沟桥府西南三十五里，跨卢沟河上洪涛东注，若迅雷奔马不可测识，桥为往来之孔道，金·明昌初所建，长二百余步，名广利桥，元至元十四年命造过街塔于桥上，明正统中崇祯初皆尝修治…"。可知作为南入大都的必经之路，彰义门（广安门）与卢沟桥，皆有过街塔。

目光北挪，南口与居庸关则构成了北向往来大都的要冲，此二地亦设有二座过街塔。元代曾在距大都三十余里的居庸关内建立南北二门，置哨所扼此贯穿南北之孔道，居庸关

〔1〕《圭斋文集》卷三，四部丛刊景明成化本，第10页。

〔2〕《日下旧闻考》卷一〇七引《行国录》："元时居庸关、卢沟桥具有过街塔，按欧阳原功诗'蓟门城头过街塔，一一行人通窦间。'则蓟邱城门亦有之"。

〔3〕《清文渊阁四库全书》,《至正集》卷二八，第164页。

过街塔即建于关内南门。元人熊梦祥在《析津志》中对居庸关过街塔有如下描述："居庸关在直都城之北……至正二年今上始命大丞相阿鲁图、左丞相别儿却不花创建过街塔，在永明寺之南，花园之东。"[1]欧阳玄撰《过街塔铭》对于此地修建过街塔之意义原委有详细描述。[2]

居庸关南侧的南口过街塔，始建年代不明，仅载至元五年（1339）于此过街塔处为大将伯颜立二碑，《元史》卷四〇《顺帝三》："（至元五年）夏四月辛卯，革兴州兴安闲。癸巳，立伯颜南口过街塔二碑。"可知南口过街塔先于居庸关过街塔而建。南口为连接大都与塞北的门户，出南口入居庸关而渐入塞北，抗战时期曾于此爆发著名的南口战役。

通过以上梳理可知大都南北交通咽喉：彰义门、卢沟桥南线与南口、居庸关北线皆建过街塔。这条路线是元代大都的重要交通，元人张耀卿《纪行地理考证》中有淋漓体现。张氏于大德十一年（1307）奉召北上，其对出入大都的路线及风土变迁有详细记录：

> 岁丁未夏六月初吉，赴召北上，发自镇阳，信宿过中山。时积阴不雨，有顷开霁，西望恒山之绝顶所谓神峰者，耸拔若青盖然，自余诸峰历历可数，因顾谓同侣曰："吾辈此行，其速反乎？此退之衡山之祥也。"翌日出保塞，过徐河桥，西望琅山，森若剑戟，而葱翠可挹。已而繇良门、定兴抵涿郡，东望楼桑蜀先主庙。经良乡，度泸沟桥以达于燕。居旬日而行，北过双塔堡、新店驿，入南口，度居庸关，出关之北口，则西行经榆林驿、雷家店及于怀来县。……[3]

南卢沟桥、北居庸关之于大都的门户意义毕现，故二处过街塔可读作大都城门之塔，这与西藏过街塔以塔为城门、村门的功能设定是一致的。

（二）以过街塔为通衢枢纽

第二种，建于四道通衢。过街塔作为交通枢纽也是重要传统。如拉萨八廓街北侧（bar skor khrom gzhung byang）的喀尼果希（karni sgo bzhi），塔基开有四门，其位于大昭寺转经道北侧与小昭寺路（re mo che lam）交会的十字路口处，是大昭寺与小昭寺礼拜路

---

〔1〕北京大学图书馆藏缪荃荪艺风堂抄本《顺天府志》卷一四，昌平县关隘条，引《析津志》。援引宿白：《居庸关过街塔考稿》，《藏传佛教寺院考古》，北京：文物出版社，1996年，第338—339页。

〔2〕北京大学图书馆藏缪荃荪艺风堂抄本《顺大府志》卷一四，昌平县关隘条，引《松云闻见录》。见宿白：《居庸关过街塔考稿》，《藏传佛教寺院考古》，北京：文物出版社，1996年，第339—340页。

〔3〕《张耀卿纪行地理考证一卷清丁谦撰》，《丛书集成三编》第八十册，第187页。

线上的重要串联点。

江苏镇江西津渡亦见著名元代过街塔“昭关”(图6-3-2：1)。西津渡为长江上古的重要渡口,亦是元代渡扬子江往来使客的必由之地。该塔位于江边通衢,塔下台座原设四门,今仅留东西两门穿行。台座上部为方形青石板,边长3.9米,厚0.5米,在东西立面上镌刻“昭关”“万历十年壬午十月吉重修”。南北立面上镌刻梵文六字真言,青石板下由四石柱支撑,石柱内侧皆刻榜题:“南无大方广佛华严经”。此塔2000年吊起覆钵大修时发现塔瓶底部的两件捶碟线刻铜板,表现宝藏神九父九母曼荼罗。据温玉成考证,此塔或建于1311年左右,可能是现存年代最早的过街塔,温氏推测西津渡过街塔当为金山寺修建的一部分,是元武宗派工匠刘高仿京师梵刹所造。[1]

通衢处建过街塔的汉地例证还可见昆明官渡妙湛寺金刚塔。古镇官渡为滇池渡口,来人熙攘,此金刚宝座塔建于渡口中心,基座四面开门,当地亦称穿心塔(图6-3-2：2)。[2]此塔由云南总兵沐璘提议设计、镇守云南的大太监罗珪出资建造,可见官渡碑林博物馆陈列的《妙湛施主大护法罗公讳珪墓碑》拓片中的记录:“沐公为培风记,特建穿

图6-3-2：1　昭关过街塔

图6-3-2：2　昆明官渡过街塔

〔1〕赵孟頫在《金山寺般若院碑》中写道:“元武宗谴宣政院断事官泼间、都功德使司丞臣苔什帖木儿乘驿驰喻江浙等处行中书省曰:也里可温擅作十字寺于金山地,其毁拆十字,命前画塑白塔寺工刘高往,改作寺殿屋壁佛、菩萨、天龙图像,官具给须用物,以还金山。”参看温玉成:《镇江市西津渡过街塔考》,《宿白先生八轶华诞纪念文集》,北京:文物出版社,2002年,第615—633页。

〔2〕建筑学家刘敦桢在《昆明及附近古建筑调查日记》中提到:“石塔位于寺大门外,下置方座,中贯十字穹券甬道,如过街塔式,上建喇嘛塔五,居中者体积较巨,据壁上所嵌碑记,建于明英宗天顺二年,殆受印度式金刚宝座塔之影响也。”

心宝（座塔一规，罗公为使官民）不扰，悉出己赀并重建妙湛巨刹。"[1]大明天顺二年四月（1458），云南总兵木璘撰《新建妙湛寺石塔记》（现藏官渡碑林博物馆）中记述此塔之修建缘起与初衷，敬佛立塔以为长治安邦，亦作有充分描述。昆明碑林博物馆藏"嘉议大夫云南等处提刑按察司按察使"吕囦于明成化元年（1465）所撰《妙湛寺增建佛殿记》碑中，对此塔的为求政通人和、护国安邦的目的有明确描述。[2]

（三）以过街塔为佛寺入门

将过街塔置为殿门、寺门的安排，广见于汉藏地区。如拉达克阿齐寺杜康殿和译师殿门前安置佛塔，塔心中空，顶部为木制套斗顶，下方悬空安置小塔，内塔四壁绘壁画，行人穿行入殿，仰首可见塔内图像；又如拉达克萨尼寺（Sani）、卫藏山南洛扎县的拉隆寺（lha lung）、青海塔尔寺等（图6-3-3）。汉地佛寺也有以塔为寺门的做法，例如西山宣文弘教寺、寿安寺等。明刘侗、于奕正《帝京景物略》卷六："弘教寺宅山阳，门水阳。两涧右会而桥，桥边而门，门冠塔三尺，弘教寺门也。"清于敏中等编纂《日下旧闻考》中引述世宗御制《十方普觉寺碑》文："西山寿安有唐时古刹，以窣堵波为门，泉石清幽，层岩夹峙，乃入山第一圣境。"

在通衢、隘口等地修建佛塔，凸显佛塔对殊胜佛法的象征意义，在营造肃穆的宗教意味的同时，也为穿行信徒加持佛法，感化众生，来往僧俗由此步入净土佛国。

图6-3-3：1　拉隆寺过街塔（John Claude White, Sikhim and Bhutan: Twenty-one Years on the North-east Froniter, 1887-1908, London: Edward Arnold, 1909, p.199）

图6-3-3：2　萨尼寺过街塔

〔1〕此外《新建妙湛石塔铭》亦有论及："□□□大宝之二年，镇守云南太监罗公偕，征南将军右都督沐公叶谋建石塔于妙湛寺前，凡佣工致功力悉出己背一毫弗烦于官民，□□□功德上祝"。

〔2〕"释氏之教始于西夷，汉时入我中国，盖其言以空为主，以不杀为训，妙湛寺石塔以慈悲为劝，故愚民易从，而王公大人亦多敬信之，太监公体朝廷之心，抚安军民而能随夷俗所好，因以化之其，亦可谓善拎抚绥者矣。"

二、汉藏佛经所述的建塔位置

尽管藏汉过街塔的建筑结构上仍有不小差异，但在修建地点的选择上则都极为强调人流稠密，凸显为众生授以功德的意志。此种建塔地点的布局可对应佛典文献中对释尊舍利的安放位置的描述。如若那跋陀罗译出的《大般涅槃经》中的《遗教品第一》讲道：

> 佛告阿难："我般涅槃，汝等大众当依转轮圣王荼毗方法。"阿难复白："转轮圣王荼毗法则，其事云何？"佛告阿难："转轮圣王命终之后，经停七日，乃入铁棺。既入棺已，即以微妙香油注满棺中，闭棺令密。复经七日，从棺中出，以诸香水灌洗沐浴。既灌洗已，烧众名香而以供养。以兜罗绵遍体儭身，然后即以无价上妙白氎千张，次第相重遍缠王身。既已缠讫，以众香油满铁棺中，圣王之身尔乃入棺。密闭棺已，载以香木七宝车上，其车四面垂诸璎珞，一切宝绞庄严其车，无数华幡、七宝幢盖、一切妙香、一切天乐，围绕供养。尔乃纯以众妙香木表里文饰，微妙香油荼毗转轮圣王之身。荼毗已讫，收取舍利，于都城内四衢道中，起七宝塔。塔开四门，安置舍利。一切世间所共瞻仰。"

又如《长阿含经》卷四："收捡舍利，于四衢道起立塔庙，表刹悬缯，使诸行人皆见佛塔，思慕如来法王道化，生获福利，死得上天，除得道者。"随着装藏舍利的法身化，诸种净罪除障之陀罗尼渐入对四衢通道的佛塔装藏的描述之中，最著名者为佛陀波利译《佛顶尊胜陀罗尼经》（T.19，No.967）中对建塔位置及功德意义的描述："于四衢道造窣堵波，安置陀罗尼，合掌恭敬旋绕行道归依礼拜。天帝彼人能如是供养者，名摩诃萨埵，真是佛子持法栋梁，又是如来全身舍利窣堵波塔。"此内置陀罗尼之佛塔则具"尘沾影覆"为来往众生授以清净功德之伟力。

又如唐天竺三藏弥陀山奉诏译《无垢净光陀罗尼经》（T.19，No.1024）[1]中世尊为解脱大婆罗门"劫彼罗战荼"的暴亡恶趣之苦，亦讲说了类似的建塔事业。不空译《菩提场庄严陀罗尼经》（T.19，No.1008）中对建塔地点的描述更加周详，涵盖了四衢道、高山顶、

〔1〕"'我今悔过归命世尊，唯愿救我大地狱苦。'佛言大婆罗门此迦毗罗城三岐道处有古佛塔，于中现有如来舍利。其塔崩坏汝应往彼重更修理，及造相轮橖写陀罗尼，以置其中兴大供养。依法七遍念诵神咒，令汝命根还复增长，久后寿终生极乐界，于百千劫受大胜乐。"《新修大正藏》，卷十九，No.1024。

河岸、城门、大道等地。[1]

这种佛塔修建位置的描述，在藏译佛经之中亦有大量出现。例如藏译本《菩提场庄严陀罗尼》(Byang chub kyi snying po'i rgyan 'bum zhes bya ba'i gzungs, Bodhimaṇḍālaṃkāra-nāma-dhāraṇī-upacara)，见普扎甘珠尔(phug brag kan jur rgyud tsha)与法藏敦煌文书(P.t.555, P.t.350)，[2]其中普扎甘珠尔中描述与汉文本基本一致。[3]另见由印度阿阇梨智凯(Prajñāvarma)与班译师等人译出的《根本功德总持经》(dge ba'i rtsa ba yungs su 'dzin pa'i mdo, Toh.101)。[4]

基于通衢式的位置经营，汉地佛教形成了针对佛顶尊胜等陀罗尼经咒崇拜的传统建筑形式经幢，广泛分布于僧俗社区。[5]位处通衢要冲的藏式过街塔，与内置佛陀舍利、尊胜陀罗尼的密闭佛塔似乎有别，但为众生授予功德的基础功能则是一致的。对于藏式过街塔来说，最深刻变革之处在于，穿塔制式改变了右绕礼塔之传统。

三、藏汉过街塔的结构差异

尽管藏汉过街塔的修建位置、穿行方式颇为类似，但二者的内在逻辑仍有很大不同。藏地过街塔具有突出的以塔为本体的营建视角，其本质特征在于改变了佛塔闭合空间的

---

〔1〕“金刚手若有苾刍苾刍尼优婆塞优婆夷善男子善女人。于四衢道、或高山顶、或于河岸、或于城门、或王道路，造作一大窣堵波，写此陀罗尼并经，置于相轮樘中。如我先譬喻说满三千大千世界，微尘数量法身舍利法界舍利，骨舍利肉舍利。彼善男子善女人，即成造如上尔所微尘舍利等数量窣堵波，即成一切如来舍利藏窣堵波，即成佛曼荼罗窣堵波，即成一切如来藏塔。”《新修大正藏》，卷十九，No.1008。

〔2〕“金刚手，诸法子、法女、比丘、比丘尼、居士、女居士等，建塔于四路之通衢，或建于山前，或建于河岸边，或建于城邑入门之上，或建于大道之上，并内置此陀罗尼之印相于管心木内一并安建于佛塔之中，此法子或法女所建之塔即被称为如来身舍利塔、佛藏之塔、如来藏之塔。”见 Cristina A. Scherrer-Schaub: “Some Dhāraṇī Written on Paper Functioning as Dharmakāya Relics: A Tentative Approach to PT 350,” in Per Kvaerne (ed.), *Tibetan Studies: Proceedings of the 6th Seminar of the International Association for Tibetan Studies*, Fagernes, 1992 vol. 2, Oslo: The Institute for Comparative Research in Human Culture, 1994, pp. 711-727.

〔3〕vol. 116, fols.65b6-66a3.

〔4〕“此时世尊回应如下颂诗：若见释迦佛塔坍毁，将其修复，由此遍现大胜力、伟身、无惧；不论身在何处皆需升起正念，于四道通衢作舍利身以开示佛智慧，便证现诸殊胜功德，若有人在四道通衢之岔口处修建供世人供养之佛塔，便声誉增盛。”Toh.101, p. 387.(de nas bcom ldan 'das kyis de'i tshigs su bcad pa 'di dga bka' stsal to/ sangs rgyas mchod rten mthong nas su/ zhig pa phyir ni bcos par bya/ de phyir stobs ni che ba dang/ lus che ba dang mi 'jigs 'gyur/ gang du dad pa skye 'gyur ba'i/ lam chen bzhi mdo phyogs su ni/ ring bsrel gyi ni sku byed cing/ sangs rgyas yon tan rnams ston pa/ bsod nams mang po skyed par byed/ gang zhig lam gyi bzhi mdo ni/ 'jig rten mchod pa'i mchod rten byed/ de yi grags pa 'phel bar 'gyur/)

〔5〕刘淑芬认为经幢的出现或源于北凉石塔，作为附载陀罗尼的法舍利塔，包括朝阳北塔、兴城白塔在内的诸多辽塔地宫中多内置经幢。刘淑芬：《净罪与度亡：佛顶尊神陀罗尼经幢之研究》，上海古籍出版社，2008年，第113—117页。

建筑形态。

藏塔语境中,佛塔基座与塔身是两个相对独立的部分,基座的意义在于高抬佛塔以供信众顶礼。图齐曾颇具见地指出:"西藏艺术家将建筑分为两个独立部分,即基座或塔基与佛塔,同样的认识也通常用于造像之上,也就是说,基座被认为是一个纯粹的附属部分,在擦擦上常常不会表现。"[1]藏地众多早期佛塔遗存与相关造塔文献也都表现出了提升基座、高显佛塔的取向。布顿·仁钦珠(rin chen grub, 1290—1364)造《大菩提塔之量度法》(byang chub chen po'i mchod rten gyi tshad bzhugs so)中对塔基尺寸的论述有明确体现:

> 若建塔基,则愈高显为善,不用计算是否立在打线之正中部分;若未建塔基所依,基座应具二大分高,其宽未述,而应较十善座广大,其上之阶级、塔瓶等亦应如是华美庄严。据称"具灵骨舍利之塔,基座亦如以高耸为佳,若不具舍利,基座尺寸应为第一层塔阶的三分之一"。
>
> Rmang rten yod na/ ji ltar mtho ba bzang ste/ 'on kyang thig khongs su mi rtsi la/ rmang rten med na/ rmang gi dbangs tshad cha chen gnyis yin la rgya chad dngos sum gsungs kyang/ gdan gde bcu bas rgya che ba tsam la/ 'og tu them skas dang/ steng du ba kam la sogs pa ji ltar mdzes pa'o// ji skad du/ sku gdung gi rten yod na/ rmang rten ji ltar mtho ba bzang ngo// rmang rten ji ltar mtho ba bzang ngo// rmang rten med na/ bang rim dang po'i sum cha'i tshad do zhes so/[2]

可知至少14世纪以前,高抬塔基的意识在西藏当为普遍现象。[3]如后弘初期西部地区流行的译师塔类型,此类佛塔的基座极为宽大,与上方塔身的比例极不协调。[4]这种建塔取向,在客观上为入塔或穿塔提供了空间上的可能。

---

〔1〕图齐著,魏正中、萨尔吉主编:《梵天佛地·第一卷》,《西北印度和西藏西部的塔和擦擦——试论藏族宗教艺术及其意义》,上海古籍出版社&意大利亚非研究院,2009年,第4—5页。

〔2〕援引Pema rdorje, *Stupa and its Technology: A Tibeto-Buddhist Perspective*, New Delhi, India : Montil Banarsidass Publishers, 1996. pp. 143-150.

〔3〕时至17世纪第司·桑结嘉措(sde srid sangs rgyas rgya mtsho, 1653—1705)所作的《白琉璃论·除疑答问》(bai du rya dkar po g.ya' sel bzhuns so)中对包括基座的佛塔各个部分的尺寸皆做了极为细致的规定,逐步将塔基的高度限制在一个合理范围之内。"余将以庄严佛塔各部作聚莲塔。通塔分十二大分,诸大分各为四支小分。十善座之基高一小分,四阶级中各阶均为二小分,四阶级之边沿各半小分……"见Pema Rdorje, *Stupa and its Technology: A Tibeto-Buddhist Perspective*, New Delhi, India: Montil Banarsidass Publishers, 1996。

〔4〕建筑史学者Kath Howard有针对性地梳理与归纳了喜马拉雅西部地区的早期佛塔,将此地佛塔按类型分为五种类型:第一,仁钦桑布塔类型(rin chen bzang po);第二,译师塔类型(lo tsa ba);第三,天降塔类型(lha 'bab);第四,多门塔类型(sgo mang);第五,混合类型。见Kath Howard, "Archaeological Notes on mChod-rten' in Ladakh and Zanskar from the 11th-15th Centuries", Henry Osmaston and Philip Denwood(ed,), *Recent Research on Ladakh* 4&5, London, pp. 61-78.

藏地过街塔有在塔内营建心室的传统。塔下过道向上扩展，凿空塔身，辟出供奉尊像的空间，其外部虽与传统佛塔无二致，但行人穿塔时却能看到塔内机巧，基座与上方塔身在此构成贯穿的空间关系，由此可将其定义为一种开放的佛塔（图6-3-4）。

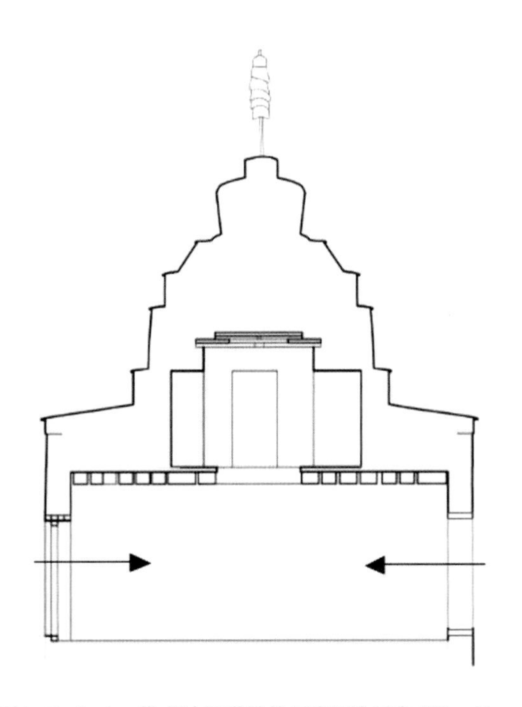

图6-3-4：1　藏式过街塔结构示意图（采自"The Four-Image-Chorten on the northern side of the complex", https://archresearch.tugraz.at/results/mangyu/）

图6-3-4：2　纽玛过街塔心室（Peter van Ham拍摄）

然而，汉地所见过街塔的基座和塔身，从本质来看乃彼此隔绝，并未出现空间结构上的互动。典型者如大都的彰义门塔，《佛祖历代通载》中的描述为："乃于南城彰义门高建门塔，普令往来，皆得顶戴。"严格来说，这是建于城门上的佛塔，城门与塔的组合不会因后者的存在而使彰义门成为"彰义塔"。另如，昭关过街塔充作基座的云台也不过是在塔下铺设一石板并立四根石柱，如将佛塔置于四腿板凳之上，云台与佛塔的关系从结构上看是完全独立的，故此建筑视为昭关而非"昭塔"，更显塔之于关的附庸属性。汉地过街塔在后世发展中多呈现出佛塔与拱道的简单叠加，故而我们很难构建起佛塔的主导取向。

综上，若以基座与塔身的贯通为衡量标准，汉地过街塔与藏地过街塔实为两种不同的建筑。汉地过街塔，行人仍是从塔外穿过，并未与塔内空间发生直接对话，所以过街塔在汉地的特殊性不在于内部结构的创新，而在建塔场所的创新。这种认识在很大程度上塑造了汉地民众对此类佛塔的认知。

四、从藏文塔名看藏汉过街塔的认知差异

除了建筑结构上的差异之外，藏汉民众对过街塔的命名逻辑也有很大的不同。“过街塔”一词，最早集中出现在元代汉文文献，多指北京地区的可穿行的藏式佛塔，如居庸关过街塔、南口、卢沟桥等地过街塔。但藏地民众对此类佛塔的命名，并非以“过街”“过门”“穿心”等汉文逻辑展开，而有特指塔名——“喀喀尼”（kakṇi'i mchod rten）。

《东嘎藏学大辞典》对该词的解释为：“特指大佛塔基座的下面或是基座的四面建有来往交通道路者，例如，拉萨城的八廓街主路北边，在文革之前还能见到的喀尼果希塔。”[1]

可知，“喀喀尼”当是西藏民众对可穿行的佛塔样式的专称，此塔名又有“喀喀尼”（ka ka ni）、“喀尼喀”（ka ni ka）、“喀尼”（kani/karni/ka ni）、“喀喀林”（ka ka ling）等多种近似变化。这几种称谓至今行于藏地民间，此中的核心词素“喀尼”的词义所指至今众说纷纭。那么该词到底何意，藏地民众又是依据何种逻辑赋予此类佛塔以如是名号的呢？

留有专属名号的西藏过街塔不多，以拉萨的两座大过街塔：“札廓喀尼”（brag sgo kakani）和“喀尼果希”（kakani sgo bzhi）最为知名。前者建于布达拉宫前，古时为进入拉萨的西门，后者则修建在大昭寺北侧，是信众转经入殿的必经之路。“喀尼”为梵文转音，“札廓”（brag sgo）意为岩门，“果希”（sgo bzhi）意为四门，故以上二过街塔可分别意译为“岩门喀尼”与“四门喀尼”。

（一）札廓喀尼与喀尼果希

1. 历史渊源

札廓喀尼位于布达拉宫西南侧的三座佛塔中的大过街塔，作为古时拉萨的西门而被认为是最具辨识度的重要地标之一。建于药王山（lcags po ri）与红山（dmar po ri）的夹道中，塔基开门，路人可穿行而过，是进入布达拉宫山脚下雪村（zhol）的入门（图6-3-5）。左右两座小塔安置在两山之上，三塔以铁链串联，构成肃穆的宗教景观。有关该塔的记录见《五世达赖喇嘛传》中的《札廓喀尼（brag sgo ka ṇi）重建账簿、第巴灵塔所供陀罗尼、色拉寺哲蚌寺中所造尊像、供物等》一章，其对此塔的兴建与沿革有较为明确的描述：[2]

---

〔1〕 东噶·洛桑赤列编纂：《东噶藏学大词典》，北京：中国藏学出版社，2002年，第20页。

〔2〕 “brag sgo ka ṇi skyar gso'i song khra dang/ sde pa'i dgongs rdzogs dngul gdung gi gzungs 'bul/ se 'bras su nang rten dang mchod rdzas gsar bzo byas skor sogs”《五世达赖喇嘛传》，拉萨：西藏人民出版社，1989—1991年，卷2，第118—119页。

图6-3-5：1　20世纪初的札廓喀尼（Frederick Spencer Chapman 拍摄于1936年10月6—10日，采自 https://tibet.prm.ox.ac.uk/photo_2001.35.319.1.html）（左图）
图6-3-5：2　皇家安大略博物馆藏拉萨城图（"Painting of Temples and Monasteries of Lhasa", Object Number: 921.1.82）（右图）

> 后来的汉地公主截断红山与药王山之间的连接，为修此地煞，需以佛塔和铁索、鼓、铃铛相互串联，诸伏藏皆明确论述，那时之后建立，至火牛年时损坏，第巴索南饶丹施以修复，火马年时几近垮塌，第巴赤列嘉措施以新建，然而木工的地面经纬过于匆忙，墙基不过关的缺陷致使裂损严重，进而火羊年复次重修。考虑以釉彩裹敷外部，釉彩纯净无垢，十分鲜丽，然而众工匠说，此汉地技术掌握得远不到家，不用多久就会色衰。据苯教预言称拉萨西边出现玉石佛塔的话，预示佛教法到了一半。……修建者为著嘉林巴、格勒阿道和尼泊尔人阿玛尔·悉达为首的十八个人。以两个锤敲工匠为首的三十多人的酬金以粮食替代，共一千六百克。[1]

可知，"札廓喀尼"最初由金城公主主持修建，1637年时损毁，后由第巴·索南饶登（sde pa bsod nams rab brtan，1642—1659年在位）初步修复，并于1666—1667年由第巴·赤列嘉措（sde pa 'phrin las rgya mtsho，1658—1669年在位）主持全面的重修工程。汉文史料中亦见此塔。如清黄廷桂《（雍正）四川通志》卷二一·古迹条载：

> 布达拉寺塔在西藏五里平地，突起两峰，一为布达拉山，内修金顶宝刹，乃达赖喇嘛坐禅处，一为甲里必洞山，上修楼房二座，系有行喇嘛静修处，于两山贯脉中建一

〔1〕克，西藏的容量和重量单位之名，前者名为克，即藏斗，分二十藏升，重约二十八市斤；后者名德克，即藏斤，分二十藏两，重约七市斤。

塔,僧俗人等往来其间,此寺盖西方胜境也。

目前能看到的有关该塔历史信息最全面的介绍是东噶活佛所编《东噶藏学大辞典》中的"札廓喀尼"(brag sgo kakṇi)条,其对该塔的建塔源起、史实、传说作了全面梳理:

札廓喀尼,建于拉萨红山与药王山之间,大小佛塔有三,其中最大的喀尼,位于路中央,其余二小塔在分别位于红山与药王山上。札廓喀尼的历史久远,乃拉萨盛名远播之塔。此地需建如此之塔。昔日,红山与药王山相续,如象狮之尾相接。就堪舆来讲,乃大吉兆。文成公主抵藏所带堪舆典籍和唐朝时印度班智达杜哈那波(du har nag po)来藏所带堪舆典籍皆记如此说法:村庄和王宫的平地中间,若有山丘尾部相接,此村氏族便能汇聚学识,才能脉续不断;而若山体互为阙断,便生意外烦恼。但所谓赤松德赞时期所写的一些史籍,其中叠加了很多神话内容的说法广为流传。金城公主之子被赤祖德赞王后纳南塞抢走,在拉萨和山南分布着利于西藏繁盛的山势,为报仇便切断了红山和药王山间相连的山嘴。后来藏王赤松德赞认出自己母后之后,公主意悦并生悔意,便要处理藏地山势。为修红山、药王山的断裂山嘴,故在二山山嘴处各建一塔,并在二山断裂之地的大塔下修著名行道。毕时,汉印两地传入西藏的堪舆文书皆道,若大平原中的山嘴断裂,则伤此地情器世间,并解释了很多原因,由源于此,西藏王朝历代都有修补此塔的历史。噶玛丹琼(karma bstan skyong)执政期和后来藏地第十一胜生周之火牛年(1637)时,第巴·索南饶旦重修此塔,藏地十一胜生周火马年(1666)时坍塌,第巴·赤列加措欲施彻修,但却没有所需地基,受损严重。藏地第十一个胜生周的火羊年(1667)重修。佛塔外施绿釉,但工匠手艺不可靠,遂重以金铜包裹十三法轮和莲花,并装藏慈悲经咒,三塔间有铁链和三十个风铃。塔内顶部新画恶趣清净续的十二铺曼荼罗和中央的无量寿九尊曼荼罗,重新建立其中内部所依的佛塔装藏。后来八世达赖喇嘛时重修,十三世达赖喇嘛时又大规模重修。……[1]

该塔后在"文革"期间1967年被毁,后在1995年重修。红山与药王山间建立过街塔的情况应早于17世纪,但是否由金城公主修建未见确凿文献佐证,连结断山的建塔源起之说,未见更早材料佐证。塔名"岩门喀尼",并未指向勾连二山之意,而是强调此塔的门径角色,故金城公主之说或多为后世附会。

建塔被认为是功德广大的善行,过街塔亦不例外。收录于宁玛《大宝伏藏》(rin chen

---

〔1〕东噶·洛桑赤列编纂:《东噶藏学大词典》,中国藏学出版社,2002年,第1513—1515页。

gter mdzod chen mo）中的《圣甚度母缚敌秘诀饶如麻扎巴教法集成》开篇记道："昔有尽力布施之富者，发心欲建一百零八处驿站于道路上，并于道路通衢口建一百零八座喀喀尼（kakni），彼时圣度母主从三尊现天空：此乃求取证悟之圣甚事业。"[1]

"喀尼果希"原位于八廓街北侧，毗邻大昭寺，现菩提塔形制，基座为狮子座，四面开门，1945年时曾作修复并重作塔内装藏。20世纪90年代，拉萨市整改大昭寺广场拆除此塔。《东嘎藏学大辞典》对该塔亦有全面描述：

> 拉萨八廓街北面道路的朗孜厦（snang rtse shag）左侧，有四面开门之大塔。此塔最初兴建年代未见可考的早期文献，十四世纪初，遍知一切隆钦巴（kun mhyen klong chen pa）20岁到拉萨大昭寺朝圣时，曾在喀尼果希前亲见玛吉拉尊（ma gcig lab kyi sgron me）；成就者唐东杰布（thang stong rgyal po）二次朝圣拉萨时，曾以乞丐之相驻塔旁一年。二尊者传记中清晰记录此塔，可知其时就已存在。民间口传：塔内密咒依于大商人宝贤（tshong dpon nor bu bzang po）的头冠和饰物等，能抵拉萨城中世间店铺的各类货品之总和。后来，第十六胜生周之木鸡年（1945），西藏前地方政府重修时，供养陀罗尼并作胜住，一些大师自传中也讲到。塔内有众多珍稀所依，但据民间口传，则完全未依等级，供奉具毗罗（rnam sras）和旃巴拉等财神部的瓶藏陀罗尼（bum gter gzungs）。此塔多次损坏。……[2]

宁玛高僧隆钦巴（kun mkhyen klong chen rab 'byams pa dri med 'od zer, 1308-1363）曾在四门塔下见到玛吉拉尊的化身，获胜法成就，这在他的传记中有明确记录。[3]此外，居美德钦（'gyur med bde chen, 1540—1615）在《唐东杰布传》（thang stong rgyal po'i rnam thar）[4]中也描述到唐东杰布在拉萨修行时曾驻锡该塔下。[5]疯僧南卡吉美（nam mkha' 'jigs med, 1597—1650）亦曾身着黑如迦之衣，食五香、五甘露，于喀尼果希前修行。[6]可见，至迟14世纪初拉萨便已经出现此种穿行的喀尼塔（图6-5-6）。

---

〔1〕"rje btsun sgrol ma'i sgo nas dgra jag 'ching ba'i man ngag ra ru mar grags pa'i gdams skor gsal byed dang bcas pa", In 'jam mgon kong sprul blo gros mtha' yas, *rin chen gter mdzod chen mo (treasury of rediscovered teachings)* paro: ngodrup and sherab drimay, 1976-1980, vol. 70, folio.37.

〔2〕东噶·洛桑赤列编纂：《东噶藏学大词典》，第19—20页。

〔3〕Jampa Mackenzie Stewart, *The life of Longchepa: The Omniscient Dharma King of the vast Expanse*, Boston& London: Snow Lion, 2013, pp. 49-50.

〔4〕居美德钦为大成就者唐东杰波的后人，据说是印度祖师梅吉巴尊者（Maitripa）的化身，是当时最受尊崇的上师，精于时轮修习和香巴噶举的教法。居美德钦（'gyur med bde chen）：《唐东杰布传》（thang stong rgyal po'i rnam thar），成都：四川民族出版社，1982年。

〔5〕《唐东杰波传记》，成都：四川民族出版社，1982年，第105—106页。

〔6〕相关描述可见David M. DiValerio, *The Holy Madmen of Tibet*, Oxford University Press, 2015, p. 231.

图6-3-6　20世纪初的喀尼果希[多田等観拍摄，采自Old Tibet Photographic Archive（https://collections.thus.org/?photo_archive=tokan-tada）]

2. 塔名拼写的异化

一个很有意思的现象是，“喀尼”作为塔名的拼写并不稳定。如喀尼果希，另有karni sgo bzhi[1]、ka ni sgo bzhi、ka ka ni sgo bzhi等写法；札廓喀尼在《五世达赖喇嘛传》中的写法为brag sgo kani，另有brag sgo kakni[2]、brag sgo kagni[3]等。

喀尼，甚至有ka ling或ka ka ling的读法。例如，札廓喀尼今日亦有“巴廓喀林”（bar sgo bkag gling）的称呼，[4]这是基于建塔地理位置的词义重构。bar sgo bkag gling直译为“障洲中门”，札廓喀尼塔正勾连了红山、药王山一线的拉萨西面屏障，该词形象再现了这一殊胜的建塔位置；此外，藏文bar gling一词，意即中洲（连接两大洲间的小洲），塔名bar

〔1〕张怡荪主编：《藏汉大辞典》，北京：民族出版社，1985年，第9页。

〔2〕东噶·洛桑赤列编纂：《东噶藏学大词典》，第1513—1515页。

〔3〕张怡荪主编：《藏汉大辞典》，第1898页。

〔4〕此类过街塔在拉达克列城被称为ka ka ling mchod rten。札廓喀尼的此种异化读法多见民间口传，相关表述见Michael Henss, *The Cultural Monuments of Tibet: The Central Regions\ The Central Tibetan Province of U, vol. 1*, Munich: Prestel, 2014, p. 36；该塔亦被称为“扎廓喀林”（brag sgo ka ling），见古格·次仁加布：《古格·次仁加布文集》（gu ge tshe ring rgyal po'i ched rtsom phyogs bsgrigs），北京：中国藏学出版社，2005年，第378页。

sgo bkag gling或很可能是基于bar gling一词的再展开。那么,搞清楚喀尼到底何意,对理解西藏过街塔名的文化内涵有重要意义。

(二)"喀尼喀":基于近似读音的附会

除喀尼外,过街塔仍以"喀尼喀"(ka ni ka mchod rten)之名广传藏地。[1]这背后引出藏地民众对此种塔形缘起的固有认知,普遍认为此类塔形与活跃于西北印度的崇佛君主贵霜王迦腻色伽(rgyal po ka ni ka, Kaniska, 128—151年在位)有密切关系。建立横跨中亚的贵霜王国迦腻色伽王大力崇佛,以起塔建寺闻名于世,藏地分布广泛的此种特殊塔形即被认为始于此时代。

归于迦腻色伽王名下的"雀离浮图"是喀尼喀塔(Kaniska stupa)的代表,遗址位于白沙瓦的Shāh-jī-kī Dherī。《法显传》[2]、《北魏僧惠生使西域记》[3]、《大唐西域记》[4]、《洛阳伽蓝记》中转引《道药传》[5]等汉僧游记都有记载。据发掘材料显示,这是形制巨大的神庙式建筑,就建筑形制来看,过街塔与此语境下的ka ni ka没有关系。[6]

"ka ni ka'i mchod rten"在藏文文献中出现频繁,所指两种意涵,一种是与"迦湿弥罗"

---

〔1〕如Janet Gyatso, Hanna Havnevik, *Women in Tibet*: *Past and Present*, Columbia University Press, 2006, p. 233; 而Vitali在面对此问题的时候也同样认为Mchod rten Ka.ni.ka即指具过道的佛塔,但对其背后的迦腻色伽等殊胜叙事抱怀疑态度,见Vitali, *The Kingdoms of Gu.gge Pu.hrang: According to mNga' ris rgyal.rabs by Gu.ge mkhan.chen Ngag.dbang grags.pa*, Indraprastha Press, New Delhi, 1996, p. 382.

〔2〕"佛昔将诸弟子游行此国,语阿难云:吾般泥洹后当有国王名罽腻伽,于此处起塔。后罽腻伽王出世。出行游观时,天帝释欲开发其意,化作牧牛小儿,当道起塔。王问言:汝作何等。答言:作佛塔。王言大善,于是王即于小儿塔上起塔,高四十余丈众宝挍饰,凡所经见塔庙壮丽威严都无此比。传云阎浮提塔唯此塔为上。"《大正藏》第五十一卷,No.2085。

〔3〕"至乾陀罗城,有佛涅槃后二百年。国王迦尼迦所造雀离浮图凡十二重,去地七百尺,基广三百余步,悉用文石为陛,塔内佛事。千变万化,金盘晃朗,宝铎和鸣,西域浮图,最为第一。"《大正藏》第五十一卷,No.2086。

〔4〕"卑钵罗树南有窣堵波,迦腻色迦王之所建也。……王闻是说嘉庆增怀,自负其名大圣先记。因发正信深敬佛法,周小窣堵波更建石窣堵波,欲以功力弥覆其上,随其数量恒出三尺,若是增高踰四百尺。基趾所峙周一里半,层基五级高一百五十尺,方乃得覆小窣堵波。王因嘉庆,复于其上更起二十五层金铜相轮,即以如来舍利一斛而置其中,式修供养,营建才讫见小窣堵波。"《大正藏》,第五十一卷,No.2087。

〔5〕"道药传云,其高三丈,悉用文石,为陛阶砌,櫨拱上构众木凡十三级,上有铁枨,高三百尺,金盘十三重,合去地七百尺。道药传云:铁柱八十八尺,八十围,金盘十五重,去地六十三丈二尺,施功既讫,粪塔如初,在大塔南三百步。"杨衒之:《洛阳伽蓝记》,《卷五·城北》。

〔6〕西方学者在汉文史料的启发下,始对犍陀罗地区的佛寺遗址进行发掘,并尝试复原喀尼喀塔。Alexander Cunningham在1871年首次将位于白沙瓦(Peshawar)的拉合尔(Lahore)外的Shāh-jī-kī Dherī认定为"雀离浮图"的遗址。1901年,David Brainerd Spooner和H. Hargreaves主持第二次发掘,最终在此发现了一个54平方米的主塔遗存,在每个折角处有一个突出的半圆形,每面皆现外凸15米的方台,形成一个十字交叉形,并有小塔环绕一周,证实了汉地僧侣游记中的描述。相关研究可见Hans Loeschner, "The Stūpa of the Kushan Emperor Kanishka the Great, with Comments on the Azes Era and Kushan Chronology", *Sino-Platonic Papers*, No.227, 2012; Le Huu Phuoc, *Buddhist Architecture*, Grafikol, 2012, pp.188-194; S.Kuwayama, "*The Main Stūpa of Shāh-Jī-Kī Ḍherī—A Chronological Outlook*", Institute for Research in Humanities, Kyoto University, 1997.

地理区域密切联系的一座殊胜佛塔；另一种指过街塔。后者如仁增·次旺诺布（ka thog rig 'dzin tshe dbang nor bu, 1698—1755）在《藏王天赞普传承世系·下部阿里贡塘发展史鉴·水晶明镜》（bod rje lha btsad po'i gdung rabs）中记载，他从一座“喀尼喀”（ka ni ka）内拾得一部与早期古格布让王统相关的古老文书。[1]

拉达克学者索南次丹（bsod nams tshe brtan）在《拉达克王国的不朽宝藏》（bla dwags rgyal rabs 'chi med gter）中收录了萨尼寺门廊处题写的喀尼喀塔礼赞（ka ni ka mchod rten gyi che brjod），[2]此中显示了“喀尼喀”所指的另一个方向：

> 据说清净所依之圣地分别建有八座殊胜佛塔，以前调服怖畏黑如噶时，八方八怖畏尸林中有八天母之法器而化现成立八座佛塔，摩羯陀（mang ga ta）的bde byed塔，锡兰（sidgala）的ri bo ta la，尼泊尔的Boudhnat塔，狮子洲的ge'u dona塔，李域的go ma sa香塔，南印度的优填王子塔，乌仗那的秘密ganodla塔，迦湿弥罗的喀尼喀塔（ka ni ka）……[3]

以上题记对八塔的类似描述亦见达仓译师·喜饶仁钦（stag tshang lo tsa ba shes rab rin chen, 1405—？）所造名篇《安住三所依之成就瑜伽海》（rten gsum bzhugs gnas dang bcas pa'i sgrub tshul dpal 'byor rgya mtsho）中对《殊胜甘露续》（bdud rtsi mchog gi rgyud）的注疏：

> 《殊胜甘露续》中说道：“大寒林中的护法者乃是八大天母，诸天母之居所乃八大佛塔。”对此注疏为，以前调服忿怒黑如噶的时候，八方的尸林中有八天母之胜法所依而成立的佛塔，分别是摩羯陀的bde byed塔，斯里兰卡的ri bo ta la塔，尼泊尔的boudhnat，狮子洲的ge'u dona塔，李域的go ma sa香塔，sil ba thul的起尸塔，迦湿弥罗

[1] “在阿里贡塘的一座古老喀尼喀（塔）内发现了一部经书残片。”（mNga' ris Gung.thang du dpe hrul ka ni ka rnying par brdzangs ba zhig tu 'dug pa 'thad nges su snang）参见Roberto Vitali, The Kingdoms of Gu.gge Pu.hrang, “According to mNga' ris rgyal.rabs by Gu.ge mkhan.chen Ngag.dbang grags.pa”, Indraprastha Press, New Delhi, 1996, p. 382. note, 614.

[2] S.S.Gergan, *Ladags rgyalrabs chimed ster (History of Ladakh) in Tibetan Yoseb gergan Arranged and Edited with Introduction and Annotation*, New Delhi: Sterling Publishers Private Limited, 1976. pp. 223-256.

[3] De dga rten gnas chen po yang/ mchod rten brgyad du rnam par bzhag/ ces pa'i 'grel par/ sngon he ru ka drag po btul ba'i tshe/ yul brgyad kyi dur khrod brgyad du ma mo brgyad kyi rten dngos grub 'byung ba'i mchod rten brgyad 'byung ba ni/ mang ga tar bde byed/ singa lar ri bo ta la/ bal por bya rung kha shor/ seng ge gling du ge'u don/ li yul du mchod rten go ma sa la gan dha/ za hor du bde byed gzhon nu'i mchod rten/ u rgyan gnas su gsang ba'i gndo la/ kha cher ka ni ka yod par bshad pa dang/

的喀那喀(kā na ga)塔,南印度的优填王子塔。[1]

此八塔名相源出《五果解脱》('bras bu chen po lnga bsgral ba, Toh.841),印度教凶神楼陀罗身体的八方部位化现为八大尸林,其中安住八大天母,并以八塔对应镇服。对迦湿弥罗佛塔描述为:"左脚为西北隅为大寒林迦湿弥罗之地,住大天母查姆拉,具喜乐圆满,塔名为喀尼喀(ska ni ska)。"[2]

以上文本皆述尸林八塔,但迦湿弥罗塔在三个文本中拼写相异,从原典中的ska ni ska到注疏中的kā na ga,再到题记中的ka ni ka,相同的所指对象在文本传抄的讹误与改写的作用下,被赋予了新的阐释的可能。

作为塔名,喀尼喀(ka ni ka)还置于另一种八塔体系,见活跃于11—12世纪的印度班智达俱生游戏(lhan cig skyes pa'i rol pa)造《观察入普门顶髻无垢陀罗尼一切如来心及三昧耶广释》(kun nas sgor 'jug pa'i 'od zer gtsug tor dri ma med par snang ba de bzhin gshegs pa thams cad kyi snying po dang dam tshig la rnam par blta ba zhes bya ba'i gzungs kyi rnam par bshad pa, Toh.2688)中的印度八舍利塔:

> 佛陀八分舍利之八大塔。迦毗罗卫城的净饭王供养建立吉祥天降塔,摩羯陀国的阿阇世王供养建立大菩提塔,拘尸那揭罗城的力士众王供养建立大神变塔,波罗奈斯之地的梵授王供养建立吉祥法轮塔,广严城的离车王子供养建立吉祥喀尼喀塔(dpal ka ni ka'i mchod rten),舍卫城的波斯匿王供养建立吉祥多门,切格之地的敦增塔拉王供养修建吉祥具光塔,底喀嚓希之地的因陀罗巴密王供养修建具莲塔。从此以后,便仿照这些佛塔加以建立。[3]

文中显示喀尼喀塔由广严城的离车王子所建,广严城(yang can,毗舍离Vaiśali)曾是历史跋耆国首府,现位于今印度比哈尔邦境内,这与迦湿弥罗相去甚远。可知,喀尼喀(ka ni ka)与迦湿弥罗的"ska ni ska",当是两种独立的佛塔类别。那么在11—12世纪,喀尼喀(ka ni ka)与迦湿弥罗、迦腻色伽等关键词间未现对应关系,其与迦腻色伽(ka ni ka rgyal po)的后世关联,当是后世附会。

重回与过街塔的关系上,所有以上文本都未见对塔形的明确描述,可知"ka ni ka"所

---

[1] shes rab rin chen, *stag tshang lo tsA ba shes rab rin chen gyi gsung 'bum*, vol. 2, Kathamandu, sa skya rgyal yongs gsung rab slob gnyer khang, folio.468.

[2] 《中华大藏经》甘珠尔对勘本,rnying rgyud/ ga,第589—590页。

[3] 《中华大藏经》丹珠尔对勘本,thu,第871—872页。

指代的实为一种殊胜意象，而非具体塔形。那么，与过街塔的对应关系，可说是无从谈起。对此二种佛塔概念的混同认识，可看作后世对古时佛法盛世的追忆。而这一切的误读与演绎的起点乃是“ka ni”这一读音。通过对过街塔名所呈现的多种变形、重读的情况观察可以看到，相近语音的多种形变，暗示了这个词在最初语境下很可能没有明确的实义所指，也只有在没有实义框架的限制下，才会出现如此随意的想象与发挥。

（三）溯源喀喀尼：藏地过街塔中的阿閦佛传统

随西藏的城市化进程的不断推进，昔日作为交通枢纽的过街塔，渐渐淡出今人视野，我国西藏自治区的早期过街塔所剩无几。但幸运的是，过街塔在今日喜马拉雅西部地区仍有广泛分布，该地区并存有大量不晚于14世纪的过街塔遗存，其中塔内心室所见的壁画遗迹，为我们追溯“喀尼”之内在意涵提供了绝好线索。

Rob Linrothe曾在其田野考察记中注意到拉达克地区流行的过街塔名“喀喀尼”（kakani）与阿閦佛种子字（kamkani）之间的关联，这为我们思考喀尼的源起提供了有价值的线索。[1]众多西部地区遗存的早期过街塔藻井井心都绘有阿閦佛并其真言“namo ratna trayā ya ōṃ kamkāni kamkāni rotsani rotsani trotāni trotāni trasani trasani pratihana pratihana sarvakarmaaparana para para na maya svāhā”的传统，这在13—14世纪中是一种非常稳定的传统。

图6-3-7：1　松达穹过街塔藻井阿閦佛及其真言（采自加藤敬，マンダラ：西チベットの仏教美術，東京：毎日新聞社，1981年，卷二，第236页）

例如，年代不晚于13世纪后半叶的松达穹塔（gsum mda' Chung）虽破损严重，但我们仍能看到塔内套斗顶的诸平面上明确写有阿閦佛咒（图6-3-7：1）。13世纪后半叶的噶恰过街塔（Karsha）（图6-3-7：2）、芒玉（mangyul）一、二号过街塔、纽玛雪洲塔（Nyoma）、15世纪的伊恰过街塔（Ichar）以及16世纪左右的万喇寺（Wanla）过街塔也同样都在塔顶绘制了阿閦佛以及阿閦佛真言。西藏过街塔内的阿閦佛传统，也同样延续在汉地过街塔内，例如

〔1〕Rob Linrothe, “Two Fieldnotes from Zangskar: A Kashmiri Sculpture in a Personal Shrine and The Etymology of ‘Kankani ‘ Chorten”, J. Lee-Kalisch, A. Papist-Matsuo, & W. Veit (eds.), *Mei shou wan nian (Long Life Without End): Festschrift on the Occasion of Roger Goepper's 80th Birthday*. Frankfurt: Peter Lang Verlag, 2006, pp. 167–179.

图6-3-7：2　噶恰过街塔藻井阿閦佛曼荼罗（Rob Linrothe拍摄，采自https://dc.library.northwestern.edu/items/69129e45-bfd4-4d62-8493-e4957d473d3a）

1342年萨迦派僧人主导修建的北京居庸关过街塔券顶亦见阿閦佛曼荼罗。

“kamkani”仅是阿閦佛咒的起始部分，这三个音节被提取出来是因为此为念修本尊时，直接对应阿閦佛的圣字，因而此阿閦佛咒也被称为“冈喀尼咒”。在阿閦佛的仪则成就中，观想本尊通常要配合念诵此咒并施以规定的契印，使行者身语意与本尊三密汇通。可见布顿（bu ston rin chen grub, 1290—1364）造《净除诸业障之世尊不动如来坛城仪轨》（bcom ldan 'das mi 'khrugs pa'i dkyil 'khor gyi cho ga las sgrib rnam sbyong bzhugs so）[1]中对观想阿閦佛的描述：

> 己之胸前明月上的金刚杵之中央现庄严kamkani，其如天空般虚空，如是观想，空性界域中，从莲花生起的trim字与从月轮中生起的A字化现为智慧Āli与方便kāli于月座之上，如是念诵ōṃ kamkani kamkani rotsani rotsani trotāni trotāni trasani trasani pratihana pratihana sarvakarmaaparam pāra para ṇi me svāhā，字便可出。这些胜字中放

[1] Rin chen grub, rin chen rnam rgyal, lokesh chandra. “Bcom ldan ‘das mi ‘khrugs pa'i dkyil ‘khor gyi cho ga las sgrib rnam sbyong”, gsung ‘bum of rin chen grub, New Delhi: International Academy of Indian Culture, 1965-1971, Volume 14, pp. 167-242.

出万丈光芒，清净恶趣众生，照耀一切世间，十二宏化之法引导有情行善，世尊不动佛身色蓝色，现三十二相与八十种好，着转轮王之衣相，严饰各式宝物，在月轮上的莲象座之上施金刚跏趺坐，左手禅定印，右手触地印五股金刚杵持之。绘制则是由左手执持象征法物，而在所有瑜伽观想中象征法物则是由右手执持。……于心中复诵kamkani三遍，此根本身观修如是。[1]

该尊因其超荐亡魂、清净恶趣的功德大量出现在藏地、尼泊尔等地的超荐法事中，此真言亦称"净除一切业障陀罗尼"（las kyi sgrib pa thams cad rnam par sbyong ba'i gzungs，Toh.743），其中收录同名佛经全面介绍该咒清净恶趣的往生功德。阿閦佛并此咒亦是装藏擦擦的流行母题。[2]早期过街塔在藏地的应用呼应了其塔内的净除恶趣的阿閦佛图像传统，相关藏文史书与图像遗存皆能找到对此类佛塔度亡功能的明确记录。

1235年下部阿里贡塘王朝（gung thang）与西部的亚泽王朝（ya rtse）爆发了持续4年的战争，贡塘战败，国王衮波德（dgon po lde）逃至尼泊尔边界的齐戎（skyid grong）被杀。后来贡塘与萨迦昆氏家族联姻，[3]贡塘借助蒙古击败亚泽王朝重夺下部阿里的统治，为清净因战争逝去的亡魂修建了数座喀尼塔，这在噶陀·仁增色旺诺布作《藏王传承世系·下部阿里贡塘发展史鉴·水晶明镜》[4]中有明确记载：

洛追长大了的大女儿拉吉泽玛是大圣者萨班的弟弟桑查·索南坚赞的妻子，由而建立姻亲关系，他们的女儿是侄子尊巴德的妃子，缔结亲属关系后，带礼物去萨迦并委托事业，然后派来大军，为报仇雪恨在耶措地方杀死了多人，为了清净杀人的罪孽而修建了喀孔的红殿、诺乃色的金殿及此二地的大喀尼塔，此外还修了众多小塔。[5]

过街塔清净恶趣的功能也明确体现在四川阿坝县的觉囊派赛格寺（赛贡图旦秀勒南

[1] Folio, 178-180.

[2] 见熊文彬、李逸之主编：《西藏古格擦擦艺术》，北京：中国藏学出版社，2016年。

[3] 衮波德的妹妹拉吉则玛（lha gcig mdzes ma）在开战前嫁到萨迦，成为萨钦·贡嘎宁波的孙子桑察·索南坚赞（Zangs tsha Bsod nams rgyal mtshan, 1184［或有误］\1194—1239）的第三位妻子，并育有两女索南本（bsod nams dbon）与尼玛本（nyi ma dbon），桑察的哥哥就是名震于世的萨班·贡噶坚赞（Kun dga' rgyal mtshan, 1182-1251），而桑察正妻所生长子便是元代帝师八思巴·罗追坚赞（'phags pa blo gros rgyal mtshan, 1235-1280）参见达仓巴·班觉桑布著，陈庆英译：《汉藏史集》，第202—207页；贡塘王朝与亚泽王朝战事的相关研究见Ramesh K.Dhungel, *The Kingdom of Lo (Mustang): A History Study*, Jime S. P. Bista for Tashi Gephel Foundation, 2002, pp. 41-67。

[4] tshe dbang nor bu . "bod rje lha btsad po'i gdung rabs mnga' ri smad gung thang du ji ltar byung ba'i tshul deb gter ther dwangs shel 'phrul gyi me long/."《噶陀仁增次旺诺布文集》（kaHthog rig 'dzin tshe dbang nor bu'i bka' 'bum），卷3，北京：中国藏学出版社，2006年，第61—94页。

[5] 上引第64页。

图6-3-8：1　多罗那他传记唐卡（谢继胜拍摄）

图6-3-8：2　断恶趣门之塔局部（谢继胜拍摄）

杰林寺，se dgon thub bstan phyogs las rnam rgyal gling）内所藏的觉囊祖师多罗那他传记唐卡中。该套唐卡共有二十一幅，完整记录了该师从出生至圆寂的各项圣迹，并从其传记中摘取相应的描述与图像相比附。在描绘其四十岁至四十二岁的事迹的第十一幅唐卡的左下角，出现了一座过街塔，位于画面下方的一座宝宫殿的左侧，一行黄帽僧人列队从塔下基座的券洞穿行而过，过道内被描绘为由深至浅的蓝色渐变，幽暗深邃。该塔所置于的叙事环境，在题记中有明确描述：

> 向五位天成礼供并祈愿，向弥勒佛祈愿，为度母献上供品，在小昭寺为至尊不动金刚献上供品，断恶趣门之塔，去药王山朝拜，在布达拉宫朝拜觉沃佛的舍利子及其三所依，并敬献贡品。[1]

可知此是表现多罗那他朝圣拉萨的历史场景。[2]此过街塔位于药王山、布达拉一线，大概率为著名的札廓喀尼塔，该塔在此被题为“断恶趣门”（ngan song sgo gcod），毕现其突出的往生意象（图6-3-8）。

与此同时，过街塔的往生功能仍活跃在藏地民众的日常生活之中。例如日

〔1〕感谢廖旸研究员与王怡潇博士热忱告知此条材料。题记转录如下：“Rang byon lnga ldan la phyags mchod smon lam btab pa/ byams pa la gsol pa btabs pa/ sgrol ma la phyag mchod phul pa/ ra mo cher jo po mi bskyod rdo rje la phyag mchod phul pa/ ngan song sgo gcod mchod rten/ lcags po rir rten mjal la phebs pa/ po ṭa lar jo po lo ki shā ra dang rten gsum la mjal zhing mchod pa phul pa/”

〔2〕值得注意的是以上有关朝圣拉萨圣迹的部分描述并未明确出现在《多罗那他传记》中。有两种可能：一、画师所据传记版本不同；二、画师为追求视觉的完整性而添加上去的。

喀则市内夏鲁属寺的门口，建有一座过街塔，作为入殿大门，名为“shas ra ’bum pa”，直译为“屠宰场佛塔”，何故具此名呢？据夏鲁寺管会主任洛桑嘉措介绍，此塔原位于道路中央，与札廓喀尼类似，并毗邻市内一屠宰场，牛羊待宰前会引其穿行此塔，以为超荐之用。

综上材料可见，过街塔充当聚落社区的净罪除障之门、往生净土之径的角色设定是清楚的。那么过街塔名“喀尼”的出现也当与这种功能指向明确相关，而此净罪功能与西藏过街塔内稳定出现的阿閦佛礼拜是有直接关系的，故从逻辑理路来看，阿閦佛信仰对塔名“喀尼”的塑造意义便不言自明了。

四、小　结

综合上文讨论可知，阿閦佛作为内在的信仰纽带，缔结了塔名喀喀尼与藏式过街塔之间内在的逻辑关系。阿閦佛的度亡往生的功能，被生动化现在西藏早期过街塔内的图像营造传统之上，以此将过街塔拟构为清净众生罪孽的方便空间，并逐步生成出特定建筑与特定尊神之间的固定配置。

藏地民众对“过街塔——阿閦佛——往生净罪”的配置模型的默认与推行，即反映在阿閦佛种子字对过街塔名的内化塑造上。针对阿閦佛的往生信仰，主导了最初西藏信众对过街塔建筑的教义化命名；而作为塔名的阿閦佛之圣字kamkani，也是对过街塔的除障往生功能的理想注脚，其作为塔名的意义落实到两个层面：首先，是对塔内阿閦佛的象征；其次，将阿閦佛咒的成就功德化入塔名，穿塔、念塔名之日常行为，即被赋予了身、语、意三业的功德累聚。

在后世流传过程中，塔名“喀喀尼”出现的各种异写、误读与附会，说明过街塔作为一种方便成就之门径，已偏离其最初所指的阿閦佛礼拜。不论是基于人名的附会也好，还是基于建塔地点的词义重构也罢，后世民众对塔名的误读或改写，都是以尊神圣字的无实义属性为基础展开。这显现了藏地过街塔在历史演进中对该建筑原指的阿閦佛礼拜意志的忘却，同时也展现了藏地民众对此类佛塔的特有认知方式。

第四节　居庸关过街塔造像义蕴与13世纪佛教图像的重构

居庸关是塞外草原连接华北京畿腹地之间官道上最重要的关隘，为历代兵家必争之地，蒙元王室入主中原定都于大都后，元顺帝于至正二年（1342）修建举世闻名的居庸关过街塔。早期的研究将居庸关过街塔形制与造像定位于藏传佛教义理的展示，但由此进入不能解释过街塔造像内在的逻辑联系。本节从分析过街塔损毁的三塔与券洞图像配置入手，分析三塔的来源及其多重义理，讨论券顶五佛坛城的文本与图像来源，考察斜披呈现四手印、十方三身的十方佛构成方式，并法华释迦多宝式样至14世纪时的变异形态。仔细观察以往无人关注的四大天王图像头顶化佛与胸前铠甲图像，从中复原设计者将西夏蒙元时期的多元信仰熔铸于过街塔建筑的绝妙构想。本书强调，居庸关是连接塞北与中原的咽喉，元顺帝在此设计建造的过街塔是元代各民族友好相处的巍峨见证，是多民族国家一统的象征。现今各界只将元顺帝“报施于神明”、元人自认“壮丽雄伟，为当代之冠”的过街塔看做是单一的藏传佛教的佛塔，实际上并没有完全领会设计建造者的雄心大略，无意中忽略了过街塔更大的价值。

一、过街塔三塔与三世三身佛

元顺帝妥欢帖木儿（toγan temür, 1320—1370）命大丞相与左丞相创建的居庸关过街塔（图6-4-1），[1]虽然形制与卫藏地方14世纪前后佛塔有前后渊源和几分相似，窟顶

---

〔1〕《析津志》辑录翰林大学士欧阳玄《过街塔铭》云：“关旧无塔，玄都百里，南则都城，北则过上京，止此一道，昔金人以此为界。自我朝始于南北作二大红门，今上以至正二年，始命大丞相阿鲁图、左丞相别儿怯不花等创建焉。其为壮丽雄伟，为当代之冠，有敕命学士欧阳制碑铭。皇畿南北为两红门，设扃钥、置斥候。每岁之夏，车驾消暑滦京，出入必由于是。今上皇帝继统以来，频岁行幸，率遵祖武。一日，揽辔度关，仰思祖宗勘定之劳，俯思山川拱抱之状，圣衷惕然，默有所祷，期以他日即南关红门之内，因山之麓，伐石甃基，累甓跨道，为西域浮图，下通人行，皈依佛乘，普受法施。乃至正二年二月二十一日，以宿昔之愿，面谕近臣旨意若曰：朕之建塔宝，（转下页）

五曼荼罗造像风格也带有浓郁尼泊尔纽瓦尔样式的萨迦风格，但其佛菩萨与护法图像体系及整个建筑反映的宗教思想并非完全是按照藏传佛教萨迦派的传承。其中最重要的原因在于，蒙元王朝在佛教艺术造像领域大都接受了由西夏人改进的东印度波罗风格，典型例证就是杨琏真迦于1282至1292年间在杭州施造的飞来峰造像，就造像风格来说与萨迦派并无多大关系；[1]其次在于蒙元时代一些巨大工程的监理大多由来自河西的党项后裔负责，例如飞来峰是来自河西的杨琏真迦，1292年的福建泉州碧霄岩是来自宁夏灵武的西夏人"唐吾氏广威将军阿沙公"。[2]居庸关过街塔具体负责施工的官员，也是来自河西党项旧地转投蒙元的西夏官员，参与过街塔工程的有官居中书平章政事的党项上层人士纳麟、[3]

（接上页）有报施于神明，不可爽然，而调丁匠以执役，则将厉民用，经常以充费，则将伤财。今朕辍内帑之资以助缮，僦工市物，厥直为平，庶几无伤财厉民之虑，不亦可乎？群臣闻者，莫不举首加额，称千万寿。于是申命中书右丞相阿鲁图、左丞相别儿怯不花、平章政事铁不儿达识、御史大夫太平总提其纲，南里剌麻其徒曰亦恰朵儿、大都留守赛罕、资政院使金刚吉、太府监卿普贤吉、太府监提点八剌室利等，授匠指画，督治其工，卜以是年某月经始。山发珍藏，工得美石，取给左右，不烦挽输，为费倍省；堑高堙卑，以杵以械，墉坚且平。塔形穹窿，自外望之，揄相奕奕。人由其中，仰见图覆，广壮高盖，轮蹄可方。中藏内典宝诠，用集百虚以召诸福。既而缘崖结构，作三世佛殿，前门翚飞，旁舍棋布，赐其额曰大宝相永明寺。势连岗峦，映带林谷，令京城风气完密。如洪河之道，中原砥柱，以制横溃；如大江之出三峡，滟滪以遏奔流。又如作室，北户加墐，岁时多燠。由是邦家大宁，宗庙安妥；本枝昌隆，福及亿兆，咸利赖焉。五年秋，驾还自滦京，昭睹成绩，乃作佛寺行庆讲仪。明年三月二十日，中书左丞相别儿怯不花、平章政事纳璘，教化参知政事朵儿典班等，请敕翰林学士承旨欧阳玄为文，江浙行省平章政事达世帖木儿书丹，翰林学士承旨张超岩篆额，勒之坚石，对扬鸿厘。上允所请，于是中书传谕臣玄等，玄谨拜手稽首言曰：自古帝王之建都也，未有不因山河之美以为固者也，然有形之险，在乎地势，无形而固者，在乎人心。是故先王之治天下，以固人心为先。固之之道，惟慈与仁，必施诸政，是故使众曰慈，守位曰仁，六经之言也。求之佛氏之说，有若符合者矣。我元之初取金也，既入居庸，寻振旅而出，盖知金季之政，不足以固人心也，又奚必据险以扼人哉。"参见宿白：《居庸关过街塔考稿》，《藏传佛教寺院考古》，北京：文物出版社，1996年，第338—364页。

〔1〕参看谢继胜、熊文彬、廖旸、林瑞斌、赖天兵等：《江南藏传佛教艺术：杭州飞来峰石刻研究》，北京：中国藏学出版社，2014年。

〔2〕"三世佛"造像东侧的造像记事石刻碑文："透碧霄为北山第一胜概。至元壬辰间（至元二十九年，1292），灵武唐吾氏广威将军阿沙公来临泉郡，登兹岩而奇之，刻石为三世佛像，饰以金碧，构殿崇奉，以为焚修祝圣之所，仍捐俸买田五十余亩，入大开元万寿禅寺，以供佛赡僧为悠久规，其报国爱民之诚可见已。厥后，岁远时艰，弗克葺治。至正丁未（至正二十七年，1367）秋，福建江西等处行中书省参知政事般若贴穆尔公，分治广东道，出泉南，追忆先伯监郡公遗迹，慨然兴修，再新堂构。山川增辉，岩壑改观。林木若有德色，而况于人乎？暇日获陪公游，因摩崖以记。郡守新安郑潜拜手书。同游：行中书省理问官忽纳台唐吾氏；广东道宣慰使司同知、副都元帅阿儿温沙哈儿鲁氏；泉州路达鲁花赤元德瓮吉剌氏；官讲资寿教寺讲主智润及广威公外孙同安县达鲁花赤寿山与焉。主岩僧志聪时至正二十七年十月丙午日题。"

〔3〕《元史》列传二十九纳麟有传："纳麟，……天历元年（1328），除杭州路总管。"《新元史》一五六《列传第五十三》叙述纳麟家世云："高智耀，字显达，河西人。祖逸，夏大都督府尹。父良惠，夏右丞相，封宁国公。智耀登进士第，而国亡，遂隐于贺兰山。太宗召见，将用之，固辞。睿，年十八，以父荫授符宝郎，出入禁闼，恭谨详雅。久之，除唐兀卫指挥副使，累迁礼部侍郎，子纳麟。纳麟，大德六用丞相哈剌哈孙荐，入直宿卫，除中书舍人。至大四年，迁宗正府良中。皇庆元年，出佥河南道廉访司事。延佑初，拜监察御史。以言事忤旨，帝怒甚，中丞杨朵儿只（宁夏人）力救之，始解。事具《杨朵儿只传》（御史纳璘言事忤旨，帝怒叵测，朵儿只救之，一日至八九奏，曰："臣非爱纳麟，诚不愿陛下有杀御史之名。"帝曰："为卿宥之，可左迁为昌平令。"昌平，畿内据县，欲以是困南林。"）。四年，迁刑部员外郎。出为河南行省郎中。至治三年，入为都漕运使。未几，擢湖南湖北两道廉访使。天历元年，除杭州路总管。"

图6-4-1：1　居庸关过街塔南侧

图6-4-1：2　居庸关过街塔北侧

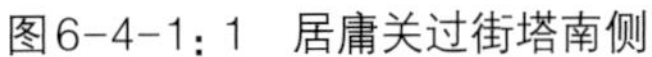

主持西夏文译写的智妙咩布和显密二种巧猛沙门领占那征师，[1]他们均为党项人。其中纳麟以御史左迁昌平县令，或具体负责工程，说明西夏灭亡后，一部分党项人曾迁居大都，监理工程的还有藏人南加森格（rnam rgyal seng ge）和西夏人领占那征，其中“领占”，为藏文rin chen，“那征”是西夏的流行人名。由此看来，虽然由元顺帝下令大丞相、左丞相、平章政事、御史大夫等高官建造过街塔，[2]但提供曼荼罗式样的或是萨迦帝师喜幢吉祥贤（Kun dga' rgyal mtshan dpal bzang po），具体负责施工的是来自西夏故地的纳麟、纳征等。

从形制看，以往的研究者多认为过街塔被认为是藏传佛教传统的宗教建筑样式，[3]但藏语词汇中找不到“过街塔”等专用名称，券洞东壁藏文题记提到的“塔庙”（mchod rten gtsug lag khang）[4]是最接近的称呼，但这是根据汉文“天人师塔”的藏译，藏文本无“塔庙”的称呼。

过街塔由于有前辈资深学者的关注，特别是村田治郎1954年编辑出版的《居庸关》和宿白先生《居庸关过街塔考稿》的深入研究，此后的考古和艺术学学者对此甚少涉猎，对过街塔图像配置的义理更无人讨论。[5]当时或受限于资料和学界对汉藏艺术的理解，前辈对图像的研究大多依据券壁塔铭给出的神佛护法名称、从藏传佛教艺术的角度加以论述，对图像配置的内在义理逻辑等着笔甚少。

本节根据过街塔建筑的形制，由上而下分析：

---

〔1〕西夏人多有以纳征或那征名者，榆林窟19窟有一条西夏时代的汉文题记：“乾祐廿四年……画师甘州住户高崇德小名那征，到此画秘密堂记之。”史金波：《西夏佛教史略》，银川：宁夏人民出版社，1988年，第339页。

〔2〕（元）熊梦祥《析津志》：“至正二年，今上始命大丞相阿鲁图、左丞相别儿怯不花创建过街塔。”《析津志辑佚》，北京古籍出版社，1983年。宿白先生推测御史大夫太平为造塔负责人。宿白“居庸关过街塔考稿”见《藏传佛教寺院考古》，第346—347页。

〔3〕例如村田治郎、宿白和熊文彬等。

〔4〕村田治郎：『居庸关』，京都：京都大学工学部，1954年，第235页。

〔5〕Yeal Bentor讨论《造塔功德记》所依据的藏文原本，见*In Praise of Stupas: The Tibetan Eulogy at Chü-yung-kuan Reconsidered*, Indo-Iranian Journal（38），1995, pp.31-54。

过街塔最上方是云台上的三塔，现已不存，但根据券洞东北壁多闻天王眷属所持佛塔，可以看出佛塔样式是类似肃南马蹄寺石窟常见的12至13世纪上半叶流行的噶当塔，而非13世纪以后逐渐流行鼓腹覆钵塔。考虑到居庸关监造者在杭州任职的背景和蒙元图像来源，特别是马蹄寺石窟千佛洞三塔龛三塔的样式，过街塔或许是源自东印度波罗三塔的形制与义理，借鉴藏区中部14世纪初兴起的吉祥多门塔（bkra shis sgo mang）或东印度菩提伽耶金刚宝座塔模型等佛塔形制，[1]并融合汉地鼓楼样式的城楼演变而来，应当是蒙元时期各族人民的创造。藏地并无顶矗三塔的过街塔建筑实例，现今见到最早的波罗式样三塔图像出现在西藏山南11世纪后半叶所建扎塘寺（Gra thang 1081）壁画中触地降魔印释迦牟尼佛的下方、对坐的文殊菩萨和弥勒菩萨之间（图6-4-2），三塔形制与12世纪后半叶流行的噶当塔不同，为11世纪以前多见的几何圆腹覆钵塔。三塔由莲座花茎逸出，塔下所压桃红色折叠经书，有两支拂子交叉于前。

关于此三塔的来源，据考只是在涉及阿底峡（Atiśa, 982—1054）的传记中提及，但并无佛典支持。[2]考虑到扎塘寺绘塑配置，主供佛降魔印释迦牟尼有迦楼罗大背龛，南北两壁列彩塑立像八大菩萨、不动与马头二护法，象征佛陀灵鹫山说法意象；其西壁、南北壁

图6-4-2　扎塘寺壁画对坐菩萨与三塔

〔1〕现今确认最早的金刚宝座塔实物是成化九年（1473）北京海淀真觉寺（五塔寺），但菩提伽耶金刚宝座塔模型较多，如布达拉宫所收藏式样。

〔2〕中国藏学研究中心博物馆杨鸿蛟博士梳理了相关藏文文献，提到在阿底峡的传记中，阿底峡梦到文殊与弥勒出现在霞光中。“后来尊者六十六岁时的年底，旺敦（bong ston）带着二百名骑士来迎请尊者去聂塘，这时出现了弥勒和文殊切磋佛法的显像。此后，依次由俄译师勒巴喜绕请尊者到拉萨（土牛年）；由俄·绛曲迥尼请尊者到叶尔巴，在这里仲敦奉献宏大供养。”松巴堪布·益希班觉著，蒲文成、才让译：《如意宝树史》，兰州：甘肃民族出版社，1994年，第311页。

为十方佛壁画，所画内容皆为释迦牟尼化身十方如来为众弟子说法的景象。因此，主供佛右下方一铺降魔印佛陀说法壁画所绘对坐的文殊、弥勒菩萨与三塔应当与释迦牟尼生平相关，检视此期壁画和经典，两菩萨对坐说法的场景只出现在《妙法莲华经》中。虽然《妙法莲华经》在藏地流行不广，但仍应该考虑其相关图像。[1]此经《序品》讲述佛陀灵鹫山说法，佛说《无量义》经已，"结跏趺坐，入于无量义处三昧，身心不动"。佛陀说法瑞兆引起众声闻弟子好奇，请弥勒菩萨代表众弟子向文殊菩萨发问缘由。文殊菩萨则依据以往听诸佛说法体验，指出瑞兆当预示佛将演说大法，并告知弥勒菩萨，法华六瑞是三世十方诸佛说《无量义》之前必定示现的教化程式。二位菩萨的对答，引起与会众声闻弟子的兴趣，故《法华经序品》是佛说《法华经》三乘方便，一乘真实的发起因缘。[2]

此前，绘有文殊、弥勒对坐与三塔图像的扎塘寺壁画是西藏艺术最难解释图像经典来源的杰出作品，是11世纪前后西藏艺术的最大困惑。由于西藏很少流行《妙法莲华经》及显而易见的法华信仰，研究者都努力从藏文典籍，特别是这一时期诸译师（Lo tsā ba）或阿底峡上师等的传记去寻找源头，或循艺术风格与母题的类比中寻找答案。观察扎塘寺壁画的配置与内容，若主壁西壁南段下铺文殊弥勒对坐图为《序品》，南壁第1铺如来说法壁画主尊莲花座正下方绘有绿度母造像，恰好是《妙法莲花经》观音普门品的内容。若仔细观察，有对坐说法菩萨的壁画是严格按照《妙法莲华经》序品的情节安排的：如来

〔1〕实际上艾米海勒注意到法华序品的两菩萨对坐与扎塘寺壁画的关系，但她认为藏地没有翻译《法华经》，放弃了如此有价值的线索。参看Amy Heller. "The Paintings of Gra thang: History and Iconography of an 11th century Tibetan Temple." *The Tibet Journal*, 2002, Vol. 27, p.49。

〔2〕《妙法莲华经卷》第一序品第一："如是我闻。一时、佛住王舍城、耆阇崛山中，与大比丘众万二千人俱。……尔时世尊，四众围绕，供养、恭敬，尊重、赞叹。为诸菩萨说大乘经，名无量义、教菩萨法、佛所护念。佛说此经已，结跏趺坐，入于无量义处三昧，身心不动。是时天雨曼陀罗华，摩诃曼陀罗华，曼殊沙华，摩诃曼殊沙华，而散佛上、及诸大众。普佛世界，六种震动。尔时会中，比丘，比丘尼，优婆塞，优婆夷，天龙，夜叉，乾闼婆，阿修罗，迦楼罗，紧那罗，摩睺罗伽，人非人，及诸小王，转轮圣王，是诸大众，得未曾有，欢喜合掌，一心观佛。尔时佛放眉间白毫相光，照东方万八千世界，靡不周遍，下至阿鼻地狱，上至阿迦尼吒天。于此世界，尽见彼土六趣众生，又见彼土现在诸佛。及闻诸佛所说经法。并见彼诸比丘、比丘尼、优婆塞、优婆夷、诸修行得道者。复见诸菩萨摩诃萨、种种因缘、种种信解、种种相貌、行菩萨道。复见诸佛般涅槃者。复见诸佛般涅槃后，以佛舍利、起七宝塔。尔时弥勒菩萨作是念，今者、世尊现神变相，以何因缘而有此瑞。今佛世尊入于三昧，是不可思议、现稀有事，当以问谁，谁能答者。复作此念，是文殊师利、法王之子，已曾亲近供养过去无量诸佛，必应见此稀有之相，我今当问。尔时比丘、比丘尼、优婆塞、优婆夷、及诸天龙、鬼神等，咸作此念，是佛光明神通之相，今当问谁。尔时弥勒菩萨，欲自决疑，又观四众比丘、比丘尼、优婆塞、优婆夷、及诸天龙、鬼神、等，众会之心，而问文殊师利言，以何因缘、而有此瑞、神通之相，放大光明，照于东方万八千土，悉见彼佛国界庄严。于是弥勒菩萨欲重宣此义，以偈问曰。……尔时文殊师利语弥勒菩萨摩诃萨、及诸大士，善男子等，如我惟忖，今佛世尊欲说大法，雨大法雨，吹大法螺，击大法鼓，演大法义。诸善男子，我于过去诸佛，曾见此瑞，放斯光已，即说大法。是故当知今佛现光，亦复如是，欲令众生，咸得闻知一切世间难信之法，故现斯瑞。又《法华经》卷一《方便品》：我即自思惟：若但赞佛乘，众生没在苦，不能信是法，破法不信故，坠于三恶道，我宁不说法，疾入于涅盘。寻念过去佛，所行方便力，我今所得道，亦应说三乘。作是思惟时，十方佛皆现，梵音慰喻我，善哉释迦文，第一之导师，得是无上法，随诸一切佛，而用方便力，我等亦皆得，最妙第一法，为诸众生类，分别说三乘，少智乐小法，不自信作佛，是故以方便，分别说诸果，虽复说三乘，但为教菩萨。"

眉间白毫照东方世界，印契坐姿如同东方阿閦佛，11世纪表现法华与般若图像的西藏寺院殿门大都朝向东方。其次，《法华经》变相常以多个场景描绘佛陀说法，其中文殊弥勒对坐、触地印释迦牟尼是佛陀说法结束进入法华三昧境界时的景象，是法华经变"灵山法会"的场景，为《法华经》诸品故事的情节顶点。正因如此，扎塘寺壁画十方如来中只有主尊右下铺描绘对坐二菩萨的壁画如来所执手印为触地印。从三塔来看，释迦牟尼与文殊弥勒组像被称为"法华三圣"，〔1〕唐代描绘灵山会场景时，三圣头顶皆有佛塔，但佛陀为说法印而非触地印。〔2〕至宋辽大乘经典复兴之时，灵山会场景中金刚座降魔触地印佛陀取代说法印释迦牟尼，与文殊弥勒成为新式样的法华三圣，并演进为三塔式样指代法华三圣。

扎塘寺触地印说法佛陀两侧被认为是敦煌或中亚汉人容貌的是各路罗汉，〔3〕下方有各路菩萨，〔4〕其中列两对坐菩萨，右尊位文殊，左尊位弥勒，二菩萨中间为三塔、经书和双拂子。其中三塔是11至14世纪法华系统最显著的标志，是承继汉地魏晋以来法华释迦多宝信仰，演变至11世纪前后的变化形态。〔5〕从经典来看，吐蕃8世纪中叶时就翻译了梵本《妙法莲华经》，〔6〕8世纪末编辑的《旁塘目录》(dKar chag 'Phang thang ma)就收入了《妙

〔1〕法华三圣的说法，最初的典籍见于隋吉藏法师撰《法华统略》："灯明正是三圣源由，及今大众始末之事，故引之耳。如灯明为八子，初说法华，次文殊于佛灭度后，重为说之，则灯明善其始，文殊成其终，故八子得成佛。燃灯成竟，授释迦成佛，释迦成佛后记弥勒，则灯明为三圣之本师，是故须引。问乃知灯明是三圣本师，今引将来，意在何处？答三圣皆由法华匠成，若信法华，则信三圣，意在劝进，是故引之耳。"

〔2〕如莫高窟五代61窟南壁法华经变之法华三圣。

〔3〕这些罗汉当是法华经序品提到的"其名曰，阿若憍陈如，摩诃迦叶，优楼频螺迦叶，伽耶迦叶，那提迦叶，舍利弗，大目犍连，摩诃迦旃延，阿㝹楼驮，劫宾那，憍梵波提，离婆多，毕陵伽婆蹉，薄拘罗，摩诃拘絺罗，难陀，孙陀罗难陀，富楼那弥多罗尼子，须菩提，阿难，罗睺罗。""中亚汉人容貌"之说出自Michael Henss, "*The Eleventh Century Murals at Drathang Gompa*", in: Jane Singer & Philip Denwood (eds.), *Tibetan Art: A Definition of Style,* London: Laurence King Publishing, 1997, pp. 160-169.

〔4〕这些菩萨"其名曰，文殊师利菩萨，观世音菩萨，得大势菩萨，常精进菩萨，不休息菩萨，宝掌菩萨，药王菩萨，勇施菩萨，宝月菩萨，月光菩萨，满月菩萨，大力菩萨，无量力菩萨，越三界菩萨，跋陀婆罗菩萨，弥勒菩萨，宝积菩萨，导师菩萨。"

〔5〕最早的法华释迦多宝三塔见于炳灵寺169窟11号壁画，此后多见。承蒙廖旸见告。

〔6〕梵名Saddharmapundarika-sutra，藏名*Dam-pa'i chos padma dkar-po bod 'gyur dam pa'i chos padma dkar po zhes bya ba theg pa chen po'i mdo/* 译师益西代、印度译师Surendra bodhi和藏族译师益西代合作翻译，收入《甘珠尔》51卷，第19—443页，共27品。藏文译本经卷跋尾云："名《妙法莲华经》者共二十七品，本经皆俱矣。如火塘中的木炭，快过削毛利刃的说辩。诸善男子众生，《圣妙法莲华经》乃一切法相之详解大经，众菩萨之语，诸佛之典籍，诸佛之大密法，诸佛之隐匿法，诸佛之种类，诸佛之隐秘圣地，诸佛之菩提藏，诸佛之转法轮处，诸佛之身集聚，大德讲说大乘教法，讲修正法圆满。天竺堪布苏仁达菩提与译师班德益西代翻译。"(dam pa'i chos pad ma kar pa las yongs su gtad pa'i le'u zhes bya ba ste nyi shu bdun pa'o/ gang na mdo sde 'di yod par// me ma mur gyi dong 'bogs shing// spu gri gtam las 'dzegs nas kyang// rigs kyi bu dag 'gro bar bya// 'phags pa dam pa'i chos pad ma dkar po'i chos kyi rnam grangs yongs su rgyas pa chen po'i sde/ byang chub sems dpa' rnams la gdams pa/ sangs rgyas thams cad kyis yongs su bzung ba/ sangs rgyas thams cad kyi gsang chen/ sangs rgyas thams cad kyi sba ba/ sangs rgyas thams cad kyi rigs/ sangs rgyas thams cad kyi gsang ba'i gnas/ sangs rgyas thams cad kyi byang chub kyi snying po/ sangs rgyas thams cad kyi chos kyi 'khor lo bskor ba/ sangs rgyas thams cad kyi sku gcig tu 'dus pa/ thabs mkhas pa chen po theg pa gcig tu bstan pa/ don dam pa bsgrub pa bstan pa rdzogs so// rgya gar gyi mkhan po su ren dra bo d+hi dang/ zhu chen gyi lo tsA ba ban+de ye shes sdes bsgyur cing zhus te gtan la phab pa)

法莲华经》('phags pa dam pa'i chos pad ma dkar po),共有13卷。[1]到11世纪前后,宋辽西夏几乎开始同时翻译刊印法华经典,[2]与这一时期法华信仰的弥漫式复兴相适应,卫藏也掀起了引进梵文贝叶本《法华经》的热潮,现今西藏寺院收藏有1064年、1065年和1082年的梵文贝叶写本。[3]扎塘寺奠基于1081年,[4]正是卫藏再次引入《妙法莲华经》贝叶写本的时期。

图6-4-3 榆林窟第4窟

新涌现的《法华经》文殊弥勒对坐图在11世纪的卫藏是引人注目的新样式,12世纪至14世纪上半叶的卫藏地区所见唐卡,尤其是上师造像唐卡,流行对坐上师图像,画面左下方多有三塔、经夹与双拂子,象征佛法僧和阿底峡噶当教法。[5]此后法华经说法图只描绘两菩萨对坐场景,佛陀说法另铺安排。如西夏流行的波罗三塔中最明显的例证是榆林窟第4窟(图6-4-3),敦煌研究院正确判定为"妙法莲华经见佛塔品",[6]或许是三塔图像最初的意

〔1〕 *dKar chag 'Phang thang ma*, Mi rigs dpe skrun khang, 2003, p.6.

〔2〕 有辽一朝,刊刻《妙法莲华经》自始至终,11世纪上半叶至中叶为刊刻高峰,如应县释迦塔(1056)所出辽代刻本《妙法莲华经》卷第四,有扉画,跋尾记曰"摄大定府文学庞可升书,同雕造孙寿益、权司袞、赵从业、弟从善雕。燕京檀州街显忠坊门南颊住冯家印造",继有施刻人刊署:"经板主前家令判官银青崇禄大夫检校国子祭酒兼监察御史武骑校尉冯绍文,抽己分之财,特命良工书写,雕成《妙法莲华经》一部,印造流通,伏愿承此功德,回施法界有情,同沾利乐,时太平五年(1025)岁次乙丑八月辛亥朔十五日乙丑记。"参看陈明达《应县木塔》北京:文物出版社,1980年。西夏初次翻译法华经是在毅宗时期(1049—1069),所存经典是所有经典中最多的,并将法华经作为众经之首。史金波:《西夏佛教史略》,银川:宁夏人民出版社,1988年,第234页。《妙法莲华经》宋代有二十多种不同版本,最早者为宋庆历二年(1042)杭州晏家刻本,西夏黑水城也多见杭州晏家法华经刻本。最晚为神宗熙宁二年(1069年),皆冠有扉画。日本西原寺藏《妙法莲华经》第七卷,卷末有"临安府修文坊相对王八郎经铺"刊记,扉画由名工沈敦镌刻;美国哈佛大学福格美术馆藏南宋刻《妙法莲华经》残卷,经折装七页,有《灵鹫赴会》版画,署"四明陈高刀"。莫高窟宋夏76窟绘有《法华经》,其东壁的《八塔变》就是宋初从东印度得到的贝叶经波罗样式。

〔3〕 桑德《西藏梵文〈法华经〉写本及〈法华经〉汉藏文译本》,《中国藏学》2010年第3期。ad dkar bzang po, "Mi nyag mgon po, '*phags pa dam chos padma dkar po'i mdo*/." In mdo sde spyi'i rnam bzhag pe cin: mi rigs dpe skrun khang, 2006. TBRC W1PD76588. pp. 187-189.

〔4〕 扎塘寺始建于后弘初期,即1081年,建成于1093年。建寺者是扎囊十三贤人之一的扎巴・翁协巴(grwa-pa mngon-shes-pa),1012年生于前藏夭如扎地方,幼时入桑耶寺学经,从鲁梅弟子亚虚杰瓦沃出家,法名旺秋巴,因生于"扎"地,故名扎巴;因通晓翁巴之学,故称翁协。卒于1090年,享年79岁。参看迅鲁伯著,郭和卿译:《青史》,拉萨:西藏人民出版社,1985年,第63—64页;藏文版,成都:四川民族出版社,1984年,第124—127页。

〔5〕 *Mirror of the Buddha, Early Portraits from Tibet*, David P. Jackson with contributions from Donald Rubin, Jan van Alphen, and Christian Luczanits. ublisher: Rubin Museum of Art, New York Published, October 2011.

〔6〕 段文杰主编:《中国美术分类全集中国敦煌壁画全集:敦煌西夏元》,天津人民美术出版社,1996年,图版142。

蕴。此处的两位菩萨，右侧菩萨右手莲花上为经夹，左侧菩萨左手莲花上为剑，皆为文殊菩萨标志，不见弥勒净瓶，或强调文殊为众弟子解说的效用。雕塑对文殊弥勒对坐图更加简化，以莲茎上三塔表现，例如肃南马蹄寺上千佛洞的三塔（图6-4-4），为12世纪后半叶典型噶当式样，塔由莲茎两侧逸出，与波罗式样联系明显可见。[1]在卫藏地方，14世纪重修的夏鲁寺，在反映早期大乘传统的般若佛母殿，图像配置仍然沿用了扎塘寺壁画的文殊弥勒对坐图，例如般若佛母殿转经道内墙南壁文殊弥勒辩法图，右侧文殊手执莲茎上可见标志剑，左侧弥勒像莲茎上有净瓶，两菩萨之间安置四塔，前三小塔后置一大塔，以此象征触地印释迦牟尼佛，不见交叉拂尘，其间法华内涵已稍加隐晦（图6-4-5）。[2]

虽然三塔过街塔是蒙元时创造，但单塔式样过街塔存世稍早，拉达克地区及尼泊尔芒域（mang yul）地区分布有许多早期的单塔过街塔，此外在聂尔玛地方存留有一座与居庸关三塔十分类似的过街塔，年代不晚于13世纪，内部亦绘制大量早期壁画。[3]内地单

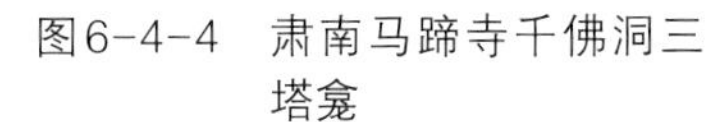

图6-4-4　肃南马蹄寺千佛洞三塔龛

图6-4-5　鲁寺般若佛母殿对坐菩萨与四塔

〔1〕宿白：《藏传佛教寺院考古》"张掖河流域13至14世纪藏传佛教遗迹"，北京：文物出版社，1996年，第256页，插图。

〔2〕杨鸿蛟：《夏鲁寺般若佛母殿壁画研究》，首都师范大学汉藏佛教艺术研究所博士学位论文，2012年。

〔3〕*Recent Research on Ladakh 4 & 5: Proceedings of the fourth and fifth International Colloquia on Ladakh*, by Henry Osmaston & Philip Denwood, Henry Osmaston, Philip Denwood Motilal Banarsidass in India（January 1, 1996），pp.61-78. Kath Howard, "Archaeological notes on Chorten types in Ladakh and Zangskar from the 11th to 15th Centuries" 其中提到Khalsi地方有蒙古人统治时期的大门塔（sgo chen mchod rten）。聂尔玛地区的过街三塔的介绍见Gerald Kozicz, "The Chorten（mChod rten）with the Secret Chamber near Nyarma", Erberto Lo Bue and John Bray, *Art and Architecture in Ladakh: Cross-Cultural Transmissions in the Himlayas and Karakoram*, Leiden/Boston: Brill, 2014, pp.141-158; Gerald Kozicz, "Documenting the last Surviving Murals of Nyarma", *Orientations*, 38, pp.60-64.

图6-4-6　昆明万庆寺过街塔

图6-4-7　镇江韶关过街塔

塔式过街塔文献多有记载，元代在昆明所建万庆寺过街塔（1274？），从早期照片看，形制并非是12世纪的噶当塔或13世纪的布顿覆钵塔（图6-4-6），[1]明代天顺二年（1457）昆明复建元至元二十七年（1290）官渡妙湛寺时所建金刚宝座塔就是结合汉地鼓楼式样发展而来。北京最早的过街塔应当是元世祖忽必烈至元三十一年（1294）在南城彰义门所建“门塔”，此塔或是拉达克地区的“大门塔”（sgo chen mchod rten）。[2]现存最早的过街塔实例是竣工于元至大四年（1311年）的江苏镇江韶关过街塔（图6-4-7）、至正十四年（1354）大都卢沟桥过街塔。[3]而卫藏地区未见早期实例，如拉萨布达拉宫前的过街塔为17世纪以后重修（图6-4-8）。虽然拉达克地区有单塔个案，但汉地过街塔的流行应当是藏传佛教建筑进入汉地时适应汉地佛塔和城市的构造而形成的一种变化样式，应该不是藏地传统的建筑形式。[4]三塔式过街塔可以看做是11世纪东印度三塔借由法华图像、经

〔1〕明天启年间刘文征撰修《滇志·古迹》：“白塔，在府东三里，穿衢而建，昔为南华山万庆寺，寺今废，塔存。”（昆明：云南教育出版社，1991年，第140页）袁嘉谷编《滇绎》：“白塔在东岳庙前，又名万庆塔，六百年物也。塔基方洞容人行，辛亥（1911）秋毁之，冤哉。”1254年元军攻灭南诏大理国，1274年建立云南行中书省。赛典赤赡思丁为元代首任云南行省平章政事，于南华山建万庆寺喇嘛塔——万庆塔，白塔由此而来。瞻思丁修建的万庆寺规模虽然比不上元大都的大圣寿万安寺，但是规制却是仿照大圣寿万安寺建盖的。整体建筑由寺院和塔院两大部分组成。寺院有山门、钟鼓楼、天王殿、三世佛殿和七佛宝典以及西侧的配殿、厢房和北侧的藏经殿、讲经堂、僧房。寺院南面的塔院由开口的红墙相围，四角各建一座角亭，院里建有一座藏式风格的大白佛塔。同时在大白佛塔东侧以一点六倍塔高为距离，修建了三个白塔式青冈石峰墩。

〔2〕《佛祖历代通载卷第二十二》：“（至元三十一年1294）外邦贡佛舍利，帝云：‘不独朕一人得福’。乃于南城彰义门，高建门塔，普令往来皆得顶戴。”

〔3〕（清）陈琮：《永定河志》，清钞本，卷一九《碑记》条。

〔4〕即使是居庸关过街塔，当时也被称作“西域塔”，而非“西番塔”。欧阳玄《过街塔铭》“因山之麓，伐石甃基，累甓跨道，为西域浮图，下通人行，皈依佛乘，普受法施。”

西夏至13世纪蒙元时期的变化样式，是元代多元宗教思想的空间固化形态，蒙元时代从西夏套用三塔龛与过街塔式样结合创造出居庸关过街塔式样。[1]

过街塔三塔的寓意，我们观察辽夏时期流行以佛塔象征释迦牟尼佛、卢舍那佛或二圣圆融的合体，三塔依此可以构成流行于西夏蒙元时期的天台、华严或净土宗横三世佛，即中央释迦牟尼（或净土卢舍那佛）、西方阿弥陀佛、东方药师佛。元明北京寺院中多有如此安排，与过街塔同建于居庸关的寺院永明宝相寺，就是供奉横三世佛，[2]八达岭附近的丁香谷，可见元末三世佛造像。[3]上面提到的1292年由西夏后人所建泉州清源山凌霄岩西夏元式样三世佛，[4]宣德年间智化寺三世佛等。若从过街塔西夏蒙元时代流行的密教寓意考察，三塔也可以看做是此期涌现的三身佛的象征，东壁藏文造塔功德记“……顶礼三宝”（... dang dkon mchog gsum la phyag ’tshal lo），藏文三宝多指佛法僧三宝，东壁汉文造塔功德记对应“敬礼法身三宝尊”。汉地佛教法身三宝指《华严经》所说三身，[5]即莲华藏主尊法身毗卢遮那佛表三身之法身，跏趺坐、做转法轮印；主尊右侧为应身佛释迦牟尼佛，跏趺坐说法印；左侧为宝胜卢舍那佛，跏趺坐，左手禅定印，右手与愿印。西夏时版画多刻印如此来自华严系统的三身佛，[6]北京明初寺院将三身佛置于寺院

图6-4-8　拉萨布达拉宫过街塔

---

〔1〕后期在汉地藏传佛教建筑中才变化为象征五方佛的门楼五塔。

〔2〕葛逻禄诗人迺贤（1310—？）《上京纪行・居庸关》诗注：“关北五里，今敕建永明宝相寺。宫殿甚壮丽，有三塔跨于通衢，车骑皆过其下。今亡其二矣”；欧阳玄《过街塔铭》记载：“既而缘岩结构，作三世佛殿，前门翚飞，旁舍旗布。”横三世佛的构成指西方极乐世界阿弥陀佛，两位胁侍分别为“大勇”大势至菩萨和“大悲”观世音菩萨；中央娑婆世界释迦牟尼，两位胁侍分别为“大智”文殊菩萨和“大行”普贤菩萨；东方琉璃世界药师王佛，两位胁侍分别为日光普照菩萨和月光普照菩萨。

〔3〕佛像在八达岭森林公园丁香谷，跏趺坐佛像，中央为释迦牟尼（毗卢遮那），主尊右侧禅定印阿弥陀佛，主尊左侧当为药师佛。无题记公布，藏式风格，年代月元末或明初。

〔4〕清源山碧霄岩“三世佛”长方形大龛，高3米、宽6.5米。中央为触地印释迦牟尼佛；主尊左侧（东方）为持诃子作与愿印，禅定印药师佛；主尊右侧（西方）禅定印阿弥陀佛。笔者2001年拍摄记录碧霄岩题记。相关研究参看崔红芬《泉州清源山三世佛造像记考论》，《民族研究》2011年第3期，第63—65页。

〔5〕十方诸如来，同共一法身；一心一智慧，力无畏亦然等。文云：“诸佛真身本无二，应物分形满世间。”又云：“佛以法为身，清净如虚空；所现众色形，令入此法中”等。或分为三：即法、报、化；亦言法、报、应。应即化也。大方广佛：《华严经随疏演义钞卷第四》，唐清凉山大华严寺沙门澄观述大正藏：《大正藏》No.1736，第36册。

〔6〕《丝路上消失的王国》，台湾历史博物馆，1996年，第259页，图版73，编号No. 5654。

最高的殿堂，例如明代正统九年（1444）所建智化寺，在寺院最高的殿堂万佛阁供奉三身佛，智化殿供奉三世佛。[1]如此看来，云台三塔象征三身佛与三世佛显密两方面的寓意，期间有密教法身佛和显教报身佛的义理。西夏元时期开始流行的“三字总持咒”，应当就是三身佛与三世佛的合体“唵哑吽”，“唵”字是大遍照如来（中央释迦牟尼），“哑”字是无量寿如来（西方阿弥陀佛），“吽”字是阿閦如来（东方不动如来或药师如来）。[2]

二、券顶五佛曼荼罗

从云台券洞图像配置分析，券洞幰顶镌刻五佛曼荼罗，由南而北，曼荼罗主尊分别是普明大日如来佛、金刚手菩萨、阿閦佛、阿弥陀佛和释迦牟尼佛。五佛并非金刚界五方佛，似乎是一种我们并不熟悉的五佛曼荼罗构成，汉文只记载“幰覆五佛”，藏文写作“佛身”sangs rgyas sku gzugs。[3]西夏文题记史金波先生译五佛为“五智自性五曼荼罗”（即藏文的kun rig rigs lnga）。以曼荼罗形式横向排列五佛的图像和文献资料汉地不多见，除了金刚界五方佛（rigs lnga），藏文称为五佛的多是由“三身佛”延伸而形成的“五身佛”（sku lnga），分别是法身（chos sku/ Dharmakāya）、报身（longs sku/ Sambhogakāya，）、化身（sprul sku/ Nirmanakaya）、自性身（ngo bon yid sku或称圆满菩提身mngon par byang chub pa’i sku/ abhisambodhikāya）和不变金刚身（mi ’gyur rdo rje/ skuvajrakāya）。五佛中阿閦佛为不变金刚身；金刚手菩萨为自性身、圆满菩提身；法身毗卢遮那（普明曼荼罗）；化身释迦牟尼（九佛顶曼荼罗）；报身阿弥陀佛。此五身或是宁玛派经典提到的五身，但不能与窟顶曼荼罗完全对应。[4]

如果不解决券顶为何安置五佛曼荼罗，就无法解开整个过街塔的义理。考虑到过街塔清净恶趣、除障度亡的功能，若从汉传义理思想来看，此五佛或来自施饿鬼会时的七佛，因为佛教造像七佛形成路径多为四佛加三模式，那么，是否会出现罕见的五佛加二式样？唐不空译《瑜伽集要救阿难陀罗尼焰口轨仪经》及后世改定的《瑜伽集要焰口施食仪》所

---

〔1〕北京智化寺管理处：《古刹智化寺》，北京：燕山出版社，2005年，第80—95页。

〔2〕1200年编订的《密咒圆因往生集》（大正新修大藏经，第四十六册No. 1956，甘泉师子峰诱生寺出家承旨沙门智广编集，北五台山大清凉寺出家提点沙门慧真编集，兰山崇法禅师沙门金刚幢译定）已见三字总持咒“唵哑吽”。《瑜伽大教主经》云：“唵字是大遍照如来，哑字是无量寿如来，吽字是阿閦如来。”平措林寺藏觉囊塔所出13世纪六字真言碑，首见“唵哑吽”。

〔3〕村田治郎：『居庸关』，京都：京都大学工学部，1954年，第235页。

〔4〕如《幻化网秘密藏》（Sri-Guhyagarbhatattvaviniscaya dPal gsang ba’i snying po de kho na nyid rnam par nges pa）第六品“坛城之幻化”提到的五身，宁玛派经典中旧密有很多与汉地唐宋密教经典相同。此《秘密藏》（gsang ba snying po）收入《那唐版甘珠尔》99卷，第279—343页。

录七佛为（1）宝胜如来；（2）离怖畏如来；（3）广博身如来；（4）妙色身如来；（5）多宝如来；（6）阿弥陀如来；（7）世间广大威德自在光明如来。

对以上如来名号加以考订，其中离怖畏如来，梵名 Abhayamkara-tathāgata，是施饿鬼会时供奉的五如来之一，[1]《秘藏记》以五如来配五佛，离怖畏如来即北方释迦牟尼佛，将释迦牟尼置于北方是施饿鬼五如来的安排，过街塔券顶释迦牟尼九佛顶曼荼罗恰好在北端。[2]广博身如来梵名 vipulakāya-tathāgata，是大日如来毗卢遮那的异名，以佛身广大完具法界之事物而称广博身。《救拔焰口饿鬼陀罗尼经》载，[3]若闻广博身如来之名号，能令诸饿鬼针咽业火停烧，清凉通达，所受饮食得甘露味，恣意充饱。[4]妙色身如来，梵名 Surūpa，音译"素噜波"，亦为密教施饿鬼法时所供奉五如来之一，系与东方阿閦佛同体，为东方金刚部大曼荼罗身。甘露王如来，梵名 Amṛta-rāja，被认为是阿弥陀如来之别号，但施饿鬼会七如来或五如来中已经包括阿弥陀如来，此处甘露王如来似当另有所指。考虑到七如来中两两如来相对构成关联的方式，即妙色身如来为东方部主，其余宝胜如来与多宝如来（南方）、离怖畏如来与广博身如来（北方与中央）、阿弥陀如来与甘露王如来（西方，无量光与金刚手系统）都构成同类对应关系，过街塔五佛中阿弥陀佛和金刚手菩萨恰好安置在主尊阿閦佛两侧，应当回应阿弥陀与甘露王的内在勾连。法天译《佛说金刚手菩萨降伏一切部多大教王经卷》记载金刚手菩萨多次讲说甘露秘密真言，手臂出大甘露风，此处甘露王或指金刚手菩萨。[5]若以券顶五佛与之对应：离怖畏如来对应大日狮子释迦牟尼；广博身如来对应普明大日如来；妙色身如来对应阿閦佛；甘露王如来（世间广大威德自在光明如来）对应金刚手；阿弥陀如来对应阿弥陀如来本身。所余二如来宝胜如来与多宝如来，安置在券壁斜披东西壁十方如来中央，与券顶五曼荼罗构成密教施饿鬼会之七佛，稍后述之。

从另一方面来看，此五佛曼荼罗又呈现以鲜明的藏传佛教仪轨形态，这与整体多元融

---

〔1〕施饿鬼会为佛教六度之一，其法出于不空译之施诸饿鬼饮食及水法。其五佛称为宝掌如来（南方宝生佛），妙色身如来（东方阿閦佛），甘露王如来（西方弥陀佛），广博身如来（中央大日佛），离怖畏如来（北方释迦佛）。五如来之名号，则以佛之威光加被故，能使一切饿鬼等灭无量之罪，生无量之福，得妙色广博，得无怖畏，所得之饮食变为甘露微妙之食，即离苦身而生天净土也。如经典有《佛说拔焰口饿鬼陀罗尼经》一卷，不空译；《施诸饿鬼饮食及水法》一卷，不空译；《佛说救面然饿鬼陀罗尼神咒经》一卷，实叉难陀译；《瑜伽集要救阿难陀罗尼焰口仪轨经》一卷，不空译；《瑜伽集要焰口施食仪起教阿难陀缘由》一卷，不空译；《瑜伽集要焰口施食仪》一卷，不空译。

〔2〕［日］空海著《秘藏记》，收入《大正藏》卷八十六。

〔3〕《大正藏》No. 1318《瑜伽集要救阿难陀罗尼焰口轨仪经》（不空译）所记七如来亦为宝胜如来、离怖畏如来、广博身如来、妙色身如来、多宝如来、阿弥陀如来、世间广大威德自在光明如来。

〔4〕《瑜伽集要焰口施食仪》《秘藏记》（《大正藏》卷八六）。

〔5〕《佛说金刚手菩萨降伏一切部多大教王经卷》（《大正藏》第二十册，No. 1129）上："尔时佛告三界主金刚手菩萨"，"尔时金刚手菩萨，复说甘露秘密真言"，又如"时金刚手菩萨说此真言，于自手臂出大甘露风，入一切部多及彼眷属身中。"

合的三塔系统形成了多层次的宗教义理设计，下面笔者将从过街三塔的多民族佛教图像系统的层面来分析此五佛坛城的宗教思想。

（一）普明大日如来曼荼罗与释迦牟尼佛曼荼罗

南段起首曼荼罗主尊汉文碑铭记载是“普明佛”（图6-4-9），即施饿鬼五佛之广博身如来，为四面二臂作禅定印、清净恶趣的普明大日如来（kun rig rnam par snang mdzad）。普明大日仪轨流传很早，但二臂禅定印的普明大日的形象在14世纪以前并不多见。按理东印度应当有普明大日及其曼荼罗的图像，但塔布寺、阿奇寺等多臂普明大日主臂并非禅定印而是说法印，普明大日如来曼荼罗类型在河西及西夏故地也不多见。其图像仪轨见于8世纪翻译的《恶趣清净怛特罗经》旧译本，无对应汉译本。[1]此经后期主要用于丧葬与超度仪轨，[2]由此因缘，西夏石窟壁画唐卡等很少见到四面禅定印的普明大日如来，居庸关过街塔所见14世纪的普明大日或是汉地至今所见最早的普明大日！入明以后格鲁派遵奉的曼荼罗本尊普明大日手印已修订为托法轮禅定印。[3]

图6-4-9　券顶普明大日

---

〔1〕 Tadeusz Skorupski (ed.) *The Sarvadurgatipariśodhana Tantra, Elimination of All Evil Destinies: Sanskrit and Tibetan Texts with Introduction, English Translation and Notes*, Delhi · Varanasi · Patna: Motilal Banarasidass, 1983. 旧译本：梵*Sarvadurgatiparīśodhanatejorājasya tathagatasya arhtāosamyaksambuddhasya kalpa*，藏：*De bzhin gshegs pa dgra bcom pa yang dag par rdzogs pa'i sangs rgyas ngan song thams cad yongs su sbyong ba gzi brjid kyi rgyal po'i brtag pa phyogs gcig pa zhes bya ba*，《清净一切如来阿罗汉等正觉者的恶趣威光王仪轨》（德格No.483、北京No.116）。由寂藏（Śāntigarbha）、胜护（Jayarakṣīta）共译，仁钦乔（Rin chen mchog）校订。新译本：梵*Sarvadurgatiparīśodhanatejorājasya tathagatasya arhtāosamyaksambuddhasya kalpaīkadeśa*，藏：*De bzhin gshegs pa dgra bcom pa yang dag par rdzogs pa'i sangs rgyas ngan song thams cad yongs su sbyong ba gzi brjid kyi rgyal po'i brtag pa phyogs gcig pa zhes bya ba*，《清净一切如来阿罗汉等正觉者恶趣威光王仪轨一份》（德格No.485、北京No. 117），Devendradeva, Māṇikaśrījñāna, Chos rje dpal共译。王瑞雷：《敦煌、西藏西部早期恶趣清净曼荼罗图像探析》，《故宫博物院院刊》2014年第5期，第81—98页。

〔2〕 例如俄尔寺堪钦贡噶桑布（Ngor mKhen chen Kun dga' bzang po, 1382—1456）所撰《普明仪轨》（kun rig gi cho ga'i skor）。本教寺院也使用普明仪轨举办丧葬超度仪式。例如拉萨流行的木刻版《普明仪轨修要》（kun rig gi cho ga'i sgrub skor）就是将《恶趣清净怛特罗经》（Sarvadurgatiparisodhana Tantra）用于丧葬仪轨。

〔3〕 乾隆年间章嘉国师编纂的《诸佛菩萨圣像赞》宇字六“普慧宏光佛”就是普明大日如来，手捧法轮。国家图书馆编，北京：中国藏学出版社，2009年，第70页。

券顶北段起首是释迦牟尼曼荼罗（图6-4-10），但释迦牟尼作为曼荼罗主尊的情形极为罕见，只有在释迦牟尼作为法身大日如来的化身，具有密教坛场主尊身份的情形之下，此时释迦牟尼佛实际上等同于大日如来。《恶趣清净怛特罗经》新旧译本中皆有与之呼应的释迦牟尼佛曼荼罗仪轨，其中新译本内容相当于宋法贤翻译的《佛说大乘观想曼拏罗净诸恶趣经》，[1]11世纪至12世纪初，印度密教大成就者无畏笈多撰《究竟瑜伽鬘》第22章中对九佛顶（gtsug tor dgu）曼荼罗的配置及尊格特征做了详细的解说，称其主尊是"作说法印的释迦狮子大日如来"。[2]九佛顶曼荼罗在11世纪流行于受东印度波罗造像体系影响的藏西拉达克一线，后经西夏人引入河西走廊，在西夏石窟中多有表现，例如榆林窟第3窟《恶趣清净曼荼罗》壁画（图6-4-11）。券顶释迦牟尼佛坛城或为九佛顶坛城?

图6-4-10 券顶释迦牟尼佛曼荼罗

图6-4-11 榆林窟第3窟九佛顶曼荼罗

〔1〕法贤译:《佛说大乘观想曼拏罗净诸恶趣经卷》二卷,《大正藏》No. 939。

〔2〕《甘珠尔》中国藏学中心排印本39卷第357页：法轮中央"莲花狮座之上，世尊释迦狮子大日如来，金色身相，作转法轮印。"（'khor lo'i lte ba la sna tshogs padma la gnas pa'i seng ge'i steng du bcom ldan 'das Shakya seng ge rnam par snang mdzad chen po shin tu gser gyi mdog can chos kyi 'khor lo'i phyag rgya mdzad pa'o）《恶趣清净曼荼罗曼荼罗》收录于《究竟瑜伽鬘》22，第68—72页。参看Benoytosh Bhattacharyya编Nishpannayogavali，收入Gackwad's Oriental series, No. 109，由Baroda: OrientalInstitute 1949年出版，梵名*Nishpannayogavali*，12世纪前后由无畏笈多（Abhayakaragupta，活跃于11世纪晚期至12世纪早期）汇集成书于超戒寺（vikramasilavihara），共26章，每章分别描述一种密教修行中使用的曼荼罗。此书流传甚广，在尼泊尔、中国西藏有多个版本。在日本、西方学者中影响也很大。其藏文译本情况：阿旺洛桑却丹对此书作了详细注疏；后由竹巴白玛嘎波（'brug pa Padma dkar po 1152–1192）译成藏文并加注，收在他的著述《瑜伽圆满鬘：法性现观无边利他》（rnal 'byor rdzogs pa'i 'phreng ba ji lta ba'i mngon rtogs gzhan phan mtha' yas）中。藏文《大藏经》中收录有两个译注本。其中普明大日曼荼罗位于北京版藏文《大藏经》,《丹珠尔》No.5022, Vol. 87, 32.5.7–33.1.8，九佛顶曼荼罗位于No. 5022, Vol. 87, 33. 1.8–2.5。

九佛顶坛城中的八佛顶分别为：东方金刚顶（rdo rje gtsug tor）（5），南方宝顶（rin chen gtsug tor）（2），西方莲花顶（pad ma'i gtsug tor）（3），北方羯磨顶（sna tshogs gtsug tor）（4），东南威光顶（gtsug tor gzi brjid）（9），西南宝幢顶（gtsug tor rgyal mtshan）（6），西北利佛顶（gtsug tor rnon po）（7），东北白伞盖顶（gtsug tor gdugs dkar）（8）。并配以内外八供养女（10—17），弥勒菩萨等十六大菩萨（18—33），[1]和四门护（34—37），共三十七尊（图6-4-12）。但这与居庸关过街塔所见释迦牟尼曼荼罗的尊格配置并不相符。

事实上，在旧译本中亦有出现释迦牟尼曼荼罗，位列普明根本曼荼罗之后。在该释迦牟尼坛城中，环绕主尊的八佛顶尊为：[2]东方金刚手（phya rdo）（5），南方佛顶（rgyal ba'i gtsug tor）（2），西方转轮（'khor los bsgyur ba）（3），北方尊胜（rnam rgyal）（4），东南威光蕴（gzi brjid phung po）（9），西南遍胜（rnam par 'joms pa）（6），西北遍离（rnam par 'thor ba）（7），东北白伞盖顶（gtsug tor gdugs dkar）（8）。并在四维处安置烧香女等四供养女（10—13），四门现金刚钩等四尊（14—17），共十七尊（图6-4-13）。这与居庸关释迦牟

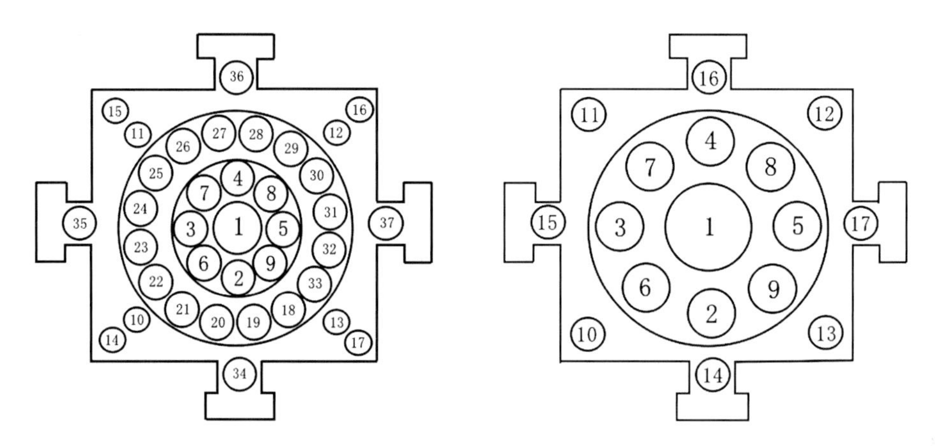

图6-4-12　九佛顶曼荼罗配置图　　　图6-4-13　释迦牟尼佛曼荼罗配置图

---

〔1〕东方四尊为：弥勒、不空见、除罪障、除幽暗；南方四尊：香象、勇猛、虚空藏、智幢；西方四尊：甘露光、月光、贤护、炽盛光；北方四尊：金刚藏、无尽意、辩积、普贤。

〔2〕此铺释迦牟尼坛城内八尊身相注疏大致可区分两类，以rtswa skya pa和佛密（Buddhaguhya）为代表，前者对此八尊身相持物有如下描述：金刚手，现金刚萨埵身形，一手当胸持金刚杵，一手抚腰持铃；佛顶，身色青色，右手与愿印，左手禅定印持宝金刚；转轮，身色淡红，当胸作说法印，并持法轮；尊胜，身色绿色，右手无畏印，左手禅定印持杂色金刚杵；威光蕴，身色黄红，右手当胸持日轮，左手置于腰际；遍胜，身色蓝色，二手执持如意宝幢于右肩处；遍离，身色蓝色，右手持宝剑，左手当胸持经书；白伞盖顶，二手执持白伞盖顶于右肩处。佛密（Buddhaguhya）注疏如下：金刚手，现金刚萨埵之形；佛顶身色蓝色，作禅定印持金刚杵；转轮，身色赤红，持法轮；尊胜身色绿色，作禅定印持冠冕；威光蕴，身色红黄，持云丛；遍胜身色淡蓝手持杖；遍离身色淡红，左持宝剑，右持经书；白伞盖顶身色淡白，执持白伞盖。参看布顿仁钦珠（Bu ston rin chen grub）：《普明曼荼罗庄严》（kun rig gi dkyil 'khor gyi bkod pa.），rin chen grub, rin chen rnam rgyal, lokesh chandra . "kun rig gi dkyil 'khor gyi bkod pa/（le'u 6）." In gsung 'bum/ _rin chen grub/（zhol par ma/ ldi lir bskyar par brgyab pa/）. TBRC W22106. New Delhi: International Academy of Indian Culture, 1965—1971, Vol.17, pp.340-342.

尼坛城的尊格配置完全吻合。此外，旧译《清静续》中亦涵盖阿弥陀佛坛城、金刚手坛城与释迦牟尼佛坛城，且北端普明大日坛城为该续的根本坛城。

事实上，新译九佛顶坛城与旧译释迦牟尼坛城的关系是十分密切的，九佛顶坛城在旧译释迦牟尼十七尊坛城的基础上导入四种姓概念改进了八轮辐尊，并在外院增加十六贤劫菩萨和内四供养，从而形成了完整的三十七尊配置。[1]布顿在《普明曼荼罗庄严》(kun rig gi dkyil 'khor gyi bkod pa)中提到旧译本中的释迦牟尼坛城亦有三十七尊配置的情况，[2]此指佛密(Buddhaguhya)之古旧传承，但旧译释迦牟尼坛城仍以十七尊配置为主导，所以券顶五佛配置应依自旧译本而建。

过街塔出现旧译恶趣清净曼荼罗应当是券壁五体铭文记录的大人物"帝师喜幢吉祥贤"(藏文kun dga' rgyal mtshan dpal bzang po)[3]介入指导设计过街塔造像留下的印记。早期藏文文献中对旧译普明仪轨的传承主要集中在萨迦派。例如萨迦三祖索南扎巴坚赞(kun dga' bsod nams grags pa rgyal mtshal, 1147—1216)的《普明仪轨利他光明》(kun rig gi cho ga gzhan phan 'od zer)；[4]俄尔钦·贡噶桑波(Ngor chen kun dga' bzang po, 1382—1456)《吉祥普明曼荼罗圆满成就·去除盖障》(dpal kun rig gi dkyil 'khor yongs rdzogs kyi sgrub thabs sgrib pa rnam sel)；根敦朗杰(dGe' dun rnam rgyal)《由普明命终随持法》(kun rig kyi dbang gi sgo nas tshe 'das rjes su 'dzin tshul)。[5]特别是布顿·仁钦竹(Bu ston rin chen grub, 1290—1364)所撰《普明曼荼罗庄严》，[6]或许是理解居庸关券顶五佛按照《恶趣清净曼荼罗》(Kun rig gi dkyil 'khor gyi bkod pa)某些仪轨布置的关键。

---

〔1〕王瑞雷在《敦煌西藏西部早期恶趣清净系曼荼罗图像探析》中全面总结了新译本不同注疏对九佛顶坛城诸尊身相的不同描述。

〔2〕《普明曼荼罗庄严》, p. 341-342: ".../ gra bzhir gdug pa ma la sogs pa bzhi/ sgo bzhir lcags kyu la sogs pa bzhi/ 'di bzhi khro tshul du 'ong gsungs kyi sngar bzhin rigs so/ kha cig phyi sgeg gis mtshon nas sgeg bzhi dang bskal bzang bcu drug kyang dgod par 'dod do/" . rin chen grub, rin chen rnam rgyal, lokesh chandragsung 'bum/ _rin chen grub/ (zhol par ma/ ldi lir bskyar par brgyab pa/), TBRC W22106, New Delhi: International Academy of Indian Culture, 1965—1971, Vol. 17, pp.341-342. 试译如下"……烧香女等四女尊分列四角，四门处为(金刚)钩女等四女尊，此四尊现怒相，与前文所述及相同。有时还会在此之外构建外院四供养女和贤劫十六尊。"释迦牟尼身曼荼罗中建立外供四天女和十六贤劫菩萨的情况见佛密(Buddhaguhya)所传注疏。详见田中公明：「敦煌出土の悪趣清浄曼荼羅儀軌と白描図像」、『敦煌　密教と美術』法蔵館、2000年、第95页注释6，参看王瑞雷《敦煌西藏西部早期恶趣清净系曼荼罗研究》。

〔3〕宿白《居庸关过街塔考稿》考庆喜幢事迹甚详，《藏传佛教寺院考古》，北京：文物出版社，1996年，第346—347页。

〔4〕kun rig gi cho ga gzhan phan 'od zer/ gsung 'bum(dpe bsdur ma)/ grags pa rgyal mtshan/, Volume 4, pp. 384-501.

〔5〕图齐著，魏正中、萨尔吉主编：《梵天佛地》第三卷第一册，上海古籍出版社，意大利亚非研究院，2009年，第18页。

〔6〕kun rig gi dkyil 'khor gyi bkod pa，收入《布顿文集》17卷，第312—362页，内容是描述《恶趣清净怛特罗经》(Sarvadurgatiparisodhana tantra)中记述的12种曼荼罗。跋尾有云："瑜伽续曼荼罗方便详述之，曼荼罗明如日光，三界殊胜除恶趣，详说大日主尊行续曼荼罗六品。"(rnal 'byor gyi rgyud kyi dkyil 'khor gyi rnam par gzhag pa ston pa'i rab tu byed pa/ dkyil 'khor gsal byed nyi ma'i 'od zer zhes bya ba las/ khams gsum rnam rgyal gyi dum bu'i ngan 'gro dgug cing sdig pa sbyang ba las 'phros pa/ rnam snang gtso bor byas pa'i sbyong rgyud kyi dkyil 'khor gyi rnam par gzhag pa'i le'u ste drug pa'o)

（二）五佛主尊阿閦佛不动如来

过街塔五曼荼罗中央的阿閦佛（图6-4-14）（Akshobhya, Sangs rgyas mi' khrugs pa），又名不动如来，在施饿鬼五如来中称为妙色身如来，是早期大乘佛教诸佛之一，其在大乘佛教中的地位主要体现在佛国净土思想中。隋唐汉地佛教阿閦佛多依据《金光明经》、与《佛说观佛三昧海经》[1]系统的以四方佛出现，如敦煌莫高窟14窟壁画，山东神通塔四方佛造像；其次是大乘经典《维摩诘经变·阿閦佛品》描述的佛国净土思想。[2]7世纪以后，随着密教的发展，组织了五方佛部族与相应的宇宙观，阿閦佛演化成为密教五方佛中的东方方位佛，有了固定的形象特征，蓝色身形，作触地印，大象座，三昧耶标志为金刚杵，是曼荼罗东方的金刚部族的主尊。作为过街塔五曼荼罗的主尊，卷洞门楣下方两侧巨大的五杵金刚，就是阿閦佛的三昧耶标志（图6-4-15）。因为象征五杵金刚，其中才有五行寓意，其中太极图为汉地五行代表的阴阳二极太极图，而非藏式三极的喜旋图。[3]

图6-4-14　券顶阿閦佛

图6-4-15　居庸关券洞五杵金刚

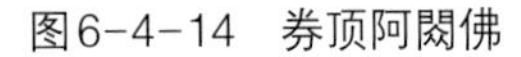

〔1〕佛驮跋陀罗译《观佛三昧海经》卷9，《大正藏》册15："时会大众见十方佛。及诸菩萨国土大小。如于明镜见众色像。财首菩萨所散之华。当文殊上即变化成四柱宝台。于其台内有四世尊。放身光明俨然而坐。东方阿閦。南方宝相。西方无量寿。北方微妙声。时世尊以金莲华散释迦佛。未至佛上化为华帐。有万亿叶。一一叶间百千化佛。化佛放光。光中复有无数化佛。宝帐成已四佛四尊从空而下。坐释迦佛床赞言。善哉善哉。释迦牟尼。乃能于未来之世浊恶众生。说三世佛白毫光相。令诸众生得灭罪咎。"

〔2〕《阿閦佛品第十二》：若菩萨欲得如是清净佛土。当学无动如来所行之道。现此妙喜国时。娑婆世界十四那由他人发阿耨多罗三藐三菩提心。皆愿生于妙喜佛土。四川大学历史文化学院杨清凡博士论文：《藏传佛教阿閦佛图像及其相关问题研究（7—15世纪）》，2011年。

〔3〕No.2489《秘钞目录》阿閦佛："问，'今尊三形，以五钴置五钴上由绪云何。'答：'以五钴置五钴事。'本节见于《略出经》，于由绪者本节不分明，但私案云：'横安之者，众生佛界横平等之义。'竖立之者，诸佛众生暂竖差别之意欤。五钴之义，见于《理趣释》并五重结护等。"五杵金刚在平面无法展示，多十字交杵金刚。另外，宋元唐密系统金刚杵杵叉开口，藏传密教系统闭口。

与西方阿弥陀佛极乐净土相比，东方妙喜国土（Abhirati，阿毗罗提净土）并不流行。藏地9至11世纪前后，末法思想导致降魔印释迦牟尼佛信仰流行，与降魔印释迦牟尼佛身份可以置换的阿閦佛信仰忽而勃兴，11世纪前后吐蕃流行的释迦牟尼佛和八大菩萨组合，因莲花狮座主尊大日如来（毗卢遮那或清净卢舍那）圆融转换为金刚座降魔印释迦牟尼，与座前置金刚杵的阿閦佛具有了身份置换关系，以释迦牟尼与八大菩萨的新组合逐渐替代了9世纪前后从敦煌石窟至甘青川边界地区的胎藏界大日如来与八大菩萨的组合，成为卫藏寺院造像的主流样式。此时所建寺院，主供佛殿堂都是面向东方，例如拉萨大昭寺，山南吉如拉康寺、昌珠寺、扎塘寺等，这种信仰或与此期新密续的翻译传播有关，更与早期作为正统佛教象征的大乘经典如《般若波罗密多经》《妙法莲华经》和《华严经》在11世纪的强劲复兴有关，这种改革式的经典复兴是对期间弥漫的末法轮的回击。[1]

---

〔1〕吐蕃王权衰败以后，与吐蕃民间宗教关系密切的密乘教法反而得以大行其世。或者说金刚乘教法根本没有受到损害，很多的藏文文献记载了这一情形。撰于12世纪前后的藏文史书《巴协》描绘吐蕃灭法之后密乘大行于世的情景时写道："当此之时，卫地戒律和口传教戒等传承断灭。所有寺庙的钥匙都掌握在穿僧衣、留发髻、穿僧裙而有衣领名为阿罗汉的僧人手中。有些寺庙的钥匙，被剃掉头发，胡作非为、颠倒穿着衣服袖子，宣称'我就是密教僧人'的密乘咒师执掌。"这一状态一直持续到藏传佛教后弘初期，如卡尔梅从宁玛派大师索洛巴·洛珠坚赞（1552—1624）的文集中收集一份天喇嘛益西沃的文告，文告记载天喇嘛对当时在阿里一带极为盛行的密乘修习（宁玛派的大圆满法）极为不满，特别是对"双修""救度"与"食供"之修法尤为怀疑，他在文告中写道："再者，密教之隐旨已颓败，加之以密教'双修''救度''食供'三者，其衰何速也！吾派译师仁钦桑布往迦湿弥罗之地求正宗之法。"文告的第二部分和第三部分对密宗教法进行了批评并明令禁止，其中写道："今日，众有情的善业用尽，诸王之法有削弱之势。冒名的大乘称作'大圆满'大行于藏地，他们的教义虚伪荒诞。伪装成佛教的邪端密宗，在藏地蔓延。众修密法者于如下方面有损于邦国：'救度'之法之繁盛，山羊、绵羊皆受其害；'双修'之法之繁盛，尊贵卑贱次序皆被打乱；'药修'修法之繁盛，治疗疾病的药物被用尽；'尸修'修法之繁盛，墓地供品的制造也废弃；'供修'修法之繁盛，人只能在身前得到救度。焚烧人尸的烟雾升到了虚空，冒犯了山神和天龙，这难道是大乘的做法吗！"天喇嘛斥责道："乡间的住持，汝等密法修习的方式，如果异域外人听说你们修如此之法定会吃惊。自称'我们是佛徒'的诸位，你们的恶行表明你们的慈悲心比罗刹还少；比鹰和狼更贪求血肉；比叫驴和骚牛更贪爱色欲；比腐败房屋里的潮虫更贪爱腐水；向洁净的众神供奉粪便、尿液、精液和血，你们将托生于腐烂如泥的尸体中；否认三藏佛法的存在，你们将在地域中降生；利用'救度'修法，杀戮无辜有情，你们将转生为罗刹；利用'双修'沉溺女色，你们将转生为女人胎中的阴虫；用肉和尿液供奉三宝，不知佛密之精要，且将此奉为经典来实行，你这个'大乘人'将转生为罗刹。坚持如此法行的佛徒可真稀奇！"（da lta las zad rgyal povi khrims nyams pas/ rdzogs chen ming btags chos log bod du dar/ lta ba phyin ci log gi sar thogs pa/ chos par ming btags sngags log bod du dar/ de yis rgyal khams phung ste vdi ltar gyur/ sgrol ba dar bas ra lug nyal thag bcad/ sbyor ba dar bas mi rigs vchol ba vdres/ sman sgrub dar bas nad pas gso rkyen chad/ bam sgrub dar bas dur savi mchod pa stong/ mchod sgrub dar bas mi la gson sgrol byung/ srin po sha za mchod pas mi nad phyugs nad byung/ me bsur dud pa btang bas yul gyi lha klu vphangs/ de ltar spyod pa theg chen yin nam ci// khyed cag grong gi mkhan po sngags pavi spyod tshul vdi/ rgyal khams gzhan du thos na gzhan dag ngo mtshar rgyu/ nged cag sangs rgyas yin no zer bavi spyod pa ni/ las kyi srin po bas ni snying rje chung/ khra dang spyang ku bas ni sha dad che/ bong reng glang reng bas ni vdod chags che/ khang rul sbur khog bas ni skyur dad che/ khyi dang phag pa bas ni gtsang tsog chung/ gtsang ma lhavi rigs la dri chen dang/ dri chu khu khrag dag gis mchod vbul bas/ ro smyag vdam du skye ba snying re rje/ sde snod gsum gyi chos la bskur btab pas/ mnar med dmyal bar skye ba snying re rje/ sgrol bas srog chagsbsad pavi rnam smin gyis/ las kyi srinpor skye ba snying re rje/ sbyor bas vdod chags dar bavi rnam smin gyis/ mngal gyi srin vbur skye ba snying re rje/ sha khrag gcin gyis dkon mchog gsum mchod cing/ ldem dgongs mi shes drang thad chos spyod pa/ gnor sbyin srin por skye ba theg chen pa/ de ltar spyod pavi sangs rgyas e ma mtshar// Karmay, Samten, （转下页）

辽代此期的阿閦佛/金刚座降魔印释迦牟尼信仰同样流行，[1]北京西山一线寺庙辽代释迦牟尼佛的大雄宝殿都面向东方，正是这种信仰的反映。从净土信仰分析，元以前特别是西夏时期的往生净土，大多是推崇西方阿弥陀佛净土，11世纪前后阿閦佛信仰兴起，引导信众关注东方净土。元代作为一个新的时代"东方"强权的兴起，反映在佛国乐土的选择上，以阿閦佛东方妙喜国土作为超度往生的目的净土，借以与过去的时代区隔，或许是过街塔以阿閦佛曼荼罗作为主尊的缘由。据西夏时期编辑的《密咒圆因往生集》收录"阿閦如来念诵法"，信仰者或可由阿閦佛曼荼罗进入整个恶趣清净体系的曼荼罗系统。[2]

阿閦佛造像颇具汉风，与杭州飞来峰的不动如来造像有几分神似，让人怀疑这些工匠是否是曾在临安为官的纳麟从江南征召，北京元代的石匠多来自河北、山西、河南等地，所做石刻与此相比大不相同，但也有南方石匠。[3]曼荼罗主尊柔媚细腻的肢体与飞来峰工匠对"藏传佛教"图像的柔化有异曲同工之处。本铺阿閦佛曼荼罗在《恶趣清净怛特罗经》没有对应的主尊曼荼罗，但《究竟瑜伽鬘》所列第二种曼荼罗就是阿閦佛曼荼罗。[4]藏地阿閦佛信仰随着藏传佛教的形成而淡出了早期的大乘佛教成分，过街塔或许是一种遗留。回应过街塔法华三塔，阿閦佛正好等同为东方国土说法的释迦牟尼。

（三）金刚手曼荼罗与阿弥陀佛曼荼罗

券顶南侧第二铺曼荼罗（图6-4-16），其主尊塔铭题记中记明是"金刚手"，前文提

（接上页）The Ordinance of Lha blama Ye-shes-vod）参看Karmay, Samten, *The Ordinance of Lha bla-ma Ye-shes-'od, Tibetan Studies in Honor of Hugh Richardson*, ed. by Michael Aris and Aung San Suu Kyi, pp.150-162，《莲花遗教》有同样的批评："所谓嘎巴拉，就是人的头盖骨；所谓巴苏大，就是掏出的人内脏；所谓冈菱，就是用人胫骨做的号"；"所谓曼荼罗就是一团像彩虹一样的颜色；所谓金刚舞士，就是戴有人骷髅花冠的人，这不是什么教法，是从印度进入吐蕃的罪恶。"参看《莲花遗教》第79品，成都：四川民族出版社，1987年，藏文本第460—461页（ka pva la zer stegs khar mi mgo bzhag/ ba su da yan zer nas rgyu ma bres/ rgang gling yin zer mi yi rkang du 'dug/... dkyil 'khor yin zer khra khra shig shig 'dug/ gar pa yin zer rus pa'i phreng ba gyon/ chos min rgya gar bod la ngan bslabs yin）。

〔1〕辽代真言密乘佛塔五方佛中，以塔身圆融毗卢遮那和释迦牟尼佛，塔身四方佛中对阿閦佛有特别安置，例如辽宁朝阳西五家子乡五十家子村青峰塔。城址附近有乾统八年（1108）《大辽兴中府安德州创建灵岩寺碑》。碑载："安德州灵岩寺者"，说明此塔为辽代安德州灵岩寺塔。

〔2〕阿閦如来念诵法云："次结金刚轮菩萨印。诵密言以入曼荼罗者。受得三世无障碍三种菩萨律仪。由入曼荼罗。身心备十微尘刹世界微尘数三么耶。无作戒禁。或因屈伸俯仰发言吐气起心动念。废忘菩提之心退失善根。以此印契密言殊胜方便。诵持作意能除违犯愆咎。三么耶如故倍加光显。能净身口意故。则成入一切曼荼罗。获得灌顶三么耶。（其印相者。二手内相叉。直竖二头指相并。以二中指缠二头指初节前。各头相拄。二大指并申直。结印当心念诵密语。若未入坛不许作法者。以此真言即当入坛作法。不成盗法也）"《大正新修大藏经》第四十六册，No. 1956《密咒圆因往生集》。

〔3〕石景山半山腰有石刻"丁□河南府石匠二十四名至元三年四月八日记耳""汾州石匠至元□年""齐中路石匠到此造"和"南京路石匠三名至元四年五月二十六日"。《北京水利史志通讯》：河南荥阳石佛店石匠，善刻碑，至元三十年（一二九三）刻广禅侯庙石祭几铭。《刻碑姓名录》3卷，清黄锡蕃撰，思园丛书本，1948年。

〔4〕中国藏学出版社：《丹珠尔》，第39卷，第270—271页，但是多臂忿怒相，环绕阿閦佛的是金刚界五方佛的其他四位。

图6-4-16 券顶金刚手曼荼罗

到。因金刚手说甘露密咒，或许在14世纪时已经替代施饿鬼仪五如来的甘露王如来，否则施食会五佛中就有两位阿弥陀如来，回到唐代施饿鬼会七如来以双阿弥陀强调西方净土的重要，为众生敞开更多的净土入口。《恶趣清净怛特罗经》起首记述由五金刚杵生出金刚手，由此生出恶趣清净诸曼荼罗，[1]正如上文所述，金刚手可以看做是整个《恶趣清净怛特罗经》中众世间曼荼罗的共有主尊，此处的金刚手即可视作金刚萨埵，作为普贤本初佛时等同于大日如来，因而《恶趣清净怛特罗经》记载的金刚手曼荼罗中环绕主尊金刚手菩萨的四方尊分别为阿閦佛、宝生佛、不空成就佛和阿弥陀佛等金刚界四方佛，过街塔金刚手曼荼罗四方眷属皆跏趺坐，手印都相同：右手触地印，左手当胸作说法印，这与《恶趣清净怛特罗经》中的仪轨描述是一致的，这与金刚手（金刚萨埵）及其眷属与主尊阿閦佛同属五部五密金刚五身合一的配置有关。

不空译《金刚顶瑜伽金刚萨埵五秘密修行念诵仪轨》[2]五部五密曼荼罗仪轨中金刚萨埵者是毘卢遮那佛身，而“普贤曼荼罗不离五身”，从而“能证毘卢遮那清净三身果位”，或是过街塔券顶五佛曼荼罗主曼荼罗以金刚手/金刚萨埵呼应塔顶三身佛的缘由。西夏元时期就有“求愿补阙功德无量”的金刚萨埵百字咒，元明以后形成的施放焰口仪轨皆以“金刚萨埵百字咒”结束，[3]事实上成为往生超度的主佛，是西夏元藏传佛教元代

〔1〕法贤译本有云：“我今为利益诸众生故，于如来所说根本大教，演说观想净诸恶趣大曼拏罗法。阿阇梨欲作法时，先择静处安坐澄心，观法无我得现前已，然后想自颈上出大莲花，于莲花上现出阿字。复想阿字变成月轮，又想月轮变成吽字，吽字变成五股金刚杵。又想此杵移于舌上，方得名为金刚舌。此后方得自在持诵。次于二手中亦想阿字，阿字变成月轮，月轮变成吽字，吽字变为白色五股金刚杵。如是观想得现前已，方得名为坚固金刚手。然后得用此手结一切印。”《大正藏》，《佛说大乘观想曼拏罗净诸恶趣经卷》，No. 939，藏文：de nas dkyil 'khor bshad par bya ste// nang gi dkyil 'khor 'khor lo ni// rtsibs brgyad pa yis shin tu mdzes// lte ba mu khyud yang dag ldan// nang gi rim pa bris nas ni// lte bar shakya'i dbang po yi// bdag po thub pa bri bar bya// phyag na rdo rje stobs chen ni// Tadeusz Skorupski (ed.) *The Sarvadurgatipariśodhana Tantra, Elimination of All Evil Destinies: Sanskrit and Tibetan Texts with Introduction, English Translation and Notes*, Delhi・Varanasi・Patna: Motilal Banarasidass, 1983, p.183.

〔2〕《大正新修大藏经》，第二十册No. 1125《金刚顶瑜伽金刚萨埵五秘密修行念诵仪轨》。

〔3〕《瑜伽集要焰口施食仪》1卷，不著译人。经学者考定，系元代翻译，其内容从严饰道场，备办香花、饮食、净水、皈依上师三宝开始，到金刚萨埵百字咒止，主要是持诵有关供养、施食、灭罪、发菩提心、入观音定等真言佛号和结印观想。

图6-4-17 券顶阿弥陀佛曼荼罗

进入汉地仪轨之后出现的变化，天庆七年（1200）西夏上师编订的《密咒圆因往生集》[1]仪轨体系化以后转变的焰口仪轨，南宋时的大足佛湾毗卢道场就是焰口道场的固化，所谓元代萨迦焰口仪轨就是以金刚萨埵为主佛的。[2]

南侧第二铺阿弥陀佛曼荼罗（图6-4-17）亦出现于《恶趣清净怛特罗经》，此外阿弥陀佛亦作为汉地施饿鬼仪五如来之一，称阿弥陀如来。实际上，此处的阿弥陀佛西天净土是比阿閦佛东方国土更加重要的往生净土，自宋辽夏至蒙元时期，西方净土信仰在各民族佛教信仰中非常兴盛。作为仪轨仪式图像，阿弥陀佛曼荼罗与西夏蒙元时期的西方净土变画法不同，没有莲池。因图像已漫漶不清，不能判定主尊阿弥陀佛双手叠放之处是否有长寿瓶，依照藏传佛教造像传统，14世纪以后无量光佛之阿弥陀佛多为佛装，而无量寿佛则为菩萨装。若是，有可能是西夏往生仪轨中提到的“无量寿王如来”。[3]

由以上分析来看，纳入往生西方净土最重要的阿弥陀佛或西方无量寿佛之后，券顶五佛基本包含在《瑜伽集要焰口施食仪》七如来之五佛与《恶趣清净怛特罗经》旧译本的曼荼罗之中。

三、窟顶斜披十方佛

两侧南北斜披各五佛构成十方佛（图6-4-18），但图像来源颇费踌躇，因为十方佛或十方如来（phyogs bcu sangs rgyas）在早期大乘经典及其造像中极为常见，要判定十方佛所依据的造像系统并非易事。西藏佛教后弘初期建立的卫藏寺院，因当时体系化的藏传佛教还没有成形，僧众对早期无上瑜伽密部的流行有抵触，仍然从早期大乘经典中寻求创造灵感，《妙法莲花经》《般若波罗蜜多经》等正是此时热衷的题材，典型例证就是扎

〔1〕《大正新修大藏经》第四十六册No. 1956,《密咒圆因往生集》。

〔2〕所谓瑜伽焰口元代受到藏传佛教影响加入金刚萨埵百字明咒，实际上是接受了西夏人编辑的《密咒圆因往生集》的仪轨次第。

〔3〕《大正新修大藏经》第四十六册No. 1956,《密咒圆因往生集》“无量寿王如来一百八名陀罗尼”。

塘寺南北及西壁所绘十佛，但十佛手印只有三种，分别是触地印（只一铺）、转法轮印和说法印，分别象征三世佛，构成十方三世系统。后藏江浦寺（rkyang bu）11世纪的般若佛母殿，主殿般若佛母两侧壁各塑五身佛装立像，合为十方佛，似乎只有转轮手印。[1]十方佛相如来大多与《般若经》《法华经》《阿弥陀经》等大乘经有关。除《法华经》外，《华严经》与《佛说阿弥陀经》亦列举十方如来。[2]过街塔塔铭记载斜披十方佛是“十方如来”（藏文塔铭“如来”写作bde gshegs sku gzugs），表明是佛相而非菩萨装。《法华经·如来神力品》提到宝树下狮子座上十方如来，身相相同，皆为佛陀化身。考虑到三塔的法华渊源，及特意提及的宝树与狮子座，此十方佛当为《法华经》中具备大神力的十方如来。[3]此外，过街塔斜披两侧十方佛最为奇特的现象是佛衣装具相同，皆跏趺坐，但手印只有四种：[4]佛双手当胸作说法印，作转法轮印；右手抚膝外展作与愿印，右手抚膝指尖触地做降魔触地印（图6-4-19）。从手印分析，蒙元时期造佛装造像呈跏趺坐说法印者，当为三身佛之应身佛（化身）释迦牟尼佛，呈跏趺坐作转法轮印者当为三身法身之毗卢遮那佛；呈跏趺坐、右手触地印、左手禅定印者为报身卢舍那佛。以三世佛或五方佛图像考察，跏趺坐，右手触地印、左手禅定印者只能是降魔印释迦牟尼，或者是阿閦佛；跏趺坐、右手手掌外展置膝前者，只能是与愿印宝生如来。研究者对过街塔十方如来如此手印大惑不解，[5]按照法华或华严理论，十方佛都是三位一体的三身佛的

图6-4-18　斜披十方佛

〔1〕《梵天佛地》第四卷第一册，第84—85页，第三册图版，上海古籍出版社，2009年，第31—32页。

〔2〕华严信仰认为有“供养十方诸佛海”，其中毗卢遮那佛大智海以光明普照于十方菩提树下觉悟说法，“十方佛子等刹尘，悉共欢喜而来集”，“三世诸佛所有愿，菩提树下皆宣说”。其中东方“法水觉虚空无边王”，南方“普智光明德须弥王”，西方“香焰功德宝庄严”，北方“普智幢音王”，东北方“一切法无畏灯”，东南方“普喜深信王”，西南方“普智光明音”，西北方“无量功德海光明”，下方“法界光明”，上方“无碍功德光明王”。参看《大方广佛华严经卷第六·如来现相品第二》十方佛的名号见《称赞净土佛摄受经》（即《佛说阿弥陀经》卷一，《大正藏》第12册，第350页）的十方佛，其佛名是：东方不动如来；南方日月光如来；西方无量寿如来；北方无量光严通达觉慧如来；下方一切妙法正理常放火王胜得光明如来；上方梵音如来；东南方最上广大云雷音王如来；西北方最上日光名称功德如来；西北方无量功德火王光明如来；东北方无数百千俱胝广慧如来。《称赞净土佛摄受经》是净土信仰体系的经典。

〔3〕《妙法莲华经·如来神力品第二十一》：“尔时世尊于文殊师利等……现大神力……放于无量无数色光，皆悉遍照十方世界。众宝树下、师子座上诸佛，亦复如是。”

〔4〕村田治郎和熊文彬等只辨识出三种手印。

〔5〕村田治郎：《居庸关》，第71—73页。

图6-4-19 触地印十方佛

化现，[1]券顶斜披的十方佛，正是三身佛与三世佛的扩散，其中右手触地印左手禅定印的佛陀等同于三身佛的东方卢舍那佛，与同壁其他四位两组说法印与转法轮印的佛陀构成三身佛。如果与愿印佛托钵，就有可能是东方药师佛，与其余两种手印佛陀以三种手印构成横三世佛。[2]然而，此与愿印佛没有药钵，是作与愿印的宝生佛，如此便无从解释。前面提到的扎塘寺十方如来与居庸关十方如来佛配置大体相同，只是多出与愿手印的如来。

首先，我们从唐代而来的瑜伽焰口七佛观察，七佛中常用以施饿鬼仪的五如来安置在券顶曼荼罗中，其余的两位如来，即宝胜如来与多宝如来，安置在券壁斜披两侧中，宝胜如来即宝生佛，多宝如来以阿閦佛（或释迦牟尼）指代法华之释迦多宝佛。同时又以方位佛成员与其他八佛构成十方佛。

其次，如果从居庸关三塔本身的法华系统分析，过街塔东西壁十方佛中央手印与其他八佛不同的二佛，应当是《妙法莲华经》中的释迦多宝佛，降魔印阿閦佛等同于释迦佛，而与愿印宝生佛当为多宝佛，因为宝生佛、宝胜如来与多宝佛12世纪末至13世纪间在宋夏及日本佛教中可以互换，可以看成是同尊佛，[3]阿閦佛（释迦）与宝胜如来两者正好组成释迦多宝佛，呼应过街塔三塔法华系统；其中释迦多宝又可以看成一个合体，这样四种手印的十方佛可以等同于三身佛，以十方佛本体蕴含“十方三世佛”的义理，是异常高深的设计。扎塘寺的十方佛三种手印，是没有加入释迦多宝概念的三身佛，是居庸关十方佛的旁证。榆林窟第4窟对坐菩萨下方莲茎两侧方格内看到的金刚萨埵（等同金刚手或阿閦佛）与宝生佛恰好就是过街塔斜披中央阿閦佛与宝生佛相对而坐的再现，是法华系统释迦多宝对坐图演变至13至15世纪的变体。

---

〔1〕这种理论由唐五代五台山华严系密教大师阐释得非常充分，如澄观云：“十方诸如来，同共一法身；一心一智慧，力无畏亦然。”《大方广佛华严经随疏演义钞卷第四》，唐清凉山大华严寺沙门澄观述。

〔2〕宝生佛在胎藏界曼荼罗东方之宝幢如来形象相同，故被视为同体。如本圆《两部曼荼罗义记》卷一即谓，南方宝生佛号为东方宝幢，或者是《妙法莲华经第十一见宝塔品》中东方多宝佛。

〔3〕《大正藏》No.2489《秘钞目录日本觉成记，守觉亲王辑》“宝生”云：“私云：宝髻、尸弃、宝胜、宝掌、宝生、布施波罗蜜佛、多宝皆同尊也，各有证据。故宝髻如来陀罗尼之奥者，宝生真言也。”《密钞》的两位作者，胜贤（1138）、守觉法亲王（1150—1202），与榆林窟第4窟及居庸关的年代大致靠近。承蒙廖旸博士提供出处。

十方佛须弥莲座下方瑞兽只有狮子和大象两种承座瑞兽(图6-4-20),象座属于阿閦佛,狮座属于大日如来或释迦牟尼,券壁十方佛中西壁宝生佛,若按照金刚界五方佛中宝生佛造像,坐骑是马,与此没有交集。然而,印度早期造像学文献《成就法鬘》(*Sādhanamala*)所谓本初五佛,其中宝生佛的坐骑恰好是狮子。[1]狮子作为多宝类神佛坐骑亦有先例,由执戟持塔毗沙门天王转为执伞幢握吐宝兽库藏神多闻天王时,天王的坐骑是狮子,但眷属八大马王皆盔甲骑马,此时天王元代被称为多宝天王。[2]这样,券壁莲座下方的承座瑞兽大象和狮子,就是指南北壁各五佛中央触地印的阿閦佛与愿印的宝生佛的坐骑!说明居庸关图像遵奉的是东印度早期式样。

图6-4-20 十方佛下乘座瑞兽

四、券道四大天王与陀罗尼

券道南北两端四壁浮雕四大天王,依照《恶趣清净怛特罗经》所载四大天王曼荼罗仪轨,四天王曼荼罗主尊为金刚手菩萨,[3]但过街塔券顶五佛主尊是阿閦佛,不能严格对应。若以四天王守护整个佛塔或护卫法华三圣的角度来看,过街塔的四天王布局如同敦煌五

---

〔1〕宝生佛最早出现在成书于公元4世纪的《秘密集会怛特罗》(Guhyasamājatantra)之中。宝生佛是宝部(Ratnakula)的部尊,佛教密宗经典对他有着极为广泛地描述。在所有关于宝生佛的描述中,《不二金刚集》(*Advayavajra angraha*)的Pancakara章中的描述最为详尽。具体如下:"Dakṣiṇadale Sūryamaṇḍalopari Trāmkarajaḥ pītavaṇo Ratnasam-bhavo ratnacihnavaradamudrādharo vedanāsvabhāva-piśunaśariraḥ raktātmako ratnakulī samatājñānavān vasantarturūpo lavaṇa1arīraḥ Tavargavyāpī tṛtiyacaturthapraharātmakaḥ" p.41. "在南侧莲瓣上的日轮中,宝生佛创生于其上的黄色种子字Trām。宝生佛身色黄色,以珠宝为其象征物,结与愿印。""宝生佛身色为黄色,通常面朝南方。其左手舒掌置于坐腿之上,右手结与愿印。他的坐骑是一对狮子,其识别象征为宝珠(Ratnacchaṭā)。" B. Bhattacharyya, *The Indian Buddhist Iconography: Mainly Based on the Sadhanalama and Cognate Tantric Texts of Ritual*, Calcutta: Ghosh Printing House Private Limited, 1968, pp.73-74.

〔2〕飞来峰75龛杨琏真迦造多闻天王(至元二十九年1292)石亭额题"多宝天王"。

〔3〕《恶趣清净怛特罗》第97页:如此"在曼荼罗中央,画金刚手"(de yi dbus su mgon po ni/ phyag na rdo rje ‘gying bcas bri)Tadeusz Skorupski (ed.) *The Sarvadurgatipariśodhana Tantra, Elimination of All Evil Destinies: Sanskrit and Tibetan Texts with Introduction, English Translation and Notes*, Delhi, Varanasi, Patna: Motilal Banarasidass, 1983, p.97。

图6-4-21　券壁多闻天王

代至西夏时期石窟的惯常布置，即如莫高窟99窟、100窟，肃南文殊山石窟、东千佛洞第5窟，窟内壁画四角安置四大天王的作法。[1]尽管如此，梳理作为夜叉之主的多闻天王的两种形貌，可见其早期右手多持三叉戟，左手托塔；9世纪以后有右手伞幢、左手吐宝兽的样式。唐末称为“库藏神”，[2]宋时称为“宝藏神”，[3]以后逐渐发展出藏传佛教造像的布禄金刚财神，最早例证是中唐9世纪前后榆林窟第15窟多闻天王。《恶趣清净怛特罗经》中收录的四大天王曼荼罗是较早记载北方天王形貌的经典，大约9世纪初译校的本经旧译本中记载北方多闻天王手执伞幢和吐宝兽，狮子座，黄色身相，[4]观察居庸关券壁多闻天王（图6-4-21），手持伞幢，左手可见吐宝兽，狮子座不见，与榆林窟15窟天王图像最为接近，与经典仪轨大致吻合。可以认定是遵奉的《恶趣清净怛特罗经》引领的藏传佛教图像传统，与飞来峰至元二十九年（1292）杨琏真迦造多宝天王像及夏鲁寺护法殿此期出现的多闻天王图像呼应。

令人称奇的是，过街塔四大天王图像保留了西夏时期在全景大图中嵌图案小图的作法，如同榆林窟第3窟文殊与普贤变上方皆有圆形小图绘同尊菩萨传统式样、提示主尊身份。拱券西壁北端（西北）北方多闻天王护心铠甲上，雕刻有西夏时期流行的新样文殊（图6-4-22），与榆林窟第3窟文殊变圆图及武威博物馆所见西夏唐卡上的文殊造像几乎

---

〔1〕后期金刚宝座塔将四大天王并排安置在四门作为门神，如内蒙古呼和浩特五塔寺。

〔2〕金维诺先生公布的敦煌《金统二年壁画表录》所载库藏神即为此神。其中提到名为“阿啰摩罗”就是梵语Vaiś-ra-va-na，可见此神名称就是多闻天王。《表录》称此神“唐言库藏神”，画宝鼠“老鼠深紫，身上怗（贴）宝”，“（须弥）床面绿”。在15窟库藏神图像中得到精确的再现。金维诺：《吐蕃佛教图像与敦煌的藏传绘画遗存》，《艺术史研究》第2辑，广州：中山大学出版社，2000年，第18页。

〔3〕关于宝藏神，无早期经典，有宋代法天译《佛说宝藏神大明曼拏罗仪轨经卷》其中讲到宝藏神眷属的八大夜叉，此处仍然是指多闻天王的八大马王。“于宝藏神大夜叉王两边有夜叉：一名吉隶二名摩隶，恒倾宝藏。北方名舍也二合摩夜叉、妙满夜叉、满贤夜叉；东方获财夜叉、大财夜叉，亦倾宝藏大腹一切庄严大夜叉王。此八眷属夜叉王东方满贤、南方多闻、西方获财、北方宝贤等真言。此八大夜叉王，居八地自在大菩萨位，于其利生善能取舍，安住三界一切财宝。于宝藏神右边，安置清净宝瓶，及吉隶夜叉、摩隶夜叉。此二是宝藏神兄弟，亦居最上菩萨位，一住西南角，誓愿度脱一切众生。一住东北方，具大精进所见真实发欢喜誓愿。若念名者所求皆得。”《大正藏》第21册，第343页。

〔4〕“中央主尊居五曼荼中，左方绘多闻子，手执伞幢和吐宝兽，珠饰严身，坐狮子座，黄色身相。”（de yi dbus su gtso bo ni/ dkyil ‘khor lngas ni brgyang pa ste// de yi g-yon gyi phyogs su ni/ rnam thos bu dge’i lag pa na/ be con ne’u le thogs pa dang/ rin chen rgyan gyis brgyan pa dang// sbom zhing seng ge’i gdan la bzhugs/ gser mdog gzi can ldan par bris/）见前引Tadeusz Skorupski, p.339, fols.47a–b.

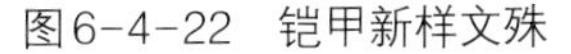
图6-4-22　铠甲新样文殊

图6-4-23　武威博物馆藏新样文殊唐卡

完全相同(图6-4-23);[1]西壁南端(西南)广目天王护心铠甲上雕刻西夏流行的水月观音(图6-4-24);东壁北端(东北)持国天王琵琶遮住铠甲,若与西北多闻天王铠甲文殊对应,此像或为普贤(图6-4-25);东壁南端(东南)增长天王护心铠甲雕刻金刚萨埵(图6-4-26),与西南广目天王铠甲雕刻的水月观音形成勾连。

图6-4-24　水月观音

分析天王护心铠甲图像,(东)北方天王铠甲上西夏式样的新样文殊往往与普贤相连,宋元西夏石窟寺庙中文殊普贤成组菩萨的位置逐渐由窟内主壁主尊胁侍的位置挪移至窟门两侧:券壁北方天王铠甲上西夏式样的新样文殊与东方持国天王琵琶之下隐匿的“普贤”构成文殊普贤,作为过街塔守护神,将二菩萨置于天王铠甲之上,符合西夏蒙元时期两菩萨门户守卫的功能。同时,北方多闻天王守护东北方,文殊菩萨亦居于东北方;[2]

[1] 多闻天王铠甲上新样文殊图案由贾维维博士见告。武威唐卡见谢继胜:《一件珍贵的西夏唐卡——武威市博物馆藏亥母洞寺出土唐卡分析》,北京大学文博学院编:《宿白先生八秩华诞纪念文集》,北京:文物出版社,2002年,第595—611页。

[2]《文殊师利宝藏陀罗尼经》(一卷唐天竺三藏法师菩提流志译):“我灭度后,于此赡部洲东北方,有国名大振那,其国中间有山号为五顶,文殊师利童子游行居住,为诸众生于中说法。”

居于东方的护国天王与窟顶阿閦佛同护东方，普贤菩萨居于东方（峨眉山），[1]此处指认护国天王铠甲上菩萨为东方普贤菩萨自不待言，我们可以用榆林窟第3窟普贤图像来补出所缺图像（图6-4-27）。

图6-4-25　券壁持国天王

图6-4-26　金刚萨埵

图6-4-27　榆林3窟普贤

〔1〕《大正藏》第0390部《佛说观普贤菩萨行法经》（一卷刘宋罽宾三藏法师昙摩蜜多译）：“佛告阿难：普贤菩萨乃生东方净妙国土。”

文殊普贤还可以回应券顶北端九佛顶释迦牟尼与南端普明大日如来合体的恶趣清净曼荼罗主尊，共同构成新语境下的华严三圣；与此呼应的西方广目天王（西南）铠甲上是西夏时期的水月观音，与南方增长天王（东南）铠甲上的金刚萨埵对应为一组。汉地净土西方三圣中观音对应大势至菩萨，但藏传佛教造像中几乎没有大势至菩萨，金刚萨埵（或金刚手菩萨）多被认为是菩萨部大势至菩萨的忿怒相，观音与大势至菩萨（金刚萨埵）结合券顶主尊阿閦佛两侧的甘露王如来（金刚手）与阿弥陀如来构成净土西方三圣，以上两组透露处过街塔图像布局中的华严与净土成分。同时，在西夏蒙元时期的净土往生主题石窟中，窟门护卫者由水月观音、阿弥陀佛、大势至形成的西方三圣组合，随着石窟图像的密教化趋势替换为四臂观音对应金刚萨埵，如东千佛洞第5窟四臂观音对应金刚萨埵。典型例证还见于所谓“元窟”的莫高窟149窟，[1]该窟主壁西壁“说法图”佛红色身相、做禅定印，当为阿弥陀佛及西方净土，因佛莲花须弥座下画有阿弥陀佛的标识孔雀，两侧各有二弟子和守护净土的四大天王，前方左右各三位供养菩萨（图6-4-28），南北壁双文殊菩萨，东壁窟门两侧分别绘四臂观音和金刚萨埵（图6-4-29），过街塔广目天王铠甲观音仅仅是以具有度亡荐福功能的水月观音与密教四臂观音做了置换，有回应窟顶甘露王（金刚手）与阿弥陀佛曼荼罗之意。元明时代的水月观音遵从唐五代以来独立于《妙法莲华经》、由汉地净土宗发扬的《观世音菩萨普门品》经变图像系统，意旨脱离恶趣往生净土的六体佛顶陀罗尼相同。观音金刚萨埵组合与华严三圣形成慈悲与智慧的义理对应，同时呼应萨迦派以慈悲获得智慧道果教授；[2]反映元代新传入的藏密体系。

以上文殊与普贤对应券顶南北两端普明大日与九佛顶释迦牟尼合体，构成华严三圣；水月观音与金刚萨埵（大势至菩萨）对应券顶主尊两侧甘露王如来（七佛之中为双阿弥陀如来，实为金刚手）与阿弥托如来合体，构成净土西方三圣；中央券壁释迦多宝对应券顶三塔构成法华三圣。

---

〔1〕该窟图像参看敦煌研究院编：《敦煌石窟艺术：莫高窟464、3、95、149窟》，南京：江苏美术出版社，1997年，第181—206页。

〔2〕《观世音菩萨普门品》是《妙法莲华经》的第二十五品，记述观世音菩萨救苦示现的事迹。世尊妙相具。我今重问彼。佛子何因缘。名为观世音。经后偈云：“众生被困厄，无量苦逼身；观音妙智力，能救世间苦。具足神通力，广修智方便；十方诸国土，无刹不现身。种种诸恶趣，地狱鬼畜生；生老病死苦，以渐悉令灭。”道果法“首应破非福，次则破我执，后破一切见，知此为智者。”道果法显宗修习的三个次第：首先，须修习生死迁转、暇满难得、业果、慈悲诸法、止恶扬善、破除非福恶业、十恶十不善。此属人天善道。其次须破除一切实执戏论和无实戏论，即从思想中清除一切有形无形念头，把握住寂止之心，毫无执着，平缓而往，生起止观双运之见，此为证空性。道果法（lam ‘bras bu）由龙树弟子释迦善友（shvakya bshes gnyen）传出。后经卓米译师·释迦循努（‘brog mi lo tsva ba shakya gzhon nu, ?—1064）等传给萨钦衮噶宁波（sa chen kun dga’ snying po），成为萨迦教法的主要法门。经衮噶宁波和扎巴坚赞父子，萨班和八思巴叔传承扬弃，道果法成为萨迦派的独特教法。参看许得存：《西藏密教史》，第六章，北京：中国社会科学出版社，1998年，第347—388页。

图6-4-28　莫高窟149窟主壁

图6-4-29　莫高窟149窟东壁两侧四臂观音与金刚萨埵

券壁四天王冠帽上皆镌有化佛（图6-4-30），分别为：持国天王头冠是作降魔印和说法印的阿閦佛；增长天王头冠是作与愿印和禅定印的宝生佛；多闻天王头冠化佛残缺不可辨识，当为作说法与禅定印的不空成就佛；广目天王头冠则是作禅定印阿弥陀佛。其寓意或许在于：四天王守护整个过街塔的佛教空间，同时天王头冠四方化佛守护以阿閦佛为主尊的五佛曼荼罗，这是由辽夏密教进入藏传佛教的密教坛场，以窟顶攘除恶趣的五方如来糅铸的五位一体的曼荼罗部主作为四佛的主尊。

图6-4-30　券壁四大天王头顶化佛组合

过街塔作为元代蒙古草原与关内京城的关隘要道，安抚孤魂野鬼，佑护路人平安是造塔意旨，此一功能主要由券顶的施饿鬼仪五如来及券壁陀罗尼经咒营造的氛围完成。因而过街塔东西两侧券壁陀罗尼经咒是整个过街塔图像配置的组成部分，如同整个过街塔的不同文化来源的图像构成，所刻经咒也可以分为两个层次：第一是沿袭唐五代经幢形制的佛顶尊胜陀罗尼、又将这些陀罗尼看作是装入佛塔的经藏舍利，辽夏时期盛行的《佛顶尊胜陀罗尼》、[1]《佛顶放无垢光明入普门品观察一切如来心三摩耶陀

〔1〕佛顶尊胜陀罗尼流行于西夏，例如黑水城出土的藏文刻本蝴蝶装式有XT-63、67、68等号。其中XT-63首尾皆残，据内容看可能包含多种藏传佛教仪轨。其中第19页有经名《顶髻尊胜佛母陀罗尼功德依经摄略》。在第20页中记有“（天竺）五明学僧拶也阿难陀”，还有吐蕃僧人译师名号。拶也阿难陀原是印度僧人，后在西夏译经传教，被西夏皇室封为大波密坦、五明显密国师，有功德司正的职务，被赐“乃将”官号（此官号可赐宰相），曾传《顶尊胜相总持功德依经录》《圣观自在大悲心恭顺》等经。由上述刻本题名可知，他所传佛经也被译成了藏文。此刻本佛经中很多处出现古藏文反字，证明其为古藏文，应属于西夏时期，是目前所知最早的藏文刻本，是有重要文献和文物价值的珍贵藏文文献。这种藏文蝴蝶装一改汉文、西夏文竖写的形式，适应了藏文横写的传统，创造了蝴蝶装的横写方式。甚至明朝中期的弘治十五年（1502）在河北保定所建两座西夏文经幢，是目前所知有确切年代可考的最晚的西夏文文献。两经幢是为圆寂僧人而作，八面均镌刻西夏文《佛顶尊胜陀罗尼》。经幢题款有僧俗人名近百，其中有党项族姓者不少，主持造经幢者名平尚吒什领占，平尚为党项族姓，吒什领占为藏语吉祥宝的译音。经幢表明当时西夏党项人后裔经长时间融合虽已接近消亡，但仍有少量西夏后裔保存着本民族文化。从其镌刻佛经内容和主持建幢的僧人名字，可推知该寺庙受藏传佛教影响很深。西夏党项族在其消亡前夕仍保持着与藏族文化的不解之缘。参看史金波：《西夏学和藏学的关系》，《西藏民族学院学报》2006年第3期、第4期，第1—7页。

罗尼》、[1]《佛顶无垢普门三世如来心陀罗尼》、经咒与《造塔功德记》等[2]，这些陀罗尼或造塔仪轨主要是用作建造佛塔的装藏，所以过街塔被看作是一种特殊形制的佛塔。其次，将不同民族文字的陀罗尼经咒按照上下左右次序排列是过街塔设计者源自蒙元时期六字真言的排列方式，蒙古人将西夏和藏地上师传授的六字大明咒从与观音图像紧密结合的情境中剥离，形成一种类似真言或陀罗尼咒语的口诀式修习方式。元代全国流行镌刻六字真言，源头之一是五世噶玛巴向妥欢帖木儿宣讲“六字之神力”，[3]随后元顺帝下旨在大都附近岩壁镌刻不同民族文字六字真言。《元史》记载，泰定三年，元顺帝派遣高官兀都蛮监工在大都周边岩壁镌刻“西番咒语”的阑札体梵文和藏文六字真言。现今北京延庆八达岭、弹琴峡，昌平仙枕石，密云番字牌乡真言石刻大多镌刻于元泰定三年（1326），由蒙古军队镌刻而成。居庸关过街塔券壁镌刻汉、藏、八思巴文以及西夏文、回鹘蒙文、阑札体梵文等六种文字刻写的《尊胜陀罗尼经》标示着新时代多民族宗教观念与正统思想的趋同性，并以其禳灾延寿的吉祥寓意象征着一个和谐相处的多民族国家新纪元的开始。

五、过街塔券洞大门“六拏具”

过街塔券洞边缘所雕刻的“六拏具”式样介于11至13世纪前后卫藏、西夏从东印度波罗借用的佛教石窟的窟门建筑形制，依据信众从窟门至窟室内龛观看后形成的透视压缩形成背龛。典型式样是龛顶上是金翅鸟，两侧摩羯头由门柱向外伸开，门柱两侧有站立的狮羊瑞兽，有童子攀援狮羊背上，狮羊踩在象背上，如敦煌莫高窟北区77窟及马蹄寺西夏时期的残存龛室。居庸关的券洞浮雕与典型的东印度至卫藏乃至西夏的背龛式样有所不同，券顶是金翅鸟，两侧有龙女胁侍，龙女拖尾渐变为典型的西域卷草纹，与龛柱两侧摩

---

〔1〕居庸关所刻陀罗尼主要是用来佛塔装藏与助人往生净土的，如《佛顶放无垢光明入普门观察一切如来心陀罗尼经》（《大正新修大藏经》第十九册，No.1025）：“若复有人能书写此佛顶放无垢光明入普门观察一切如来心陀罗尼，造塔安置或修饰旧塔安置，归命顶礼一切如来一百八遍，书此心明安于塔中。天主若有于此佛顶无垢普门三世如来心陀罗尼塔而生恭敬，所有过去短命之业而得消除，复增寿命诸天护持，此人命终舍此身时由如蛇蜕，便得往生安乐世界。”

〔2〕末尾有“至正五年岁次乙酉九月吉日，西蜀成都宝积寺僧德成书”。佛塔造塔经典有《佛说造塔功德经》《佛说造塔延命功德经》。藏文经典有布顿大师《大菩提塔样尺寸法》（Bu ston Rin chen grub，所造Byang chub chen po'i mchod rten gyi tshad bzhugs so），《大乘要道密集》收录《大菩提塔样尺寸法》。

〔3〕元人盛熙明撰《补陀洛迦山传》记载：“今上（妥欢帖木儿）即位之初，圣师大宝葛噜麻瓦，自西域来京师。解行渊深，福慧具足，明通三世，阐扬一乘。同自在之慈悲，宣六字之神力。上自宫廷王臣，下及士庶，均蒙法施，灵感寔多，不可备录，将非大士之应化者乎，然江南未之闻也，故略纪其实。若六字咒，师所常诵。唵 麻 尼 巴𠰍二合 𠺗吽”。

羯鱼相连；攀附童子的狮羊及承座大象与卫藏式样相同。居庸关“六拏具”藏佛教美术装饰上极为重要，这个大龛是首次将卫藏至敦煌的坐像背龛传播至京城，入明以后这种背龛称为寺庙佛教造像的标准式样，尤以永乐至宣德时期的汉藏寺院佛龛式样为最。其变化形制至清代经贡布扎布厘定为造像六拏具式样。

金翅鸟大龛的流行与11世纪追溯正法的佛教中兴以及随之而来的金刚座触地印释迦牟尼佛造像的传播有关，这种造像再现释迦牟尼于灵鹫山为诸佛菩萨护法弟子众生有情说法的场景。是当时流行的大经如《般若经》《法华经》与《华严经》起首最重要的内容，本身具有佛教艺术的叙事内涵，同时以《缘起偈》为总摄，形象地展示佛教的缘起性空的基本理论。居庸关没有设立中心的释迦牟尼佛，但通过云台上法华义蕴的三塔、券洞十方三世佛、四大天王及陀罗尼经咒，将融合显密内涵的释迦牟尼佛融入整个的建筑之中，设计者最后以点睛之笔将原用于释迦牟尼说法背龛的灵鹫山环境置于云台的券洞边框，以无比的力量统摄云台造像成为一个浑然天成的整体，并将往来券洞的众生推高至释迦牟尼的尊位！

六、过街塔造像配置的意蕴

整个过街塔可以做义理与仪轨两重展开，其中具有显密圆融的两种空间构成，云台三塔是佛法僧完备的佛国净土，统摄整个过街塔的图像配置。作为元代朝廷对属下各族臣民的承诺，设计者首先强调过街塔佑护众生去除恶趣、往生解脱功能的券洞图像配置，以券顶五如来、券壁宝胜与多宝等七佛施度游魂恶鬼，以券壁六体民族文字佛顶陀罗尼念诵辅助，守护各族众生，并以券洞两端四大天王形成威慑。其次，借鉴东印度波罗样式法华三塔象征三世佛，以阿閦佛与宝生佛融入十方佛形成新的十方三世图像并指代早期的法华释迦多宝构成，继以券壁三世十方贤劫千佛[1]这种各宗共有的图像象征宋辽夏蒙元时期盛行的天台、华严与净土诸显宗系统：以释迦多宝呼应云台三塔象征法华三圣，以四大天王铠甲人物分别指明文殊普贤的华严三圣、指明变异的水月观音和金刚萨埵与13世纪图像的密教化趋势及由此形成的新西方三圣，并以具有显著识别特征的形象说明这些

---

〔1〕 明代重修时镌刻千佛正是回应三身十方佛法华、净土、华严诸体系。明正统年间，修建泰安寺时（1443—1449），镇守永宁（今延庆县境）太监谷春主持，在十方佛每方佛的周围还分别刻有小佛102座，共计小佛1 020座，成贤劫千佛。智化寺供奉三身佛的佛殿称为“万佛阁”，三身佛背后遍刻千佛小龛。高天修将此十方佛认定为乾隆年间章嘉国师编纂《诸佛菩萨圣像赞》里的荒字十方佛，但此十方佛修订年代较晚，且有不同的手印。如善灭魔障佛持伞幢，随引菩提佛持剑。见《诸佛菩萨圣像赞》，中国藏学出版社，2009年，第119—128页。

图像的丝路西夏来源。多重义理中以法华天台为中，华严与净土并进：以法华固守释迦教法正统，此为义理；以华严凸显圆通显密，此为便巧方法；以净土顾念苍生大愿，此为目的。逐层递进，环环紧扣（图6-4-31）。

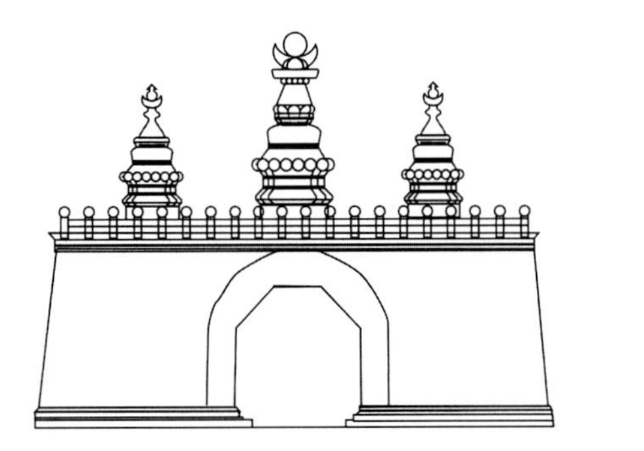

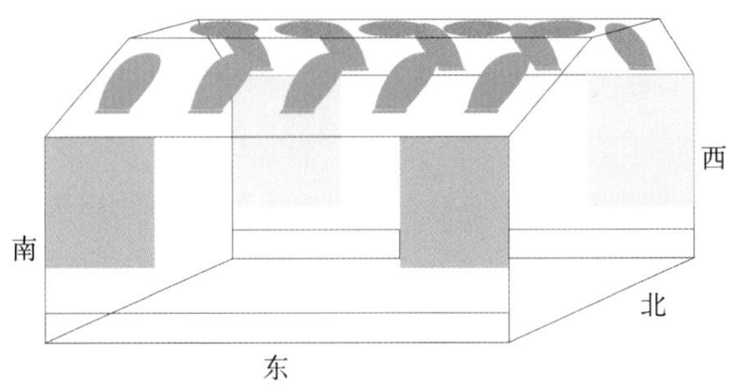

图6-4-31　过街塔宗教义蕴示意图

过街塔以窟顶五佛包含旧译本《恶趣清净怛特罗经》的恶趣清净曼荼罗系统、融入新的藏传佛教萨迦派实践教法，建构佛塔装藏的方位空间、以恶趣清净仪轨与券壁佛顶尊胜陀罗尼形成勾连，呼应护卫三世十方佛佛国净土的四大天王，并以天王头冠四方佛阿閦佛、宝生佛、不空成就佛和阿弥陀佛，与塔顶三世佛、券顶五佛，十方如来等合体形成的毗卢遮那佛形成天王护持的金刚界五方佛系统，回应辽夏时期佛塔的真言密教义理，从而强化过街塔作为佛塔去除恶趣，往生天国的功能。

居庸关与人的"藏传佛教印象"主要体现在券顶曼荼罗图像和造像风格方面，如"六拏具"的券门，萨迦纽瓦尔样式的曼荼罗、佛陀形象、莲座背龛、五杵金刚等，例如佛龛，过街塔佛龛相比萨迦造像样式，虽然两者有相似之处，如佛龛头光两侧的摩羯鱼，龛上的大卷草纹，我们在夏鲁寺壁画、萨迦寺元代的金铜佛大龛中可以看到如此样式，但过街塔式样似乎更早，佛龛立柱两侧的狮羊，都是西夏东印度波罗式样，与莫高窟北区77窟的佛龛及马蹄寺西夏时期的佛龛式样相似，年代最晚在13世纪，萨迦寺金铜佛像的迦楼罗大龛已经形成14世纪完整的"六拏具"式样，如同过街塔券洞洞眉一圈雕刻的式样，年代在14世纪以后。由此看来，居庸关过街塔并非如以往学者认定的、完全体现了藏传佛教的宗教义理，看作是藏传佛教的建筑样式，而是沿袭了宋辽夏蒙元时期的佛教图像传承，吸收东印度波罗艺术母题与藏传佛教萨迦派的造像仪轨，形成的一种新的图像样式，如同八达岭岩壁上下左右排列的多民族文字六字真言，反映了13至14世纪党项、蒙、汉、藏等各个民族共同的宗教信仰，是各民族共同发展的见证，也是元代宫廷艺术的杰出范例。

11至14世纪随着丝路的复兴，沉寂许久的中印佛教文化交流日渐活跃，霞光返照的东北印度与中印度金刚乘佛教艺术为藏西至中亚克什米尔一线的佛教艺术涂上些许腐败的颜色，佛教徒又开始从流行于丝路的大乘典籍中寻求正法，关注唐代三大士传授的纯正密教，从而使生活在卫藏阿里的吐蕃人，西域丝路的回鹘人，河西走廊的西夏人，西南边疆的南诏与大理人与北方中国生活的辽人的佛教信仰及其造像艺术呈现多元复杂的状态，但又以此时佛教发展过程中形成的圆融手法，将多元信仰融合为一个有机的整体，这种多元圆融特征正是11至14世纪多民族中国佛教艺术最真实的状态，任何从某种单一的宗教或宗教艺术的角度入手研究这段时期的佛教艺术都不会得出合理的结论。居庸关过街塔延续了汉藏夏回鹘的造像传统，我们以上的图像配置分析的结果恰好证明了这一点，过街塔的图像安排可以看作是14世纪中叶中国佛教艺术图像重构的集中缩影。

元大翰林学士欧阳玄至正三年（1343）撰《过街塔铭》记曰："世皇至元之世，南北初一，天下之货，聚于两都，而商贾出是关者，识而不征，此王政也。皇上造塔于其地，一铢一粟，一米一石，南亩之夫，一无预焉。将以崇清净之教，成无为之风，广恻隐之心，行不忍人之政，冥冥之中，敷锡庶福，阴骘我民。观感之余，忠君爱上之志，油然以上，翕然以随，此志因结，岂不与是关之固相为悠久哉。且天下三重，王者行之，制度其一也。制度行远，莫先于车，三代之世，道路行者，车必同轨。今两京为天下根本，凡车之经是塔也，如出一车辙，然则同轨之制，其象岂不感著于是乎？车同轨矣，书之同文，行之同轮，推而放诸四海，式诸九围，孰能御之。"[1]

可见元顺帝在居庸关造塔，是关乎王政风尚、社稷民生；关乎车同轨、书同文；关乎国家民族大同的千秋伟业，绝非只是引入一种藏传佛教建筑形式那么单纯。精心设计、刻意雕琢的过街塔是14世纪中叶元代中国包括汉藏在内的各民族友好相处的纪念碑式的见证，是多民族国家一统的象征。

---

〔1〕欧阳玄：《过街塔铭》，转引自宿白《居庸关过街塔考稿》，《藏传佛教寺院考古》，北京：文物出版社，1996年，第339—340页。

第五节 民族交往、交流与交融的记忆：元明以来汉藏结合式佛堂建筑的文化图景

在我们这样一个由多民族共同建构的历史国家中，建筑文化拥有多重的人文思想维度和丰腴的多样性。通过跨地区、跨文化的互动交流，古代中国多元族群的建筑思想在特定时空内得以交汇、容纳和涵化，创造出众多具有特定人文意涵的文化空间和景观。其中，仅就佛教建筑而言，作为具有神圣性的礼拜空间，又是宗教和政治两种意志下的思想、传统和观念的直接反映，反过来承载这些人文精神的可视化的建筑图景也在长久的历史时期中，潜移默化地影响和塑造着身在其中和周遭交集的人、社会和族群。由此可以看出，建筑史的研究也具有十分多元的角度，除却对建筑本身的结构和技术演进进行探究以外，以此为基础，通过实证性的严谨考证和合理推测进行阐释和解构，从中揭示出建筑背后所蕴含的人文意涵更是我们深入古人思想世界的一种路径。对这一文化现象的追本溯源，有助于我们进一步理解中国古代建筑发展、蜕变的历史进程和内在理路。本节即从汉藏文化交流史的角度出发，通过考察建筑法式、形制等元素，对现存中国西藏、青海、内蒙古和四川等地及蒙古等国14世纪以来的藏传佛教寺院建筑中的"轴对称——一正两厢"汉式建筑布局、汉藏结合式大木构佛堂和天顶曼荼罗彩画展开研究，并围绕这种糅合了汉藏两种建筑样式和设计思想的佛教建筑在特定地理区域的产生和流变及其历史脉络背后所蕴含的隐喻和思想意识进行讨论。

西藏佛教寺院建筑的研究肇始于20世纪50年代宿白等人的入藏考察。在1980年代，宿白将考察报告重新增补，结合其他地区藏传佛教寺院的考古资料，结集为《藏传佛教寺院考古》一书。这部著作是藏传佛教建筑研究史上开创性的奠基之作，时至今日仍是这一领域最重要的学术成果。[1]宿白在书中将7世纪以来藏地早期寺院殿堂的形制总结为两种基本模式：大昭寺式和桑耶寺式。前者特征是方形院落，周匝小殿环绕，中庭有

〔1〕 宿白：《藏传佛教寺院考古》，北京：文物出版社，1996年。此书直至二十多年后收入《宿白集》中才得以再版，即北京：生活·读书·新知三联书店，2021年。

柱廊环绕，后壁安置开间较大的佛堂，现存者除大昭寺外，昌珠寺（Khra 'brug）殿堂布局尚存此种形制的痕迹；后者则是以纵向长方形佛堂为核心，周围环绕转经廊，佛堂和转经廊前有横向窄长的经堂，其他建筑皆以其为核心。根据文献记载，两种模式皆来源于印度：前者宿先生举例那烂陀寺（Nālandā）第1A、1B两号僧房院遗址（图6-5-1）。实际上这是大昭寺平行时代，即6—7世纪印度佛教石窟寺院中十分常见的毗诃罗（Vihara）式石窟的标准平面布局，如建于公元475—480年间的阿旃陀石窟第1窟和第2窟（图6-5-2），甚至大昭寺廊柱造型和门框雕刻也与其做法如出一辙（图6-5-3）。[1]这种平面布局在中古时代早期的中亚和河西地区也有一定的影响，典型者如西魏大统四年（538）开凿的莫高窟第285窟。[2]后者宿先生指出来源于创建于7—8世纪的飞行寺（Odantapurī）图样（图6-5-4）。[3]这种中心佛堂加转经廊的平面布局在中古以来的中亚和河西走廊的佛寺、石窟中普遍存在，横长的经堂是从石窟的前廊演变而来，早期以龟兹型石窟为代表，后期比较典型的例子如张掖马蹄寺北寺第7窟。[4]

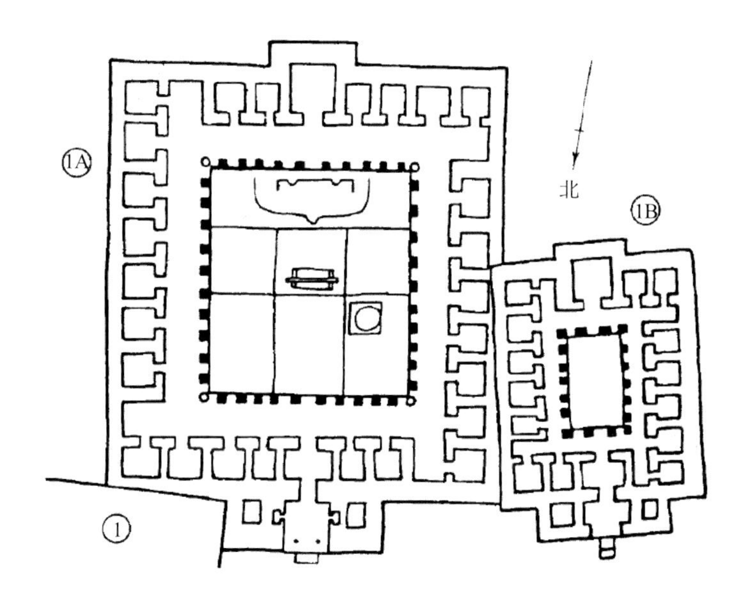

图6-5-1　那烂陀寺（Nālandā）第1A、1B两号僧房院遗址

---

〔1〕Walter M. Spink, *Ajanta: History and Development (vol. 4): Painting, Sculpture, Architecture — Year by Year*, Leiden: Brill, 2009, Fig. 4& Plate.12-62. Walter M. Spink, *Ajanta: History and Development (vol. 4): Cave by Cave*, Leiden: Brill, 2007, pp. 354-355, 392.

〔2〕阎文儒：《莫高窟的石窟构造及其塑像》，《文物参考资料》1951年第5期。石璋如：《莫高窟形》（二）：窟图暨附录，中研院历史语言研究所田野工作报告之三，中研院历史语言研究所，1996年，第71页，该书采用张大千编号，估此窟编号为C83。

〔3〕宿白：《藏传佛教寺院考古》，第190—191页。

〔4〕宿白：《藏传佛教寺院考古》，图11—14，第258页。

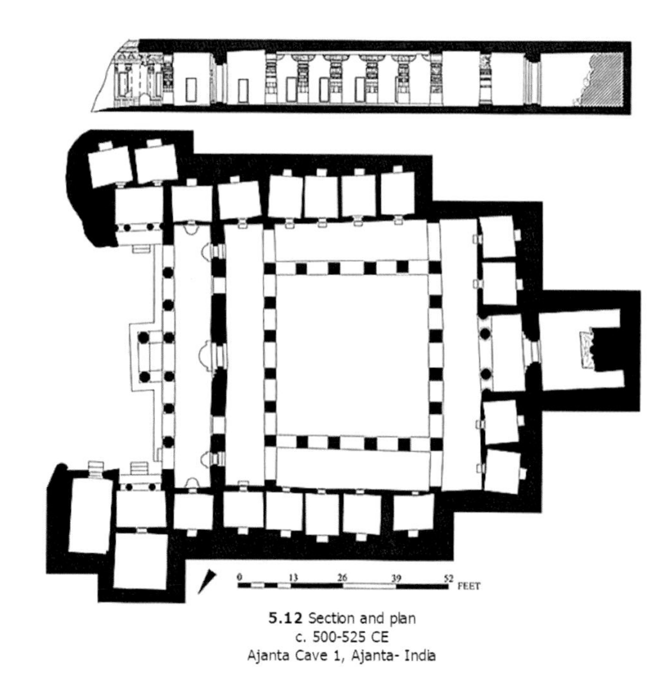

图6-5-2　阿旃陀石窟1号窟（建于公元500—525年）（Walter M. Spink, *Ajanta History and Development Painting, Sculpture, Architecture-Year by Year*, Leiden Brill, 2009, Fig. 4.）

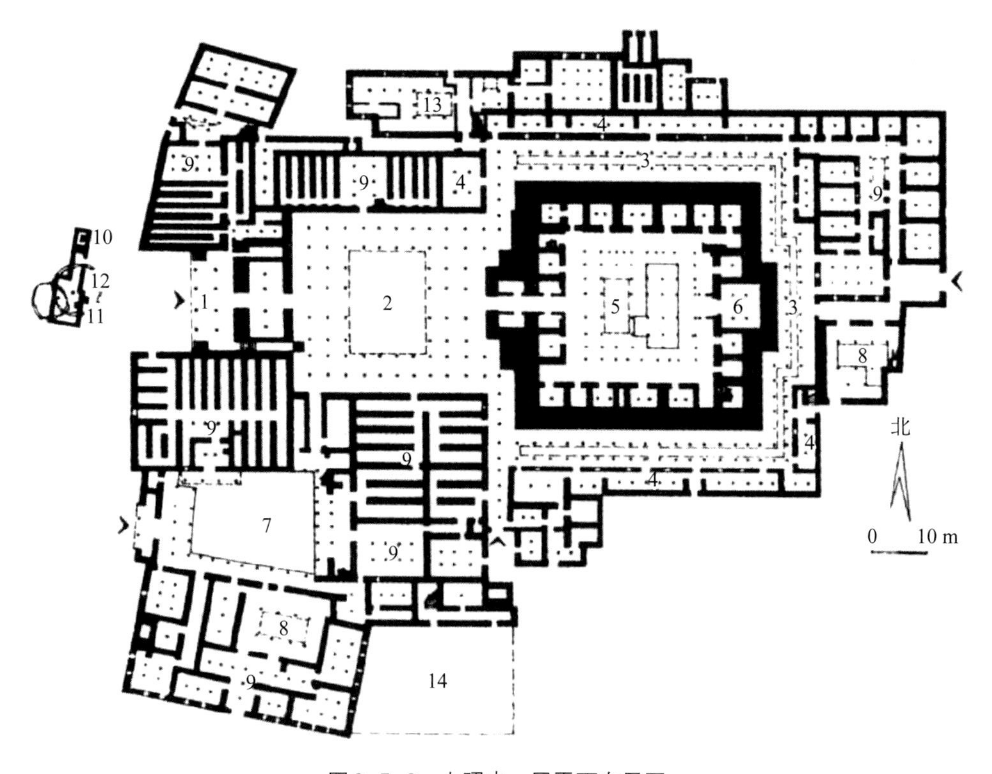

图6-5-3　大昭寺一层平面布局图

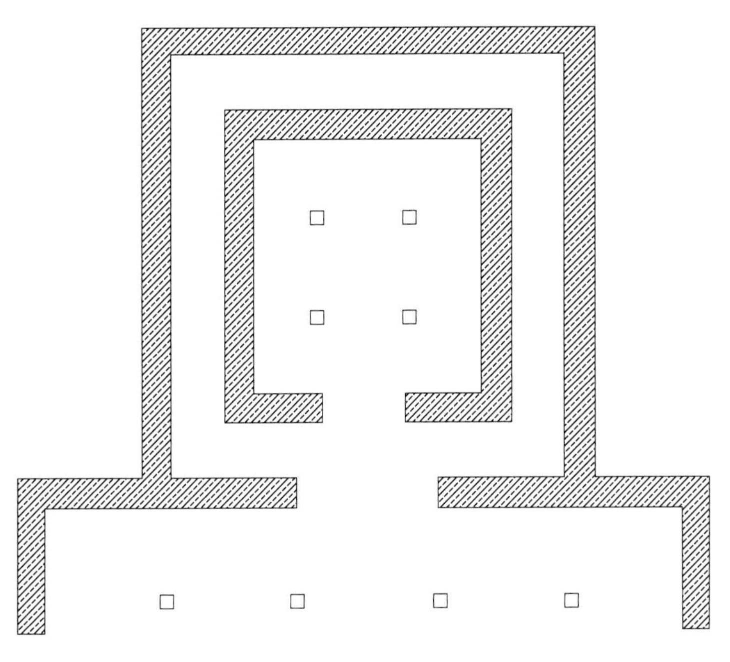

图6-5-4　桑耶寺式佛堂平面布局图（作者绘）

后弘期以来，伴随着大乘佛教的密教化，佛寺平面又衍生出另一种单体建筑布局，即以主佛堂为核心，四方、四维以对称方式绕设佛殿，共同构成一个整体建筑。这种建筑布局可称为曼荼罗式，以阿里托林寺迦萨殿（Tho ling brgya rtsa lha khang，996）代表，多见于西藏西部。[1]据宿白推测，这种设计也来源于桑耶寺早期由众多殿宇共同构成的须弥山和四大部洲的整体布局（图6-5-5）。[2]

从考古资料和现存遗构来看，桑耶寺式佛堂模式在11世纪以后成为藏传佛教佛堂的基本形制，流布范围南至卫藏，西达阿里、克什米尔，北至河西走廊、黑水城一带。直至16世纪格鲁派崛起，藏传佛教殿堂的形制才发生根本性的改观。从单体建筑来看，藏传佛教佛堂初以藏式平顶建筑为主，外墙以石块垒砌黏土夯筑承重，内以立柱安设托木承托横梁，上覆擦木、木棍、木屑等，再于其上以黏土打阿嘎做成平顶。这种做法在藏地一直传承至今，改动不多。随着汉藏之间政教关系的不断发展，藏传佛教建筑开始受到汉地大木构建筑文化的强烈影响。11世纪以来，在吐蕃时代汉藏文化交流的基础上，伴随着下路弘法复兴雪域佛教的进程，西藏整合、创造出了一种结合汉式大木构法式的崭新的建筑模式，特别是在13—14世纪汉藏政治、文化重新整合的大背景下得到广泛发展。15世纪以降，

〔1〕 Holger Neuwirth, Carmen Auer, *The Ancient Monastic Complexes of Tholing, Nyarma and Tabo*, *Buddhist Architecture in the Western Himalayas, Issue 3,* Verlag der Technischen Universität Graz, 2021, p. 46.

〔2〕 宿白：《藏传佛教寺院考古》，第152页。

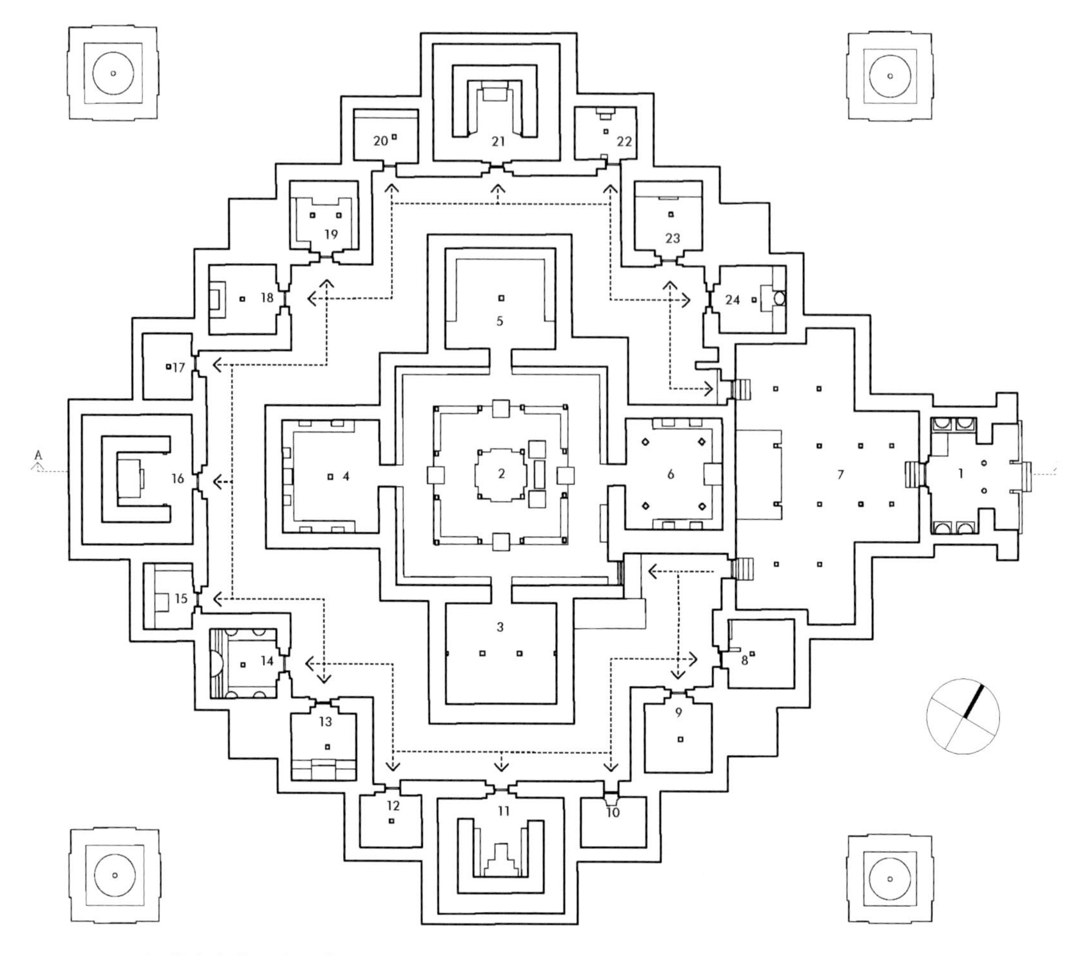

图6-5-5　托林寺迦萨殿平面布局图(Holger Neuwirth, Carmen Auer, The Ancient Monastic Complexes of Tholing, Nyarma and Tabo, Buddhist Architecture in the Western Himalayas, p. 46.)

这种类型的佛教建筑在安多、河西、内蒙古等藏传佛教流布区域日臻成熟,并得到广泛应用。于是,一种汉藏因素交织在一起,蕴含政治、宗教、建筑观念等多重象征意义的文化图景应运而生。

一、卓玛拉康:11世纪卫藏地区汉式大木构

(一)基本情况

卓玛拉康(sGrol ma lha khang)位于拉萨西南20公里处的吉曲河(skyid chu)西岸的聂塘(sNye[mNyes/ gNye]thang),海拔约3623米。寺院主体建筑为朝向东偏南30°的

长方形院落，宽60米，长78.5米，具有双重院墙。此寺历来被看作噶当派根本祖师阿底峡大师（Atiśa）的纪念堂，保存有为数众多后弘初期的佛教圣物，故通常被认定始建于11世纪中期。寺东南400余米处为供奉灵塔的确康（mchod khang），其内左为噶当派根本祖师阿底峡大师灵塔，右为14世纪萨迦派领袖喇嘛丹巴索南坚赞（Bla ma dam pa bSod nams rgyal mtshan）灵塔。2001年寺、塔被国务院批准列入第五批全国重点文物保护单位。

卓玛拉康历来被视为西藏佛教圣迹。然近千年来历史文献中有关卓玛拉康营建、维持和修缮的记载却几付阙如。我们只能在一些早期上师，如热译师（Rwa lo）的传记中看到它作为巡礼礼拜和供养的对象而出现。至14世纪时，萨迦座主喇嘛丹巴因为政治原因长期住锡聂塘的确宗寺（Chos rdzong），并以聂塘为中心在前后藏各地游方，因此卓玛拉康得到了一定程度的重新整修，关于这段史料后文将着重展开，于此不赘。

此后卓玛拉康的历史又陷于沉寂，至18世纪中叶当时总管西藏政务的郡王颇罗鼐·索南图杰（Pho lha ba bSod nams stobs rgyas, 1689—1747）晚年曾经广修西藏古寺，其传记中就提到在火鸡年到铁狗年间（1729—1730），因为“聂塘的无比阿底峡灵塔已经朽坏，故此进行了修缮”。[1]但同时是否亦曾维修过卓玛拉康则未明说，然卓玛拉康内中殿现存的二十一度母铜造像据说就是颇罗鼐施造献给卓玛拉康的。[2]因此，我们可以推测颇罗鼐有可能也同时修缮了卓玛拉康，只不过维修的规模不大。二十余年后的水阳猴年（1752），七世达赖喇嘛格桑嘉措（bsKal bzang rgya mtsho）对卓玛拉康的整个建筑及其全部佛像进行了修缮，在完成后奉献了如云一般多种多样额外的供品和食物。[3]可以说，今天我们看到的卓玛拉康的基本格局大致就是这次维修的结果。至20世纪，第五世摄政热振活佛图丹江贝益西丹巴坚赞（Rwa sgreng hu thog thu thub bstan 'jam dpal ye shes bstan pa'i rgyal mtshan）在1934年至1940年间对很多藏地的圣迹进行了修葺，其中就包括卓玛拉康。[4]另外，第三次全国文物普查不可移动文物登记表中提到卓玛拉康二层建筑系1920年左右增建，所据为何不得而知。总之，这两次修缮工程所进行的改扩建，增加

---

〔1〕原文作 mnyes thang du mnyam med jo bo'i chen po'i sku 'bum nyams zhig tu gyur pa dang bla ma dam pa bsod nams rgyal mtshan gyis 'debs par mdzad pa la mnyes thang chos rdzong zhig gso, 此段汉译有误，笔者据此藏文本重译。见多卡夏仲·策仁旺杰（mDo mkhar zhabs drung Tshe ring dbang rgyal）著，庄晶校：《颇罗鼐传》（*Pho lha bsod nams stobs rgyas kyi rtogs brjod dkar chag*），成都：四川民族出版社，1981年，第729页。

〔2〕sKal bzang, *Bod kyi ris med dgon sde khag gi lo rgyus mes po'i gces nor*,［dha ram sa la］:［bla brang skal bzang］, 1995, p. 243. 另有一说谓其系拉藏汗施造奉献，见后文引《司徒古迹志》材料。

〔3〕原文作 'di skabs snye thang 'or gyi gtsug lag khang rten dang brten par bcas pa mtha' dag la nyams gso legs par grub rjes mchod rdzas dang bza' mchod sprin 'phar ma bcas 'bul bar mdzad，章嘉·若贝多杰（lCang skya rol pa'i rdo rje）:《第七世达赖喇嘛传藏文》（*sKu phreng bdun pa blo bzang bskal bzang rgya mtsho'i rnam thar*），北京：中国藏学出版社，2010年，第197页。

〔4〕Dzasag Jampal Gyaltsen of Reting, “A Brief Biography of the Fifth Reting Rinpoche Thupten Jampal Yeshi Tenpai Gyaltsen”, *Tibet Journal*, 2011, p. 82.

了一、二层建筑和其他附属建筑，遂形成今天我们所看到的规模。

现在的卓玛拉康主殿为一长方形二层建筑，前有宽敞的院落（图6-5-6）。其左右亦有晚期加盖的护法神殿和阿底峡大师的寝室，加上主殿二层均为清代至民国时所加，我们在这里不做讨论。一层长方形殿宇外绕转经廊道，其内如格鲁派寺院措钦大殿佛堂模式分隔为并排的左、中、右三间殿堂，左右两端各有二天王彩塑，合为四大天王。左间尊胜佛塔殿，内有四柱，围合成一、二层上下贯通的结构，当心间为高大的尊胜塔，从其形制上看年代极晚。其周围有保藏捺啰巴大师遗物的巨型噶当塔、吐蕃至后弘初期佛经写本等文物。中间度母殿四柱，正中仿大昭寺觉沃佛罩亭样式供一罩亭，内供释迦牟尼佛和二胁侍菩萨。罩亭左、右、后方供阿底峡大师的本尊度母像、木台佛塔、阿底峡的上师金洲大师的塑像、传为婆罗鼐施造的二十一度母像以及其他年代颇早的造像、法器等圣物。右间名无量寿佛殿（Tshe dpag med lha khang），南设殿门，门内有二明王像，殿内左、中、右壁各设

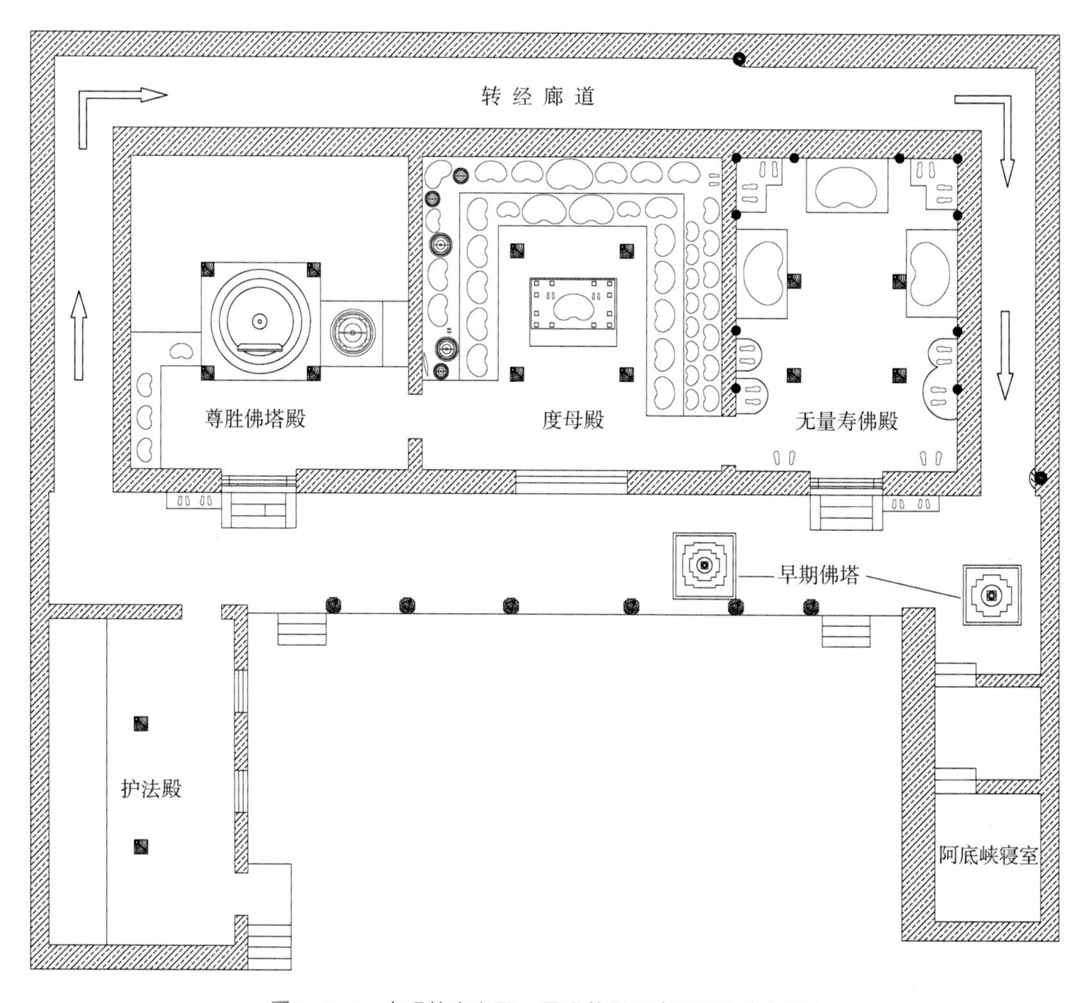

图6-5-6　卓玛拉康主殿一层现状平面布局图（魏文制）

端坐狮座的佛像一尊，中为无量寿佛，左右各有胁侍菩萨一尊，左壁为弥勒佛，右壁为燃灯佛，左右壁各有三尊菩萨，故殿内合为八大菩萨。这些造像保留了很多中古时代汉藏佛教艺术的风貌。

（二）卓玛拉康早期大木构建筑遗存及其复原构想

卓玛拉康在历史上经过多次重修和改建，因此前述殿堂的现状已较其原始面貌发生了很大的变化（图6-5-7）。令人遗憾的是，我们在藏文材料中所能找到的关于卓玛拉康本身的文字描述很少，目前最早的记录见于噶陀司徒确吉嘉措（KaH thog si tu Chos kyi rgya mtsho, 1880—1923/ 25）的《司徒古迹志》（*dBus gtsang gi gnas yig*），其中详细记载了噶陀司徒在20世纪初（1920年以前）未经改扩建时卓玛拉康的基本面貌：

> 上部卓玛拉康八柱铁网内是无比觉沃本尊米聚灵骨所依，和金洲大师之本尊能仁之身，又说这是金刚座师之本尊。此外，还有觉沃本尊度母五指身量利玛等具有灵验之所依，[1]装藏有觉沃锡杖、钵盂、袈裟祖衣等之利玛噶当塔三座，上好利玛能仁释迦等身像，拉藏汗建立的白度母如意轮为首的二十一度母品质极好之金铜等身像。甘珠尔和般若十万颂等不完整的金字写本大致二百函。它边上的十四柱拉康中有释迦能仁和八大菩萨，守护大门之二金刚等等身泥塑，是以前古旧之样貌，中间是大觉沃之等身佛像。说四曼荼罗供之四角品类。下部的黄色拉康内中央有阿底峡、仲敦

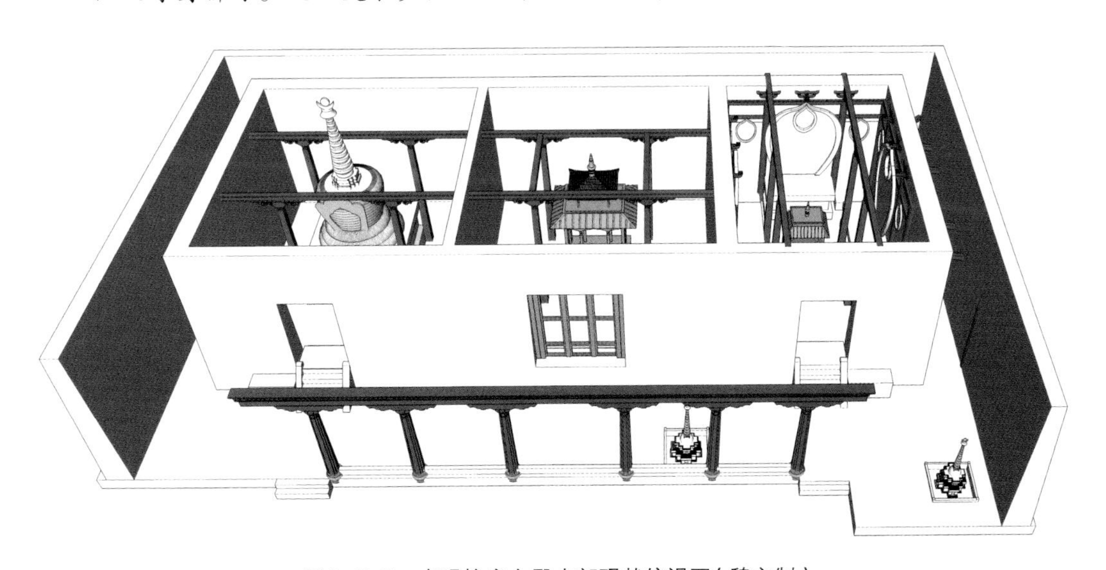

图6-5-7 卓玛拉康主殿内部现状俯视图（魏文制）

〔1〕译者按：其有噶丹颇章政府印封（gzhung gi dam ’byar）。

巴、俄译师、佛陀等尊像。右侧有如无顶之十万金色多门灵骨塔，此为具吉祥阿底峡之灵塔。左侧大白塔为萨迦具吉祥喇嘛丹巴索南坚赞之灵塔。为萨迦小寺然麦寺[1]所有，为其属寺。[2]

此一描述与现状颇有不同。首先，那时的卓玛拉康主殿分为左右两间，左间内为八柱，大致上现状即是在此八柱间当中砌墙而分隔出了左右两间，右间和现状无别，在墙体内环绕一周恰为十四柱。其次，这里没有提到现状左间通高至二层的尊胜佛塔，想此塔应即为后来热振活佛改造卓玛拉康添加二层建筑时将八柱间隔断为两间后所做的改动。

中华人民共和国成立后，宿白先生在1959年下半年参加中央文化部西藏文物调查工作组，对当时西藏各地的文物遗存进行全面调查时详尽记录下了当时未经扰动的卓玛拉康原状，其与现状基本一致。这在历经沧桑的西藏实属难得，至可宝贵。需要注意的是，宿白先生在讨论卓玛拉康建筑的整体布局时认为：

左室亦前壁设门，内奉三世佛、八大菩萨和二护法，室中布置阿底峡像。左右两室门通前廊，廊深一间，前沿树六柱。自左第一、二柱间和前廊左端尽处各建细长十三天之白塔一座，前者传为阿底峡灵塔。按此寺主要建筑——外绕礼拜道的横长方形佛堂与同属噶当派的日喀则纳塘寺相似，因疑佛堂与前廊部分尚存13世纪旧制；但佛堂内分截三室与色拉寺措钦大殿和吉扎仓的佛堂格局相同，廊柱托木与甘

---

〔1〕然麦寺（ra smad dgon）位于贡嘎县吉雄镇，14世纪时曾是桑普寺的十大属寺之一，由桑普寺第三十五任法台法主林美班底达喜饶班丹（gLing smad paṇḍta Shes rab dpal ldan）创建，在第十任法台杰赤列班觉根据阿底峡大师的授记在殊胜之地吉雄地方建立寺院，就是今日之然麦寺。此寺15世纪以来一直作为弘扬萨迦派的萨迦和俄系教法的学问寺，至二十五任法台莫钦贡嘎伦珠（rMor chen kun dga' lhun grub）时广传萨迦道果法而颇具声望。*dPal gsang ra ba smad kyi chos spyod*, Sa rngog rig gzhung dpe tshogs, Sa rngog rig gzhung gces skyong khang, 2022, pp. 1–2.

〔2〕原文作gong du sgrol ma lha khang ka ring brgyad pa na lcags khra'i nang mnyam med jo bo'i thugs dam 'bras spungs gdung rten/ gser gling pa'i thugs dam thub sku red kyang zer rdo rje gdan pa'i thugs dam yin 'bra ba dang/ jo bo'i thugs dam sgrol ma li ma mkhyid gang tsam sogs rten byin can 'ga' gzhung gi dam 'byar/ jo bo'i 'khar sil lhung bzed snam sbyar sogs nang gzhug tu yod pa'i bka' gdams mchod rten li ma mi tshad gsum/ ston pa thub dbang li ma shin tu bzang po mi tshad gcig sog lha bzang gis bzhengs sgrol dkar yid bzhin 'khor lo gtsos sgrol ma nyi shu rtsa gcig zangs gser mi tshad che nges spus dag po/ bka' 'gyur dang/ 'bum sogs gser chos skya bris ma tshang ba pod nyis brgya tsam/ de'i rgyab log ka bcu bzhi'i lha khang du thub dbang nye sras brgyad/ sgo srung khro bo gnyis bcas mi tshad 'jim sku/ sngon gyi tshogs rnying/ dbus su jo bo chen po'i 'dra sku tshad bcas/ maṇḍala bzhi chog gsungs pa'i grwa bzhi sde/ 'og tu lh khang ser po'i nang/ dbus su jo bo 'brom rngog thub sku bcas 'jim bzo/ g.yas su sa 'bum ser po sgo mang mchod rten rtse med pa lta bu de jo bo chen po dpal ldan a ti sha'i gdung 'bum/ g.yon gyi dkar po chen po de sa skya dpal ldan bla ma dam pa bsod nams rgyal mtshan pa'i gdung 'bum mo/ 'dzin bdag sa skya pa'i dgon chung ra smad dgon lag zhig gis byed pa yin//, Chos kyi rgya mtsho, *dBus gtsang gi gnas yig*, lHa sa: Bod ljongs bod yig dpe rnying dpe skrun khang, 1999, p. 107.

丹寺阳拔健天井后建托木接近，当皆出自后世重修。[1]

这里，宿白先生认为目前具有转经廊的横长殿堂是卓玛拉康的原始构造，他的依据是13世纪初兴建的纳塘寺觉冈大殿与此相似。[2]然而，从多次现场考察的结果来看，宿白先生的这一论断显然是存在很大问题的，因为从建筑遗存来看，目前所见卓玛拉康横长的殿堂是多次改建后的结果，和原始布局及构造已相去甚远。

现存左、中、右三间佛堂中，左、中两间内建筑构件均属极晚期，唯有右间，即无量寿佛殿内保存下来很多年代颇早、且属典型的汉式大木建筑构件遗存（图6-5-8、9）。从现存建筑本体来看，具有诸多早期泥塑作品和建筑元素的无量寿佛殿被包裹在晚期增

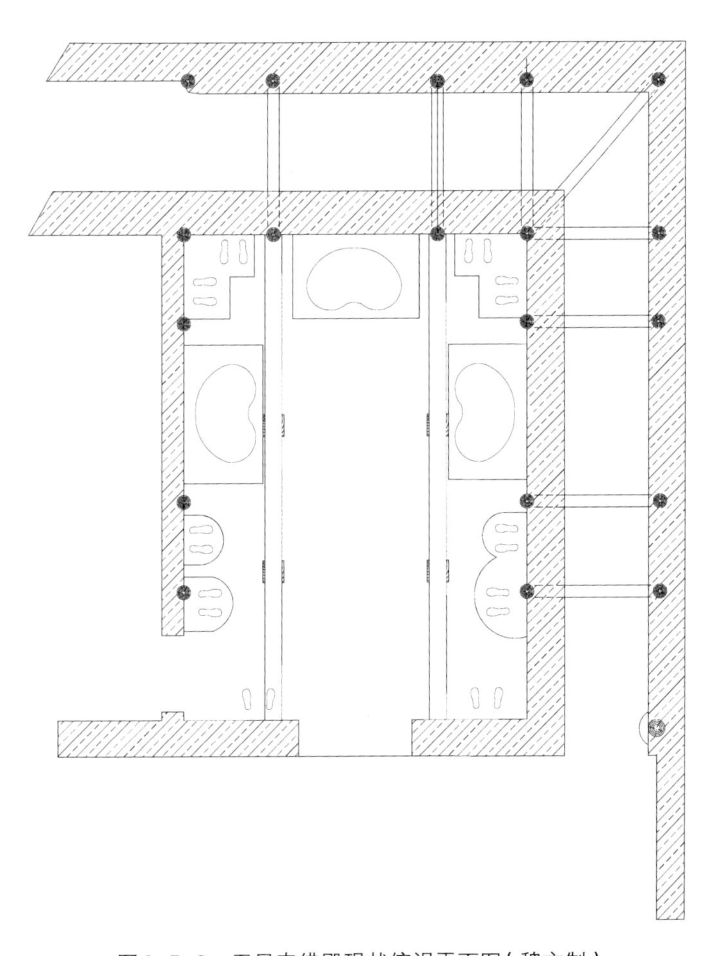

图6-5-8　无量寿佛殿现状俯视平面图（魏文制）

〔1〕宿白：《藏传佛教寺院考古》，第40—41页。
〔2〕宿白：《藏传佛教寺院考古》，第120—121页。

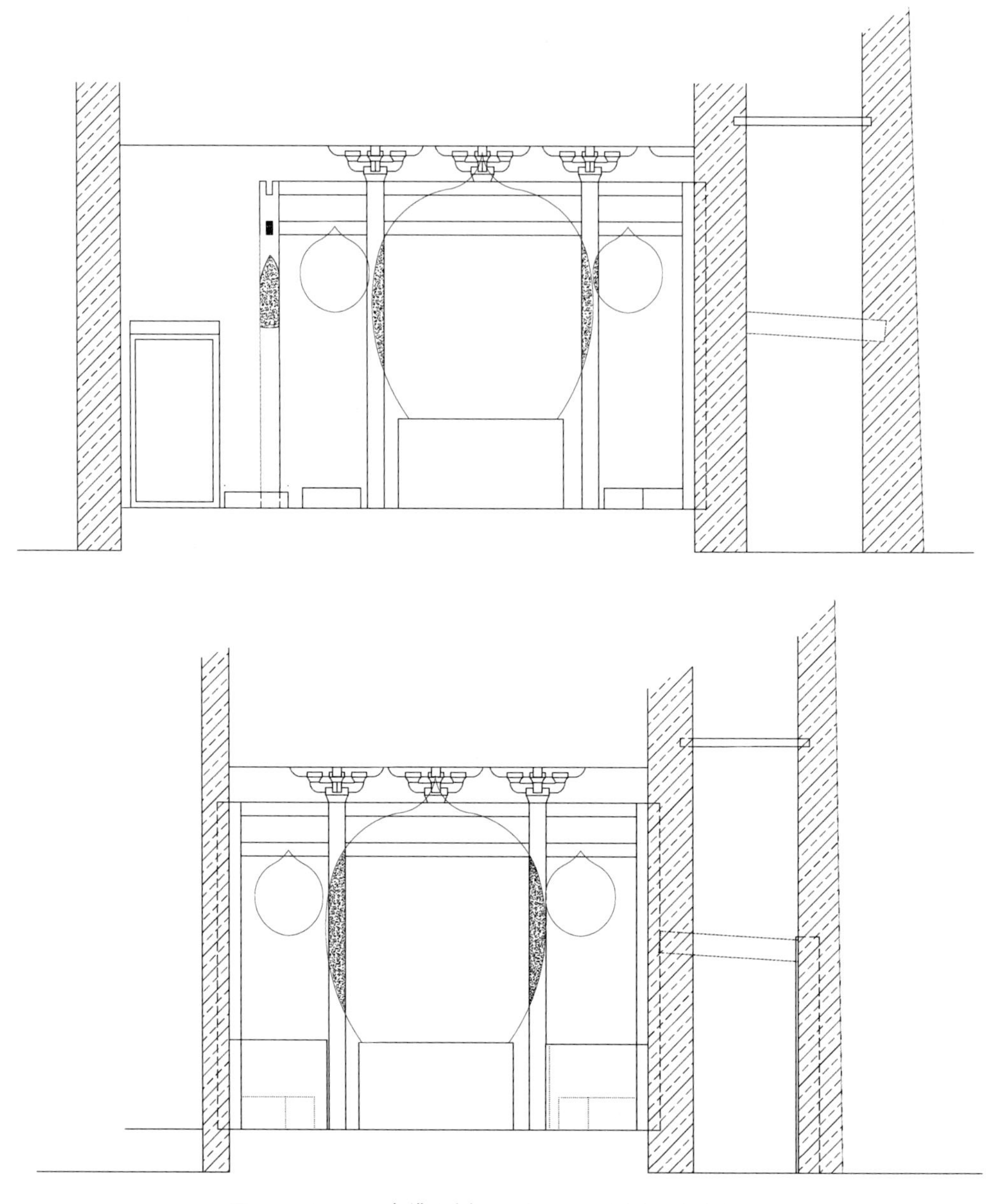

图6-5-9　无量寿佛殿侧立面和正立面测绘图（魏文制）

改的建筑之中，其进深8.9米，面宽6.5米，与不少西藏早期佛堂建筑一样，进深较面宽大。殿内地平面较殿外高0.6米左右。殿内主要空间由左、后、右三壁均匀分布的嵌入墙壁的十根立柱围合而成，呈现进深四间、面宽三间的布局，立柱上端均略呈梭形，柱间均隐约可见以阑额和由额相连，柱上无普拍枋，此一檐柱与斗栱层连接之构件最早出现于五代（即大云院弥陀殿），入宋后渐趋普遍，因此无普拍枋的作法仍属因袭唐风。后壁当心间面宽间距3.12米，左、右次间距约为1.69米。左右壁由内向外进深第一进间距为1.61米，第二间间距为3.3米，第三间柱间距1.65米，第四间为2.34米。殿内目前有两列四根藏式方形柱子承托天顶重量，方柱面宽间距2.8米，进深间距2.7米，上安托木架起纵向二梁，在后壁处直接粗暴地搭架在原柱头斗拱结构的华栱上。此两列方柱与左、中两间殿堂中的两列方柱基本处在同一水平线上，可见这些方柱是同一时期改建殿堂时所安设。

十根立柱之上为汉式斗栱层。除转角铺作（左后转角墙内尚残存一段正心慢栱）已毁外，各柱头和当心间柱间均可见较为完整的出跳第一杪的斗栱铺作一攒，露明的斗栱铺作包括栌斗、泥道栱、其上的散斗和托起的柱头枋、华栱及其上的交互斗，还可隐约见到其上包裹在天顶锦缎里的偷心造之第二杪，以及隐刻的慢栱等构件，其中栌斗欹顱明显，是元明以前的早期法式特征（图6-5-10）。可惜的是，天顶现在已覆盖锦缎，内部构造尚未得见。左右壁最外侧的立柱尚残存有安装阑额和由额的长方形榫眼，说明正面原先应也有与后壁立柱位置对称、以阑额和由额连接的两根立柱（图6-5-11）。左右壁最外侧的立柱实为角柱，其上原先应有转角铺作，现左侧壁内尚可见到正心慢栱残迹。总体来讲，由这些残存的木构件我们大致可以推想无量寿佛殿的原始面貌应为一座典型的汉式大木构建筑，其地盘应为殿内无金柱，面阔三间，进深三间，外绕十二根檐柱。

图6-5-10 无量寿佛殿汉式大木构件（魏文摄）

图6-5-11 无量寿佛殿左壁最外侧立柱上原安阑额的榫眼（魏文摄）

从建筑整体平面布局上看，卓玛拉康三间殿堂连缀的长方形结构布局，的确是明初以来格鲁派都冈大殿形制的典型模式。然而，有所不同的是，三间殿堂作为一个整体外绕以转经廊道，这是15世纪以来格鲁派都冈大殿形制中已经弃置不用的形制。转经廊道高度约6.38米，且转经廊地面较佛殿地面降低了约0.64米。[1]同时，在转经廊道内笔者亦注意到了一个不同寻常的地方，即无量寿佛殿后墙以外的转经廊外侧墙体明显隆起，呈凹凸不平状，这与左边二殿后墙外的转经廊墙体光洁平整形成了鲜明的对比。廊道东段宽度为1.6米，无量寿佛殿后墙外段宽度约1.63米，相较于左侧二殿墙外段略窄。两种墙体交界处的墙体内可见石质柱墩，其上仍存有立柱残段。而此立柱位置恰好与无量寿佛殿内左侧檐柱大致处在一条直线上，而在转经廊东入口处亦有约略平行于无量寿佛殿门壁的石质柱墩，其上亦残存立柱（图6-5-12）。另外，无量寿佛殿后壁和右壁外的转经廊道上方约3.2米处与殿内檐柱对应的位置均存有向外斜下约3°左右的方形乳栿，东北转角处还

图6-5-12　无量寿佛殿转经廊残存早期建筑构件：柱墩和立柱（魏文摄）

〔1〕此种都冈大殿典型者即如卓玛拉康之主寺热堆寺（Ra stod）措钦大殿。其平面测绘图见西藏自治区文物保护研究所编：《西藏古建筑测绘图集》第2辑，北京：科学出版社，2017年，第5页。

有斜置的角梁，它们都是一端插入无量寿佛殿墙内，以榫卯形式插入檐柱中，另一端下垂搭在转经廊外墙内副阶檐柱上铺作的华栱或耍头上。

根据上述证据，我们可以初步推断，在清代改建之前卓玛拉康无量寿佛殿应是一栋独立的建筑，平面形制属于桑耶寺式佛堂，即中心佛堂外绕转经廊道的形式（图6-5-13）。建筑样式原本应是与夏鲁寺东无量宫大致相仿的汉藏结合式大木构佛堂，并在外观上呈现具有"副阶周匝"的重檐歇山顶式建筑（图6-5-14）。[1]至于屋顶梁架结构被毁弃而改为藏式平顶的时间和原因目前尚不得知。我们推测这一变化大致发生在清代中前期。在改造无量寿佛殿时，其左侧壁转经廊道被拆除后加建了左侧两间殿堂，并将后壁截断的转经廊道横向加长，包围左侧增加的两间殿堂，构成一条新的长方形转经廊道。四大天王塑像亦本应位于无量寿佛殿正门两侧，其中两尊仍在门右侧原处，而另两尊则因为殿堂改扩建而被挪移到了对称位置的尊胜塔殿门左侧。

无量寿佛殿前左右分别布置边长1.85米和1.70米的石围杆环绕、当中地表下凹的方池，池中均有一座形制和尺度相近的白色佛塔（图6-5-15）。其外观上看，这两座佛塔显

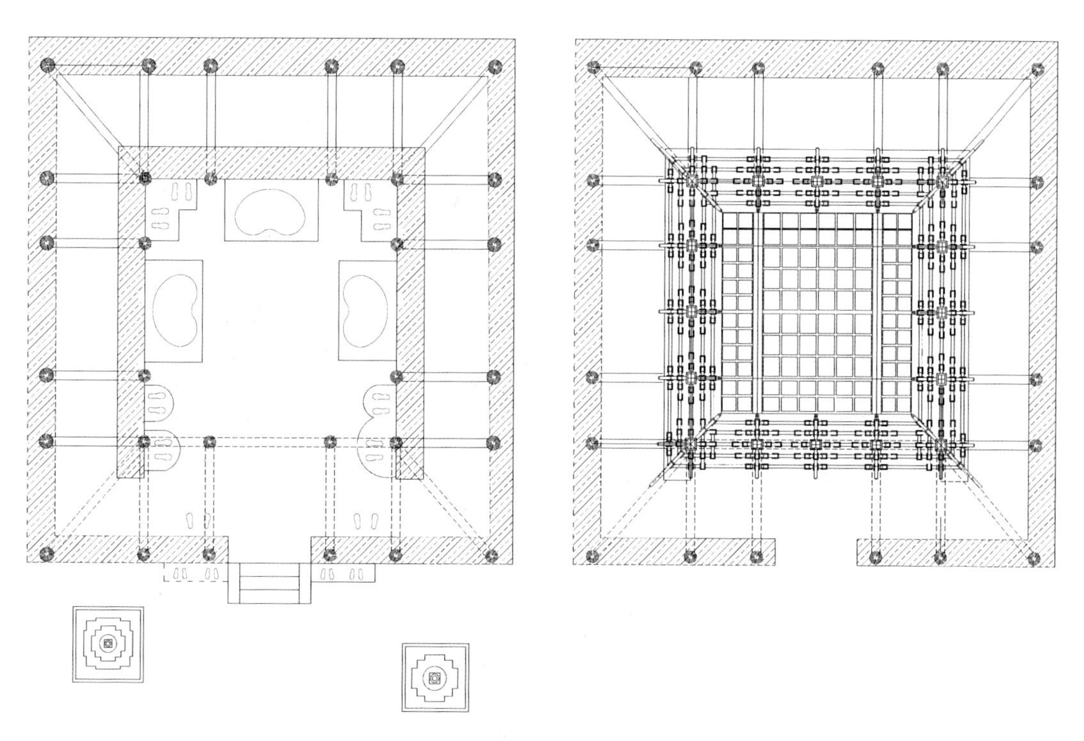

图6-5-13　无量寿佛殿原状结构地平面及天顶推想图（魏文制）

〔1〕有关这种汉藏结合类型的佛殿建筑，可参见魏文：《渐慕华风与形制重构：14世纪以来汉藏结合式佛堂建筑的文化图景》，《文艺研究》2021年第11期。

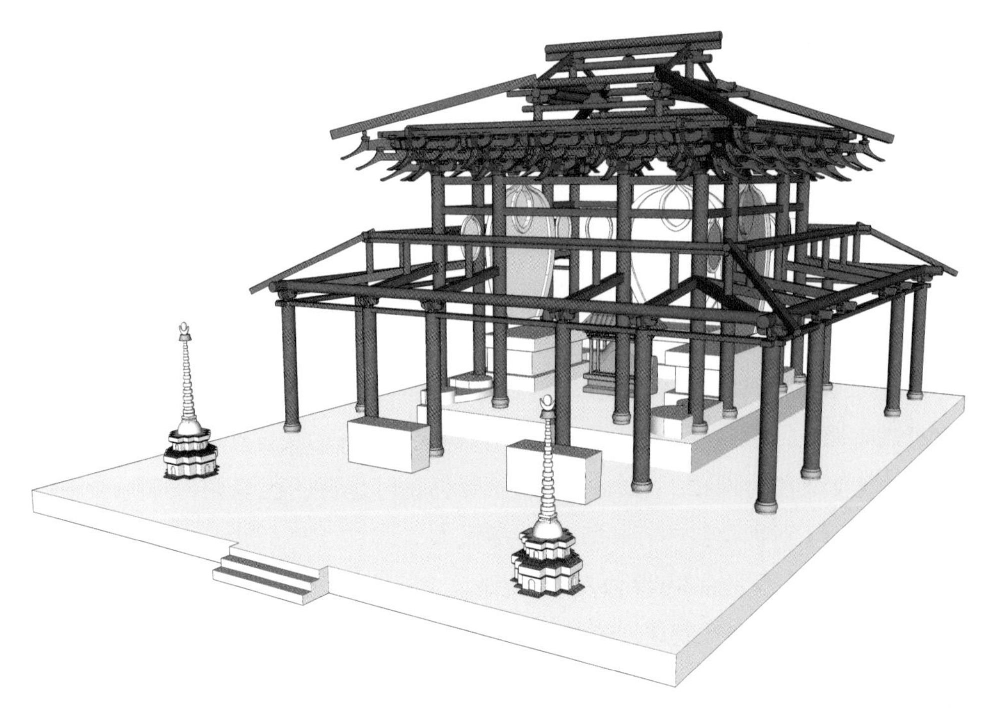

图6-5-14　无量寿佛殿原状大木构梁架复原图（魏文制）

图6-5-15　无量寿佛殿前左右两座佛塔（魏文摄）

然经过后世的修补，尤其是较易受损的塔刹等部位，其建立年代显然已经无法从现存构件进行推论，然而从其造型来看，给人最深的印象是高耸而粗细均匀的十三相轮和相对硕大的日月塔刹占据了整个佛塔立面的主体，塔瓶则呈半球形，其造型不免令人联想到印度和中国西藏西部早期佛塔的样式。其下为双层的十字折角基座，正立面呈现层层叠涩的收分，上下层四向均有券顶开龛。其结构上看，还颇有早期西藏佛塔的垒石构成的台阶式的遗韵。[1]其形制上看，当归为象征释迦摩尼佛在鹿野苑初转法轮的吉祥多门塔（bkra shis sgo mang mchod rten）。其四隅结构因其叠涩收分较四向高三层，导致四隅折角立面高于四向立面，这样造成参差错落的视觉效果。从这样造型以及双层基座和整体造型上看，具有11世纪之前西北印度至西藏西部流行的早期佛塔的样貌，不少西藏西部古格故城发现的佛塔图像擦擦和札达卡孜（rtsa mda' khwa rtse）河谷保存的实体建筑遗迹可以证明这一点。[2]而它们与当时已经在卫藏地区广为流传的东印度波罗王朝佛教艺术中的佛塔判然有别，而后者正是西藏后期佛塔造型之滥觞。[3]此种类型的佛塔事实上是西北印度到西藏中西部地区后弘期初天降塔以外最为流行的一种塔式（图6-5-16）。

图6-5-16　西藏西部早期吉祥多门塔遗存：1. 札达卡孜河谷吉祥多门塔，11世纪　2. 泥质佛塔，10—11世纪

〔1〕例如昂仁县嘎戈石刻被断代为8—9世纪的早期佛塔，线描图可见索朗旺堆主编，李永宪、霍巍、尼玛编写：《昂仁县文物志》，拉萨：西藏人民出版社，1992年，第143—146页。

〔2〕夏格旺堆：《西藏古代建筑佛塔历史沿革的初步研究》，西藏大学2008年硕士论文，第263—264页。

〔3〕类似被断代在10—11世纪的西北印度和西藏西部的佛塔遗存还有不少，如艾米·海勒（Amy Heller）列举的一件泥制佛塔残件，认为其与托林寺周边的很多佛塔类似。

这两座性质几乎一致的佛塔其功能何在？笔者认为存在一种可能性，即两座佛塔作为早期遗存实际上与殿内的早期佛造像，确切地说是与殿内主尊很可能构成一个组合关系。而这正是林瑞宾（Rob Linrothe）所谓8世纪以来甚至晚至13世纪西北印度造像、绘画传统做法之一。[1]林瑞宾指出这种“一佛二塔”组合往往是以结转法轮印的释迦牟尼为主尊，二塔列于左右。但实际情况还可以见到很多情形，如以三世佛加二菩萨为主尊、右手结触地印的佛为主尊，甚至还有以金刚手菩萨为主尊的例子。总之，这是一个早期造像比较普遍的组合模式。就此我们推测此二塔和殿内三世佛、八菩萨可能就是这种早期组合模式的关系。

（三）有关卓玛拉康创建和修缮有关的史料

如此一座汉风浓郁的木构建筑到底是何人何时所建？通过梳理藏文文献，笔者在布顿大师的弟子译师绛曲孜莫（Byang chub rtse mo）所造《法王喇嘛丹巴索南坚赞传》（*Chos rje bla ma dam pa bsod nams rgyal mtshan gyi rnam thar thog mtha' bar gsum du dge ba*）中找到了一个材料似乎可兹讨论。元代西藏萨迦政权行将覆灭时，萨迦派内部四大拉章斗争激烈，又与帕木竹巴万户经历了长期的政治斗争。在这种情形下，喇嘛丹巴索南坚赞被迫远走他乡，在位于今天拉萨西南的曲水县卓玛拉康西南4公里左右的确宗寺长期住锡，并经常在周边的聂塘、拉萨、温江朵、桑耶等地游方弘法。其后，喇嘛丹巴在阴木兔年（shing mo yos，1375）6月圆寂后，弟子们和卫藏僧俗领袖共同施资处理后事，其中一项就是在留下大师诸多足迹的地方建立内所依（nang rten）与外所依（phyi rten），前者是在博东艾寺（Bo dong er）、确宗寺、桑耶寺等地塑造喇嘛丹巴上师身像，后者之一就是在聂塘（sNye thang）重修佛塔、佛殿，上述传记材料中记录了此事：

> 在聂塘斡的古崩塘[阿底峡（Atiśa）大师住锡、安葬之地——引者注]，大菩提塔的金瓶、伞盖和法轮等用红铜制造并施以镀金，同时对其佛殿庭院等依次进行了非凡地设计建造，并在其上修建了g.yu thog等。[2]

此处所说的“佛殿”应即今天的无量寿佛殿。藏文原文在这里使用的“g.yu thog”是一个

---

〔1〕这一传统做法罗伯·林瑞宾（Rob Linrothe）曾有所关注和论述，见Rob Linrothe, *Collecting Paradise: Buddhist Art of Kashmir and Its Legacies*, Serindia Publications, 2015, pp. 60-63.

〔2〕原文作phyi rten la snye thang 'or gyi sku 'bum thang du/ byang chub chen po'i mchod rten gyi gser 'bum chen po gdugs chos 'khor rnams zangs las grub pa tsha gser can/ de'i lha khang khyams dang bcas pa la zhing bkod kyi rim khyad par can/ steng la g.yu thog dang bcas pa bzhengs shing/ , Byang chub rtse mo, *Chos rje bla ma dam pa bsod nams rgyal mtshan gyi rnam thar thog mtha' bar gsum du dge ba*, 载*Sa skya pa dang sa skya pa ma yin pa'i bla ma kha shas kyi rnam thar*, [kathmandu]: sa skya rgyal yongs gsung rab slob gnyer khang, 2008, p. 194.

西方所编著的藏文词典中不见收录或理解为著名家族姓氏“宇妥”的词，然在《汉藏大辞典》里则指向非常明确，即指汉式建筑屋顶瓦作的构件“绿琉璃瓦”。[1] g.yu 为汉语“玉”或“釉”的音译字，在藏文语境里主要指称“绿松石”，thog 为藏文“屋顶”义，汉藏两种来源的字组合在一起，以绿松石的颜色来形容汉地绿色琉璃瓦的色泽实在是恰如其分。因此藏文里也使用汉文音译加意译的混合词 g.yu rtsi（釉子）和 g.yu chu（釉水），来描述绿琉璃瓦表面具有光泽的玻璃质化合物。因此，我们结合上文所述可以推知，14世纪后期的这次修缮之后，无量寿佛殿整体上的样貌和后藏夏鲁寺东无量宫几乎如出一辙，即外观呈现为铺设绿琉璃瓦的重檐歇山顶式建筑（图6-5-17）（图6-5-18）。

此处使用绿色琉璃瓦覆顶做法显然和喇嘛丹巴与夏鲁万户的家族渊源有关。喇嘛丹巴的母亲系夏鲁古相贡波贝（Zhwa lu sku zhang mgon po dpal）之女觉觉隆杰（Jo jo lung

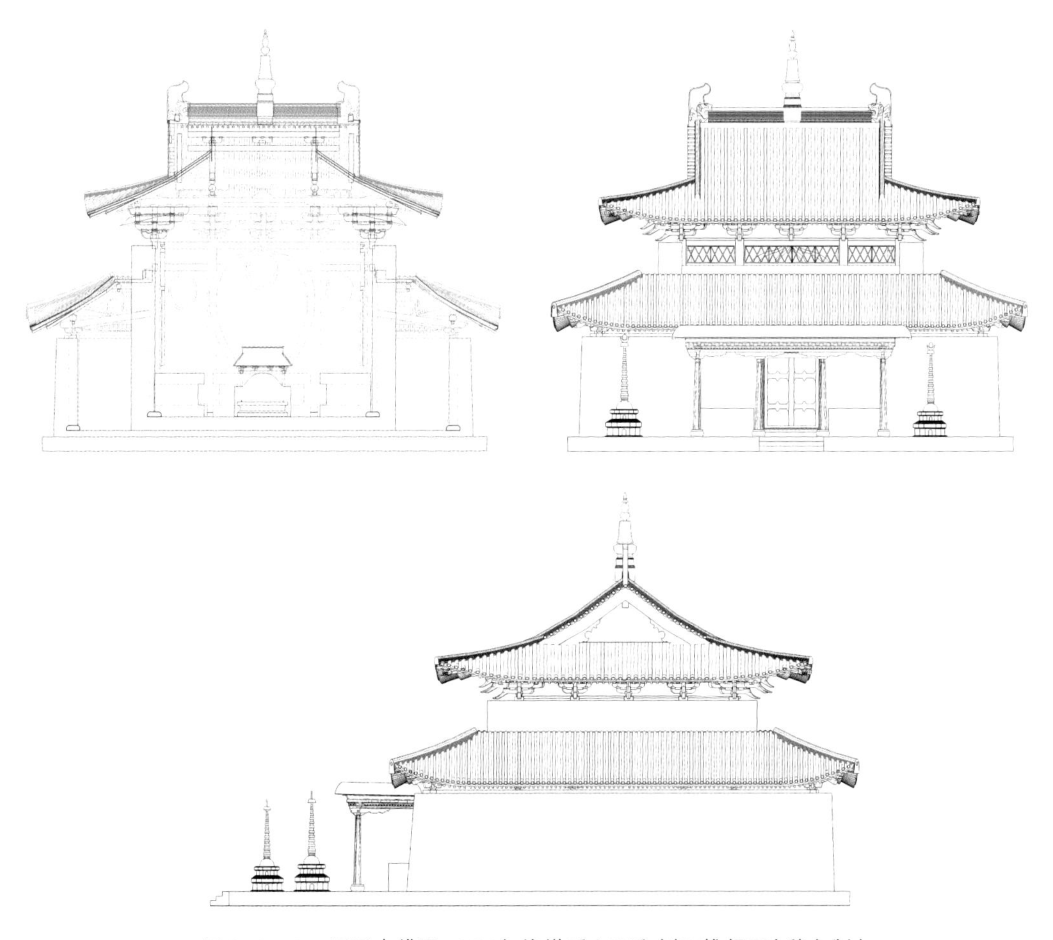

图6-5-17　无量寿佛殿1375年修缮后立面和侧面推想图（魏文制）

〔1〕张怡荪主编：《汉藏大辞典》，北京：民族出版社，1993年，第2624页。

图6-5-18 无量寿佛殿1375年修缮后外观推想图(魏文制)

skyes),出家后名玛吉薰努邦(Ma gcig gzhon nu 'bum),喇嘛丹巴及同母兄、亦为萨迦座主的南喀雷必坚赞(Nam mkha' legs pa'i rgyal mtshan)都出生于萨迦的夏鲁康萨(Zhwa lu khang gsar)。喇嘛丹巴在二十五六岁时亦曾从学于布顿大师,与其关系密切。[1]有缘于此,喇嘛丹巴及其弟子有能力和资源调用那些掌握夏鲁寺汉式大木构营造法式、琉璃瓦烧造工艺等建筑技术的工匠群体,这些匠师要么可能直接参与过夏鲁寺的营建工程,要么就是这些匠师的亲传弟子。事实上,喇嘛丹巴及其弟子对琉璃瓦覆顶的汉式大木构做法不但知之甚详,而且相当偏好。在火阴猪年(me mo phag, 1347)和火阳猴年(me pho sprel, 1356)喇嘛丹巴两次主持修葺桑耶寺时就为乌策大殿、萨迦班底达法座及其他附属殿宇的屋顶铺设了绿琉璃瓦。[2]足见在他们的观念中,具有绿琉璃瓦屋顶的汉藏结合式建筑是佛教殿堂最为殊胜庄严的一种形式。

当然,琉璃瓦必然铺设于汉式坡面屋顶(rGya phibs)上,但架起屋顶的檐柱、榑栿、斗栱等大木构是否也是这次工程所营造则颇有疑问。从材分的角度看,夏鲁寺大木构与同时代元代内地官式建筑一致,用材仅为七等材,这比宋代同样等级的建筑要缩小许多。[3]

〔1〕阿旺贡噶索南著,陈庆英、高禾福、周润年译注:《萨迦世系史》,北京:中国藏学出版社,2005年,第207—208、213页。藏文原文见阿旺贡噶索南《萨迦世系史:藏文》,拉萨:西藏人民出版社,2012年,第262—263、273页。

〔2〕*Sa skya pa dang sa skya pa ma yin pa'i bla ma kha shas kyi rnam thar*, [kathmandu]: sa skya rgyal yongs gsung rab slob gnyer khang, 2008, p. 112, p. 130.

〔3〕陈耀东:《夏鲁寺——元官式建筑在西藏地区的珍遗》,《文物》1994年第5期,第9页。

我们也可以直观地看到夏鲁寺斗拱铺作各构件十分纤细，与宋式建筑做法判然有别。虽然目前我们还没有条件对无量寿佛殿大木构进行深入测绘，但是从其檐柱、斗栱外观上就能看出其材分显然比夏鲁寺大上许多，透露出元以前唐宋建筑的豪劲雄强之风。此外，泥塑造像的身光和头光都紧密贴合在墙壁和檐柱上，特别是左右壁最外侧菩萨正好位于檐柱前方，所以其头光只能安装于柱上，现头光已失，可见为安装头光对柱面对应位置斫削出了平面。这种做法在三尊佛像身光接触檐柱之处亦依稀可见。这表明，木构建筑极可能与上述早期造像建立于同一时期。如果这种推断成立的话，那这座木构建筑就是11世纪始建时期的原构。即便不是如此，我们亦无法完全排除元代后期藏地仍有掌握元以前汉地大木构工艺的传承匠师，但是考虑到此次修缮工程与夏鲁的密切联系，1375年的这次工程应该是屋面修缮而不是木构重建。那么卓玛拉康现存的大木构遗存到底始建于何时、又是谁来施造的呢？这还需要我们深入围绕其创建的相关藏文史料，尽量回到历史原境中去加以忖度。

我们再回归到卓玛拉康本身建立的史料上来看待它的建立缘起。揆诸藏文史料，我们可以看到其中在阿底峡圆寂后在聂塘地方创建殿堂的记叙存在多处，因此哪一处可以确定所指即是卓玛拉康仍旧不能遽断。但是可以肯定的是，聂塘作为后弘期伊始上路弘法在卫藏的中心地区其宗教地位迅速衰落，以致卓玛拉康在很长的一段历史时期内几乎完全不见于史册。究其原因，大概是因阿底峡大师诸弟子间长期不合不能调和，导致法脉之正传在阿底峡圆寂后即转至热振寺和纳塘寺等地，而聂塘本地法脉断绝。故此卓玛拉康的声名逐渐式微，而热振、纳塘等寺法脉赓续不绝，反而成为后世更为烜赫的佛教圣地。因此，卓玛拉康的早期历史仍然是一笔糊涂账，甚至连它到底为谁所建，现存建筑和塑像是否就是其始建之遗存都仍存在不小的疑问。现在我们就先梳理一下阿底峡大师圆寂时的藏文史料，来看一看当时都有哪些和卓玛拉康有所关联的人物及其营造活动。

历史上卓玛拉康所在地区常被称作聂塘斡［斡莫］（sNye thang 'or［'or mo］），故此寺亦被称作“斡之祖拉康”（'Or gyi gtsug lag khang），后来通称为卓玛拉康或是聂塘寺。这里水草丰美，气候宜人，是阿底峡在卫藏地区偏爱的居所，他人生最后九年的大部分时光都住锡于此，并最终在木阳马年（1054）七十二岁时在此圆寂，荼毗后亦葬于此。卓玛拉康通常被认为是阿底峡大师的上首弟子仲敦巴嘉哇迥乃（'Brom ston pa rGyal ba'i 'byung gnas）为了纪念阿底峡圆寂而在次年，即木羊年（shing lug，1055年）建立起来的一座小型佛殿，内供阿底峡大师本尊杰尊度母铜像，从建立之初就有卓玛拉康之名。[1]这段历史在《青史》（*Deb ther sngon po*）中有大致的记载：

---

〔1〕 西尼崔臣：《拉萨市辖寺庙简志》（藏文），拉萨：西藏人民出版社，2001年，第297页。

> 噶哇·释迦旺秋（sKa［Ka］ba Shākya dbang phyug）赶来了，他将尊者灵骨平均分给了库（Khu）、俄（rNgog）及其他诸人。尊者之佛像、经、塔及常修本尊佛像等给了仲敦巴；库师、峨师、噶格瓦（'Gar dge ba）诸师建造了一座灵骨银塔，把他们所得尊者之灵骨保存在里面。后来，他们把噶哇（sKa［Ka］ba）等诸人供养的物质搜集起来，在［木］羊年（1055）举行了一次盛大的祭奠法会。仲敦巴说“若有属于巴热（bha rag）者，应作我的助伴”，这么一说就在聂塘修建了一座祖拉康。[1]

这段史料里提到仲敦巴在“聂塘修建了一座祖拉康（gtsug lag khang）”我们可以大致推断所指即为卓玛拉康。然而，在历史文献中关于卓玛拉康的建立者还有其他的说法。如根据纳塘寺座主琛·虚空称（mChims Nam mkha' grags）所造《觉斡大宝圣者阿底峡大师共许广传》（*Jo bo rin po che rje dpal ldan a ti sha'i rnam thar rgyas pa yongs grags*，以下简称《广传》）的记载，阿底峡的几位近侍弟子之间关系不睦，经常互相诋毁攻讦，尤其是两位上首弟子仲敦和库敦之间多有嫌隙。故此在处理尊师的后事及其遗产的分配过程中众弟子多有分歧和矛盾，而阿底峡的其中一位弟子噶哇·释迦旺秋为阿底峡的三大弟子仲敦、库敦和俄敦三人都公认最为可靠、值得信任之人，故此大家委托他董理后事和析产。在阿底峡圆寂后的一年时间里，仲敦、瑜伽师赤乔（Khri mchog）等众弟子曾在此地分别讲说八千颂、入菩提行等教诫。当时拔部（rBa tsho）和热部（Rag tsho）为此做了很多供养。噶哇·释迦旺秋希望在阿底峡法座之地建造一座“小如斗室的佛殿”（lha khang bre tsam cig）安置这些供养。于是上述二部将其建造起来，并宣称这里是他们自己的地方，其他人做外供养即可。[2]这座佛殿是否就是卓玛拉康还无法确知，只能为我们提供一种可能性。上引《青史》所谓“若有属于巴热（bha rag）者，应作我的助伴”，显然其中的bha rag是拔、热二部（rba rag）之讹。

有意思的是，《广传》中也提到仲敦确实曾有想法在聂塘为安奉乃师灵骨建一斗室大小之佛殿，但最终并未实现。当时的情况是此动议一出，其他弟子就向阿底峡的另一近侍弟子邦敦（Bang ston）询问在仲敦和其他上下所有瑜伽师当中谁可为之，邦敦却冷言：“仲敦巴其人不但无能，而且也阻碍了很多甚深佛法，其他上下所有瑜伽师只不过是一群马倌和烘麦。他（仲敦）想做什么就由他去吧，反正阿底峡如意宝已经圆寂了。”在这种

［1］管·宣奴贝原著、王启龙、还克加译：《青史》，北京：中国社会科学院出版社，2012年，第244页。

［2］载仲敦巴等《噶当祖师问道语录》（*Jo bo rje lha gcig dpal ldan a ti sha'i rnam thar bla ma'i yon tan chos kyi 'byung gnas sogs bka' gdams rin po che'i glegs bam*），西宁：青海民族出版社，1994年，第212—213页。原文：bsnyen bkur gyi dus su ka ba shAkya dbang phyug gis gtam btang nas gzhan rnams ji ltar byed pa gyis/ da rba rag gi bu tsho rnams kyi 'bul ba 'dir zhog jo bo gdan sar Lha khang bre tsam cig rtsig dgons byas pas kun gyis bzhag ste/ rba rag rnams nged kyi gnas yin zer/ gzhan rnams ni spyi mchod yin zer blags skad//。

情况下仲敦巴只能作罢，转念去那木的切玛沟（gnam gyi bye ma lung），也就是现今当雄羊八井（Yang pa can）附近建立佛殿。[1]

还有一种说法认为卓玛拉康是由阿底峡的另一位弟子邦敦·喜饶仁钦（Bang ston Shes rab rin chen）所创建。[2]《广传》中记载，当时仲敦希望为阿底峡在热振（Rwa sgreng）建立灵骨堂，瑜伽师赤乔前往泥婆罗取来纯银以为营建灵骨堂之需。又延请印度神像塑匠行脚僧玛诺（A tsa ra ma no）在热振寺塑造灵骨堂中银质佛塔内曼荼罗佛会诸神，并建造了外在的佛塔。佛塔内装满了由纯银錾刻的陀罗尼咒字。仲敦此举在其他弟子看来，显然是一种确立自己上首弟子地位的方式。因此，其他弟子也不甘示弱，纷纷仿效仲敦的做法建立灵塔和佛殿，以供养阿底峡灵骨。例如，俄敦建立了桑浦祖拉康（gSang phu'i gtsug lag khang），并模仿热振的样式建造了形制相同的银质灵骨堂，并派遣了一位戒律清净的比丘迎请了一瓷钵的灵骨安奉其中。库敦亦建立了称作"甄之色东"（'dren gyi se rdung）的祖拉康，他听说仲敦和俄敦分别建立了银质灵骨堂，于是修建了银质灵骨堂和一座未镀金的须弥山吉祥多门塔。它的左右据说各有一座金像和银像。邦敦亦建立了聂塘斡的祖拉康（sNye thang gyi gtsug lag khang）。由此在前藏阿底峡法座之地建立了四座祖拉康。其中邦敦所建者亦为上文提到的拔、热二族掌管。

另外，还有一说认为卓玛拉康是他的弟子香顿绛曲坚赞（Zhang ston Byang chub rgyal mtshan）在聂塘的斡地（'or）建立的佛殿（gtsug lag khang），所以又被称为"斡祖拉康"。斡地就是今天聂塘的斡玛村（'or ma grong）。[3]阿底峡诸弟子中确有一位号Zhang ston者，不知是否即指此人。此说目前尚无相关文献佐证，姑且听之，聊备一说。

总而言之，我们还不能确定卓玛拉康的创建史对应上面的哪种历史叙述。然而，几种说法中都不约而同地提到了寺庙是由拔、热二族建造并掌管的。拔、热二部与陵、鲁梅二部在后弘初期佛教复兴运动中是活跃在拉萨一带最有权势的下路弘法卫藏十人中的四大部族（Klu mes, rBa, Rag, 'Bring），他们各自在不同的区域兴建了后弘期最早的一批寺院，并以

---

〔1〕 gdung bzhugs pa'i lha khang bre tsam zhig snye thang nyid du bzhengs par dgongs la/ gzhan dag gis bang ston la dge bshes ston pa dang rnal 'byor ba gong 'og kun la bshol thob byas pas/ bang ston na re 'brom ston pas kyang go ma chod chos zab mo mang po'i yang gegs byas/ rnal 'byor pa gong 'og 'di kun yang rta rdzi dang yos 'thag yin khong rang gang dga' bar thong/ a ti sha yid bzhin gyi nor bu de ni 'das zer skad，载前揭仲敦巴等《噶当祖师问道语录》，第216页。

〔2〕 Matthew Akester, *Jamyang Khyentsé Wangpo's Guide to Central Tibet*, Serindia Publications, Chicago, 2016, p. 219.

〔3〕 'or gtsug lha khang/　……jo bo rje'i slob ma zhang ston byang chub rgyal mtshan gyis 'or gyi gtsug lag khang bzhengs par grags shing 'or ni da lta'i snye thang 'or ma grong du yod pa yin/ _jo po rje ni rgya gar dang nye ba'i b+hanga ga la'i rgyal po'i bur 'khrungs shing/ rta nas lo bcu gnyis tsam bod du bzhugs/ _zhib phra bka' gdams chos 'byung nang gsal 'khod byung 'dug，琼觉（Blo bzang chos 'byor）：《雪域名胜》（*Bod kyi dgon sde khag gcig gi ngo sprod mdor bsdus*），北京：民族出版社，2007年，第10页。

此为根基形成了各自为政的几大势力。[1]《青史》和《广传》虽然在倡建者上有所分歧，但在施造者和拥有者方面是一致的。事实上，后弘期伊始，也就是11世纪初叶最早在卫藏创建的一批寺院大多都是在下路弘法上师之家族部落（tsho）的掌控下，与上述情形类似。[2]

二、夏鲁寺：14世纪汉藏结合式佛教建筑的代表

（一）基本情况

关于汉藏结合式佛堂建筑，现存最早、最具有里程碑意义的建筑实物是14世纪初的夏鲁寺。夏鲁寺（Zhwa lu dgon）位于今日喀则东南，主体建筑大体坐西向东，沿中轴线分布，由大门及其围廊、前庭院子、门楼（护法殿等）、集会殿、转经道、各个佛殿等组成，平面呈矩形。大门朝东，进门之后东南两侧有外围环绕的围廊，中间为宽敞的前庭，再后是主殿。主殿坐西向东，平面“凸”字形。以集会殿及其二层中央的天井为中心，四面由四个歇山绿琉璃瓦顶殿堂构成“四合”式建筑（图6-5-19）。

图6-5-19　夏鲁寺

〔1〕 Per K. Sørensen and Guntram Hazod, in collaboration with Tsering Gyelpo, *Rulers on the Celestial Plain: Ecclesiastic and Secular Hegemony in Medieval Tibet, A Study of Tshal Gung-thang*, Wien: Verlag der Österreichischen Akademie der Wissenschaften, 2007, pp. 401-404

〔2〕 Vitali, Roberto, *Early Temples of Central Tibet*, Serindia Publications, London, 1990, pp. 37-39.

在14世纪，夏鲁家族因与萨迦世代联姻，因此受到元朝皇帝的格外礼遇，地位超越其他卫藏万户。据《汉载史集》记载：

上师答儿麻八剌乞列（1268—1287年在任）到大都后觐见世祖忽必烈（1271—1294年在位）时，奏请说："在吐蕃乌思藏，有我的舅舅夏鲁万户家，请下诏褒封。"皇帝说："既是上师的舅舅，也就与我的舅舅一般。应当特别照应。"赐给夏鲁家世代掌管万户的诏书，并且作为对待皇帝施主与上师的舅家的礼遇，赐给了金银制成的三尊佛像，以及修建寺院房舍用的黄金百锭、白银五百锭为主的大量布施。由于有了这些助缘，修建了被称为夏鲁金殿的佛殿以及大、小屋顶殿，许多珍奇的佛像，后来还修建了围墙。[1]

另外，元成宗时（1265—1307年在位），古相扎巴坚赞（sKu zhang Grags pa rgyal mtshan）亲往大都觐见皇帝，受封诰命"担任乌思藏纳里速古鲁孙都元帅，赐以虎符"，秩从二品，相当于元代宣慰使司都元帅府职阶，地位至隆。[2]此次大都之行，扎巴坚赞还获得了皇帝的一笔数量不菲的赏金用于修盖寺院。以上即为夏鲁寺得以扩建之缘起。[3]

需要指出的是，夏鲁寺是元代皇帝捐资助缘、派遣工匠完成的，因此其政治意义已经超过了建筑本体。正如东无量宫一层东壁所绘龙凤御座图，象征性地表现了作为施主的皇帝、皇后的影像，实际上夏鲁寺改建为汉式风格本身就具有明确的符号学意义，它是东方文殊皇帝在卫藏宣示主权的象征，而卫藏通过接受和认同这种文化符号，将其化为自己民族文化的一部分，也隐喻着对东方文殊皇帝的政治认同。

夏鲁寺的营建可分为三个时期（图6-5-20）：[4]

第一期为介尊·喜饶琼乃始建时期（1027年）。此期的建筑均属藏式平顶建筑，包括左侧并置的马头金刚殿（rta mgrin lha khang）、觉康佛殿（jo khang）和右侧一楼护法殿和二楼般若佛母殿，除护法殿外的建筑均为西藏早期佛堂典型的"四柱八梁"结构。

---

〔1〕前引《汉藏史集》汉译本，第231页；班觉藏布（dPal'byor bzang po）：《汉藏史集》（*rGya bod yig tshang mkhas pa dga'byed chen mo'dzam gling gsal ba'i me long*），vol. 2, Thimphu: Kunsang Topgyel and Mani Dorji, 1979，叶48b—49a；班觉桑布著、陈庆英译：《汉藏史集》，拉萨：西藏人民出版社，1986年，第231页。

〔2〕桑珠：《〈夏鲁世系史〉译注》，中央民族学院藏学研究所，1987年，第297—314页。多罗那他（Taranatha）：《后藏志》（*Myang yul stod smad bar gsum gyi ngo mtshar gtam gyi legs bshad mkhas pa'i 'jug ngogs*），拉萨：西藏人民出版社，1988年，第161—162页。多罗那他著、余万治译：《后藏志》，拉萨：西藏人民出版社，1994年，第89页。

〔3〕班觉藏布（dPal'byor bzang po）：《汉藏史集》（*rGya bod yig tshang mkhas pa dga'byed chen mo'dzam gling gsal ba'i me long*），叶48b—49a；班觉桑布著、陈庆英译：《汉藏史集》，第231页。

〔4〕夏鲁寺建筑部分的测绘数据主要来源于两个基础材料，其一为故宫古建部组织、河南省文物建筑保护设计研究中心实施的《西藏夏鲁寺维修保护设计方案设计图》，其二为西藏文化博物馆夏鲁寺研究课题组长承担的中国藏学研究中心重大课题"元代夏鲁寺艺术与汉藏文化交流"，成果将由文物出版社出版。

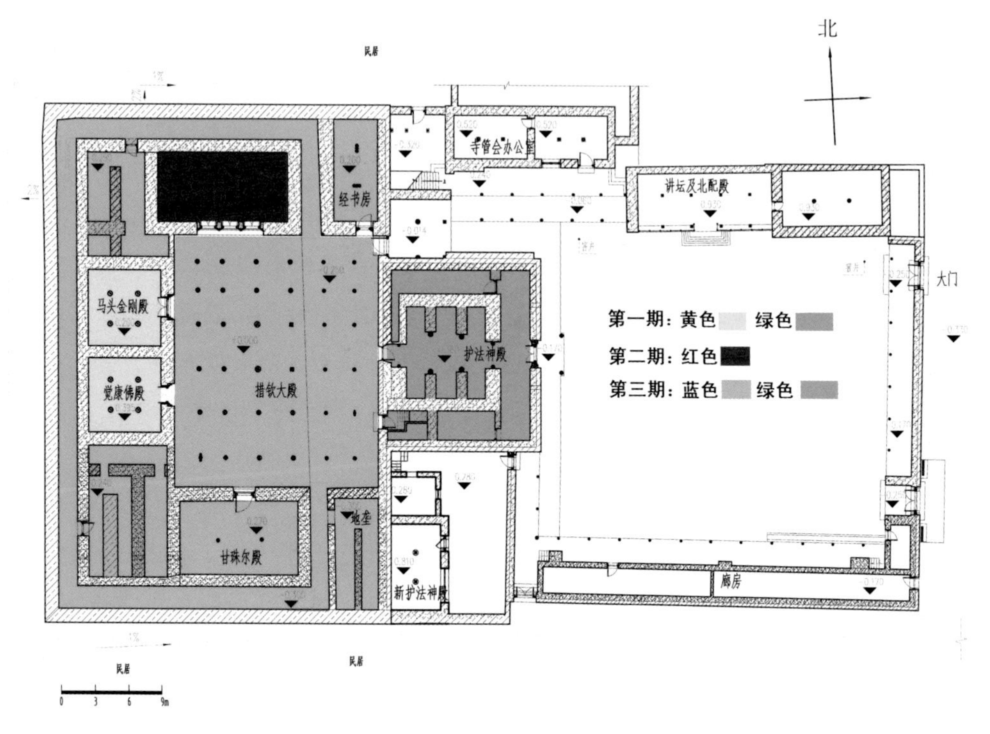

图6-5-20　夏鲁寺一层整体殿堂布局图（中国藏学研究中心重大课题“元代夏鲁寺艺术与汉藏文化交流”项目供图）

第二期为13世纪末，古相贡波贝（sKu zhang mgon po dpal）执政时期（1290—1303）。此期修建了北面的三门殿。

第三期是14世纪初，这是大兴土木修建殿堂最多的时期，也是目前所见夏鲁寺主殿格局的定型时期。此期古相阿扎（rNga sgra）的儿子古相扎巴坚赞（Grags pa rgyal mtshan）上任夏鲁古相后，在原有建筑基础上，修建了集会殿南侧“凸”出去的犀牛门殿（即甘珠尔殿）、转经回廊、顶楼的四座琉璃瓦屋顶的无量宫殿，并将东面一层门楼改为护法神殿，将进入集会殿的门从一层门楼入口改到集会殿北侧。扎巴坚赞去世后，其子贡嘎顿珠（Kun dga' don grub）任古相期间（1333—1355），与布敦大师（1290—1364，1320—1356期间任夏鲁寺堪布）一起继续修建了主殿二层四无量殿边角的无量寿宫殿（位于二层东北角）、罗汉殿（gNas brtan lha khang）、德丹拉康（bDe ldan lha khang）等建筑。

（二）夏鲁寺受到汉地观念影响的殿堂布局

从目前的遗存和历史文献记载来看，夏鲁寺的第一期建筑采取了11世纪西藏佛教复兴运动时期卫藏中部地区寺院建筑的典型样式。般若佛母殿遵循了桑耶寺式佛殿形制，但马头金刚殿和觉康殿采取二殿并置的形制，这与后弘期初期修建的另一座寺院江浦寺

（rKyang phu）相似，同样在寺院中心采取了由两座佛殿组成内殿的建筑模式。[1]此一时期，夏鲁寺建筑尚无布局可言。

从大规模扩建的第二期和第三期建筑中，我们可以明显地看到汉地思维观念和大木构建筑文化对夏鲁寺建筑的改造和重构。从整体布局上看，两次扩建是在整合旧有佛殿的基础上有规划地进行的，使寺院整体呈现出四殿合围式的、具有中轴线的“一正两厢”的平面布局，反映出明显的汉地建筑传统和思维方式。而“一正两厢”外加转经廊仍然呼应了早期桑耶寺式形制的传统。从叠压关系上看，14世纪的扩建是以西部原有的马头金刚殿、觉康殿和东部的护法殿、般若佛母殿为规划原点，西无量宫是在一层马头金刚殿、觉康殿两殿之围合矩形之上建立的，整体尺寸为16.02×8.69米。南北无量宫殿是建立在一层三门殿和甘珠尔殿的基础上，三门殿整体尺寸为13.87×8.12米，距中间二殿南墙1.78米。甘珠尔殿整体尺寸为12.7×8.65米，距中间二殿北墙4.17米。值得注意的是，甘珠尔殿的整体有很明显的逆时针方向偏转，东墙与三门殿东墙亦不在一条平行线上。由此可见，藏族匠师虽有意模仿汉地建筑轴对称和“一正两厢”的模式，但限于藏地工程技术手段的制约，这里并无汉地建筑思想中所强调的“取正”，即运用严格的工程制度、测量仪器和法式规范，通过地盘规划和实地丈量等手段以严格地保证建筑群体的对称、尺寸一致和布局合理，[2]这也说明汉地工匠似乎并未参与这一阶段的建筑规划工作。夏鲁寺这种反映汉式思维的殿堂布局在西藏很可能并非首创，后藏地区纳塘寺（sNar thang）觉冈大殿（Jo khang，13世纪中叶）似乎已经采取这样一正两厢的布局，主佛殿也亦如汉式建筑采用了横长的布局，面宽七间，进深三间，进深和面宽比率约为1∶2，这与辽金时代中原大型佛教殿堂建筑的做法是一致的（图6-5-21）。夏鲁寺的这种具有中轴线的“一正两厢”的模式对15—17世纪卫藏新建寺院

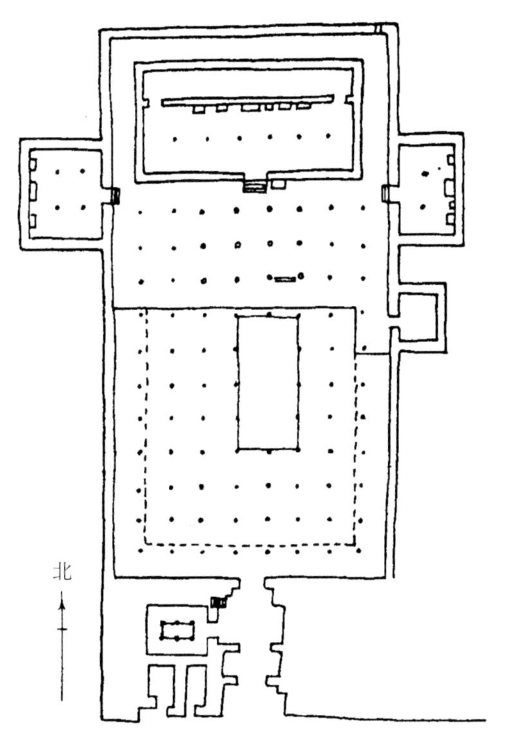

图6-5-21　纳塘寺觉冈大殿平面图（《藏传佛教寺院考古》，第121页）

〔1〕 Roberto Vitali, *Early Temples of Central Tibet*, Serindia Publications, 1990, p. 89.

〔2〕 中国科学院自然科学史研究所主编：《中国古代建筑技术史》，北京：科学出版社，1985年，第508—522页。

殿堂形制的影响无疑是巨大的，仅据笔者掌握的资料就有白居寺、贡嘎曲德寺等如下案例（图6-5-22）（表6-5-1）：

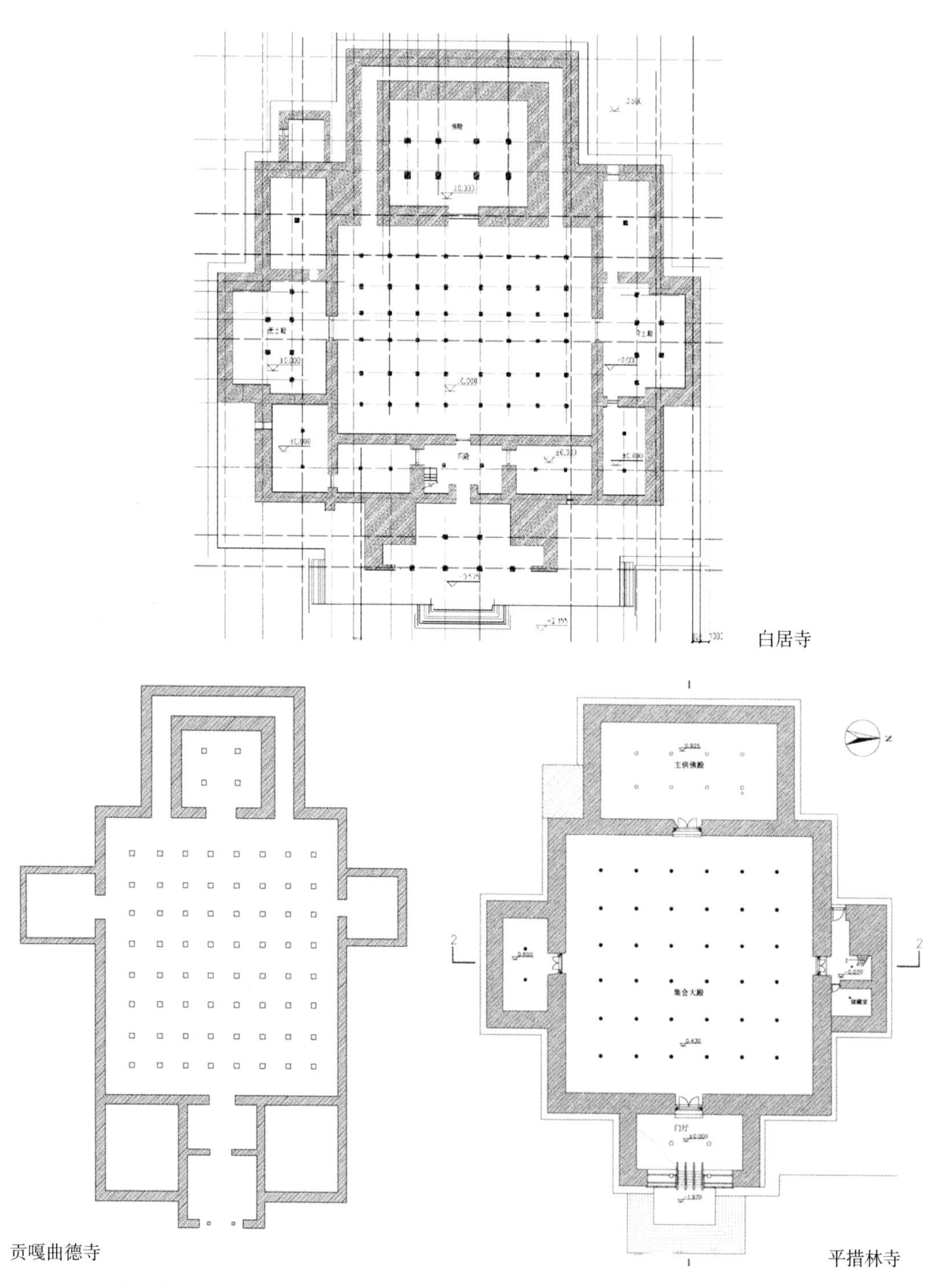

图6-5-22 白居寺、贡嘎曲德寺和平措林寺措钦大殿平面布局图（《西藏古建筑测绘图集》第1辑，第126页）

表6-5-1 藏地佛寺建造年代表

始建年代	名 称	地 点
1427年	白居寺（dPal'khor chos sde）措钦大殿[1]	后藏江孜县城北
1447年	扎什伦布寺吉康扎仓大殿（bkra shis lhun po dkyil khang grwa tshang）	日喀则市
1464年	贡嘎曲德寺（Gong dkar chos sde）措钦大殿[2]	山南地区贡嘎县岗堆镇
1489年	扎西通美寺（bKra shis mthong mon）措钦大殿[3]	山南地区错那县扎同村
1619年	平措林寺（dGa' ldan phun tshogs gling）措钦大殿[4]	日喀则拉孜县平措林乡
1679年	白日寺措钦大殿（dPal ri dgon）	安多县滩堆乡昂青村

建筑学界在论及藏传佛教寺院殿堂平面布局时往往不加分辨，动辄即武断地认为是出于曼荼罗构图，而实际上从殿堂功能、规模、礼拜方式等方面这是毫无依据的臆想。[5]

（三）融汉藏于一体的单体建筑形制

从单体建筑来看，夏鲁寺的第三期扩建时期最上层的东西南北四个无量宫都采用了几乎纯然汉式的大木构做法，包括柱上、柱间和转角斗栱结构组成的铺作层、彩绘的平棊顶，上覆绿色琉璃瓦、以椽栿承托的悬山屋顶等，都与已知的元代建筑做法十分相似。根据陈耀东的研究，夏鲁寺的大木构梁架铺作等均属于内地元代时期官式做法。[6]藏文史料如布顿（Bu ston）大师的传记说：

> 从南边运来大量的木料，从东边汉地邀请来技艺精湛的工匠。在汉式琉璃歇山顶屋顶之上建造了四个大的屋脊金瓶，四面的佛殿也采用了琉璃建筑样式，同样在屋脊装饰了屋脊金瓶。金殿为三层汉式歇山顶建筑，其余为二层歇山顶建筑。[7]

---

〔1〕张纪平、丁燕、郭宏：《西藏江孜县白居寺调查报告》，《四川文物》2012年第4期。

〔2〕罗文华、格桑曲培编：《贡嘎曲德寺壁画：藏传佛教美术史的里程碑》，北京：故宫出版社，2015年。20世纪20年代贡嘎曲德寺按照早期大昭寺式之印度模式，即大昭寺模式进行了改建，增加的隔断墙对早期壁画多有损毁。参见熊文彬、哈比布、夏格旺堆：《西藏山南贡嘎寺主殿集会大殿〈如意藤〉壁画初探》，《中国藏学》2012年第2期。

〔3〕湖南省文物考古研究所、西藏自治区文物保护研究所、西藏自治区山南市文物局：《山南壁画》，北京：科学出版社，2019年，第294页。

〔4〕西藏自治区文物保护研究所：《西藏古建筑测绘图集》第1辑，北京：科学出版社，2015年，第126页。整个寺院众多殿堂之组合虽然是远追印度祇园精舍的模式设计的，但是单体殿堂的布局仍然遵循了中轴线左右对称的布局。

〔5〕如汪永平、牛婷婷、宗晓萌等：《西藏藏传佛教建筑史》，南京：东南大学出版社，2021年，章节6.3之相关论述。

〔6〕陈耀东：《夏鲁寺——元官式建筑在西藏地区的珍遗》，《文物》1994年第5期。

〔7〕原文作：lho mo gyi yul nas shing cha chen po drangs/ shar rgya'i yul nas bzo bo mkhas pa bos/ rgya phibs g.yu chu can gser gyi gzhin btsugs pa che ba bzhi blo 'bur mig mang ris su bris pa g.yu chu'i bgan lan kan la gser（转下页）

记载明确说明大木构和琉璃瓦屋顶部分是由汉地工匠所完成的，这也可以解释这部分的工程为何十分严格地遵循当时内地的工程技法。而笔者重点探讨的是东无量宫的构造。

东无量宫的设计原点是二层11世纪始建的般若佛母殿。[1]此殿具备后弘初期桑耶寺式形制的典型特征，即中心佛堂环以转经廊的形式。由此在其上加盖东无量宫时亦以此为形制按照般若佛母殿及其回廊的尺寸向上收分加建。所以，在这样的藏式佛堂结构之上，将汉式大木构建筑加以整合时，汉族匠师一方面考虑到夯土墙作为地基立柱无法单独承托屋顶，需借助周圈砌墙辅助承重，故以檐柱和普拍枋共同承托其上的斗栱层和五槫歇山顶的负荷；另一方面巧妙地运用了宋代《营造法式》中所谓"副阶周匝"的做法，即在外檐柱外一周再增加一圈廊柱，以乳栿和劄牵承托屋檐，并将廊柱间完全砌实构成封闭空间。[2]由此"副阶"部分就构成了围合的转经廊，而在外观上也形成了重檐歇山顶式建筑。这种样式可以称之为汉藏结合式大木构佛堂（图6-5-23）。夏鲁寺的这种建筑模式在14世纪的卫藏地区影响甚广，至15世纪以后藏地虽然未能将复杂的"平槫—椽栿"木作技术继承下来，然仅就汉式坡面屋顶（rgya phibs）这种建筑外观样式而言，以夏鲁寺为滥觞，汉地歇山式金顶（gser gyi rgya phibs）在藏地逐渐流行开来，最终成为整个雪域高等级佛教建筑的一种标准配置。

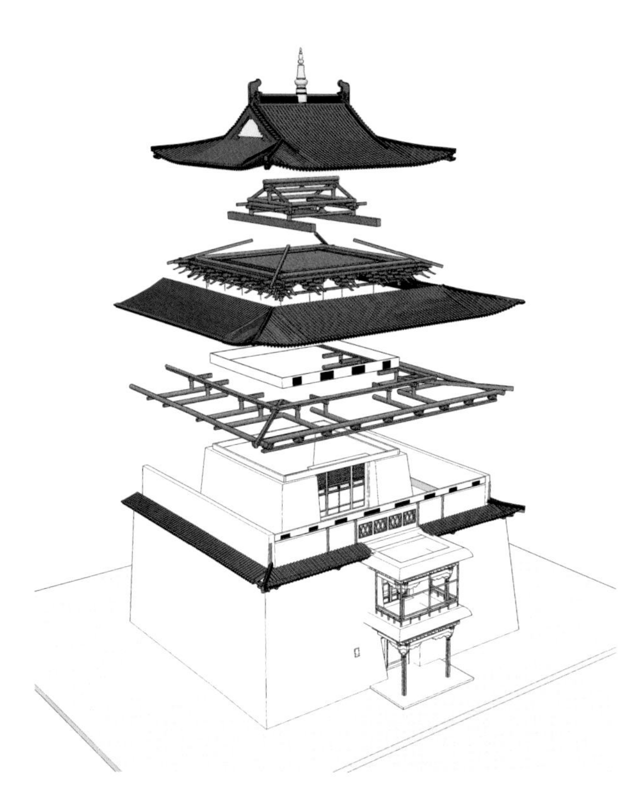

图6-5-23　东无量宫结构分解图（魏文制）

（接上页）gyi ga ras brgyan pa/ gser khang rgya phibs sum brtsegs su yod pa/ gzhan rnams rgya phibs nyis brtsegs su yod ba, David Seyfort Ruegg, *The Life of Bu ston Rin po che: With the Tibetan Text of the Bu ston rNam thar*, [Tibetan text in facsimile], SOR XXXIV, Roma: IsMEO, 1966, p. 90.

〔1〕关于此殿之研究参见杨鸿蛟：《夏鲁寺般若佛母殿画塑图像研究——以相关仪轨文献为中心》，恭特朗·哈佐德（Guntram Hazod）、沈卫荣主编：《西藏宗谱：纪念古格·次仁加布藏学研究文集》，北京：中国藏学出版社，2018年，第351—382页。

〔2〕"大木作制度图样三十六：殿阁地盘殿身七间副阶周匝身内单槽。"（梁思成：《〈营造法式〉注释》，北京：生活·读书·新知三联书店，2013年，第503页）

三、昂拉赛康寺：14世纪汉藏结合式大木构佛堂遗存于河西最早的实例

从文物遗存和文献记载上看，14世纪后期到16世纪基本遵循这种形制的汉藏结合式大木构佛堂建筑在河西地区，也就是甘青河西走廊和河湟流域十分流行。这种汉藏结合的建筑形式可能在河西早已成型。不过，河西地区目前尚未发现较夏鲁寺时代更早的建筑遗存，但仍有一些年代稍晚的建筑实物留存至今，其中与夏鲁寺年代最为接近的是昂拉赛康寺。

昂拉赛康寺（sNang ra'i gser khang）位于青海省尖扎县治马克唐镇南约12公里处，在今昂拉乡西北隅，由宗喀巴出家的业师法王顿珠仁钦（Chos rje Don grub rin chen，1309—1385）创建于元至正元年（1341）。[1]关于这座寺院的创建和基本情况，在《安多政教史》中有所记载：

> 昂拉赛康寺，据说当初曲结端主仁庆（即顿珠仁钦）寻找夏琼寺（Bya khyung）的寺址之时，来到昂拉的一位名叫端珠桑格（Don grub seng ge）的老头跟前——那位指点夏琼寺寺址的金刚忿怒母化身的老太婆也是这家之人——由端珠桑格老头作为施主，修建了昂拉赛康寺云。又说，一位汉人彩线占卜者曾向穆尼亥索南（Mi nyag bsod nams）指示预言，他按其所讲的“有一只神变鹄子向前飞行，朝它飞去的方向跟踪寻找”的指示，只见那鹄子降落在此处山丘之上，就在那里修建了神殿云。曲结端仁巴曾为寺址作了赞说词，后来，当夏琼寺大殿建成时，同时为二寺开光，天降花雨，花瓣至今还保存在该寺依止的圣物宝匣里。委任阎摩护法神为守护神，用曲结的鼻血画了一副神像的画轴，非常威严灵异。此后，第二世一切知嘉木样塑造了骑狮者药泥像，进行了委托事业的酬补仪轨，才变得稍微温和一些。这座寺里有三世佛像、八大近侍像、蓝色不动金刚像、持棒马头明王像等。前一世章嘉大国师和圣·噶登（sKal ldan）的亲传弟子隆务大成就者古哇·洛桑端珠（Rong bo grub chen gu ba blo bzang don grub）及其徒弟洛桑却丹巴两人，在该寺建了静房，长期居住修行。[2]

---

〔1〕多杰本：《“昂拉赛康”的创建历史考察》，《西部论丛》2020年第12期。

〔2〕扎贡巴·贡却丹巴饶吉（Brag dgon pa dkon mchog bstan pa rab rgyas）：《安多政教史》（*mDo smad chos 'byung*），兰州：甘肃民族出版社，1982年，第288页，原文作：snang ra'i gser khang ni/ chos rje don grub rin chen bya khyung gi gnas 'tshol skabs snang ra'i a myes don grub seng ge'i rtsar phebs/ bya khyung gi gnas ston mkhan khro gnyer can ma'i sprul bar grags pa'i rgan mo yang 'di pa'i yin/ des spyin bdag byas te bzhengs zer ba dang/ mi nyag bsod nams zer ba la rgya ju thig pa zhig gis lung bstan/ sprul ba'i khra zhig 'phur ba'i rjes bsnyegs par 'di ka'i sa （转下页）

此寺现存佛殿三座，中间重檐歇山金顶者为其始建时期建筑（图6-5-24）。从现状来看，这座建筑应经历过后世的不少改动，但仍然可以看出其结构属于典型的汉藏结合式大木构佛堂（图6-5-25）。其形制与湟水流域明初所建瞿昙寺的瞿昙殿和宝光殿十分相近。殿前加建了一座藏式抱厦，簇新的金顶也很可能是晚期才更换上去的：因为屋檐下的斗栱层仍保存完整，颇似夏鲁寺东无量宫，所以原来其上也应是"平槫—椽栿"汉式坡面屋顶。内部平面布局还保持原貌，是比较典型的桑耶寺式布局。其大木结构与卓玛拉康颇为接近，正面和山面皆有五朵斗栱。想其始建之构造也是面阔三间，进深三间。其转经廊之木结构完全露明且状态完好，大致为始建时期原构，亦属封闭围合的"副阶周匝"结构，乳栿和劄牵承托平槫架起上面的椽子，上覆灰瓦。中部佛堂无金柱，顶为平綦，无藻

图6-5-24　昂拉赛康寺

（接上页）'bur zhig gi steng du babs pa der lha khang bzhengs yang zer/ chos rje don rin pas sa sde'i bshad pa gnang/ phyis bya khyung du lha khang chen mo dang lhan du rab gnas mdzad pas 'dir yang me tog babs pa rten sgrom du bzhugs pa da lta yod/ dam can srung mar bskos te rten thang chos rje'i shangs khrag gis bzhengs/ gnyan cha shin tu che// dus phyis kun mkhyen bar mas seng zhon gyi sman sku bzhengs/ de'i bskang 'phrin btsugs pas 'tshub cung zad chung/ dus gsum sangs rgyas/ nye sras brgyad/ mi g.yo ba sngon po/ rta mgrin be con can rnams bzhugs/ lcang skya gong ma dang skal ldan dngos slob rong bo grub chen ni gu ba blo bzang don grub/ de thugs sras blo bzang mchog ldan pa gnyis kyis sgrub sde btab lte yun ring bzhugs 'di nas dgu rong ngos kyi la brgyud na rong bor slebs/。

井。平棊皆彩绘种子字曼荼罗，且平棊位于斗栱层下部，壁面亦将立柱完全盖住，因此立柱和铺作层之构造尚不得尽知。需要指出的是，前廊与汉式建筑露明为抱厦的方式不同，墙面完全砌实，中间开门，构成更加封闭的环形转经廊，这显然还是受到藏式建筑做法的影响，与14世纪后期以来河湟一代的汉藏佛教大木木构佛堂前廊露明的做法相区别，而这种做法与上述卓玛拉康早期建筑复原结构和夏鲁寺东无量宫是完全一致的。这也从另一个角度证明此昂拉赛康寺佛堂的始建年代确在14世纪中期。

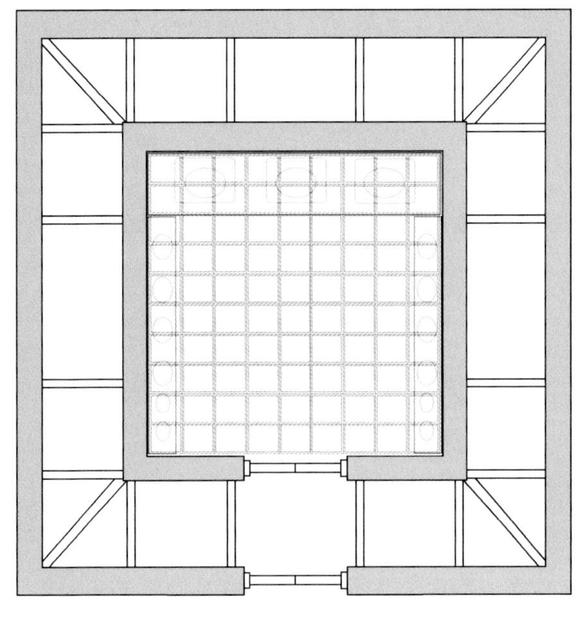

图6-5-25　昂拉赛康寺中佛殿平面布局图（魏文制）

顿珠仁钦是安多昂拉人，其家族与萨迦派关系十分密切，据说其祖母是萨迦昆氏（’Khon）家族成员。他年轻时即赴卫藏学习，在聂塘德哇坚寺（bDe ba can，卓玛拉康的母寺）从聂塘的扎西僧格（bKra shis seng ge）学习了般若、慈氏五论，后在纳塘寺从觉丹热智的大弟子朵堆·热贝桑格（mDog stod rigs pa’i seng ge）听受《量论》，后又前往夏鲁寺做绕寺修行，并随布顿大师求学深造，因与布顿大师在辩经法会上辩论而名声大振。学成后即返回安多，担任八思巴创立的临洮大寺的住持。当时，聂塘寺曾派人来请他赴任聂塘寺堪布（1336），但未到任之前，堪布一职又任用他人。虽未能担任堪布，但顿珠仁钦仍把所带物品献给聂塘、纳塘等寺，以作为维修殿堂、布施僧众之用。之后，顿珠仁钦自卫藏归乡筹建夏琼寺（Bya khyung），期间先期于元至正元年（1341）建立了昂拉赛康寺。[1]顿珠仁钦的生平与我们上面所提到的深受汉地建筑技艺影响的夏鲁、聂塘、纳塘等寺均有深入交集，这就揭示了为何昂拉赛康寺佛殿与卫藏的这些寺院殿堂属于相同的汉藏结合式大木构佛堂，这也是14世纪卫藏与河湟地区以建筑技艺为介质的汉藏文化互动交流的一个典型案例。

〔1〕其生平可见《安多政教史》所载，第187页。绛央索南扎巴（’Jam dbyangs bsod nams grags pa）的《热贡族谱》（*Reb kong rus mdzod*）和才旦夏茸的《夏琼寺志》（*Bya khyung gdan rabs*）中有较为详细的生平传记。宏奇、尼达主编：《热贡族谱：藏文》，北京：民族出版社，2009年；《夏琼寺志（藏文）》，西宁：青海民族出版社，1984年。

四、15世纪万神殿与大木构结合的河西诸寺：同质异构的新创造

（一）元明之际藏传佛教文化新发展与河西汉藏结合式“万神殿”的新创

河西地区在地理上属于汉藏杂处的交错地带，多重来源的文明在这里交汇、融合，并衍生出了一些独特的区域性文化现象，而汉藏结合式大木构佛堂建筑形制就是其一。现在河西仍然保存下来一批14世纪末到16世纪的这种形制的藏传佛教佛堂，其建筑形制和木作特点已受到海内外建筑史学界的一些关注。[1]这些佛堂所属寺院在整体布局上体现出典型的汉地建筑轴对称和“一正两厢”模式。而单体建筑则在固有形制的基础上，吸收了来自卫藏同时代所开创的万神殿的做法，即利用平棊和斗八藻井进行巧妙的规划和设计，将四部密续各类曼荼罗、尊神图像，按照由高向低的次第，由中心向外依次排布，最终组成一个完备的佛教神系，创造出一种具象化地体现藏传佛教密教思想的建筑空间。

平棊，或曰平机、平橑，俗谓天花板，常用“贴络华文”装饰；斗八藻井，或曰方井、圜泉，位于殿堂中央，多为八角形，是用八枨同中心辐射排列的栱起的角梁斗成者，故名。[2]它们在中国传统木构建筑法式中属小木作，是建筑内檐装修的一部分，用于遮蔽梁架以上结构，并提高建筑等级。传统汉地佛教建筑和石窟中，平棊和斗八藻井得到了广泛应用，前者绘制图案多为莲花、云纹、摩尼宝，后者则多为盘龙浮雕。元代以来，受到藏传佛教的强烈影响，汉藏结合式大木构佛堂在平棊和斗八藻井上开始使用种子字经咒作为庄严，如上文提到的夏鲁寺、昂拉赛康寺等。

至明代初年，甘青地区由明初三帝敕建的宗教中心瞿昙寺开始有了一些变化。其前两进殿宇瞿昙殿（1391）和宝光殿（1418）属于河西地区典型的汉藏结合式大木构佛堂。[3]宝光殿天顶处在同一平面上，尽为平棊，无藻井，图案皆为相同的六字真言的种子字曼荼罗，这遵循了14世纪以来的做法。瞿昙殿则有所不同，殿顶虽然仍处在同一平面上，但是以斗八藻井为核心，周绕平棊，绘制图像为释迦牟尼佛和连续往复的金刚界五方

---

〔1〕参见吴葱、程静微：《明初安多藏区藏传佛教汉式佛殿形制初探》，《甘肃科技》2005年第12期；宿白：《藏传佛教寺院考古》，第275—291页。程静微：《甘肃永登连城鲁土司衙门及妙因寺建筑研究》，天津大学2005年硕士论文。Aurelia Campbell, A Fifteenth Century Sino-Tibetan Buddha Hall at the Lu Family Tusi, *Archives of Asian Art* 65, no. 1, 2015, pp. 87-115.

〔2〕梁思成：《〈营造法式〉注释》，第240—245页。

〔3〕王其亨、吴葱主编：《中国古建筑测绘大系·宗教建筑：瞿昙寺》，北京：中国建筑工业出版社，2019年；吴葱：《青海乐都瞿昙寺建筑研究》，天津大学1994年硕士论文。此二殿历经后世改造已非始建模样，瞿昙殿前有清代抱厦，宝光殿周匝转经廊外墙已被拆去，变成了真正意义上的回廊。

佛，每块表现一佛，合计108块。诸佛的布置纵横方向按照五方佛的顺序、身色、手印等，每块版面主尊均为佛装，周绕弟子、胁侍菩萨，背具云气、五彩光芒和五方佛等。佛头均朝向正壁方向（图6-5-26）。[1]此种变化表明人们开始有意识的加强天顶彩画宗教表达的功能，它们不再只是庄严殿堂的次要结构，而更是表现佛教神系及其思想的空间。

14—15世纪，伴随着藏民族开始走向文化自觉和复兴，西藏本土文化和艺术从吸收、总结逐渐走向创新。以布顿大师为代表，西藏本土的佛学家开始对此前传入雪域的显密经教，尤其是密续部经典进行了系统性和体系化的整理、抉择、分类和诠释。[2]由此催生出了相应的系统性图像：从以夏鲁寺东西南北四无量宫的瑜伽部曼荼罗壁画为肇始，至1427年创建的白居寺吉祥多门塔按照布顿大师厘定的显密体系绘制的“万神殿式”壁画达到了成熟的顶峰。[3]这座吉祥多门塔共有七层，每层皆以心木（srog shing）为核心环绕安置大小不一的佛殿。这些佛殿皆有藏传佛教诸神壁画和造像，每个佛殿都有一个独

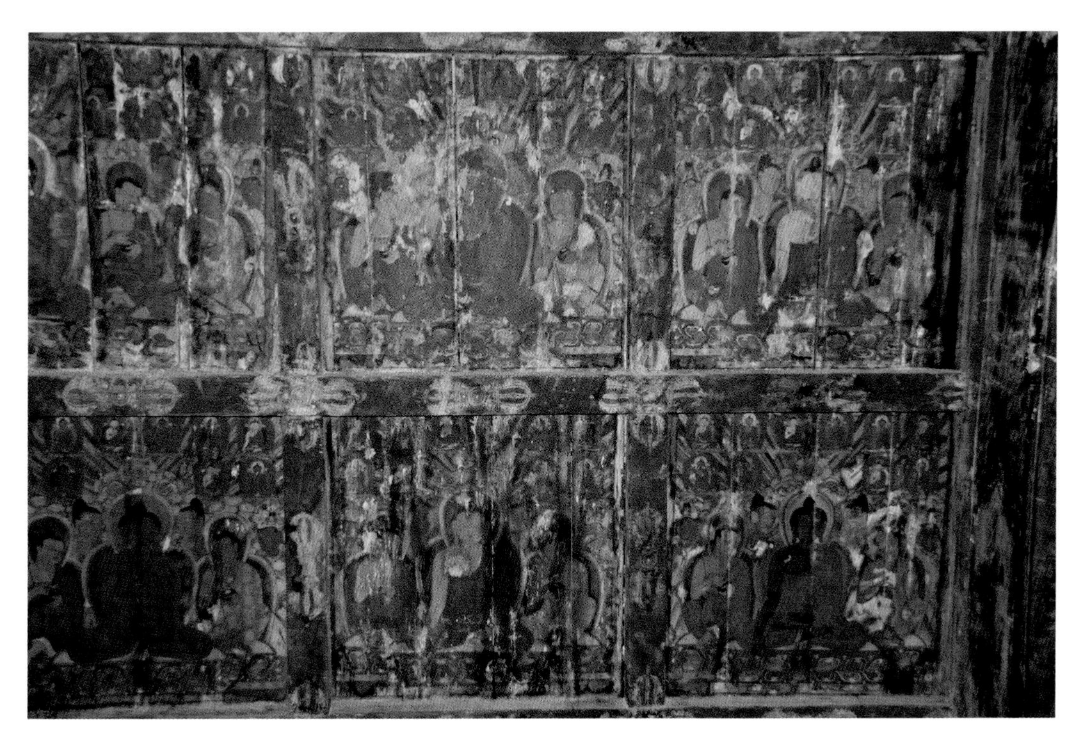

图6-5-26　瞿昙寺瞿昙殿天顶平棊彩画局部（魏文摄）

〔1〕谢继胜、廖旸：《青海乐都瞿昙寺瞿昙殿壁画内容辨识》，《中国藏学》2006年第2期。

〔2〕参见布顿大师，郭和卿译：《佛经总密意的论典分类目录》，《佛教史大宝藏论》，北京：民族出版社，1986年，第292—435页。

〔3〕关于白居寺吉祥多门塔的相关研究已经相当全面，如图齐（Tucci）著，魏正中、萨尔吉主编：《梵天佛地》第四卷“江孜及其寺院”，上海古籍出版社、意大利亚非研究院，2009年；熊文彬：《中世纪藏传佛教艺术：白居寺壁画艺术研究》，北京：中国藏学出版社，1996年。

立的神系主题。从宏观上看，整个图像体系是在大乘佛教框架下，从下至上从显教而入密法，复由密教四续部之事部（bya rgyud）、行部（spyod rgyud）、瑜伽部（rnal 'byor rgyud）等渐次进阶至最高处的无上瑜伽密续（rnal 'byor bla na med rgyud），以顶端的无二续本尊时轮金刚为整个“万神殿”神系的核心。参礼佛塔之人从下而上螺旋上升绕行、礼拜佛殿，其意义如同次第修习佛法，亦即逐次经历了大乘佛教几乎所有显密修行、获得一切成就，进而通达最终解脱之道的仪式化过程（图6-5-27）（图6-5-28）。

图6-5-27　白居寺吉祥多门塔俯视结构图　　图6-5-28　白居寺吉祥多门塔立面结构图

作为白居寺吉祥多门塔“万神殿”结构布局的汉地转译，河西地区的佛教徒和工匠创造性地将汉地大木构中天顶斗八藻井、平棊，甚至是栱眼壁等部位整合到一起，依据上述“万神殿”的布局原则绘制系统性的曼荼罗和尊神图像，并且为适应“万神殿”圈层曼荼罗结构，还将殿堂平面规划为面宽和进深等距的正方形结构。同时为了在殿内营造并区隔出出世间的中心佛堂和世间的内转经廊，同时也为佛堂天顶曼荼罗结构提供更加宏阔的神圣空间，河西匠师创造性地在瞿昙殿和宝光殿的基础上进行了创造性地改造，将地盘规划为正间宽阔、两次间狭窄的格局，并在殿内提升中心佛堂天顶的高度，使其高于周圈转经廊天顶。以上这些改变了上述昂拉赛康寺、瞿昙寺等佛殿面宽三间等距、天顶在同一水平上的做法。通过这样的调适，白居寺吉祥多门塔三维立体结构的图像体系被转译为二维平面为主、立面为辅的天顶布局，斗八藻井作为天顶核心绘制神格最高的曼荼罗，周围平棊板上向外分别绘制神格依次递减的曼荼罗和尊神图像，再配合内外栱眼壁上的低级神灵图像，构建起一个包罗万象又次第明晰的佛教世界的建筑空间。这种崭新模式的汉藏结合式“万神殿”大木构佛堂在明代的河西地区曾经颇为流行，见于遗存和文献记载的寺院有如下几座（表6-5-2）：

表6-5-2　文献记载与现存的汉藏结合式“万神殿”大木构佛堂

时间年代	名称	地点	现存情况
宣德二年(1427)	妙因寺万岁殿	甘肃永登县城西南60公里连城镇	始建时期天顶保存完好
宣德五年—康熙年间	白塔寺佛殿	甘肃武威市东南20公里武南镇	已毁,见诸史籍[1]
成化十六年(1480)	妙因寺多吉羌殿[2]	甘肃永登县城西南60公里连城镇	天顶为康熙时期重绘
成化十八年	显教寺大雄宝殿[3]	甘肃永登县城西南60公里连城镇	始建时期天顶保存完好
弘治五年(1492)	感恩寺大雄宝殿[4]	甘肃兰州西北70公里红城镇	始建时期天顶保存完好
万历十五年(1587)之前	西来寺观音殿	甘肃省张掖市西来寺巷	改动颇多,还残留始建时期天顶
万历二十三年(1595)	石门寺三世佛殿	甘肃省卓尼县洮砚乡	基本完好

(二)感恩寺:15世纪末河西“万神殿”的成熟代表

复以感恩寺为例,此寺由河西土司巨室鲁氏家族第五世鲁麟施资建于明弘治五年至八年(1492—1495),是河西地区现存最早的格鲁派寺院。目前寺院始建布局完整,主要殿宇均为明代原构。各主殿内所绘壁画、彩画仍保留了明代始建时的原貌,塑像虽经后代修补,但主体保持了原来的风格和式样。

感恩寺大雄宝殿为三开间三进深七檩单檐歇山顶殿堂式建筑。柱上和柱间均施双假昂五铺作重栱计心造。受到格鲁派建筑文化的影响,殿堂形制上已经有意地取消了外转经廊,故无周匝副阶之设计。该殿进深和面宽基本一致,地盘呈正方形。其布局正如上述所说以塑造天顶曼荼罗布局为出发点,尽量拓展中心佛堂的空间,并与周匝转经廊区隔开,明间设计阔宽达5.14米,次间阔仅1.95米,因此从正立面和侧面看,檐柱

〔1〕扎贡巴·贡却丹巴饶吉(Brag dgon pa dkon mchog bstan pa rab rgyas):《安多政教史》(*mDo smad chos 'byung*),吴均等人译,兰州:甘肃民族出版社,1982年,第140页。

〔2〕杨旦春:《甘肃妙因寺多吉强殿曼荼罗图像内容及其布局考述》,《西藏大学学报》2020年第1期。

〔3〕杨鸿蛟:《甘肃连城显教寺考察报告》,谢继胜主编:《汉藏佛教美术研究》,首都师范大学出版社,2010年,第411—434页。

〔4〕魏文:《甘肃红城感恩寺考察报告》,谢继胜主编:《汉藏佛教美术研究》,首都师范大学出版社,2010年,第353—410页。

和角柱之间只有一朵柱间铺作，正间两檐柱间却有多达四朵柱间铺作。殿内四金柱将室内空间分为内槽的中央方形佛堂和外槽的转经廊两部分，天顶由此分为内高、外低的两组。整个天顶除中心藻井外，共有117面平棊板（图6-5-29）。中央斗八藻井绘制尊格最为崇高的无上瑜伽密无二续本尊时轮金刚（Kālacakra）曼荼罗（121），系按《究竟瑜伽鬘》（*Niṣpannayogāvalī*）第26尊曼荼罗所绘，具有统摄整个天顶神系的核心地位（图6-5-30）。[1]以其为中心周匝有纵六横六共32块方形平棊板，绘制次一级的《究

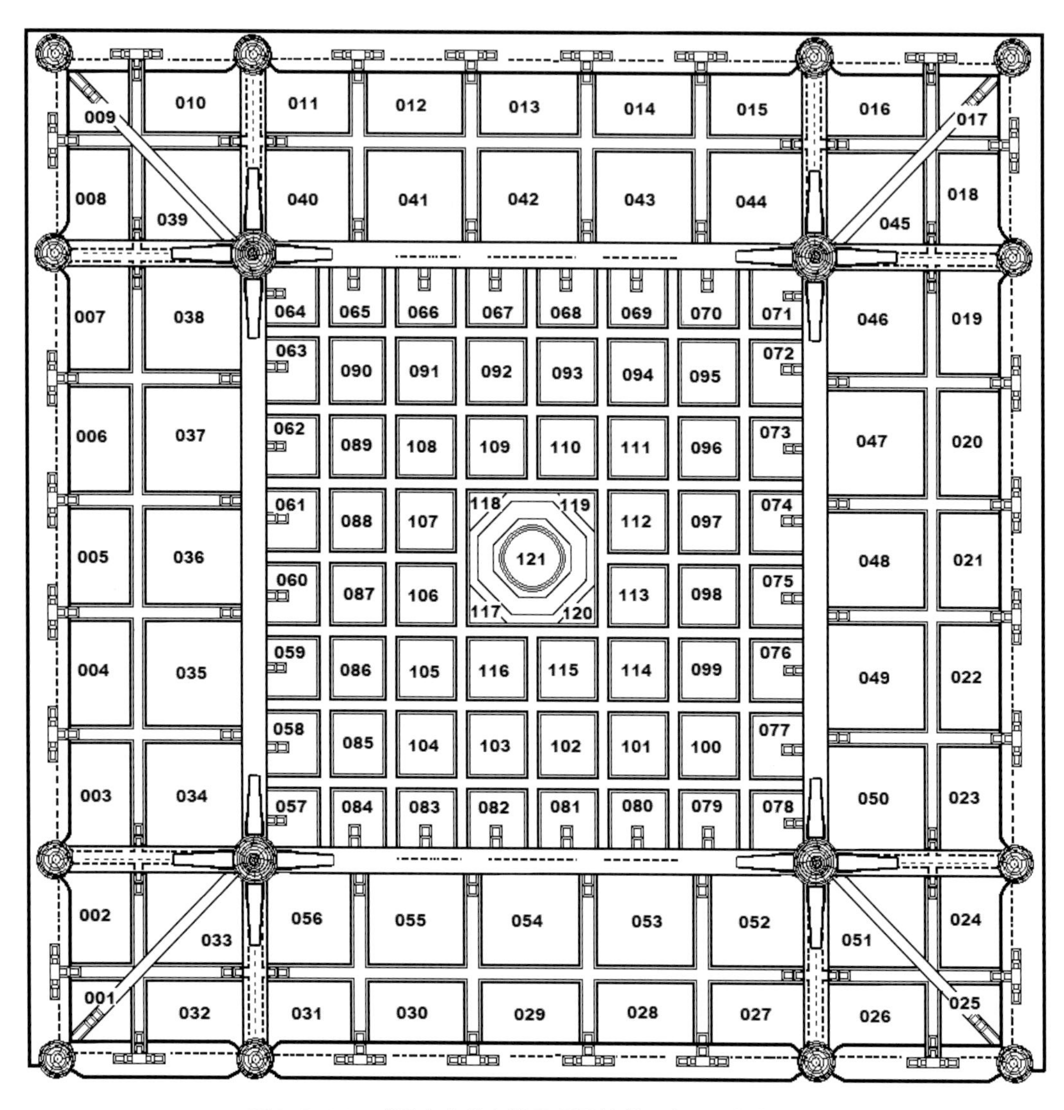

图6-5-29　感恩寺大雄宝殿天顶平棊彩画布局图（魏文制）

〔1〕《究竟瑜伽鬘》为密教梵文文献，成书于12世纪，由无畏笈多（Abhayakaragupata）汇集成书于超戒寺。参见杨清凡：《关于藏传佛教图像研究的回顾与思考》，《西藏研究》2006年第4期。

图6-5-30　感恩寺大雄宝殿斗八藻井彩绘时轮金刚曼荼罗（魏文摄）

竟瑜伽鬘》32尊无上瑜伽密父续秘密集会（Guhyasamāja）曼荼罗（090—116，图6-5-31）。[1]佛堂最外一圈东侧一列绘制了与父续相对应的母续本尊曼荼罗，如位于中央的上乐（Cakrasaṃvara，074，图6-5-32）、喜金刚（Hevajra，075）、金刚空行母（Vajrayoginī，077）、不动明王（Acalanātha，057）等，东侧一列绘制有其他父续本尊，如居于西部中央的大威德金刚（Yamāntaka，061）、阎魔敌（Yama，060）等。南侧一列与外圈南侧关系密切，有三组似皆为行部的无量寿佛曼荼罗（081—083），这里本应为阿弥陀佛，与其南侧门口上方的四佛组成瑜伽部五方佛。这里则降格为阿弥陀佛的化身、属于行部的无量寿佛，显然与功德主祈求延寿有关。外圈最南侧是殿堂入口处，也是地位仅次于斗八藻井的位置，绘有瑜伽部中除阿弥陀佛以外的四方部尊（027—031），其以位于中央的金刚部尊阿閦佛（Akṣobhya）（029）为中心统领诸方，体现出密教兴起后以金刚部为上的思想。[2]南侧内板绘文殊菩萨（Mañjuśri，054）、马头明王（Hayagrīva，053）和降三世明王（Trailokyavijaya，055），此种以文殊为中心的三尊组合明显是在表现事部中佛部、

〔1〕张雅静：《〈究竟瑜伽鬘〉中的秘密集会三十二尊曼荼罗》，《藏学学刊》第10辑，中国藏学出版社，2014年，第141—152页。

〔2〕杨清凡：《五方佛及其图像考察》，《西藏研究》2007年第2期。

图6-5-31　无上瑜珈密父续秘密集会曼荼罗（魏文摄）

图6-5-32　上乐金刚曼荼罗（魏文摄）

莲花部和金刚部的神系架构。外圈北侧中央为阿閦佛（042），与南侧中央的西方无量寿佛遥相呼应。北侧其他内板和东侧内板则又是无上瑜伽密母续诸尊如上乐（040）、空行母（041）、智慧空行母（042）、无我母（Nairātmyā，047）、大黑天（Mahākāla，049）等。外圈四隅则各有四板，绘制多为行部、事部诸尊，如绿度母（Tārā，001）、叶衣佛母（Parṇaśabari，002，图6-5-33）等。外圈外侧东、北、西三方则皆为显教诸佛（图6-5-34）。以上所有天顶绘画，外加内槽、外槽栱眼壁所绘制的低级神灵，共同构建起一个宏大的万神殿神系。当然，即便天顶绘画的布局在整体上体现出曼荼罗的构造，但仍以南面入口处及其轴线为主位，布置藏传密法中最为重要的一组神祇，这是与上述白居寺吉祥多门塔、托林寺迦萨殿同心圆结构本质上的区别，其所体现的仍然是汉式建筑思维观念。

另外值得一提的是，感恩寺大雄宝殿两厢配置了完全相同的方形小殿——菩萨殿和护法殿。这种布局在河西诸寺中非常普遍，如瞿昙寺的瞿昙殿、宝光殿，妙因寺万岁殿等皆有如此配置。这种殿堂配置并非仅是汉式两厢对称布局，应是早期桑耶寺式佛堂前的横长经堂演变而来。因为这类佛堂在后期大多将其前面宽大于佛堂的经堂，按照佛堂面宽加以截断，逐渐蜕化成左右两侧的两个小室，这在卫藏和河西地区的很多建筑实物和考

图6-5-33　外圈四隅叶衣佛母（魏文摄）

图6-5-34　东侧外圈中央弥勒佛（魏文摄）

古资料中都可看到（图6-5-35）。[1]元以来汉藏结合式大木构佛堂虽逐渐流行开来，但仍保存了这种早期藏传佛教寺院殿堂形制蜕变的残留，并和汉式建筑轴对称、一正两厢的布局相结合，形成了主佛堂的左右配殿。而其建筑本身皆刻意设计成小型方形结构，仍然暗示着其遗传早期藏传佛教桑耶寺式建筑经堂的渊源。

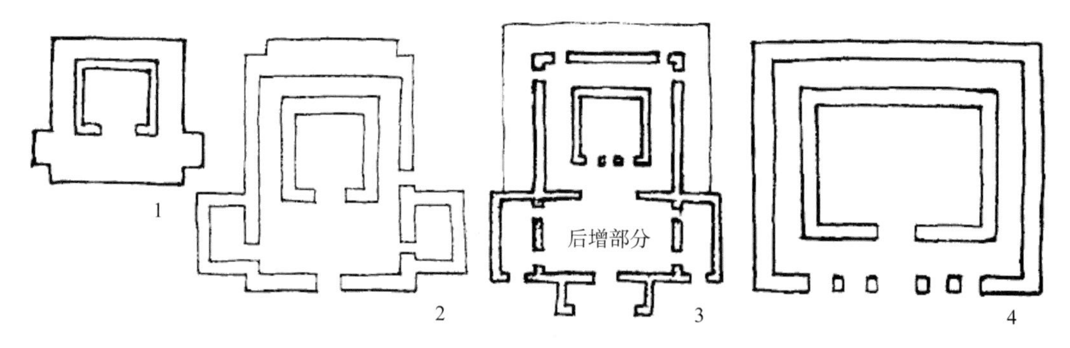

图6-5-35　第一处佛殿遗址（Y2）平面示意与西藏佛寺佛殿平面示意比较
1. 第一处佛殿遗址（Y2）平面　2. 札囊阿钦寺大殿平面　3. 乃东玉意拉康平面　4. 琼结若康平面

〔1〕卫藏地区的例子可见扎囊阿钦寺大殿，河西地区的例子可见黑水城遗址佛教建筑基址（Y2）。参见宿白：《藏传佛教寺院考古》，第253页。

（三）河西汉式大木构殿堂的象征意义

14世纪后期到16世纪基本遵循这种形制的汉藏结合式大木构佛堂建筑在河西地区，也就是甘青河西走廊和河湟流域十分流行。河西地区在地理上属于汉藏杂处的交错地带，多重来源的文明在这里交汇、融合，并衍生出了一些独特的区域性的文化现象，而汉藏结合式大木构佛堂形制的演变就是其一。现在永登地区，也就是明代庄浪卫仍然保存下来一批15—16世纪这种形制的藏传佛教佛堂。他们均为明代河湟地区最大的土司、有"河西巨室"之称的鲁土司家族所建。鲁土司家族本自成吉思汗时期汗庭四大怯薛之一、速勒都思氏（sūldūs）锁儿罕·失剌（Sūrğān šireh）之子沈白（Chimbai）一系后人。其部落自13世纪中叶由漠北迁往现今永登地区驻扎，逐渐放弃游牧的草原生活方式，仿效汉人定居下来，世守其土的中原理念渐渐深入其心。元亡明兴，身为蒙古后裔的鲁土司家族为了保守其土选择投降明朝，为明朝北拒蒙古，南捍诸番，戍守边疆，以为藩屏。[1]然而，鲁土司终究明白自己身为蒙古人是无论如何也无法改变的事实，在明朝帝王和官吏的眼中始终是非我族类的土民，是需要加以利用但须时刻提防的外人。因此，鲁土司家族一以贯之的生存策略就是要在明朝面前处处表现出对汉地文化和政治传统的崇尚和认同，而对本民族的属性和家世则讳莫如深，尽量淡化自己的蒙古渊源。同时，为了在甘青藏地保持和拓展自己的政治权势，也因应明朝帝王崇尚藏传佛教信仰，鲁土司家族也热衷于藏传佛教事业，并极力宣扬自己显赫的家世，将其与八思巴《彰所知论》所确立的佛教化的蒙藏史观衔接起来，借此确立自己的地位。在这样的思想背景下，鲁土司家族建立的这些寺院在整体布局上体现出典型的汉地建筑轴对称和"一正两厢"模式。而单体建筑则在固有汉藏结合式佛堂基础上，吸收了来自卫藏15世纪初所开创的白居寺吉祥多门塔"万神殿式"做法，利用平棊和斗八藻井进行巧妙的规划和设计，绘制出四部密续各类曼荼罗、尊神图像，按照由高向低的次第，由中心向外依次排布，最终在天顶组成一个完备的佛教神系，创造出一种既遵循汉地建筑文化传统，又具象化地体现藏传佛教密教思想的神圣空间。从其本质上看，这样的建筑所体现的仍然是鲁土司家族在保守其土其民的基础上，祈求获得明廷身份认同的一种渴求。如第五世土司鲁麟兴建的感恩寺，就鲜明地体现出鲁土司家族的这种两面性。其寺院布局到单体建筑皆是内地宗教建筑模式，碑亭内有汉藏两体石碑一通，其内容和表述迥异，正面汉文碑记的观者是朝廷派来此地的流官和武将，其目的在对皇帝和朝廷宣誓效忠。因此汉文碑记的内容鲜明地体现出明代官方以儒

---

〔1〕魏文:《元明西北蒙藏汉交融背景中的鲁土司家族政教史事考——以红城感恩寺藏文碑记释读为中心》，载沈卫荣主编:《西域历史语言研究集刊》第五辑，北京：科学出版社，2012年，第427—466页。

家伦理为主体的意识形态和三教观。而背后藏文碑记的观者是藏族僧俗，因此极力将鲁土司的家族史放进13世纪蒙元以来重新塑造的佛教化的西藏历史叙述脉络中，从这样的历史叙述获得其血脉、政教地位的正统性和合法性。感恩寺哼哈二将殿高悬的“大明”匾额，殿内使用班丹扎释厘定的“京版”绘制的六道轮回图，大雄宝殿采用方形平面和大木结构，天顶绘制以无上瑜伽密无二续本尊时轮金刚曼荼罗为核心的四续部体系曼荼罗彩画：这一切是在塑造两种截然不同的文化认同，但都隐喻着鲁土司家族依依东望和世守其土的这种两面性。

五、汉藏结合式万神殿佛堂建筑形制在周边地区的影响

汉藏结合式大木构佛堂经过万神殿式的形制重构，即向东北和东南方向迅速流传开来。经过在地化的改良和结合，这种佛堂建筑形制在内蒙古和四川西部等藏传佛教流行地区演变成具有鲜明地方性色彩的面貌。

（一）对内蒙古佛教建筑的影响

16世纪中叶，成吉思汗第十七世孙土默特部首领阿勒坦汗进兵青海，明朝政府隔绝蒙藏的策略终告失败，蒙古和西藏重新开始接触。阿勒坦汗一方面与明朝重开互市，接受明朝的册封；另一方面为了树立自己在蒙古诸部中的地位，开始重拾藏传佛教信仰，借助重建蒙藏关系再现祖先荣光来塑造自己绍绪元朝创立者忽必烈转轮圣王的正统地位。正如《阿勒坦汗传》所说：“奉上天之命而降生者，天下之主圣阿勒坦彻辰汗，怀念八思巴喇嘛、薛禅汗二人所建无上之经教和国政。”[1]阿勒坦汗效仿忽必烈与八思巴会面之故实，三次派遣使者邀请三世达赖喇嘛，同时命其驻牧青海的四子丙兔修建佛寺，迎接三世达赖喇嘛的到来。当时召请了众多汉藏工匠修建佛寺，并于万历五年建成，由明神宗赐名“仰华寺”。关于此寺之形貌，《三世达赖喇嘛传》（*bSod nams rgya mtsho'i rnam thar*）有所描述：

> （索南嘉措）在供施双方见面的地方举行了建寺收服地煞的仪轨，尔后召来许多汉地能工巧匠修建。在新建的佛堂内供三世佛、宗喀巴大师像和索南嘉措自身像，佛

---

〔1〕 珠荣嘎译注：《阿勒坦汗传》，呼和浩特：内蒙古人民出版社，1990年，第78页。汉译经魏建东老师的润色，谨此致谢。

> 堂左、右和前面是内供大威德、观世音菩萨等像的神殿，每个佛殿具有十六根立柱的规模。佛殿之间又建有菩萨殿、药叉殿和白哈尔护法亭。前面的左右两边是光明殿和大乐殿两座寝宫，各个殿堂有汉式殿顶等作为装饰。寺院外有三重围墙，名曰大乘法轮寺。[1]

从表述上看，这座寺院从整体布局到单体建筑都属于传统汉式佛教建筑。而在安多地区所能找到的汉地工匠一定会按照本地佛教建筑传统进行设计和施工。更有意思的是，这段描述中提到仰华寺主佛殿具有十六根柱子，这正好与感恩寺大雄宝殿内外槽共十六柱完全一致。殿前左右为观音殿和大威德殿，这也和感恩寺若合符节。至于叙述中所说其他殿宇亦为十六柱者，显是误记。由此推测，仰华寺主佛殿的形制亦为明间轩敞、次间偏窄的三开间佛殿，而且地盘很有可能也为方形。

应该指出的是，蒙古是一个没有太多建筑文化传统的北方游牧民族。建筑在政治生活中的功能及其象征意义是在其入主中原之后才在蒙古人的心目中建立起来的。而忽必烈所创建的辉煌城市大都（dayidu），一直以来都是阿勒坦汗和他先辈心中不可磨灭的历史记忆。[2]因此，阿勒坦汗对最高等级王家佛教寺院的视觉想象，仍以元大都皇家寺院的汉式建筑为主。这说明仰华寺采取纯然汉式建筑的样式，一方面隐含着阿勒坦汗对明廷作为中华之主的宣誓效忠，另一方面也是对深受汉文化浸淫的本民族历史记忆的一种复现。其目的仍然是使自己的权力在两种文化和历史观念下都可以得到其合法性。

阿勒坦汗心中念念在兹的理想就是重现大都往日的辉煌与繁荣。因此，在仰华寺会面之后，阿勒坦汗即返回土默特“仿照失陷之大都”营造都市。[3]先后建成了大板升和呼和浩特，并在城中修建藏传佛教寺院，此即美岱召和大召之由来，这也是明朝末期蒙古建立佛教寺院之肇始。通过深入青海，阿勒坦汗接触到了青海和河西地区流行的汉藏结合

---

〔1〕此段笔者参考汉译进行了修订，藏文原文作：mchod yon mjal ba'i sa der/ gtsug lag khang bzheng ba'i sa btul te/ rgyal nag gi bzo bo mkhas pa mang po bkug nas bzhengs pa'i gtsang khang la dus gsum sangs rgyas dang/ rje bla ma/ rje nyid kyi sku 'dra/ g.yas/ g.yon/ mdun gsum du 'jigs byed/ spyan ras gzigs rnams kyi lha khang re re la ka ba bcu drug gi khyon tsam yod pa de'i bar bar du/ sems dpa' dang gnod sbyin gnyis kyi lha khang/ pe dkar lcog mdun gyi g.yas g.yon du gzims chung 'od gsal pho brang dang bde chen pho brang/ thams cad la rgya phibs sogs rgya nag gi lugs su bzhengs/ lcags ri rim pa gsum gyis bskor ba ming theg chen chos 'khor gling du btags/ 见第五世达赖喇嘛等：《第一至第四世达赖喇嘛传》，北京：中国藏学出版社，2012年，第610页；汉译参见五世达赖喇嘛阿旺洛桑嘉措：《一世—四世达赖喇嘛传》，陈庆英、马连龙译，北京：中国藏学出版社，2006年，第236页。

〔2〕薄音湖：《元以后蒙古人对大都的记忆和怀念》，李治安主编：《元史论丛》第13辑，天津古籍出版社，2010年，第40—43页。

〔3〕珠荣嘎：《阿勒坦汗传》，呼和浩特：内蒙古人民出版社，1991年，第85—88页。

式“万神殿”大木构佛堂，创建了在蒙藏关系上具有强烈政教象征意义的仰华寺，可见仰华寺就阿勒坦汗心目中理想佛寺的样子。我们可以据此推测，阿勒坦汗很可能将当地工匠带回土默特参与了佛寺营建工程。当然，因为大量流亡于此的山西工匠参与其间，阿勒坦汗亦曾向陕西总督和参政请求提供工匠和颜料等，因此其建筑法式不可避免地受到山西汉传佛教建筑的影响。[1]尽管如此，我们仍然能从美岱召的建筑样式上看出其深刻的河西渊源。[2]由此，蒙古藏传佛教建筑发展即以汉式建筑风貌为其基调，清代以来内外蒙古佛教建筑呈现出一派浓浓的中华气象，其发端即在此。

与此相对，同一时期驻牧于漠北的阿巴泰汗亦在同时期皈依格鲁派，在喀尔喀蒙古弘传藏传佛教，于万历十三至十四年（1585—1586）在蒙古帝国的故都哈剌和林建立了额尔德尼召。根据蒙汉文题记所示，额尔德尼召的设计可能与“顺义王喇叭[嘛]提吊[调]”（即阿勒坦汗的应供喇嘛），即东科尔呼图克图永丹嘉措（sTong 'khor sprul dku Yon tan rgya mtsho, 1556—1587）有关，且建筑亦为土默特派来的汉人“木匠头常进忠等八名”修造。虽然如此，额尔德尼召始建时期的建筑仍旧采取了13世纪以来蒙古腹地，乃至朝鲜地区和元大都佛寺的布局，与河西走廊地区的佛教建筑传统殊途。[3]一南一北同为蒙古佛教复兴运动伊始修建的两座佛寺遵循了两种传统。

美岱召原名灵觉寺，后改寿灵寺，位于东距包头市约50公里的土默特右旗。寺院建于阿勒坦汗最初修建的王城大板升中。此城平面与林丹汗的王城白城十分接近，是比较典型的早期蒙古王城形制。[4]美岱召是阿勒坦汗于16世纪晚期倡建的第一座城寺，与大致同时期兴建的大召形制相同，对后世内蒙古佛教建筑产生了深远影响。美岱召大雄宝殿由门廊、经堂和佛堂三部分组成。其中，经堂部分为后期据格鲁派都冈大殿模式而添加的建筑，佛堂部分（图6-5-36）是始建时期的主体建筑。作为阿勒坦汗“意象大都”的现实映射，佛堂体量被刻意放大，面阔5间，进深5间。外观为三滴水式楼阁建筑，然内部仅一层，因此殿堂内部空间十分高大宏敞。一层设露明“副阶周匝”，已无转经廊功能，与15世纪以后格鲁派寺院建筑逐渐摒弃转经廊有关。副阶上设平坐，仅具装饰功能。其地盘为方形，天顶布置斗八藻井和平棊，连同栱眼壁皆绘有曼荼罗和神祇图像。与上述以

---

[1]（明）郑洛：《抚夷纪略》，载《明代蒙古汉籍史料汇编》（第2辑），呼和浩特：内蒙古大学出版社，2006年。

[2] 近两年来学者已经注意到了内蒙古早期建筑和河西的关联。参见陈未：《“大召模式”——蒙藏地区藏传佛教寺院结构及形态研究的再思考》（上、下），《古建园林技术》2020年第2、3期。

[3] 包慕萍：《蒙古帝国之后的哈剌和林木构佛寺建筑》，《中国建筑史论汇刊》第八辑，北京：清华大学出版社，2013年，第172—198页。乌云毕力格：《额尔德尼召建造的年代及其历史背景——围绕额尔德尼召主寺新发现的墨迹》，《文史》2016年第4期。

[4] 包慕萍：《从“游牧都市”、汗城到佛教都市：明清时期呼和浩特的空间结构转型》，王贵祥主编：《中国建筑史论汇刊》第14辑，北京：中国建筑工业出版社，2017年，第327页。

感恩寺为代表的佛堂一样，也是通过中央天顶比周圈天顶高的方式区隔开了中央佛堂和周匝转经廊的空间。其神系仍是以绘制在斗八藻井上的时轮金刚为核心所展开的藏传佛教四部密续的结构（图6-5-37）。这与河西地区的"万神殿"式诸寺如出一辙，应与阿勒坦汗进军青海接触到意象中大都式的汉式佛教寺院有关。后期接搭经堂时，其内天顶亦有类似的彩画配置。佛堂中央斗八藻井区域四角为曼荼罗平綦、四向为8块佛陀说法平綦。除此以外平綦板横16块，纵15块，共234块。因为建筑整体较河西诸寺宽大很多，所以天顶平綦的数量也增加了一倍以上。因此，天顶只有在中央纵向5列、横向4列、呈十字形的78块平綦上绘制四续部曼荼罗图像，其他平綦版上均以无量寿佛九尊曼荼罗填充。其绘制风格也与河西诸寺颇为近似。

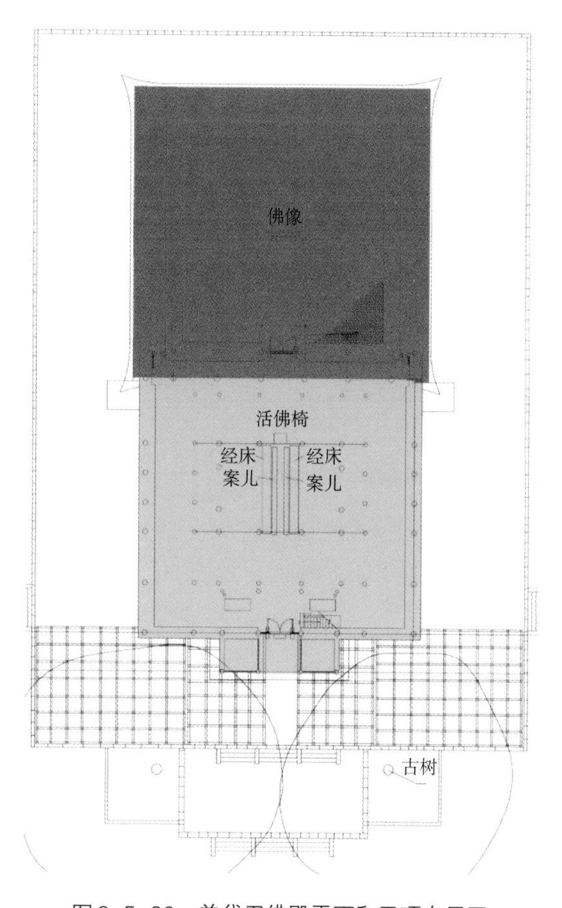

图6-5-36　美岱召佛殿平面和天顶布局图

（二）对四川甘孜藏传佛教建筑的影响

以河西为策源地，汉藏结合式"万神殿"佛堂形制不仅向东北内蒙古地区播迁，而且也通过藏彝走廊传入了四川甘孜的木雅（Mi nyag）地区，与藏羌地区历史悠久的碉楼建筑相结合，创造出一种新型的汉藏结合式碉楼经堂。根据罗文华等学者的田野调查，这种碉楼经堂的现存实例均分布在雅砻江支流立启河和九龙河流域。通过壁画年代分析，其营造时间大致在15世纪后期到16世纪。已知现存实

图6-5-37　美岱召佛殿斗八藻井时轮金刚曼荼罗

例如下（表6–5–3）[1]：

表6–5–3 现存汉藏结合式碉楼经堂

名　　称	地　　点	天顶保存状况
巴都家经堂碉	甲根坝乡（lCags gad shang）阿加上村（A rgya grong gi stod cha）	保存完好，平棊曼荼罗有题记
库家（Khug）经堂碉	朋布西乡（Bon po gshis shang）木都村（Mun gdub grong sde）	后期重铺，原状已毁
辛嘎家（Zhing ga）经堂碉	沙德乡（Sa bde shang）沙德村（Sa bde grong sde）	天顶破坏严重，曼荼罗可以依稀辨识，无藻井，全部为平棊
白马丹增家（Padma bstan vdzin）经堂碉	沙德乡（Sa bde shang）上赤吉西村（Khrod rgyu gshis grong gi stod cha）	天顶破坏严重，曼荼罗可以依稀辨识
卓玛拉康（sGrol ma Iha khang）经堂碉	普沙绒乡（dPav sreg rong shang）普沙绒二村（dPa' sreg rong grong sde gnyis）	保存完好
中古二组（Grong mgo grog gnyis）经堂碉	汤古乡（Thang mgo shang）汤古村（Thang mgo grong sde）	残损已甚

汉藏结合式碉楼经堂大体形制是在保留下部碉楼结构的基础上，在其顶层方形地盘上树立四柱，其上以十字托木架起纵横交错的房梁，形成后弘期初期卫藏地区流行的藏式"四柱八梁"结构。四柱合围的内槽天顶为套斗式藻井。这是一种十分古老的藻井形式，起源于北亚和东欧一代带，在中亚地区、河西走廊和西藏西部11世纪以前的早期石窟中十分常见。[2]藻井中除辛嘎家经堂外，绘制的都是无上瑜伽密无二续本尊时轮金刚曼荼罗。外槽则是绘制各类曼荼罗的平棊格版，内容从无上瑜伽父续、母续到行续的曼荼罗均有采用，而以无上瑜伽密续和瑜伽密续为重（图6–5–38）。应该说，四川木雅地区的汉藏结合式碉楼经堂是基于藏式建筑的一种增益式的改良，只有天顶布置藻井和平棊绘制曼荼罗来自河西地区，而建于其上的歇山屋顶多经晚近重修，尚不能断定为始建时期之原始构造。

〔1〕罗文华主编：《木雅地区明代藏传佛教经堂碉壁画》，第304—485页。
〔2〕罗文华主编：《木雅地区明代藏传佛教经堂碉壁画》，第195页。

图6-5-38 巴都家经堂硐天顶仰视图

六、总 结

本节主要从佛教物质文化的维度，通过建筑考古的研究方法，对藏传佛教佛堂建筑中肇始于河西地区的一些鲜明的汉文化建筑元素展开深入研究，如“轴对称——一正两厢”布局、带回廊汉式重檐大木构和天顶曼荼罗彩画组合等。这些反映内地思想观念和文化传统的建筑元素，至少肇兴于11世纪，现存最早的案例即是卓玛拉康无量寿佛殿。此殿被包裹在后期建筑之中，原为纯汉式的大木构和坡面屋顶样式。中心佛堂为十二柱围合，上有典型汉式斗栱层结构，外环以“副阶周匝”式转经廊道，故其外观为重檐歇山顶，这样的建筑做法与早期安多、河西地区常见的藏传佛教殿堂具有显著的继承关系。虽有文献记载1375年殿堂经历大修，殿顶铺设了绿琉璃瓦，然其斗栱层用材尺度显而易见大于时代接近的夏鲁寺汉藏佛教建筑，结合上述造像年代、风格因素或考虑其建筑年代甚至可以上推至11世纪中期。

在13世纪末至14世纪初汉式建筑技艺因元朝对西藏确立主权和有效治理而再度大规模传入藏地，经过充分的在地化而得到本土的容纳和认可。在14世纪西藏本土佛教文化由吸收转入自觉的阶段，以布顿大师为代表的西藏一流学者对此前数百年间从汉地、印度和西域传入藏土的密教文献按照“四续部”的结构体系进行了系统性地归纳和整理，基于此也衍生出了相对应的系统性的视觉表现，亦即包罗万象的、万神殿式的体系化图像。这种崭新的图像表现方式在15世纪初反哺河西地区，催生出新的“同质异构”的汉藏佛教建筑法式。这种新法式在此后不仅继续在河西地区广为流行，而且也外溢至内蒙古和四川西部康区，对当地16世纪及其以后的藏传佛教建筑产生了至为深远的影响，这在整个中国古代佛教建筑史上亦具有里程碑式的意义。从更深层的角度讲，这种与藏式建筑相互融合汉式建筑模式在漫长的历史中都可以被看作一种具有鲜明隐喻的文化符号，其所隐含的是中央王朝对于边疆地方绝对权威的一种宣誓和边疆地区对于这种权威的一种确认，背后更深刻地是以华夏本位为根基，实现大一统政治思想的体现。从人与建筑的关系角度看，这种作为充满象征意义的文化符号为藏地所接受和容纳，并成为自我文化观念和文化要素的一个部分，在地化的、和基于此再行创造的文化景观不再被当地的和流动性的人群视为一种外来的、异域的文化体现。这种长历史时段流行的可视化图景作为超越文字的精神意识载体，是汉藏两个族群之间不断涵化和交融的众多例证之一。作为文化认同远远大于种族认同的东亚地区来说，当一种饱含多元交织的文化（宗教信仰、政治传统、视觉艺术）成为日常生活的一部分，习以为常，深植于人心，不知不觉中文化认同和身份认同也将自然产生。

附　录

图版目录

第一章　汉藏多民族文明形成的基础：西藏神话与早期文物

第一节　西藏地区岩画与阴山、贺兰山一系岩画的关联

第二节　西藏的三界神话与宇宙观念及西藏神话的系属与特征

第三节　西藏山神神话体系与西南诸族及东亚神话

第四节　西藏的战神与风马旗幡及汉藏五行观念

第五节　独脚鬼与猫鬼神：汉藏多民族信仰的融合

第二章　七世纪至九世纪唐蕃文明的交流与形成期的汉藏文明

第一节　藏区吐蕃本土艺术遗存

第二节　汉藏边境大日如来八大菩萨摩崖造像

第三节　吐蕃统治的敦煌与丝路汉藏文明中心的形成

第四节 敦煌藏经洞出土护身符：连接早期汉藏交流的纽带与媒介

第五节 从温姜多密檐塔看吐蕃宗教建筑的演化与多民族文明交流

第六节 从毗沙门天王族属的转换看汉藏多民族文明的趋同潮流

第七节　《步辇图》与吐蕃时期汉藏政治文化交流

第八节　吐蕃缠头与南诏头囊

第九节　多民族交融语境中的五台山佛教圣地建构及其视觉呈现

第三章（上）　汉藏文明新时代的复兴与交融：十至十三世纪辽、回鹘、西夏多民族美术的联系

第一节　佛教的中兴与贝叶经图像在多民族地区的传播：敦煌莫高窟76窟《八塔变》与贝叶经图像传播

第二节　辽塔密教图像配置与宋辽密教体系

第三节 从佛顶尊胜陀罗尼到释迦三尊像：真言密教的具象趋势

第四节　《诸佛菩萨金刚等启请》与唐密在大理国的传播

第五节　大理国密教佛王信仰与禅宗传持的密化
——关于《梵像卷》“南无释迦佛会”祖师图序义蕴的再议

第六节　11—13世纪多民族传播的炽盛光佛信仰

第七节　西藏西部夏石窟舍身饲虎图与丝绸之路《金光明经》相关内容

第八节　敦煌旗幡画、宋代宣和装与唐卡的起源

第三章(下)　汉藏文明新时代的复兴与交融:十至十三世纪辽、回鹘、西夏多民族美术的联系

第九节　中原美学与丝路西域样式的融合:多民族文明框架中的回鹘艺术

第十节　托林寺迦萨殿药师图像与13—14世纪西藏西部阿里地区药师传承信仰

第十一节 扎塘寺与西藏法华图像及11—13世纪多民族艺术史的重构

第十二节 西夏元时期的版画、雕版印刷术与多民族文明的缀合

第十三节 宋代西北地区汉藏多民族文明交流与洮砚的兴盛

第十四节 11—13世纪佛经经书封盖的变化与佛教文化的中兴

第四章 消失的王国与永远的桥梁：西夏文化与汉藏多民族文明的多元与扩展

第二节 敦煌莫高窟第465窟与密教图像的体系化

第三节 榆林窟第3窟壁画与西夏佛教汉藏圆融

第四节 施宝度母与救难观音：东千佛洞第二窟观音图像的源流与多民族文化交融

第五节 唐宋、吐蕃至宋元时期佛教艺术神圣与世俗的转换:宝胜如来、伏虎罗汉、行脚僧、达摩多罗与布袋和尚关系的辨析

第六节　西夏元时期佛教绘画的上师帽式与教法传统

第七节 河西走廊唐僧取经图像与多民族的文化交流

第五章 元代汉藏艺术的气势与张力

第二节 飞来峰与江南西夏蒙元系石刻及所见汉藏文明观念的冲突与调适

第三节　云南大黑天的信仰和图像流变

第四节　夏鲁寺龙凤御榻与13—14世纪汉藏多民族佛教图像重构

第五节　夏鲁寺甘珠尔殿“佛说法图”与13世纪汉藏多民族佛教图像重构

第六章　汉藏与多民族文明的记功碑

第一节　从雪域高原到东海之滨：汉藏多民族地区多体六字真言的流布

第三节 汉藏交融中的过街塔

第四节　居庸关过街塔造像义蕴与13世纪佛教图像的重构

第五节　民族交往、交流与交融的记忆：元明以来汉藏结合式佛堂建筑的文化图景

参考文献

汉文典籍

（北魏）杨炫之著，范祥雍校注：《洛阳伽蓝记》，上海古籍出版社，1978年12月版。

（唐）段成式著，方南生校点本：《酉阳杂俎》，北京：中华书局，1981年。

（唐）慧超、杜環：《往五天竺国传笺释经行记笺注》，北京：中华书局，2006年4月版。

（北魏）杨衒之著，范祥雍校注：《洛阳伽蓝记》，上海古籍出版社，1978年12月版。

（北宋）赞宁撰，范祥雍点校：《宋高僧传》，北京：中华书局，1987年8月版。

（北宋）李远：《青唐录》，见陶宗仪《说郛三种》卷三五，上海古籍出版社，1988年。

（北宋）王钦若、杨亿等编纂，周勋初等校订：《册府元龟》校订本（全十二册），南京：凤凰出版社，2006年12月版。

（北宋）王溥：《唐会要》，北京：中华书局，1955年6月版；又，（精装，上、下册），上海古籍出版社，2006年12月版。

（元）释念常撰：《佛祖历代通载》（全二十册），北京图书馆出版社，2005年9月版。

（元）佚名，秦岭云点校本：《元代画塑记》，《中国美术论著丛刊》，北京：人民美术出版社，1964年。

（元）八思巴辑注：《大乘要道密集》，台北：自由出版社，1962年。

（元）陶宗仪：《辍耕录》，见《钦定四库全书·子部三四六·小说家类》，上海古籍出版社，1991年12月影印本。

（元）程钜夫：《雪楼集》，卷七《凉国公敏慧公神道碑》，《四库全书·集部141·别集类》，卷1202，上海古籍出版社，1987年影印本。

（明）释镇澄著：《清凉山志》，北京：中国书店，1989年版。

（明）释明河著：《补续高僧传》，收入上海古籍出版社，2011年版《高僧传合集》。

（明）陆容撰：《菽园杂记》，卷一，北京：中华书局，1935年版。

汉文专著

（1）西藏文物局：《拉萨曲贡》，北京：中国大百科去书出版社，1999年。

（2）侯石柱：《西藏考古大纲》，拉萨：西藏人民出版社，1991年。

（3）王尧：《敦煌本吐蕃历史文书》，北京：民族出版社，1982年。

（4）宿白:《藏传佛教寺院考古》,北京：文物出版社,1996年。
（5）金维诺主编:《中国壁画全集——藏传寺院》,天津人民美术出版社,1993年。
（6）王森:《西藏佛教发展史略》,北京：中国社会科学出版社,1997年。
（7）吕建福:《中国密教史》,北京：中国社会科学出版社,1995年。
（8）刘艺斯:《西藏佛教艺术》,北京：文物出版社,1957年。
（9）扎雅仁波且著、谢继胜译:《西藏宗教艺术》,拉萨：西藏人民出版社,1989年。
（10）David Jackson著,向红笳、谢继胜、熊文彬译:《西藏绘画史》,拉萨：西藏人民出版社和山东明天出版社联合出版,2001年。
（11）西藏自治区文物管理委员会:《西藏文物精粹》,北京：紫禁城出版社,1992年。
（12）西藏自治区文物管理委员会:《西藏唐卡》,北京：文物出版社,1985年。
（13）谢继胜主编:《汉藏佛教美术研究》,北京：首都师范大学出版社,2009年。
（14）西藏布达拉宫维修工程施工办公室、中国文物研究所:《西藏布达拉宫》,北京：文物出版社,1995年。
（15）国家文物局主编:《中国文物地图集・西藏自治区分册》,北京：文物出版社,2010年。
（16）格勒:《藏族早期的历史与文化》,北京：商务印书馆,2006年。
（17）西藏自治区文物管理委员会、四川大学历史系、中国社会科学院考古研究所:《昌都卡若》,北京：文物出版社,1985年。
（18）索朗旺堆主编:《阿里地区文物志》,拉萨：西藏人民出版社,1993年。
（19）西藏工业建筑勘测设计院编:《古格王国建筑遗址》,北京：中国建筑工业出版社,1988年。
（20）西藏自治区文物管理委员会编:《古格故城》(上、下卷),北京：文物出版社,1991年。
（21）彭措朗杰编:《中国西藏阿里东嘎壁画》,北京：中国大百科全书出版社,1998年。
（22）西藏自治区文物管理局编:《托林寺》,北京：中国大百科全书出版社,2001年。
（23）北京大学考古文博学院、青海文物考古研究所编著:《都兰吐蕃墓》,北京：科学出版社,2005年。
（24）王尧、陈践:《敦煌古藏文文献探索集》,上海古籍出版社,2008年。
（25）郑炳林:《敦煌碑铭赞辑释》,兰州：甘肃教育出版社,1992年。
（26）祝启源:《唃厮啰——宋代藏族政权》,西宁：青海人民出版社,1988年。
（27）谢继胜:《西夏藏传绘画》,石家庄：河北教育出版社,2002年。
（28）史金波等:《西夏文物》,北京：文物出版社,1988年。
（29）史金波等:《俄藏黑水城文献》,上海古籍出版社,1994—1997年。
（30）宁夏文物考古研究所:《拜寺沟西夏方塔》,北京：文物出版社,2005年。
（31）谢佐:《瞿昙寺》,西宁：青海人民出版社,1982年。
（32）王继光:《安多藏区土司家族谱辑录研究》,北京：民族出版社,2000年。
（33）熊文彬:《元代汉藏艺术交流》,石家庄：河北教育出版社,2003年。
（34）熊文彬:《中世纪藏传佛教艺术——白居寺壁画艺术研究》,北京：中国藏学出版社,1996年。
（35）石守谦、葛婉章:《大汗的世纪：蒙元时代的多元文化与艺术》,台北故宫博物院,2001年。
（36）黄颢:《在北京的藏族文物》,北京：民族出版社,1993年。

（37）故宫博物院：《故宫藏传佛教文物》，香港：两木出版社，北京：紫禁城出版社，1992年。

（38）吴明娣：《汉藏工艺美术交流史》，北京：中国藏学出版社，2007年。

（39）罗文华：《龙袍与袈裟》，北京：紫禁城出版社，2005年。

（40）［意］图齐著、魏中正、萨尔吉主编：《梵天佛地》（8册），上海古籍出版社，2009年。

（41）谢继胜、熊文彬、罗文华、廖旸等：《藏传佛教艺术发展史》，上海书画出版社，2011年。

（42）谢继胜、熊文彬、廖旸、赖天兵、R. Linrothe等：《江南藏传佛教艺术——杭州飞来峰石刻造像研究》，北京：中国藏学出版社，2014年。

藏文参考文献

（1）巴塞囊著（sBa gsal snang）、佟锦华、黄布凡译注：《巴协》（*sBa bzhad*），成都：四川民族出版社，1990年。

（2）韦·囊赛（dBa' gsal snang）著、巴擦·巴桑旺堆译：《韦协》译注（*dBa' bzhed*），拉萨：西藏人民出版社，2012年。

（3）弟吴贤者（mKhas pa *lde'u*）：《弟吴教法史》（*mKhas pa lde'us mdzad pavi rgya bod kyi chos byung rgyas pa*），拉萨：西藏人民出版社，1987年。

（4）释迦仁钦德（Shakya rin chen sde）著，汤池安译：《雅隆尊者教法史》（*Yar long chos 'byung*），拉萨：西藏人民出版社，1989年。

（5）索南坚赞（bSod nams rgyal mtshan）著、刘立千译：《西藏王统记》（*rGyal rabs gsal ba'i me long*），拉萨：西藏人民出版社，1987年。

（6）达仓宗巴·班觉桑布（sTag tshang rdzongs pa dpal 'byor bzang po）著，陈庆英译：《汉藏史集》（*rGya bod yig tshang*），拉萨：西藏人民出版社，1986年。

（7）廓诺·迅鲁伯（'Gos gzhon nu dpal）著，郭和卿译：《青史》（*Deb ther sngon po*），拉萨：西藏人民出版社，1985年。

（8）娘·尼玛维色（Nyang nyi ma 'od zer）：《娘氏宗教源流》（*Chos 'byung me tog snying po sbrang rtsi'i bcud*），拉萨：西藏人民出版社，1988年。

（9）五世达赖阿旺·罗桑嘉措（Nga dbang blo bzang rgya mtsho）著、郭和卿译：《西藏王臣记》（*Bod gi deb ther dpyid kyi rgyal mo'i glu dbyangs*），北京：民族出版社，1983年。

（10）土观·罗桑曲吉尼玛（Thu'u bkwan blo bzang chos kyi nyi ma）著、刘立千译：《土观宗派源流》（*Thu'u bkwan grub mtha'*），拉萨：西藏人民出版社，1984年。

（11）智观巴·贡却丹巴饶吉（Brag dgon pa dkon mchog bstan pa rab rgyas）著，吴均等译：《安多政教史》（*mTo smad chos 'byung*），兰州：甘肃民族出版社，1989年。

（12）钦则旺布（mKhyen brtse dbang po）著、刘立千、谢建君译：《卫藏道场圣迹志》，北京：中国社会科学院民族出版社，1985年。

（13）巴卧·祖拉臣哇（dPal bo gtsug lag 'pheng ba）：《贤者喜宴》（*mKhas pa'i dga' ston*），北京：民族出版社，1986年。

(14)晋美扎巴('Jigs med grags pa):《江孜法王传》(*Chos rgyal rab brtan kun bzang 'phags kyi rnam thar*),拉萨:西藏人民出版社,1987年。

(15)噶托司徒·却吉嘉措(Ka thog si tu chos kyi rgya mtsho):《雪域卫藏圣迹志》(*Gangs ljongs dbus gtsang gnas bskor lam yig nor bu zla shel gyi se mo do zhes bya ba bzhugs so*),拉萨:西藏人民出版社,1999年。

(16)古格·赤巴嘉措(Gu ge grags pa rgyal mtshan):《拉喇嘛意西沃全传》(*lHa bla ma ye shes 'od kyi rnam thar rgyas pa bzhugs so*),拉萨:西藏人民出版社,2013年。

(17)古格·次仁加布(Gu ge tshe ring rgyal po):《阿里文明史》(*mNga' ris chos 'byung gnyas ljongs mdzes rgyan zhes bya ba bzhugs so*),拉萨:西藏人民出版社,2006年。

(18)冈日瓦·却英多吉(Gangs ri ba chos dbyings rdo rje):《阿里廓尔松早期史》(*mNga' ris skor gsum gyi sngon byung lo rgyus*),拉萨:西藏人民出版社,1996年。

(19)格隆·丹增旺扎(dGe slong bstan 'dzin dbang grags):《雪域上部阿里廓尔松历史宝鬘》(*Bod ljongs stod mnga' ris skor gsum gyi lo rgyus 'bel gtam rin chen gter gyi phreng ba*),拉萨:西藏人民出版社,1996年。

(20)列钦·贡嘎坚赞(Las chen kun dga' rgyal mtshan):《噶当派源流》(*bKa' gdams chos 'byung gsal ba'i sgron me*),拉萨:西藏人民出版社,2011年。

(21)尕喜·石达顿珠子(Sri thar don grub)、喜顶·扎桑(Zhi sdings skra bzang):《林周县寺庙简史》(*'Phan yul gyi dgon sde'i gnas bshad dge legs kun 'byung ma*),拉萨:西藏人民出版社,2015年。

(22)竹巴白玛噶布('Brug pa pad ma dkar po):《竹巴教法史》(*'Brug pa'i chos 'byung*),拉萨:西藏藏文古籍出版社,2013年。

(23)直贡·但曾白玛坚参('Bri gung bstan 'dzin pad ma'i rgyal mtshan gyis brtsams pa):《直贡法嗣》(*'Bri gung gdan rabs gser phreng*),拉萨:西藏藏文古籍出版社,2013年。

(24)洛色丹迥(bLo gsal bstan skyong):《夏鲁寺历代上师传记》(*dPal zha lu'i mkhan brgyud rnam thar*),拉萨:西藏藏文古籍出版社,2014年。

(25)恰嘎·旦正(Chab 'gag rta mgrin):《藏文碑文研究》(*Bod yig rdo ring zhib 'jug*),拉萨:西藏人民出版社,2012年。

(26)札细·米玛次仁(Gra bzhi mig dmar tshe ring):《蔡公堂寺历史文化简史》(*Tshal gung thang gtsug lag khang gi dkar chag*),拉萨:西藏人民出版社,2011年。

英文参考文献

(1)G. Tucci, *The Tombs of the Tibetan Kings*, Roma, IsMEO, 1950.

(2)G. Tucci, *Transhimalaya, trans*. James Hogarth, Geneva, 1973.

(3)G.Tucci, *Tibetan Painted Scrolls*, reprinted by Rinsen Book Co, Ltd., Kyoto, 1980.

(4)Roberto Vitali, *Early Temples of Central Tibet*, Serindia Publications, 1990.

（5）Roberto Vitali, *The Kingdims of Gu.ge Pu.hrang*, New Delhi: Indraprastha Press, 1996.

（6）Roberto Vitali, *Recoeds of Tholing: A Literary and Visual Reconstruction of the "Mother"Monastery Gu-ge*, New Delhi: High Asia, 1999.

（7）Ulrich von Schroeder, *Buddhist Sculpture in Tibet*, vol. II, Hong Kong: Visual Dharma Publications Ltd. George N. Roerich, *The Blue Annals*, Delhi, 1988.

（8）David L. Snellgrove, Indo-Tibetan Buddhism, *Indian Buddhists and Their Tibetan Successors*, London, 1987.

（9）Roger Goepper, *Alchi: Ladakh's hidden Buddhist sanctuary: the sumtsek*, Boston: Shambhala, 1996.

（10）Luciano Petech and Christian Luczanits, *Inscriptions from the Tabo main temple. Texts and translations*, Orientale Roma, Roma, 1999.

（11）Deborah E. Klimburg-Salter: *Tabo: A Lamp for the Kingdom: Early Indo-Tibetan Buddhist Art in the Western Himalaya*, Milan, 1997.

（12）R. Whitfield and A. Farrer, *Caves of the Thousand Buddhas: Chinese Art from the Silk Route*, London, 1990.

（13）M. M. Rhie & R. A. F. Thurman eds, *Wisdom and Compassion: The Sacred Art of Tibet*, exhibition catalogue, London, 1991.

（14）Marylin M. Rhie, David P. Jackson, Robert A. F. Thurman, *Worlds of Transformations: Tibetan Art of Wisdom and Compassion*, New York, 1999.

（15）Romi Khosla, *Buddhist Monasteries in the Western Himalaya*, Kathmandu: Ratna Pustak Bhandar, 1979.

（16）Mikhail Piotrovsky, *Lost Empire of the Silk Road: Buddhist Art from Khara Khoto*, Milan, 1993.

（17）Josef Kolmas, *The Iconography of the Derge Kanjur and Tanjur*, New Delhi, 1978.

（18）bSom nams rgya mtsho and Musashi Tachikawa, *The Ngor Mandalas of Tibet: Listings of the Mandala Deities*, The Centre for East Asian Cultural Studies, 1991.

（19）James C.Y. Watt and Denise Patry Leidy, *Defining Yongle: Imperial Art in Early Fifteenth-Century China*, New York, The Metropolitan Museum of Art; Yale University Press, 2005.

（20）Patricia Berger, *Empire of Emptiness: Buddhist Art and Authority in Qing China*, Honolulu: University of Hawaii, USA, 2003.

（21）Christian Luczanits, *Buddhist Sculpture in Clay: Early Western Himalayan Art, Late 10th to Early 13th Centuries*, Chicago, 2004.

（22）Amy Heller, *Tibetan Art: Tracing the Development of Spiritual Ideals*, Acc Us Distribution Book Title, 2006.

（23）Amy Heller, Orofino, Giacomella, Charles Ramble, *Discoveries in Western Tibet and the Western Himalayas*, BRILL, 2007.

（24）Amy Heller, *Hidden Treasures of the Himalayas: Tibetan Manuscripts, Paintings and Sculptures of Dolpo*, Serindia Publications, 2009.

（25）David Jackson, *Patron and Painter: Situ Panchen and the Revival of the Encampment Style*, University of Washington Press, 2009.

（26）Gudrun Bhnemann, *Buddhist Iconography and Ritual in Paintings and Line Drawings from Nepal*, Series: Publications of the Lumbini International Research Institute, 2010.

（27）David Jackson, *The Nepalese Legacy in Tibetan Painting*, University of Washington Press, 2010.

（28）David Jackson, *Mirror of the Buddha: Early Portraits from Tibet*, University of Washington Press, 2011.

（29）Karl Debreczeny, *The Black Hat Eccentric: Artistic Visions of the Tenth Karmapa*, University of Washington Press, 2012.

（30）Shamar Rinpoche, *A Golden Swan in Turbulent Waters: The Life and Times of the Tenth Karmapa Choying Dorje*, Bird of Paradise Press, Inc, 2012.

（31）Kathryn H. Selig Brown, *Protecting Wisdom: Tibetan Book Covers from the MacLean Collection*, Prestel USA; Slp edition, 2012.

（32）Cuppers, Christoph, Leonard Van Der Kuijp, Ulrich Pagel, Dobis Tsering Gyal, *Handbook of Tibetan Iconometry: A Guide to the Arts of the 17th Century*, Brill Academic Pub, 2012.

（33）Kurt Tropper and Cristina Scherrer-Schaub, *Tibetan Inscriptions*, Brill Academic Pub, 2013.

（34）Karl Debreczeny, Elena Pakhoutova, Christian Luczanits and Jan van Alphen, *The All-Knowing Buddha: A Secret Guide*, University of Washington Press, 2014.

（35）Deborah Klimbueg-Salter, *The Inner Asian International Style, 12th–14th Centuries*, Graz, 1995.

（36）Deborah E. Klimberg-Salter and Eva Allinger, ed, *The Inner Asian International Style 12th–14th century: Proceedings of the 7th Seminar of the International Association for Tibetan Studies*, Graz, 1995.

（37）Olaf Czaja, *Medieval Rule in Tibet: The Rlangs Clan and the Political and Religious History of the Ruling House of Phag mo gru pa. With a Study of the Monastic Art of Gdan sa mthil*（2 Volume Set）, Austrian Academy of Sciences Press, 2014.

（38）Michael Henss, *Buddhist Art in Tibet: New Insights on Ancient Treasures*, Aditya Prakashan, 2012.

（39）Michael Henss, *The Cultural Monuments of Tibet*, Prestel: Box edition, 2014.

（40）Karl E. Ryavec, *A Historical Atlas of Tibet*, University of Chicago Press, 2015.

日文参考文献

（1）立川武蔵、頼富本宏編『インド密教』,春秋社，2005.

（2）立川武蔵、頼富本宏編『チベット密教』,春秋社，2005.

（3）頼富本宏『密教とマンダラ』,日本放送出版協会，2003.

（4）田中公明著『図説チベット密教』,春秋社，2012.

（5）田辺勝美著『昆沙门天像の起源』,山喜房佛書林, 2006.
（6）田中公明著『詳解河口慧海コレクション：チベット・ネパール仏教美術』,佼成出版社, 1990.
（7）森雅秀著『チベットの仏教美術とマンダラ』,名古屋大学出版会, 2011.
（8）則武海源著『西チベット仏教史・仏教文化研究』,山喜房佛書林, 2004.
（9）山口瑞鳳著『敦煌出土チベット語仏教文献の分類学的研究』,東京大学文学部, 1983.
（10）宮治昭著『インド仏教美術史論』,中央公論美術出版会,2010.
（11）山口瑞鳳著『チベット』(東洋叢書, 4),東京大学出版会, 2004.
（12）山口瑞鳳著『吐蕃王国成立史研究』,岩波書店, 1983.
（13）田中公明『曼荼羅イコノロジー』,平河出版社,1999.
（14）田中公明『インド・チベット曼荼羅の研究』,法蔵館,1996.
（15）田中公明『敦煌 密教と美術』,法蔵館、2000.
（16）田中公明『詳解河口慧海コレクション—チベット・ネパール仏教美術』,佼成出版社, 1990.
（17）頼富本宏『密教仏の研究』,法蔵館,1990.
（18）森雅秀『西西蔵(チベット)石窟遺跡』,集英社,1997.
（19）松長有慶『密教経典成立史論』,法蔵館,1998.
（20）加藤敬写真、松長有慶解説『マンダラ：西チベットの仏教美術—解説編』,東京：毎日新聞社,1981.

后　记

本书构筑汉藏及多民族共创中华文明史的文明史观，提出“汉藏文明”概念，利用西藏及全国各省区留存的佛教文物资料将汉藏文明交流与发展的历史观建立在坚实的基础之上，阐释“汉藏文明”是汉藏民族在长期的文化交往中自然形成的客观事实。本书提出的“汉藏与多民族文明交流”是指在汉藏文明交流的基础上辐射出的具有多民族文化交流的文明特质、具有可辨识特征的物质文明史，而仅非“汉”与“藏”或诸相关民族各自的文明史。以汉藏早期文明交流为起始，在大的历史及地域文化背景之下，梳理11至13世纪宋、吐蕃、辽、回鹘、西夏、南诏大理等多民族文化交流交融的史实，建构具有学理逻辑的汉藏多民族共创中华文明的历史叙述与文明史观，正是本书的宗旨所在。

对多民族共创中华文明史理论体系的构建与学理逻辑的完善是包括藏学和艺术史学学者在内的我等作者多年来共同追求的学术目标。2000年前后完成的《藏传佛教艺术发展史》（2001，上海书画出版社，两卷本）、《江南藏传佛教艺术》（2014，北京中国藏学出版社）与《元明清北京藏传佛教文物遗存研究》（2018，北京出版社，三卷本）都是在这一共同愿景下逐步完成的。我们和四川大学、故宫博物院等单位发起组织的西藏考古与艺术国际性学术例会（ICTAA），自2002年至2023年已召开8届，主要目的也是将中国学者倡导的理论体系放到一个具有国际话语地位的平台上加以检视。《七至十三世纪汉藏与多民族文明关系史》正是对我们以往数十年的研究在一个更加广阔的多民族文明交流交往交融的背景之下的自然推进。

本书最初是2014年谢继胜由北京首都师范大学调往浙江大学人文学院时获批的北京市社会科学基金重大项目（项目编号14ZDA11），2017年结项。进入浙大的2015年，申请了国家社科基金重大项目《文本、图像与西藏艺术史研究》，实际上两个项目是同时在浙大任教期间进行的。在北京项目结项以后，国家项目的很多内容也充实到本书中，因此本书目前呈现的面貌与当时结项的内容相比有较大的增补。

本书各章节的作者，大都是当时申报北京项目时的成员，也增补了其他几位作者，在本书封面或内封编委会名单中都有体现，为了明确说明各位作者为本书的贡献，现将每节作者列表如下：

导　论　交往、交流、交融：汉藏文明的形成与多民族中华文明史理论体系的构建（谢继胜）

第一章　汉藏多民族文明形成的基础：西藏神话与早期文物

第一节　西藏地区岩画与阴山、贺兰山一系岩画的关联（谢继胜）

第二节　西藏的三界神话与宇宙观念及西藏神话的系属与特征（谢继胜）

第三节　西藏山神神话体系与西南诸族及东亚神话（谢继胜）

第四节　西藏的战神与风马旗幡及汉藏五行观念（谢继胜）

第五节　独脚鬼与猫鬼神：汉藏多民族信仰的融合（梁艳）

第二章　七世纪至九世纪唐蕃文明的交流与形成期的汉藏文明

第一节　藏区吐蕃本土艺术遗存（谢继胜）

第二节　汉藏边境大日如来八大菩萨摩崖造像（谢继胜）

第三节　吐蕃统治的敦煌与丝路汉藏文明中心的形成（谢继胜）

第四节　敦煌藏经洞出土护身符：连接早期汉藏交流的纽带与媒介（王瑞雷）

第五节　从温姜多密檐塔看吐蕃宗教建筑的演化与多民族文明交流（谢继胜、贾维维）

第六节　从毗沙门天王族属的转换看汉藏多民族文明的趋同潮流（谢继胜）

第七节　《步辇图》与吐蕃时期汉藏政治文化交流（谢继胜）

第八节　吐蕃缠头与南诏头囊（杜鲜）

第九节　多民族交融语境中的五台山佛教圣地建构及其视觉呈现（张书彬）

第三章（上）　汉藏文明新时代的复兴与交融：十至十三世纪辽、回鹘、西夏多民族美术的联系

第一节　佛教的中兴与贝叶经图像在多民族地区的传播：敦煌莫高窟76窟《八塔变》与贝叶经图像传播（谢继胜、于硕）

第二节　辽塔密教图像配置与宋辽密教体系（于博）

第三节　从佛顶尊胜陀罗尼到释迦三尊像：真言密教的具象趋势（黄璜）

第四节　《诸佛菩萨金刚等启请》与唐密在大理国的传播（黄璜）

第五节　大理国密教佛王信仰与禅宗传持的密化（黄璜）

第六节　11—13世纪多民族传播的炽盛光佛信仰（廖旸）

第七节　西藏西部夏石窟舍身饲虎图与丝绸之路《金光明经》相关内容（骆如菲）

第八节　敦煌旗幡画、宋代宣和装与唐卡的起源（谢继胜）

第二节 从藏语词汇变化看西藏金铜制造、金铜造像及其与周边文明的联系（谢继胜）
第三节 汉藏交融中的过街塔（王传播）
第四节 居庸关过街塔造像义蕴与13世纪佛教图像的重构（谢继胜）
第五节 民族交往、交流与交融的记忆：元明以来汉藏结合式佛堂建筑的文化图景（魏文）

本书的顺利完成首先要感谢参与本书写作的各位作者，将诸位最有研究心得的研究成果纳入本书章节，且相互支撑、水乳交融地形成一个完美的以艺术史构建的文明史框架。感谢北京首都师范大学艺术学院和学校社科处的领导以及于硕、芦玮老师为项目申请与结项提供的便利；感谢浙江大学艺术考古学院领导方志伟、白谦慎、赵丰、刘斌老师及各位同事；感谢浙大历史学院刘进宝、冯培红、孙英刚、侯浩然老师；感谢陕西省考古研究院张建林、席琳老师，四川大学霍巍、石硕、李永宪、熊文彬、张长虹、杨清凡老师，感谢西藏自治区文物保护研究所李林辉、夏格旺堆老师，感谢故宫博物院罗文华、王跃工、文明、张露老师，感谢清华大学沈卫荣老师，南京大学黄厚明、孙鹏浩老师，感谢中国人民大学乌云毕力格、黄维忠、索罗宁老师，中国藏学研究中心冯良、王维强老师，陕西师范大学沙武田老师，敦煌研究院马德、王惠民、杨富学、赵晓星、王慧慧、朱生云老师，西北大学罗丰老师，北方民族大学孙昌盛老师，兰州大学郑炳林、张善庆老师。同声相应，感谢各位的支持和帮助。

感谢一西平措、董立勇、甲子等诸位社会爱心人士对汉藏佛教艺术研究事业的支持。

特别感谢上海古籍出版社吕瑞锋和盛洁老师在本书的编辑出版中付出的辛劳。

今年11月第八届西藏考古与艺术国际会期间，浙大艺术与考古博物馆与汉藏艺术中心合作，举办了一个“青绿映丹霞”的专题唐卡展，生命鲜活的青绿融入了坚实、温暖而厚重的丹霞大地，这正如汉藏多民族共创中华文明最恰当、最形象的写照。

愿吉祥！

谢继胜 王瑞雷

2023年12月11日

图书在版编目(CIP)数据

七至十三世纪汉藏与多民族文明关系史 / 谢继胜主编. —上海: 上海古籍出版社, 2024.1
ISBN 978-7-5732-0585-8

Ⅰ. ①七… Ⅱ. ①谢… Ⅲ. ①民族关系—民族历史—研究—中国—古代 Ⅳ. ①K28

中国国家版本馆CIP数据核字(2023)第015587号

七至十三世纪汉藏与多民族文明关系史
(全二册)
谢继胜 王瑞雷 主编
上海古籍出版社出版发行
(上海市闵行区号景路159弄1-5号A座5F 邮政编码201101)
(1)网址: www.guji.com.cn
(2)E-mail: guji1@guji.com.cn
(3)易文网网址: www.ewen.co
上海丽佳制版印刷有限公司印刷
开本787×1092 1/16 印张71.25 插页8 字数1387,000
2024年1月第1版 2024年1月第1次印刷
ISBN 978-7-5732-0585-8
K·3317 定价: 680.00元
如有质量问题, 请与承印公司联系